RESPONSABILIDADE OBJETIVA E SUBJETIVA DO EMPREGADOR

EM FACE DO CÓDIGO CIVIL

Ofereço essa humilde obra a Jucilaine Vieira Sousa, Michelle de Freitas dos Santos, e Ellan Ribeiro dos Santos.

Ao Roquinho e à Maria, com eterna saudade.

AUTORIA
ENOQUE RIBEIRO DOS SANTOS
EVELYN RIBEIRO DOS SANTOS DE ALCÂNTARA

LTr®

RESPONSABILIDADE OBJETIVA E SUBJETIVA DO EMPREGADOR

EM FACE DO CÓDIGO CIVIL

4ª EDIÇÃO
2023

LTr®

LTr Editora Ltda.

Rua Jaguaribe, 571
CEP 01224-003
São Paulo, SP — Brasil
Fone (11) 2167-1101
www.ltr.com.br
Julho, 2023

Produção Gráfica e Editoração Eletrônica: PIETRA DIAGRAMAÇÃO
Projeto de capa: DANILO REBELLO
Impressão: LOG & PRINT GRÁFICA E LOGÍSTICA

Versão impressa — LTr 6411.9 — ISBN 978-65-5883-249-2
Versão digital — LTr 9896.4 — ISBN 978-65-5883-250-8

Dados Internacionais de Catalogação na Publicação (CIP)
(Câmara Brasileira do Livro, SP, Brasil)

Santos, Enoque Ribeiro dos

Responsabilidade objetiva e subjetiva do empregador em face do código civil /Enoque Ribeiro dos Santos, Evelyn Ribeiro dos Santos de Alcântara. – 4. ed. – São Paulo: LTr, 2023.

Bibliografia.

ISBN 978-65-5883-249-2

1. Direito civil 2. Empregadores – Responsabilidade – Brasil 3. Justiça do trabalho 4. Relações de trabalho – Brasil I. Alcântara, Evelyn Ribeiro dos Santos de. II. Título.

23-157898 CDU-34:331(81)(094)

Índice para catálogo sistemático:

1. Brasil : Empregadores e empregados: Relações de trabalho: Legislação: Direito do trabalho 34:331(81)(094)

Aline Graziele Benitez – Bibliotecária – CRB-1/3129

Nota do autor

"O livro Responsabilidade Objetiva e Subjetiva do Empregador em face do Código Civil tinha sido editado, nas suas primeiras edições, somente sob minha autoria. Porém, na 4ª edição, pela profundidade das análises doutrinárias, legislativas e jurisprudenciais que foram necessárias para a atualização da obra, a Dra. Evelyn assumiu um papel fundamental não apenas na revisão da edição anterior, apontando necessidade de aperfeiçoamentos na legislação, como pode facilmente ser constatado por V. Sas., bem como também empreendeu um esforço incomum na seleção de jurisprudência dos Tribunais Superiores para tornar a obra a mais atualizada possível. Justamente por estes motivos acima elencados que entendo que ela deve constar como Autora, como forma de reconhecimento de todo o trabalho que foi aportado à obra. Além disso, Dra. Evelyn é também advogada especializada na área trabalhista, há mais de dez anos desenvolvendo suas atividades, com vários artigos publicados em mídia trabalhista, além de ser mestranda em Direito do Trabalho na Faculdade Portuense, Portugal."

Nota do autor

SUMÁRIO

CAPÍTULO I
RESPONSABILIDADE OBJETIVA E SUBJETIVA DO EMPREGADOR EM FACE DO CÓDIGO CIVIL

CAPÍTULO II
TEORIA DO RISCO E DA RESPONSABILIDADE CIVIL APLICÁVEIS AO DIREITO DO TRABALHO

CAPÍTULO III
A RESPONSABILIDADE OBJETIVA E SUBJETIVA DA EMPRESA NA PRÁTICA DO DIREITO DO TRABALHO (A POSIÇÃO DOS TRIBUNAIS DO TRABALHO)

PREFÁCIO

Como é sabido, o principal objetivo do prefácio é apresentar ou justificar o texto de uma obra e, no presente caso, um trabalho científico, fruto de um estudo do jurista Enoque Ribeiro dos Santos a respeito de tormentoso tema do momento, intitulado pelo Autor como *Responsabilidade Objetiva e Subjetiva do Empregador em face do Novo Código Civil.*

Tivemos oportunidade de conhecê-lo quando, na senda do curso de pós-graduação *stricto sensu*, na Faculdade de Direito da Universidade de São Paulo, fomos honrados ao compor a Banca Examinadora de seu Doutorado, então apresentada com o título "A problemática da negociação coletiva de trabalho frente ao fenômeno da descoletivização".

Na oportunidade em 2 de outubro de 2003, foi aprovado em razão de brilhante defesa de referida tese. Ali, vislumbrávamos o futuro de um especialista notoriamente vocacionado, quer para a docência, quer como pesquisador.

Hoje, no exato momento que elaboramos a apresentação de mais uma de suas obras, temos a constatação inegável de que, naquela oportunidade acertávamos: em tão exíguo espaço de tempo, tornou-se ele, por Concurso de Provas e Títulos, Professor Doutor em Direito do Trabalho e da Seguridade Social da Universidade de São Paulo. Não bastasse, também por Concurso Público de Provas e Títulos, fora aprovado em 2º (segundo) lugar, para o cargo de Procurador do Trabalho, da respeitada e importantíssima instituição, qual seja o Ministério Público do Trabalho, tendo tomado posse no dia 9 de novembro de 2006.

Tais fatores engrandecem e dignificam a função do prefaciante, na exata medida em que outorgam-lhe maior responsabilidade.

O convite para o prefácio de referida pesquisa científica não decorreu do acaso. Por ocasião do honroso convite, o próprio Autor referiu saber de nossos estudos e algumas publicações sobre o intrigante tema da responsabilização objetiva e subjetiva do empregador, ante as normas da Lei n. 10.406, de 10.1.2002, que inseriu no ordenamento jurídico pátrio o Novo Código Civil.

A respeito do assunto, conforme já tivemos oportunidade de ponderar, destacamos a súmula de nosso pensamento, em escritos diversos[1], e mais

---

(1) BELTRAN, Ari Possidonio. Da responsabilidade subjetiva e objetiva do empregador por acidente do trabalho, ante as disposições do novo código civil. *Revista do Dep. de Dir. do Trabalho e da Seguridade Social — FDUSP*, São Paulo, p. 15-27, jan./jun. 2006.

especificamente no que se refere às acertadas inovações constantes do art. 927 e seu parágrafo único do atual Código Civil.

Sobre o tema, em alguns ensaios escrevíamos que muitos estudiosos vislumbraram na lei nova um avanço em direção à responsabilização objetiva do empregador, conforme as circunstâncias, em especial ante o disposto no parágrafo único do art. 927, a saber:

> Parágrafo único. "Haverá obrigação de reparar o dano, independentemente de culpa, nos casos especificados em lei, ou quando a atividade normalmente desenvolvida pelo autor do dano implicar, por sua natureza, risco para os direitos de outrem".

Tem-se entendido que o novel dispositivo inseriu na legislação civil em exame a chamada teoria do *risco criado*, considerando-se, pois, que o dever de reparar o dano "surge da atividade normalmente exercida pelo agente, que cria risco a direitos ou interesses alheios". Cuida-se, então, de atividade potencialmente geradora de risco a terceiros. Não há confundir-se com outras teorias a respeito do risco, como *v. g.*, a do *risco integral* (que exige, tão só, o nexo etiológico como condicionante do dever de indenizar), tampouco com a do *risco proveito* (fundamentada apenas na ideia da vantagem auferida pelo causador do dano), nem, ainda, com a dos *atos normais e anormais* ("medidos pelo padrão médio da sociedade")[2].

Ora, assim, torna-se induvidoso que em duas hipóteses a responsabilização do autor do dano será objetiva: a) nos casos especificados em lei; ou b) quando a atividade normalmente desenvolvida pelo "autor do dano" implicar, por sua natureza, risco para os direitos de outrem. Destarte, a questão que parece mais complexa será a análise do novo dispositivo e, especialmente, seu confronto — em casos de acidente do trabalho, ou de patologias de origem ocupacional, hipóteses que representam grande parte dos litígios no contexto ora em exame —, ante o disposto no art. 7º da Constituição Federal, que assegura, entre os direitos dos trabalhadores urbanos e rurais, em seu inciso XXVIII — "seguro contra acidentes de trabalho, a cargo do empregador, sem excluir a indenização a que está obrigado, quando incorrer em dolo ou culpa".

Analisando as hipóteses inseridas no dispositivo do Código Civil supramencionado, Giovanni Ettore Nanni, exemplifica: "nos casos especificados em lei, como ocorre, por exemplo, na responsabilidade civil do Estado, nas relações de consumo, na legislação ambiental, nos acidentes aéreos, nos acidentes nucleares etc."; [...] ou "quando a atividade normalmente desenvolvida pelo autor do dano, logo preponderante e não esporádica e/ou eventual, implicar, por sua natureza, risco para os direitos de outrem, que se pode citar, à luz da jurisprudência italiana em relação a

---

(2) SILVA, Regina Beatriz Tavares da; FIÚZA, Ricardo (coord.). *Novo código civil comentado*. São Paulo: Saraiva, 2003. p. 820.

dispositivo legal similar, o transporte marítimo de petróleo, o transporte e estocagem de combustível, a produção de explosivos, a produção e comercialização de fogos de artifício etc."[3].

O mesmo autor argumenta, com razão, que em matéria de acidente do trabalho (e por extensão, de doenças de origem ocupacional), não há como aplicar-se a regra de lei ordinária — como estabelecido no parágrafo único do art. 927 do Código Civil —, quando a responsabilidade do empregador, em tal hipótese, por força da norma constitucional já mencionada alude, de forma expressa, à condição deste "incorrer em dolo ou culpa". Em reforço de argumentação, salienta que quando o legislador constitucional desejou dispensar a demonstração de culpa do agente para fins de responsabilização, fê-lo de forma expressa, como no art. 21, inciso XXIII, *c*, *verbis*: "a responsabilidade civil por danos nucleares independe da existência de culpa".

Cumpre observar assim que, quanto à principal questão levantada , — ou seja, as hipóteses de acidentes do trabalho e de doenças do trabalho —, prevalecem, como regra geral, os pressupostos tradicionais da responsabilidade civil, a saber: a) a ação ou omissão de qualquer pessoa que venha a acarretar dano a outrem; b) a ilicitude, consistente em culpa ou dolo do agente; c) a relação de causalidade, ou seja relação de causa e efeito entre a ação ou omissão do agente e o dano verificado; d) a ocorrência do dano, pois que, sem a prova do dano, ninguém pode ser responsabilizado civilmente[4].

O trabalho que ora temos a honra de apresentar, levou o Autor a profunda análise, a saber, as noções introdutórias sobre as responsabilidades objetiva e subjetiva ante o novo Código; percuciente análise da teoria do risco e a responsabilidade civil aplicáveis ao Direito do Trabalho; a responsabilidade objetiva e subjetiva da empresa na prática do Direito do Trabalho, assinalando-se a posição dos Tribunais do Trabalho; a responsabilidade da empresa e dos sócios ante as disposições do novo Código Civil; tudo seguido pelas conclusões do Autor.

A propósito, eis a súmula final do pensamento do pesquisador, com a qual concordamos: "Somente com o aprimoramento de nossos institutos, teremos condições de mitigar a perpetração de ofensas materiais e principalmente morais à pessoa do trabalhador, pois ela, dependendo da pessoa, atinge as profundezas do ser, o recôndito do espírito, aquilo que ele possui de mais íntimo, que deveria ser indevassável, e uma vez atingido, de forma violenta e injusta, dificilmente desaparece".

Não resta, pois, qualquer dúvida a respeito da importância da obra que temos a honra de prefaciar. O jurista Enoque Ribeiro dos Santos apresenta mais um trabalho indispensável ao operador do Direito do Trabalho. Contribui ele,

---

(3) NANNI, Giovanni Ettore. Responsabilidade no acidente do trabalho. *Jornal Gazeta Mercantil*, Caderno Legal & Jurisprudência, p. 1, 13.10.2003.
(4) GONÇALVES, Carlos Roberto. *Responsabilidade civil*. 6. ed. São Paulo: Saraiva, 1995. p. 25-28.

de forma notável para a compreensão do importantíssimo papel do Direito do Trabalho — ou mesmo do "Direito Social", como enfatizava o saudoso Prof. Cesarino Júnior —, para a preservação dos Direitos Humanos na sociedade de trabalho pós-moderna.

Ari Possidônio Beltran

Advogado em São Paulo. Graduado, Mestre, Doutor e Livre Docente pela Faculdade de Direito da Universidade de São Paulo. Professor de Direito do Trabalho da FDUSP.Membro da Academia Nacional de Direito do Trabalho, do Instituto de Direito Social Cesarino Júnior. Conselheiro da AASP — Associação dos Advogados de São Paulo. Ex-1º Secretário do Centro Acadêmico "XI de Agosto".

"E ao anjo da Igreja, que está em Filadélfia escreve:
Isto diz o que é santo,
O que é verdadeiro,
O que tem a chave de Davi;
O que abre e ninguém fecha;
E fecha e ninguém abre;
Eu sei as suas obras;
Eis que diante de ti pus uma porta aberta,
E ninguém a pode fechar;
Tendo pouca força;
Guardaste a minha palavra,
E não negaste o Meu nome".(Apocalipse 3: 7)

CAPÍTULO I

RESPONSABILIDADE OBJETIVA E SUBJETIVA DO EMPREGADOR EM FACE DO CÓDIGO CIVIL

1. Noções introdutórias

A responsabilidade civil objetiva e subjetiva do empregador constitui-se em um dos institutos mais relevantes do Direito na atualidade, principalmente após o advento do Código Civil de 2002, que deu uma nova roupagem jurídica ao conceito de responsabilidade civil.

Exemplo disso é a possibilidade atual de indenização pelo dano exclusivamente moral, que a Constituição Federal de 1988(1) já passara a contemplar.

O escopo do presente trabalho é o desenvolvimento da responsabilidade civil nas relações de trabalho, procurando sempre que possível alinhar a legislação, doutrina e jurisprudência, nas situações de ocorrências de danos patrimoniais, extrapatrimoniais ou ambos.

O vocábulo "responsabilidade" é utilizado para designar uma série de situações na seara das relações jurídicas. Em sentido mais flexível, a responsabilidade suscita a atribuição a um sujeito, do dever ou obrigação de assumir as consequências ou efeitos de uma determinada atitude, evento ou ação. Diz-se, por exemplo, dessa forma, que alguém é responsável por outrem, como o pai pelos filhos menores, o empregador por seus serviçais ou empregados etc. Em outro sentido, a responsabilidade denota a capacidade da pessoa. Os menores de 16 anos, por exemplo, são absolutamente incapazes de exercer pessoalmente os atos da vida civil, como se depreende do art. 3º do novo Código Civil(2).

---

(1) Constituição Federal de 1988, art. 5º, inciso V: é assegurado o direito de resposta, proporcional ao agravo, além da indenização por dano material, moral ou à imagem; Inciso X: São invioláveis a intimidade, a vida privada, a honra e a imagem das pessoas, assegurado o direito à indenização pelo dano material ou moral decorrente de sua violação.

(2) Art. 3º São absolutamente incapazes de exercer pessoalmente os atos da vida civil: I — os menores de dezesseis anos; II — os que, por enfermidade ou deficiência mental, não tiverem o necessário

No desenvolvimento do presente trabalho, interessa a responsabilidade da empresa ou do empregador por fato ou ato punível ou moralmente reprovável que implique violação de direito na interpretação do novo Código Civil, que venha a ensejar reflexos ou consequências jurídicas.

A rigor, o que se aprecia em sede de responsabilidade civil é a conduta do agente, pessoa jurídica ou física, isto é, a concatenação ou a sequência de atos ou fatos que produza efeitos geralmente lesivos no patrimônio material ou extrapatrimonial(3) do ofendido. Apenas um único ato pode ser capaz de gerar, por si só, a obrigação ou o dever de indenizar.

No campo da responsabilidade civil, o que nos interessa é a identificação da conduta comissiva ou omissiva que produz o dever de indenizar. Nesse domínio, uma pessoa é responsável quando é capaz de sofrer uma sanção, independentemente de ter cometido um ato ilícito ou antijurídico pessoalmente. Nesse âmbito, a responsabilidade pode ser direta, quando liga o próprio causador do dano ao ilícito, ou indireta, quando o terceiro que comete o ato ou a sequência de atos lesivos a outrem é, de uma ou outra forma, ligado ao ofensor, de acordo com o ordenamento jurídico.

No Direito Civil, terceiros só podem ser chamados a indenizar quando a lei expressamente o determinar, diversamente do que ocorre no campo do Direito Penal, no qual a pena não pode passar da pessoa do agente, noção que já sofre contestação na doutrina penalista contemporânea.

Uma das grandes inovações do novo Código Civil foi a contemplação da responsabilidade objetiva, presente em várias leis, que desconsidera a noção de culpabilidade. A tendência jurisprudencial do alargamento do conceito de culpa, sob o prisma do dever genérico de não prejudicar, possibilitou a criação da Teoria do Risco em várias configurações.

Por essa teoria, o sujeito responsável por riscos inerentes à atividade econômica, ou perigos que sua atuação possa promover deve arcar com a indenização, mesmo que envide todos os esforços no sentido de evitar o dano. Já que o sujeito é privilegiado pelas vantagens ou benefícios do negócio ou atividade, deve responder por possíveis indenizações que essa atividade possa ocasionar. A legislação dos acidentes de trabalho constitui o exemplo claro da teoria da responsabilidade objetiva.

---

discernimento para a prática desses atos; III — os que, mesmo por causa transitória, não puderem exprimir sua vontade.

(3) De acordo com a Lei n. 10.224/01, o empregador (superior hierárquico) que, usando da função, constrange alguém a lhe prestar favores sexuais, está sujeito à pena de detenção de um a dois anos. A empresa, por seu turno, poderá ser punida se a vítima ajuizar uma ação reclamatória em face da empresa, e se condenada deverá geralmente pagar uma indenização pecuniária por danos morais e/ou materiais.

Foi Raymond Saleilles[4] que iniciou os estudos dos critérios objetivos de imputação da responsabilidade civil, com a proposição de que este princípio fosse substituído por um princípio de causalidade, prescindindo, desta forma, da perquirição sobre o comportamento do causador do dano. No mesmo sentido, Louis Josserand[5] passou a defender a noção de risco como critério de responsabilização, utilizando-se da jurisprudência francesa que tinha passado a aplicar a responsabilidade por guarda da coisa também de forma objetiva.

Para Anderson Schreiber[6] "na esteira das obras de Saleilles e Josserand, a culpa tornou-se objeto do que já foi referido como o mais intenso dos ataques doutrinários que talvez se tenha registrado na evolução de um instituto jurídico. Por toda a parte, autores notáveis filiaram-se à ideia de uma responsabilidade objetiva, fundada na teoria do risco, e não menos notáveis foram os autores que se ergueram em defesa da culpa. Como fruto deste profícuo debate, a responsabilidade objetiva veio a ser adotada em quase todos os ordenamentos jurídicos, por meio de leis especiais, aplicáveis a setores específicos, relacionados aos anseios sociais mais graves no campo da responsabilidade civil. Na maior parte dos casos, todavia, fez-se necessário um longo período de maturação antes que a responsabilidade objetiva ganhasse espaços mais abertos".

Ainda de acordo com este autor[7], no Brasil, por exemplo, embora não estranha ao Código Civil de 1916, a responsabilidade objetiva ingressou efetivamente no ordenamento positivo por meio de diplomas especiais, como a Lei de Estradas de Ferro (Decreto n. 2.681/1912), o Código Brasileiro de Aeronáutica (Lei n. 7.565/1986) e a Lei n. 6.453/1977, relativa às atividades nucleares. A Constituição Federal de 1988 abriu novos caminhos, não apenas por força da previsão das hipóteses específicas (art. 7º, XXVIII, art. 21, XXIII, art. 37, § 6º), mas, sobretudo, pela inauguração de uma nova tábua axiológica, mais sensível à adoção de uma responsabilidade que, dispensando a culpa, se mostrasse fortemente comprometida com a reparação dos danos em uma perspectiva marcada pela solidariedade social.

O Código de Defesa do Consumidor foi outro exemplo notável de responsabilidade objetiva no ordenamento jurídico. Sérgio Cavalieri Filho[8] afirma que a Lei n. 8.078/1990 introduz uma nova área de responsabilidade no Direito brasileiro, a responsabilidade nas relações de consumo, tão vasta que não haveria

---

(4) SALEILLES, Raymond. Les acidentes de travail et la responsabilité civile. Essai d'une theorie objective de la responsabilité délictuelle. Paris: Arthur Rousseau, 1897.

(5)) JOSSERAND, Louis. Evolução da responsabilidade civil. *Revista Forense*, Rio de Janeiro, v. LXXXVI, p. 548 e ss., 1941.

(6) SCHREIBER, Anderson. *Novos paradigmas da responsabilidade civil*: da erosão dos filtros da reparação à diluição dos danos. São Paulo: Atlas, 2007. p. 19.

(7) SCHREIBER, Anderson. *Op. cit.*, p. 19-20.

(8) CAVALIERI FILHO, Sérgio. *Programa de responsabilidade civil*. 2. ed. São Paulo: Malheiros, 2000. p. 28.

nenhum exagero em dizer estar hoje a responsabilidade civil dividida em duas partes: a responsabilidade tradicional e a responsabilidade nas relações de consumo.

Não obstante, remanesce ainda entre nós que o princípio da responsabilidade extracontratual civil no Código Civil de 2002 continua sendo o da responsabilidade subjetiva, ou seja, responsabilidade fundada na culpa que recai nos institutos da negligência, imprudência ou imperícia do ofensor. A responsabilidade objetiva, ou responsabilidade sem culpa, somente pode ser aplicada, como dito, quando existe lei expressa que assim a autorize.

Podemos dizer que a maior inovação do Código Civil de 2002 foi a criação da cláusula geral de responsabilidade objetiva, nas atividades de risco, na redação que deu ao art. 927, parágrafo único:

> "Art. 927. Aquele que, por ato ilícito (arts. 186 e 187), causar dano a outrem, fica obrigado a repará-lo.
>
> Parágrafo único. Haverá obrigação de reparar o dano, independentemente de culpa, nos casos especificados em lei, ou quando a atividade normalmente desenvolvida pelo autor do dano implicar, por sua natureza, risco para os direitos de outrem."

Assim sendo, na ausência de lei expressa, a responsabilidade por ato antijurídico será subjetiva, pois esta é a norma geral aplicável no ordenamento jurídico pátrio. Entretanto, na análise do caso concreto, o magistrado, em casos excepcionais, considerando os aspectos da nova lei, poderá entender como aplicável a responsabilidade objetiva no caso *sub judice*(9).

2. Gênese e evolução histórica da responsabilidade

O Código de Hamurabi, gravado em uma estrela de basalto negro, que se acha conservada no Louvre, em Paris, tratava da responsabilidade entre 1792/1750 antes de Cristo. Tinha como princípio a proteção aos mais fracos e oprimidos. Era constituído por um sistema de leis sumérias e acadianas, que foram revisadas, adaptadas e ampliadas por Hamurabi. O Código estabelecia uma ordem social baseada nos direitos do indivíduo e aplicada na autoridade das divindades babilônicas e do Estado.

O texto do Código demonstra uma preocupação de Hamurabi em conferir ao lesado uma reparação equivalente. Essa noção pecuniária da reparação do dano possibilitava aos súditos do rei Hamurabi valerem-se das normas ditadas pelo seu Código. Nesse aspecto, os parágrafos do Código são ricos de interpretações do que foi um sistema de leis, fruto dos hábitos e costumes de uma civilização pujante e atraente.

---

(9) REIS, Clayton. *O dano moral*. 4. ed. Rio de Janeiro: Forense, 1999. p. 9.

Assim, o célebre axioma primitivo "olho por olho, dente por dente", constituía uma forma de reparação do dano, inserto nos §§ 196, 197 e 200 do Código. Este axioma expressava a Lei do Talião, isto é, a justiça feita pelas próprias mãos, que originou a autotutela dos dias atuais[(10)].

Clayton Reis[(11)] desenvolve o tema afirmando que "a ideia, hoje vigente, de reparação do dano por um valor monetário tinha por objetivo repor as coisas lesadas ao seu *status quo ante*, ou ainda, dar uma compensação monetária à vítima, em virtude do sofrimento experimentado por esta. Portanto, a imposição de uma pena econômica consistia, sem dúvida, em uma forma de, à custa da diminuição do patrimônio do lesante (que por si só constituía uma pena), proporcionar à vítima uma satisfação compensatória. Além dessa satisfação, a pena objetivava ainda a exclusão da vindita, sentimento contrário à unidade e harmonia do grupo social".

Certo é que naquela época já havia uma preocupação social, cabendo ao Direito da época, por meio da codificação estabelecida pelo Rei da Babilônia, atribuir aos ofensores uma espécie de multa, ou compensação pecuniária, cujo objetivo fundamental consistia em coibir os abusos de violência, bem como reprimir o sentimento de vingança[(12)].

No Direito Romano, a *Lex Aquilia* é o divisor de águas da responsabilidade civil. Esse diploma, de uso restrito a princípio, atinge dimensão ampla na época de Justiniano, como remédio jurídico de caráter geral; como considera o ato ilícito uma figura autônoma, surge, desse modo, a moderna concepção da responsabilidade extracontratual. O sistema romano de responsabilidade extrai da interpretação da *Lex Aquilia* o princípio pelo qual se pune a culpa por danos injustamente provocados, independentemente de relação obrigacional preexistente. Funda-se aí a origem da responsabilidade extracontratual[(13)].

Por essa razão, denomina-se também responsabilidade aquiliana essa modalidade de responsabilidade extracontratual. A *Lex Aquilia* foi um plebiscito aprovado provavelmente em fins do século III ou início do século II antes de Cristo, que possibilitou atribuir ao titular de bens o direito de obter o pagamento de uma penalidade em dinheiro de quem tivesse destruído ou deteriorado seus bens. Como os escravos eram considerados coisas, a lei também se aplicava na hipótese de danos ou morte deles. Punia-se por uma conduta que viesse a ocasionar danos. A ideia de culpa é centralizadora nesse intuito de reparação. Em princípio, a culpa é punível, traduzida pela imprudência, negligência ou imperícia, ou pelo dolo[(14)].

---

(10) SANTOS, Enoque Ribeiro dos. *O dano moral na dispensa do empregado.* 3. ed. São Paulo: LTr, 2002. p. 53.
(11) REIS, Clayton. *O dano moral.* 4. ed. Rio de Janeiro: Forense, 1999. p. 10-11.
(12) *Op. cit.*, p. 11.
(13) VENOSA, Sílvio de Salvo. *Direito civil.* 3. ed. São Paulo: Atlas, 2003. p. 18.
(14) *Op. cit.*, p. 19.

Coube à Escola do Direito Natural ampliar o conceito da Lei Aquilia, até então casuística, a partir do século XVII. A teoria da reparação de danos somente começou a ser perfeitamente compreendida quando os juristas equacionaram que o fundamento da responsabilidade civil situa-se na quebra do equilíbrio patrimonial provocado pelo dano. Nesse sentido, transferiu-se o enfoque da culpa, como fenômeno centralizador da indenização, para a noção de dano. O Direito francês aperfeiçoou as ideias romanas, estabelecendo princípios gerais de responsabilidade civil(15).

É inolvidável a contribuição de Fischer(16), que preconizava que a "responsabilidade civil é pura resultante do equilíbrio violado pelo dano. Ela visa a repor o prejudicado à situação que desfrutava anteriormente, da forma mais completa possível, ou seja, *restitutio in integrum*. A eficiência do reparo será diretamente proporcional ao quanto mais perto alcance reconduzir a vítima ao *status quo ante*".

A propósito, Fischer(17) ainda afirma que "a indenização tem caráter sucedâneo. Ela põe-se no lugar do dano. O acontecimento danoso interrompe a sucessão normal dos fatos: o dever do indenizante, em tal emergência, é provocar um novo estado de coisas que se aproxime o mais que for possível à situação frustrada daquela situação, que, segundo os cálculos da experiência humana e às leis da probabilidade, seria existente a não ter-se interposto o dano".

Em se tratando o Direito do Trabalho de um ramo da árvore frondosa do Direito Civil, no qual a proteção do trabalhador hipossuficiente suscita uma maior proteção, preconizamos não apenas o maior rigor dos magistrados na apuração e determinação da reparação subjetiva e objetiva, como também a incorporação em nosso ordenamento jurídico dos institutos do *punitive and exemplary damage*(18)(perdas e danos exemplares) oriundos do Direito norte-americano, na aferição e na reparação dos danos morais e materiais em sede trabalhista, mormente os perpetrados contra o empregado.

3. Conceito e fundamento jurídico

Responsabilidade civil pode ser conceituada como a obrigação de responder pelas consequências jurídicas decorrentes do ato ilícito praticado, reparando o prejuízo ou dano causado.

---

(15) VENOSA, Sílvio de Salvo. *Direito civil*. 3. ed. São Paulo: Atlas, 2003. p. 19.

(16) FISCHER, H. *A reparação dos danos no direito civil*. Tradução de Ferrer de Almeida. Coimbra: Armênio Amado, 1938. p. 165.

(17) *Ibidem*, p. 166.

(18) Sob o tema, nosso artigo: Contribuições à fixação da indenização do dano moral trabalhista — a tese da aplicação dos exemplary ou punitive damages. *Revista Justiça do Trabalho*, Porto Alegre, ano 21, n. 246, p. 7-17, jun. 2004.

Essa responsabilidade pode ser contratual ou extracontratual, ou aquiliana, derivada da *Lex Aquilia*, oriunda do Direito Romano, que se traduz na violação de um preceito de lei, sem conexão com uma norma contratual.

Silvio Rodrigues[19] informa-nos que a responsabilidade civil vem definida por Savatier[20] como a obrigação que tem uma pessoa de reparar o prejuízo causado a outra, por fato próprio, ou por fato de pessoas ou coisas que dela dependam.

A responsabilidade civil, entre nós, vem regulada, entre outros, pelos arts. 186 e 927 do novo Código Civil de 2002. Estatui o art. 186, *in verbis*:

> "Aquele que, por ação ou omissão voluntária, negligência ou imprudência, violar direito e causar dano a outrem, ainda que exclusivamente moral, comete ato ilícito."

Por seu turno, o art. 927 do Código Civil assim se expressa:

> "Aquele que, por ato ilícito (arts. 186 e 187), causar dano a outrem, fica obrigado a repará-lo. Parágrafo único. Haverá obrigação de reparar o dano, independentemente de culpa, nos casos especificados em lei, ou quando a atividade normalmente desenvolvida pelo autor do dano implicar, por sua natureza, riscos para os direitos de outrem."

Já o art. 187 do Código Civil diz:

> "Também comete ato ilícito o titular de um direito que, ao exercê-lo, excede manifestamente os limites impostos pelo seu fim econômico ou social, pela boa-fé ou pelos bons costumes."

Dessa forma, não apenas o ato lícito, como também o ato ilícito são considerados espécies do gênero ato jurídico.

Na seara do Direito do Trabalho, o art. 8º da CLT (Consolidação das Leis do Trabalho), por sua vez, preceitua em seu § 1º que o direito comum será fonte subsidiária do direito do trabalho, em sua nova redação estabelecida pela Lei n. 13.467/2017.

Dessa forma, constituem requisitos da responsabilidade civil:

a) a ação ou omissão (fato lesivo);

b) o dano ou prejuízo;

c) o nexo de causalidade; e

d) a culpa ou o dolo do agente, bem como eventual ato abusivo (art. 187 do código civil).

---

(19) RODRIGUES, Silvio. *Direito civil.* São Paulo: Saraiva, 2003. v. 4, p. 6.

(20) SAVATIER, René. *Traité de la responsabilité civile en droit français civil.* Paris, 1939. v. 1, n. 1: Les sources de la responsabilité civile.

4. A bipartição da responsabilidade civil

A responsabilidade civil biparte-se em responsabilidade civil objetiva e responsabilidade civil subjetiva.

A responsabilidade civil objetiva já é tratada pelo Direito do Trabalho há décadas, conforme preceitua o art. 2º, § 2º, da CLT, que enuncia:

> "Sempre que uma ou mais empresas, tendo, embora, cada uma delas, personalidade jurídica própria, estiverem sob a direção, controle ou administração de outra, ou ainda quando, mesmo guardando cada uma sua autonomia, integrem grupo econômico, serão responsáveis solidariamente pelas obrigações decorrentes da relação de emprego". (Redação dada pela Lei n. 13.467, de 2017)

Esse tipo de responsabilidade funda-se na Teoria do Risco, independentemente de dolo ou culpa. Neste caso, o empregador, ou a empresa, assume os riscos da atividade econômica, em qualquer circunstância (pandemia da COVID-19, recessão, crise econômica, cambial, financeira, de competitividade, ou até mesmo na força maior e casos fortuitos, conforme dispõem os arts. 501 e 502[(21)] da Consolidação das Leis do Trabalho).

O art. 504 da CLT ainda declara que, comprovada a falsa alegação do motivo de força maior, é garantida a reintegração aos empregados estáveis, e aos não estáveis o complemento da indenização já percebida, assegurado a ambos o pagamento da remuneração atrasada.

4.1. *O fato do príncipe*

Visualizamos nestes artigos da CLT a ocorrência do factum principis, ou seja, a paralisação do trabalho por ato de autoridade, que constitui uma das espécies da força maior. Se uma lei municipal impede ou obstrui as atividades de uma empresa, o município responderá solidariamente pelos débitos trabalhistas.

Mozart Victor Russomano[(22)] declara que o *factum principis* é ato de autoridade pública que determina a suspensão temporária ou definitiva das atividades da

---

(21) Art. 501 da CLT. Entende-se como força maior todo acontecimento inevitável, em relação à vontade do empregador, e para a realização do qual este não concorreu, direta ou indiretamente. § 1º A imprevidência do empregador exclui a razão de força maior. § 2º À ocorrência do motivo de força maior que não afetar substancialmente, nem for suscetível de afetar, em tais condições, a situação econômica e financeira da empresa, não se aplicam às restrições desta Lei referentes ao disposto neste Capítulo.

Art. 502 da CLT. Ocorrendo motivo de força maior que determina a extinção da empresa, ou de um dos estabelecimentos em que trabalhe o empregado, é assegurada a este, quando despedido, uma indenização da seguinte forma: I — sendo estável, nos termos dos arts. 477 e 478. II — não tendo direito à estabilidade, metade da que seria devido em caso de rescisão sem justa causa. III — havendo contrato por prazo determinado, aquela a que se refere o art. 479 desta Lei, reduzida igualmente à metade.

(22) RUSSOMANO, Mozart Victor. *CLT anotada*. 5. ed. Rio de Janeiro: Forense, 2003. p. 149.

empresa, evidentemente, na forma da definição do art. 501 e ss., é modalidade de força maior.

Declara ainda que sobre o *factum principis* existe norma especial, contida no art. 486 da CLT, que transfere a responsabilidade pelo pagamento das verbas rescisórias à pessoa jurídica de Direito Público, que praticou o ato determinador da suspensão (temporária ou definitiva) do trabalho da empresa[(23)].

A título ilustrativo, transcrevemos as seguintes ementas dos Tribunais do Trabalho sobre o tema:

> FACTUM PRINCIPIS - CARACTERIZAÇÃO - INTELIGÊNCIA DO ART. 486 DA CLT. No caso vertente, de acordo com o quadro fático delineado pela decisão regional, a rescisão do contrato de trabalho dos reclamantes deu-se por meio de ato da Administração Pública (desapropriação de imóvel rural para fins de reforma agrária), bem como que os proprietários do imóvel não concorreram para a desapropriação do imóvel e não tiveram como evitá-la. Esta Corte, em casos análogos, tem admitido a responsabilidade indenizatória do ente estatal com fulcro no art. 486 da CLT , quando restou comprovado que empregador não concorreu, direta ou indiretamente, para o encerramento das atividades empresariais. Nessa linha, descabe falar em violação 486 da CLT, tendo em vista a conclusão do acórdão regional de que o empregador não concorreu para a desapropriação do imóvel, razão pela qual restou caracterizada a hipótese de factum principis prevista no dispositivo legal referenciado. Precedentes. Agravo de instrumento a que se nega provimento. (TST - AIRR 17644420135030038 DEJT 29/09/2017)
>
> FACTUM PRINCIPIS - ART. 486 DA CLT - CONTRATO DE GESTÃO REALIZADO COM O ESTADO - TERMO FINAL - PREVISIBILIDADE - NÃO CARACTERIZAÇÃO - CRÉDITOS TRABALHISTAS IMPUTÁVEIS AO EMPREGADOR
>
> A figura jurídica do factum principis estatuída no art. 486 da CLT, doutrinariamente caracterizada modalidade de força maior, se constitui causa de resolução da avença laboral pela inviabilidade de sua permanência por ato absolutamente alheio à vontade do empregador, uma vez que imputável a responsabilidade pela paralisação do empreendimento à pessoa de direito público. Entretanto, não se configura quando, rompido contrato de gestão entre a empregadora e o Estado, por advento do termo final, substrato previsível, pela natureza da avença, precária e temporária. Nesse passo, fica atribuído à empregadora o ônus da satisfação dos créditos trabalhistas ao trabalhador reconhecidos na demanda. (TRT12R - ROT - 0000141-20.2019.5.12.0058 , Rel. LIGIA MARIA TEIXEIRA GOUVEA , 5ª Câmara , Data de Assinatura: 17/03/2020).
>
> AGRAVO DE INSTRUMENTO - RECURSO DE REVISTA INTERPOSTO ANTES DA LEI N. 13.015/2014 - DESAPROPRIAÇÃO DE IMÓVEL RURAL PARA FINS DE REFORMA AGRÁRIA - FACTUM PRINCIPIS - CARACTERIZAÇÃO - INTELIGÊNCIA DO ART. 486 DA CLT. No caso vertente, de acordo com o quadro fático delineado pela decisão regional, a rescisão do contrato de trabalho dos reclamantes deu-se por meio de ato da Administração Pública (desapropriação de imóvel rural para fins de reforma agrária), bem como que os proprietários do imóvel não concorreram para a desapropriação do imóvel e não tiveram como evitá-la. Esta Corte, em casos análogos, tem admitido a responsabilidade indenizatória do ente estatal com fulcro no

(23) RUSSOMANO, Mozart Victor. *CLT anotada*. 5. ed. Rio de Janeiro: Forense, 2003. p. 149.

art. 486 da CLT, quando restou comprovado que empregador não concorreu, direta ou indiretamente, para o encerramento das atividades empresariais. Nessa linha, descabe falar em violação do art. 486 da CLT, tendo em vista a conclusão do acórdão regional de que o empregador não concorreu para a desapropriação do imóvel, razão pela qual restou caracterizada a hipótese de factum principis prevista no dispositivo legal referenciado. Precedentes. Agravo de instrumento a que se nega provimento. (TST AIRR 1764-44.2013.5.03.0038 -, Rel. Maria Helena Mallmann, 2ª Turma, DEJT 29/09/2017).

Com exceção desses casos, a responsabilidade é sempre da empresa que deve arcar com o risco do negócio. O empregado não pode ser constrangido a socializar prejuízos para os quais não concorreu. Não acarreta, ademais, a responsabilidade do ente público pelos encargos trabalhistas do empregador.

Se o empregador, por sua culpa exclusiva, der causa à interdição de um ou mais de seus estabelecimentos ou plantas industriais, pelo órgão fiscalizador, deverá assumir, na integralidade, a responsabilidade por sua incúria ou negligência na administração de seus negócios, como aliás preconiza o art. 501 da CLT, anteriormente enunciado. Nesse caso, não poderá invocar a ocorrência de força maior, nem o enquadramento do evento na Teoria da Imprevisão para tentar se desincumbir do pagamento dos encargos.

Para a configuração do fato do príncipe, de forma que o empregador possa elidir a sua responsabilidade pelo evento, será necessária a ocorrência das seguintes situações fáticas, quais sejam:

a) a imprevisibilidade do evento danoso;

b) a inexistência de concurso direto ou indireto do empregador no aludido fato;

c) a necessidade imperativa de que o evento atinja frontalmente e significativamente a situação econômico-financeira do empreendimento do empregador.

Portanto, o instituto do fato do príncipe, regido pelo art. 486, da CLT às situações de extinção de estabelecimentos, fechamento de empresas, ou longas paralisações de atividade, motivados por fatos alheios e totalmente imprevisíveis, sem qualquer participação ou concorrência do empregador, que lhe tenha provocado prejuízos imensuráveis, levando-o ao total colapso e ruptura de suas atividades econômicas e produtivas.

Geralmente ocorre quando o Poder Público, na sua linha estratégica de planejamento urbano, e com olhar direcionado ao interesse público primário, implementa, por exemplo, uma linha de metrô, uma reforma de rodovia, viaduto etc., promovendo a interdição de espaços públicos e privados, que provocam a ruptura das atividades econômicas e o desenvolvimento dos negócios circunvizinhos. Semelhante caso ocorre com as desapropriações. São casos pontuais.

No caso da pandemia do coronavírus (COVID-19), no entanto, a situação é diversa, pois envolve uma força maior desproporcional, atípica, totalmente imprevisível, fora do controle humano, um verdadeiro " act of God", jamais vivenciado nas últimas décadas, que atingiu todo o planeta, em face da globalização e encurtamento das distâncias, suscetível de provocar a extinção e o desaparecimento de inúmeros estabelecimentos, especialmente os pequenos e médios, que não dispõem de uma estrutura saudável de capital próprio, e no qual se encontra justamente alocado o maior número de empregados com carteira assinada no Brasil.

Sendo assim, o enquadramento do coronavírus como pandemia, pela Organização Mundial da Saúde, o situa no plano da calamidade pública, atingindo virtualmente todas as empresas do planeta, provocando uma gigantesca canalização de recursos financeiros do Estado para a saúde pública, já que a vida das pessoas encontra-se em primeiro lugar.

Ante este fato, o Congresso Nacional votou em 2020, a liberação de recursos maciços para a Saúde, ignorando até mesmo o teto fiscal do orçamento público estabelecido anteriormente. A União deverá renegociar ainda dívidas com municípios e Estados, além da ajuda a empregadores e empregados.

É neste cenário que não podemos ficar retidos em uma análise literal sobre a responsabilização dos danos, aqui incluindo o instituto do fato do príncipe, albergado no art. 468, da CLT, pois nas últimas décadas jamais o mundo enfrentou tantos problemas ao mesmo tempo, cada um exigindo uma solução mais imediata que a outra. Por isso, o assunto merece interpretação sistemática e maior aprofundamento jurisprudencial na seara trabalhista.

Na Justiça do Trabalho há raríssimos julgados deferindo ganho de causa com fulcro no fato do príncipe, como condição de excludente da responsabilidade do empregador. O que se vê na prática, invariavelmente, é a atribuição do risco ao empregador, consoante art. 2º ., parágrafo 2º., da CLT.

Em outras palavras, a Justiça do Trabalho têm se inclinado no sentido de que todas as verbas rescisórias e do contrato de trabalho são devidas pelo empregador, nas dispensas individuais ou coletivas. Raros são os casos de responsabilidade do Estado com base no " factum principis".

Considerando o instituto do fato do príncipe, como excludente de responsabilidade do empregador pelo pagamento de verbas rescisórias, por ato de autoridade, embora haja lei de regência (art. 486 da CLT) diante do caso concreto da pandemia do coronavírus, seu caráter inusitado, impensável, suas repercussões no cenário internacional, bem como as determinações do Estado, de índole preventiva, acautelatória, em prol da dignidade da pessoa humana e relacionadas a matéria de ordem pública, de imperatividade absoluta, tudo isto conduz à conclusão de sua difícil aplicabilidade no plano concreto, à luz da dominante e remansosa jurisprudência do Judiciário trabalhista[24].

5. A Responsabilidade social ou ética e as ações afirmativas (*affirmative actions*)

Além da responsabilidade civil objetiva e subjetiva, poderíamos até mesmo dizer que existe um terceiro gênero de responsabilidade, ou um desdobramento implícito das duas primeiras enunciadas, a responsabilidade social ou ética da empresa ou do empregador, que deve permear a realização de todos os negócios jurídicos, com base nos princípios da boa-fé, da razoabilidade, da proporcionalidade, bem como na função social do contrato.

Essa responsabilidade ética ou social também é conhecida como governança corporativa ou responsabilidade corporativa, por meio da qual as empresas responsáveis realizam seus negócios jurídicos. Como a empresa constitui uma associação de interessados, este tipo de responsabilidade visa à garantia das minorias, dos hipossuficientes em face da supremacia do poder econômico das grandes organizações empresariais.

A ética, como ciência da moral, é uma forma de comportamento humano que se encontra em todos os tempos e em todas as sociedades. Constitui, assim, uma forma específica de comportamento humano, cujos agentes são os indivíduos concretos, indivíduos, porém, que só agem moralmente quando em sociedade, dado que a moral existe necessariamente para cumprir uma função social. Os indivíduos ou grupos defrontam-se com a necessidade de pautar o seu comportamento por normas que julgam mais apropriadas ou mais dignas de ser cumpridas. Estas normas são aceitas intimamente e reconhecidas como obrigatórias: de acordo com elas, os indivíduos compreendem que têm o dever de agir desta ou daquela maneira[24].

Karl Marx considerava que a moral, a política e o direito nada mais são do que produtos necessários das forças econômicas que agem na sociedade, e que essas forças econômicas não agem sozinhas: são apropriadas, não por indivíduos isolados uns dos outros, mas por uma classe social que os agrupa segundo seus próprios interesses. Para ele, a classe dominante — a burguesia capitalista — procura transformar o interesse próprio da classe dominante, em interesse comum de toda a sociedade, sob a forma moral, de direito e de legitimidade política[25].

---

(24) SANCHEZ VAZQUEZ, Adolfo. *Ética*. 16. ed. São Paulo: Civilização Brasileira, 1996. p. 14.
(25) MARX, Karl. *A ideologia alemã*: crítica da filosofia alemã mais recente. Lisboa: Presença, 1980. p. 1082.

Com efeito, no mundo atual, caracterizado pelo desemprego, pela automação, pelo risco onipresente de uma guerra nuclear, não há como não concordar com Hannah Arendt, quando afirma: "os acontecimentos políticos, sociais e econômicos de toda parte conspiram silenciosamente com os instrumentos totalitários inventados para tornar os homens supérfluos"[(26)].

Na verdade, nunca o mundo vivenciou tamanha prosperidade, e é inegável que todos vivemos em melhores condições materiais. Devido ao progresso científico estamos vivendo mais tempo. Mas, também, nunca as diferenças entre os ricos e os pobres foram tão acentuadas. O processo de acumulação de riqueza capitalista tem sido responsável, em grande parte, pela exclusão social, que provoca toda sorte de desequilíbrios no tecido social.

Analisando os dois grandes modelos políticos e ideológicos que se confrontaram no século XX, é oportuno trazer a interessante observação de Domenico de Masi, quando declara que "o comunismo demonstrou saber distribuir a riqueza, mas não saber produzi-la; o capitalismo demonstrou saber produzi-la, mas não distribuí-la — nem distribuir equitativamente o trabalho, o poder e o saber"[(27)].

E é com este pensamento em mente que não podemos esquecer as advertências, de enorme atualidade, de Hannah Arendt, sobre o totalitarismo e os enormes riscos que dele emanam: transformar grande parte da população do planeta em seres descartáveis, e sem esperança, o que pode, eventualmente, suscitar um retorno ao terror dos regimes de exceção, afastados do Estado Democrático de Direito.

É preciso que nos unamos para que as normas fundamentais que protegem a dignidade da pessoa humana, ou seja, os direitos humanos fundamentais, em todas as suas dimensões, tenham aplicabilidade e eficácia imediata na órbita do mundo do trabalho e da sociedade como um todo.

Temos atualmente notáveis exemplos que atestam um progresso na ética e na responsabilidade das empresas, nas suas relações com os empregados e com a comunidade.

Criado em 1982, o Prêmio Eco reconhece anualmente os melhores projetos de ação social desenvolvidos por empresas privadas nas áreas de cultura, educação, preservação ambiental, participação comunitária e saúde. A Ethos — Instituto de Empresas e Responsabilidade Social — é uma organização não governamental que atua na área da cidadania empresarial ou corporativa. Possui 134 empresas

---

(26) LAFER, Celso. *A reconstrução dos direitos humanos*: um diálogo com o pensamento de Hannah Arendt. São Paulo: Cia das Letras, 1998. p. 154.
(27) DE MASI, Domenico. *O futuro do trabalho*: fadiga e ócio na sociedade pós-industrial. Rio de Janeiro: José Olympio, 1999. p. 15.

associadas e promove a responsabilidade social das empresas com todos os públicos com os quais se relaciona[28].

A responsabilidade social das empresas tem como base uma relação ética com os trabalhadores, os sindicatos, a comunidade e outros parceiros sociais. Pressupõe a transformação dos sistemas de gestão, mediante a utilização de um conjunto de ferramentas que agirão sobre todos os relacionamentos organizacionais. Em outras palavras, a responsabilidade social envolve a redefinição dos relacionamentos em todos os quadrantes da organização (trabalhadores, sindicatos, acionistas, fornecedores, entidades governamentais, etc.).

A responsabilidade social das empresas apresenta similitude com o conceito de governança corporativa, que consiste no conjunto de procedimentos de gestão que lida com o poder de aplicar os recursos da empresa segundo o interesse de seus diversos financiadores e colaboradores (incluindo aqui os trabalhadores), cabendo aos gestores evitar que haja expropriação de um grupo por outro. Dessa forma, prevê a participação democrática de todos os parceiros, primando pela proteção e representação das minorias, dentro do princípio da boa-fé e da transparência nas relações.

Logo, a responsabilidade social da empresa envolve a contabilidade de dados verdadeiros, tornados públicos, por meio de auditorias independentes, comprometidas com os princípios da transparência. A Ford Brasil, por exemplo, criou uma gerência de responsabilidade social e, em parceria com o Sindicato dos Metalúrgicos do ABC Paulista, estabeleceu o MOVA (Movimento de Alfabetização de Jovens e Adultos), que atua desde 1999. Caberá a essa gerência envolver-se com todas as políticas relacionadas com os empregados[29].

Recentemente, como provável fruto das pressões e demandas por parte das organizações sindicais, as políticas de empregos em favor da igualdade de oportunidade a segmentos sociais que se encontram em posições desfavoráveis (mulheres, negros, deficientes físicos etc.) têm conseguido, finalmente, ser objeto da pauta das negociações coletivas. Em alguns casos, o interesse de corrigir tradicionais práticas discriminatórias e de superar suas novas transformações tem levado várias empresas a ser protagonistas na preparação e execução de políticas de empregos, promovendo ações que afirmam os princípios de igualdade de oportunidades. É assim que elas vêm sendo chamadas — ações afirmativas (*affirmative actions*)[30].

---

(28) Cresce cidadania empresarial. *Folha de S. Paulo*, São Paulo, 2 abr. 1999, Caderno Dinheiro, p. 1.

(29) CAMPOS, Stela. Um cargo inédito para o assunto do momento: responsabilidade social. *Jornal Valor Econômico*, São Paulo, p. D4, 12 fev. 2001.

(30) CAPPELLIN, Paola. Ações afirmativas, gênero e mercado de trabalho: a responsabilidade social das empresas na União Europeia. In: ROCHA, Maria Isabel Baltar da (org.). *Trabalho e gênero*: mudanças, permanências e desafios. São Paulo: Editora 34, 2000. p. 265.

As ações afirmativas, estabelecidas pelos países da União Europeia em 1984, por meio da Comissão Europeia, na direção-geral Emprego, Relações Industriais e Questões Sociais, têm como objetivo contribuir para cancelar ou corrigir as desigualdades de fato, de maneira a promover a presença e a participação de mulheres em todos os setores profissionais e em todos os níveis de responsabilidade. Logo, tais iniciativas visam predispor a condutas que afirmam os princípios de igualdade de tratamento, remuneração, ascensão de carreira, promoção e formação entre homens e mulheres nos locais de trabalho. Muitas ações afirmativas nas empresas refletem o novo patamar do diálogo negociado entre trabalhadores, sindicatos, Estado e empresários em favor da igualdade de fato[(31)].

De acordo com Paulo Lucena de Menezes, ações afirmativas, nos dias correntes, é uma expressão de amplo alcance que designa o conjunto de estratégias, iniciativas ou políticas que visam favorecer grupos ou segmentos sociais que se encontram em piores condições de competição em qualquer sociedade, em razão, na maior parte das vezes, da prática de discriminações negativas, sejam elas presentes ou passadas. Colocando-se de outra forma, pode-se asseverar que são medidas especiais que buscam eliminar os desequilíbrios existentes entre determinadas categorias sociais até que eles sejam neutralizados, o que se realiza por meio de providências efetivas em favor das categorias que se encontram em posições desvantajosas[(32)].

Paradigmático a esse respeito é o pensamento de Ronald Dworkin, que defende veementemente as ações afirmativas sob o prisma distributivo, ainda que calcado em argumentos voltados para a utilidade social. Declara ele: "não obstante o objetivo imediato da ação afirmativa ser o de favorecer uma maior participação de determinados grupos na sociedade, a sua finalidade última reside na redução das desigualdades sociais nela existentes, especialmente aquelas relacionadas com a divisão do poder e da riqueza. Dessa forma, os custos e os sacrifícios exigidos para tal redução, que são suportados pelos indivíduos não beneficiados pela política da ação afirmativa implantada, são plenamente justificáveis pelo fato de eles reverterem em favor de um bem maior (distribuição

---

(31) CAPPELLIN, Paola. Ações afirmativas, gênero e mercado de trabalho: a responsabilidade social das empresas na União Europeia..., cit., p. 266.

(32) MENEZES, Paulo Lucena de. *A ação afirmativa* (affirmative action) *no direito norte-americano*. São Paulo: Revista dos Tribunais, 2001. p. 27. Prefaciando esta obra, Manoel Gonçalves Ferreira Filho afirma: "*A affirmative action* inscreve-se na visão clássica da justiça, pois, consiste esta, na expressão de Rui Barbosa, em tratar igualmente os iguais e desigualmente os desiguais, na medida em que se desigualam? Com efeito, é nesse ponto que mais sofrem as minorias em relação a situações anteriores de discriminação, de desigualização negativa. Não é fácil, porém, estabelecer a justa medida da desigualização a ser corrigida, como nem sempre é o determinar quem realmente integra um grupo penalizado pela discriminação. Ademais, pode ela ter efeitos indesejados e indesejáveis, como o mostra a vivência norte-americana, prejudicando muitos quando desiguala para favorecer a outros".

de justiça) que alcança toda a comunidade, visto que uma sociedade igualitária tende a ser uma sociedade mais justa"[33].

O fato mais importante dessas afirmações consiste na sua dupla fundamentação: o fulcro no princípio da igualdade, assegurado pelas Constituições e leis federais de virtualmente quase todos os países do globo, em conjunto com práticas que combatem qualquer forma de discriminação e injustiças, em perfeita sincronia com o princípio primacial de proteção dos direitos humanos fundamentais.

As transformações no mundo do trabalho, o aumento da competitividade, uma democratização maior nas relações de trabalho encaminham-se para que as empresas sejam levadas a considerar, como parte de sua estratégia, o relacionamento com seus interlocutores sociais: as entidades sindicais. Essas mediações institucionais das ações afirmativas, inseridas como parte das estratégias das relações industriais, podem gerar fruto a médio e longo prazo.

Nesse caso, tais ações colocam-se como um instrumento que incentiva adesão e participação crescentes, aprimorando o estilo de performance/qualidade da própria empresa. É interessante o exemplo da Bélgica: quando as empresas assinaram as convenções com os sindicatos para implementarem as ações afirmativas — setor metalúrgico, de construção, da eletrônica — conseguiram responder às necessidades de recrutamento e manutenção do pessoal qualificado. Tais empresas conseguiram qualificar o segmento de mão de obra feminina recém-desempregada, que já formava o exército de reserva, possibilitando sua nova reinserção nos ofícios técnicos tradicionalmente ocupados apenas por homens[34].

No Brasil, os sindicatos e as centrais sindicais podem se apresentar como os principais protagonistas da inserção das ações afirmativas na pauta das negociações coletivas, não isoladamente, mas de maneira difusa no meio sindical. A partir de sua disseminação e efetiva utilização prática nas negociações coletivas, não resta dúvida de que elas irão fortalecer as propostas de igualdade de oportunidades entre os trabalhadores, ou seja, a igualdade profissional, que constitui uma das metas principais das ações afirmativas.

A Lei n. 6.404/1976 (Lei das Sociedades Anônimas), o art. 50 do novo Código Civil, e vários outros artigos desse diploma legal referentes à Teoria da Empresa atribuem responsabilização dos dirigentes, administradores e gerentes, por abuso de direito e desvio de finalidade na gestão do negócio empresarial.

---

(33) DWORKIN, Ronald. *Los derechos en serio*. 3. reimpr. Tradução de Marta Guastavino. Barcelona: Ariel, 1997. p. 327-348.

(34) CAPPELLIN, Paola. Ações afirmativas, gênero e mercado de trabalho: a responsabilidade social das empresas na União Europeia. In: ROCHA, Maria Isabel Baltar da (org.). *Trabalho e gênero*: mudanças, permanências e desafios. São Paulo: Editora 34, 2000.p. 274.

Assim estatui o art. 117 da Lei n. 6.404/1976, que trata da responsabilidade do acionista controlador:

> "Art. 117. O acionista controlador responde pelos danos causados por atos praticados com abuso de poder. § 1º São modalidades de exercício de abuso de poder: a) orientar a companhia para fim estranho ao objeto social ou lesivo ao interesse nacional, ou levá-la a favorecer outra sociedade, brasileira ou estrangeira, em prejuízo da participação dos acionistas minoritários nos lucros ou no acervo da companhia, ou da economia nacional; b) promover a liquidação de companhia próspera, ou a transformação, incorporação, fusão ou cisão da companhia, com o fim de obter, para si ou para outrem, vantagem indevida, em prejuízo dos demais acionistas, dos que trabalham na empresa ou dos investidores em valores mobiliários emitidos pela companhia; c) promover alteração estatutária, emissão de valores mobiliários ou adoção de políticas ou decisões que não tenham por fim o interesse da companhia e visem a causar prejuízo a acionistas minoritários, aos que trabalham na empresa ou aos investidores em valores mobiliários emitidos pela companhia; d) eleger administrador ou fiscal que sabe inapto, moral ou tecnicamente; e) induzir, ou tentar induzir, administrador ou fiscal a praticar ato ilegal, ou, descumprindo seus deveres definidos nesta Lei e no estatuto, promover, contra o interesse da companhia, sua ratificação pela assembleia-geral; [...] § 2º No caso da alínea *e* do § 1º, o administrador ou fiscal que praticar o ato ilegal responde solidariamente com o acionista controlador."

O art. 158 dessa Lei trata da Responsabilidade dos Administradores e assim estatui:

> "Art. 158 da Lei n. 6.404/1976. O administrador não é pessoalmente responsável pelas obrigações que contrair em nome da sociedade e em virtude de ato regular de gestão; responde, porém, civilmente, pelos prejuízos que causar, quando proceder:
>
> I — dentro de suas atribuições ou poderes, com culpa ou dolo;
>
> II — com violação da lei ou do estatuto.
>
> § 1º O administrador não é responsável por atos ilícitos de outros administradores, salvo se com eles for conivente, se negligenciar em descobri-los ou se, deles tendo conhecimento, deixar de agir para impedir a sua prática. Exime-se de responsabilidade o administrador dissidente que faça consignar sua divergência em ata de reunião do órgão de administração ou, não sendo possível, dela dê ciência imediata e por escrito ao órgão da administração, no conselho fiscal, se em funcionamento, ou à assembleia geral?
>
> § 2º Os administradores são solidariamente responsáveis pelos prejuízos causados em virtude do não cumprimento dos deveres impostos por lei para assegurar o funcionamento normal da companhia, ainda que, pelo estatuto, tais deveres não caibam a todos eles.
>
> [...]
>
> § 5º Responderá solidariamente com o administrador quem, com o fim de obter vantagem para si ou para outrem, concorrer para a prática de ato com violação da lei ou do estatuto."[35]

---

(35) TRT da 3ª Região 5.7.2006 — TRT/MG: Bens de administradores de S/A. podem ser penhorados em caso de má-gestão.

Nestes casos, compete à companhia, mediante prévia deliberação da assembleia geral, a ação de responsabilidade civil contra o administrador pelos prejuízos causados a seu patrimônio. Essa deliberação poderá ser tomada em assembleia geral ordinária ou extraordinária.

Poderá ser responsabilizado não apenas o administrador, sócio do empreendimento, como o administrador não sócio, desde que seu comportamento omissivo ou comissivo se enquadre no tipo legal, uma vez que a lei não discrimina a espécie de administrador. E onde o legislador não especifica, não cabe ao intérprete fazê-lo.

Qualquer acionista poderá promover a ação, se não for proposta no prazo de 3 (três) meses da deliberação da assembleia geral e se esta deliberar pela não propositura da ação, poderá ser proposta por acionista que represente 5% (cinco) por cento, pelo menos, do capital social, conforme estatui o art. 159 da Lei n. 6.404/1976.

De outra sorte, a responsabilidade social das empresas veio dar ensejo à discussão nas negociações coletivas de trabalho, por meio de seus instrumentos jurídicos: acordo ou convenção coletiva de trabalho, das ações afirmativas (*affirmativa actions* do Direito norte-americano), que tem como objetivo a proteção de minorias étnicas, negros, hispânicos, mulheres e classes desfavorecidas de trabalhadores, como acabamos de desenvolver anteriormente.

Além disso, a responsabilidade social da empresa também inclui preceitos da Constituição Federal de 1988, notadamente a função social da propriedade urbana e rural, estabelecidos em seus arts. 182 e 184, como segue:

O TRT de Minas, por sua 5ª Turma, determinou o prosseguimento de execução em face dos bens particulares dos administradores de sociedade anônima, devedora de contribuições previdenciárias decorrentes de créditos deferidos em ação trabalhista.

A Turma entendeu que, embora o administrador não seja pessoalmente responsável pelas obrigações que contrai em nome da sociedade em ato regular de gestão (art. 158 da Lei n. 6.404/76), responde civilmente pelos prejuízos que causar quando proceder com culpa ou dolo e com violação da lei ou do estatuto social, isto é, em caso de gestão fraudulenta ou ilícita.

Aplicou-se também ao caso o disposto na Lei n. 8.620/93 que, em seu art. 13, parágrafo único, dispõe sobre a responsabilidade solidária dos acionistas controladores, administradores, gerentes e diretores de sociedade limitada quanto às obrigações para com a Seguridade Social, se comprovada sua culpa.

Ficou provada no processo a má gestão por parte da diretora da executada, que levou a sociedade a grave crise financeira, comprometendo todo o seu patrimônio e impossibilitando a execução direta contra esta. A própria falta de recolhimento das contribuições previdenciárias devidas, em violação a dispositivos legais, configura gestão temerária, ensejando a responsabilização dos administradores, que devem responder com seu patrimônio particular pelos débitos não quitados pela sociedade.

A decisão é também respaldada pelo art. 28, § 5º do Código de Defesa do Consumidor, aplicável subsidiariamente no processo trabalhista, o qual determina a desconsideração da personalidade jurídica da empresa para que a execução recaia diretamente sobre o sócio. (AP n. 00905-1998-036-03-00-6)

"§ 2º A propriedade urbana cumpre sua função social quando atende às exigências fundamentais de ordenação da cidade expressas no plano diretor.

§ 4º É facultado ao Poder Público municipal, mediante lei específica para área incluída no plano diretor, exigir, nos termos da lei federal, do proprietário do solo urbano não edificado, subutilizado ou não utilizado, que promova seu adequado aproveitamento, sob pena, sucessivamente, de:

I — parcelamento ou edificação compulsórios;

II — imposto sobre a propriedade predial e territorial urbana progressivo no tempo;

III — desapropriação com pagamento mediante títulos da dívida pública de emissão previamente aprovada pelo Senado Federal, com prazo de resgate de até dez anos, em parcelas anuais, iguais e sucessivas, assegurados o valor real da indenização e os juros legais.

Art. 186. A função social é cumprida quando a propriedade rural atende, simultaneamente, segundo critérios e graus de exigência estabelecidos em lei, aos seguintes requisitos:

I — aproveitamento racional e adequado;

II — utilização adequada dos recursos naturais disponíveis e preservação do meio ambiente;

III — observância das disposições que regulam as relações de trabalho;

IV — exploração que favoreça o bem-estar dos proprietários e dos trabalhadores."

Além disso, a responsabilidade social da empresa também inclui o dever de cumprir todas as leis ambientais, ecológicas e do meio ambiente de trabalho, provendo um ambiente hígido, equilibrado, e de bem-estar para seus empregados, orientados pelos princípios da precaução, prevenção, poluidor pagador, participação, informação, função socioambiental da propriedade e responsabilização integral, que esteja em consonância com o desenvolvimento econômico e social do país, nos termos dos arts. 200 e 225(36) da Constituição Federal de 1988.

Vemos assim que os princípios nucleares de criação do novo Código Civil brasileiro — eticidade, operabilidade e socialidade — já eram princípios imanentes no Direito do Trabalho, sendo exercidos na prática do dia a dia pela jurisprudência predominante de nossos Pretórios.

O empregador, ainda que não tenha contribuído para o evento danoso ou deletério, é responsável pelo pagamento dos salários e demais direitos trabalhistas, inclusive os acidentes de trabalho(37) e as doenças profissionais. Esse tipo de responsabilidade deriva apenas da exigência do dano sofrido pelo empregado (material ou moral, ou ambos) e da correspondente imposição legal de indenização, independentemente de culpa ou dolo.

---

(36) § 3º As condutas e atividades consideradas lesivas ao meio ambiente sujeitarão os infratores, pessoas físicas ou jurídicas, a sanções penais e administrativas, independentemente da obrigação de reparar os danos causados.

(37) A Lei n. 10.778, de 2003, determina que, em caso de violência física ou psíquica contra a mulher trabalhadora, os serviços de saúde são obrigados a fazer a notificação compulsória ao Ministério da Saúde. O art. 11 da Lei n. 6.259, a que a Lei n. 10.778 faz remissão expressa, diz que "recebida a notificação, a autoridade sanitária é obrigada a proceder à investigação epidemiológica pertinente para elucidação do diagnóstico e averiguação da disseminação da doença na população sob risco".

Já a responsabilidade subjetiva do empregador tem como pressuposto a culpabilidade do agente, seja na forma de culpa estrita (negligência ou imprudência) ou de dolo, que vem a ser a intenção deliberada de produzir um resultado danoso para a vítima.

6. A natureza jurídica das ações afirmativas

A natureza jurídica das ações afirmativas ou discriminações positivas é de políticas públicas e privadas, voltadas à concretização do mandamento constitucional da igualdade material, e não de igualdade meramente formal, e à mitigação ou neutralização dos efeitos da discriminação racial, de gênero, de idade, de origem, de sexo, de cor, de higidez física etc.

As ações afirmativas podem ser definidas, nas palavras do ministro Joaquim B. Barbosa Gomes[38] "como um conjunto de políticas públicas e privadas de caráter compulsório, facultativo ou voluntário, concebidas com vistas ao combate à discriminação racial, de gênero, por deficiência física e de origem nacional, bem como para corrigir ou mitigar os efeitos presentes da discriminação praticada no passado, tendo por objetivo a concretização do ideal de efetiva igualdade de acesso a bens fundamentais como a educação e o emprego. Diferentemente das políticas governamentais antidiscriminatórias baseadas em leis de conteúdo meramente proibitivo, que se singularizam por oferecerem às respectivas vítimas tão somente instrumentos jurídicos de caráter reparatório e de intervenção *ex-post factum,* as ações afirmativas têm natureza multifacetária e visam evitar que a discriminação se verifique nas formas usualmente conhecidas — isto é, formalmente, por meio de normas de aplicação geral ou específica, ou por meio de mecanismos informais, difusos, estruturais, enraizados nas práticas culturais e no imaginário coletivo. Em síntese, trata-se de políticas e de mecanismos de inclusão concebidos por entidades públicas, privadas e por órgãos dotados de competência jurisdicional, com vistas à concretização de um objetivo constitucional universalmente reconhecido — o da efetiva igualdade de oportunidades a que todos os seres humanos têm direito".

As ações afirmativas objetivam dar concretude ao princípio constitucional da igualdade de oportunidades no mercado do trabalho, por meio de exigências legais de inserção de categorias menos privilegiadas em funções privadas e públicas, por meio de reservas de vagas para negros em universidades, para portadores de deficiência nos concursos públicos (reservas de vagas) e mesmo cumprimento pelas empresas privadas ou públicas com mais de 100 empregados da cota de 2% a 5% (art. 93 da Lei n. 8.213/1991).

---

(38) GOMES, Joaquim B. Barbosa. *Ação afirmativa & princípio constitucional da igualdade.* Rio de Janeiro: Renovar, 2001. p. 78 e ss.

Alguns autores entendem que ações afirmativas envolvendo direitos humanos fundamentais, como o direito à saúde, à educação e à vida, por si só constituem títulos executivos constitucionais e podem ser exigidos, de plano, do Estado, por meio de ações de execução.

Pelo fato de considerarmos os serviços essenciais (educação, saúde, transporte e segurança, entre outros), a serem providos pelo Estado, como direitos públicos subjetivos, a tutela jurisdicional desses direitos poderá ser exercida por meio de ações individuais em face do Estado, cujo patrimônio constitui a hipoteca legal[39] e garantia desses direitos, aplicando-se por analogia o art. 466 do Código de Processo Civil.

Como alhures, defendemos esses direitos essenciais à dignidade humana são exequíveis de plano, já que possuem o *status* jurídico semelhante aos títulos[40] executivos constitucionais[41], exigíveis tão logo não providos pelo Estado, principalmente por atos omissivos, por meio da obtenção em juízo de uma sentença liminar.

O fundamento legal para esse tipo de tutela escora-se no fato de que nos dias de hoje deve-se dar uma interpretação social às demandas, especialmente aquelas que emanam de direitos constitucionais do cidadão, e não uma interpretação meramente literal ou gramatical.

Entendemos que deve-se aplicar nas demandas aqui mencionadas os preceitos do art. 300 e seguintes CPC/2015, por constituir fato de extrema relevância social, providos de emergencialidade[42]. O art. 300 do CPC/2015 assim dispõe:

> "Art. 300. A tutela de urgência será concedida quando houver elementos que evidenciem a probabilidade do direito e o perigo de dano ou o risco ao resultado útil do processo."

Já o 294 do CPC/2015, *in verbis:*

> "Art. 294. A tutela provisória pode fundamentar-se em urgência ou evidência. Parágrafo único. A tutela provisória de urgência, cautelar ou antecipada, pode ser concedida em caráter antecedente ou incidental".

---

(39) Art. 466. A sentença que condenar o réu no pagamento de uma prestação, consistente em dinheiro ou em coisa, valerá como título constitutivo de hipoteca judiciária, cuja inscrição será ordenada pelo juiz na forma prescrita na Lei de Registros Públicos.

(40) DOS REQUISITOS NECESSÁRIOS PARA REALIZAR QUALQUER EXECUÇÃO DO INADIMPLEMENTO DO DEVEDOR. Art. 580. Verificado o inadimplemento do devedor, cabe ao credor promover a execução. Parágrafo único. Considera-se inadimplente o devedor que não satisfaz espontaneamente o direito reconhecido pela sentença, ou a obrigação, a que a lei atribuir a eficácia de título executivo.

(41) Art. 566. Podem promover a execução forçada:

I — o credor a quem a lei confere título executivo.

(42) Consideramos emergência, tanto a adoção de medidas urgentes no sentido de eliminar os riscos contra a saúde e segurança do trabalhador no local de trabalho, a eliminação de condições nocivas ao meio ambiente e aos bens difusos (em geral, poluição, gases na atmosfera), bem como manter uma criança desprovida do ensino fundamental e obrigatório.

Por sua vez, a tutela dos direitos do meio ambiente, em particular do meio ambiente de trabalho, serão exigíveis tanto de forma individual como coletiva, já que não existe litispendência entre as ações individuais e coletivas, provenientes do mesmo pedido e causa de pedir, conforme se deflui do art. 104 do Código de Defesa do Consumidor (Lei n. 8.078/1990). A nosso sentir, aplicam-se nesses casos, os fundamentos mencionados.

No entanto, cremos que após o cancelamento do Enunciado n. 310 do TST, o sindicato da categoria profissional, como substituto processual, tem ampla legitimidade para postular os direitos coletivos de seus associados, de acordo com o art. 8º, inciso III, da Constituição Federal de 1988.

Transcrevemos algumas ementas para ilustras juridicamente a matéria:

> *RECURSO ORDINÁRIO – AÇÃO CIVIL PÚBLICA – CONTRATAÇÃO DE EMPREGADOS PORTADORES DE DEFICIÊNCIA OU REABILITADOS – BASE DE CÁLCULO – ART. 93 DA LEI N. 8.213/91. 1. O dever de construir um país com acessibilidade, amparado na consciência de que não é apenas o limite individual que determina a deficiência, mas as barreiras impostas pelo ambiente e pela coletividade, é do Estado e de toda a sociedade civil, que devem assumir, em atuação conjunta, a obrigação de garantir o exercício da cidadania e a equiparação de oportunidades entre pessoas com e sem deficiência, em todo o território nacional. 2. Sob essa perspectiva, visando promover a inserção de pessoas com deficiência e/ou reabilitados no concorrido mercado de trabalho, o legislador criou um sistema de reserva de cargos, por meio do art. 93 da Lei n. 8.213/91, cuja observância constitui dever social das empresas com mais de cem empregados. 3. O C. Tribunal Superior do Trabalho, analisando o alcance do aludido dispositivo legal, já firmou o posicionamento de que a cota mínima nele estabelecida tem como base de incidência o número total de empregados da empresa, considerado o seu efetivo global, e sem qualquer ressalva ou exceção de cargos ou atividades para o respectivo cômputo. Precedentes. 4. No caso, ficou demonstrado o descumprimento, pela reclamada, do disposto no art. 93 da Lei n. 8.213/91, não tendo a empresa, sequer, logrado comprovar que efetuou todas as diligências que estavam ao seu alcance para a regular observância da norma em questão. Devida, assim, a condenação da ré nas obrigações de fazer pertinentes, bem como no pagamento de indenização por danos morais coletivos. Recurso ordinário do Ministério Público do Trabalho parcialmente provido. (TRT6 RO – 0000107-58.2018.5.06.0313, Redator: Solange Moura de Andrade, Data de julgamento: 29/07/2019, Segunda Turma, Data da assinatura: 31/07/2019).*
>
> ADMINISTRATIVO – AÇÕES AFIRMATIVAS – COTA SOCIAL – CONCURSO PÚBLICO – FENÓTIPO – Autodeclaração. PRESUNÇÃO DE VERACIDADE. Heteroidentificação. AUSÊNCIA DE PROVA DE MÁ-FÉ. 1- Diante dos casos de fraudes no sistema de cotas por candidatos que falsificam a autodeclaração buscando acesso a uma vaga em cargo público ou em universidades, a jurisprudência vem entendendo legal a utilização de critérios posteriores à autodeclaração, a fim de avaliar sua veracidade. 2- A Administração possui a obrigação de ofertar o percentual legal de vagas aos candidatos por cotas raciais, com base em autodeclaração verificável por meio de procedimento determinado pela própria administração, em edital. Após esse momento, não será possível, em razão da segurança jurídica, a revisão dos atos, pois estaria incorrendo em ilegalidade, a qual supera a sua esfera de independência – A Administração não é livre para rever seus critérios retroativamente para o fim de excluir alunos de ações afirmativas. 3- Em qualquer decisão a respeito de acatamento de autodeclaração de etnia ou de desligamento do candidato, o julgador se encontra obrigado a decidir entre duas possíveis ilegalidades: a ilegalidade do candidato, quando constatada a fraude,

o que autoriza a revogação do direito anteriormente concedido; Ou da Instituição, quando, sem motivos suficientes, desfaz um entendimento em tese já consolidado para excluir quem já se dedicou ao curso ou cargo, possivelmente abdicando de outras possibilidades. 4- Diante da subjetividade que subjaz à definição do grupo racial de uma pessoa por uma comissão avaliadora e havendo dúvida quanto a isso, tem-se que a presunção de veracidade da autodeclaração deve prevalecer. 5- Tendo-se concluído, apenas pelo critério da heteroidentificação, que o apelante não era considerado pardo, sem qualquer indicação de comprovação de que o candidato estaria agindo de má-fé ao autodeclarar-se pardo, impõe-se a reforma da sentença para reconhecer que incorreram as decisões de 1ª e 2ª instâncias administrativas em ilegalidade que deve ser rechaçada na esfera judicial. (TRF-4ª R. – AC 5056166-08.2016.4.04.7000 – Rel. Des. Fed. Rogerio Favreto – J. 18.06.2019)

AUTO DE INFRAÇÃO – INOBSERVÂNCIA DA CONTRATAÇÃO DE PORTADORES DE NECESSIDADES ESPECIAIS E REABILITADOS – REQUISITOS – MULTA – ILICITUDE. 1. É obrigação da pessoa jurídica que explora a atividade econômica identificar e recrutar, no mercado de trabalho, integrantes do grupo cogitado no art. 203, inciso IV, da CF, cumprindo, assim, as cotas fixadas de forma cogente pelo artigo 93 da Lei 8.231/1991. 2. A excepcional inobservância do percentual fixado pela norma de regência somente se admite quando comprovado, de modo inequívoco, o emprego de todos os meios disponíveis para seleção e contratação de pessoal com deficiência ou reabilitado, sendo a providência frustrada, total ou parcialmente, por limitações mercadológicas. 3. Presente prova robusta nesse sentido, é ilegítima a punição imposta pela Superintendência Regional do Trabalho. 4. Recurso conhecido e desprovido." (TRT 10R 0000818-68.2016.5.10.0007 – Acórdão 2ª Turma – Relator: Desembargador João Amilcar Silva E Souza Pavan – Data do Julgamento: 21/02/2018 – Data da Publicação no DEJT: 28/02/2018)

AÇÃO CIVIL PÚBLICA – CONTRATAÇÃO DE EMPREGADOS PORTADORES DE DEFICIÊNCIA OU REABILITADOS – BASE DE CÁLCULO – ART. 93 DA LEI N. 8.213 /91. 1. O dever de construir um país com acessibilidade, amparado na consciência de que não é apenas o limite individual que determina a deficiência, mas as barreiras impostas pelo ambiente e pela coletividade, é do Estado e de toda a sociedade civil, que devem assumir, em atuação conjunta, a obrigação de garantir o exercício da cidadania e a equiparação de oportunidades entre pessoas com e sem deficiência, em todo o território nacional. 2. Sob essa perspectiva, visando promover a inserção de pessoas com deficiência e/ou reabilitados no concorrido mercado de trabalho, o legislador criou um sistema de reserva de cargos, por meio do art. 93 da Lei n. 8.213 /91, cuja observância constitui dever social das empresas com mais de cem empregados. 3. O C. Tribunal Superior do Trabalho, analisando o alcance do aludido dispositivo legal, já firmou o posicionamento de que a cota mínima nele estabelecida tem como base de incidência o número total de empregados da empresa, considerado o seu efetivo global, e sem qualquer ressalva ou exceção de cargos ou atividades para o respectivo cômputo. Precedentes. 4. No caso, ficou demonstrado o descumprimento, pela reclamada, do disposto no art. 93 da Lei n. 8.213 /91, não tendo a empresa, sequer, logrado comprovar que efetuou todas as diligências que estavam ao seu alcance para a regular observância da norma em questão. Devida, assim, a condenação da ré nas obrigações de fazer pertinentes, bem como no pagamento de indenização por danos morais coletivos. Recurso ordinário do Ministério Público do Trabalho parcialmente provido. (TRT6R RO – 0000107-58.2018.5.06.0313, Redator: Solange Moura de Andrade, Data de julgamento: 29/07/2019, Segunda Turma, Data da assinatura: 31/07/2019)

Observe que as ações afirmativas podem ser efetivadas por meio de processo legislativo (federal, estadual ou municipal), por meio da negociação coletiva de trabalho e seus instrumentos jurídicos (contrato coletivo dos portuários, acordos e convenções coletivas), bem como por meio de regulamento empresarial e por intermédio de sentença judicial emanada do poder judiciário.

Considerando que a Constituição Federal de 1988 é um instrumento inacabado e uma obra aberta, suscetível de inclusão de novos direitos (art. 5º, § 2º, CF/1988), nada obsta e tudo favorece que novos tipos de direitos e de ações afirmativas sejam inseridos, por meio de reconhecimento de tratados ou convenções internacionais versantes sobre direitos humanos, exigíveis pelos cidadãos do Estado, pelos instrumentos jurídicos anteriormente mencionados.

É justamente neste sentido que assistimos à ratificação de várias Convenções da OIT — Organização Internacional do Trabalho, versando sobre direitos humanos, e que incorporam ao ordenamento jurídico nacional como normas (emendas) constitucionais, consoante art. 5º, § 3º, da Constituição Federal de 1988.

7. Em direção à completude em matéria de responsabilidade civil no novo Código Civil

É inegável para nós que o Código Civil de 2002, embora tenha mantido a responsabilidade civil subjetiva, ou seja, a responsabilidade que tem como fundamento a culpa (nas modalidades de imprudência e negligência) e o dolo, no art. 186, também veio contemplar a responsabilidade objetiva, embora não com base no risco integral, mas sim com fundamento na teoria do risco criado ou desenvolvido pelo agente, conforme preceitua o art. 927.

Hoje as duas teorias se completam em nosso ordenamento jurídico, em face da enorme desigualdade econômica e social que prevalece em nossa economia, especialmente entre empregado e empregador, fazendo crescer a necessidade de se abolir qualquer indagação sobre os aspectos subjetivos do lesante ou perpetrador de atos ensejadores da reparação civil.

Incontestável dizer que houve uma evolução salutar no conceito da responsabilidade civil, passando-se de um conceito em que se exigia a existência de culpa para a noção de responsabilidade civil sem culpa, com fundamento no risco.

O conceito de completude no ordenamento jurídico em termos de responsabilidade civil que ora contemplamos tem como escopo a conjugação dos dois tipos de responsabilidade: objetiva e subjetiva em nosso sistema jurídico, tornando mais eficaz a prestação jurisdicional, porém, não se confunde com o dogma da completude jurídica, conceito ligado à corrente do positivismo jurídico.

O positivismo jurídico[43] ao contemplar o dogma da completude apresentava o direito como um sistema fechado de normas e tinha como escopo a miragem

---

(43) A derrocada do positivismo jurídico coincidiu com a época em que o homem passou a se preocupar mais com os direitos sociais, atribuindo uma dimensão superior à necessidade de solucionar os conflitos

da codificação, isto é, a completude de uma regra para cada caso concreto. Com o advento dos códigos não mais existiriam lacunas(44), sejam elas de natureza

---

independentemente das leis. De acordo com Miguel Reale, na Teoria Tridimensional do Direito (fato, valor e norma), nem sempre a lei é legítima e nem sempre ela corresponde aos anseios e à vontade social.

Doutrinadores da estirpe de Ronald Dworkin e Alexis começaram a dar a configuração atual e a densidade do pós-positivismo jurídico, que em linhas gerais, atribui uma maior importância aos princípios do direito e não apenas e tão somente às leis. Ninguém melhor conceituou princípios que Celso Bandeira de Mello, para o qual: princípio é, por essência, "mandamento nuclear de um sistema, verdadeiro alicerce dele, disposição fundamental que se irradia sobre diferentes normas compondo-lhes o espírito e servindo de critério para sua exata compreensão e inteligência, exatamente por definir a lógica e a racionalidade do sistema normativo, no que lhe confere a tônica e lhe dá sentido harmônico". Nessa tônica, considerando que as normas jurídicas desdobram-se em princípios e regras jurídicas, os princípios, como espécies de normas, inegavelmente possuem um campo muito mais abrangente de aplicação, uma vez que têm o condão de interferir nas demais normas inferiores, no sentido de obter daquela, seu verdadeiro sentido e alcance, mas tudo no sentido de garantir efetivamente os direitos sociais da pessoa humana. Na ótica do pós-positivismo jurídico, os princípios jurídicos assumem uma dimensão muito mais importante no direito, na medida em que perpassam a mera função integradora do direito, utilizada na colmatação de lacunas, assumindo e conquistando o status de normas jurídicas vinculantes. Temos inúmeros exemplos de positivação de normas jurídicas constitucionais e infraconstitucionais em nosso ordenamento jurídico: exemplos são o princípio da dignidade da pessoa humana (art. 1º, III, CF/88), fundamento de validade do Estado Democrático de Direito e o princípio da boa-fé objetiva (art. 113 do novo Código Civil). Daí, podemos concluir com aqueles doutrinadores estrangeiros e entre nós, com Luís Roberto Barroso, que a superação histórica do jusnaturalismo e o fracasso político do positivismo jurídico deram ensejo ou mesmo pavimentaram o caminho para a formação de um conjunto amplo e ainda inacabado de reflexões sobre o Direito, sua função social e uma nova interpretação. O pós-positivismo posta-se, dessa forma, como uma designação provisória e genérica de um ideário difuso, no qual se incluem a definição das relações entre valores, princípios e regras, aspectos da chamada Nova Hermenêutica Constitucional e a Teoria dos Direitos Fundamentais, toda ela edificada sobre o fundamento da dignidade da pessoa humana. A valorização dos princípios e sua incorporação, explícita ou implícita, nos textos constitucionais, bem como o reconhecimento de sua normatividade pela ordem jurídica faz parte desse ambiente de reaproximação entre Direito e Ética.

(44) Entendemos por lacuna, a incompletude insatisfatória dentro da totalidade jurídica prevalecente, advinda do progresso econômico, técnico, cultural, político e social, por meio do qual ocorrem modificações de situações fáticas, aparecendo posteriormente novos regramentos para suprir e regular tais comportamentos humanos ou negócios jurídicos. Para suprir essas omissões, o intérprete recorre à heterointegração (integração por meio de recurso a ordenamentos jurídicos diversos e a fontes diversas daquela que é dominante) — lei, e à autointegração (integração do ordenamento suprida por meio do mesmo ordenamento — mesma fonte dominante — sem se recorrer a outros ordenamentos). De outra parte, podemos conceituar lacunas normativas como o silêncio da lei sobre determinado tema (não regulação positiva do Direito), exigindo à ordem jurídica a integração, nesses casos, pelo magistrado para a solução no caso concreto. Esse tipo de lacuna normativa se diferencia do silêncio eloquente, pois nesse último caso o legislador, de forma deliberada, se recusa a contemplar uma dada situação no ordenamento jurídico. Exemplo disso é a não contemplação na Constituição Federal do instituto da estabilidade no emprego, no rol dos direitos no art. 7º, posto que a Lei n. 8.036/90 passou a regular, de forma ampla, o Fundo de Garantia do Tempo de Serviço (FGTS), que, com o advento da Constituição, em 5.10.1988, espancou o instituto da estabilidade, remanescendo entre nós, no setor privado, apenas a garantia provisória no emprego, espécie daquela, com os exemplos do trabalhador acidentado, dirigente sindical, empregadas gestantes, diretor de cooperativa eleito pelos empregados, empregados

normativa, ontológica ou axiológica. Por esse conceito, então, o código bastava a si próprio, pois o problema das lacunas restaria superado, sendo que para o magistrado esse código seria como um prontuário infalível, dada a confiança cega e absoluta na suficiência das leis para regular cada caso concreto que lhe fosse submetido.

Já dizia um sábio filósofo grego: "O mundo é o mais perigoso dos lugares, a vida é a mais perigosa das experiências, e o homem é o mais perigoso dos animais. Contemplá-lo é a essência da sabedoria. Não conviver com ele é o rumo mais sábio de todos". Autores do gabarito do eminente Professor Goffredo da Silva Telles Junior, em sua obra *Iniciação à Ciência do Direito*, asseveram que as formigas e as abelhas formam comunidades que preservam mais seus semelhantes que o homem, que, nem no passado, e muito menos no presente, usa de solidariedade ou caridade para com seu próximo.

As ameaças à vida, à integridade, à saúde, as pandemias, como a COVID-19, que ceifou milhares de vidas em todo o mundo, aliadas aos perigos e às vicissitudes da vida moderna, à multiplicidade, à diversidade de acidentes e de doenças do trabalho, à crescente dificuldade de se provar a causa de grande parte dos sinistros e mesmo a culpa do autor do ato, seja ele ilícito ou lícito (temos hipóteses de ressarcimento de prejuízos sem que se cogite da ilicitude da ação), entre outras, foram responsáveis pelo aparecimento da Teoria do Risco ou da responsabilidade objetiva, como para colocar uma pá de cal na dialética de que o direito surge dos fatos econômicos, sociais, políticos, culturais, históricos etc., que constituem as fontes materiais do Direito.

Desse modo, a Teoria do Risco ou da responsabilidade objetiva não tem como escopo a cogitação ou perquirição da intenção ou modo de atuação do agente. Basta provar o nexo etiológico (relação de causalidade) entre a ação lesiva e o dano ou prejuízo provocado, pois neste caso também podemos aplicar o adágio:

---

eleitos para as CIPAs, empregados com assento nos Conselhos do FGTS e do INSS etc. Não podemos confundir aqui a estabilidade que ainda remanesce no setor público, disposta no art. 41 da CF/88, após a Emenda Constitucional n. 19/98 e os casos de estabilidade de espécies diferenciadas de servidores públicos (Magistrados, membros do Ministério Público, Procuradores, Advogados da União etc.). Lacunas ontológicas, por outro lado, ocorrem quando determinado instituto jurídico, normalmente positivado pelo ordenamento jurídico, não mais corresponde aos fatos sociais. Em outras palavras, as lacunas ontológicas são decorrentes do ancilosamento (envelhecimento) da regra positiva, fruto do avanço tecnológico, cultural, histórico, político ou social de uma dada realidade social. Temos, nesse caso, a quebra do equilíbrio que deve existir entre o fato social, o valor e a norma, na filosofia da teoria tridimensional do Direito de Miguel Reale. Finalmente, as lacunas axiológicas ou valorativas, as quais Norberto Bobbio denominava de lacunas ideológicas, acontecem sempre que se observa a ausência de uma norma justa para um determinado caso concreto ou situação fático-normativa. O exemplo mais corriqueiro para esse tipo de lacuna se manifesta na existência de uma norma jurídica, que se for aplicada no caso concreto produzirá uma solução injusta, e, portanto, indesejável para a sociedade.

pas de indemnization sans grief (não há indenização sem prejuízo), princípio de grande aplicação prática no Direito Processual Civil.

Neste sentido, importante decisão do STJ, como segue:

> APELAÇÃO CÍVEL – DIREITO ADMINISTRATIVO – RESPONSABILIDADE OBJETIVA DO ESTADO. Ação de indenização, na qual pretendem os autores a condenação do Estado-réu ao pagamento de danos morais, ao argumento de falha no atendimento médico que ocasionou o óbito de seu filho e irmão, por ocasião do parto. Conjunto probatório dos autos, especialmente o laudo pericial, dos quais se extraem ter restado comprovada a falha no atendimento médico prestado à esposa e mãe dos autores, e que ocasionou a morte do recém-nascido André, não logrando o Estado-réu, de seu turno, demonstrar qualquer excludente de responsabilidade, ônus que lhe competia, a teor do disposto no art. 373, II, do CPC/15, e do qual não se desincumbiu. Dano moral caracterizado. Quantificação que ora se reduz em obediência aos princípios da razoabilidade e proporcionalidade. De seu turno, a irresignação do recorrente com relação à verba honorária igualmente não se sustenta, haja vista que, conforme corretamente consignado no decisum, os honorários advocatícios foram fixados no patamar mínimo da tabela do art. 85, § 3º, I, do CPC/15. Sentença reformada, em parte e tão somente, para reduzir a indenização por danos morais à R$ 25.000,00 (vinte e cinco mil reais), em relação ao irmão do obituado, restando mantida em seus demais termos. Provimento parcial do recurso. (TJRJ APL 0438828-70.2015.8.19.0001. Vigésima Câmara Cível. Julgamento 28 de agosto de 2019. Relator Des(a). Maria Inês da Penha Gaspar)
>
> DIREITO ADMINISTRATIVO – RECURSO EXTRAORDINÁRIO – REPERCUSSÃO GERAL – DANO MATERIAL – ATOS E OMISSÕES DANOSAS DE NOTÁRIOS E REGISTRADORES – TEMA 777. ATIVIDADE DELEGADA – RESPONSABILIDADE CIVIL DO DELEGATÁRIO E DO ESTADO EM DECORRÊNCIA DE DANOS CAUSADOS A TERCEIROS POR TABELIÃES E OFICIAIS DE REGISTRO NO EXERCÍCIO DE SUAS FUNÇÕES – SERVENTIAS EXTRAJUDICIAIS – ART. 236, § 1º, DA CONSTITUIÇÃO DA REPÚBLICA – RESPONSABILIDADE OBJETIVA DO ESTADO PELOS ATOS DE TABELIÃES E REGISTRADORES OFICIAIS QUE, NO EXERCÍCIO DE SUAS FUNÇÕES, CAUSEM DANOS A TERCEIROS, ASSEGURADO O DIREITO DE REGRESSO CONTRA O RESPONSÁVEL NOS CASOS DE DOLO OU CULPA – POSSIBILIDADE. (RE 842846 SC – SANTA CATARINA. Órgão Julgador Tribunal Pleno. PRECTE.(S) ESTADO DE SANTA CATARINA, RECDO. (A/S) SEBASTIÃO VARGAS. RE 842846 RG/SC. PublicaçãoDJe-175 13-08-2019. Julgamento 27 de Fevereiro de 2019 Relator Min. LUIZ FUX)
>
> APELAÇÃO – DANOS MORAIS – RESPONSABILIDADE OBJETIVA DO ESTADO – OCORRÊNCIA. 1. Restando comprovado o nexo de causalidade entre o fator gerador do ato ilícito e a omissão da prestação do serviço público, tem o ente federativo obrigação de arcar com o pagamento de indenização por dano moral. 2. Apelação conhecida e desprovida. Remessa necessária prejudicada. (TJAM APL 0604398-91.2016.8.04.0001 AM 0604398-91.2016.8.04.0001. Órgão Julgador: Segunda Câmara Cível. Publicação15/07/2019. Relator Elci Simões de Oliveira)

8. O significado atual da responsabilidade objetiva

A responsabilidade objetiva, em que não se perquire sobre a culpabilidade do ofensor, de certo modo afastou o foco sobre o elemento culpa e o fixou no nexo de causalidade, na exata medida em que não havendo a prova do nexo etiológico descabe a responsabilização do suposto ofensor.

Percebe-se que a lei ao dispor sobre a objetivação da responsabilidade civil àqueles que se utilizam do risco em suas atividades empresariais, tirando proveito econômico, ao mesmo tempo em que expõem outrem neste desiderato, embora disponham de instrumentos para mitigá-lo ou preveni-lo, adotando as medidas acautelatórias, não pretendeu inibir o desenvolvimento das atividades econômicas empresariais, mas, sobretudo, assegurar a devida reparação ou indenização àqueles que forem lesados e que devem receber do direito uma proteção especial.

Hodiernamente verifica-se uma progressiva conscientização de que a responsabilidade objetiva advém de um tipo de responsabilização não mais fulcrada na causa do ilícito (geralmente relacionada à conduta do ofensor — na conduta displicente, negligente ou suscitadora de risco), mas muito voltada ao resultado, ou seja, ao dano ou lesão que pode provocar. Em outras palavras, a responsabilidade objetiva afastou-se do conceito de socialização dos riscos para se aproximar mais de uma discussão teleológica voltada a socialização das perdas, tendo como pano de fundo o princípio da solidariedade humana que caracteriza o Estado social.

Sabemos que o próprio conceito de empresa, de empreendimento econômico, traz o conceito de risco embutido em sua atividade empresarial. Empresa é risco, e isto vem muito bem disposto no art. 2º, § 2º da CLT. O risco, portanto, constitui o elemento objetivo que traz sentido à organização empresarial e que justifica a receita do empresário.

Ana Frazão[45] ao discorrer sobre o tema informa que "[...] responsabilidade fundada na culpa começa a se tornar insuficiente, principalmente na chamada era das máquinas. Vários acidentes em ferrovias, fábricas, começam a mostrar as dificuldades de um sistema que se baseia na culpa, que tem uma prova difícil de culpa, cujo ônus até cabe à vítima. Portanto, a grande questão que se colocava diante de algumas hipóteses, inclusive de acidente de trabalho é: mesmo a culpa da vítima, que é uma excludente tradicional de responsabilidade subjetiva, é algo realmente justo, equitativo que possa afastar a responsabilidade do empresário? Será que não há outro modelo de responsabilidade em que a culpa da vítima possa ser vista sob outra perspectiva? Em que medida isso poderá ser contemplado por esse novo modelo de responsabilidade? É claro que, paralelamente a mudanças, que são essencialmente econômicas, houve também uma grande mudança jurídica — estamos falando do final do século XIX e começo do século XX —, uma transição, portanto, do Estado Liberal para o Estado Social, maior

---

(45) FRAZÃO, Ana. *Exclusão da responsabilidade*: caso fortuito interno e caso fortuito externo. Palestra proferida no Tribunal Superior do Trabalho *Perfil contemporâneo da responsabilidade civil*, 10 e 11.11.2014.

preocupação com a solidariedade, com a justiça distributiva, com a igualdade material. É claro que esses raciocínios são todos muito correlacionados à ideia de responsabilidade objetiva".

E continua a autora(46): "A propósito, não é sem razão que vários autores se referiam à responsabilidade subjetiva como responsabilidade por equidade. É interessante ressaltar isso porque, muitas vezes, somos condicionados a pensar na responsabilidade objetiva sempre a partir de uma definição de nexo causal. Aquela ideia de que temos o dano, o nexo causal, a conduta e a culpa, na responsabilidade objetiva, é claro, tiramos a culpa e ficamos com o restante. [...] Em um resumo muito apressado, essa responsabilidade objetiva, fundada na equidade e não mais na culpa, não deixa de ser técnica de socialização de danos. Isso pode e normalmente é levado às últimas consequências. Ou seja, quando pensamos numa responsabilidade objetiva do empresário, essa responsabilidade, via de regra, impacta no aumento de custos, que, por sua vez, impacta no preço final de produtos e serviços, que, por sua vez, é pago pelos consumidores finais. Então, estamos falando, sim, em uma socialização plena sobre esses danos diante de uma sociedade cada vez mais complexa, e, portanto, dependente de máquinas, de atividades econômicas que são arriscadas e com base em parâmetros distributivos".

E conclui a autora(47), citando Saleilles e Josserand: "[...] justificar-se-ia esse novo modelo de responsabilidade, que tem como foco prioritário, nesse momento, a responsabilidade de patrões e também de empresários. Vejam que há uma questão interessante também. É a ideia de que esses autores já defendem um rompimento com aquela ideia de causalidade, pelo menos, aquela ideia de causalidade clássica tão comum na responsabilidade subjetiva. A ideia, portanto, é de que essa responsabilidade teria como fundamento a assunção voluntária do risco, inclusive dos proveitos desse risco. Portanto, a responsabilidade pelos danos seria tão somente a contrapartida pela assunção também dos proveitos do risco. [...] Alguns autores têm salientado recentemente que a responsabilidade pelo risco não onera tanto a macroempresa, porque ela tem condições de lidar com esse risco de uma maneira muito mais competente, de dilui-lo, de calculá-lo, de repassar esse risco para o preço final de produtos e serviços. São situações que nem sempre estão presentes na pequena empresa, ou seja, são autores que já procuram mostrar que talvez até a modulação e a compreensão desse risco devem acontecer, levando-se em consideração sim, o tamanho da empresa e as condições em que a própria atividade está sendo exercida pelo empresário. [...] A responsabilidade objetiva foi pensada diversas vezes principalmente nesses primeiros momentos, para hipóteses em que o dano foi causado pelo empregador, que, muitas vezes, não se utilizou de um procedimento de que deveria

(46) FRAZÃO, Ana. Exclusão da responsabilidade: caso fortuito interno e caso fortuito externo. Palestra proferida no Tribunal Superior do Trabalho *Perfil contemporâneo da responsabilidade civil*, 10 e 11.11.2014.
(47) *Idem*.

ter-se utilizado ao mexer em determinada máquina e, exatamente em razão disso ocorreu o acidente. Mas a partir do momento em que pensamos no risco, a ideia fundamental a orientar o nosso raciocínio não é propriamente a de quem causou o acidente, e sim a quem cabe o risco pelo acidente. Ou seja, em que medida esse acidente pode ser conectado ou não à atividade do empresário; em que medida pode ser considerado ou não como um risco do empresário para ser, aí sim, uma hipótese de responsabilização dele. A primeira lei de 1919 quando trata da responsabilidade pelo acidente de trabalho, diz ser salvo força maior ou dolo da própria vítima ou de terceiros. Então a culpa da vítima não aparece como excludente de responsabilidade, mas só o dolo".

Percebe-se, desta forma, que o foco da responsabilidade objetiva atualmente repousa muito mais na pessoa da vítima (do ofendido) e na situação econômica e financeira do ofensor, visando a uma reparação ou indenização em que houve o afastamento do elemento culpa, porém, ensejando a análise percuciente pelo magistrado do nexo causal para a cientificidade jurídica na formação de seu convencimento em relação à determinação do *quantum* indenizatório devido.

Anderson Schreiber[(48)], a propósito, declara que: "[...] em tais situações, a responsabilidade objetiva parece revelar a sua verdadeira essência na contemporaneidade: não a de uma responsabilidade por risco, mas a de uma responsabilidade independente de culpa ou de qualquer outro fator de imputação subjetiva, inspirada pela necessidade de se garantir reparação pelos danos que, de acordo com a solidariedade social, não devem ser exclusivamente suportados pela vítima — uma proposição, portanto, essencialmente negativa".

Por isso é que se faz necessário, neste momento, a análise das várias teorias do nexo causal, bem como a teoria ora prevalecente na doutrina e jurisprudência trabalhistas.

9. Teorias sobre o nexo causal na Justiça do Trabalho

É cediço que o dever ou obrigação de reparar um dano depende da existência de nexo causal entre certa conduta e o resultado danoso. Esta conduta analisada na Justiça do Trabalho é do empregador, diante de seus deveres de proteção em face

---

(48) SCHREIBER, Anderson. *Novos paradigmas da responsabilidade civil*: da erosão dos filtros da reparação à diluição dos danos. São Paulo: Atlas, 2007. p. 29. Importante ressaltar que sobre a presunção do nexo causal este autor assim se pronuncia: "[...] certo é que, muitas vezes, o que se chama de presunção do nexo causal não passa de uma etapa lógica de sua verificação, em que o juiz recorre a regras comuns da experiência ou a uma suposta normalidade dos fatos para aferir se há relação de causalidade entre a atividade lesiva e o dano. Verifica-se, contudo, em diversas ocasiões, o recurso a expedientes drásticos, como a desconsideração de uma excludente de causalidade ou a aplicação de teorias que, sem se propor a explicar o significado da causalidade jurídica, logram expandir a margem de discricionariedade do juiz na imposição da responsabilidade civil". *Op. cit.*, p. 63.

do empregado, e também do empregado, nos casos que se procura o rompimento da cadeia causal, por força da culpa exclusiva da vítima, ou fato da vítima ou de terceiros, bem como as excludentes dos fortuitos interno e externo (força maior).

Portanto, o nexo causal, nexo etiológico ou ainda relação de causalidade é geralmente conceituado como o vínculo que se estabelece entre dois eventos, de maneira que um se apresenta como consequência do outro. Por mais simples que pareça este conceito, o nexo causal é considerado na doutrina e jurisprudência como o mais difícil elemento da responsabilidade civil de ser aferido em concreto.

Com o advento da cláusula geral da responsabilidade objetiva entre nós, no Código Civil brasileiro, e o afastamento da perquirição do elemento culpa, exige-se redobrada atenção em relação ao elemento nexo causal, pois nas palavras de Anderson Schreiber(49): "cuja interrupção consiste, em tais hipóteses, no único caminho concedido ao réu para o afastamento da condenação. Assim, não apenas o convencimento acerca da causalidade perdeu seu antecedente moral justificador da responsabilização — a prova da culpa —, mas também toda a discussão, nas ações de responsabilidade objetiva, passou a gravitar em torno da noção jurídica de nexo causal".

Existe uma grande cizânia e perplexidade na doutrina civilista e trabalhista no sentido de que o nexo de causalidade é feita de forma intuitiva, atécnica, às vezes sem cientificidade, ora sob a influência de uma escola doutrinária, ora sobre o respaldo de outra, mas invariavelmente com uma preocupação excessiva de proteger o empregado, a qualquer custo, ainda mais se foi vítima de uma doença profissional ou acidente de trabalho.

Gisela Sampaio da Cruz Guedes(50)informa que "tantas foram as teses que se desenvolveram, principalmente na Alemanha, França e Itália, com o objetivo de estabelecer os limites definidores do nexo causal na ordem jurídica, que a jurisprudência se perdeu em meio a um emaranhado de teorias — tanto mais no Brasil, diante da redação do art. 403 do CC, que é tão pouco explicativa. Se é assim na justiça comum, não é diferente na trabalhista, seara em que o nexo causal chega a ser até mesmo desconsiderado, sob o fundamento de que a natureza é

---

(49) *Ibidem*, p. 52. Alega ainda o autor que "chega-se, hoje, a afirmar que o juízo de responsabilidade, nos casos de responsabilidade objetiva acaba por traduzir-se no juízo da existência de nexo de causalidade entre o dano e o fato". E os tribunais têm mesmo declarado, com algum exagero, que o "nexo causal é a primeira questão a ser enfrentada na solução de demandas envolvendo responsabilidade civil e sua comprovação exige absoluta segurança quando ao vínculo entre determinado comportamento e o evento danoso" (TJRJ, Ap. Civ. 2004.001.10228. Rel. Des. Sergio Cavalieri Filho, j. 4.8.2004).

(50) GUEDES, Gisela Sampaio da Cruz. Causalidade em acidentes de trabalho. In: TEPEDINO, Gustavo; MELLO FILHO, Luiz Philippe Vieira de; FRAZÃO, Ana; DELGADO, Gabriela Neves (coords.). *Diálogos entre o direito do trabalho e direito civil*. São Paulo: Revista dos Tribunais, 2013. p. 505.

objetiva, como se essa espécie de responsabilidade também não dependesse da prova da relação de causalidade. [...] na esfera trabalhista. Confunde-se também frequentemente nexo causal com culpa, tamanha é a associação feita entre esses dois elementos da responsabilidade civil".

E continua(51): "o problema se acentua, no campo trabalhista, com a constatação de que o empregador responde na maioria dos casos por omissão, seja porque não ofereceu ao seu empregado o equipamento de segurança adequado, seja porque não o treinou para a prática daquela atividade de risco ou mesmo porque não o advertiu a respeito de um perigo especial ou simplesmente não cumpriu com o seu dever de informar. O exame do nexo de causalidade na responsabilidade por omissão é ainda mais dramático, porque passa pela questão de se saber quando a "omissão" equivale realmente à conduta comissiva para fins de responsabilização. Os tribunais também costumam confundir as teorias. É comum encontrar no inteiro teor das decisões referências à teoria da causalidade adequada ou à teoria do dano direto e imediato, quando, em realidade, todo o fundamento da decisão aponta para a aplicação da malfadada teoria da equivalência das condições. Ou então, decisões invocando a teoria da causalidade adequada, mas aplicando a ideia de interrupção do nexo".

Um cuidado especial deve ser tomado na análise dos elementos da responsabilização para não se confundir a natureza da responsabilidade, se objetiva ou subjetiva, com o próprio nexo de causalidade.

Tomemos um exemplo. Um empregador é responsabilizado objetivamente por doença profissional, uma vez que o empregado trabalhou na empresa por dez anos em ambiente com ruído superior a 85 dcb, e foi acometido de disacusia plena em um dos ouvidos, ou seja, ficou surdo de um dos ouvidos, de forma irreversível. Porém, o fato é que veio aos autos, provas de testemunhas que o empregado se recusava a se utilizar dos equipamentos de proteção auricular e jamais os utilizou, pelo que o empregador pleiteou o enquadramento da situação em culpa exclusiva da vítima. Passemos à análise. Observe-se que a própria natureza da atividade da empresa é de risco. Será que a conduta da vítima (se agiu com culpa ou dolo) é suficiente para alterar a natureza jurídica da responsabilidade? Sabemos que a natureza da responsabilidade é aferida e depende do risco que a própria atividade empresarial provoca em relação a seus empregados e a terceiros. Contudo, o tal fato coisa nenhuma tem a ver com o nexo de causalidade, na medida em que ambas, a responsabilidade subjetiva e a objetiva dependem da prova do nexo de causalidade, ainda que a responsabilidade objetiva desconsidera ou não perquire sobre o elemento "culpa".

---

(51) *Ibidem*, p. 510.

Na análise deste caso, a culpa ou o fato exclusivo da vítima, embora não altere a natureza jurídica da responsabilidade (de risco ou não da empresa), acaba por influenciar a decisão judicial, pois provoca o rompimento da cadeia ou ciclo causal que poderia relacionar a conduta omissiva da empresa ao dano. Este constitui apenas um mero exemplo de confusão entre o nexo causal e o elemento culpa, e principalmente o momento em que ocorre o rompimento da cadeia causal, que, se não tivesse ocorrido, poderia conduzir à responsabilização do empregador.

Para elucidarmos as principais teorias sobre o nexo causal, pedimos vênia para reproduzirmos a síntese do estudo de Gisela Sampaio da Cruz Guedes[52] sobre o tema, como segue.

9.1. Teoria da equivalência dos antecedentes causais

Também chamada de teoria da equivalência das condições, teoria objetiva da causalidade ou teoria da *conditio sine qua non* é atribuída ao penalista alemão Maximiliano von Buri. A origem dessa teoria remonta, consoante abalizada doutrina aos estudos de John Stuart Mill, que em 1843, na obra *A system of logic* afirmou que "todas as condições eram igualmente indispensáveis para a produção do consequente e o estabelecimento da causa é incompleto se não introduzirmos, de uma ou outra forma, todas elas".

A ideia central desta teoria é a de que é causa toda a condição da qual dependeu a produção do resultado, sem considerar sua maior ou menor proximidade ou importância, pois, para seus defensores, todas as condições são equivalentes. Tanto as causas quanto as condições assumem, indistintamente, funções de concausa, daí, a denominação "equivalência dos antecedentes causais". Tal equivalência decorre da assertiva de que todo efeito tem uma multiplicidade de condições causais e cada uma delas é necessária para a produção do resultado.

De acordo com esta teoria, quando há pluralidade de causas, todas devem ser consideradas igualmente eficientes na produção do dano. Assim, uma relação de causalidade só poderá existir entre uma concausa e sua consequência quando for possível afirmar que tal consequência não teria ocorrido, não fosse a atuação daquela causa, isto é, quando não se puder eliminar a causa sem prejuízo da consequência. Significa dizer, por outras palavras, que um fenômeno é condição de outro, quando o primeiro não puder ser suprimido mentalmente, sem que o resultado desapareça em sua forma particular.

(52) GUEDES, Gisela Sampaio da Cruz. Causalidade em acidentes de trabalho. In: TEPEDINO, Gustavo; MELLO FILHO, Luiz Philippe Vieira de; FRAZÃO, Ana; DELGADO, Gabriela Neves (coords.). *Diálogos entre o direito do trabalho e direito civil*. São Paulo: Revista dos Tribunais. 2013. p. 505-515.

Em seu auge, a teoria da equivalência dos antecedentes causais chegou a influenciar estatutos penais de diversos países, inclusive o Código Penal Brasileiro em vigor, não obstante, quanto ao tema da superveniência de causa relativamente independente, a legislação brasileira tenha acolhido a concepção de condição qualificada. No âmbito do direito civil, entretanto, a teoria da equivalência dos antecedentes causais acabou sendo considerada por demais ampla quanto aos seus efeitos, razão pela qual críticas não lhe faltaram.

Neste sentido, observa Wilson Mello da Silva[53] que a teoria da equivalência dos antecedentes causais "[...] pela nenhuma restrição à ampla regra do estabelecimento da relação de causa e efeito entre condições necessariamente dependentes uma das outras, embora lógica, pode conduzir a resultados aberrantes dentro do direito". Com efeito, responderia por homicídio culposo o sujeito que ao ferir levemente com uma pedra certo transeunte, acaba matando-o em razão de sua condição de homofílico, desconhecida pelo agressor. Diante disso, até os autores, como Demogue[54], a consideravam a única teoria cientificamente exata, "acusam-na de transformar a série causal em uma cadeia sem fim, por meio dos mais pitorescos exemplos. Ao afirmar que o nascimento de uma pessoa não pode, em absoluto, servir de causa do acidente de que ela própria foi vítima, o referido autor deixa entrever o ponto fraco da teoria".

A teoria da equivalência dos antecedentes causais mereceu, portanto, as críticas da doutrina, em razão de seu excessivo apego à causalidade natural. Em passagem elucidativa, afirma Serpa Lopes[55] que não se deve confundir a relação de causalidade, que importa a determinação de elementos objetivos, externos, consistentes na atividade ou inatividade do seu sujeito atentatório dos direitos de terceiros, com a imputabilidade, que diz respeito a um elemento subjetivo, interno. A primeira trata de *impuctatio facti*; a segunda, de *impuctatio juris*. Além disso, conforme já advertia Wilson Mello da Silva[56]: "[...] quanto mais se procura remontar a causa primeira do evento, mais se aprofundaria, em verdadeira progressão geométrica, na infinita série de antecedentes causais".

Esta teoria conduz o julgador a exageros inaceitáveis e, por consequência, a soluções invariavelmente injustas, razão pela qual deve ser afastada — tanto do âmbito do direito civil como no do direito do trabalho. Das reiteradas tentativas de evitar seus devaneios, acabou por derivar a distinção entre as diversas concausas. Isto é, já não mais se reconhece como causa toda *conditio sine qua non* do dano, senão apenas uma ou algumas determinadas, a serem individualizadas conforme o critério particular que se adote.

---

(53) SILVA, Wilson Mello da. *Responsabilidade sem culpa*. 2. ed. São Paulo: Saraiva, 1974. p. 122.

(54) DEMOGUE, René. *Traité des obligations en general*: sources des obligations. Paris: Librarie, 1931. v. I, t. IV.

(55) SERPA LOPES, Miguel Maria. *Curso de direito civil*. 4. ed. Rio de Janeiro: Freitas Bastos, 1995. v. 5, p. 219.

(56) SILVA, Wilson Mello da. *Responsabilidade sem culpa*. 2. ed. São Paulo: Saraiva, 1974. p. 122.

9.2. *Teoria da causalidade adequada*

A teoria da causalidade adequada examina a adequação da causa em função da probabilidade de determinado resultado vir a ocorrer, à luz da experiência comum. Significa dizer que a ação tem que ser idônea para conduzir o resultado. E, para que se verifique a adequação da causa, realiza-se um juízo retrospectivo de probabilidade que, no âmbito doutrinário, é denominado *"prognose póstuma"* e cuja fórmula se resume na seguinte indagação: *"la accion ou omision que se juzga era per se apta o adecuada para produzir normalmente esta consecuencia?"*

De acordo com esta teoria, quanto maior é a probabilidade com que determinada causa se apresenta para gerar um dano, tanto mais adequada é em relação a este dano. Não basta, então, que um fato seja condição de um evento. É preciso que se trate de uma condição tal que, normalmente ou regularmente, provoque o mesmo resultado. Esse é o chamado "juízo de probabilidade", realizado em abstrato — e não em concreto, considerando os fatos como efetivamente ocorreram. Assim, diante de uma pluralidade de concausas, indaga-se qual delas, em tese, poderia ser considerada apta a causar o resultado. Respondida esta primeira pergunta, questiona-se se essa causa, capaz de provocar o dano, é também hábil segundo as leis naturais.

Nesse sentido, o processo hipotético de eliminação não é suficiente para que se determine a existência de uma relação de causalidade. É necessário que o julgador em sua análise, retroaja mentalmente até o momento da ação ou omissão para estabelecer se essa era ou não adequada para produzir o dano. Realize-se, assim, uma *"prognose póstuma"*, já que o julgador se coloca no momento da ação, como se o resultado não tivesse ocorrido, a fim de determinar sua probabilidade.

Nesse juízo ou prognóstico *a posteriori* de adequação abstrata, deve-se atender — e esta foi a opinião que prevaleceu — tanto as circunstâncias cognoscíveis à data da produção do fato, por uma pessoa normal (concepção objetivista ou prognóstico objetivo) como àquelas conhecidas do agente (concepção subjetivista ou prognóstico subjetivo). "Exemplo.: C agride D com um pequeno encontrão, o qual em todo o caso lhe ocasiona a morte, devido a uma grave lesão craniana. A agressão de C a D não é, em princípio, adequada a pôr em perigo a vida deste último. Porém, se a deficiência de D era conhecida de C ou se este tinha a obrigação de conhecê-la, já existirá um nexo de causalidade adequado entre a agressão e a morte."[57]

Os críticos também não pouparam a teoria da causalidade adequada considerando-a demasiadamente filosófica, além de complexa e imprecisa. Até mesmo os autores que a defenderam com convicção admitem hoje que é preciso introduzir na teoria da causalidade adequada ao menos uma correção: a adequação

---

(57) SILVA, Wilson Mello da. *Responsabilidade sem culpa*. 2. ed. São Paulo: Saraiva, 1974. p. 122.

não deve abranger apenas a causa e o efeito isoladamente considerados, mas todo o processo causal. É que, conforme adverte Pessoa Jorge, pode acontecer de o comportamento do agente ser adequado, por si e em abstrato, a provocar o dano, mas este se produza por um processo diferente.

> "Quando se diz que disparar um tiro contra alguém é causa adequada da morte, está naturalmente a pensar-se na hipótese de o projétil atingir órgãos vitais do visado: é pensando neste processo que podemos afirmar constituir causa adequada da morte o comportamento de quem aponta uma pistola para outra e prime o gatilho. Suponhamos, porém, que a vítima, apenas ligeiramente ferida venha a morrer num desastre da ambulância que a conduza ao hospital. Há aqui os dois polos da adequação causal (o disparar da pistola e a morte), simplesmente, o resultado não se produziu concretamente pelo processo porque o fato era abstratamente sua causa adequada."[58]

Neste exemplo, o agente que disparou a pistola não deve responder pela morte. Analisando-se todo o processo causal, fica claro que ocorreu interrupção do nexo causal por fato de terceiro: a conduta do motorista da ambulância que provoca o acidente (por exemplo, com o avanço indevido de um sinal de trânsito), interferiu na primeira série causal, provocando a sua interrupção. Hoje, quem defende a teoria da causalidade adequada acaba desta forma, ao final, analisando se houve ou não interrupção do nexo causal. Daí a teoria da causalidade adequada e a teoria do dano direto e imediato estarem, num certo sentido, convergindo, embora cada uma delas tenha seus próprios defensores.

Apesar das críticas, a teoria da causalidade adequada tem prevalecido em vários ordenamentos e é uma das teorias mais invocadas no Brasil, onde doutrina e jurisprudência se dividem entre esta e a teoria do dano direto e imediato, exposta a seguir.

9.3. *Teoria do dano direto e imediato*

A escola que teve mais êxito ao explicar a teoria do dano direto e imediato e, bem assim, o significado da expressão "direto e imediato", contida na redação do art. 403 do CC, foi a doutrina da necessariedade da causa que, criada por Dumoulin e Pothier[59], contou, aqui no Brasil, com o apoio de Agostinho Alvim. De acordo com a escola da necessariedade, o dever de reparar somente surge quando o evento danoso é efeito necessário de determinada causa.

---

(58) COSTA, Mário Júlio de Almeida. *Direito das obrigações*. 7. ed. Coimbra: Almedina, 1999. p. 675.
(59) POTHIER, R. J. *Tratado das obrigações*. Tradução de Adrian Sotero de Witt Batista e Douglas Dias Ferreira. Campinas: Servanda, 2002. p. 148-149.

Para seus defensores, a expressão "direto e imediato" deve ser interpretado, em conjunto, como "necessário". Segundo essa escola, ainda que a inexecução resulte de dolo do devedor, este só responde pelos danos que são consequência necessária do inadimplemento, mas, não pelos originados de outras circunstâncias de mera ocasião[60]. Excluem-se, pois, os danos ulteriores, oriundos de novas causas, sempre que estas não sejam efeito imediato e direto do inadimplemento da obrigação. A teoria do dano direto e imediato distingue portanto, entre o conjunto de antecedentes causais, a causa das demais condições.

Nesse sentido, conforme lição de Agostinho Alvim[61], a causa direta e imediata nem sempre é a mais próxima do dano, mas sim aquela que necessariamente o ensejou, pois não é a distância temporal entre a conduta e o dano que rompe o nexo causal. "A ideia central, enunciada e repetida pelos autores é, pois, a de que o aparecimento de outra causa é que rompe o nexo causal e não a distância entre a inexecução e o dano." O dano indireto pode ser passível de ressarcimento, contanto que seja consequência direta de um ato ilícito ou de uma atividade objetivamente considerada. Em regra, conforme salienta Agostinho Alvim, os danos indiretos ou remotos não são indenizáveis, porque quase sempre deixam de ser efeito necessário, em decorrência do aparecimento de concausas, mas se isso não ocorrer, eles devem ser indenizados.

A teoria do dano direto e imediato mostra-se mais apta a enfrentar o problema da causalidade múltipla do que as teorias expostas anteriormente. É a teoria adotada no Brasil, segundo grande parte da doutrina, não obstante a jurisprudência ainda vacile, invocando sem precisão científica outras teorias.

A teoria do dano direto e imediato não tem, como reconhece, o próprio Agostinho Alvim[62], o condão de resolver todas as dificuldades práticas que o tema suscita, mas é a que de modo mais simples traduz a ideia expressa no art. 403 do CC. A simples demonstração de que outra concausa concorreu com a conduta do agente para a produção do dano não o exime do dever de indenizar, no máximo

---

(60) Anderson Schreiber informa neste particular que: "desenvolveu-se, deste modo, no âmbito da própria teoria da causalidade direta e imediata, a chamada subteoria da necessariedade causal, que entende que as expressões dano direto e dano imediato de forma substancial, como reveladoras de um liame de necessariedade — e não de simples proximidade — entre a causa e o efeito. Haverá assim, dever de reparar quando o evento danoso for efeito necessário de determinada causa. Desta forma, podem-se identificar danos indiretos, passíveis de ressarcimento, desde que sejam consequência necessária da conduta tomada como causa. De fato, a melhor doutrina conclui, atualmente, que a necessariedade consiste no verdadeiro núcleo da teoria da causalidade direta e imediata, não se excluindo a ressarcibilidade excepcional de danos indiretos, quando derivados necessariamente da causa em questão". *Novos paradigmas...*, cit., p. 58.

(61) ALVIM, Agostinho. *Da inexecução das obrigações e suas consequências*. 3. ed. São Paulo: Saraiva, 1995. p. 384.

(62) ALVIM, Agostinho. *Da inexecução das obrigações e suas consequências*. 3. ed. São Paulo: Saraiva, 1995. p. 372.

atenua sua responsabilidade. Para que se exclua seu dever de indenizar, é preciso que se comprove que houve interrupção da cadeia causal, com a verificação de certos pressupostos.

Na prática, como se vê, a difícil questão de se saber onde chega o nexo causal, como já salientava Enneccerus(63), em que não se pode resolver *"nunca de uma maneira plenamente satisfactoria mediante reglas abstracas, sino que em los casos de duda há de resolverse por el juez segun su livre conviccion, poderando todas las circunstancias"*. E, ressalte-se, sem perder de vista a vítima, que deve ser sempre que possível amparada pelo direito, embora não a qualquer custo.

9.4. Interrupção do nexo causal

A interrupção do nexo de causalidade pode ocorrer, como reconhece a doutrina, por fato exclusivo de terceiro, da própria vítima ou por um evento de caso fortuito ou de força maior e, pressupõe: (i) a existência de um nexo de causalidade, a ser interrompido, entre o 1º fato e o dano; (ii) que o 2º fato seja completamente independente do primeiro, no sentido de que não seja uma consequência necessária (ou adequada) sua; (iii) que o 2º fato tenha provocado o efeito independentemente do 1º fato, de tal maneira que só a eficácia causal do 2º fato tenha operado o dano.

Sem o primeiro desses pressupostos não há que se falar de interrupção do nexo causal, mas apenas em ausência de causalidade. O segundo pressuposto refere-se à relação entre o 1º e o 2º fato (e não mais entre o 1º fato e o dano). Se não existir qualquer relação entre estes dois fatos, ou se entre o 1º fato existir apenas uma relação de mera condicionalidade, pode ocorrer a interrupção do nexo causal. No entanto, se entre o 1º e o 2º fato existir uma relação de necessariedade, de tal modo que o 2º fato seja consequência necessária do 1º, não há que se falar em interrupção do nexo causal. O 2º fato, nesta última hipótese, dependeu do 1º, ou seja, o 2º fato não significará uma interrupção do nexo, mas, ao revés, uma fase ou termo do processo causal 1º fato — dano".

Esses dois primeiros pressupostos são imprescindíveis, mas, por si só, não bastam para caracterizar a interrupção do nexo causal. Suponha-se o seguinte exemplo formulado por Pereira Coelho(64): um veículo muito pesado por culpa do condutor, danifica gravemente uma casa que passa a ameaçar ruína. Poucos dias depois, a casa que já estava com estrutura danificada, desmorona em consequência de um ciclone. Não há dúvida: o 2º fato — ciclone — é independente do 1º fato (acidente com o veículo), que nem sequer o condicionou. Ocorre que

---

(63) ENNECCERUS, Ludwig; KIPP, Theodor; WOLF, Martin. *Tratado de derecho civil*: derecho de obligaciones. 2. ed. Barcelona: Bosch, 1954. t. II, p. 67

(64) PEREIRA COELHO, Francisco Manuel. *O problema da causa virtual na responsabilidade civil.* Coimbra: Almedina, 1998. p. 32 e ss.

foi justamente o estado de ruína da casa, provocado pelo 1º fato, que favoreceu a eficácia causal do 2º fato para a produção do dano. E se foi assim, o 1º fato cooperou efetivamente com o 2º, para o dano concretamente verificado. Nessas circunstâncias, também não se pode considerar interrompida a relação de causalidade".

Conclui-se que a exigência de que o 2º fato seja independente do 1º fato está certa, no sentido de que não seja uma sua consequência necessária, porém não é suficiente. Para ocorrer a interrupção do nexo causal é preciso, ainda, a presença de um terceiro pressuposto, qual seja, que o 2º fato tenha provocado o efeito independente do 1º fato, de forma que só a eficácia causal do 2º fato tenha operado o dano. Aqui uma observação se faz necessária: se o 1º fato for apenas condição do 2º, sem que efetivamente tenha favorecido a sua eficácia, a interrupção deve ser reconhecida. Do contrário, estar-se-ia aplicando a teoria da equivalência dos antecedentes causais.

9.5. *A relativização ou mitigação do nexo causal na aferição da responsabilização objetiva*

Se o foco jurisprudencial, e de certa forma doutrinário, na responsabilização objetiva passou a ser o de assegurar às vítimas, e no Direito do Trabalho especialmente ao empregado, a reparação pelos danos sofridos, este fato pode ser atribuído à paulatina ausência ou perda de rigor científico na apreciação do nexo de causalidade.

De acordo com Anderson Schreiber, a análise das decisões em sua totalidade revela, no entanto, o efeito negativo dos expedientes empregados pela jurisprudência. A ampla margem de discricionariedade na aferição da causalidade jurídica não apenas produz decisões incoerentes, mas também resulta, por toda parte, em certa insegurança no que concerne às suas próprias responsabilidades. Pior: a liberdade com que o Poder Judiciário trata a questão do nexo causal estimula pedidos de reparação, fundados mais na desgraça da vítima que em uma possibilidade jurídica de imputação dos infortúnios ao sujeito que se considera responsável. Fala-se, neste sentido, em vitimização social ou *blame culture*"[65].

---

(65) SCHREIBER, Anderson. *Novos paradigmas...*, cit., p. 75. Porém, o autor também destaca que: "é certo que tal cultura responde, em parte, a uma maior conscientização do cidadão e do consumidor com relação aos seus direitos e a um crescente acesso aos seus meios de tutela. Igualmente verdadeiro, que, em muitos casos, a responsabilização acaba alcançando agentes perpetradores de abusos frente aos quais a vítima permaneceria sem remédio na disciplina tradicional da responsabilidade civil. A via escolhida, contudo, embora pareça justificada em face destas premissas, mostra-se inconsistente. A presunção do nexo causal, não raro, imputa a responsabilidade de tragédias pessoais a outros indivíduos ou agentes econômicos que acabam suportando, individualmente, um ônus que uma postura coerente atribuiria à sociedade como um todo, e não simplesmente à pessoa mais próxima da fatalidade".

Pelo exame da jurisprudência realmente chega-se à ilação de que o exame do nexo causal não obteve êxito em substituir o elemento culpa como obstáculo à reparação ou indenização na responsabilidade objetiva. E, conforme pensamento de Anderson Schreiber: "à semelhança com o que ocorreu com a prova da culpa, a prova do nexo causal parece tendente a sofrer, no seu papel de filtragem da reparação, uma erosão cada vez mais visível. O resultado desta tendência é a realização do pior temor dos juristas da Modernidade: a extraordinária expansão do dano ressarcível"[66].

---

(66) SCHREIBER, Anderson. *Novos paradigmas*..., cit., p. 75. Porém, o autor também destaca que: "é certo que tal cultura responde, em parte, a uma maior conscientização do cidadão e do consumidor com relação aos seus direitos e a um crescente acesso aos seus meios de tutela. Igualmente verdadeiro, que, em muitos casos, a responsabilização acaba alcançando agentes perpetradores de abusos frente aos quais a vítima permaneceria sem remédio na disciplina tradicional da responsabilidade civil. A via escolhida, contudo, embora pareça justificada em face destas premissas, mostra-se inconsistente. A presunção do nexo causal, não raro, imputa a responsabilidade de tragédias pessoais a outros indivíduos ou agentes econômicos que acabam suportando, individualmente, um ônus que uma postura coerente atribuiria à sociedade como um todo, e não simplesmente à pessoa mais próxima da fatalidade".

|CAPÍTULO II|

TEORIA DO RISCO E DA RESPONSABILIDADE CIVIL APLICÁVEIS AO DIREITO DO TRABALHO

Iremos desenvolver neste capítulo o entendimento sobre a Teoria do Risco e apresentando uma rápida síntese sobre as várias teorias da responsabilidade civil aplicáveis no caso concreto às lides trabalhistas.

1. A aplicação da teoria do risco no direito do trabalho e as teorias da responsabilidade civil

A Teoria do Risco surgiu como um avanço em relação à Teoria da Culpa Administrativa do Estado, uma vez que esta última, também denominada de Teoria do Acidente Administrativo, para identificar a culpa do Estado, exigia-se a apuração da culpa do serviço público e não a do agente público.

Antes de adentrar a Teoria do Risco propriamente dita, de maneira perfunctória, iremos discorrer sobre a teoria que a precedeu, ou seja, a Teoria do Risco Administrativo ou do Acidente Administrativo.

Na Teoria do Risco Administrativo, o evento culpa poderia ocorrer em três situações: a) em decorrência do não funcionamento do serviço público. Nessa hipótese, o lesado deveria provar que o dano ocorreu pelo simples fato de o serviço público não estar funcionando. Se o serviço estivesse em funcionamento o dano não teria ocorrido; b) na segunda hipótese, o serviço existe e foi realizado, embora com certo atraso, tendo provocado dano a terceiros; c) por último, o mau funcionamento do serviço público. Se o serviço tivesse sido prestado de forma regular, o dano não teria ocorrido.

O problema que se afigurava era justamente a colheita e a demonstração da prova do dano, ou seja, de que o serviço foi mal prestado ou que ocorreu atraso, posto que invariavelmente os padrões de qualidade técnica para se aferir cientificamente a prestação do serviço público são de difícil mensuração.

Nesse sentido, o surgimento da Teoria do Risco representou um grande avanço, pois ela se funda na Responsabilidade Objetiva, ou seja, sem a perquirição da culpa. Por essa teoria, a responsabilização do Estado ou de uma empresa não mais carece da comprovação da culpa de o agente público, ou do serviço público ou mesmo do particular, mas tão somente a demonstração do dano e do nexo etiológico[1] entre o dano e o serviço público ou o ato da empresa ou do empregado.

A Teoria do Risco tem fundamento principalmente na atividade estatal, que envolve o manejo de quantias fabulosas de recursos, bem como de uma grande coletividade de indivíduos, além da solidariedade social, já que toda a sociedade se beneficia da atividade estatal. Assim, o dano causado injustamente deverá ser socializado pela sociedade, no caso dos serviços públicos e ressarcido pela empresa privada, se a sua atividade econômica ensejou riscos para terceiros.

Na verdade, a Teoria do Risco desdobra-se em: Teoria do Risco Integral e do Risco Administrativo.

1.1. A teoria do risco integral

A Teoria do Risco Integral, quando aplicada ao Estado, não admite a possibilidade de qualquer tipo de excludente, ou seja, não isenta o Estado de qualquer responsabilidade, na hipótese de dano a terceiros.

---

(1) Recentemente foram promovidas alterações para obtenção do seguro acidente de trabalho, que irá facilitar a concessão de auxílio-doença, porque o trabalhador passa a não necessitar da CAT (Comunicação de Acidente de Trabalho), emitida pelos patrões. O decreto que regula a Lei n. 11.430/06 entrou em vigor em 1º de janeiro de 2008, mas é uma importante conquista para os trabalhadores e uma antiga reivindicação do movimento sindical.

Entre as medidas previstas no Decreto está a criação do Fator Acidentário de Prevenção (FAP), índice a ser multiplicado pelo número de acidentes da empresa. Quanto maior o número obtido, maior será a alíquota do seguro acidente de trabalho. Atualmente, as empresas pagam entre 1% e 3%; com as novas regras esse percentual irá variar de 0,5% a 6% do valor da folha de pagamento.

A partir do nexo técnico, inverte-se a obrigação do ônus da prova, ou seja, até agora o trabalhador é quem precisava provar que estava doente, ficando a cargo do médico da empresa, ou do INSS, conceder a emissão de CAT. O Decreto permite que a relação entre a doença contraída e o ambiente de trabalho (o nexo técnico) possa ser comprovada por meio de uma lista de doenças relacionadas a cada profissão, baseada em classificação internacional. A lista consta do decreto assinado pelo presidente. A Lei n. 11.430/06 que alterou a Lei n. 8.213/91, regulamenta os Planos de Benefícios da Previdência Social, inserindo o art. 21-A na referida norma, que assim dispõe:

"Art. 21-A. A perícia médica do INSS considerará caracterizada a natureza acidentária da incapacidade quando constatar ocorrência de nexo técnico epidemiológico entre o trabalho e o agravo, decorrente da relação entre a atividade da empresa e a entidade mórbida motivadora da incapacidade elencada na Classificação Internacional de Doenças — CID, em conformidade com o que dispuser o regulamento.

§ 1º A perícia médica do INSS deixará de aplicar o disposto neste artigo quando demonstrada a inexistência do nexo de que trata o caput deste artigo (Incluído pela Lei n. 11.430, de 2006).

§ 2º A empresa ou o empregador doméstico poderão requerer a não aplicação do nexo técnico epidemiológico, de cuja decisão caberá recurso, com efeito suspensivo, da empresa, do empregador doméstico ou do segurado ao Conselho de Recursos da Previdência Social. (Redação dada pela Lei Complementar n.150, de 2015)

Em outras palavras, se houve dano ou lesão, o Estado deve ressarcir o lesado, mesmo que este esteja agindo por culpa (negligência, imprudência ou imperícia) e dolo.

Pelo fato de não existir excludentes da responsabilidade nessa teoria, ela poderia dar ensejo a eventual enriquecimento ilícito. Essa teoria nunca foi acolhida no ordenamento jurídico pátrio.

1.2. A teoria do risco administrativo

A Teoria do Risco Administrativo é bem mais moderada. No entanto, aceita a não discussão em relação aos elementos subjetivos da responsabilidade (culpa ou dolo), bem como se houve culpa do serviço público.

Para a responsabilização do Estado ou da empresa basta a verificação do nexo causal, ou seja, a relação fática entre o dano e a atividade estatal ou da empresa, que tenha provocado lesão a terceiros. Pelo fato de a atividade estatal e a das empresas ensejar riscos, decorrentes de suas próprias atividades, deverá existir a Responsabilidade Objetiva.

Não obstante, a Responsabilidade Objetiva não é absoluta, como na teoria anterior. Existem casos em que o Estado e a empresa se eximirão do pagamento da indenização. As excludentes de responsabilidade na Teoria do Risco, então, serão os casos de: a) fato exclusivo da vítima; b) fato exclusivo de terceiro; e c) força maior, que veremos mais adiante nesse trabalho.

É oportuno reafirmar que a Teoria do Risco, que foi incorporada agora ao Código Civil de 2002, no art. 927, constitui instituto já aplicado no Direito do Trabalho, no caso concreto há longa data, conforme preceitua o art. 2º, § 2º, da CLT.

Em rápidas palavras, podemos dizer que em sede de Responsabilidade Objetiva não se perquire sobre a existência ou não de culpa ou dolo do agente, ou seja, basta a existência do nexo causal (relação de causa e efeito) e do dano ou lesão. O que se leva em consideração, neste caso, é a ação ou atividade ou a omissão do agente, por si só considerada como potencialmente perigosa para terceiros.

2. As teorias da responsabilidade civil

Entre as várias teorias sobre o risco, podemos enumerar:

a) **a teoria do risco proveito**, baseada na ideia de que quem tira proveito ou vantagem de uma atividade e causa dano a outrem tem o dever de repará-lo;

b) **a teoria dos atos normais e anormais**, medidos pelo padrão médio da sociedade;

c) **a teoria do risco inerente à atividade econômica**. A teoria que melhor explica a responsabilidade objetiva, entretanto, é a do Risco Inerente à Atividade, adotada pelo novo Código Civil, pela qual o dever de reparar o dano surge da atividade normalmente exercida pelo agente que cria risco em potencial a direitos ou interesses alheios. Nesta teoria não se cogita de proveito ou vantagem para aquele que exerce a atividade, mas da atividade em si mesma que é potencialmente perigosa e geradora de riscos a terceiros. Para Caio Mário da Silva[(2)] ela prescinde de qualquer elemento subjetivo: basta a ocorrência do dano ligado a uma atividade geradora de risco, normalmente exercida pelo agente.

Não podemos deixar de reconhecer que sem embargo de toda a evolução da Teoria da Responsabilidade Objetiva entre nós, em face da disseminação de atividades perigosas na sociedade moderna, decorrentes do inusitado crescimento do macrossistema econômico no modo de produção capitalista, das evoluções tecnológicas, da crescente necessidade de trabalho humano em atividades potencialmente perigosas, que suscitam riscos de explosões, riscos nucleares, gases inflamáveis etc. ensejadores de riscos à saúde e à integridade das pessoas, notadamente de trabalhadores, ainda remanesce entre nós, de acordo com o novo Código Civil, a Teoria Subjetiva fundada na culpa, como a teoria catalisadora da responsabilidade civil.

Em nosso país, em decorrência da extensão territorial e da diversidade econômica e social, convivemos com empresas transnacionais globalizadas, altamente evoluídas no plano tecnológico, que operam com técnicas modernas de gestão e administração da produção, mitigando os riscos à integridade de seus empregados, com métodos modernos de Segurança e Medicina do Trabalho. Simultaneamente, convivemos com uma constelação de micro, pequenas e médias empresas, que, pela absoluta carência de recursos econômicos e financeiros, em muitos casos tendem a negligenciar aspectos inerentes à segurança de seus empregados, expondo, dessa forma, a maiores possibilidades de riscos à integridade física dos mesmos, que podem suscitar reparações na órbita da responsabilidade civil, seja de natureza subjetiva ou objetiva.

Isto não significa dizer que os acidentes de trabalho só ocorram nestas últimas. Eles ocorrem tanto nas grandes corporações, que empregam maior contingente de trabalhadores no mesmo local de trabalho, como nas micro, pequenas e médias empresas.

A saúde é um direito de todos, como preceitua o art. 196[(3)] da Constituição Federal de 1988 e o princípio da dignidade humana está realçado hoje a direito

---

(2) SILVA, Caio Mário da. Responsabilidade civil. Rio de Janeiro: Forense, 1985. p. 284-285.

(3) Art. 196 da Constituição Federal de 1988: "A saúde é direito de todos e dever do Estado, garantido mediante políticas sociais e econômicas que visem à redução do risco de doença e de outros agravos e ao acesso universal e igualitário às ações e serviços para sua promoção, proteção e recuperação".

constitucional[4] e núcleo basilar de virtualmente todos os ordenamentos jurídicos. Basta a condição de ser humano que já lhe cabe a proteção do ordenamento jurídico, muito embora o nosso ordenamento jurídico já proteja o nascituro[5]. Podemos dizer que o princípio da dignidade humana (art. 1º, inciso III, da CF/88) constitui o fundamento de validade do Estado Democrático de Direito e, por que não dizer, fundamento de validade da própria preservação da espécie humana.

3. Os direitos da pessoa humana e os princípios sensíveis da Constituição Federal de 1988

Os direitos da pessoa humana também estão incluídos entre os princípios sensíveis da Constituição Federal que têm o condão de suscitar a intervenção da União nos Estados da federação, ou destes últimos nos municípios, como se depreende do art. 34 da Lei Maior, consoante declara:

> "Art. 34: A União não intervirá nos Estados nem no Distrito Federal, exceto para: [...]
>
> VII — assegurar a observância dos seguintes princípios constitucionais: a) forma republicana, sistema representativo e regime democrático; b) direitos da pessoa humana; c) autonomia municipal; d) prestação de contas da administração pública, direta e indireta; e e) aplicação do mínimo exigido da receita resultante de impostos estaduais, compreendida a proveniente de transferências, na manutenção e desenvolvimento do ensino e nas ações e serviços públicos de saúde". (Redação dada pela Emenda Constitucional n. 29, de 2000)

Por outro lado, o Brasil ratificou a Convenção n. 155 da Organização Internacional do Trabalho, cujo texto assim dispõe:

> "O termo saúde, em relação ao trabalho, abrange não somente a ausência de afecções ou enfermidades, mas também os elementos físicos e mentais que afetam a saúde e estão diretamente relacionados com a segurança e higiene no trabalho."

Diante desse cipoal legislativo, de índole nacional e supranacional, podemos enunciar explicitamente que a sociedade moderna já não pode mais tolerar atos de discriminação, preconceitos, constrangimentos pessoais, assédio moral ou sexual em relação a certas categorias ou classes de pessoas menos privilegiadas, cuja garantia vem estampada inclusive no Código de Defesa do Consumidor (Lei n. 8.078/1990) e em várias leis esparsas.

---

(4) Art. 1º da Constituição Federal de 1988: "Dos Princípios Fundamentais. A República Federativa do Brasil, formada pela união indissolúvel dos Estados e Municípios e do Distrito Federal, constitui-se em Estado Democrático de Direito e tem como fundamentos: I — a soberania, II — a cidadania, III — a dignidade da pessoa humana; IV — os valores sociais do trabalho e da livre-iniciativa; V — o pluralismo político".

(5) Art. 2º do novo Código Civil: A personalidade civil da pessoa começa do nascimento com vida; mas a lei põe a salvo, desde a concepção, os direitos do nascituro".

4. O art. 93 da Lei n. 8.213/1991 (garantia no emprego)

O art. 93 da Lei n. 8.213/1991, na esteira dessa proteção, criou um novo tipo de garantia de emprego aos deficientes físicos, como fica claro pelo texto do citado artigo:

> "Art. 93. A empresa com 100 (cem) ou mais empregados está obrigada a preencher de 2% (dois por cento) a 5% (cinco por cento) dos seus cargos com beneficiários reabilitados ou pessoas portadoras de deficiência, habilitadas, na seguinte proporção:
>
> I — até 200 empregados 2%;
>
> II — de 201 a 500 .... 3%;
>
> III — de 501 a 1.000 .... 4%;
>
> IV — de 1.001 em diante .... 5%.
>
> § 1ºA dispensa de pessoa com deficiência ou de beneficiário reabilitado da Previdência Social ao final de contrato por prazo determinado de mais de 90 (noventa) dias e a dispensa imotivada em contrato por prazo indeterminado somente poderão ocorrer após a contratação de outro trabalhador com deficiência ou beneficiário reabilitado da Previdência Social. (Redação dada pela Lei n. 13.146, de 2015)
>
> § 2ºAo Ministério do Trabalho e Emprego incumbe estabelecer a sistemática de fiscalização, bem como gerar dados e estatísticas sobre o total de empregados e as vagas preenchidas por pessoas com deficiência e por beneficiários reabilitados da Previdência Social, fornecendo-os, quando solicitados, aos sindicatos, às entidades representativas dos empregados ou aos cidadãos interessados.(Redação dada pela Lei n. 13.146, de 2015)
>
> § 3ºPara a reserva de cargos será considerada somente a contratação direta de pessoa com deficiência, excluído o aprendiz com deficiência de que trata a Consolidação das Leis do Trabalho (CLT), aprovada pelo Decreto-Lei nº5.452, de 1ºde maio de 1943.(Incluído pela Lei n. 13.146, de 2015)
>
> § 4º(VETADO).(Incluído pela Lei n. 13.146, de 2015)(Vigência)

Existem inúmeros casos em trâmite nos Tribunais do Trabalho, nos quais os empregadores são multados pelos auditores fiscais do Ministério da Economia ou são chamados a celebrar TAC – Termo de ajustamento de Conduta com o Ministério Público do Trabalho, pelo fato de não estarem cumprindo a cota legal acima mencionada, e invariavelmente recorrem buscando a anulação dos autos de infração lavrados, bem como das multas respectivas. Neste sentido, acórdãos do TRT 1ª Região:

> RECURSO ORDINÁRIO – 1. PRELIMINAR DE NULIDADE POR CERCEAMENTO À DEFESA. O indeferimento da prova está compreendido na liberdade conferida ao juiz na condução da instrução processual, à luz do que preceituam os artigos 765 da CLT e 370 do CPC. No caso dos autos, os motivos sustentados pela parte autora para justificar o não preenchimento dos cargos das pessoas portadoras de deficiência e

reabilitados junto ao INSS, nos termos do art. 93 da Lei n. 8.213/91, qual seja a falta de candidatos portadores de deficiência para o preenchimento das vagas, não se aplica aos reabilitados. Para os reabilitados a comunicação com o órgão previdenciário deve ser formal, documentada, sendo certo que "não há nos autos qualquer prova documental de que a parte autora fez qualquer comunicação ao INSS visando oferecer cargos aos reabilitados", conforme asseverado na sentença. O indeferimento da produção da prova oral impunha-se, portanto, porque a prova testemunhal pretendida pela parte autora em nada alteraria a solução da questão submetida ao Juízo, na exata medida em que não se prestaria, em qualquer hipótese, ao suprimento da prova documental que deixou de ser produzida pela parte. Sendo assim, não incidiu o julgador de 1º grau em cerceamento à defesa da Recorrente. 2. NULIDADE DOS AUTOS DE INFRAÇÃO. ART. 93 DA LEI N. 8.213/91. DESCUMPRIMENTO DA COTA. IMPOSSIBILIDADE MATERIAL DO SEU CUMPRIMENTO. NÃO VERIFICADA. O panorama dos autos não ampara a tese da recorrente, de impossibilidade de cumprimento da determinação legal contida no art. 93 da Lei n. 8.213/1991. Não há provas de que a empresa, efetivamente, empenhou esforços em busca da satisfação de seu dever social alusivo ao atendimento da cota para empregados portadores de deficiência ou reabilitados. Por isso, não há reparos a serem feitos na sentença no que toca à nulidade dos autos de infração e do débito fiscal. 3. ASSINATURA DE TAC. AUTO DE INFRAÇÃO. IMPOSIÇÃO DE MULTA ADMINISTRATIVA. POSSIBILIDADE. O Auditor-Fiscal ao se deparar com irregularidades trabalhistas tem o dever de lavrar o respectivo auto de infração, sob pena de responsabilidade administrativa e criminal. A existência de TAC firmado com o Ministério Público do Trabalho (MPT) não afasta a possibilidade de a empresa sofrer ação fiscal e ser autuada por este fato. O próprio Ministério Público do Trabalho (MPT) é quem requer a verificação do cumprimento do TAC ao Ministério do Trabalho e Emprego (MTE), oportunidade em que a autuação teria ocorrido, cabendo ao Ministério Público do Trabalho (MPT) proceder à cobrança das multas pelo descumprimento do preenchimento do percentual mínimo previsto em lei (artigo 93, da Lei n. 8.213/91). 4. REVOGAÇÃO DA TUTELA ANTECIPADA PARCIALMENTE DEFERIDA. DIREITO LÍQUIDO E CERTO INEXISTENTE. Não restam dúvidas de que o depósito para ajuizamento da ação anulatória deve ser prévio, como determina a IN n. 34, do C. TST – o que não ocorreu no caso dos autos. Logo, não preenchidos os requisitos para suspensão da exigibilidade da execução fiscal e concessão da certidão positiva de débito fiscal com efeito de negativa. Dessa forma, não há falar em "direito líquido e certo da recorrente em ter suspensa a exigibilidade do débito", pelo fato do Juízo de primeiro grau ter deferido parcialmente a tutela provisória, tendo em vista a possibilidade de revogação da tutela deferida a qualquer tempo, consoante o art. 296 do CPC. Preliminar que se rejeita e recurso a que se nega provimento. (TRT 1ªR. RO 01005397720165010060 RJ. Órgão Julgador Gabinete do Desembargador Mário Sérgio Medeiros Pinheiro. Publicação18/05/2019. Relator: Mario Sergio Medeiros Pinheiro).

RECURSO ORDINÁRIO – ART. 93 DA LEI N. 8.213/91 – NULIDADE DA MULTA ADMINISTRATIVA. Não comprovado nos autos que a recorrida tenha, efetivamente, buscado a contratação de reabilitados e portadores de deficiência para compor seu quadro funcional, nos limites mínimos exigidos pela legislação (art. 93 da Lei n. 8.213/91), há de se reformar a r. sentença a fim de reconhecer a validade do auto de infração aplicado pelo Ministério do Trabalho. Recurso a que se dá provimento. TRT 1ª R. RO. 00004950620125010411; publicação: 2013-12-03. 5ª Turma. Relator: Des. Enoque Ribeiro dos Santos.

Esse novo posicionamento veio juntar-se à proteção do trabalhador, nos casos de insalubridade, periculosidade, atividades penosas (ainda não regulamentado por lei complementar) e outras formas de proteção ao trabalho em ambientes perigosos ou deletérios à higidez física, mental e psíquica do trabalhador.

A empresa é o *locus* jurídico, por excelência, no âmbito do Direito das Obrigações, capaz de gerar em seu interior e mesmo em suas relações externas, no curso da relação de trabalho, atos suscetíveis de ensejar tal tipo de responsabilidade, seja por parte do empregador ou do empregado, em decorrência de atos ilícitos, atos lícitos ou decorrentes da própria atividade produtiva.

Sabemos que a finalidade precípua do Direito é a realização da justiça social e o ordenamento jurídico assegura a cada indivíduo, seja pessoa física ou jurídica, o exercício pleno de seus direitos, sejam eles de ordem patrimonial ou extrapatrimonial.

O patrimônio do homem, que é o objeto do Direito, é constituído do somatório de seus bens patrimoniais, aquilo que pode ser aferido economicamente, que é tangível, que de uma forma externa se agrega ao homem e se incorpora ao seu patrimônio, bem como aquela parte intangível, imaterial, constituída pelos seus sentimentos, seu caráter, seu pudor, sua honra, o que poderíamos denominar de homem interior.

Na verdade, como o homem possui duas naturezas, uma de ordem material e outra espiritual, possui, por conseguinte, dois patrimônios: um tangível e outro intangível.

Da mesma forma, a pessoa jurídica possui duas espécies de patrimônio: o tangível — constituído pelos bens materiais propriamente ditos — terreno, planta industrial, móveis e equipamentos industriais, máquinas, veículos, ferramentas etc., e o patrimônio intangível — constituído pela sua reputação, sua marca, sua tecnologia ou *know how* (*savoir faire*), sua imagem no mercado de bens e serviços. Esse bem extrapatrimonial da empresa pode também ser objeto de lesão em sua honra objetiva[6] (aquilo que a sociedade pensa da empresa, a imagem que ela tem no mercado), suscitando a ocorrência do dano moral para a pessoa jurídica, fato já pacificado na jurisprudência, consoante entendimento sumular do Superior Tribunal de Justiça[7].

Portanto, cabe ao Direito a proteção de seu objeto, a pessoa (o novo Código Civil, em seu art. 1º, quando trata da matéria substituiu a palavra homem por pessoa), em sua plenitude, ou seja, em ambos os patrimônios, o material e o imaterial. Em outras palavras, partindo da máxima popular "se alguém pode o mais, pode o menos", podemos aduzir, que se o direito protege aquilo que a maioria dos homens considera o "mais", ou seja, o grande contingente de direitos materiais ou patrimoniais, necessariamente também terá de proteger aquilo que eles

(6) Art. 52. Aplica-se às pessoas jurídicas, no que couber, a proteção dos direitos da personalidade.
(7) STJ Súmula n. 227. A pessoa jurídica pode sofrer dano moral.

consideram o "menos", ou seja, os direitos extrapatrimoniais, embora saibamos que, na verdade das coisas, prevalece a lógica inversa.

Em outras palavras, inversamente ao comportamento natural da maioria das pessoas e do que ela deixa transparecer, o mais sempre deve ser representado pelo seu patrimônio incorpóreo ou extrapatrimonial, isto é, o seu patrimônio moral, aquilo que representa o ser, o homem interior, que é eterno e o acompanha para sempre, enquanto o menos deve ser representado pelo patrimônio material, o ter, que é transitório, provisório, e se extingue para ele no momento de sua passagem para o outro plano de existência. Antes de ter, a pessoa precisa ser.

É por essas e outras razões que o estudo da responsabilidade subjetiva e objetiva e do dano moral reveste-se, nos dias de hoje, da maior relevância e atualidade para o Direito, tanto que um dos maiores juristas de todos os tempos, Marco Túlio Cicero, já dizia há 45 anos antes de Cristo, em seu livro *Da República*, que "a honra é o patrimônio dos grandes homens".

Portanto, os aspectos da responsabilidade objetiva e subjetiva no Direito do Trabalho, em face do novo Código Civil, apresentam interessantíssimos desdobramentos.

Podemos até mesmo dizer que, se existe um ramo no Direito em que esse tipo de responsabilidade seja fértil, em termos de reincidências, é justamente no Direito do Trabalho, pelo fato de as relações entre empregado e empregador serem perenes, de trato sucessivo e contínuo, diuturnas, possibilitando maior potencial de oportunidades de perpetração de ilícitos por uma das partes do contrato de trabalho, muito além do que ocorre nos contratos comuns do Direito Civil ou Direito Comercial ou mesmo do Código do Consumidor, em que as relações são tipicamente instantâneas, as partes na maioria das vezes estão em nível de igualdade econômica e social e, com exceção das relações de consumo, são raros os aspectos ligados à hipossuficiência de qualquer uma das partes.

O Brasil tem uma legislação de proteção ao trabalhador deficiente relativamente frouxa, quando se considera que de cada dez brasileiros um é deficiente, segundo dados recentes do IBGE, em comparação a países da Europa, como a França, em que a legislação trabalhista obriga a empresa ou empregador que tenha pelo menos vinte (20)[(2)] empregados, a contratar um mínimo de 6% (seis por cento) de sua força de trabalho com empregados com algum tipo de deficiência.

É com base nestes números, que recomendamos uma revisão do art. 93 da Lei 8.213/1991, para que empresas com pelo menos 50 empregados, tenham a obrigação de contratar 2%, no mínimo, de trabalhadores com deficiência ou reabilitados pela autarquia previdenciária, e um aumento progressivo das demais alíneas para 3% para empresas que tenham entre 100 e 200; de 4% para empresas com um total entre 201 e 500; 5% para empresas com efetivo entre 501 e 1000 e 6% para empresas com mais de 1000 empregados.

5. A responsabilidade civil objetiva e subjetiva no direito do trabalho em face do Código Civil

Podemos afirmar com todas as letras que os aspectos da responsabilidade civil subjetiva e objetiva encontram um campo fértil de incidências, repetições e desenvolvimento na órbita das relações de trabalho.

O Direito do Trabalho aparece como o ramo do Direito em cujas delimitações a responsabilidade civil alcança seu máximo desenvolvimento, já que, neste caso, a proteção da personalidade adquire especial dimensão, tanto por sua primordial importância — dado o caráter pessoal, infungível e duradouro da relação de emprego — como por ter sido objeto de uma garantia jurídica especial, fundada nos princípios da proteção do empregado e da continuidade da relação de emprego, com esteio maior no princípio universal da dignidade da pessoa humana, que constitui um dos fundamentos do Estado Democrático de Direito, reafirmado pelo art. 1º, inciso III, da Constituição Federal de 1988.

O contrato de trabalho é caracterizado por ser de trato sucessivo, de atividade, com as prestações em um repetir diário, ao longo do tempo, possibilitando o surgimento de danos, tanto ao empregador como ao empregado. A pessoalidade, a perenidade da relação, a infungibilidade, a subordinação, requisitos à configuração da figura do empregado (art. 3º da CLT), acabam por permitir situações em que o empregado pode ser alvo de algumas das situações típicas da responsabilidade civil objetiva ou subjetiva, com repercussões em sua honra, dignidade, boa fama, ou mesmo na sua integridade física e psíquica, como nos casos de acidente de trabalho ou de doença profissional, que invariavelmente podem provocar deformações físicas ou estéticas na pessoa do trabalhador.

Ações que buscam a condenação do empregador por responsabilidade objetiva e subjetiva se encontram entre as mais recorrentes nos Tribunais do Trabalho. Vejamos algumas ementas a respeito:

> ACIDENTE DE TRABALHO TÍPICO – RESPONSABILIDADE OBJETIVA E SUBJETIVA DO EMPREGADOR – No próprio direito do trabalho consta o fundamento a ser utilizado para a responsabilização objetiva do empregador em todas as hipóteses de dano à saúde ou à vida do trabalhador. É um dos princípios fundamentais do direito do trabalho, o da responsabilidade objetiva do empregador para com os haveres do empregado, por ser ele quem assume os riscos da atividade econômica, característica tão importante que integra o conceito de empregador, nos termos do artigo 2º, caput, da CLT . Se o acidente do trabalho, como gênero, trata-se da mais grave violação do direito à saúde do trabalhador, o sistema jurídico deve proporcionar resposta adequada a este fato. Daí por que se impõe que a responsabilidade do empregador pelos danos decorrentes de acidente de trabalho típico seja objetiva. Além da teoria ora adotada, a reclamada não propiciou ao reclamante um ambiente de trabalho seguro, na medida em que a máquina por ele operada, não observou as regras previstas na NR 12 da Port. 3.214/78 do MTE, observada a perícia técnica, específica para análise do maquinário no qual sofrido o acidente e a prova oral – Configurando, também,

a responsabilidade civil subjetiva. (TRT-04ª R. – ROT 0020072-88.2018.5.04.0406 – 3ª T. – Relª Maria Madalena Telesca – J. 09.03.2020).

"AGRAVO DE INSTRUMENTO. RECURSO DE REVISTA. ACIDENTE DO TRABALHO. RESPONSABILIDADE CIVIL DO EMPREGADOR. INDENIZAÇÃO POR DANOS MORAIS. RESPONSABILIDADE SOLIDÁRIA DA EMPRESA TOMADORA. DECISÃO DENEGATÓRIA. MANUTENÇÃO. O pleito de indenização por dano moral, estético e material resultante de acidente do trabalho e/ou doença profissional ou ocupacional supõe a presença de três requisitos: a) ocorrência do fato deflagrador do dano ou do próprio dano, que se constata pelo fato da doença ou do acidente, os quais, por si sós, agridem o patrimônio moral e emocional da pessoa trabalhadora (nesse sentido, o dano moral, em tais casos, verifica-se pela própria circunstância da ocorrência do malefício físico ou psíquico); b) nexo causal ou concausal, que se evidencia pela circunstância de o malefício ter ocorrido em face das circunstâncias laborativas; c) culpa empresarial, excetuadas as hipóteses de responsabilidade objetiva. Embora não se possa presumir a culpa em diversos casos de dano moral — em que a culpa tem de ser provada pelo autor da ação —, tratando-se de doença ocupacional, profissional ou de acidente do trabalho, essa culpa é presumida, em virtude de o empregador ter o controle e a direção sobre a estrutura, a dinâmica, a gestão e a operação do estabelecimento em que ocorreu o malefício. Na hipótese dos autos, consta no acórdão recorrido ser 'Incontroverso que o Reclamante acidentou-se na condição de trabalhador avulso' nas dependências da tomadora dos serviços (2ª Reclamada). A Reclamada insurge-se tão somente quanto à responsabilidade solidária a ela imputada, sendo, portanto, incontroverso o dano e o nexo causal. Em relação à culpa, o Tribunal Regional consignou que as Reclamadas 'sequer forneciam equipamentos de proteção realmente eficazes e que não fiscalizavam adequadamente as operações'. Diante desse quadro fático delineado, é, de fato, devido o pagamento de indenização pelos danos causados ao Obreiro, em razão do preenchimento dos requisitos legais exigidos (dano, nexo causal e culpa empresarial). Ademais, como bem salientado pelo Tribunal Regional, a responsabilização solidária atribuída à 2ª Reclamada pelas verbas indenizatórias deferidas ao Autor tem fundamento no art. 942 do CCB, que determina que se a ofensa tiver mais de um autor, todos responderão solidariamente pela reparação. Nesse passo, a condenação solidária não decorreu da existência de grupo econômico, sucessão de empresas ou de terceirização, mas da presença dos elementos caracterizadores da responsabilidade civil, tendo sido demonstrados o dano, o nexo de causalidade e a conduta culposa da ora Agravante. Por outro lado, para analisar as assertivas recursais de inexistência de conduta culposa ou de nexo de causalidade, necessário seria a reanálise de todo o conteúdo fático-probatório dos autos, o que é inviável em se tratando de recurso de revista (Súmula n. 126/TST). Assim, não há como assegurar o processamento do recurso de revista quando o agravo de instrumento interposto não desconstitui os termos da decisão denegatória, que subsiste por seus próprios fundamentos. Agravo de instrumento desprovido." (TST AIRR 13472620115150039, Data de publicação: 19.9.2014. Órgão julgador: Terceira Turma. Relator: Ministro Maurício Godinho Delgado)

"RECURSO DOS RECLAMANTES HERDEIROS – ACIDENTE DE TRABALHO – RISCO ACENTUADO DA ATIVIDADE – RESPONSABILIDADE CIVIL OBJETIVA E SUBJETIVA. A responsabilidade do empregador pelos danos morais e materiais decorrentes do acidente de trabalho, em regra, é subjetiva com base no art. 7º, XXVIII, da CF. Entretanto, há casos em que a atividade econômica explorada, por si só, já representa elevado risco, devendo ser aplicada, nessas hipóteses a responsabilidade objetiva, com fulcro parágrafo único do art. 927 do Código Civil. No caso em apreço, além de a atividade da empregadora caracterizar-se por um risco acentuado, atraindo a responsabilidade objetiva, também restou evidenciada sua culpa no que tange à fiscalização do meio ambiente laboral, de forma a mantê-lo seguro e saudável aos seus empregados, livre de riscos causadores de acidentes graves como o ora analisado." (Recurso obreiro parcialmente provido. Número do documento: TRT 1ªR. 01540003320085010063. Recurso Ordinário. Data de publicação: 2014.3.18. Órgão julgador: Quinta Turma. Relator: Enoque Ribeiro dos Santos)

6. A Súmula n. 341 do Supremo Tribunal Federal

O Supremo Tribunal Federal, por meio da Súmula n. 341, atribuiu a responsabilidade ao empregador por atos do empregado ou preposto, como deflui de seu texto:

> "É presumida a culpa do patrão ou comitente pelo ato culposo de seu empregado ou preposto."

Atualmente, o art. 932 do Código Civil positivou o enunciado dessa Súmula, como dispõe:

> "Art. 932. São também responsáveis pela reparação civil:
>
> III — o empregador ou comitente, por seus empregados, serviçais e prepostos, no exercício do trabalho que lhes competir, ou em razão dele."

Já a teoria da responsabilidade objetiva no novo Código Civil é baseada na Teoria do Risco, decorrente da própria atividade do empregador ou da empresa, quando coloca o patrimônio material ou extrapatrimonial de terceiros, entre eles o de seus empregados, em risco potencial. Neste caso, apenas basta a prova do prejuízo e o nexo de causalidade para que o perpetrador do ato seja obrigado à reparação ou indenização.

7. A responsabilidade civil subjetiva

A responsabilidade civil subjetiva vem inserida no art. 186: "aquele que, por ação ou omissão voluntária, negligência ou imprudência, violar direito e causar dano a outrem, ainda que exclusivamente moral, comete ato ilícito".

Logo, para que se configure o ato ilícito, ou seja, o ato praticado em desacordo com a ordem jurídica, violando o direito subjetivo individual, é necessário que haja a concorrência dos seguintes elementos: a) fato lesivo voluntário, causado pelo agente, por ação ou omissão voluntária, negligência ou imprudência; b) ocorrência de um dano patrimonial ou moral, sendo que a Súmula n. 37 do Superior Tribunal de Justiça admite a cumulação das indenizações por danos material e moral decorrentes do mesmo fato; e c) o nexo de causalidade ou etiológico entre o dano e o comportamento do agente.

8. O abuso ou exercício irregular de um direito

O art. 187 do Código Civil traz, também, o conceito de abuso de direito ou exercício irregular do direito que poderá ensejar a responsabilidade civil.

Diz o art. 187:

> "Também comete ato ilícito o titular de um direito que, ao exercê-lo, excede manifestamente os limites impostos pelo seu fim econômico ou social, pela boa-fé ou pelos bons costumes."

Sabemos que o uso de um direito, poder ou coisa, além do que é permitido, que extrapole as limitações jurídicas e venha a lesar direito de outrem, acarreta, como consequência, o dever de indenizar. Sob a aparência de um ato lícito ou perfeito, pode estar camuflada a ilicitude no seu resultado, atentando contra os princípios universais da boa-fé e dos bons costumes, seja por desvio de finalidade ou mesmo da função social para a qual o Direito foi criado. Da mesma forma, não cabe qualquer tipo de indenização, por estarem amparados pelo Direito, os atos praticados em legítima defesa ou no exercício regular de um direito reconhecido.

Neste sentido, a ementa do TST:

> AGRAVO – AGRAVO DE INSTRUMENTO – RECURSO DE REVISTA – INDENIZAÇÃO POR DANOS MORAIS – ASSÉDIO MORAL – RESTRIÇÕES AO USO DO BANHEIRO – ABUSO DO PODER DIRETIVO PATRONAL – ÓBICE DAS SÚMULAS 126 E 333/TST. O Tribunal Regional, com base nas provas constantes dos autos, consignou que "a empresa, na prática, limitava a 05 (cinco) minutos diários o tempo de uso dos toaletes, o que, por certo, extrapola o seu poder diretivo, em violação aos direitos constitucionais à dignidade e à privacidade do trabalhador" (fl. 525). E com base nos elementos probatórios dos autos (Súmula 126/TST) e concluiu que "o procedimento empresarial extrapola os poderes de mando e gestão atribuídos ao empregador e caracteriza a lesão ao direito da personalidade, dando azo à condenação da empresa ao pagamento de danos morais." Para chegar à conclusão em sentido oposto e entender que tal prática não ocorria, como argumenta a reclamada, seria necessário o revolvimento de fatos e provas, o que é vedado pela Súmula 126 do TST. Outrossim, a restrição ao uso do banheiro afronta a honra, a dignidade do empregado, além de configurar abuso do poder diretivo patronal, pelo que faz jus ao pagamento de indenização por danos morais. Precedente . Agravo não provido . (TST Ag-AIRR 195-77.2016.5.21.0013. Órgão Julgador 2ª Turma. Publicação DEJT 20/09/2019. Julgamento 18 de setembro de 2019. Relatora: Maria Helena Mallmann).

> "RECURSO ORDINÁRIO – ABUSO DO PODER DIRETIVO – CONFIGURAÇÃO – DANO MORAL. Considerando que a reclamada manteve labor em abuso de poder diretivo em relação ao autor, entendo presentes os elementos configuradores do dano moral, quais sejam: o ato ilícito, com fulcro no art. 186 e 187 do Código Civil, o nexo causal e o prejuízo (dano) ao patrimônio moral do ofendido. Isto porque, o uso de um direito, poder ou coisa, além do que é permitido, que extrapole as limitações jurídicas e venha a lesar direito de outrem, acarreta, como consequência, o dever de indenizar. Dessarte, sob a aparência de um ato lícito ou perfeito, pode, como no presente caso, estar camuflada a ilicitude no seu resultado, atentando contra os princípios universais da boa-fé e dos bons costumes, seja no desvio de finalidade ou mesmo da função social para o qual o Direito foi criado. Apelo a que se nega provimento." (Número do

documento: TRT 1ªR. 00022114120125010226; Recurso Ordinário. Data de publicação: 2013.12.17. Órgão julgador: Quinta Turma. Relator: Des. Enoque Ribeiro dos Santos).

9. A responsabilidade objetiva

Por meio de uma interpretação analógica, podemos dizer que o desvio de finalidade do art. 187 pode ser comparado ao desvio de função nas relações de trabalho, que acarreta para o empregador a responsabilidade pelo pagamento das diferenças salariais respectivas.

Declara a Orientação Jurisprudencial (OJ n. 125 da SDI I do TST) *in verbis*:

> "Desvio de Função. Quadro de Carreira. (Alterado em 13.3.2002) O simples desvio funcional do empregado não gera direito a novo enquadramento, mas apenas às diferenças salariais respectivas, mesmo que o desvio de função haja iniciado antes da vigência da CF/1988."

Tal situação configura típico caso de responsabilidade objetiva do empregador pelo pagamento das diferenças salariais.

Da mesma forma que os princípios da eticidade, a operabilidade e a socialidade nortearam a criação do novo Código Civil, podemos dizer que o conceito de responsabilidade civil objetiva e a subjetiva, que agora se complementam no sentido de dar proteção ao ofendido, transmutou-se de uma concepção individual, por que não dizer egoísta, para assumir na atualidade uma concepção fundamentalmente social, com ênfase no pronome "nós", que se reflete com clareza solar no *nos otros* dos castelhanos, postando-se em linha com os institutos modernos de proteção à dignidade da pessoa humana.

Os arts. 931 e 932 também se completam ao referenciar os atos ensejadores de reparação civil.

O art. 931 estatui:

> "Ressalvados outros casos previstos em lei especial, os empresários individuais e as empresas respondem independentemente de culpa pelos danos causados pelos produtos postos em circulação."

Esse artigo é compatível com o art. 14 do Código de Defesa do Consumidor[8] (Lei n. 8.078/1990), que adotou a teoria da responsabilidade objetiva do

---

(8) Art. 14. O fornecedor de serviços responde, independentemente da existência de culpa, pela reparação dos danos causados aos consumidores por defeitos relativos à prestação dos serviços, bem como por informações insuficientes ou inadequadas sobre sua fruição e riscos.

§ 1º O serviço é defeituoso quando não fornece a segurança que o consumidor dele pode esperar, levando-se em consideração as circunstâncias relevantes, entre as quais:

I — o modo de seu fornecimento;

II — o resultado e os riscos que razoavelmente dele se esperam;

empresário pelos danos causados pelos produtos postos em circulação. Podemos aduzir daqui, *a contrario sensu*, que a pessoa jurídica, além de ser agente ativo de atos ensejadores de reparação civil, também pode se colocar no plano passivo, ao figurar como vítima de atos desabonadores à sua honra objetiva, embora, com a devida vênia, não concordamos inteiramente com o disposto na Súmula n. 227, a seguir mencionada.

10. A Súmula n. 227 do Superior Tribunal de Justiça

Estabelece a Súmula n. 227 do ST :

> "A pessoa jurídica pode sofrer dano moral."

Pelo fato de a empresa constituir uma ficção jurídica, ou seja, uma criação dos homens, ela só se apresenta como um ente material, desprovido de alma e espírito. Assim sendo, eventual mácula contra tal entidade poderá afetar tão somente a sua honra objetiva, ou seja, a imagem que a sociedade ou o público têm sobre ela. Dessa forma, a empresa não poderá sofrer um dano moral puro decorrente de um ato ilícito, posto que o seu sofrimento jamais será de natureza espiritual.

Nesse sentido, a Súmula n. 227 do STJ no nosso modesto entendimento terá de ser, necessariamente, interpretada com certas restrições: a pessoa jurídica poderá sofrer dano moral, decorrente de ferimento em sua honra objetiva, e daí, o fato imputável será suscetível meramente de indenização por danos materiais, à sua imagem, reputação ou boa fama no mercado de produtos ou serviços, cuja indenização pecuniária poderá eventualmente ser cumulada com uma retratação ou desagravo público com o fito de limpar sua imagem e reconduzi-la ao *status quo ante bellum*.

O mesmo entendimento nunca poderá ser extensivo à pessoa humana, pois, na verdade, quando se demanda em juízo a reparação pelo dano moral sofrido não se busca, em essência, um valor pecuniário para a sua dor espiritual. No fundo, o que se busca é um reconhecimento do Estado, por meio do Judiciário, e por conseguinte da sociedade, de que foi realmente vitimado por um ato ilícito, injusto, desonroso, às vezes de profundo estresse e humilhação, se de natureza subjetiva na clássica configuração: dor — sofrimento — humilhação ou vergonha.

III — a época em que foi fornecido.

§ 2º O serviço não é considerado defeituoso pela adoção de novas técnicas.

§ 3º O fornecedor de serviços só não será responsabilizado quando provar:

I — que, tendo prestado o serviço, o defeito inexiste;

II — a culpa exclusiva do consumidor ou de terceiro.

§ 4º A responsabilidade pessoal dos profissionais liberais será apurada mediante a verificação de culpa.

Desse modo, a indenização pecuniária ou mesmo *in natura* devida à pessoa física tem o condão de provocar no lesado um novo e inusitado estado de coisas — um sentimento de consolação, de compreensão, de alívio e mesmo de conforto ao seu "eu interior" — mitigando-lhe a dor outrora sofrida (quando, na maioria das vezes, ele já não tinha mais esperança de se ver recompensado ou reconfortado), proporcionando-lhe um lenitivo para seu espírito, um refrigério para sua alma, para que ele tente apagar, pelo menos em parte, as agruras de que foi vitimado, em decorrência do ato ilícito com que foi acometido(9).

11. A integração do Código de Defesa do Consumidor (Lei n. 8.078/1990), do Código Civil e do Direito do Trabalho em matéria de responsabilidade objetiva

É relevante também destacar uma acentuada evolução apresentada pela responsabilidade civil das pessoas jurídicas, que, da fórmula limitativa constante do art. 1.522 do Código Civil de 1916, pelo qual somente as pessoas jurídicas que exercessem exploração industrial deveriam ser responsabilizadas pelos atos de seus empregados ou prepostos, passaram a ter a obrigação de ampla reparação, não apenas de índole civil, mas também de natureza penal nas causas que envolvem o meio ambiente, a ecologia, os direitos metaindividuais, difusos, coletivos, principalmente em face do Código do Consumidor. Podemos aqui citar o exemplo das pessoas jurídicas de direito público que deixaram o princípio da culpa e passaram a adotar a Teoria do Risco Administrativo (Constituição Federal, art. 37(10), § 6º).

A boa hermenêutica passou a considerar toda e qualquer pessoa jurídica como responsável, tenha ou não fins lucrativos (religiosos, empresas de benemerência, literárias, científicas etc.). Com o Código do Consumidor ampliou-se ainda mais a responsabilidade civil das pessoas jurídicas, que, diante de relações de consumo, têm responsabilidade objetiva, independentemente da culpa.

Temos no art. 932 do Código Civil exemplo notável de responsabilidade da empresa:

> "São também responsáveis pela reparação civil: III — o empregador ou comitente, por seus empregados, serviçais e prepostos, no exercício do trabalho que lhes competir, ou em razão dele."

(9) SANTOS, Enoque Ribeiro dos. Contribuições à fixação da indenização do dano moral trabalhista. A tese da aplicação dos exemplary ou punitive damages. Revista Direito do Trabalho. Coord: Nelson Mannrich. São Paulo, Revista dos Tribunais, ano 30, n. 114, p. 198, abr./jun. 2004.

(10) Art. 37 da Constituição Federal. § 6º As pessoas jurídicas de direito público e as de direito privado prestadoras de serviços públicos responderão pelos danos que seus agentes, nessa qualidade, causarem a terceiros, assegurado o direito de regresso contra o responsável nos casos de dolo ou culpa.

Estes são os típicos casos de responsabilidade objetiva indireta ou oblíqua, se o ato é praticado por terceiro, seja ele empregado, preposto, serviçal ou prestador de serviço ligado ao imputado, e essa ligação deve constar da lei.

Esse tipo de responsabilidade existe porque a antijuridicidade da conduta, por si só, ou seja, a responsabilidade direta do agente não satisfaz o anseio da justiça aristotélica distributiva — com base no brocardo extraído do clássico *Ética a Nicômano — dar a cada um o que é seu* — fazendo com que haja a necessidade de transcender ou ir além da pessoa causadora do ato ilícito, por sua condição de dependência ou subordinação, para atingir a pessoa do responsável pelo agente causador do dano, desde que haja uma vinculação jurídica entre o responsável indireto (empregador ou empresa) e o responsável direto (empregado, preposto, prestador de serviço).

A interpretação da lei na responsabilidade civil indireta é sempre restritiva, a não ser nos casos explicitamente previstos na lei. Podemos dizer que existe certa analogia entre o art. 942 do Código Civil, que trata da responsabilidade solidária, com o art. 37, parágrafo VI, da Constituição Federal, ou seja, a empresa, assim como o Estado (administração pública direta, indireta, fundações, autarquias e empresas concessionárias, permissionárias) respondem pelos atos praticados pelos seus agentes, quando por ação ou omissão agem em nome dessas entidades. Responderão, porém, por dolo ou culpa, por ação autônoma de direito de regresso, com seus patrimônios pessoais.

Já o art. 933[11] do Código Civil, que trata da responsabilidade indireta ou oblíqua, adota, em sua plenitude, a responsabilidade civil objetiva, independentemente de culpa.

Se o ato lesivo foi perpetrado por pessoa jurídica, devemos distinguir se foi praticado por meio de representante legal ou estatutário ou de empregado (preposto, prestador de serviço, serviçal etc.).

No primeiro caso, a empresa responde, sem que se tenha de fazer qualquer indagação sobre a culpabilidade. No segundo caso, para que a pessoa jurídica possa ser responsabilizada, é necessário que o agente tenha praticado o ato ilícito no exercício de suas funções (inciso III do art. 932), cabendo sempre o direito de

---

(11) Art. 932. São também responsáveis pela reparação civil:

I — os pais, pelos filhos menores que estiverem sob sua autoridade e em sua companhia;

II — o tutor e o curador, pelos pupilos e curatelados, que se acharem nas mesmas condições;

III — o empregador ou comitente, por seus empregados, serviçais e prepostos, no exercício do trabalho que lhes competir, ou em razão dele;

IV — os donos de hotéis, hospedarias, casas ou estabelecimentos onde se albergue por dinheiro, mesmo para fins de educação, pelos seus hóspedes, moradores e educandos;

V — os que gratuitamente houverem participado nos produtos do crime, até a concorrente quantia.

Art. 933. As pessoas indicadas nos incisos I a V do artigo antecedente, ainda que não haja culpa de sua parte, responderão pelos atos praticados pelos terceiros ali referidos.

regresso contra o causador do dano. Assim sendo, no caso de pessoa jurídica, deve-se sempre verificar a espécie de empresa e a condição do agente, ou seja, se age em nome da entidade ou a seu serviço.

Para a aplicação da teoria da responsabilidade objetiva e subjetiva as disposições legais procuram disciplinar a responsabilidade civil da empresa, dos sócios e dos administradores em se tratando dos vários tipos de sociedade, seja ela sociedade anônima, em nome coletivo, limitada, por comandita simples ou por ações etc. Entretanto, o princípio que prevalece é o da responsabilização da pessoa jurídica, quanto aos atos praticados em sua atividade, levando-se em consideração a sua natureza jurídica.

O art. 50 do Código Civil firma a responsabilidade dos administradores e sócios, por meio da despersonalização da pessoa jurídica, em caso de abuso de personalidade jurídica, caracterizado pelo desvio de finalidade ou pela confusão patrimonial.

Diz o art. 50 do Código Civil:

> "Art. 50. Em caso de abuso da personalidade jurídica, caracterizado pelo desvio de finalidade, ou pela confusão patrimonial, pode o juiz decidir, a requerimento da parte, ou do Ministério Público quando lhe couber intervir no processo, que os efeitos de certas e determinadas relações de obrigações sejam estendidos aos bens particulares dos administradores ou sócios da pessoa jurídica."

Vê-se que esse artigo guarda íntima correlação com o art. 28 do Código de Defesa do Consumidor(12), com o art. 135, inciso III, do Código Tributário Nacional(13), e art. 2º da Consolidação das Leis do Trabalho.

---

(12) Art. 28. O juiz poderá desconsiderar a personalidade jurídica da sociedade quando, em detrimento do consumidor, houver abuso de direito, excesso de poder, infração da lei, fato ou ato ilícito ou violação dos estatutos ou contrato social. A desconsideração também será efetivada quando houver falência, estado de insolvência, encerramento ou inatividade da pessoa jurídica provocados por má administração.

§ 1º (Vetado).

§ 2º As sociedades integrantes dos grupos societários e as sociedades controladas, são subsidiariamente responsáveis pelas obrigações decorrentes deste código.

§ 3º As sociedades consorciadas são solidariamente responsáveis pelas obrigações decorrentes deste código.

§ 4º As sociedades coligadas só responderão por culpa.

§ 5º Também poderá ser desconsiderada a pessoa jurídica sempre que sua personalidade for, de alguma forma, obstáculo ao ressarcimento de prejuízos causados aos consumidores.

(13)) Art. 135. São pessoalmente responsáveis pelos créditos correspondentes a obrigações tributárias resultantes de atos praticados com excesso de poderes ou infração de lei, contrato social ou estatutos:

I — as pessoas referidas no artigo anterior;

II — os mandatários, prepostos e empregados;

III — os diretores, gerentes ou representantes de pessoas jurídicas de direito privado.

No que tange aos administradores responsáveis, a lei não distingue entre associados, prestadores de serviços, voluntários, empregados, contadores etc. Seja qual for a natureza da relação jurídica mantida pelo administrador com a pessoa jurídica que administra, ele responde civilmente, em caso de abuso de personalidade jurídica, por atos de sua gestão.

O empregador responde perante terceiros (inclusive em face de outros empregados, clientes etc.) pelos atos de seus prepostos "no exercício do trabalho que lhes competir, ou em razão dele" (art. 932, inciso III), o que lhe assegura o direito de regresso, "salvo se o causador do dano for descendente seu, absoluta ou relativamente incapaz" (art. 934)[(14)].

Na hipótese de inadimplência contratual do empregador por culpa do empregado, este apenas responderá regressivamente pelas custas, honorários advocatícios e juros de mora acrescidos à prestação principal, bem como pela indenização complementar referida no parágrafo único do art. 404[(15)] do novo Código Civil. Isso pelo fato de a obrigação principal decorrer da obrigação contratual assumida pelo empregador, da qual ele não pode se esquivar, mesmo que o inadimplemento decorra de ato culposo de seu empregado ou preposto.

O § 1º do art. 462[(16)] da CLT estipula que em caso de dolo, o empregado pode sofrer descontos em seu salário, independentemente de autorização. Já na hipótese de ato culposo, o desconto depende de expressa autorização do empregado.

---

(14) Art. 934. Aquele que ressarcir o dano causado por outrem pode reaver o que houver pago daquele por quem pagou, salvo se o causador do dano for descendente seu, absoluta ou relativamente incapaz.

(15) Art. 404. As perdas e danos, nas obrigações de pagamento em dinheiro, serão pagas com atualização monetária segundo índices oficiais regularmente estabelecidos, abrangendo juros, custas e honorários de advogado, sem prejuízo da pena convencional.

Parágrafo único. Provado que os juros da mora não cobrem o prejuízo, e não havendo pena convencional, pode o juiz conceder ao credor indenização suplementar.

(16) Art. 462. Ao empregador é vedado efetuar qualquer desconto nos salários do empregado, salvo quando este resultar de adiantamentos, de dispositivos de lei ou convenção coletiva. (Redação dada ao caput pelo Decreto-Lei n. 229, de 28.2.1967)

§ 1º Em caso de dano causado pelo empregado, o desconto será lícito, desde que esta possibilidade tenha sido acordada ou na ocorrência de dolo do empregado. (Antigo parágrafo único renumerado pelo Decreto-Lei n. 229, de 28.2.1967)

§ 2º É vedado à empresa que mantiver armazém para venda de mercadorias aos empregados ou serviços destinados a proporcionar-lhes prestações in natura exercer qualquer coação ou induzimento no sentido de que os empregados se utilizem do armazém ou dos serviços. (Parágrafo acrescentado pelo Decreto-Lei n. 229, de 28.2.1967)

§ 3º Sempre que não for possível o acesso dos empregados a armazém ou serviços não mantidos pela empresa, é lícito à autoridade competente determinar a adoção de medidas adequadas, visando a que as mercadorias sejam vendidas e os serviços prestados a preços razoáveis, sem intuito de lucro e sempre em benefício dos empregados. (Parágrafo acrescentado pelo Decreto-Lei n. 229, de 28.2.1967)

O art. 1.175[17] do Código Civil trata da responsabilidade subsidiária (ou secundária) do empregado, quando ele age em nome da empresa causando danos a terceiros pela inadimplência contratual.

Este artigo limita-se ao empregado-gerente por expressa disposição legal. Seria o caso, por exemplo, do gerente que, em nome da empresa, se responsabiliza pelo não pagamento de direitos assegurados aos empregados por norma coletiva. Nessa hipótese, tanto o gerente como a empresa respondem pela inadimplência. Obviamente, a responsabilidade principal é do empregador, já que o pagamento daquelas verbas faz parte de suas obrigações principais.

12. A culpa in eligendo e in vigilando da empresa

Do art. 933 do Código Civil, retromencionados, podemos inferir a culpa *in eligendo* e a culpa *in vigilando* para ensejar a responsabilidade civil. No que respeita ao empregador, a culpa pode se configurar em ambos os casos: *in eligendo* e *in vigilando*. No caso de responsabilidade do empregador por atos de seus empregados, a interpretação jurisprudencial orientava-se no sentido de não aceitar a prova da ausência de culpa *in eligendo* do patrão.

A culpa *in vigilando* cabe nos casos de acidente de trabalho por negligência patronal em exigir, verificar e acompanhar se os equipamentos de segurança estão sendo efetivamente utilizados pelos empregados.

Atualmente no Código Civil, o empregador ou a empresa, no que respeita aos atos praticados pelo empregado, bem como daqueles que, mesmo gratuitamente, tenham participado de produtos de crime, passaram a responder objetivamente pelos danos causados, ou seja, independentemente de culpa.

Deve-se registrar que, em todos os casos de responsabilidade indireta, vigora o princípio do direito de regresso daquele que suporta seus efeitos contra o agente que tiver praticado o ato antijurídico, exceto na hipótese da responsabilidade paterna, em face de motivos de ordem moral e de organização familiar.

13. A responsabilidade civil e a responsabilidade criminal

A responsabilidade civil independe da criminal e o magistrado, no caso concreto não precisa sobrestar o feito para aguardar a decisão do magistrado da Justiça Criminal, caso esteja em desenvolvimento processo neste juízo envolvendo o reclamante de uma ação trabalhista.

---

§ 4º Observado o disposto neste Capítulo, é vedado às empresas limitar, por qualquer forma, a liberdade dos empregados de dispor do seu salário. (Parágrafo acrescentado pelo Decreto-Lei n. 229, de 28.2.1967).

(17) Art. 1.175. O preponente responde com o gerente pelos atos que este pratique em seu próprio nome, mas à conta daquele.

O art. 935 do Código Civil dispõe:

> "Art. 935. A responsabilidade civil é independente da criminal, não se podendo questionar mais sobre a existência do fato, ou sobre quem seja o seu autor, quando estas questões se acharem decididas no juízo criminal."

Poderíamos destacar neste tópico alguns casos típicos de dispensa do trabalhador por justa causa, dispostos no art. 482 da CLT[18].

---

(18) Art. 482. Constituem justa causa para rescisão do contrato de trabalho pelo empregador:

a) ato de improbidade;

b) incontinência de conduta ou mau procedimento;

c) negociação habitual por conta própria ou alheia sem permissão do empregador, e quando constituir ato de concorrência à empresa para a qual trabalha o empregado, ou for prejudicial ao serviço;

d) condenação criminal do empregado, passada em julgado, caso não tenha havido suspensão da execução da pena;

e) desídia no desempenho das respectivas funções;

f) embriaguez habitual ou em serviço;

g) violação de segredo da empresa;

h) ato de indisciplina ou de insubordinação;

i) abandono de emprego;

j) ato lesivo da honra ou da boa fama praticado no serviço contra qualquer pessoa, ou ofensas físicas, nas mesmas condições, salvo em caso de legítima defesa, própria ou de outrem;

k) ato lesivo da honra e boa fama ou ofensas físicas praticadas contra o empregador e superiores hierárquicos, salvo em caso de legítima defesa, própria ou de outrem;

l) prática constante de jogos de azar.

Parágrafo único. Constitui igualmente justa causa para dispensa de empregado, a prática, devidamente comprovada em inquérito administrativo, de atos atentatórios à segurança nacional. (Parágrafo acrescentado pelo Decreto-Lei n. 3, de 27.1.1966)

Art. 483. O empregado poderá considerar rescindido o contrato e pleitear a devida indenização quando:

a) forem exigidos serviços superiores às suas forças, defesos por lei, contrários aos bons costumes, ou alheios ao contrato;

b) for tratado pelo empregador ou por seus superiores hierárquicos com rigor excessivo;

c) correr perigo manifesto de mal considerável;

d) não cumprir o empregador as obrigações do contrato;

e) praticar o empregador ou seus prepostos, contra ele ou pessoas de sua família, ato lesivo da honra e boa fama;

f) o empregador ou seus prepostos ofenderem-no fisicamente, salvo em caso de legítima defesa, própria ou de outrem;

g) o empregador reduzir o seu trabalho, sendo este por peça ou tarefa, de forma a afetar sensivelmente a importância dos salários.

§ 1º O empregado poderá suspender a prestação dos serviços ou rescindir o contrato, quando tiver de desempenhar obrigações legais, incompatíveis com a continuação do serviço.

§ 2º No caso de morte do empregador constituído em empresa individual, é facultado ao empregado rescindir o contrato de trabalho.

13.1. *Quebra do sigilo bancário do empregador. Possibilidade*

É possível a quebra do sigilo bancário do empregador, nos casos de pagamento de salário por fora (extrafolha). Nesse caso, existe a possibilidade e cabimento do mandado de segurança?

A quebra do sigilo bancário do empregador é admissível, nos termos do § 4º, inciso VII, da Lei Complementar n. 105/2001, para a instrução processual de ação trabalhista em que se discute a existência de pagamento por fora, em razão de esse ato, em tese, configurar ilícito penal (art. 297, § 3º, inciso III e § 4º, do Código Penal).

Entretanto, a quebra de sigilo, por seu caráter excepcional, não pode ser feita de forma indiscriminada e sem que se visualize de antemão a real eficácia prática dessa medida. Assim sendo, se o empregado declara que o pagamento "por fora" foi feito em dinheiro, sem especificar os valores que lhe eram pagos, não se pode concluir pela procedência da quebra do sigilo bancário do empregador, de forma efetiva, por sua real movimentação financeira a essa prática ilícita.

De outro lado, admite-se a quebra na hipótese de serem indicados efetivamente os valores e épocas dos pagamentos realizados de forma extrafolha ou extracontábil.

LC n. 105/2001 (sigilo bancário das instituições financeiras):

"Art. 1º

§ 4º A quebra de sigilo poderá ser decretada, **quando necessária para apuração de ocorrência de qualquer ilícito, em qualquer fase do inquérito ou do processo judicial**, e especialmente nos seguintes crimes:

I — de terrorismo;

II — de tráfico ilícito de substâncias entorpecentes ou drogas afins;

III — de contrabando ou tráfico de armas, munições ou material destinado a sua produção;

IV — de extorsão mediante sequestro;

V — contra o sistema financeiro nacional;

VI — contra a Administração Pública;

VII — contra a ordem tributária e a previdência social;

VIII — lavagem de dinheiro ou ocultação de bens, direitos e valores;

IX — praticado por organização criminosa."

Falsificação de documento público (CÓDIGO PENAL)

---

§ 3º Nas hipóteses das letras d e g, poderá o empregado pleitear a rescisão de seu contrato de trabalho e pagamento das respectivas indenizações, permanecendo ou não no serviço até final decisão do processo. (Parágrafo acrescentado pela Lei n. 4.825, de 5.11.1965)

"Art. 297. Falsificar, no todo ou em parte, documento público, ou alterar documento público verdadeiro:

Pena — reclusão de 2 (dois) a 6 (seis) anos, e multa.

§ 1º Se o agente é funcionário público, e comete o crime prevalecendo-se do cargo, aumenta-se a pena de sexta parte.

§ 2º Para os efeitos penais, equiparam-se a documento público o emanado de entidade paraestatal, o título ao portador ou transmissível por endosso, as ações de sociedade comercial, os livros mercantis e o testamento particular.

§ 3º Nas mesmas penas incorre quem insere ou faz inserir: (AC)

I — na folha de pagamento ou em documento de informações que seja destinado a fazer prova perante a previdência social, pessoa que não possua a qualidade de segurado obrigatório; (AC)

II — na Carteira de Trabalho e Previdência Social do empregado ou em documento que deva produzir efeito perante a previdência social, declaração falsa ou diversa da que deveria ter sido escrita; (AC)

III — em documento contábil ou em qualquer outro documento relacionado com as obrigações da empresa perante a previdência social, declaração falsa ou diversa da que deveria ter constado. (AC) (Parágrafo acrescentado pela Lei n. 9.983, de 14.7.2000, DOU 17.7.2000)

§ 4º Nas mesmas penas incorre quem omite, nos documentos mencionados no § 3º, nome do segurado e seus dados pessoais, a remuneração, a vigência do contrato de trabalho ou de prestação de serviços". (AC) (Parágrafo acrescentado pela Lei n. 9.983, de 14.7.2000, DOU 17.7.2000)

13.1.1. Falsificação de documento particular

"Art. 298. Falsificar, no todo ou em parte, documento particular ou alterar documento particular verdadeiro."

Falsificação de cartão.

Parágrafo único. Para fins do disposto no caput, equipara-se a documento particular o cartão de crédito ou débito. (Incluído pela Lei n. 12.737, de 2012).

13.1.2. Falsidade ideológica

"Art. 299. Omitir, em documento público ou particular, declaração que dele devia constar, ou nele inserir ou fazer inserir declaração falsa ou diversa da que devia ser escrita, com o fim de prejudicar direito, criar obrigação ou alterar a verdade sobre fato juridicamente relevante:

Pena — reclusão, de 1 (um) a 5 (cinco) anos, e multa, se o documento é público, e reclusão de 1 (um) a 3 (três) anos, e multa, se o documento é particular.

Parágrafo único. Se o agente é funcionário público, e comete o crime prevalecendo-se do cargo, ou se a falsificação ou alteração é de assentamento de registro civil, aumenta-se a pena de sexta parte."

Em tais situações, deve o magistrado trabalhista enviar ofício ao Ministério Público do Trabalho e Ministério Público Federal, com cópia da sentença ou do acórdão, caso se trate de recursos no Tribunal Regional, para as diligências e procedimentos que se fizerem necessários.

Podemos concluir, também, pelo cabimento do mandado de segurança (direito líquido e certo e prova pré-constituída) para obstar a quebra do sigilo bancário do empregador, de acordo com a Lei n. 1.533/1951.

14. Responsabilidade solidária

Por seu turno, o art. 942 do Código Civil estatui:

> "Os bens do responsável pela ofensa ou violação do direito de outrem ficam sujeitos à reparação do dano causado; e, se a ofensa tiver mais de um autor, todos responderão solidariamente pela reparação.
>
> Parágrafo único. São solidariamente responsáveis com os autores os coautores e as pessoas designadas no art. 932."

Em princípio, a responsabilidade é individual, mas existem casos de responsabilidade indireta, em que uma pessoa jurídica (ou empregador pessoa física) responde por ato de terceiro (empregado), consoante o art. 932, incisos I a V.

Aplica-se, neste caso, o princípio da solidariedade, em que tanto o agente causador do dano como o seu responsável, por relação vinculativa jurídica, de dependência ou subordinação, são obrigados pela reparação integral do dano.

O mesmo princípio da solidariedade aplica-se diante do concurso de agentes na prática do ilícito, isto é, quando duas ou mais pessoas violam direito de outrem e lhe causam dano. O art. 9º[19] da CLT tem também plena aplicabilidade nessa situação.

A solidariedade[20] não se presume. Decorre da lei ou da manifestação da vontade, por meio do contrato.

---

(19) Art. 9º Serão nulos de pleno direito os atos praticados com o objetivo de desvirtuar, impedir ou fraudar a aplicação dos preceitos contidos na presente Consolidação.

(20) Art. 264. Há solidariedade, quando na mesma obrigação concorre mais de um credor, ou mais de um devedor, cada um com direito, ou obrigado, à dívida toda (Súmula n. 26 do STJ). Vigora em nosso sistema a unidade objetiva da prestação. A solidariedade ocorre quando há pluralidade de devedores e/ ou credores.

Art. 265. A solidariedade não se presume; resulta da lei ou da vontade das partes.

A regra quanto à pluralidade de sujeitos vigora no sentido de que cada devedor só se obriga pela sua parte e cada credor tem sua parte na prestação.

A solidariedade pode ser, ainda, convencional (as partes podem estabelecer condições no negócio jurídico); legal, somente a solidariedade pode resultar da lei, enquanto a solidariedade ativa resulta da convenção entre as partes.

Art. 266. A obrigação solidária pode ser pura e simples para um dos cocredores ou codevedores, e condicional, ou a prazo, ou pagável em lugar diferente, para o outro.

Seção II

Da Solidariedade Ativa

Art. 267. Cada um dos credores solidários tem direito a exigir do devedor o cumprimento da prestação por inteiro.

A solidariedade ativa deriva da convenção entre as partes, daí denominada de convencional.

Art. 268. Enquanto alguns dos credores solidários não demandarem o devedor comum, a qualquer daqueles poderá este pagar.

Art. 269. O pagamento feito a um dos credores solidários extingue a dívida até o montante do que foi pago.

Art. 270. Se um dos credores solidários falecer deixando herdeiros, cada um destes só terá direito a exigir e receber a quota do crédito que corresponder ao seu quinhão hereditário, salvo se a obrigação for indivisível.

Art. 271. Convertendo-se a prestação em perdas e danos, subsiste, para todos os efeitos, a solidariedade.

Art. 272. O credor que tiver remitido a dívida ou recebido o pagamento responderá aos outros pela parte que lhes caiba.

Art. 273. A um dos credores solidários não pode o devedor opor as exceções pessoais oponíveis aos outros.

Art. 274. O julgamento contrário a um dos credores solidários não atinge os demais; o julgamento favorável aproveita-lhes, a menos que se funde em exceção pessoal ao credor que o obteve.

Seção III

Da Solidariedade Passiva

Art. 275. O credor tem direito a exigir e receber de um ou de alguns dos devedores, parcial ou totalmente, a dívida comum; se o pagamento tiver sido parcial, todos os demais devedores continuam obrigados solidariamente pelo resto.

Parágrafo único. Não importará renúncia da solidariedade a propositura de ação pelo credor contra um ou alguns dos devedores.

Art. 276. Se um dos devedores solidários falecer deixando herdeiros, nenhum destes será obrigado a pagar senão a quota que corresponder ao seu quinhão hereditário, salvo se a obrigação for indivisível; mas todos reunidos serão considerados como um devedor solidário em relação aos demais devedores.

Art. 277. O pagamento parcial feito por um dos devedores e a remissão por ele obtida não aproveitam aos outros devedores, senão até à concorrência da quantia paga ou relevada.

Art. 278. Qualquer cláusula, condição ou obrigação adicional, estipulada entre um dos devedores solidários e o credor, não poderá agravar a posição dos outros sem consentimento destes.

Art. 279. Impossibilitando-se a prestação por culpa de um dos devedores solidários, subsiste para todos o encargo de pagar o equivalente; mas pelas perdas e danos só responde o culpado.

Art. 280. Todos os devedores respondem pelos juros da mora, ainda que a ação tenha sido proposta somente contra um; mas o culpado responde aos outros pela obrigação acrescida.

Art. 281. O devedor demandado pode opor ao credor as exceções que lhe forem pessoais e as comuns a todos; não lhe aproveitando as exceções pessoais a outro codevedor.

Art. 282. O credor pode renunciar à solidariedade em favor de um, de alguns ou de todos os devedores.

Parágrafo único. Se o credor exonerar da solidariedade um ou mais devedores, subsistirá a dos demais.

Examine as ementas:

> AGRAVO – AGRAVO DE INSTRUMENTO – RECURSO DE REVISTA – SUCESSÃO TRABALHISTA – RESPONSABILIDADE SOLIDÁRIA – FRAUDE – ARTIGO 942 DO CÓDIGO CIVIL – (SÚMULA 126). O Tribunal Regional declarou a responsabilidade solidária da agravante diante da constatação de que houve ilicitude da sucessão trabalhista. Com efeito, consignou a Corte Regional que "por conta de prejuízos financeiros, o grupo Anglos Ferrous vendeu seus ativos para o grupo Zamin, buscando assim desonerar-se das obrigações trabalhistas dos contratos de trabalho que havia firmado". Nesse contexto, para se chegar a entendimento contrário no âmbito desta Corte, conforme pretende a agravante, faz-se imprescindível o revolvimento do conjunto fático-probatório dos autos, o que não é possível nesta instância extraordinária, ante o óbice da Súmula n. 126 do TST. Portanto, o reconhecimento da responsabilidade solidária da empresa sucedida tem como fundamento o disposto no artigo 942 do Código Civil. Não merece reparos a decisão. Agravo não provido. (TST Ag-AIRR 650-71.2017.5.08.0206. Órgão Julgador 2ª Turma. Publicação DEJT 06/03/2020. Julgamento 4 de Março de 2020. Relator Maria Helena Mallmann).
>
> SUCESSÃO TRABALHISTA – RESPONSABILIDADE SOLIDÁRIA. Ao se estabelecer no mesmo local e desempenhar atividade dantes realizada pela empresa empregadora da acionante, surge para a acionada o encargo probatório de afastar a presunção de ocorrência do fenômeno da sucessão. A prova dos autos conduz em sentido contrário, sendo nítida a sucessão da primeira empresa pela segunda, bem como a existência do grupo econômico, com a solidariedade dos acionados. a que se nega provimento. (TRT 1ª R. 00022643020115010461. Tipo de processo: Recurso Ordinário. Data de publicação: 2013-07-22. Órgão julgador: Quinta Turma. Relator: Des. Enoque Ribeiro dos Santos)

15. Transmissão da responsabilidade

Grande dúvida remanesce na sociedade quanto à transmissão da responsabilidade em caso de falecimento do obreiro, havendo uma ação trabalhista em que figure no polo ativo da ação, por indenização por danos materiais e morais.

O art. 943 do Código Civil dispõe:

> "Art. 943. O direito de exigir reparação e a obrigação de prestá-la transmitem-se com a herança. O herdeiro responde até o limite de sua herança. Feita a partilha, os herdeiros só respondem, cada qual, na proporção da parte que lhe couber na herança."

Encontramos inúmeros casos na jurisprudência trabalhista, em que após a morte do empregador, seus herdeiros são levados a juízo para honrar dívidas trabalhistas decorrentes de valores não pagos em vida pelo empregador, inclusive envolvendo aquelas decorrentes de acidentes de trabalho.

Art. 283. O devedor que satisfez a dívida por inteiro tem direito a exigir de cada um dos codevedores a sua quota, dividindo-se igualmente por todos a do insolvente, se o houver, presumindo-se iguais, no débito, as partes de todos os codevedores.

Art. 284. No caso de rateio entre os codevedores, contribuirão também os exonerados da solidariedade pelo credor, pela parte que na obrigação incumbia ao insolvente.

Art. 285. Se a dívida solidária interessar exclusivamente a um dos devedores, responderá este por toda ela para com aquele que pagar.

Transcrevemos a ementa:

> MORTE DO EMPREGADOR PESSOA FÍSICA - VERBAS RESCISÓRIAS - AVISO PRÉVIO INDENIZADO E MULTA SOBRE O SALDO DO FGTS - DEVIDAS. A morte do empregador, pessoa física, ocasiona a ruptura contratual pela modalidade da rescisão indireta do contrato de trabalho, por aplicação analógica do que dispõe o art. 483, § 2º, da CLT, que consigna: "No caso de morte do empregador constituído em empresa individual, é facultado ao empregado rescindir o contrato de trabalho", pelo que são devidas todas as verbas rescisórias inclusive o aviso prévio indenizado e a multa rescisória sobre os depósitos do FGTS. No mesmo sentido, dispõe o art. 485 da CLT, segundo o qual: "Quando cessar a atividade da empresa, por morte do empregador, os empregados terão direito, conforme o caso, à indenização a que se referem os art. 477 e 497.". DANOS MORAIS. Na hipótese dos autos, não restou configurada nenhuma violação a direitos de personalidade, por ato ilícito culposo, capaz de ensejar indenização por danos morais. Recurso parcialmente conhecido e provido em parte. (TRT 10ª R. RO 0001134-35.2017.5.10.0011 DF. Relator. Roberto Braggio Junior. Publicação 24/07/2019. Julgamento 10 de Julho de 2019)

> PROCESSUAL CIVIL — ADMINISTRATIVO — RESPONSABILIDADE CIVIL DO ESTADO — AÇÃO DE INDENIZAÇÃO CONTRA MUNICÍPIO — DANO MORAL DECORRENTE DE MORTE CAUSADA POR ACIDENTE DE TRABALHO — ESPÓLIO — ILEGITIMIDADE — DIREITO PESSOAL DOS HERDEIROS — SUPERVENIENTE ALTERAÇÃO DA COMPETÊNCIA PELA EC N. 45/04 — *PERPETUATIO JURISDICTIONES* — ART. 114, VI, DA CF/88 — SENTENÇA — EXISTÊNCIA — 1. Ação indenizatória intentada contra o Município de Teófilo Otoni — MG, na qual se pleiteia reparação por danos morais e materiais decorrentes da morte, em acidente de trabalho, de prestador de serviço. 2. A Emenda Constitucional n. 45/04 ampliou significativamente a competência da justiça do trabalho, atribuindo-lhe competência para dirimir controvérsias sobre indenização por dano moral ou patrimonial, decorrentes da relação de trabalho, entre outras. 3. O Supremo Tribunal Federal, analisando a questão da aplicabilidade das modificações engendradas pela referida emenda aos processos que se encontravam em curso quando de sua promulgação, assentou o entendimento de que a novel orientação alcança tão somente os processos em trâmite pela justiça comum estadual ainda não sentenciados. Assim, as ações que tramitam perante a justiça comum dos estados, com sentença anterior à promulgação da EC n. 45/04, em respeito ao princípio da *perpetuatio jurisdictionis*, lá devem continuar até o trânsito em julgado e correspondente execução, medida esta que se impõe "em razão das características que distinguem a justiça comum estadual e a justiça do trabalho, cujos sistemas recursais, órgãos e instâncias não guardam exata correlação" (CC n. 7.204-1/MG, Tribunal Pleno, Rel. Min. Carlos Ayres Britto, DJU de 19.12.2005). 4. Consectariamente, na esteira do entendimento firmado pelo pretório Excelso, intérprete maior do texto constitucional, o marco temporal da competência da justiça trabalhista para apreciação das ações indenizatórias vinculadas à relação de trabalho, como sói ser o pedido de reparação por dano moral decorrente de acidente de trabalho, é o advento da EC n. 45/04, devendo ser remetidas à justiça do trabalho, no estado em que se encontrem aquelas que, quando da entrada em vigor da referida emenda, ainda não tenham sido objeto de sentença (precedentes: CC 57.915/MS, primeira seção, Rel. Min. Teori Albino Savascki, DJU de 27.3.2006; e AGRG nos EDCL no CC n. 50.610/BA, segunda seção, Rel. Min. Castro Filho, DJU de 3.4.2006). 5. *In casu*, conforme se depreende dos autos, foi proferida sentença pela justiça comum estadual de primeiro grau, antes da entrada em vigor da Emenda Constitucional n. 45/04, julgando procedente o pedido formulado na inicial, condenando o município ao pagamento de sete salários mínimos, a título de dano material, e duzentos salários

mínimos, a título de dano moral, o que revela inconteste a competência desta corte superior para apreciação do Recurso Especial que se apresenta. 6. Controvérsia gravitante em torno da legitimidade ativa do espólio para pleitear a reparação por dano moral resultante do sofrimento causado à família do *de cujus*, em decorrência de seu abrupto falecimento em acidente de trabalho. 7. O art. 1.526 do Código Civil de 1916 (atual art. 943 do CC/2002), ao estatuir que o direito de exigir reparação, bem como a obrigação de prestá-la, transmitem-se com a herança (*droit de saisine*), restringe-se aos casos em que o dever de indenizar tenha como titular o próprio *de cujus* ou sucessor, nos termos do art. 43, do CPC. 8. Precedentes desta corte: RESP 648191/RS, Relator Ministro Jorge Scartezzini, 4ª T., DJ de 6.12.2004; RESP 602016/SP, relator ministro castro filho, 3ª T., DJ de 30.8.2004; RESP 470359/RS, Relator Ministro Felix Fischer, 5ª T., DJ de 17.5.2004; AGRG no RESP 469191/RJ, relator ministro Sálvio de Figueiredo Teixeira, 4ª T., DJ de 23.6.2003; e RESP 343654/SP, Relator Ministro Carlos Alberto Menezes direito, terceira turma, DJ de 1º7.2002. 9. Deveras, cediço que nem sempre há coincidência entre os sujeitos da lide e os sujeitos do processo, restando inequívoco que o dano moral pleiteado pela família do *de cujus* constitui direito pessoal dos herdeiros, ao qual fazem jus, não por herança, mas por direito próprio, deslegitimando-se o espólio, ente despersonalizado, nomine próprio, a pleiteá-lo, posto carecer de autorização legal para substituição extraordinária dos sucessores do falecido. 10. Recurso Especial desprovido. (STJ — RESP 200401483000 — (697141) — MG — 1ª T. — Rel. Min. Luiz Fux — DJU 29.5.2006 — p. 167) JCF.114 JCF.114.VI JCCB.1526 JNCCB.943 JCPC.43

Da mesma forma, encontramos inúmeros julgados envolvendo o espólio do empregado, no qual os herdeiros, inclusive menores, buscam os seus interesses. Vejamos as ementas:

1.RECURSO DA RECLAMADA - RESPONSABILIDADE PATRONAL - INDENIZAÇAO POR DANOS MORAIS E MATERIAIS - ATO ILÍCITO - CULPA CONCORRENTE DO TRABALHADOR - RAZOABILIDADE. PROPORCIONALIDADE. Examinada a questão em um outro processo, envolvendo outros membros da mesma família do falecido obreiro, por razões de coerência repete-se a concluso daquele outro feito. Recurso provido em parte para excluir da condenação a responsabilidade solidária e declarar a responsabilidade subsidiária da recorrente, reduzir o valor da reparação por danos morais e determinar que na atualização monetária seja observada a Súmula 439/TST. (TRT-7 - Recurso Ordinário Trabalhista: 00019685620175070032, Relator: Claudio Soares Pires, Data de Julgamento: 28/10/2019, Data de Publicação: 29/10/2019).

"INTERESSE DE MENOR — AUSÊNCIA DE INTIMAÇÃO DO MPT PARA OFICIAR NO FEITO — NULIDADE — Nos termos dos arts. 84 e 246 do CPC, a falta de intimação do Ministério Público do Trabalho para oficiar no feito em que a esta intimação fosse exigida leva à decretação da nulidade do processo, caso reste evidente o prejuízo da parte cuja razão levou a exigência da intervenção ministerial. Restando latente o prejuízo dos menores legítimos herdeiros do falecido sócio da empresa ré, sem que se tenha havido a intervenção do MPT no feito, deve-se declarar a nulidade da sentença de conhecimento, determinando-se a reabertura da instrução, intimando-se o *Parquet* para oficiar na causa." (TRT 17ª R. — ROS 129600-42.2008.5.17.0181 — Rel. Des. Jailson Pereira da Silva — DJe 3.7.2012 — p. 44)v107

"RECURSO DE REVISTA — ESPÓLIO — NULIDADE DO PROCESSO — INTERESSE DE MENOR — AUSÊNCIA DE INTIMAÇÃO DO MINISTÉRIO PÚBLICO — Na hipótese, a parte reclamante é o espólio do empregado falecido, não se discutindo nos autos, os direitos de menor trabalhador incapaz. Com o falecimento do empregado, os eventuais direitos trabalhistas reconhecidos passam a fazer parte do domínio e posse da herança e tratando-se de litígio que envolve interesse de herdeiro menor do empregado falecido, faz-se necessária a intervenção do Ministério Público, como fiscal da lei, nos termos do art. 82, inciso I, do CPC, não se aplicando, portanto, à hipótese vertente, o comando do art. 793 da CLT, que regula a atuação da Procuradoria do Trabalho no primeiro grau de jurisdição nos casos de reclamações trabalhistas de menor empregado. Recurso de Revista conhecido por afronta ao art. 246 do CPC e a que se dá provimento para, anulando a instrução processual, determinar o retorno dos autos à Vara de origem, a fim de que se determine a intimação do Ministério Público do Trabalho para intervir no processo, como de direito, dando-se prosseguimento ao feito na forma da lei." (TST — RR 537.395/99.1 — 4ª R. — 1ª T. — Rel. Juiz Guilherme Bastos — DJU 29.8.2003 — p. 590) JCPC.82 JCPC.82.I JCLT.793 JCPC.246.

De outro lado, é importante destacar a necessidade de intervenção do Ministério Público nas lides que envolvem menores herdeiros.

Transcrevemos, a seguir, acórdãos alusivos à matéria, como segue:

APELAÇÃO CIVEL - AÇÃO ANULATÓRIA - POLO ATIVO - INCAPAZ - AUSÊNCIA DE INTERVENÇÃO DO MINISTÉRIO PÚBLICO NA INSTÂNCIA DE ORIGEM - EXTINÇÃO DO FEITO POR DECADÊNCIA - PREJUÍZO PARA O MENOR - SENTENÇA CASSADA - PROCESSO ANULADO - VOTO VENCIDO - A intervenção do Ministério Público é imprescindível quando há interesse de incapaz no processo, conforme o disposto no art. 279 do CPC - Existindo evidente prejuízo para o incapaz, diante da sentença de extinção do feito com resolução do mérito por decadência, e sua condenação ao pagamento dos ônus da sucumbência, impõe-se a cassação do referido "decisum" e a decretação de nulidade de todos os atos decisórios, desde o primeiro momento em que o Ministério Público deveria ter se manifestado nos autos. V. A decretação de nulidade processual em Ação de interesse de menor, devido à ausência de intervenção do Ministério Público, está condicionada a demonstração de prejuízo, consoante o que preconiza o princípio da instrumentalidade das formas - "pas de nullité sans grief". O reconhecimento da condição de filha da parte não alcança situações de direito já consolidadas, aperfeiçoadas, de maneira válida à época em que foram constituídas ou celebrados os contratos, sob pena de gerar grande insegurança jurídica, pelo que não há que se falar em reabertura de prazos prescricionais ou decadenciais já encerrados quando do reconhecimento da filiação. No caso, não houve demonstração de prejuízo ao incapaz, logo indevida a declaração da nulidade pretendida. (TJ-MG - AC: 10069160021882001 MG, Relator: Aparecida Grossi, Data de Julgamento: 20/11/0018, Data de Publicação: 04/12/2018).

APELAÇÃO CÍVEL - ADJUDICAÇÃO COMPULSÓRIA - SEM INTERVENÇÃO DO MINISTÉRIO PÚBLICO - EXISTÊNCIA DE INTERESSE DE INCAPAZ - CONEXÃO COM OS AUTOS DO INVENTÁRIO - SENTENÇA NULA - RECURSO PROVIDO. 1. Tratando-se de ação que envolve interesse de incapaz, a intervenção do MP é indispensável, e demonstrado o prejuízo ao interesse do menor, cabível a nulidade do julgamento à falta de intervenção do parquet. 2. Se os bens cuja propriedade é reivindicada em ação de adjudicação compulsória foram arrolados nos autos da ação de inventário do falecido proprietário, cabível a reunião das ações consoante o § 3º do art. 55 do CPC/2015 que estabelece que serão "reunidos para julgamento conjunto os processos que possam gerar risco de prolação de decisões conflitantes ou contraditórias caso decididos separadamente, mesmo sem conexão entre eles." (Ap 25643/2018, Des. João Ferreira Filho, Primeira Câmara de Direito Privado, Julgado em 04/09/2018, Publicado no DJE 11/09/2018) (TJ-MT - APL: 00131493520158110041256432018 MT, Relator: Des. João

Ferreira Filho, Data de Julgamento: 04/09/2018, Primeira Câmara de Direito Privado, Data de Publicação: 11/09/2018)

APELAÇÃO CÍVEL – INEFICÁCIA DE ESCRITURA PÚBLICA DE CESSÃO DE DIREITOS HEREDITÁRIOS – CERCEIO DE DEFESA – NÃO CONSTATAÇÃO – LEGITIMIDADE ATIVA DO ESPÓLIO – GRATUIDADE JUDICIÁRIA – IMPUGNAÇÃO – ÔNUS DA PROVA – DESCUMPRIMENTO – MANUTENÇÃO DO BENEFÍCIO – AUSÊNCIA DE AUTORIZAÇÃO JUDICIAL PARA CESSÃO – INVENTÁRIO NÃO FINDO – PRESENÇA DE MENOR – AUSÊNCIA DE INTERVENÇÃO DO MP – NULIDADE RECONHECIDA. A parte não detém o direito amplo e irrestrito de produzir qualquer tipo de prova, pois o direito à demonstração de algo está ligado à utilidade (art. 370 do CPC/15), pena de o processo perder-se frente às medidas protelatórias. Inexiste cerceamento de defesa quando a prova pretendida é desnecessária e irrelevante ao desate de questão fática a elucidar ou influir no resultado do julgamento. Enquanto não encerrada a partilha, o espólio é parte legítima para figurar no polo ativo de ação que pretende preservar direitos dos herdeiros. O art. 5º, LXXIV, da CR, determina que o Estado preste, aos que comprovarem insuficiência de recursos, a assistência jurídica integral, garantindo, assim, o acesso ao Judiciário. Nos termos do art. 373 do CPC/15, é ônus do réu a prova dos fatos impeditivos, modificativos ou extintivos do direito do autor. Impugnada a gratuidade judiciária concedida ao espólio e não comprovada a suficiência de recursos, impõe-se a manutenção do benefício concedido parcialmente ao Espólio. Nos termos do § 3º do art. 1.793 do CC, é ineficaz a cessão de direitos hereditários sem prévia autorização do juiz da sucessão, por qualquer herdeiro, de bem componente do acervo hereditário, pendente a indivisibilidade. Também não há como considerar válida cessão de direitos hereditários quando há menor dentre os herdeiros e o ato não é precedido da intervenção do Ministério Público. Recurso não provido. (TJ-MG – AC: 10051150026311001 MG, Relator: Manoel dos Reis Morais, Data de Julgamento: 22/10/2019, Data de Publicação: 01/11/2019).

APELAÇÃO CÍVEL – FEITO PARALISADO – INÉRCIA DO INTERESSADO – EXTINÇÃO DO PROCESSO – INCAPAZ – INTERVENÇÃO DO MINISTÉRIO PÚBLICO – NECESSIDADE. 1. Trata-se de ação indenizatória movida por absolutamente incapaz (CC, artigo 3º), ensejando a intervenção do Ministério Público, como fiscal da ordem jurídica, nos termos do artigo 178, inciso II, do Código de Processo Civil. 2. No caso concreto, em que pese a inércia da parte autora, fato é que o Ministério Público deixou de ser intimado para manifestar-se acerca dos atos praticados, notadamente da possibilidade de extinção do processo no caso de persistir a inércia configurada. 3. Deve-se ressaltar que é evidente o prejuízo ao menor caso mantida a extinção do processo, pois implicará revogação da liminar deferida em sede de plantão. 4. Ante ao exposto, com fundamento no artigo 279, caput, do Código de Processo Civil, impõe-se o reconhecimento da nulidade da sentença proferida, ainda que por fundamento diverso. 5. Provimento do recurso para anular a sentença. (TJ-RJ – APL: 00105193620178190001, Relator: Des(a). José Carlos Paes, Data de Julgamento: 30/01/2019, Décima Quarta Câmara Cível)

A sucessão dos direitos trabalhistas possui regramento legal específico, consoante disposto no artigo 1º da Lei n. 6.858/1980, *verbis:*

"Art. 1º – Os valores devidos pelos empregadores aos empregados e os montantes das contas individuais do Fundo de Garantia do Tempo de Serviço e do Fundo de Participação PIS-PASEP, não recebidos em vida pelos respectivos titulares, serão pagos, em quotas iguais, aos dependentes habilitados perante a Previdência Social ou na forma da legislação específica dos servidores civis e militares, e, na sua falta, aos sucessores previstos na lei civil, indicados em alvará judicial, independentemente de inventário ou arrolamento." (g.n.)

Segundo a legislação previdenciária, a determinação de indicação em alvará judicial se dirige ao empregador e ao órgão gestor do FGTS e não ao judiciário a quem cabe se pronunciar sobre quem são os sucessores do trabalhador falecido.

Nesse sentido, os filhos menores do segurado são seus dependentes obrigatórios, é o que prevê o artigo 16, inciso I, da Lei n. 8.213/91, *verbis:*

Art. 16. São beneficiários do Regime Geral de Previdência Social, na condição de dependentes do segurado:

> I — o cônjuge, a companheira, o companheiro e o filho não emancipado, de qualquer condição, menor de 21 (vinte e um) anos ou inválido ou que tenha deficiência intelectual ou mental ou deficiência grave; *(Redação dada pela Lei n. 13.146, de 6.7.15, DOU 7.7.15, com vigência após decorridos 180 dias de sua publicação oficial)*

Segundo o artigo destacado, o cônjuge, a companheira e os filhos menores de 21 (vinte e um) anos são, necessariamente, os sucessores trabalhistas do trabalhador falecido.

Com efeito, nos termos da norma específica (Lei 6.858/1980), a sucessão trabalhista de empregado falecido está limitada àqueles herdeiros habilitados como dependentes junto à Previdência Social e, somente, na sua falta, aos sucessores previstos na lei civil.

E não havendo dependentes habilitados junto ao INSS, a sucessão deve ser feita com base na lei civil, que dispõe:

"Art. 1.829. A sucessão legítima defere-se na ordem seguinte:

> (...)
>
> I – aos descendentes, em concorrência com o cônjuge sobrevivente, salvo se casado este com o falecido no regime da comunhão universal, ou no da separação obrigatória de bens (art. 1.640, parágrafo único); ou se, no regime da comunhão parcial, o autor da herança não houver deixado bens particulares; "

Além disso, deve ser observado o disposto no artigo Art. 1.829, I do Código Civil, no sentido de que deve ser comprovada a existência de outros herdeiros como cônjuge sobrevivente, prova que pode ser feita através da certidão do cartório de pessoas naturais em que pode ser verificada a existência de averbação de casamento, por exemplo.

No mesmo sentido, a ementa:

> AGRAVO DE PETIÇÃO DO EXEQUENTE – VERBAS DECORRENTES DA EXTINÇÃO DO CONTRATO DE TRABALHO – DEPENDENTES NÃO HABILITADOS – LEGITIMIDADE ATIVA. Os dependentes regularmente habilitados junto à Previdência Social são legitimados para receber o crédito trabalhista do reclamante, falecido no curso do

processo. Somente na falta deles serão chamados os sucessores previstos na Lei Civil, independentemente da existência de inventário ou arrolamento. Considerando que o de cujus deixou herdeiros e que o órgão previdenciário informou não haver requerimento de pensão por morte efetivado por dependente do exequente, deve ser reformada a sentença de extinção do processo por ilegitimidade passiva para dar regular prosseguimento à execução para que sejam indicados os dados para a citação do herdeiro constante da certidão de óbito. (TRT 1ª R. Agravo de Petição. Processo n. 0001294-96.2013.5.01.0481 (AP) . Relator Enoque Ribeiro dos Santos)

16. Indenização

Já o art. 944 do Novo Código Civil diz:

> "A indenização mede-se pela extensão do dano. Parágrafo único. Se houver excessiva desproporção entre a gravidade da culpa e o dano, poderá o juiz reduzir, equitativamente, a indenização."

O Código Civil de 2002 passou a adotar o princípio da gradação da culpa, influenciando o *quantum satis* da indenização, possibilitando sua diminuição em face de eventual desproporção entre a gravidade da culpa e o dano efetivamente causado.

O critério para a fixação do dano material é o cálculo de tudo aquilo que o lesado deixou de lucrar (lucros cessantes) e do que efetivamente perdeu (lucros emergentes). Tendo o evento danoso interrompido a sucessão normal dos fatos e da vida do ofendido, a reparação pecuniária deve provocar um novo estado de coisas que se aproxime tanto quanto possível daquela situação anterior, o *status quo ante bellum*, isto é, daquela situação que, segundo a experiência humana, seria a existente se não tivesse ocorrido o dano.

Como é facilmente observável, o novo Código privilegia ainda mais a função do juiz, conferindo-lhe amplos poderes, tanto na definição da forma como na extensão da reparação cabível no caso concreto.

Anderson Schreiber, comentando o art. 944 do Código Civil brasileiro, informa que, com tal dispositivo, a irrelevância dos graus de culpa permanece válida para fins de configuração do dever de indenizar (*an debeatur*), não já para sua quantificação (*quantum debeatur*). Deve-se ter em mente, contudo, que a norma vem proteger o responsável de um ônus excessivo, em conformidade com o espírito da equidade, que exige a temperança da solução jurídica com as circunstâncias do caso concreto. Não se trata, como se vê, de retomar à *culpa in concreto*. A ninguém, com efeito, passa despercebido o fato de que o legislador não autorizou a elevação da indenização com base na culpa grave ou no dolo do agente, mas exclusivamente permitiu a redução equitativa da indenização quando a culpa for desproporcionalmente tênue frente ao dano provocado"[21].

---

(21) SCHREIBER, Anderson. Novos paradigmas da responsabilidade civil..., cit., p. 43.

Defendemos que na aplicação da pena pecuniária ao lesante, no caso de reparação por danos morais, os Tribunais do Trabalho definissem critérios objetivos para que o magistrado, utilizando-se de justa prudência e dos fatores subjetivos chegasse a um valor adequado para a indenização, que *a priori* já fosse de conhecimento de toda a sociedade e principalmente daqueles que possuem maiores probabilidades de, com suas atitudes, provocarem uma lesão de ordem extrapatrimonial.

O art. 945 já declara que:

> "Se a vítima tiver concorrido culposamente para o evento danoso, a sua indenização será fixada, tendo-se em conta a gravidade de sua culpa em confronto com a do autor do dano."

Casos semelhantes são aplicados nas excludentes da responsabilidade do Estado por atos praticados por seus agentes (culpa exclusiva da vítima ou pelo fato da vítima, culpa concorrente, culpa de terceiro, fortuitos interno e externo etc.).

Deverá ser levada em consideração, neste caso, na fixação da indenização, a existência de culpas recíprocas ou concorrentes, cabendo ao juiz verificar, no caso concreto, o grau de participação culposa da vítima.

17. Despesas e lucros cessantes

O dano emergente (*damnum emergens*) é a efetiva diminuição do patrimônio já existente, ao passo que o lucro cessante (*lucrum cessans*) é tudo aquilo que se deixou de ganhar.

No tocante às despesas e lucros cessantes, o art. 949 do Código Civil assim dispõe:

> "Art. 949. No caso de lesão ou outra ofensa à saúde, o ofensor indenizará o ofendido das despesas do tratamento e dos lucros cessantes, até ao fim da convalescença, além de algum outro prejuízo que o ofendido prove haver sofrido."

Este artigo trata da reparação dos danos materiais (despesas de tratamento médico e lucros cessantes) e dos danos morais (ou estéticos) resultantes da ofensa à integridade física e psíquica, inerentes aos direitos da personalidade.

O dano moral constitui um *danmum in re ipsa*, ou seja, dispensa a prova do prejuízo em concreto, sendo sua existência presumida por se verificar na realidade dos fatos e emergir da própria ofensa causada, já que surge da violação a um direito da personalidade.

17.1. Da condenação do beneficiário da justiça gratuita ao pagamento dos honorários de sucumbência

No que tange à possibilidade de condenação do beneficiário da justiça gratuita ao pagamento dos honorários de sucumbência, dispõe o § 4.º do artigo 791-A da CLT, com redação dada pela Lei ~~n.~~ n. 13.467/2017, o seguinte:

"§ 4º Vencido o beneficiário da justiça gratuita, desde que não tenha obtido em juízo, ainda que em outro processo, créditos capazes de suportar a despesa, as obrigações decorrentes de sua sucumbência ficarão sob condição suspensiva de exigibilidade e somente poderão ser executadas se, nos dois anos subsequentes ao trânsito em julgado da decisão que as certificou, o credor demonstrar que deixou de existir a situação de insuficiência de recursos que justificou a concessão de gratuidade, extinguindo-se, passado esse prazo, tais obrigações do beneficiário."

Cumpre observar que o art. 12 da Lei n. 1.060/1950, já previa a possibilidade de condenação da parte beneficiada pela isenção do pagamento de custas ao pagamento das despesas judiciais, desde que não houvesse prejuízo do próprio sustento ou de sua família, *verbis*:

"Art. 12. A parte beneficiada pela isenção do pagamento das custas ficará obrigada a pagá-las, desde que possa fazê-lo, sem prejuízo do sustento próprio ou da família. Se dentro de cinco anos, a contar da sentença final, o assistido não puder satisfazer tal pagamento, a obrigação ficará prescrita"

Nesse sentido, o STF, no julgamento do RE 249.003/RS ED, considerou que a referida norma foi recepcionada pela Constituição de 1988, cabendo destacar o seguinte trecho do voto da lavra do Ministro Luís Roberto Barroso, *verbis*:

"8. Do art. 12 da Lei n. 1.060/1950 extrai-se o entendimento de que o beneficiário da justiça gratuita, quando vencido, deve ser condenado a ressarcir as custas antecipadas e os honorários do patrono vencedor. Entretanto, não está obrigado a fazê-lo com sacrifício do sustento próprio ou da família. Decorridos cinco anos sem melhora da sua situação econômica, opera-se a prescrição da dívida. Por um lado, não se trata de menosprezar o princípio da sucumbência, mas apenas de suspender a exigência da condenação do vencido enquanto sua situação econômica permanecer precária, pois a imposição do cumprimento da obrigação importaria dano para sua sobrevivência ou de sua família. Por outro lado, se tal benefício visa a promoção da igualdade, entre outros fins, é razoável que a suspensão da exigência tenha algum prazo. Do contrário, mudando a situação econômica do beneficiário, dentro de um prazo razoável, a norma, a pretexto de promover igualdade, estaria, assim, promovendo a desigualdade.

9. Portanto, o benefício da justiça gratuita não se constitui na isenção absoluta das custas e dos honorários advocatícios, mas, sim, na desobrigação de pagá-los enquanto perdurar o estado de carência econômica do necessitado, propiciador da concessão deste privilégio. Em resumo, trata-se de um benefício condicionado que visa a garantir o acesso à justiça, e não a gratuidade em si. (...)". (RE 249003 ED, Tribunal Pleno, julgado em 09/12/2015, Acórdão Eletrônico DJe-093 Divulg 09-05-2016 Public. 10-05-2016)

Considerando o entendimento acima exposto, conclui-se que as disposições introduzidas pela Lei n. 13.467/2017 quanto à possibilidade de pagamento de honorários sucumbenciais pela parte beneficiária da justiça gratuita são constitucionais, uma vez que se trata de benefício condicionado ao estado de carência do necessitado, que pode vir a ser revertido no futuro, de modo que a condenação não é incompatível com a gratuidade concedida nem impede o acesso à justiça.

Ressalto que, apesar da revogação do aludido dispositivo pelo CPC de 2015, o art. 98 da nova lei processual, ao regular o tema, não isentou o beneficiário da justiça gratuita da condenação aos honorários de sucumbência, ficando suspensa a obrigação enquanto persistir a insuficiência de recursos, verbis:

> "Art. 98.
>
> (...)
>
> § 2º A concessão de gratuidade não afasta a responsabilidade do beneficiário pelas despesas processuais e pelos honorários advocatícios decorrentes de sua sucumbência.
>
> § 3º Vencido o beneficiário, as obrigações decorrentes de sua sucumbência ficarão sob condição suspensiva de exigibilidade e somente poderão ser executadas se, nos 5 (cinco) anos subsequentes ao trânsito em julgado da decisão que as certificou, o credor demonstrar que deixou de existir a situação de insuficiência de recursos que justificou a concessão de gratuidade, extinguindo-se, passado esse prazo, tais obrigações do beneficiário."

É importante salientar que a obtenção de créditos na ação trabalhista, por si só, não implica em alteração da condição econômica do trabalhador, sendo certo que, havendo declaração de hipossuficiência firmada pelo autor, cujo valor probatório é conferido pela Lei n. 7.115/1983, o benefício deve ser mantido até que haja provas contundentes que afastem tal presunção, cujo ônus cabe à parte contrária.

Nesse sentido, vale acrescentar, ainda, o acolhimento parcial da arguição de inconstitucionalidade n. 0102282-40.2018.5.01.0000 – TRT RJ, que declarou a inconstitucionalidade da expressão "*desde que não tenha obtido em juízo, ainda que em outro processo, créditos capazes de suportar a despesa*", contida no § 4º do artigo 791-A da CLT, incluído pela Lei n. 13.467/2017.

E, ainda, mais recentemente, em outubro de 2021, no julgamento da ADI n. 5766, prevaleceu no STF a declaração de inconstitucionalidade da norma que obriga o beneficiário de gratuidade de justiça a arcar com as despesas processuais nas condições estabelecidas na Lei n. 13.467/2017. Prevaleceu, assim, o Voto divergente do Ministro Edson Fachin, por 6x4. Em assim sendo, tem-se que a execução de honorários sucumbenciais em face de beneficiário de gratuidade de justiça somente pode se processar se o crédito que o autor da ação percebeu lhe tenha retirado a condição de hipossuficiência econômica.

18. Responsabilidade civil no dano estético

Estatui o art. 950 do Código Civil:

> "Art. 950. Se da ofensa resultar defeito pelo qual o ofendido não possa exercer o seu ofício ou profissão, ou se lhe diminua a capacidade de trabalho, a indenização, além das despesas do tratamento e lucros cessantes até ao fim da convalescença, incluirá pensão correspondente à importância do trabalho para que se inabilitou, ou da depreciação que ele sofreu. Parágrafo único. O prejudicado, se preferir, poderá exigir que a indenização seja arbitrada e paga de uma só vez."

O art. 533 do CPC/2015 também pode ser aplicado no caso vertente:

> "Art. 533. Quando a indenização por ato ilícito incluir prestação de alimentos, caberá ao executado, a requerimento do exequente, constituir capital cuja renda assegure o pagamento do valor mensal da pensão.
>
> § 1º O capital a que se refere o caput , representado por imóveis ou por direitos reais sobre imóveis suscetíveis de alienação, títulos da dívida pública ou aplicações financeiras em banco oficial, será inalienável e impenhorável enquanto durar a obrigação do executado, além de constituir-se em patrimônio de afetação.
>
> § 2º O juiz poderá substituir a constituição do capital pela inclusão do exequente em folha de pagamento de pessoa jurídica de notória capacidade econômica ou, a requerimento do executado, por fiança bancária ou garantia real, em valor a ser arbitrado de imediato pelo juiz.
>
> § 3º Se sobrevier modificação nas condições econômicas, poderá a parte requerer, conforme as circunstâncias, redução ou aumento da prestação.
>
> § 4º A prestação alimentícia poderá ser fixada tomando por base o salário-mínimo.
>
> § 5º Finda a obrigação de prestar alimentos, o juiz mandará liberar o capital, cessar o desconto em folha ou cancelar as garantias prestadas".

Esta matéria relaciona-se a ofensa à integridade física que acarreta defeito físico que impossibilite ou diminua a capacidade de trabalho do ofendido, com o estabelecimento de indenização pelos danos materiais: despesas de tratamento médico, lucros cessantes até o fim da convalescença e pensão correspondente à importância do trabalho para que se inabilitou ou da depreciação sofrida.

Este dispositivo não trata do dano moral. Dispõe, sobretudo, do dano estético, assim definido por Tereza Ancona Lopes(22): "aquele que decorre de modificação duradoura ou permanente na aparência externa de uma pessoa, modificação esta que lhe acarreta um enfeamento e lhe causa humilhações e desgostos, dando origem portanto a uma dor moral".

Na maior parte dos casos, o dano estético acaba por afetar as duas esferas da personalidade do ofendido: a esfera sentimental, ou afetiva, e a esfera social da personalidade do lesado, abrindo-se, portanto, o ensejo para a reparação dupla: por danos materiais e morais.

19. Responsabilidade na injúria, difamação e calúnia

O art. 953 do Código Civil dispõe sobre a responsabilidade decorrente dos atos tipificados como injúria, difamação e calúnia.

---

(22) LOPES, Tereza Ancona. *O dano estético*: responsabilidade civil. 2. ed. São Paulo: Revista dos Tribunais, 1999. p. 38.

"Art. 953. A indenização por injúria, difamação ou calúnia consistirá na reparação do dano que delas resulte ao ofendido. Parágrafo único. Se o ofendido não puder provar prejuízo material, caberá ao juiz fixar, equitativamente, o valor da indenização, na conformidade das circunstâncias do caso."

Este artigo trata da reparação dos danos por violação à honra, que consiste em direito da personalidade, composto de dois aspectos: objetivo — que trata da consideração social, e subjetivo — que se refere à autoestima.

A injúria ofende a honra subjetiva, conceituada como a "manifestação de conceito ou de pensamento que represente ultraje, menosprezo, menoscabo, insulto a outrem"[(23)].

A difamação atinge a honra objetiva, definida como a atribuição "de fato que constitui motivo de reprovação ético-social"[(24)].

Já a calúnia viola a honra objetiva, definindo-se como a "imputação de fato qualificado como crime".

Além da possibilidade de cumulação do dano material e do dano moral, pelo mesmo fato (Súmula n. 37 do STJ), o princípio da reparação do dano moral está consagrado pela Constituição Federal de 1988, em seu art. 5º, incisos V e X.

20. Responsabilidade na ofensa à liberdade e cárcere privado

Este artigo passou a ter um significado especial após os inúmeros casos de cárcere privado e privação da liberdade de trabalhadores em fazendas do Mato Grosso do Sul, Pará e Maranhão, que foram descobertos pelo incessante trabalho do Ministério Público do Trabalho, que culminou em acordos com os fazendeiros por meio de Termos de Ajuste de Conduta, por dano moral coletivo cumulado com o dano material.

O art. 954 do Código Civil assim preceitua:

"Art. 954. A indenização por ofensa à liberdade pessoal consistirá no pagamento das perdas e danos que sobrevierem ao ofendido, e se este não puder provar prejuízo, tem aplicação o disposto no parágrafo único do artigo antecedente. Parágrafo único: Consideram-se ofensivos da liberdade pessoal: I — o cárcere privado[(25)]; II — a prisão por queixa ou denúncia falsa e de má-fé; III — a prisão ilegal."

---

(23) BITTAR, Carlos Alberto. *Os direitos da personalidade*. 3. ed. Rio de janeiro: Forense, 1998. p. 129.

(24) *Idem*.

(25) O sequestro e cárcere privado estão tipificados no art. 148 do Código Penal, que sofreu modificação em seu § 1º (Lei n. 10.741, de 1º.10.2003), passando a ter a seguinte redação: "Art. 148. Privar alguém de sua liberdade, mediante sequestro ou cárcere privado: Pena — reclusão, de 1 (um) a 3 (três) anos. § 1º A pena é de reclusão, de 2 (dois) a 5 (cinco) anos: I — se a vítima é ascendente, descendente, cônjuge do agente ou maior de 60 (sessenta) anos. II — se o crime é praticado mediante internação da vítima em casa de saúde ou hospital; III — se a privação da liberdade dura mais de 15 (quinze)

O direito à vida e à liberdade constituem os mais expressivos direitos da personalidade e da dignidade da pessoa humana. Têm, como formas de manifestação, a locomoção, a liberdade de pensamento e sua expressão, de crença e prática religiosa, de escolha e exercício da atividade profissional, de relacionamento social etc.

21. Trabalhadores em situação análoga à de escravo

Casos típicos que se enquadram no artigo mencionado foram os casos de trabalhadores flagrados em cárcere privado em fazendas do Estado do Pará.

Esses trabalhadores eram mantidos em alojamentos precários, sem as mínimas condições de saúde e de higiene, em ostensivo atentado à dignidade da pessoa humana que demanda reparação por danos morais e materiais. O Estado, para amparar esses trabalhadores e prover-lhes algum tipo de assistência pecuniária, abriu-lhes a possibilidade de enquadramento no seguro-desemprego, em valor igual ao salário mínimo, pelo prazo de três meses.

A Lei n. 10.803, de 11 de dezembro de 2003 alterou o art. 149 do Código Penal, no sentido de proteger trabalhadores suscetíveis de serem reduzidos à condição análoga à de escravo, cujo contexto apresenta-se a seguir:

> "Art. 149. Reduzir alguém a condição análoga à de escravo, quer submetendo-o a trabalhos forçados ou a jornada exaustiva, quer sujeitando-o a condições degradantes de trabalho, quer restringindo, por qualquer meio, sua locomoção em razão de dívida contraída com o empregador ou preposto:
>
> Pena — reclusão, de dois a oito anos, e multa, além da pena correspondente à violência.
>
> § 1º Nas mesmas penas incorre quem:
>
> I — cerceia o uso de qualquer meio de transporte por parte do trabalhador, com o fim de retê-lo no local de trabalho;
>
> II — mantém vigilância ostensiva no local de trabalho ou se apodera de documentos ou objetos pessoais do trabalhador, com o fim de retê-lo no local de trabalho;
>
> § 2º A pena é aumentada de metade, se o crime é cometido:
>
> I — contra criança ou adolescente;
>
> II — por motivo de preconceito de raça, cor, etnia, religião ou origem."

Recentemente a Emenda Constitucional n. 81, de junho de 2014, alterou a redação do art. 243 da CF/88, que passou a estabelecer:

> "Art. 243. As propriedades rurais e urbanas de qualquer região do País onde forem localizadas culturas ilegais de plantas psicotrópicas ou a exploração de trabalho escravo

---

dias. § 2º Se resulta à vítima, em razão de maus-tratos ou da natureza da detenção, grave sofrimento físico ou moral: Pena — reclusão de 2 (dois) a 8 (oito) anos".

na forma da lei serão expropriadas e destinadas à reforma agrária e a programas de habitação popular, sem qualquer indenização ao proprietário e sem prejuízo de outras sanções previstas em lei, observado, no que couber, o disposto no art. 5º. (Redação dada ao caput pela Emenda Constitucional n. 81, de 5.6.2014, DOU de 6.6.2014)

Parágrafo único. Todo e qualquer bem de valor econômico apreendido em decorrência do tráfico ilícito de entorpecentes e drogas afins e da exploração de trabalho escravo será confiscado e reverterá a fundo especial com destinação específica, na forma da lei." (Redação dada ao parágrafo pela Emenda Constitucional n. 81, de 5.6.2014, DOU de 6.6.2014)

Oportuno trazer, a título ilustrativo, as seguintes ementas:

AÇÃO CIVIL PÚBLICA - ALICIAMENTO DE TRABALHADORES PARA PRESTAR SERVIÇOS EM OUTRO ESTADO - LABOR EM CONDIÇÕES DEGRADANTES - CONFIGURAÇÃO - DANO MORAL COLETIVO. Comprovado nos autos que a reclamada recrutou diversos trabalhadores no interior do Maranhão para prestar serviços em outro Estado, submetendo-os a condições degradantes de trabalho, com jornadas extenuantes e péssimas condições de alimentação e moradia, impõe-se manter a sentença que condenou a reclamada a abster-se de tais práticas, bem como a pagar indenização por dano moral coletivo, cujo valor, no entanto, se reduz para patamares condizentes com os princípios da proporcionalidade e razoabilidade, observada a capacidade financeira da empresa e o caráter pedagógico da medida.(TRT-16 00914006520105160005 0091400-65.2010.5.16.0005, Relator: Marcia Andrea Farias da Silva, Data de Publicação: 25/09/2019).

I - AGRAVO DE INSTRUMENTO DA BEMUF PRODUTOS FLORESTAIS LTDA - RECURSO DE REVISTA INTERPOSTO ANTES DA LEI N. 13.015/2014 - DESERÇÃO - DEPÓSITO RECURSAL INSUFICIENTE. (...) II - RECURSO DE REVISTA DO MINISTÉRIO PÚBLICO DO TRABALHO - INTERPOSTO ANTES DA LEI N. 13.015/2014 - AÇÃO CIVIL PÚBLICA - ABSTENÇÃO DE FORNECIMENTO DE MÃO DE OBRA A EMPRESAS TOMADORAS - PEDIDO CONTIDO NO ITEM B DA PETIÇÃO INICIAL - JULGAMENTO CITRA PETITA - INOCORRÊNCIA. 1. O pedido contido na letra b da inicial, que o autor alude não ter sido analisado, refere-se ao 2º, 3º, 4º e 5º réus, para que se abstenham d e fornecer mão-de-obra para serviços inseridos na atividade-fim de empresas tomadoras de seus serviços, assim considerados aqueles relacionados aos objetivos sociais dessas empresas. 2. Ao contrário do que alega o MPT, o Regional, analisando o mencionado pedido, deixou claro que não há nos autos prova de que o 2º, 3º, 4º e 5º réus atuassem fora do contexto do contrato de compra e venda de madeira em pé, contrato em relação ao qual o MPT, por ocasião do acordo celebrado com a 1ª ré, comprometeu-se a não opor qualquer óbice. 3. Ainda analisando o mencionado pedido, o Regional deixou assentado que "não há qualquer ilicitude na contratação de compra e venda de madeira em pé, com a obrigação contratual das compradoras extrair e transportar a madeira, porque em tal hipótese a vendedora não contrata prestação de serviços, mas sim comercializa o produto", deixando assente, ainda, que "as Reclamadas, compradoras, efetivamente comercializavam a madeira a terceiros, fundamento esse não impugnado pelo Autor nas presentes razões de recurso". 4. Assim, não se há falar em julgamento citra petita. Incólumes os artigos 128, 459 e 460 do CPC. Recurso de revista não conhecido. DANO MORAL COLETIVO - CONDIÇÕES DEGRADANTES DE TRABALHO - NÃO FORNECIMENTO DE SANITÁRIOS, ÁGUA POTÁVEL E ABRIGOS NAS FRENTES DE TRABALHO - VALOR ARBITRADO. 1. Na hipótese, restou configurado o dano moral coletivo em razão da utilização habitual de mão de obra de trabalhadores mantidos em condições de trabalho degradantes, tais como não fornecimento de sanitários, água potável e abrigos nas frentes de trabalho. 2. A jurisprudência desta Corte Superior, no tocante ao quantum indenizatório fixado pelas instâncias ordinárias, vem consolidando entendimento de que a revisão do valor da indenização somente é possível quando excessiva ou irrisória a importância arbitrada, em flagrante violação dos princípios da razoabilidade e da proporcionalidade. 3. No caso concreto, entendo que a indenização por danos morais coletivos, arbitrada em R$95.000,00 (noventa e cinco mil reais), sendo R$25.000,00 para o 2º, 3º e 4º réus e R$20.000,00 para o 5º réu, ao considerar as circunstâncias do caso com suas peculiaridades, o bem jurídico ofendido, a condição da vítima e a capacidade financeira dos reclamados, está dentro dos padrões da razoabilidade e da proporcionalidade. Recurso de revista não conhecido. (TST – ARR: 11485820115090657, Relator: Maria Helena Mallmann, Data de Julgamento: 15/05/2019, 2ª Turma, Data de Publicação: DEJT 17/05/2019).

Existe entendimento do Tribunal Superior do Trabalho, no sentido de que a culpa é sempre do empregador e não da União, por prática de trabalho escravo.

Nesse sentido, extrato de decisão do TST, extraída da Revista Consultor Jurídico, de 26 de outubro de 2007, como segue:

"União não responde por trabalho escravo, decide TST:

A culpa pelo trabalho escravo não é da União, mas sim do empregador. O entendimento é da 3ª Turma do Tribunal Superior do Trabalho. Os ministros rejeitaram recurso ajuizado por um grupo de trabalhadores que pretendia receber indenização por danos morais da União. Eles foram submetidos a condições degradantes de trabalho em uma fazenda em Rondônia.

Com base no voto do relator, ministro Carlos Alberto Reis de Paula, a Turma manteve decisão do Tribunal Regional do Trabalho da 14ª Região (RO), que entendeu que a condição danosa não foi causada pela União e sim pelo empregador.

A ação foi ajuizada na Vara do Trabalho de Colorado do Oeste (RO). De acordo com a inicial, em maio de 2003, uma equipe interinstitucional de combate ao trabalho escravo, composta pelo Grupo Especial de Fiscalização Móvel do Ministério do Trabalho e Emprego, pelo Ministério Público do Trabalho e pela Polícia Federal, fez fiscalização na Fazenda São Joaquim, no município de Pimenteiras (RO). Foi constatada, no local, a utilização de mão de obra em condições análogas às de escravo. Na ocasião, foram libertadas cerca de 300 pessoas. Entre elas, os autores da reclamação.

Os trabalhadores, segundo a inicial, 'eram transportados em gaiolas (caminhões para transporte de gado) e jogados no meio da selva, expostos às intempéries, sujeitos a picadas de animais peçonhentos e acometimento de doenças tropicais como malária, dengue e viroses diversas'. Eles dormiam em redes ou estrados de madeira em moradias coletivas, feitas de lonas amarradas em estacas, sem banheiro, bebiam água em buracos cavados por eles mesmos ou em córregos sujos, onde também tomavam banho, e tinham de caçar, se quisessem comer carne. Eram impedidos de sair do local não só pelo isolamento (o povoado mais próximo fica a 70 km de distância), mas também por capatazes armados."

21.1. Alegações e fundamentos

O grupo pediu a condenação da União por danos morais. Para tanto, alegou que "a liberdade e a segurança são deveres constitucionais do Estado".

Além disso, argumentou que passou por toda situação degradante antes da fiscalização. A indenização pedida foi de R$ 52 mil "à vista" para cada trabalhador. O pedido tinha como fundamento a Lei n. 10.706/2003, que concedeu indenização no mesmo valor para um único trabalhador, José Pereira Ferreira, "por haver sido submetido à condição análoga à de escravo e haver sofrido lesões corporais" na Fazenda Espírito Santo, no Sul do Pará, em 1989. A lei, proposta por iniciativa do Presidente da República, conforme a alegação da inicial, equivaleria a uma admissão direta de culpa e de responsabilidade pela ocorrência de escravidão no país.

A defesa da União suscitou a incompetência da Justiça do Trabalho para julgar a ação. Também explicou os motivos pelos quais a União indenizou o trabalhador, beneficiado pela Lei n. 10.706/2003. O rapaz, à época, tinha apenas 17 anos e, quando tentou fugir do local do cativeiro, foi atingido por disparos feitos por um empregado da fazenda, o que lhe causou lesões permanentes no olho direito.

O caso foi levado à Comissão Interamericana de Direitos Humanos. Nesta comissão, há um procedimento preliminar que permite solucionar o caso mediante acordo. Caso contrário, o Estado pode ser demandado na Corte Interamericana de Direitos Humanos. O Estado Brasileiro, então, optou por fazer o acordo. "A Lei n. 10.706/2003, portanto, representa uma composição entre os demais Estados subscritores da Convenção Americana sobre Direitos Humanos contra um Estado em mora, no caso o Brasil", argumentou a Advocacia-Geral da União.

A primeira instância julgou a ação procedente e condenou a União a pagar os R$ 52 mil a cada trabalhador com base na teoria do risco administrativo, fixada no § 6º do art. 37 da Constituição Federal. Segundo esse dispositivo, o Estado responde pelos danos que seus agentes, nessa qualidade, causarem a terceiros.

O Tribunal Regional do Trabalho da 14ª Região reformou a sentença. Considerou que a responsabilidade objetiva do Estado decorre de danos causados diretamente por agentes que estavam a seu serviço. Com relação à responsabilidade subjetiva, decorrente da alegada omissão do Estado, o TRT observou que, igualmente, não era o caso: os trabalhadores foram admitidos entre março e maio de 2003, e a fiscalização ocorreu entre 29 de maio e 3 de junho do mesmo ano. "Percebe-se que a fiscalização foi bastante ágil", registra o acórdão.

"Ao contrário do que entendem os autores, não se vê conduta ilícita praticada pelo Estado, uma vez que o evento danoso não foi ocasionado por ele; ou seja, não se percebe procedimento contrário ao direito por parte da União, mas, sim, pelo empregador." Com relação à Lei n. 10.706/2003, o TRT entendeu que, naquele contexto, a União reconheceu um caso específico de omissão do Estado, que não se estendia à situação do processo. A reclamação foi rejeitada e o recurso ao TST teve seguimento negado. Por isso, houve interposição do Agravo de Instrumento.

Nas razões de Agravo, o grupo de trabalhadores adotou dois fundamentos: a isonomia com o tratamento dispensado ao trabalhador indenizado pela Lei n. 10.706/2003 e a responsabilidade da União por omissão. Contudo, o ministro Carlos Alberto destacou que o TRT já havia esclarecido a especificidade da lei e sua inaplicabilidade ao caso em questão. Sobre a alegada omissão do Estado, o ministro lembrou que, embora a doutrina esteja dividida, "prevalece na jurisprudência a teoria subjetiva do ato omissivo, de modo a só ser viável a indenização quando houver culpa ou dolo do agente", conforme decisões do Supremo Tribunal Federal. AIRR 186/2005-051-14-40.4.

22. Responsabilidade dos notários e titulares de cartórios não oficializados pelos atos de seus empregados e regime jurídico de emprego

Os titulares de cartórios de registro de imóveis e de tabelionato de notas, ou seja, os notários e tabeliães em geral desempenham atividade delegada do Poder Público.

Com o advento da Constituição Federal de 1988, o sistema de hereditariedade na transmissão dos cartórios e tabelionatos sofreu uma forte alteração, pois a transmissão sucessória dessas entidades já não mais pode se dar de pais para filhos ou descendentes, pelo óbice intransponível da necessidade de concurso público para obtenção da titularidade, em atendimento ao princípio constitucional estampado no inciso II do art. 37 da Constituição Federal e do art. 20 da Lei n. 8.935/1994.

O art. 236 da Constituição Federal estatui:

> "Os serviços notariais e de registro são exercidos em caráter privado, por delegação do Poder Público."

Por seu turno, o § 3º do art. 236 assim se expressa:

> "O ingresso na atividade notarial e de registro depende de concurso público de provas e títulos, não se permitindo que qualquer serventia fique vaga, sem abertura de concurso de provimento ou de remoção por mais de seis meses."

A Lei n. 8.935/1994[26] veio regulamentar o art. 236 da Constituição Federal e dispõe, em seu art. 20, que a relação de emprego entre os trabalhadores da serventia e o seu titular é regida pela Consolidação das leis do Trabalho.

---

(26) Lei n. 8.935, de 18 de novembro de 1994. Regulamenta o art. 236 da Constituição Federal, dispondo sobre serviços notariais e de registro. (Lei dos cartórios)

O Presidente da República

Faço saber que o Congresso Nacional decreta e eu sanciono a seguinte lei:

TÍTULO I

Dos Serviços Notariais e de Registros

CAPÍTULO I

Natureza e Fins

Art. 1º Serviços notariais e de registro são os de organização técnica e administrativa destinados a garantir a publicidade, autenticidade, segurança e eficácia dos atos jurídicos.

Art. 2º (Vetado).

Art. 3º Notário, ou tabelião, e oficial de registro, ou registrador, são profissionais do direito, dotados de fé pública, a quem é delegado o exercício da atividade notarial e de registro.

Art. 4º Os serviços notariais e de registro serão prestados, de modo eficiente e adequado, em dias e horários estabelecidos pelo juízo competente, atendidas as peculiaridades locais, em local de fácil acesso ao público e que ofereça segurança para o arquivamento de livros e documentos.

§ 1º O serviço de registro civil das pessoas naturais será prestado, também, nos sábados, domingos e feriados pelo sistema de plantão.

§ 2º O atendimento ao público será, no mínimo, de seis horas diárias.

CAPÍTULO II

Dos Notários e Registradores

SEÇÃO I

Dos Titulares

Art. 5º Os titulares de serviços notariais e de registro são os:

I — tabeliães de notas;

II — tabeliães e oficiais de registro de contratos marítimos;

III — tabeliães de protesto de títulos;

IV — oficiais de registro de imóveis;

V — oficiais de registro de títulos e documentos e civis das pessoas jurídicas;

VI — oficiais de registros civis das pessoas naturais e de interdições e tutelas;

VII — oficiais de registro de distribuição.

SEÇÃO II

Das Atribuições e Competências dos Notários

Art. 6º Aos notários compete:

I — formalizar juridicamente a vontade das partes;

II — intervir nos atos e negócios jurídicos a que as partes devam ou queiram dar forma legal ou autenticidade, autorizando a redação ou redigindo os instrumentos adequados, conservando os originais e expedindo cópias fidedignas de seu conteúdo;

III — autenticar fatos.

Art. 7º Aos tabeliães de notas compete com exclusividade:

I — lavrar escrituras e procurações públicas;

II — lavrar testamentos públicos e aprovar os cerrados;

III — lavrar atas notariais;

IV — reconhecer firmas;

V — autenticar cópias.

§ 1º É facultado aos tabeliães de notas realizar todas as gestões e diligências necessárias ou convenientes ao preparo dos atos notariais, requerendo o que couber, sem ônus maiores que os emolumentos devidos pelo ato. (Incluído pela Lei n. 14.382, de 2022)

§ 2º É vedada a exigência de testemunhas apenas em razão de o ato envolver pessoa com deficiência, salvo disposição em contrário. (Incluído pela Lei n.14.382, de 2022)

§ 3º (VETADO). (Incluído pela Lei n.14.382, de 2022)

§ 4º (VETADO). (Incluído pela Lei n.14.382, de 2022)

§ 5º Os tabeliães de notas estão autorizados a prestar outros serviços remunerados, na forma prevista em convênio com órgãos públicos, entidades e empresas interessadas, respeitados os requisitos de forma previstos na Lei n. 10.406, de 10 de janeiro de 2002 (Código Civil). (Incluído pela Lei n. 14.382, de 2022)

Art. 8º É livre a escolha do tabelião de notas, qualquer que seja o domicílio das partes ou o lugar de situação dos bens objeto do ato ou negócio.

Art. 9º O tabelião de notas não poderá praticar atos de seu ofício fora do Município para o qual recebeu delegação.

Art. 10. Aos tabeliães e oficiais de registro de contratos marítimos compete:

I — lavrar os atos, contratos e instrumentos relativos a transações de embarcações a que as partes devam ou queiram dar forma legal de escritura pública;

II — registrar os documentos da mesma natureza;

III — reconhecer firmas em documentos destinados a fins de direito marítimo;

IV — expedir traslados e certidões.

Art. 11. Aos tabeliães de protesto de título compete privativamente:

I — protocolar de imediato os documentos de dívida, para prova do descumprimento da obrigação;

II — intimar os devedores dos títulos para aceitá-los, devolvê-los ou pagá-los, sob pena de protesto;

III — receber o pagamento dos títulos protocolizados, dando quitação;

IV — lavrar o protesto, registrando o ato em livro próprio, em microfilme ou sob outra forma de documentação;

V — acatar o pedido de desistência do protesto formulado pelo apresentante;

VI — averbar:

a) o cancelamento do protesto;

b) as alterações necessárias para atualização dos registros efetuados;

VII — expedir certidões de atos e documentos que constem de seus registros e papéis.

Parágrafo único. Havendo mais de um tabelião de protestos na mesma localidade, será obrigatória a prévia distribuição dos títulos.

SEÇÃO III

Das Atribuições e Competências dos Oficiais de Registros

Art. 12. Aos oficiais de registro de imóveis, de títulos e documentos e civis das pessoas jurídicas, civis das pessoas naturais e de interdições e tutelas compete a prática dos atos relacionados na legislação pertinente aos registros públicos, de que são incumbidos, independentemente de prévia distribuição, mas sujeitos os oficiais de registro de imóveis e civis das pessoas naturais às normas que definirem as circunscrições geográficas.

Art. 13. Aos oficiais de registro de distribuição compete privativamente:

I — quando previamente exigida, proceder à distribuição equitativa pelos serviços da mesma natureza, registrando os atos praticados; em caso contrário, registrar as comunicações recebidas dos órgãos e serviços competentes;

II — efetuar as averbações e os cancelamentos de sua competência;

III — expedir certidões de atos e documentos que constem de seus registros e papéis.

TÍTULO II

Das Normas Comuns

CAPÍTULO I

Do Ingresso na Atividade Notarial e de Registro

Art. 14. A delegação para o exercício da atividade notarial e de registro depende dos seguintes requisitos:

I — habilitação em concurso público de provas e títulos;

II — nacionalidade brasileira;

III — capacidade civil;

IV — quitação com as obrigações eleitorais e militares;

V — diploma de bacharel em direito;

VI — verificação de conduta condigna para o exercício da profissão.

Art. 15. Os concursos serão realizados pelo Poder Judiciário, com a participação, em todas as suas fases, da Ordem dos Advogados do Brasil, do Ministério Público, de um notário e de um registrador.

§ 1º O concurso será aberto com a publicação de edital, dele constando os critérios de desempate.

§ 2º Ao concurso público poderão concorrer candidatos não bacharéis em direito que tenham completado, até a data da primeira publicação do edital do concurso de provas e títulos, dez anos de exercício em serviço notarial ou de registro.

§ 3º (Vetado).

Art. 16. As vagas serão preenchidas alternadamente, duas terças partes por concurso público de provas e títulos e uma terça parte por meio de remoção, mediante concurso de títulos, não se permitindo que qualquer serventia notarial ou de registro fique vaga, sem abertura de concurso de provimento inicial ou de remoção, por mais de seis meses. (Caput alterado pela Lei n. 10.506, de 9.7.2002)

Nota: Assim dispunha redação anterior:

Art. 16. As vagas serão preenchidas alternadamente, duas terças partes por concurso público de provas e títulos e uma terça parte por concurso de remoção, de provas e títulos, não se permitindo que qualquer serventia notarial ou de registro fique vaga, sem abertura de concurso de provimento ou de remoção, por mais de seis meses.

Parágrafo único. Para estabelecer o critério do preenchimento, tomar-se-á por base a data de vacância da titularidade ou, quando vagas na mesma data, aquela da criação do serviço.

Art. 17. Ao concurso de remoção somente serão admitidos titulares que exerçam a atividade por mais de dois anos.

Art. 18. A legislação estadual disporá sobre as normas e os critérios para o concurso de remoção.

Parágrafo único. Aos que ingressaram por concurso, nos termos do art. 236 da Constituição Federal, ficam preservadas todas as remoções reguladas por lei estadual ou do Distrito Federal, homologadas pelo respectivo Tribunal de Justiça, que ocorreram no período anterior à publicação desta Lei. (Incluído pela Lei n. 13.489, de 2017)

Art. 19. Os candidatos serão declarados habilitados na rigorosa ordem de classificação no concurso.

CAPÍTULO II

Dos Prepostos

Art. 20. Os notários e os oficiais de registro poderão, para o desempenho de suas funções, contratar escreventes, dentre eles escolhendo os substitutos, e auxiliares como empregados, com remuneração livremente ajustada e sob o regime da legislação do trabalho.

§ 1º Em cada serviço notarial ou de registro haverá tantos substitutos, escreventes e auxiliares quantos forem necessários, a critério de cada notário ou oficial de registro.

§ 2º Os notários e os oficiais de registro encaminharão ao juízo competente os nomes dos substitutos.

§ 3º Os escreventes poderão praticar somente os atos que o notário ou o oficial de registro autorizar.

§ 4º Os substitutos poderão, simultaneamente com o notário ou o oficial de registro, praticar todos os atos que lhe sejam próprios exceto, nos tabelionatos de notas, lavrar testamentos.

§ 5º Dentre os substitutos, um deles será designado pelo notário ou oficial de registro para responder pelo respectivo serviço nas ausências e nos impedimentos do titular.

Art. 21. O gerenciamento administrativo e financeiro dos serviços notariais e de registro é da responsabilidade exclusiva do respectivo titular, inclusive no que diz respeito às despesas de custeio, investimento e pessoal, cabendo-lhe estabelecer normas, condições e obrigações relativas à atribuição de funções e de remuneração de seus prepostos de modo a obter a melhor qualidade na prestação dos serviços.

CAPÍTULO III

Da Responsabilidade Civil e Criminal

Art. 22. Os notários e oficiais de registro responderão pelos danos que eles e seus prepostos causem a terceiros, na prática de atos próprios da serventia, assegurado aos primeiros direito de regresso no caso de dolo ou culpa dos prepostos.

Art. 22. Os notários e oficiais de registro são civilmente responsáveis por todos os prejuízos que causarem a terceiros, por culpa ou dolo, pessoalmente, pelos substitutos que designarem ou escreventes que autorizarem, assegurado o direito de regresso. (Redação dada pela Lei n. 13.286, de 2016).

Parágrafo único. Prescreve em três anos a pretensão de reparação civil, contado o prazo da data de lavratura do ato registral ou notarial. (Redação dada pela Lei n. 13.286, de 2016).

Art. 23. A responsabilidade civil independe da criminal.

Art. 24. A responsabilidade criminal será individualizada, aplicando-se, no que couber, a legislação relativa aos crimes contra a administração pública.

Parágrafo único. A individualização prevista no caput não exime os notários e os oficiais de registro de sua responsabilidade civil.

CAPÍTULO IV

Das Incompatibilidades e dos Impedimentos

Art. 25. O exercício da atividade notarial e de registro é incompatível com o da advocacia, o da intermediação de seus serviços ou o de qualquer cargo, emprego ou função públicos, ainda que em comissão.

§ 1º (Vetado).

§ 2º A diplomação, na hipótese de mandato eletivo, e a posse, nos demais casos, implicará no afastamento da atividade.

Art. 26. Não são acumuláveis os serviços enumerados no art. 5º.

Parágrafo único. Poderão, contudo, ser acumulados nos Municípios que não comportarem, em razão do volume dos serviços ou da receita, a instalação de mais de um dos serviços.

Art. 27. No serviço de que é titular, o notário e o registrador não poderão praticar, pessoalmente, qualquer ato de seu interesse, ou de interesse de seu cônjuge ou de parentes, na linha reta, ou na colateral, consanguíneos ou afins, até o terceiro grau.

CAPÍTULO V

Dos Direitos e Deveres

Art. 28. Os notários e oficiais de registro gozam de independência no exercício de suas atribuições, têm direito à percepção dos emolumentos integrais pelos atos praticados na serventia e só perderão a delegação nas hipóteses previstas em lei.

Art. 29. São direitos do notário e do registrador:

I — exercer opção, nos casos de desmembramento ou desdobramento de sua serventia;

II — organizar associações ou sindicatos de classe e deles participar.

Art. 30. São deveres dos notários e dos oficiais de registro:

I — manter em ordem os livros, papéis e documentos de sua serventia, guardando-os em locais seguros;

II — atender as partes com eficiência, urbanidade e presteza;

III — atender prioritariamente as requisições de papéis, documentos, informações ou providências que lhes forem solicitadas pelas autoridades judiciárias ou administrativas para a defesa das pessoas jurídicas de direito público em juízo;

IV — manter em arquivo as leis, regulamentos, resoluções, provimentos, regimentos, ordens de serviço e quaisquer outros atos que digam respeito à sua atividade;

V — proceder de forma a dignificar a função exercida, tanto nas atividades profissionais como na vida privada;

VI — guardar sigilo sobre a documentação e os assuntos de natureza reservada de que tenham conhecimento em razão do exercício de sua profissão;

VII — afixar em local visível, de fácil leitura e acesso ao público, as tabelas de emolumentos em vigor;

VIII — observar os emolumentos fixados para a prática dos atos do seu ofício;

IX — dar recibo dos emolumentos percebidos;

X — observar os prazos legais fixados para a prática dos atos do seu ofício;

XI — fiscalizar o recolhimento dos impostos incidentes sobre os atos que devem praticar;

XII — facilitar, por todos os meios, o acesso à documentação existente às pessoas legalmente habilitadas;

XIII — encaminhar ao juízo competente as dúvidas levantadas pelos interessados, obedecida a sistemática processual fixada pela legislação respectiva;

XIV - observar as normas técnicas estabelecidas pelo juízo competente; e (Redação dada pela Lei n. 14.382, de 2022)

XV - admitir pagamento dos emolumentos, das custas e das despesas por meio eletrônico, a critério do usuário, inclusive mediante parcelamento. (Incluído pela Lei n. 14.382, de 2022)

CAPÍTULO VI

Das Infrações Disciplinares e das Penalidades

Art. 31. São infrações disciplinares que sujeitam os notários e os oficiais de registro às penalidades previstas nesta lei:

I — a inobservância das prescrições legais ou normativas;

II — a conduta atentatória às instituições notariais e de registro;

III — a cobrança indevida ou excessiva de emolumentos, ainda que sob a alegação de urgência;

IV — a violação do sigilo profissional;

V — o descumprimento de quaisquer dos deveres descritos no art. 30.

Art. 32. Os notários e os oficiais de registro estão sujeitos, pelas infrações que praticarem, assegurado amplo direito de defesa, às seguintes penas:

I — repreensão;

II — multa;

III — suspensão por noventa dias, prorrogável por mais trinta;

IV — perda da delegação.

Art. 33. As penas serão aplicadas:

I — a de repreensão, no caso de falta leve;

II — a de multa, em caso de reincidência ou de infração que não configure falta mais grave;

III — a de suspensão, em caso de reiterado descumprimento dos deveres ou de falta grave.

Art. 34. As penas serão impostas pelo juízo competente, independentemente da ordem de gradação, conforme a gravidade do fato.

Art. 35. A perda da delegação dependerá:

I — de sentença judicial transitada em julgado; ou

II — de decisão decorrente de processo administrativo instaurado pelo juízo competente, assegurado amplo direito de defesa.

§ 1º Quando o caso configurar a perda da delegação, o juízo competente suspenderá o notário ou oficial de registro, até a decisão final, e designará interventor, observando-se o disposto no art. 36.

§ 2º (Vetado).

Art. 36. Quando, para a apuração de faltas imputadas a notários ou a oficiais de registro, for necessário o afastamento do titular do serviço, poderá ele ser suspenso, preventivamente, pelo prazo de noventa dias, prorrogável por mais trinta.

§ 1º Na hipótese do caput, o juízo competente designará interventor para responder pela serventia, quando o substituto também for acusado das faltas ou quando a medida se revelar conveniente para os serviços.

§ 2º Durante o período de afastamento, o titular perceberá metade da renda líquida da serventia; outra metade será depositada em conta bancária especial, com correção monetária.

§ 3º Absolvido o titular, receberá ele o montante dessa conta; condenado, caberá esse montante ao interventor.

CAPÍTULO VII

Da Fiscalização pelo Poder Judiciário

Art. 37. A fiscalização judiciária dos atos notariais e de registro, mencionados nos arts. 6º a 13, será exercida pelo juízo competente, assim definido na órbita estadual e do Distrito Federal, sempre que necessário, ou mediante representação de qualquer interessado, quando da inobservância de obrigação legal por parte de notário ou de oficial de registro, ou de seus prepostos.

Parágrafo único. Quando, em autos ou papéis de que conhecer, o Juiz verificar a existência de crime de ação pública, remeterá ao Ministério Público as cópias e os documentos necessários ao oferecimento da denúncia.

Art. 38. O juízo competente zelará para que os serviços notariais e de registro sejam prestados com rapidez, qualidade satisfatória e de modo eficiente, podendo sugerir à autoridade competente a elaboração de planos de adequada e melhor prestação desses serviços, observados, também, critérios populacionais e socioeconômicos, publicados regularmente pela Fundação Instituto Brasileiro de Geografia e Estatística.

CAPÍTULO VIII

Da Extinção da Delegação

Art. 39. Extinguir-se-á a delegação a notário ou a oficial de registro por:

I — morte;

II — aposentadoria facultativa;

III — invalidez;

IV — renúncia;

V — perda, nos termos do art. 35.

VI — descumprimento, comprovado, da gratuidade estabelecida na Lei n. 9.534, de 10 de dezembro de 1997. (Inciso acrescentado pela Lei n. 9.812, de 10.8.1999)

§ 1º Dar-se-á aposentadoria facultativa ou por invalidez nos termos da legislação previdenciária federal.

§ 2º Extinta a delegação a notário ou a oficial de registro, a autoridade competente declarará vago o respectivo serviço, designará o substituto mais antigo para responder pelo expediente e abrirá concurso.

CAPÍTULO IX

Da Seguridade Social

Art. 40. Os notários, oficiais de registro, escreventes e auxiliares são vinculados à previdência social, de âmbito federal, e têm assegurada a contagem recíproca de tempo de serviço em sistemas diversos.

Parágrafo único. Ficam assegurados, aos notários, oficiais de registro, escreventes e auxiliares os direitos e vantagens previdenciários adquiridos até a data da publicação desta lei.

TÍTULO III

Das Disposições Gerais

Art. 41. Incumbe aos notários e aos oficiais de registro praticar, independentemente de autorização, todos os atos previstos em lei necessários à organização e execução dos serviços, podendo, ainda, adotar sistemas de computação, microfilmagem, disco ótico e outros meios de reprodução.

Art. 42. Os papéis referentes aos serviços dos notários e dos oficiais de registro serão arquivados mediante utilização de processos que facilitem as buscas.

Art. 42-A. As centrais de serviços eletrônicos, geridas por entidade representativa da atividade notarial e de registro para acessibilidade digital a serviços e maior publicidade, sistematização e tratamento digital de dados e informações inerentes às atribuições delegadas, poderão fixar preços e gratuidades pelos serviços de natureza complementar que prestam e disponibilizam aos seus usuários de forma facultativa. (Incluído pela Lei n. 14.206, de 2021)

Art. 43. Cada serviço notarial ou de registro funcionará em um só local, vedada a instalação de sucursal.

Art. 44. Verificada a absoluta impossibilidade de se prover, através de concurso público, a titularidade de serviço notarial ou de registro, por desinteresse ou inexistência de candidatos, o juízo competente proporá à autoridade competente a extinção do serviço e a anexação de suas atribuições ao serviço da mesma natureza mais próximo ou àquele localizado na sede do respectivo Município ou de Município contíguo.

§ 1º (Vetado).

§ 2º Em cada sede municipal haverá no mínimo um registrador civil das pessoas naturais.

§ 3º Nos municípios de significativa extensão territorial, a juízo do respectivo Estado, cada sede distrital disporá no mínimo de um registrador civil das pessoas naturais.

Art. 45. São gratuitos os assentos do registro civil de nascimento e o de óbito, bem como a primeira certidão respectiva.

Parágrafo único. Para os reconhecidamente pobres não serão cobrados emolumentos pelas certidões a que se refere este artigo. (Redação dada ao artigo pela Lei n. 9.534, de 10.12.1997)

Nota: Assim dispunha o artigo alterado:

Art. 45. São gratuitos para os reconhecidamente pobres os assentos do registro civil de nascimento e o de óbito, bem como as respectivas certidões.

§ 1º Para os reconhecidamente pobres não serão cobrados emolumentos pelas certidões a que se refere este artigo.(Incluído pela Lei n, 11.789, de 2008)

§ 2º É proibida a inserção nas certidões de que trata o § 1º deste artigo de expressões que indiquem condição de pobreza ou semelhantes.(Incluído pela Lei n. 11.789, de 2008)

Art. 46. Os livros, fichas, documentos, papéis, microfilmes e sistemas de computação deverão permanecer sempre sob a guarda e responsabilidade do titular de serviço notarial ou de registro, que zelará por sua ordem, segurança e conservação.

Parágrafo único. Se houver necessidade de serem periciados, o exame deverá ocorrer na própria sede do serviço, em dia e hora adrede designados, com ciência do titular e autorização do juízo competente.

TÍTULO IV

Das Disposições Transitórias

Art. 47. O notário e o oficial de registro, legalmente nomeados até 5 de outubro de 1988, detêm a delegação constitucional de que trata o art. 2º.

Art. 48. Os notários e os oficiais de registro poderão contratar, segundo a legislação trabalhista, seus atuais escreventes e auxiliares de investidura estatutária ou em regime especial desde que estes aceitem a transformação de seu regime jurídico, em opção expressa, no prazo improrrogável de trinta dias, contados da publicação desta lei.

§ 1º Ocorrendo opção, o tempo de serviço prestado será integralmente considerado, para todos os efeitos de direito.

§ 2º Não ocorrendo opção, os escreventes e auxiliares de investidura estatutária ou em regime especial continuarão regidos pelas normas aplicáveis aos funcionários públicos ou pelas editadas pelo Tribunal de Justiça respectivo, vedadas novas admissões por qualquer desses regimes, a partir da publicação desta lei.

Art. 49. Quando da primeira vacância da titularidade de serviço notarial ou de registro, será procedida a desacumulação, nos termos do art. 26.

Art. 50. Em caso de vacância, os serviços notariais e de registro estatizados passarão automaticamente ao regime desta lei.

Art. 51. Aos atuais notários e oficiais de registro, quando da aposentadoria, fica assegurado o direito de percepção de proventos de acordo com a legislação que anteriormente os regia, desde que tenham mantido as contribuições nela estipuladas até a data do deferimento do pedido ou de sua concessão.

§ 1º O disposto neste artigo aplica-se aos escreventes e auxiliares de investidura estatutária ou em regime especial que vierem a ser contratados em virtude da opção de que trata o art. 48.

§ 2º Os proventos de que trata este artigo serão os fixados pela legislação previdenciária aludida no *caput*.

§ 3º O disposto neste artigo aplica-se também às pensões deixadas, por morte, pelos notários, oficiais de registro, escreventes e auxiliares.

Art. 52. Nas unidades federativas onde já existia lei estadual específica, em vigor na data de publicação desta lei, são competentes para a lavratura de instrumentos traslatícios de direitos reais, procurações,

Nesse sentido, *data maxima venia*, dissentimos do entendimento de Sílvio de Salvo Venosa[27] para quem "embora o notário exerça serviço de natureza especial e os serviços notariais apontados sejam desempenhados em caráter privado, cuidam-se de serviços públicos delegados, como tantos outros existentes. Os cartorários são detentores de cargos públicos e, portanto, funcionários em sentido amplo".

No nosso entendimento, de acordo com o art. 20 da Lei n. 8.945/1994, os trabalhadores de cartórios extrajudiciais, exercendo funções delegadas de Poder Público ostentam uma relação de emprego com o titular da respectiva serventia regida pela Consolidação das Leis do Trabalho (CLT) e não uma relação estatutária.

Desse modo, tais trabalhadores ou cartorários detêm todos os direitos trabalhistas previstos na CLT, inclusive o FGTS. Entretanto, pelo fato de estarem albergados na CLT não fazem jus à estabilidade prevista no art. 41 da Constituição Federal de 1988, após o estágio probatório de três anos.

O vínculo trabalhista celetista se aperfeiçoa entre o trabalhador cartorário e o titular pessoa física da serventia, que foi erigido a esse cargo por meio de concurso público (art. 37, inciso II, da Constituição Federal) ou aquele que detinha a titularidade do cartório antes da data da promulgação da Constituição Federal (5.10.1988), pelo fato de os cartórios não possuírem personalidade jurídica.

De acordo com o art. 236 da Carta Magna, os serviços notariais e de registro são exercidos em caráter privado, por delegação do setor público. Logo, os notários são agentes públicos delegados, com a incumbência da execução de determinadas atividades ou serviços, em seu próprio nome, por conta e risco, mas segundo as normas do Estado, sob permanente fiscalização do delegante. Essa categoria exerce função pública e inicialmente era incluída no Regime Próprio de Previdência (art. 40 da CF).

---

reconhecimento de firmas e autenticação de cópia reprográfica os serviços de Registro Civil das Pessoas Naturais.

Art. 53. Nos Estados cujas organizações judiciárias, vigentes à época da publicação desta lei, assim previrem, continuam em vigor as determinações relativas à fixação da área territorial de atuação dos tabeliães de protesto de títulos, a quem os títulos serão distribuídos em obediência às respectivas zonas.

Parágrafo único. Quando da primeira vacância, aplicar-se-á à espécie o disposto no parágrafo único do art. 11.

Art. 54. Esta Lei entra em vigor na data da sua publicação.

Art. 55. Revogam-se as disposições em contrário.

Brasília, 18 de novembro de 1994; 173º da Independência e 106º da República.

(27) VENOSA, Sílvio de Salvo. Direito civil. 3. ed. São Paulo: Atlas, 2003. p. 185.

O Supremo Tribunal Federal mudou entendimento e decidiu que a condição de agente público delegado não autoriza aos Notários e Registradores a condição de filiados aos Regimes Próprios de Previdência. Anteriormente, o STJ tinha jurisprudência uniforme de que seria aplicável a aposentadoria compulsória aos 70 anos aos Titulares de Cartório (art. 40, § 1º, II, CF/88).

Atualmente, o Supremo Tribunal Federal (STF) entende que os Notários e Registradores não são servidores públicos em sentido estrito, para que se sujeitem à aposentadoria compulsória aos 70 anos. Pela nova redação do art. 40 da CF/88, a Excelsa Corte entende que a norma constitucional só se aplica aos servidores em sentido estrito, ou seja, aos titulares de cargos efetivos da União, dos Estados, do DF e dos Municípios, incluídas Autarquias e Fundações. O INSS editou Instrução Normativa n. 100/03 estabelecendo que os Notários e Registradores figuram como filiados obrigatórios do Regime Geral de Previdência.

Emenda do STF:

> "NOTÁRIOS E OFICIAIS DE REGISTRO
>
> 1. A resistência dos titulares dos serviços notariais e de registro à aposentadoria por idade — à qual os entendia sujeitos a jurisprudência do STF — se tem reputado plausível à vista da nova redação do art. 40 e § 1º da CF, ditada pela EC n. 20/98.
>
> 2. A norma constitucional — ainda quando o possa ser — não se presume retroativa: só alcança situações anteriores, de direito ou de fato, se o dispuser expressamente.
>
> 3. Assim, a eventual conclusão no sentido de que a EC n. 20/98 haja liberado os titulares de serventias da aposentadoria compulsória aos 70 anos de idade não beneficiaria os que os tiverem completado ANTES de sua promulgação. Rel. Sepúlveda Pertence. 1ª T. DJ. 15.4.2003."

Observa-se, portanto, que resta afastada a hipótese de que os titulares dos serviços notariais e de registro devam se aposentar, compulsoriamente, aos 70 anos, consoante antiga jurisprudência do Superior Tribunal de Justiça (STJ).

Transcrevemos abaixo algumas ementas, apresentando o entendimento de nossos Tribunais em relação ao vínculo laboral existente entre os cartorários e os titulares de serventias e cartórios não oficializados.

> RECURSO REDISTRIBUÍDO À TRIGÉSIMA CÂMARA EXTRAORDINÁRIA DE DIREITO PRIVADO, COM BASE NA RESOLUÇÃO N. 737/2016 E PORTARIA N. 02/2017 – INDENIZAÇÃO -AUXILIAR DE CARTÓRIO DE REGISTRO CIVIL CONTRATADO EM 1987 – PRETENSÃO DE PAGAMENTO DE QUINQUÊNIOS E SEXTA-PARTE – ADMISSIBILIDADE. Contratação fora com base no estatuto dos funcionários públicos. Corregedoria Geral de Justiça reconhecera em 2002 o direito à licença-prêmio, que é de exclusividade dos funcionários públicos. Pagamento das verbas pretendidas apto a sobressair. Incidência de juros de mora de 1% ao mês a contar da citação. Prescrição configurada, levando em consideração o prazo quinquenal. Apelo do autor provido em parte. Recurso do réu desprovido. (TJ-SP 30438666320138260224 SP 3043866-63.2013.8.26.0224, Relator:

Natan Zelinschi de Arruda, Data de Julgamento: 27/02/2018, 30ª Câmara Extraordinária de Direito Privado, Data de Publicação: 02/03/2018).

AÇÃO ORDINÁRIA – DIREITO ADMINISTRATIVO – APELAÇÃO – SERVIDOR ESTADUAL – PEDIDO DE AVERBAÇÃO DE TEMPO DE SERVIÇO NOTARIAL ANTERIOR À CONSTITUIÇÃO FEDERAL DE 1988 – PEDIDO JULGADO PROCEDENTE – REMESSA NECESSÁRIA – CONHECIMENTO DE OFÍCIO – PRESCRIÇÃO – PEDIDO DECLARATÓRIO – AUSÊNCIA DE NEGATIVA DA ADMINISTRAÇÃO – REJEIÇÃO – PROVA TESTEMUNHAL E DOCUMENTAL – RECONHECIMENTO PARCIAL – SENTENÇA CONFIRMADA,EM REMESSA NECESSÁRIA CONHECIDA DE OFÍCIOS – PREJUDICADA A SEGUNDA APELAÇÃO – RECURSO DO AUTOR DESPROVIDO – VOTO VENCIDO. 1- Havendo condenação de ente público, ainda que de caráter declaratório, mister se faz remessa necessária, na forma do art. 496, I, do CPC. 2- A pretensão essencialmente declaratória com a finalidade de eliminação de incerteza acerca de relação jurídica, não se sujeita, à prescrição. 3- Não tendo havido negativa administrativa ao pleito aviado pelo autor, não se verifica a prescrição da pretensão declaratória de tempo de serviço, para fins de averbação. 4- O tempo de trabalho exercido em cartório extrajudicial, antes do advento da Constituição da República de 1988, conta com caráter público, tendo sido assegurados aos notários, oficiais de registro, escreventes e auxiliares os direitos e vantagens previdenciários adquiridos até a regulamentação dos serviços respectivos, nos moldes das Leis n. 3.344/65 e 8.935/94. 5- Deve ser reconhecido, para fins de averbação, tão somente o tempo de serviço comprovadamente laborado pelo autor como auxiliar de cartório, afastando-se o lapso alicerçado em prova imprecisa. 6- Sentença confirmada, em remessa necessária conhecida de ofício, prejudicada a segunda apelação. Recurso do autor desprovido. V.V.: 1- Demonstrado que o servidor prestou serviço na qualidade de auxiliar de cartório judicial no Município de Uberaba, através de início de prova documental, consistente em termos que indicam o efetivo labor do particular, assim como pela robusta prova testemunhal colhida no feito, é devida a averbação do tempo correspondente junto ao serviço público, no período requerido na inicial. 2- Sentença confirmada, em remessa necessária conhecida de ofício. Prejudicada a segunda apelação. Primeira apelação parcialmente provida. (TJ-MG – AC: 10701150161860001 MG, Relator: Sandra Fonseca, Data de Julgamento: 08/10/2019, Data de Publicação: 18/10/2019).

"COMPETÊNCIA DA JUSTIÇA DO TRABALHO – EMPREGADO DE CARTÓRIO NÃO OFICIALIZADO. 1. O titular do *cartório*, ao contratar serventuário, assume a obrigação de assalariar seu empregado, dirigindo os serviços notariais e de registro, em virtude do que se equipara a empregador. É certo que o Estado *não* assume qualquer ônus financeiro ou orçamentário em razão da contratação celebrada, ficando a cargo do titular do *cartório* assumir todos os riscos econômicos pela admissão ou demissão de seus empregados, assim como pela arrecadação dos valores que remuneram os serviços notariais. 2. Embora se argumente, em sentido contrário à tese da competência da Justiça do Trabalho para processar e julgar os feitos dessa natureza em que se pede verbas de natureza trabalhista, que aos serventuários de *cartórios* são reconhecidos direitos próprios da legislação estatutária, tais assertivas *não* têm o condão de tornar o vínculo de emprego ora reconhecido em regime administrativo, visto que os direitos previstos na CLT são considerados 'mínimos legais', o que *não* impede que o empregador, na relação de trabalho, confira ao seu empregado situação mais vantajosa." (Tribunal: TST Decisão: 30.10.2002 Proc: RR n. 612462 Ano: 1999 Região: 2 Recurso de Revista Turma: 5 Órgão Julgador — Quinta Turma Relatora: Juíza Convocada Maria de Assis Calsing DJ Data: 15.8.2003)

"RECURSO DE REVISTA – NATUREZA JURÍDICA DA RELAÇÃO JURÍDICA DO ESCREVENTE DE CARTÓRIO NÃO OFICIALIZADO – LEI N. 8.935/94. O art. 236, *caput*, da Constituição da República, ao expressar o 'caráter privado' dos 'serviços notariais e registro', *não* deixa dúvidas quanto à adoção, pelo titular do *cartório*, do regime celetista para fins de contratação de seus auxiliares e escreventes, mesmo no período anterior à Lei n. 8.935/94, pois efetivamente o titular do *cartório*, como pessoa física que é, equipara-se ao empregador comum, mormente porque 'a entidade cartorial *não* é ente dotado de personalidade jurídica'. Ademais, a referida norma é conclusiva, e autoaplicável, que dispensa complementação via lei ordinária." (Tribunal: TST Decisão: 2.4.2003 Proc: RR n. 528287 Ano: 1999 Região: 2 Recurso de Revista Turma: 3 Órgão Julgador — Terceira Turma DJ Data: 9.5.2003 Relator: Juiz Convocado Paulo Roberto Sifuentes Costa)

"CARTÓRIO NÃO OFICIALIZADO – RELAÇÃO DE EMPREGO COM ESCREVENTE E AUXILIARES – APLICAÇÃO DA LEI N. 8.935/94. Para que fosse observado o direito adquirido e o ato jurídico perfeito, tal como previsto no art. 5º, inciso XXXVI, o legislador publicou a Lei n. 8.935/94, que, no *caput* do art. 48, faculta aos *cartórios* contratarem, pelo regime da CLT, caso os escreventes e auxiliares concordem com esta reforma, bem como manifestem sua opção por ela, no prazo improrrogável de 30 dias, contados da data da publicação da referida lei. Pedido de vínculo de emprego, posterior a esta data, *não* pode encontrar guarida nesta Justiça Especializada." (Tribunal: 2ª Região Acórdão n. 20010137070 Decisão: 19.2.2001 Tipo: RO 1 n. 20000543068 Ano: 2000 Número Único Proc: RO 1 — Recurso Ordinário Turma: 9 Órgão Julgador — Nona Turma DOE SP, PJ, TRT 2ª Data: 3.4.2001 Revisor: Antonio José Teixeira de Carvalho)

"CONSTITUCIONAL – ADMINISTRATIVO – ART. 19 DO ADCT – FUNCIONÁRIO DE CARTÓRIO – AUSÊNCIA DE VÍNCULO COM A ADMINISTRAÇÃO – ESTABILIDADE – IMPERTINÊNCIA. 1. A norma do art. 19 do ADCT não socorre o recorrente, que admite jamais ter recebido remuneração dos cofres públicos e ser contratado apenas do Cartório de Distribuição do Tribunal de Justiça do Distrito Federal e Territórios, pelo regime da Consolidação das Leis do Trabalho. 2. Dispositivo constitucional transitório que se aplica somente àqueles servidores públicos em exercício, há pelo menos cinco anos antes da promulgação da Carta de 1988, na administração direta da União, dos Estados, do Distrito Federal e dos Municípios, bem como em suas autarquias e fundações públicas. 3. Recurso extraordinário conhecido e improvido. STF RE 388589, DF, Recurso Extraordinário." Rel. Ministra Ellen Gracie. Julgamento 15.6.2004. 2ª T. Publicação. DJ 6.8.2004, PP 00062, EMENT VOL 02158-07, p. 01269.

22.1. Sucessão trabalhista nos cartórios não oficializados

E como ficaria a sucessão trabalhista nos cartórios não oficializados?

No caso de um novo titular assumir um cartório ou serventia não oficializado, após o competente concurso público, no atendimento ao dispositivo constitucional, sucedendo o antecessor, será responsável pelas obrigações trabalhistas dos empregados do cartório em seu nome pessoal, na pessoa física de proprietário, uma vez que o cartório de notas não possui personalidade jurídica.

Se eventualmente o concurso for anulado, por estar eivado de irregularidades, obviamente a responsabilidade continuará sendo do antecessor.

A jurisprudência sobre a matéria assim se posiciona:

"Os cartórios, por não deterem personalidade jurídica, e, portanto, capacidade de ser parte, não podem ser demandados em juízo. A possibilidade de entes, sem personalidade jurídica, na relação processual, está restrita às hipóteses legalmente previstas, já que o art. 12 do CPC, encerra rol da modalidade *numerus clausus* (incisos III, IV, VII e IX)."

O art. 75 do CPC 2015 estatui:

"Serão representados em juízo, ativa e passivamente: I — a União, os Estados, o DF e os Territórios, por seus procuradores, II — o Município, por seu Prefeito ou procurador, III — a massa falida, pelo síndico, IV — a herança jacente ou vacante, por seu curador, V — o espólio, pelo inventariante, VI — as pessoas jurídicas, por quem os respectivos estatutos designarem, ou, não os designando, por seus diretores, VII — a pessoa jurídica estrangeira, pelo gerente, representante ou administrador de sua filial, agência ou sucursal aberta ou instalada no Brasil, (art. 88). VIII — o condomínio, pelo administrador ou pelo sindicato. § 2º as sociedades sem personalidade jurídica, quando demandadas, não poderão opor a irregularidade de sua constituição. § 3º O gerente da filial ou agência presume-se autorizado, pela pessoa jurídica estrangeira, a receber citação inicial para o processo de conhecimento, de execução, cautelar e especial."

Transcrevemos ementas sobre a matéria:

CARTÓRIO EXTRAJUDICIAL - ILEGITIMIDADE PASSIVA AD CAUSAM. Como é cediço, os notários e oficiais de registro desenvolvem função pública por delegação estatal, assumindo direta e pessoalmente os ônus decorrentes do serviço notarial e registral, incluindo a contratação do pessoal que lhe prestará serviços sob o regime celetista, de acordo com o art. 236 da CF c/c os arts. 20 e 21 da Lei n. 8.935/1994. Desse modo, o delegatário deve responder, exclusivamente, por eventuais débitos trabalhistas decorrentes da relação de emprego firmada com o Autor, e não o cartório propriamente, o qual carece de legitimidade passiva ad causam, pois não detém personalidade jurídica de direito, na medida em que é simples repartição administrativa, ou seja, ente destituído de personalidade jurídica. Logo, o 1º Réu não possui legitimidade jurídica para figurar no polo passivo da demanda, impondo-se a manutenção da sentença, no particular. (TRT-23 - RO: 00001572320165230106, Relator: Tarcisio Regis Valente, 1ª Turma-PJe, Data de Publicação: 23/03/2017).

TROCA DE TITULARIDADE DE NOTÁRIO - SUCESSÃO TRABALHISTA - NÃO CONFIGURAÇÃO. A troca de titularidade do notário, ou tabelião, ou oficial de registro, ou registrador não se equipara a uma sucessão de empregadores, nos termos dos arts. 10 e 448 da CLT. O novo titular assume o Cartório extrajudicial com investidura originária de direitos. (TRT-12 - RO: 00024592220135120046 SC 0002459-22.2013.5.12.0046, Relator: José Ernesto Manzi, Secretaria da 3ª Turma, Data de Publicação: 02/02/2015).

RECURSO DE REVISTA EM FACE DE DECISÃO PUBLICADA ANTES DA VIGÊNCIA DA LEI N. 13.015/2014 - CARTÓRIO EXTRAJUDICIAL - FALECIMENTO DO TITULAR - DESIGNAÇÃO PROVISÓRIA DE SUBSTITUTO - AUSÊNCIA DE ÂNIMO DEFINITIVO A RESTINGIR OS PODERES DE GESTÃO - SUCESSÃO TRABALHISTA NÃO CARACTERIZADA - MANTIDA A RESPONSABILIDADE DO EX-EMPREGADOR (OU DE SEU ESPÓLIO) PELA SATISFAÇÃO DAS VERBAS TRABALHISTAS DO PERÍODO EM QUE A PRESTAÇÃO DE SERVIÇOS LHE FOI DIRIGIDA. Extrai-se da previsão contida no artigo 236, caput, da Constituição Federal, a natureza híbrida dos serviços notariais e de registro, os quais, embora ostentem características próprias de direito privado, também mantêm nuances relevantes de direito público. Por essa peculiaridade, ao contrário do que ocorre no campo privado, a assunção do serviço nos cartórios extrajudiciais se dá por delegação do Estado ao titular regularmente aprovado em concurso, ou à pessoa designada a título precário, para assumir provisoriamente a função, com vistas a atender o interesse público na continuidade da prestação dos serviços, sem vinculação com os lucros gerados durante a gestão do tabelião anterior. Nessas circunstâncias, a aplicação do instituto da sucessão trabalhista enseja indispensável adequação. Não se olvida a existência de jurisprudência já consolidada nesta Corte, quanto à sucessão por titular definitivo, quando há continuidade do contrato de trabalho, transferindo-se a responsabilidade integral pelas verbas devidas, nos exatos moldes dos artigos 10 e 448 da CLT. Todavia, mesmo para quem defende esse entendimento há de se ter por necessária a presença do ânimo definitivo da titularidade do cartório. Mutatis mutandis, durante o interstício em que o gerenciamento do cartório se encontra aos cuidados de substituto provisório, designado na forma do artigo 39, § 2º, da Lei n. 8.935/94, em virtude da vacância do cargo por situação abrupta, caracterizada, nestes autos, pelo falecimento do Tabelião anterior, não se verificam as condições necessárias à aplicação dos efeitos da sucessão trabalhista. Nessa hipótese há de permanecer a responsabilidade do ex-empregador (ou de seu espólio) pela satisfação dos créditos trabalhistas do período em que a prestação de serviços lhe foi dirigida. Recurso de revista de que se conhece e a que se dá provimento. (TST – RR: 2135920125040871, Relator: Cláudio Mascarenhas Brandão, Data de Julgamento: 09/05/2018, 7ª Turma, Data de Publicação: DEJT 18/05/2018).

CARTÓRIO DE REGISTRO DE PESSOAS NATURAIS. NATUREZA JURÍDICA DOS SERVIÇOS NOTARIAL E REGISTRAL – DELEGAÇÃO DE SERVIÇO PÚBLICO – TITULARIDADE ESTATA -. BEM FORA DO COMÉRCIO – RESPONSABILIDADE PESSOAL DO NOTÁRIO – IMPOSSIBILIDADE DE SUCESSÃO. Há sucessão de empregadores no direito do trabalho sempre que a empresa, assim entendida a atividade empresarial, seja transferida a terceiros por qualquer meio, no todo ou em parte, sem solução de continuidade nos contratos de trabalho, isto é, sempre que os contratos de trabalho que tiverem começado com o sucedido continuarem com o sucessor. Se não há transferência da empresa (da atividade do empresário), ou aquele que se diz credor trabalhista nunca foi empregado do sucessor, a hipótese não é de sucessão. Os serviços notariais e registrais são públicos por excelência, executados diretamente ou por delegação. Se se trata de um serviço público, executado por delegação, é coisa fora do comércio, não se transmite a terceiros e não se incorpora ao patrimônio jurídico do concessionário. A delegação volta ao patrimônio do ente público delegante tão logo cesse o prazo delegado ou o concessionário se desinteresse da exploração do serviço ou não o explore segundo as regras da concessão ou dali seja alijado *manu militari.* Não se aplicam os arts. 10 e 448 da CLT porque não há, tecnicamente, subsunção de uma empresa por outra nem aquisição de ativo do antigo delegatário pelo novo, mas simples afetação, por delegação, da possibilidade legal de exploração de um serviço público. O que não é cessível não é susceptível de sucessão. Todo o passivo — inclusive o trabalhista — da serventia é de responsabilidade pessoal do delegatário do serviço notarial que o tiver contraído, de sorte que o novo delegatário somente responde pelas obrigações a que der causa." (Número do documento: TJ MG 00190003520075010471. Tipo de processo: Recurso Ordinário. Data de publicação: 2010-12-16. Órgão julgador: Sétima Turma. Relator: José Geraldo da Fonseca)

Os cartórios não possuem personalidade jurídica. Portanto, de plano, possível concluir pela impossibilidade deles figurarem em qualquer processo na condição de parte. A figura do cartório nada mais representa senão a unidade administrativa, onde o titular da serventia, por delegação do Poder Público, desempenha seu mister.

Como inexiste a figura do cartório no plano jurídico, não há como lhe reconhecer a capacidade para ser parte, em qualquer um dos polos da relação processual. As únicas exceções a esta regra geral residem naquelas expressas na Lei, CPC. art. 12, hipótese distinta da tratada nestes autos. Aliás, acerca da exclusiva responsabilidade dos titulares de cartórios, pelas obrigações decorrentes do exercício da atividade — inclusive as trabalhistas — já decidiu o Excelso Supremo Tribunal Federal, *in verbis*:

> DIREITO ADMINISTRATIVO – RECURSO EXTRAORDINÁRIO – REPERCUSSÃO GERAL – DANO MATERIAL – ATOS E OMISSÕES DANOSAS DE NOTÁRIOS E REGISTRADORES – TEMA 777 – ATIVIDADE DELEGADA – RESPONSABILIDADE CIVIL DO DELEGATÁRIO E DO ESTADO EM DECORRÊNCIA DE DANOS CAUSADOS A TERCEIROS POR TABELIÃES E OFICIAIS DE REGISTRO NO EXERCÍCIO DE SUAS FUNÇÕES. SERVENTIAS EXTRAJUDICIAIS – ART. 236, § 1º, DA CONSTITUIÇÃO DA REPÚBLICA – RESPONSABILIDADE OBJETIVA DO ESTADO PELOS ATOS DE TABELIÃES E REGISTRADORES OFICIAIS QUE, NO EXERCÍCIO DE SUAS FUNÇÕES, CAUSEM DANOS A TERCEIROS, ASSEGURADO O DIREITO DE REGRESSO CONTRA O RESPONSÁVEL NOS CASOS DE DOLO OU CULPA – POSSIBILIDADE. 1. Os serviços notariais e de registro são exercidos em caráter privado, por delegação do Poder Público. Tabeliães e registradores oficiais são particulares em colaboração com o poder público que exercem suas atividades in nomine do Estado, com lastro em delegação prescrita expressamente no tecido constitucional (art. 236, CRFB/88). 2. Os tabeliães e registradores oficiais exercem função munida de fé pública, que destina-se a conferir autenticidade, publicidade, segurança e eficácia às declarações de vontade. 3. O ingresso na atividade notarial e de registro depende de concurso público e os atos de seus agentes estão sujeitos à fiscalização do Poder Judiciário, consoante expressa determinação constitucional (art. 236, CRFB/88). Por exercerem um feixe de competências estatais, os titulares de serventias extrajudiciais qualificam-se como agentes públicos. 4. O Estado responde, objetivamente, pelos atos dos tabeliães e registradores oficiais que, no exercício de suas funções, causem dano a terceiros, assentado o dever de regresso contra o responsável, nos casos de dolo ou culpa, sob pena de improbidade administrativa. Precedentes: RE 209.354 AgR, Rel. Min. Carlos Velloso, Segunda Turma, DJe de 16/4/1999; RE 518.894 AgR, Rel. Min. Ayres Britto, Segunda Turma, DJe de 22/9/2011; RE 551.156 AgR, Rel. Min. Ellen Gracie, Segunda Turma, DJe de 10/3/2009; AI 846.317 AgR, Relª. Minª. Cármen Lúcia, Segunda Turma, DJe de 28/11/13 e RE 788.009 AgR, Rel. Min. Dias Toffoli, Primeira Turma, julgado em 19/08/2014, DJe 13/10/2014. 5. Os serviços notariais e de registro, mercê de exercidos em caráter privado, por delegação do Poder Público (art. 236, CF/88), não se submetem à disciplina que rege as pessoas jurídicas de direito privado prestadoras de serviços públicos. É que esta alternativa interpretativa, além de inobservar a sistemática da aplicabilidade das normas constitucionais, contraria a literalidade do texto da Carta da Republica, conforme a dicção do art. 37, § 6º, que se refere a "pessoas jurídicas" prestadoras de serviços públicos, ao passo que notários e tabeliães respondem civilmente enquanto pessoas naturais delegatárias de serviço público, consoante disposto no art. 22 da Lei n. 8.935/94. 6. A própria constituição determina que "lei regulará as atividades, disciplinará a responsabilidade civil e criminal dos notários, dos oficiais de registro e de seus prepostos, e definirá a fiscalização de seus atos pelo Poder Judiciário" (art. 236, CRFB/88), não competindo a esta Corte realizar uma interpretação analógica e extensiva, a fim de equiparar o regime jurídico da responsabilidade civil de notários e registradores oficiais ao das pessoas jurídicas de direito privado prestadoras de serviços públicos (art. 37, § 6º, CRFB/88). 7. A responsabilização objetiva depende de expressa previsão normativa e não admite

interpretação extensiva ou ampliativa, posto regra excepcional, impassível de presunção. 8. A Lei n. 8.935/94 regulamenta o art. 236 da Constituição Federal e fixa o estatuto dos serviços notariais e de registro, predicando no seu art. 22 que "os notários e oficiais de registro são civilmente responsáveis por todos os prejuízos que causarem a terceiros, por culpa ou dolo, pessoalmente, pelos substitutos que designarem ou escreventes que autorizarem, assegurado o direito de regresso. (Redação dada pela Lei n. 13.286, de 2016)", o que configura inequívoca responsabilidade civil subjetiva dos notários e oficiais de registro, legalmente assentada. 9. O art. 28 da Lei de Registros Públicos (Lei n. 6.015/1973) contém comando expresso quanto à responsabilidade subjetiva de oficiais de registro, bem como o art. 38 da Lei n. 9.492/97, que fixa a responsabilidade subjetiva dos Tabeliães de Protesto de Títulos por seus próprios atos e os de seus prepostos. 10. Deveras, a atividade dos registradores de protesto é análoga à dos notários e demais registradores, inexistindo discrímen que autorize tratamento diferenciado para somente uma determinada atividade da classe notarial. 11. Repercussão geral constitucional que assenta a tese objetiva de que: o Estado responde, objetivamente, pelos atos dos tabeliães e registradores oficiais que, no exercício de suas funções, causem dano a terceiros, assentado o dever de regresso contra o responsável, nos casos de dolo ou culpa, sob pena de improbidade administrativa. 12. In casu, tratando-se de dano causado por registrador oficial no exercício de sua função, incide a responsabilidade objetiva do Estado de Santa Catarina, assentado o dever de regresso contra o responsável, nos casos de dolo ou culpa, sob pena de improbidade administrativa. 13. Recurso extraordinário CONHECIDO e DESPROVIDO para reconhecer que o Estado responde, objetivamente, pelos atos dos tabeliães e registradores oficiais que, no exercício de suas funções, causem dano a terceiros, assentado o dever de regresso contra o responsável, nos casos de dolo ou culpa, sob pena de improbidade administrativa. Tese: "O Estado responde, objetivamente, pelos atos dos tabeliães e registradores oficiais que, no exercício de suas funções, causem dano a terceiros, assentado o dever de regresso contra o responsável, nos casos de dolo ou culpa, sob pena de improbidade administrativa". (STF – RE: 842846 SC – Santa Catarina, Relator: Min. LUIZ FUX, Data de Julgamento: 27/02/2019, Tribunal Pleno, Data de Publicação: DJe-175 13-08-2019).

Na sistemática da vigente norma de regência, que seja, Lei n. 8.935, de 1994, recebeu tratamento similar. O seu art. 21 assim dispõe, *ad litteram*:

"Art. 21. O gerenciamento administrativo e financeiro dos serviços notariais e de registro é da responsabilidade do respectivo titular, inclusive no que diz respeito às despesas de custeio, investimento e pessoal, cabendo-lhe estabelecer normas, condições e obrigações relativas à atribuição de funções e remuneração de seus prepostos de modo a obter a melhor qualidade na prestação dos serviços."

O elemento definidor da sucessão trabalhista é a presença, junto à empresa sucessora, dos elementos caracterizadores da atividade empresarial da sucedida, ou seja, a manutenção de idêntico ramo de negócios, a utilização da clientela então formada, a autorização legal para exploração da atividade e o aproveitamento da organização existente, quer material ou de natureza extrapatrimonial.

Ocorrendo o falecimento do titular da serventia não ocorre a automaticamente extinção dos contratos de trabalho, conforme se infere da decisão abaixo:

RECURSO ORDINÁRIO – CARTÓRIO – FALECIMENTO DO TABELIÃO – CONTINUIDADE DA PRESTAÇÃO DE SERVIÇOS – SUCESSÃO DE EMPREGADORES. A morte do delegatário do serviço público notarial causa, obrigatoriamente, a extinção da delegação do serviço público (art. 39, I da Lei n. 8.935/94), mas não impõe a rescisão dos contratos de trabalho dos empregados da Serventia, mesmo porque a própria reclamante admite a continuidade da prestação de serviço, nas mesmas condições de sempre, permanecendo íntegro o contrato de trabalho após a morte do antigo empregador, nos moldes dos artigos 10 e 448, da CLT, razão pela qual se tem como improsperável o pedido de reconhecimento de rescisão. Processo n. 0101028-63.2020.5.01.0064 (RORSum). 5ª. T. TRT 1ª. Região – Rio de Janeiro. Relator: Des. Jorge Antonio Sereno Gomes.

23. Outros tipos de responsabilidade

Desenvolveremos, a seguir, outras espécies de responsabilidade que ainda ensejam grande controvérsia em nossos Tribunais.

24. Responsabilidade objetiva do Estado

No Brasil, a responsabilidade do Estado sofreu várias transformações ao longo da história. Na Constituição do Império, de 1824, o art. 99 da Constituição Federal dispunha:

> "Art. 99. A pessoa do imperador é inviolável e sagrada; ele não está sujeito a responsabilidade alguma."

Vemos, dessa forma, que se aplicava, na época, a teoria da irresponsabilidade do Estado, com regência no princípio "*The king can do no wrong*". O fundamento era que a responsabilização do Estado por seus atos poderia comprometer a soberania do Estado e ainda pelo fato de que todos os atos do Estado tinham por objetivo o bem comum da coletividade.

Com base nesse entendimento, os atos ou omissões praticados por agentes públicos, que provocassem danos a terceiros, seriam de sua exclusiva e total responsabilidade, sempre com a observância da demonstração da culpa ou dolo.

Com o advento do Código Civil de 1916, estabeleceu-se uma nova regra de responsabilidade, na medida em que o art. 15[(28)]previa que as pessoas jurídicas de direito público seriam responsáveis pelos atos de seus agentes, no exercício de suas funções. Já naquela época surgiu intensa disputa doutrinária, para determinar se essa responsabilidade era objetiva ou subjetiva.

No entanto, prevaleceu o entendimento doutrinário e jurisprudencial no sentido de se aplicar a teoria subjetiva da responsabilidade do Estado, no que se refere ao art. 15 do Código Civil de 1916. Entendemos que já se poderia aplicar,

---

(28) Art. 15. As pessoas jurídicas de direito público são civilmente responsáveis por atos dos seus representantes que nessa qualidade causem danos a terceiros, procedendo de modo contrário ao direito ou faltando a dever prescrito por lei, salvo o direito regressivo contra os causadores do dano.

na época, a responsabilidade objetiva com base nessa previsão legal, porquanto o texto legal em nenhum momento faz referência expressa da culpa ou dolo na responsabilização do Estado por atos de seus agentes. No que respeita a "faltando a dever prescrito por lei" daquele artigo, certamente ele se referia aos atos omissivos dos agentes públicos, enquanto "procedendo de modo contrário ao direito" não significa expressamente a incidência de culpa.

Logo, poderia prevalecer a posição de que um ato lícito do agente, no exercício de suas funções, que provocasse danos a um indivíduo, geraria o dever do Estado à devida indenização, restando, portanto, caracterizada a responsabilidade objetiva.

A responsabilidade civil do Estado não se submete às regras do direito privado, baseadas na teoria da culpa, ou responsabilidade subjetiva, consoante o art. 186 do Novo Código Civil, mas atém-se à Teoria da Responsabilidade objetiva, ou seja, independentemente de culpa.

O fundamento jurídico e constitucional encontra-se no art. 43(29) do Código Civil de 2002, e no art. 37, § 6º da Constituição Federal de 1988, *in verbis*:

> "As pessoas jurídicas de direito público e as de direito privado prestadoras de serviços públicos responderão pelos danos que seus agentes, nessa qualidade, causarem a terceiros, assegurado o direito de regresso contra os responsáveis nos casos de dolo ou culpa."

Como vimos previamente, enquanto a responsabilidade civil dos particulares tem como pressuposto a prática de um ato ilícito, a responsabilidade objetiva do Estado independe de tal ato, podendo até mesmo ocorrer de eventuais atos que, não obstante lícitos, causem prejuízos a terceiros (ex.: o fechamento de uma avenida para construção de galerias subterrâneas).

A responsabilidade objetiva aplica-se não apenas à Administração Pública Direta (União, Estados, Distrito Federal e Municípios), à Indireta (autarquias, fundações públicas, empresas públicas e sociedades de economia mista), como também a qualquer pessoa jurídica de direito privado, prestadora de serviços públicos delegados (concessionárias e permissionárias).

O Supremo Tribunal Federal recentemente discutiu os alcances da responsabilidade objetiva do Estado. Segue resumo extraído da Revista Consultor Jurídico, de 9 de março de 2007:

> "Supremo discute alcances da responsabilidade objetiva
>
> Para o ministro Joaquim Barbosa, do Supremo Tribunal Federal, empresa de transporte público responde objetivamente pelos danos de atropelamento, ainda que a vítima não

(29) Art. 43. As pessoas jurídicas de direito público interno são civilmente responsáveis por atos dos seus agentes que nessa qualidade causem danos a terceiros, ressalvado direito regressivo contra os causadores do dano, se houver, por parte destes, culpa ou dolo.

> seja usuária do serviço. Com este entendimento o ministro, relator do caso, rejeitou Recurso Extraordinário contra decisão do Tribunal de Justiça do Estado de Pernambuco, que condenou a transportadora Borborema pelo atropelamento de uma pessoa.
>
> Acompanharam o voto do relator a ministra Cármen Lúcia Antunes Rocha e os ministros Ricardo Lewandowski e Carlos Ayres Britto."

O julgamento foi suspenso com pedido de vista do ministro Eros Grau.

"No recurso, a empresa alega violação ao art. 37 da Constituição Federal, argumentando que no caso não cabe responsabilidade objetiva, já que 'a pessoa atropelada não era usuária do serviço de transporte coletivo em questão'. Por isso, 'se faz necessária a perquirição da culpa, para que possa consubstanciar-se o direito à indenização. Neste caso, a aplicação da responsabilidade objetiva extrapola os termos da vigente Constituição, o que brada por reforma', conclui a empresa.

Barbosa disse que o fundamento da decisão do TJ pernambucano é o § 6º, art. 37 (pessoas jurídicas prestadoras de serviços públicos responderão pelos danos que seus agentes causarem a terceiros).

O ministro lembrou que o Brasil adota, desde 1946, 'um regime de responsabilidade do estado que figura entre os mais liberais, um sistema que é mais propício a atender aos interesses da vítima — pessoa física ou jurídica que sofre danos em razão de atos praticados pelo Estado, ou por seus prepostos, agentes ou colaboradores'.

A responsabilidade objetiva do Estado se baseia em dois fundamentos jurídicos irretocáveis, para Barbosa. Primeiro, que ao 'atuar e intervir-nos mais diversos setores da vida social, a administração submete seus agentes e também o particular a inúmeros riscos'.

Para o ministro, os riscos são da essência da atividade administrativa e resultam da multiplicidade das suas intervenções, indispensáveis ao atendimento das diversas necessidades da coletividade. 'O risco administrativo decorre de uma atividade lícita e absolutamente regular da administração, daí o caráter objetivo desse tipo de responsabilidade, que faz a abstração de qualquer consideração a respeito de qualquer culpa do agente causador do dano'.

O segundo fundamento é o da igualdade de todos os cidadãos perante os encargos públicos. Segundo este princípio, os danos sofridos pelos cidadãos, em função das atividades do Estado, devem ser compartilhados por toda a coletividade.

Para ele, o fato de uma prestação de serviço ser transferida para uma empresa privada, não tira da atividade sua natureza eminentemente pública e estatal. 'Na concessão, o particular concessionário apenas faz as vezes do Estado'.

Desta forma, Joaquim Barbosa discorda do entendimento de que a responsabilidade objetiva de empresas privadas, prestadoras de serviços públicos, se refere apenas ao usuário e não em relação às pessoas não integrantes dessa relação.

'Penso ser incabível tal distinção em matéria de responsabilidade civil do Estado. Para fins de fixação dessa responsabilidade, é inteiramente irrelevante uma ou outra qualidade ou condição pessoal da vítima dos danos. Introduzir uma distinção adicional entre os usuários e não usuários do serviço significa um perigoso enfraquecimento do princípio da responsabilidade objetiva, cujo alcance o constituinte de 1988 quis o mais amplo possível', concluiu Joaquim Barbosa. Acompanharam o voto do relator a ministra Cármen Lúcia Antunes Rocha e os ministros Ricardo Lewandowski e Carlos Ayres Britto.

Ao iniciar seu voto, Eros Grau disse que o recurso lembra um caso histórico muito conhecido no meio jurídico, o de Agnès Blanco. Por isso, e por considerar o tema 'extremamente complexo', o ministro Eros Grau pediu vista.

No caso Blanco, a menina Agnès Blanco foi atropelada por uma vagonete da Companhia Nacional de Manufatura de Tabaco, de exploração do Estado, em 1873, em Bordeaux, na França. O pai da menina acionou a justiça, com um pedido de indenização, alegando a responsabilidade civil do Estado por prejuízos causados a terceiros, em face das atividades de seus agentes. O pedido chegou ao Conselho de Estado Francês, que decidiu pela responsabilização do Estado pela reparação dos danos causados à menina atropelada. Recurso Extraordinário n. 459.749."

Aplica-se também ao Estado a responsabilidade objetiva em relação a danos causados por entes delegados, como ementa abaixo transcrita:

> REPERCUSSÃO GERAL – DANO MATERIAL – ATOS E OMISSÕES DANOSAS DE NOTÁRIOS E REGISTRADORES – TEMA 777 – ATIVIDADE DELEGADA – RESPONSABILIDADE CIVIL DO DELEGATÁRIO E DO ESTADO EM DECORRÊNCIA DE DANOS CAUSADOS A TERCEIROS POR TABELIÃES E OFICIAIS DE REGISTRO NO EXERCÍCIO DE SUAS FUNÇÕES. SERVENTIAS EXTRAJUDICIAIS – ART. 236, §1º, DA CONSTITUIÇÃO DA REPÚBLICA – RESPONSABILIDADE OBJETIVA DO ESTADO PELOS ATOS DE TABELIÃES E REGISTRADORES OFICIAIS QUE, NO EXERCÍCIO DE SUAS FUNÇÕES, CAUSEM DANOS A TERCEIROS, ASSEGURADO O DIREITO DE REGRESSO CONTRA O RESPONSÁVEL NOS CASOS DE DOLO OU CULPA – POSSIBILIDADE. 1. Os serviços notariais e de registro são exercidos em caráter privado, por delegação do Poder Público. Tabeliães e registradores oficiais são particulares em colaboração com o poder público que exercem suas atividades in nomine do Estado, com lastro em delegação prescrita expressamente no tecido constitucional (art. 236, CRFB/88). 2. Os tabeliães e registradores oficiais exercem função munida de fé pública, que destina-se a conferir autenticidade, publicidade, segurança e eficácia às declarações de vontade. 3. O ingresso na atividade notarial e de registro depende de concurso público e os atos de seus agentes estão sujeitos à fiscalização do Poder Judiciário, consoante expressa determinação constitucional (art. 236, CRFB/88). Por exercerem um feixe de competências estatais, os

titulares de serventias extrajudiciais qualificam-se como agentes públicos. 4. O Estado responde, objetivamente, pelos atos dos tabeliães e registradores oficiais que, no exercício de suas funções, causem dano a terceiros, assentado o dever de regresso contra o responsável, nos casos de dolo ou culpa, sob pena de improbidade administrativa. Precedentes: RE 209.354 AgR, Rel. Min. Carlos Velloso, Segunda Turma, DJe de 16/4/1999; RE 518.894 AgR, Rel. Min. Ayres Britto, Segunda Turma, DJe de 22/9/2011; RE 551.156 AgR, Rel. Min. Ellen Gracie, Segunda Turma, DJe de 10/3/2009; AI 846.317 AgR, Relª. Minª. Cármen Lúcia, Segunda Turma, DJe de 28/11/13 e RE 788.009 AgR, Rel. Min. Dias Toffoli, Primeira Turma, julgado em 19/08/2014, DJe 13/10/2014. 5. Os serviços notariais e de registro, mercê de exercidos em caráter privado, por delegação do Poder Público (art. 236, CF/88), não se submetem à disciplina que rege as pessoas jurídicas de direito privado prestadoras de serviços públicos. RE 842846. Repercussão Geral – Mérito. Órgão julgador: Tribunal Pleno. Relator(a): Min. Luiz Fux. Julgamento: 27/02/2019. Publicação: 13/08/2019.

25. Responsabilidade subjetiva do Estado

A responsabilidade subjetiva do Estado acha-se ligada principalmente à omissão estatal que provoque dano a terceiros.

A Constituição de 1934, em seu art. 17, trazia a regra da solidariedade do funcionário público com a Fazenda Pública, em caso de danos a terceiros. Certamente, representava um retrocesso em sede de responsabilidade civil, pois o lesado poderia interpor uma ação em face do Estado e do agente público para se ver ressarcido do prejuízo.

Enquanto a Constituição de 1937 praticamente repetia a de 1934 a respeito da responsabilidade do Estado, a Constituição de 1946, por seu turno, estabeleceu no art. 194 a responsabilidade do Estado, por meio das pessoas jurídicas de direito público, excluindo a solidariedade de seus agentes, como outrora ocorria. As Constituições posteriores (1967, Emenda Constitucional de 1969) virtualmente repetiram idêntica posição.

A Constituição de 1988 veio sedimentar o entendimento da matéria, por meio do art. 37, § 6º acima descrito, optando pela responsabilidade objetiva das pessoas jurídicas de direito público. No entanto, podemos dizer que a novidade trazida pela atual Carta Magna foi a extensão da responsabilidade objetiva também para todas as pessoas jurídicas de direito privado, que prestam serviços públicos (empresas públicas, sociedades de economia mista, agências reguladoras, concessionárias e permissionárias).

Mesmo após a promulgação da Constituição de 1988, o entendimento prevalecente no que diz respeito à responsabilidade subjetiva, foi a permanência do art. 15 do Código Civil de 1916 em plena força e efeito (*full force and effect*), no que respeita aos atos omissivos das pessoas jurídicas de direito público, que, por meio de seus agentes, nessa qualidade, provocarem danos a terceiros. Em face da omissão do Estado que cause dano a terceiros, o lesado deverá provar:

a) que o dano foi injusto; b) a culpa da pessoa jurídica; e c) o nexo causal entre a omissão culposa e o dano.

Por outro lado, é imprescindível na configuração da responsabilidade subjetiva a demonstração da culpa da Administração Pública pelo não funcionamento, mau funcionamento ou negligência na prestação do serviço público, como dito alhures.

Para melhor caracterizar a responsabilidade subjetiva do Estado apresentamos as seguintes ementas:

> APELAÇÃO – RESPONSABILIDADE DO ESTADO – INDENIZAÇÃO POR DANOS MORAIS E MATERIAIS. Alegação de que a ausência de prestação de informações pelo ex-Prefeito nos autos do Inquérito Civil instaurado pelo Ministério Público causou danos à requerente, tendo em vista a divulgação nas redes sociais de informações contidas na Ação Civil Pública contra ele ajuizada. Inadmissibilidade. Ilegitimidade de parte reconhecida em relação ao agente político requerido. Ente federativo que, nos termos do artigo 37, § 6º, da Constituição Federal, tem responsabilidade direta em relação aos danos que seus agentes causarem a terceiros, podendo se valer, posteriormente, de ação regressiva. Precedentes do Supremo Tribunal Federal e desta C. 8ª Câmara. No mérito, ausência de ilicitude na conduta do ex-Prefeito, que, ao se defender nos autos da Ação Civil Pública, esclareceu todos as questões de interesse da requerente. Nítido distanciamento entre a conduta do ex-Prefeito e os danos sofridos pela autora. Nexo de causalidade que tem que estar, de forma direta e imediata, necessariamente vinculado ao resultado. Sentença de improcedência mantida. Recurso desprovido. (TJ-SP – AC: 10031857620168260581 SP 1003185-76.2016.8.26.0581, Relator: Bandeira Lins, Data de Julgamento: 22/05/2019, 8ª Câmara de Direito Público, Data de Publicação: 22/05/2019)

> AGRAVO DE INSTRUMENTO – AÇÃO DE RESPONSABILIDADE CIVIL MOVIDA PELOS GENITORES DA RECÉM-NASCIDA LAURA EM FACE DO ESTADO DO RIO DE JANEIRO E DO MUNICÍPIO DO RIO DE JANEIRO – ALEGAÇÃO DE QUE A MENOR VEIO A ÓBITO POR FALHAS NO ATENDIMENTO PRESTADO NAS UNIDADES DE SAÚDE MANTIDAS PELOS RÉUS (UPA DE SANTA CRUZ, DE RESPONSABILIDADE DO ESTADO DO RIO DE JANEIRO, E HOSPITAL MUNICIPAL PEDRO II, ADMINISTRADO PELO MUNICÍPIO). O MUNICÍPIO DO RIO DE JANEIRO DENUNCIOU À LIDE A ORGANIZAÇÃO SOCIAL DE SAÚDE BIOTECH HUMANA, ARGUMENTANDO QUE, EM RAZÃO DO CONTRATO DE GESTÃO N. 001/2012, A UNIDADE DE SAÚDE MUNICIPAL ERA GERIDA PELA DENUNCIADA NA ÉPOCA DOS EVENTOS NARRADOS PELOS AUTORES. DECISÃO DO JUIZ INDEFERINDO O REQUERIMENTO DE DENUNCIAÇÃO DA LIDE AO FUNDAMENTO DE SER ¿DESNECESSÁRIA TAL DENUNCIAÇÃO NA MEDIDA EM QUE EVENTUAL CULPA OU DOLO DO AGENTE CAUSADOR DO DANO PODERÁ SER APURADA EM AÇÃO DE REGRESSO COM A DEVIDA DILAÇÃO PROBATÓRIA¿, E DE QUE ¿O INGRESSO NA LIDE DA ALUDIDA EMPRESA COMPROMETERIA A CELERIDADE PROCESSUAL, PREJUDICANDO, ASSIM, O TITULAR DO DIREITO¿. INCONFORMISMO DO MUNICÍPIO DO RIO DE JANEIRO. DECISÃO AGRAVADA QUE SE MANTÉM. 1. No caso, trata-se de ação de reparação de danos na qual os autores alegam que sua filha recém-nascida Laura veio a óbito no dia 15 de novembro de 2015 por falhas no atendimento prestado nas unidades de saúde mantidas pelo agravante e pelo Estado do Rio de Janeiro. Nos autos do processo originário (processo n. 0155476-33.2017.8.19.0001) afirmam os ora agravados que teriam levado sua filha recém-nascida ao Hospital Municipal Jesus,

em 10/07/2015, quando se constatou que a bebê estaria com uma pneumonia, bem como seria portadora de um pequeno sopro no coração, sem necessidade de cuidados especiais. Posteriormente, em 14/11/2015, em razão de novo problema de saúde da criança, procuraram a UPA de Santa Cruz, de responsabilidade do Estado do Rio de Janeiro, onde foi diagnosticada com insuficiência respiratória aguda, sendo necessária sua transferência imediata, uma vez que a unidade não possuiria os medicamentos e equipamentos necessários. Por conta disso, a criança teria sido encaminhada para o Hospital Municipal Pedro II, mas que, por problemas da unidade, não teria sido ofertada toda terapêutica necessária, vindo a falecer em 15/11/2015. Deste modo, embasam os autores da ação principal o pleito indenizatório na responsabilidade civil objetiva do Poder Público, prevista no art. 37, § 6º, da Constituição Federal, que consagra a teoria do risco administrativo, atribuindo ao ente público o dever de indenizar pelos danos causados a terceiros por seus agentes, independentemente de demonstração de culpa. 2. O agravante sustenta que a denunciação pretendida preenche os requisitos legais previstos no art. 125, II do CPC. 3. Não assiste razão ao Agravante. 4. A demanda está fundada na responsabilidade civil objetiva dos entes estadual e municipal, orientando-se a jurisprudência do eg. STJ no sentido de afastar a denunciação da lide. Deste modo, o entendimento jurisprudencial direciona-se no sentido de que o ingresso na lide daqueles obrigados por lei ou contrato, a indenizar, em ação regressiva, o prejuízo de quem for vencido no processo (art. 125, II, do CPC) comprometeria a celeridade processual, princípio previsto no art. 5º, LXXVII da Constituição Federal, violando, de igual modo, o princípio da duração razoável do processo, prejudicando o interesse do titular do direito. 5. Precedentes do STJ e desta Corte. Decisão mantida. Agravo de Instrumento a que se nega provimento. (TJ-RJ – AI: 00615558620188190000, Relator: Des(a). Juarez Fernandes Folhes, Data de Julgamento: 16/07/2019, Décima Nona Câmara Cível)

APELAÇÃO CÍVEL – DANO MORAL – RESPONSABILIDADE CIVIL DO ESTADO – ILEGITIMIDADE PASSIVA DOS AGENTES PÚBLICOS – PRECEDENTES DO STF – JULGAMENTO EM REPERCUSSÃO GERAL – CRIANÇA EM IDADE ESCOLAR – HUMILHAÇÃO E CONSTRANGIMENTO – CONDUTA DA PROFESSORA – DANO MORAL – IN RE IPSA – PRESUMIDO. 1. Em se tratando de demanda fundada na responsabilidade civil do Estado com fundamento no art. 37, 6º da Constituição Federal, o STF sedimentou posicionamento, no julgamento do RE n. 1.027.633/SP sob o regime de repercussão geral, no sentido de que os agentes públicos são partes ilegítimas para figurarem no polo passivo da ação, cabendo ao ente público demandar o agente causador do dano em ação própria de regresso, onde se verificará a responsabilidade mediante avaliação da conduta culposa ou dolosa desse agente. 2. A Constituição da República dispõe em seu art. 37, § 6º, sobre a responsabilidade objetiva das pessoas jurídicas de direito público e das de direito privado prestadoras de serviços públicos, sob a modalidade do risco administrativo. 3. Comprovada a conduta do Município através de sua agente, professora municipal que impediu o autor (e mais alguns colegas) de ingressar na sala de aula após o recreio, chamando-o de "suado e fedorento". 4. O dano moral, em casos como o dos autos, que envolve humilhação e constrangimento de uma criança é considerado presumido (in re ipsa), tendo em vista a proteção irrestrita dos direitos da personalidade das crianças e adolescentes, conforme precedente do STJ. (TJ-MG – AC: 10557100001493001 MG, Relator: Wagner Wilson, Data de Julgamento: 12/12/2019, Data de Publicação: 19/12/2019)

"RECURSO ESPECIAL — ALÍNEAS *A* E *C* — RESPONSABILIDADE CIVIL DO ESTADO. Ato omissivo. Responsabilidade subjetiva. Negligência na segurança de balneário público. Mergulho em local perigoso. Consequente tetraplegia. Imprudência da vítima. Culpa recíproca. Indenização devida proporcionalmente. O infortúnio ocorreu quando o recorrente, aos 14 anos, após penetrar, por meio de pagamento de ingresso, em balneário público, mergulhou de cabeça em Ribeirão de Águas Rasas, o que lhe causou lesão medular cervical irreversível. Para a responsabilização subjetiva do Estado por ato omissivo, "é necessário, que o Estado haja incorrido em ilicitude, por não ter acorrido para impedir o dano ou por haver sido insuficiente neste mister, em razão de comportamento inferior ao padrão legal exigível" (BANDEIRA DE MELLO, Celso Antônio. *Curso de direito administrativo*. São Paulo: Malheiros, 2002. p. 855). Ao mesmo tempo em que se exige da vítima, em tais circunstâncias, prudência e discernimento. Já que pelo senso comum não se deve mergulhar em local desconhecido —, imperioso reconhecer, também, que, ao franquear a entrada de visitantes em balneário público, sejam eles menores ou não, deve o Estado proporcionar satisfatórias condições de segurança, mormente nos finais de semana, quando, certamente, a frequência ao local é mais intensa e aumenta a possibilidade de acidentes. "Não há resposta *a priori* quanto ao que seria o padrão normal tipificador da obrigação a que estaria legalmente adstrito. Cabe indicar, no entanto, que a normalidade da eficiência há de ser apurada em função do meio social, do estágio de desenvolvimento tecnológico, cultural, econômico e da conjuntura da época, isto é, das possibilidades reais médias dentro do ambiente em que se produziu o fato danoso" (BANDEIRA DE MELLO, Celso Antônio. *Op. cit., loc. cit.*). Há, na hipótese dos autos, cuidados que, se observados por parte da administração pública estadual, em atuação diligente, poderiam ter evitado a lesão. A simples presença de salva-vidas em locais de banho e lazer movimentados é exigência indispensável e, no particular, poderia ter coibido a conduta da vítima. Nem se diga quanto à necessidade de isolamento das zonas de maior risco, por exemplo, por meio de grades de madeira, cordas, corrimãos etc. Em passeios dessa natureza, amplamente difundidos nos dias atuais sob a denominação de "turismo ecológico", não somente para as crianças, como para jovens e adultos, é de se esperar, conforme as circunstâncias peculiares do local, a presença de cabos de isolamento e a orientação permanente de guias turísticos e funcionários que conheçam o ambiente visitado. Segundo a lição do notável Aguiar Dias, doutrinador de escol no campo da responsabilidade civil, "a culpa da vítima, quando concorre para a produção do dano, influi na indenização, contribuindo para a repartição proporcional dos prejuízos." (*Da responsabilidade civil*. Rio de Janeiro: Forense, 1960. t. II, p. 727). Recurso Especial provido em parte para reconhecer a culpa recíproca e, como tal, o rateio das verbas condenatórias e das despesas e custas processuais meio a meio, arcando cada parte com a verba honorária advocatícia do respectivo patrono. (STJ — RESP 418713 — SP — 2ª T. — Rel. Min. Franciulli Netto — DJU 8.9.2003 — p. 280)

"CIVIL E PROCESSO CIVIL — AÇÃO DE INDENIZAÇÃO — DANOS MORAIS E MATERIAIS — SERVIDOR DA FUNDAÇÃO HOSPITALAR DO DF — MANUSEIO DE SUBSTÂNCIAS TÓXICAS — RESPONSABILIDADE CIVIL DO ESTADO — ART. 37, § 6º, CF/88 — APLICABILIDADE AO SERVIDOR — OMISSÃO DO DEVEDOR DE ZELAR PELA HIGIDEZ FÍSICA E MENTAL DO AGENTE PÚBLICO — INOBSERVÂNCIA DO DEVER DE SAÚDE — ART. 204, CF/88 — RESPONSABILIDADE SUBJETIVA — PRECEDENTES DO STF — IMPRUDÊNCIA E NEGLIGÊNCIA CONFIGURADAS — REPARAÇÃO QUE SE NÃO PODE RESUMIR AO ADICIONAL DE INSALUBRIDADE, CONCEBIDO PARA NÍVEIS SUPORTÁVEIS DE INSALUBRIDADE — COMPATIBILIDADE ENTRE A INDENIZAÇÃO E A APOSENTADORIA POR INVALIDEZ — FUNDAMENTOS JURÍDICOS DIVERSOS — APELO PARCIALMENTE PROVIDO — 1 — O fato de não se assegurar aos servidores públicos civis o direito previsto no art. 7º, XXVIII, CF/88, não constitui óbice à indenização por danos decorrentes da atividade laboral, sempre que configurada a responsabilidade civil do Estado. 2 — Constatada a omissão do estado quanto ao dever da prestação e do zelo pela saúde e pelas adequadas condições de trabalho de seus servidores, por ato culposo ou doloso de agentes seus, aplica-se o disposto no art. 37, § 6º, CF/88, impondo-se a correspondente indenização por danos morais ou materiais. 3 — A indenização a que faz jus o servidor que lida com substâncias tóxicas ou outras de semelhante natureza não se deve resumir ao adicional de insalubridade, nem se confunde com a aposentadoria por invalidez, que se assenta em fundamento jurídico diverso. 4 — Apelo parcialmente provido." (TJDF — APC 5088698 — DF — 4ª T. Cív. — Rel. p/o Ac. Des. Cruz Macedo — DJU 10.12.2003 — p. 58)

"ADMINISTRATIVO — RESPONSABILIDADE CIVIL DO ESTADO — ACIDENTE EM BURACO (VOÇOROCA) CAUSADO POR EROSÃO PLUVIAL — MORTE DE MENOR — INDENIZAÇÃO — CASO FORTUITO E FORÇA MAIOR — INEXISTÊNCIA — SÚMULA N. 7/STJ — NÃO INCIDÊNCIA — 1. Ação indenizatória proposta em face do Município de Costa Rica/MS, em que se pleiteia pensão vitalícia no montante de dois salários mínimos mensais e despesas de funeral, pela morte de filho menor, em decorrência de acidente em buraco (voçoroca) causado pelas águas da chuva. 2. A instância especial, por suas peculiaridades, inadmite a discussão a respeito de fatos narrados no processo — vale dizer, de controvérsias relativas à existência ou inexistência de fatos ou à sua devida caracterização —, pois se tornaria necessário o revolvimento do conjunto probatório dos autos. 3. Entretanto, a qualificação jurídica de fatos incontroversos, ou seja, seu devido enquadramento no sistema normativo, para deles extrair determinada consequência jurídica, é coisa diversa, podendo ser aferida neste âmbito recursal. Não incidência da Súmula n. 7/STJ. 4. Segundo o acórdão recorrido, a existência da voçoroca e sua potencialidade lesiva era de 'conhecimento comum', o que afasta a possibilidade de eximir-se o Município sob a alegativa de caso fortuito e força maior, já que essas excludentes do dever de indenizar pressupõem o elemento 'imprevisibilidade'. 5. Nas situações em que o dano somente foi possível em decorrência da omissão do Poder Público (o serviço não funcionou, funcionou mal ou tardiamente), deve ser aplicada a teoria da responsabilidade subjetiva. Se o Estado não agiu, não pode ser ele o autor do dano. Se não foi o autor, cabe responsabilizá-lo apenas na hipótese de estar obrigado a impedir o evento lesivo, sob pena de convertê-lo em 'segurador universal'. 6. Embora a municipalidade tenha adotado medida de sinalização da área afetada pela erosão pluvial, deixou de proceder ao seu completo isolamento, bem como de prover com urgência as obras necessárias à segurança do local, fato que caracteriza negligência, ensejadora da responsabilidade subjetiva. 7. Em atenção à jurisprudência da Corte e aos limites do Recurso Especial, deve a indenização ser fixada no montante de 2/3 do salário mínimo, a partir da data em que a vítima completaria 14 anos de idade (28 de agosto de 1994) até o seu 25º aniversário (28 de agosto de 2005), calculado mês a mês, com correção monetária plena. 8. Os honorários advocatícios devem ser fixados em 10% sobre o valor atualizado da condenação, a ser apurado em liquidação de sentença. 9. Recurso Especial conhecido e provido em parte." (STJ — RESP 199700400140 — (135542 MS) — 2ª T. — Rel. Min. Castro Meira — DJU 29.8.2005 — p. 233)

"INDENIZAÇÃO — ACIDENTE DE TRÂNSITO — ARAME FARPADO SEM SINALIZAÇÃO EM VIA PÚBLICA — RESPONSABILIDADE SUBJETIVA DO ESTADO — OMISSÃO — PRESTAÇÃO DE SERVIÇO PÚBLICO DEFICIENTE — INEXISTÊNCIA PROVA DO FATO ALEGADO PELO AUTOR — IMPROCEDÊNCIA DA POSTULAÇÃO — INTELIGÊNCIA DO ART. 159, DA CONSTITUIÇÃO DA REPÚBLICA E ART. 333, I, DO CPC — No caso da responsabilidade subjetiva do Município, para ser deferida a indenização, deve ser comprovado não apenas o nexo de causalidade entre o evento e o dano sofrido, mas a culpa por negligência, imprudência ou imperícia. Não provando o Autor o fato constitutivo de seu alegado direito, impõe-se, de rigor, a improcedência do pedido." (TJMG — APCV 000.317.205-3/00 — 5ª C. Cív. — Rel. Des. Dorival Guimarães Pereira — J. 10.4.2003)

O Colendo Supremo Tribunal Federal entende, porém, não existir responsabilidade civil do Estado por ato omissivo, quando um preso foragido há vários meses comete homicídio. Tal entendimento tem fulcro na Teoria do dano direito e imediato, com embasamento na Constituição Federal de 1988 no que respeita ao nexo etiológico ou de causalidade.

Na mesma esteira, no que trata do prazo decadencial para impetração de Mandado de Segurança contra ato omisso da Administração Pública, a jurisprudência do Supremo Tribunal Federal também é pacífica no sentido de que começa a fluir a partir do momento em que se esgotou o prazo legal estabelecido para a autoridade impetrada praticar o ato, cuja omissão se está atacando.

25.1. Denunciação da lide

Existe o entendimento de cabimento da denunciação da lide em sede de responsabilidade subjetiva do Estado, nos casos de omissão na prestação de serviços públicos, que causam danos a terceiros, consoante demonstrado pelas ementas mencionadas.

Sabemos que a denunciação da lide prevista no art. 70 [30] do Código de Processo Civil é obrigatória e se faz necessária nas hipóteses em que o réu possui direito de regresso contra terceiro. Logo, o terceiro deverá ser denunciado na

---

(30) DA DENUNCIAÇÃO DA LIDE

Art. 70. A denunciação da lide é obrigatória:

I — ao alienante, na ação em que terceiro reivindica a coisa, cujo domínio foi transferido à parte, a fim de que esta possa exercer o direito que da evicção lhe resulta;

II — ao proprietário ou ao possuidor indireto quando, por força de obrigação ou direito, em caso como o do usufrutuário, do credor pignoratício, do locatário, o réu, citado em nome próprio, exerça a posse direta da coisa demandada;

III — àquele que estiver obrigado, pela lei ou pelo contrato, a indenizar, em ação regressiva, o prejuízo do que perder a demanda.

Art. 71. A citação do denunciado será requerida, juntamente com a do réu, se o denunciante for o autor; e, no prazo para contestar, se o denunciante for o réu.

Art. 72. Ordenada a citação, ficará suspenso o processo.

§ 1º A citação do alienante, do proprietário, do possuidor indireto ou do responsável pela indenização far-se-á:

a) quando residir na mesma comarca, dentro de 10 (dez) dias;

b) quando residir em outra comarca, ou em lugar incerto, dentro de 30 (trinta) dias.

§ 2º Não se procedendo à citação no prazo marcado, a ação prosseguirá unicamente em relação ao denunciante.

Art. 73. Para os fins do disposto no art. 70, o denunciado, por sua vez, intimará do litígio o alienante, o proprietário, o possuidor indireto ou o responsável pela indenização e, assim, sucessivamente, observando-se, quanto aos prazos, o disposto no artigo antecedente.

lide, para vir a fazer parte do processo, de modo a se apurar sua eventual culpa ou dolo no objeto do litígio.

A denunciação da lide, em relação ao Estado, nos casos de responsabilidade, somente se aplica nos casos de responsabilidade subjetiva (por atos omissivos), embora alguns doutrinadores de escol, como Humberto Theodoro Júnior entendam que há o cabimento da denunciação da lide nos casos de responsabilidade objetiva, em ação indenizatória, com fulcro no art. 37, § 6º, da Constituição Federal de 1988.

Entendemos pelo cabimento da denunciação da lide do Estado em face de agente público que tenha causado dano a terceiros, apenas nos casos de responsabilidade subjetiva do Estado, com base no art. 15 do Código Civil de 1916. Se a ação de indenização, ou seja, a ação de regresso contra o agente público tiver fulcro na responsabilidade objetiva (art. 37, § 6º, da CF/88) não haverá cabimento para denunciação da lide.

Em homenagem ao princípio da celeridade, da dignidade da pessoa humana e da rapidez no atendimento ao lesado, que incorreu no prejuízo material, deve o Estado pagar, de imediato, a indenização e posteriormente ajuizar ação de regresso em face do servidor, com fundamento na culpa ou dolo. Evitar-se-á, dessa forma, longas e inúteis delongas no processo em detrimento do cidadão prejudicado.

Nesse sentido, transcrevemos as ementas:

> I. AGRAVO DE INSTRUMENTO EM RECURSO DE REVISTA. REGIDO PELA LEI 13.015/2014. 1. DENUNCIAÇÃO DA LIDE – ANÁLISE DO CABIMENTO À LUZ DOS PRINCÍPIOS DA CELERIDADE E DA ECONOMIA PROCESSUAL E, SOBRETUDO, DA COMPETÊNCIA DA JUSTIÇA DO TRABALHO. A partir da Emenda Constitucional 45/2004, esta Corte Superior passou a considerar possível a aplicação da denunciação da lide no processo do trabalho e cancelou a Orientação Jurisprudencial 227 da SBDI-1. No entanto, a aplicação do referido instituto exige a análise do caso concreto para que não haja vulneração dos princípios basilares da celeridade e economia processual. Exige, ainda, que esta Justiça Especializada seja competente

---

Art. 74. Feita a denunciação pelo autor, o denunciado, comparecendo, assumirá a posição de litisconsorte do denunciante e poderá aditar a petição inicial, procedendo-se em seguida à citação do réu.

Art. 75. Feita a denunciação pelo réu:

I — se o denunciado a aceitar e contestar o pedido, o processo prosseguirá entre o autor, de um lado, e de outro, como litisconsortes, o denunciante e o denunciado;

II — se o denunciado for revel, ou comparecer apenas para negar a qualidade que lhe foi atribuída, cumprirá ao denunciante prosseguir na defesa até final;

III — se o denunciado confessar os fatos alegados pelo autor, poderá o denunciante prosseguir na defesa.

Art. 76. A sentença, que julgar procedente a ação, declarará, conforme o caso, o direito do evicto, ou a responsabilidade por perdas e danos, valendo como título executivo.

também para julgar eventual controvérsia originária da relação jurídica entre o denunciante e o denunciado. No caso, a discussão a respeito do direito de regresso que eventualmente exista entre as Reclamadas e o suposto agente causador do acidente de trânsito que vitimou o trabalhador e a empresa proprietária do veículo por ele conduzido não se insere na competência da Justiça do Trabalho, o que torna inviável o processamento do recurso de revista quanto à denunciação da lide. Julgados do TST. 2. ACIDENTE DE TRABALHO - RESPONSABILIDADE OBJETIVA - ACIDENTE DE TRÂNSITO - MOTORISTA DE CAMINHÃO - TRANSPORTE DE CARGAS - ATIVIDADE DE RISCO. A insuficiência da teoria da culpabilidade para dar solução aos inúmeros casos de vítimas de acidentes levou à criação da teoria do risco, que sustenta que o dono do negócio é o responsável por riscos ou perigos que sua atividade promova, ainda que empregue toda diligência para evitar o dano. Trata-se da denominada teoria do risco criado, segundo a qual, em sendo o empregador responsável pela organização da atividade produtiva, beneficiando-se do lucro do empreendimento, nada mais razoável e justo do que lhe imputar a responsabilidade pelo ressarcimento ao obreiro dos danos decorrentes de sua exposição ao foco de risco, independentemente de cogitação acerca da imprudência, negligência ou imperícia. 3. No presente caso, o empregado conduzia caminhão para o transporte de cargas, prestando serviço à empresa, quando sofreu o acidente de trânsito. Consta do acórdão regional que o referido acidente foi causado por terceiro. Prevalece nesta Corte Superior o entendimento de que se deve aplicar a responsabilidade objetiva do empregador, nos termos do parágrafo único do art. 927 do CCB, nas hipóteses em que o empregado desenvolve atividade de risco. Assim, exercendo o Reclamante a atividade de motorista de caminhão, promovendo o transporte rodoviário de cargas , resta autorizada a responsabilização objetiva da empregadora, nos termos da regra inserta no parágrafo único do art. 927 do Código Civil. Nessa esteira, ainda que o Tribunal Regional tenha revelado que o acidente ocorreu por culpa de terceiro, em se tratando de atividade de risco, o nexo causal só restaria afastado se o fato de terceiro não guardasse relação com a atividade desenvolvida – o que não é a hipótese dos autos. Afinal, um dos motivos pelos quais a atividade do Reclamante é considerada de risco diz respeito exatamente ao fato de se encontrar suscetível à imprudência de outros motoristas. Julgados da SBDI-1 e de Turmas desta Corte. 3. DANO MORAL - QUANTUM INDENIZATÓRIO - DESFUNDAMENTADO. A Corte de origem majorou o valor arbitrado a título de danos morais de R$50.000,00 para R$200.000,00. Considerou que "o de cujus contava com 24 anos na ocasião do acidente e a autora com apenas 3 anos de idade, o que, na prática, significa que sequer lembrará do pai no futuro, sendo privada do convívio familiar e dos laços afetivos com ele". Nada obstante os fundamentos consignados, não consta das razões recursais impugnação específica aos motivos que levaram a Corte a quo a concluir pela majoração do valor arbitrado a título de danos morais. O princípio da dialeticidade impõe à parte o ônus de se contrapor à decisão recorrida, esclarecendo seu desacerto e fundamentando as razões de sua reforma, o que não ocorreu. Não havendo, portanto, impugnação específica quanto aos elementos considerados pela Corte de origem para aferição do quantum indenizatório, o recurso encontra-se desfundamentado, no particular, nos termos do artigo 1.016, III, do CPC/2015. 4 . CONSTITUIÇÃO DE CAPITAL - ARTIGO 475-Q DO CPC/73 (ARTIGO 533, § 2º, DO CPC/2015) - SÚMULA 333/TST. A jurisprudência desta Corte pacificou-se no sentido de que a aplicação do artigo 475-Q do CPC (artigo 533, § 2º, do CPC/2015) constitui faculdade atribuída ao Juiz, visando à garantia do pagamento da pensão e maior efetividade à execução de parcelas vincendas, não incumbindo a qualquer das partes exigir que o pagamento ocorra da forma que lhe parecer mais conveniente. Portanto, a decisão do Colegiado, na parte em que determinada a constituição de capital para a garantia do pagamento de pensão, guarda consonância com a atual, iterativa e notória jurisprudência desta Corte, incidindo ao processamento do recurso de revista o óbice da Súmula 333/TST. 5. ANTECIPAÇÃO DA TUTELA – PAGAMENTO DO PENSIONAMENTO – AUSÊNCIA DE IMPUGNAÇÃO DA DECISÃO AGRAVADA – DESFUNDAMENTADO. O Tribunal Regional denegou seguimento ao recurso de revista, aplicando o óbice do artigo 896, § 1º-A, III, da CLT. Fundamentou que "a parte não observou o ônus que lhe foi atribuído pela Lei 13.015/14, notadamente em relação ao cotejo analítico estabelecido pelo art. 896, § 1º-A, III, da CLT. Com efeito, o prequestionamento da controvérsia foi demonstrado pela recorrente através da transcrição dos itens do acórdão sem qualquer relação com as violações invocadas". Ocorre que as Reclamadas, no agravo de instrumento, não investem contra a decisão agravada. O princípio da dialeticidade impõe à parte o ônus de se contrapor à decisão recorrida, esclarecendo seu desacerto e fundamentando as razões de sua reforma, o que não ocorreu no caso em apreço. Nesse contexto, uma vez que as Recorrentes não se insurgem, fundamentadamente, contra a decisão que deveriam impugnar, nos termos dos arts. 524, II, do CPC/73 e 1016, III, do CPC/2015, o recurso se encontra desfundamentado. Agravo de instrumento não provido. II. RECURSO DE REVISTA – REGIDO PELA LEI 13.015/2014 – HONORÁRIOS ADVOCATÍCIOS – SÚMULAS 219 E 329 DO TST. Infere-se do acórdão regional que a Reclamante não está assistida por advogado credenciado no sindicato representativo da sua categoria profissional, de modo a justificar o deferimento de honorários advocatícios. Nesse cenário, verifica-se que a decisão contraria o disposto nas Súmulas 219 e 329/TST. Recurso de revista conhecido e provido. (TST – ARR: 2067921201550403 05, Relator: Douglas Alencar Rodrigues, Data de Julgamento: 10/04/2019, 5ª Turma, Data de Publicação: DEJT 12/04/2019)

DENUNCIAÇÃO DA LIDE – HIPÓTESES DE CABIMENTO. A denunciação da lide consiste em chamar um terceiro para participar da demanda, tendo como principal objetivo solucionar, em um mesmo processo, as relações entre eles, evitando-se a propositura de uma futura ação de regresso, conforme art. 125 do CPC. No caso em exame, a relação contratual estabelecida entre as empresas tem natureza estranha ao objeto da pretensão instaurada pela parte autor, de natureza jurídica trabalhista, motivo pelo qual, inviável a denunciação da lide no caso concreto. A admissibilidade da denunciação da lide nas causas trabalhistas supõe que a relação jurídica entre o denunciante e o denunciado se insira na competência da Justiça do Trabalho, não constitua óbice à celeridade própria do Processo do Trabalho e, ainda, seja de interesse do Reclamante. (TRT-1 – RO: 01011011320175010073 RJ, Relator: Angelo Galvao Zamorano, Data de Julgamento: 26/02/2019, Gabinete do Desembargador Angelo Galvão Zamorano, Data de Publicação: 11/04/2019)

AGRAVO – AGRAVO DE INSTRUMENTO EM RECURSO DE REVISTA – ACÓRDÃO PUBLICADO NA VIGÊNCIA DA LEI N. 13.015/2014 – ILEGITIMIDADE PASSIVA. Eventual vulneração aos artigos 5º, II, da CF e 265 do CC, bem como inaplicabilidade da Súmula n. 331/TST, somente é possível verificar no exame do mérito. De outro lado, os arestos indicados são inespecíficos, nos termos da Súmula 296, I, do TST. Agravo não provido. DENUNCIAÇÃO À LIDE. A questão da aplicabilidade do instituto da denunciação da lide, no processo do trabalho, a despeito da ampliação da competência desta Justiça Especial, deve ser analisada caso a caso, considerando-se o interesse do trabalhador na celeridade processual, tendo em vista a natureza alimentar dos créditos trabalhistas, bem como a própria competência da Justiça do Trabalho para apreciar a controvérsia surgida entre o denunciante e o denunciado. Vê-se, pois, que o interesse, no caso, pertence ao reclamante, que nada postulou nesse sentido, ao contrário, diante da discordância do autor, foi indeferido o requerimento das reclamadas de denunciação à lide da Petrobrás. Assim, não há como pretender a inclusão da Petrobrás no polo passivo. Não se detecta violação dos dispositivos constitucional e legal invocados. Os arestos são inservíveis, nos termos do artigo 896 da CLT. Agravo não provido. PRESCRIÇÃO

BIENAL. Prevalece nessa Corte Superior o entendimento no sentido de que a prescrição bienal, na hipótese de trabalhador avulso, deve ser contata a partir o cancelamento do registro ou do cadastro no Órgão Gestor de Mão de Obra, o que afasta a tese da reclamada de que a prescrição deve ser observada a partir de cada engajamento. Precedente. Incidem, portanto, a Súmula n. 333 desta Corte e o art. 896, § 7º, da CLT como óbices ao prosseguimento da revista, a pretexto da alegada ofensa aos dispositivos apontados, bem como da divergência jurisprudencial transcrita. Agravo não provido. JORNADA DE TRABALHO – ADICIONAL DE PERICULOSIDADE – REAJUSTE SALARIAL – INDICAÇÃO DO TRECHO DA DECISÃO RECORRIDA QUE CONSUBSTANCIA O PREQUESTIONAMENTO DA CONTROVÉRSIA OBJETO DO RECURSO -DESCUMPRIMENTO DA EXIGÊNCIA CONTIDA NO ART. 896, § 1º-A, DA CLT. O art. 896, § 1º-A, I, da CLT, incluído pela Lei n. 13.015/2014, dispõe ser ônus da parte, sob pena de não conhecimento, "indicar o trecho da decisão recorrida que consubstancia o prequestionamento da controvérsia objeto do recurso de revista". Na presente hipótese, a parte recorrente não observou o requisito contido no dispositivo, o que inviabiliza o prosseguimento do recurso de revista. Agravo não provido .(TST – Ag-AIRR: 23364620145090022, Relator: Breno Medeiros, Data de Julgamento: 13/11/2019, 5ª Turma, Data de Publicação: DEJT 22/11/2019)

RECURSO DE REVISTA – 1. DENUNCIAÇÃO DA LIDE – SEGURADORA – INAPLICABILIDADE AO CASO CONCRETO – NÃO CONHECIMENTO. Mesmo após o cancelamento da Orientação Jurisprudencial n. 227 da SBDI-1, em face da ampliação da competência da Justiça do Trabalho pela Emenda Constitucional n. 45/2004, o cabimento da denunciação da lide pressupõe a competência desta Justiça Especializada para dirimir a controvérsia entre denunciante e denunciado, o que não ocorre no caso em que se deduz pretensão meramente regressiva, de natureza cível, em face do denunciado. Precedentes. Salienta-se, além disso, que este Tribunal Superior reconhece que deve haver uma análise do caso concreto para a apuração da pertinência da denunciação da lide no âmbito trabalhista, em especial em confronto com os princípios da efetividade, celeridade e da simplicidade processuais inerentes ao processo do trabalho. No caso vertente, portanto, em que se discute o pagamento de reparação por dano moral decorrente de acidente de trabalho, inviável a aplicação da denunciação da lide à seguradora, pois visa tão somente à ação de regresso em desfavor de tal empresa, de sorte que não se apresenta a Justiça do Trabalho como a via adequada para mencionada apuração. Incidência da Súmula n. 333 e do artigo 896, § 7º, da CLT. Recurso de revista de que não se conhece. 2. DANO MORAL – CONFIGURAÇÃO – AMPUTAÇÃO DE DEDOS – NÃO CONHECIMENTO. Ao examinar o conjunto fático-probatório do processo, mormente a prova pericial, o Tribunal Regional foi categórico ao afirmar que restaram demonstrados não só o dano causado ao reclamante, em face de acidente de trabalho , em decorrência do qual teve amputadas as duas falanges distais do segundo quirodáctilo, e mais a falange distal do terceiro quirodáctilo da mão direita, mas também a culpa da reclamada e o nexo de causalidade entre o evento danoso e a lesão sofrida pelo autor, a justificar a reparação do dano moral pleiteado. Nesse contexto, a tese recursal da reclamada de que não estariam configurados os requisitos ensejadores da responsabilidade civil encontra óbice na Súmula n. 126, porquanto, somente após o reexame dos fatos e provas produzidos no processo, poderia esta Corte Superior acolhê-la. Recurso de revista de que não se conhece. 3. DANO MORAL – QUANTUM COMPENSATÓRIO – RAZOABILIDADE – NÃO CONHECIMENTO. Na fixação do valor da reparação por dano moral, o magistrado deve valer-se dos princípios da razoabilidade e da proporcionalidade, previstos na Constituição Federal. Há que atentar, também, para a gravidade objetiva da lesão, a intensidade do sofrimento da vítima, o maior ou menor poder econômico do ofensor e o caráter compensatório em relação à vítima e repressivo em relação ao agente causador do dano. Somente no caso de arbitramento de valor manifestamente irrisório, ou de outra parte, excessivo, mediante a imposição de verbas absurdas, fora da realidade, despropositadas, é concebível impulsionar-se o recurso de revista ao conhecimento, por violação dos princípios da razoabilidade e da proporcionalidade insculpidos no artigo 5º, V, da Constituição Federal. No caso, o valor arbitrado pelo Tribunal Regional, no importe de R$ 20.000,00 (vinte mil reais), não impulsiona ao conhecimento o recurso de revista, porquanto não se cuida de valor desproporcional, tampouco estratosférico. Recurso de revista de que não se conhece. 4. HORAS EXTRAORDINÁRIAS - CARGO DE CONFIANÇA - ARTIGO 62, II, DA CLT - NÃO CONHECIMENTO. A egrégia Corte Regional, soberana no exame dos fatos e provas do processo, consignou não haver provas de que o reclamante exercia funções típicas de cargo de confiança, com poder de autonomia nas decisões a serem tomadas. Fez constar, ainda, os termos da sentença, mantida integralmente quanto ao tema, da qual se extrai que não restou demonstrado pela reclamada que o autor percebia gratificação de função de , no mínimo , 40% sobre o valor do salário efetivo . Assim, concluiu que o reclamante não desempenhou efetivo cargo de gestão, não se enquadrando, pois, na previsão contida no artigo 62, II, da CLT. Incidência do óbice contido na Súmula n. 126 a inviabilizar o reexame necessário para se infirmar a conclusão exposta pela instância ordinária. Recurso de revista de que não se conhece.

(TST - RR: 1841008320095200005, Relator: Guilherme Augusto Caputo Bastos, Data de Julgamento: 12/09/2018, 4ª Turma, Data de Publicação: DEJT 14/09/2018)

(...) "RECURSOS DE REVISTA NÃO CONHECIDOS - RECURSO DE REVISTA DA GERDAU AÇOMINAS S.A - MATÉRIAS REMANESCENTES - COMPETÊNCIA DA JUSTIÇA DO TRABALHO - ACIDENTE DE TRABALHO - DENUNCIAÇÃO À LIDE DA EMPRESA SEGURADORA. A aplicabilidade do instituto da denunciação à lide no processo do trabalho, a despeito da ampliação da competência desta Justiça Especial, deve ser analisada caso a caso, considerando-se o interesse do trabalhador na celeridade processual, tendo em vista a natureza alimentar dos créditos trabalhistas, bem como a própria competência da Justiça do Trabalho para apreciar a controvérsia surgida. Precedente da col. SBDI-1 de minha relatoria. Recurso de revista não conhecido. ACIDENTE DE TRABALHO - DANO MORAL - CARACTERIZAÇÃO - REDUÇÃO DO VALOR DA INDENIZAÇÃO. O único julgado trazido ao cotejo não se presta ao exame, porque originário de Turma deste Tribunal, fonte não autorizada pelo art. 896 da CLT. No mais, o pedido alternativo de redução do valor atribuído à indenização por danos morais revela-se desfundamentado, à luz do art. 896 da CLT, na medida em que não apontada violação de dispositivos de lei ou da Constituição Federal, tampouco colacionados arestos para caracterização de divergência jurisprudencial. Recurso de revista não conhecido. HONORÁRIOS ADVOCATÍCIOS - CREDENCIAL SINDICAL - AUSÊNCIA. Na Justiça do Trabalho o deferimento de honorários advocatícios sujeita-se à constatação da presença concomitante de dois requisitos: o benefício da justiça gratuita e a assistência do sindicato. Neste sentido a Orientação Jurisprudencial n. 305 da SBDI-1 do col. TST. Não preenchidos os requisitos preconizados na lei, a reclamante não faz jus aos honorários advocatícios. Esta col. Corte Superior também já consolidou seu entendimento acerca da matéria, nos termos das Súmulas ns. 219 e 329. Recurso de revista conhecido e provido." (TST — RR 9300-72.2009.5.17.0001 — 6ª T. — Rel. Min. Aloysio Corrêa da Veiga — DJe 24.5.2013) RDM+15+2013+JUL-AGO+205v103

Com a cancelamento da OJ n. 227[31]da SDI I do TST, não remanesce qualquer dúvida sobre a aplicação da denunciação à lide no Processo do Trabalho, após

(31) 227. Denunciação da Lide. Processo do Trabalho. Incompatibilidade. Inserida em 20.6.2001 (cancelada).

a promulgação da Emenda Constitucional n. 45/04, que elasteceu a competência material da Justiça do Trabalho.

Neste sentido, as ementas:

> I – AGRAVO DE INSTRUMENTO DA RECLAMADA – RECURSO DE REVISTA INTERPOSTO SOB A ÉGIDE DAS LEIS NS. 13.015/2014, 13.105/2015 E 13.467/2017 – DESCABIMENTO. 1. DENUNCIAÇÃO DA LIDE. Não obstante o cancelamento da Orientação Jurisprudencial 227 da SBDI-1 do TST e a ampliação da competência da Justiça do Trabalho pela Emenda Constitucional n. 45/2004, o cabimento do instituto da denunciação da lide deve ser examinado caso a caso, à luz da competência desta Justiça Especializada para dirimir a controvérsia entre denunciante e denunciado e dos princípios que norteiam o Processo do Trabalho, especialmente os da celeridade, efetividade e simplicidade. 2. ACIDENTE DE TRABALHO – DANO MORAL – CARACTERIZAÇÃO DE RESPONSABILIDADE OBJETIVA – ENQUADRAMENTO TÉCNICO DA ATIVIDADE EMPREENDIDA COMO SENDO PERIGOSA – ARTIGO 927, PARÁGRAFO ÚNICO, DO CÓDIGO CIVIL – MOTORISTA DE CAMINHÃO. 2.1. Condenação ao pagamento de indenização por danos moral e materiais, baseada na aplicação da responsabilidade objetiva, pressupõe o enquadramento técnico da atividade empreendida como sendo perigosa. 2.2. Os motoristas profissionais, aplicados ao transporte rodoviário , enfrentam, cotidianamente, grandes riscos com a falta de estrutura da malha rodoviária brasileira. O perigo de acidentes é constante, na medida em que o trabalhador se submete, sempre, a fatores de risco superiores àqueles a que estão sujeitos o homem médio. Nesse contexto, revela-se inafastável o enquadramento da atividade de motorista de viagem como de risco, o que autoriza o deferimento dos títulos postulados com arrimo na aplicação da responsabilidade objetiva prevista no Código Civil. Precedentes. 3. JULGAMENTO "EXTRA PETITA" – PENSÃO MENSAL – INCLUSÃO DO 13º SALÁRIO – NÃO CONFIGURAÇÃO. Respeitados os limites da lide, não há que se cogitar de julgamento «extra petita». Agravo de instrumento conhecido e desprovido. II – RECURSO DE REVISTA ADESIVO DOS RECLAMANTES. Prejudicada a análise de recurso de revista adesivo, quando não conhecido o recurso de revista principal (art. 997, §§ 1º e 2º, do CPC).
>
> (TST – ARR: 106247120175030142, Relator: Alberto Luiz Bresciani de Fontan Pereira, Data de Julgamento: 24/04/2019, 3ª Turma, Data de Publicação: DEJT 26/04/2019)

26. Responsabilidade da Administração Pública, o art. 71 da Lei n. 8.666/93 e a Súmula n. 331 do Tribunal Superior do Trabalho

O espírito do Direito do Trabalho tem por escopo a integração do trabalhador no núcleo da atividade econômica da empresa, destacando-o como um colaborador na formação do patrimônio do empregador.

Logo, se o trabalhador colabora na formação do patrimônio do empregador, este patrimônio converte-se numa espécie de hipoteca legal dos créditos trabalhistas, como um direito de sequela, independentemente de se tratar o empregador de pessoa jurídica de direito privado ou entidade pertencente à Administração Pública.

O art. 71 e o § 1º da Lei n. 8.666/1993 dispõem que:

"Art. 71. O contratado é responsável pelos encargos trabalhistas, previdenciários, fiscais e comerciais resultantes da execução do contrato.

§ 1º A inadimplência do contratado com referência aos encargos trabalhistas, fiscais e comerciais não transfere à Administração Pública a responsabilidade por seu pagamento, nem poderá onerar o objeto do contrato ou restringir a regularização e o uso das obras e edificações, inclusive perante o Registro de Imóveis. (Redação dada pela Lei n. 9.032, de 28.4.1995).

A sua aplicação deve se dar em conexão com o § 6º do art. 37 da Constituição Federal de 1988, em obediência aos princípios constitucionais aplicáveis aos órgãos da Administração Pública, notadamente os princípios da moralidade, legalidade e impessoalidade.

E o § 2º desta lei dispõe:

A Administração Pública responde solidariamente com o contratado pelos encargos previdenciários resultantes da execução do contrato, nos termos do art. 31 da Lei n. 8.212, de 24 de julho de 1991. (Redação dada pela Lei n. 9.032, de 1995).

Não vemos outra interpretação para o aludido art. 71 da Lei n. 8.666/1993, pois de outra forma poderíamos cunhá-lo de materialmente inconstitucional. O E. STF na ADV 16, declarou a constitucionalidade do art. 71, da Lei n. 8666/1993. Ao decidir, a maioria dos ministros se pronunciou pela constitucionalidade do art. 71 e seu parágrafo primeiro, e houve consenso no sentido que o C. TST não poderá generalizar os casos e terá de investigar com mais rigor se a inadimplência tem como causa principal a falha ou falta de fiscalização pelo órgão público contratante.

Peço vênia para transcrever, inteiro teor de um acórdão sobre a Responsabilidade Subjetiva da Administração Pública, de nossa lavra, no TRT 1ª Região, para fins elucidativos da presente matéria, de grande importância no Direito do Trabalho: PROCESSO: 0000900-10.2013.5.01.0281 — RTOrd, como segue:

"RESPONSABILIDADE SUBSIDIÁRIA

Pugna o segundo reclamado pela reforma da sentença no que tange à condenação subsidiária que lhe foi imposta. Não lhe assiste razão. Em primeiro lugar, não há que se falar em conflito entre Súmulas do TST, haja vista que a Súmula 363 trata de trabalhador contratado sem concurso público. Ocorre que não foi pedido vínculo empregatício com o Estado, razão por que inexistente violação ao art. 37 da CRFB e afronta a Súmula n. 363 do C. TST. O caso em análise não se refere a contrato nulo e sim responsabilidade da tomadora dos serviços, para quem o obreiro despende diretamente a sua força de trabalho. A Súmula n. 331 do TST determinava que:

I — A contratação de trabalhadores por empresa interposta é ilegal, formando-se o vínculo diretamente com o tomador dos serviços, salvo no caso de trabalho temporário (Lei n. 6.019, de 3.1.1974).

> II — A contratação irregular de trabalhador, através de empresa interposta, não gera vínculo de emprego com os órgãos da Administração Pública Direta, Indireta ou Fundacional (art. 37, II, da Constituição da República).
>
> III — Não forma vínculo de emprego com o tomador a contratação de serviços de vigilância (Lei n. 7.102, de 20.6.1983), e de conservação e limpeza, bem como a de serviços especializados ligados à atividade-meio do tomador, desde que inexistente a pessoalidade e a subordinação direta.
>
> IV — O inadimplemento das obrigações trabalhistas, por parte do empregador, implica na responsabilidade subsidiária do tomador dos serviços quanto àquelas obrigações, inclusive quanto aos órgãos da administração direta, das autarquias, das fundações públicas, das empresas públicas e das sociedades de economia mista, desde que hajam participado da relação processual e constem também do título executivo judicial (art. 71 da Lei n. 8.666/1993)."

O tomador (contratante) tem a obrigação não apenas na seleção ou escolha da empresa de prestação de serviços, bem como de sua fiscalização. Aplica-se aqui o desdobramento da responsabilidade civil no que respeita às relações de trabalho, por meio da culpa *in eligendo* e *in vigilando*. O tomador de serviços deverá exigir, mensalmente ou a cada dois meses, a apresentação dos comprovantes de recolhimentos previdenciários, fiscais e trabalhistas até mesmo para sua própria proteção financeira. É cediço que o crédito trabalhista é superprivilegiado, de acordo com os arts. 186 do CTN e do art. 449 da CLT. Verifica-se, no plano fático, a configuração da responsabilidade subsidiária quando a empresa prestadora de serviços for inadimplente em relação aos títulos trabalhistas e previdenciários de seus empregados. Pela experiência forense, é fato corriqueiro que, quando ocorre a finalização dos contratos de prestação de serviços, com a ocorrência de novas licitações e o surgimento, neste plano, de novos vencedores e perdedores, tem-se, assim, a rescisão de contratos de trabalho dos trabalhadores terceirizados e concomitantemente a rescisão de contratos de prestação de serviços entre o tomador e o prestador, com a emergência de inadimplementos de toda sorte em relação aos títulos rescisórios dos empregados terceirizados. Com a finalidade de proteger estes trabalhadores, que carecem até mesmo de proteção sindical, em situações de inadimplemento, aplica-se a teoria da responsabilidade civil, nos vetores da culpa *in eligendo* e *in vigilando,* devendo o tomador ser devidamente responsabilizado. Não remanesce dúvida de que o tomador deve compor a relação jurídica processual, para que possa responder, no plano dos fatos, pelo inadimplemento por parte da empresa prestadora dos serviços. Aplica-se, de forma analógica, o entendimento jurisprudencial da Súmula n. 205 do TST (cancelada em 19.11.2003 — Resolução n. 121/03) em relação ao grupo de empresas.

Embora a inclusão do tomador no polo passivo seja uma medida elogiável, na medida em que integrando a relação jurídica processual poderá requerer e apresentar as provas necessárias, declinar seus argumentos e exercer com plenitude seu direito constitucional de ampla defesa e contraditório, fundamentos do devido processo legal, hodiernamente já não mais se discute do acerto do entendimento de que a execução só pode se voltar às empresas que tenham participado do processo, em sua fase de conhecimento. Em face da dinâmica da vida social, dos efeitos da globalização, na era do conhecimento e da informação e da proliferação da terceirização, que atualmente está presente em praticamente todos os segmentos produtivos, inclusive com intensidade na Administração Pública, a responsabilização dos tomadores de serviços se assemelha aos grupos empresariais, nas palavras do relator Ney José de Freitas (TRT-PR-71350-2003-006-09-00-0. Seção Especializada. DJ PR 4.11.2005): "não se trata de abrir a exceção à regra e permitir que a execução se volte contra quem não participou do processo cognitivo apenas porque pertence ao mesmo grupo econômico, com clara ofensa ao princípio do devido processo legal. Não pode ser desprezada a circunstância de que a embargante não foi incluída no polo passivo, para que o autor se beneficiasse do art. 2º, § 2º, da CLT, pela simples razão de que sequer existia, à época da propositura da ação. Isentá-la de responsabilidade pode criar perigoso precedente, que permitiria ao executado simplesmente constituir outras empresas que, a despeito de plenas condições de arcar com a dívida, podem livrar-se da execução com o singelo argumento de que não participaram do polo passivo da demanda, na fase de conhecimento. Agravo de petição que se nega provimento para manter a penhora sobre o bem da terceira embargante". De acordo com Emília Simeão Albino Sako "...a terceirização de serviços transformou-se em regra geral, pois o risco é aceitável e bastante razoável. Os números mostram que mais de 50% dos processos ajuizados na Justiça do Trabalho contemplam alguma forma de terceirização. E não só as empresas privadas utilizam essa forma nefasta de trabalho, como também o setor público, ou seja, quem, justamente, deveria zelar pelo cumprimento da lei. [...] A terceirização favorece apenas uma das partes da relação, ou seja, favorece apenas o detentor do capital, que com ela reduz os custos de produção com elevação dos lucros. As empresas terceirizadas mal conseguem cumprir o contrato, sendo que na maioria das vezes encerram suas atividades e desaparecem antes do contrato chegar ao fim. O trabalhador é mal remunerado, cumpre extensas jornadas de trabalho, as condições de trabalho são indignas, o contrato precário e de curta duração. Trata-se de uma forma cruel de exploração do trabalhador, pois passa a ser considerado uma simples peça no sistema da produção. As empresas terceirizadas não sobrevivem por muito tempo, deixando milhares de trabalhadores sem emprego, desprovidos de direitos mínimos" (*A prova no processo do trabalho.* São Paulo: LTr, 2006. p. 346). As entidades da Administração Pública Direta e Indireta, bem como as concessionárias de serviços públicos, quando investidas na qualidade de empregadores ou tomadores de serviços devem responder pelos prejuízos que nesta qualidade causaram aos que lhes prestam serviços. Os dizeres anteriores estão em consonância com o art. 37, VI, da CF/88, relativamente à responsabilidade objetiva da Administração Pública, porém, o col. TST, por meio da Súmula n. 331, veio relativizar aquele entendimento, atribuindo-lhe a responsabilidade subsidiária, em caso de culpa na escolha/seleção e fiscalização das empresas prestadoras de serviços. Por este entendimento é que a jurisprudência cristalizada na Súmula n. 331 do TST há de ser mantida no presente caso concreto. Em face do fenômeno da terceirização, como é o caso dos autos, a jurisprudência do Tribunal Superior do Trabalho adota a tese da responsabilidade civil subjetiva. Neste panorama, o tomador ou contratante dos serviços, seja público ou privado, possui a responsabilidade civil na seleção/escolha e fiscalização no trato das relações trabalhistas da empresa prestadora com seus empregados.

Nesse sentido, também são os seguintes julgados, *verbis:*

> I – AGRAVO DE INSTRUMENTO EM RECURSO DE REVISTA – RITO SUMARÍSSIMO – ACÓRDÃO REGIONAL PUBLICADO NA VIGÊNCIA DAS LEIS NS. 13.015/2014 E 13.467/2017 – RESPONSABILIDADE SUBSIDIÁRIA – SOCIEDADE DE ECONOMIA MISTA – ENTE PÚBLICO – TRANSCENDÊNCIA. Considerando a publicação do acórdão regional na vigência da Lei n. 13.467/2017, o recurso de revista submete-se ao crivo da transcendência, que deve ser analisada de ofício e previamente, independentemente de alegação pela parte. O art. 896-A da CLT, inserido pela Lei n. 13.467/2017, com vigência a partir de 11/11/2017, estabelece em seu § 1º, como indicadores de transcendência: I – econômica, o elevado valor da causa; II – política, o desrespeito da instância recorrida à jurisprudência sumulada do Tribunal Superior do Trabalho ou do Supremo Tribunal Federal; III – social, a postulação, por reclamante-recorrente, de direito social constitucionalmente assegurado; IV – jurídica, a existência de questão nova em torno da interpretação da legislação trabalhista. Por sua vez, este Tribunal Superior do Trabalho, ao editar o seu Regimento Interno, dispôs expressamente sobre a transcendência nos arts. 246, 247, 248 e 249. Nos autos do RE n. 760.931, com repercussão geral, o Supremo Tribunal Federal decidiu que a responsabilização subsidiária da Administração Pública está vinculada à demonstração de ausência/falha na fiscalização por parte desta, em relação ao cumprimento das obrigações contratuais da prestadora de serviços para com o empregado. No caso concreto, os trechos do acórdão recorrido indicados no recurso de revista em atenção aos termos da Lei n. 13.015/2014 denotam que a atribuição de responsabilidade subsidiária ao ente da Administração Pública não está alicerçada na prova efetivamente apresentada nos autos, mas em mera presunção de culpa. Em tais circunstâncias, a decisão regional aparentemente desrespeita a jurisprudência do c. STF e contraria a Súmula n. 331, V, do c. TST. Logo, a demanda oferece transcendência com relação aos reflexos gerais de natureza política, nos termos do art. 896-A, § 1º, II, da CLT. RESPONSABILIDADE SUBSIDIÁRIA – SOCIEDADE DE ECONOMIA MISTA – ENTE PÚBLICO – TRANSCENDÊNCIA – AUSÊNCIA DE CARACTERIZAÇÃO DA CULPA "IN VIGILANDO". Evidenciada, pois, a existência de possível contrariedade à Súmula n. 331 do TST, deve-se dar provimento ao agravo de instrumento para melhor exame do recurso de revista. Agravo de instrumento conhecido e provido. II – RECURSO DE REVISTA – RITO SUMARÍSSIMO – ACÓRDÃO REGIONAL PUBLICADO NA VIGÊNCIA DAS LEIS NS. 13.015/2014 E 13.467/2017. RESPONSABILIDADE SUBSIDIÁRIA – SOCIEDADE DE ECONOMIA MISTA – ENTE PÚBLICO – AUSÊNCIA DE CARACTERIZAÇÃO DA CULPA IN VIGILANDO. No caso, não é possível extrair do acórdão recorrido a configuração da ausência ou falha na fiscalização pelo ente público em relação às obrigações contratuais firmadas pela prestadora de serviços para com a autora, pressuposto que o Supremo Tribunal Federal entende ser necessário a fim de configurar "a culpa in vigilando", justificadora da condenação subsidiária. Registre-se, ainda, por oportuno, a recente decisão do STF no RE n. 760.931, com repercussão geral,

que atribuiu o ônus da prova da ausência de fiscalização ao trabalhador. Assim, deve ser dado provimento ao recurso de revista para afastar a responsabilidade subsidiária do Reclamado. Recurso de revista conhecido por contrariedade à Súmula n. 331, V, do TST e provido. CONCLUSÃO: Agravo de instrumento conhecido e provido e recurso de revista conhecido e provido. (TST – RR: 201205320185040404, Relator: Alexandre de Souza Agra Belmonte, Data de Julgamento: 10/04/2019, 3ª Turma, Data de Publicação: DEJT 12/04/2019)

A) AGRAVO DE INSTRUMENTO EM RECURSO DE REVISTA – INDENIZAÇÃO POR DANO MORAL – DISPENSA IMOTIVADA – SUBSIDIÁRIA INTEGRAL DE SOCIEDADE DE ECONOMIA MISTA. INEXISTÊNCIA DE CONDUTA ILÍCITA. Ante a demonstração de possível violação do art. 927 do CC, merece processamento o recurso de revista. Agravo de instrumento conhecido e provido. B) RECURSO DE REVISTA – INDENIZAÇÃO POR DANO MORAL – DISPENSA IMOTIVADA – SUBSIDIÁRIA INTEGRAL DE SOCIEDADE DE ECONOMIA MISTA – INEXISTÊNCIA DE CONDUTA ILÍCITA. Segundo a teoria da responsabilidade civil subjetiva consagrada nos arts. 186 e 927 do Código Civil, a caracterização do dever de indenizar pressupõe a existência concomitante do ato ilícito, do nexo causal e do dano. No caso, a conduta ilícita atribuída à reclamada foi a ausência de motivação do ato de dispensa do reclamante, a qual foi considerada nula, por se tratar de empresa integrante da Administração Pública indireta, na condição de subsidiária integral de sociedade de economia mista. Contudo, este entendimento não pode prevalecer, pois "a despedida de empregados de empresa pública e de sociedade de economia mista, mesmo admitidos por concurso público, independe de ato motivado para sua validade", conforme a diretriz perfilhada pelo item I da OJ n. 247 da SDI-1 desta Corte. Outrossim, é oportuno ressaltar que a tese de necessidade de motivação da dispensa fixada pelo Supremo Tribunal Federal nos autos do RE n. 589.998, em sede de repercussão geral (Tema 231), é aplicável apenas à Empresa Brasileira de Correios e Telégrafos (ECT), conforme entendimento sufragado no aludido julgamento. Nesse contexto, não há falar em nulidade da dispensa imotivada promovida pela reclamada, inexistindo, por conseguinte, conduta ilícita capaz de ensejar a configuração do dever de indenizar. Recurso de revista conhecido e provido.(TST – RR: 7073620145050026, Relator: Dora Maria da Costa, Data de Julgamento: 29/05/2019, 8ª Turma, Data de Publicação: DEJT 31/05/2019)

"TERCEIRIZAÇÃO — SOCIEDADE DE ECONOMIA MISTA — RESPONSABILIDADE SUBSIDIÁRIA — O STF entendeu, na ADC n. 16/DF, que a Administração Pública Direta e Indireta não pode ser responsabilizada pelo mero inadimplemento das obrigações contraídas pelo prestador dos serviços. Todavia, uma vez demonstrada a falha na fiscalização do cumprimento destas obrigações por parte da administração, pode-se aplicar o instituto da responsabilidade subsidiária, como bem evidenciou, posteriormente, o inciso V da Súmula n. 331 do TST. Ressalte-se, ainda, que de acordo com o art. 173, § 1º, inciso II da CF/88 as sociedades de economia mista exploradoras de atividade econômica sujeitam-se ao regime próprio das empresas privadas, inclusive quanto às obrigações trabalhistas." (TRT 3ª R. — RO 64/2012-015-03-00.5 — Rel. Des. Sebastiao Geraldo de Oliveira —DJe 12.10.2012 — p. 17)

"TERCEIRIZAÇÃO — EMPRESA PÚBLICA —RESPONSABILIDADE SUBSIDIÁRIA —CARACTERIZAÇÃO DA CULPA PELA FALTA DE FISCALIZAÇÃO — A responsabilidade subsidiária exsurge da terceirização de atividades da contratante, com a obtenção de serviços destinados à realização de sua atividade, mediante a prestação pelos empregados da contratada. Assim, os efeitos atinentes à relação de trabalho e obrigações trabalhistas devem ser examinados na perspectiva da função social dos contratos e sua garantia, em razão da qual eles não podem ensejar perdas ou inibição aos direitos trabalhistas. Aplicação da Súmula n. 331, inciso V, TST. A responsabilidade do órgão público, na terceirização decorre da culpa *in vigilando*, e se verifica na omissão quanto aos deveres da atuação administrativa, que envolvem a fiscalização de todas as obrigações assumidas pela contratada. Cabe ao ente público a produção dessa prova, cuja omissão conduz à declaração de sua responsabilidade subjetiva. 2) Execução. Prerrogativas inerentes à Fazenda Pública. Inaplicabilidade. A empresa pública que explora atividade econômica, com capital social integralmente subscrito pela União, observa o regime próprio das empresas privadas, por expressa previsão do art. 173, § 1º, II, da Constituição da República. Recurso ordinário a que nega provimento. (TRT 21ª R. — RO 35500-89.2011.5.21.0016 — (120.948) — Relª Desª Maria do Perpétuo Socorro Wanderley de Castro — DJe 31.10.2012 — p. 98). Consoante ementas supra, verifica-se que a Administração Pública (direta ou indireta), quando terceiriza suas atividades, equipara-se aos empregadores da iniciativa privada (art. 173, § 3º, da CF/88), despindo-se, portanto, do *jus imperii* inerentes às atividades de Estado, e destarte, qualquer exclusão em relação à responsabilidade pelo menos subsidiária feriria de morte o princípio constitucional da igualdade. Com base nestes mandamentos constitucionais que o col. TST inclui, de forma expressa, a responsabilidade subsidiária da Administração Pública em contratos de terceirização. O Tribunal Superior do Trabalho, ao redigir a Súmula n. 331, de forma concreta, colocou uma 'pá de cal' em toda e qualquer discussão que pudesse decorrer da terceirização.

Em primeiro lugar, houve a observância da Súmula n. 331 do col. TST, a qual determina o afastamento do art. 71 da Lei n. 8.666/1993. Em segundo lugar, a não aplicação da Lei n. 8.666/1993, não implica, necessariamente, em se dizer que a Lei seja inconstitucional para que não seja aplicada. Se assim o fosse, qualquer negativa de aplicação a um dispositivo legal, de forma concreta, exigiria aferir se a lei é constitucional ou não.

Em terceiro lugar, a discussão acerca da responsabilidade subsidiária da Administração Pública por débitos trabalhistas, baseando-se no confronto entre a Lei n. 8.666 e a Súmula n. 331, TST, reside no âmbito infraconstitucional." (STF — 1ª T. — AI 409.572-AgR — Rel. Min. Ilmar Galvão — DJ 7.3.2003; STF — 2ª T. — AI 401.222-AgR — Rel. Min. Nelson Jobim — DJ 29/11/2002; STF — 2ª T. — AI 453.737-AgR — Rel. Min. Celso de Mello — DJ 5.12.2003)

Em quarto lugar, o STF foi provocado a se manifestar sobre a constitucionalidade do art. 71, § 1º, da Lei n. 8.666/1993 (Ação Declaratória de Constitucionalidade n. 16, ajuizada pelo Distrito Federal em março de 2007), sob a alegação de que o TST estaria negando vigência ao citado dispositivo, pela reiterada aplicação do entendimento jurisprudencial cristalizado no tópico IV da Súmula n. 331. A ADC n. 16 considerou constitucional o art. 71 da Lei n. 8.666/1993, de modo a vedar, de forma expressa, a responsabilidade automática do ente público contratante da empresa prestadora pelos débitos trabalhistas de sua responsabilidade, em caso de inadimplemento.

O E. STF deliberou pela constitucionalidade do art. 71 e o seu § 1º, além da indicação ao TST da não generalização da responsabilidade subsidiária da Administração Pública, devendo, assim, investigar, caso a caso, para que se tenha esta imputação se a inadimplência da empresa prestadora teve por causa principal a falha ou falta de fiscalização pelo órgão público contratante.

A decisão do STF foi no sentido de que o art. 71, § 1º, da Lei n. 8.666/1993 afasta a responsabilidade contratual do ente público pelas obrigações trabalhistas da empresa prestadora. Dessa forma, a responsabilidade pelos direitos trabalhistas dos empregados das empresas prestadoras de serviços deverá ser reconhecida, pelo exame de cada caso concreto, verificando se houve a culpa *lato sensu* do ente público contratante, como nos casos de contração sem licitação, dispensa ilegal do processo licitatório etc. Observe-se que a Administração Pública responde pelos danos que seus agentes causarem a terceiros, assegurado o direito de regresso contra o responsável nos casos de dolo ou culpa (art. 37, § 6º, CF).

Saliente-se que a interpretação do art. 71 da Lei n. 8.666/1993 não pode ser realizada de forma isolada. Seu alcance impõe a leitura combinada com a legislação que imputa à Administração Pública o dever de fiscalizar a execução dos seus contratos, diante dos princípios da legalidade e da moralidade, previstos no art. 37, *caput*, da Constituição Federal.

Os arts. 54, § 1º, 55, inciso XIII e 66 da Lei n. 8.666/1993 determinam que o prestador de mão de obra está obrigado ao cumprimento das obrigações contratuais a partir do momento em que participou da licitação. Ademais, o art. 58, III, assegura à Administração Pública o direito de fiscalizar o efetivo cumprimento dos contratos administrativos.

Por sua vez, o art. 67, *caput* e § 1º, assegura que a execução do contrato deverá ser acompanhada e fiscalizada por um representante da Administração Pública, cabendo ao representante anotar em registro próprio todas as ocorrências relacionadas com a execução do contrato, determinando, inclusive, o que for necessário para a regularização das faltas ou defeitos observados.

O art. 78 dispõe expressamente, como motivo para rescisão do contrato, o não cumprimento ou cumprimento irregular das cláusulas contratuais, especificações, projetos ou prazos, o que também se aplica na hipótese de não cumprimento das obrigações trabalhistas.

No que respeita à responsabilidade subsidiária da Administração Pública, após a decisão do STF, quanto a ADC n. 16, o TST reformulou o teor da Súmula n. 331, conforme a Resolução n. 174, de 24.5.2011, DJe TST 30.5.2011 e promoveu profundas alterações em sua redação, conforme se observa:

> a) o tópico IV foi alterado e agora possui a seguinte redação: "IV — O inadimplemento das obrigações trabalhistas, por parte do empregador, implica a responsabilidade subsidiária do tomador de serviços quanto àquelas obrigações, desde que haja participado da relação processual e conste também do título executivo judicial"; b) o tópico V foi inserido: "V — Os entes integrantes da administração pública direta e indireta respondem subsidiariamente, nas mesmas condições do item IV, caso evidenciada a sua conduta culposa no cumprimento das obrigações da Lei n. 8.666/1993, especialmente na fiscalização do cumprimento das obrigações contratuais e legais da prestadora de serviço

como empregadora. A aludida responsabilidade não decorre de mero inadimplemento das obrigações trabalhistas assumidas pela empresa regularmente contratada".

O item V da Súmula n. 331 do TST reconhece a responsabilidade subsidiária da Administração Pública em caso de não cumprimento com o seu dever de fiscalizar a empresa prestadora quanto ao adimplemento dos direitos trabalhistas dos seus empregados.

Como resultado do julgamento da ADC n. 16 pelo STF e com a nova redação da Súmula n. 331, a jurisprudência do TST tem se posicionado no seguinte sentido:

> RECURSO EXTRAORDINÁRIO REPRESENTATIVO DE CONTROVÉRSIA COM REPERCUSSÃO GERAL - DIREITO CONSTITUCIONAL - DIREITO DO TRABALHO - TERCEIRIZAÇÃO NO ÂMBITO DA ADMINISTRAÇÃO PÚBLICA - SÚMULA 331, IV E V, DO TST - CONSTITUCIONALIDADE DO ART. 71, § 1º, DA LEI N. 8.666/93 - TERCEIRIZAÇÃO COMO MECANISMO ESSENCIAL PARA A PRESERVAÇÃO DE POSTOS DE TRABALHO E ATENDIMENTO DAS DEMANDAS DOS CIDADÃOS -HISTÓRICO CIENTÍFICO - LITERATURA: ECONOMIA E ADMINISTRAÇÃO - INEXISTÊNCIA DE PRECARIZAÇÃO DO TRABALHO HUMANO - RESPEITO ÀS ESCOLHAS LEGÍTIMAS DO LEGISLADOR - PRECEDENTE: ADC 16. EFEITOS VINCULANTES - RECURSO PARCIALMENTE CONHECIDO E PROVIDO. FIXAÇÃO DE TESE PARA APLICAÇÃO EM CASOS SEMELHANTES. 1. A dicotomia entre "atividade-fim" e "atividade-meio" é imprecisa, artificial e ignora a dinâmica da economia moderna, caracterizada pela especialização e divisão de tarefas com vistas à maior eficiência possível, de modo que frequentemente o produto ou serviço final comercializado por uma entidade comercial é fabricado ou prestado por agente distinto, sendo também comum a mutação constante do objeto social das empresas para atender a necessidades da sociedade, como revelam as mais valiosas empresas do mundo. É que a doutrina no campo econômico é uníssona no sentido de que as "Firmas mudaram o escopo de suas atividades, tipicamente reconcentrando em seus negócios principais e terceirizando muitas das atividades que previamente consideravam como centrais" (ROBERTS, John. The Modern Firm: Organizational Design for Performance and Growth. Oxford: Oxford University Press, 2007). 2. A cisão de atividades entre pessoas jurídicas distintas não revela qualquer intuito fraudulento, consubstanciando estratégia, garantida pelos artigos 1º, IV, e 170 da Constituição brasileira, de configuração das empresas, incorporada à Administração Pública por imperativo de eficiência (art. 37, caput, CRFB), para fazer frente às exigências dos consumidores e cidadãos em geral, justamente porque a perda de eficiência representa ameaça à sobrevivência da empresa e ao emprego dos trabalhadores. 3. Histórico científico: Ronald H. Coase, "The Nature of The Firm", Economica (new series), Vol. 4, Issue 16, p. 386-405, 1937. O objetivo de uma organização empresarial é o de reproduzir a distribuição de fatores sob competição atomística dentro da firma, apenas fazendo sentido a produção de um bem ou serviço internamente em sua estrutura quando os custos disso não ultrapassarem os custos de obtenção perante terceiros no mercado, estes denominados "custos de transação", método segundo o qual firma e sociedade desfrutam de maior produção e menor desperdício. 4. A Teoria da Administração qualifica a terceirização (outsourcing) como modelo organizacional de desintegração vertical, destinado ao alcance de ganhos de performance por meio da transferência para outros do fornecimento de bens e serviços anteriormente providos pela própria firma, a fim de que esta se concentre somente naquelas atividades em que pode gerar o maior valor, adotando a função de "arquiteto vertical" ou "organizador da cadeia de valor". 5. A terceirização apresenta os seguintes benefícios: (i) aprimoramento

de tarefas pelo aprendizado especializado; (ii) economias de escala e de escopo; (iii) redução da complexidade organizacional; (iv) redução de problemas de cálculo e atribuição, facilitando a provisão de incentivos mais fortes a empregados; (v) precificação mais precisa de custos e maior transparência; (vi) estímulo à competição de fornecedores externos; (vii) maior facilidade de adaptação a necessidades de modificações estruturais; (viii) eliminação de problemas de possíveis excessos de produção; (ix) maior eficiência pelo fim de subsídios cruzados entre departamentos com desempenhos diferentes; (x) redução dos custos iniciais de entrada no mercado, facilitando o surgimento de novos concorrentes; (xi) superação de eventuais limitações de acesso a tecnologias ou matérias-primas; (xii) menor alavancagem operacional, diminuindo a exposição da companhia a riscos e oscilações de balanço, pela redução de seus custos fixos; (xiii) maior flexibilidade para adaptação ao mercado; (xiii) não comprometimento de recursos que poderiam ser utilizados em setores estratégicos; (xiv) diminuição da possibilidade de falhas de um setor se comunicarem a outros; e (xv) melhor adaptação a diferentes requerimentos de administração, know-how e estrutura, para setores e atividades distintas. 6. A Administração Pública, pautada pelo dever de eficiência (art. 37, caput, da Constituição), deve empregar as soluções de mercado adequadas à prestação de serviços de excelência à população com os recursos disponíveis, mormente quando demonstrado, pela teoria e pela prática internacional, que a terceirização não importa precarização às condições dos trabalhadores. 7. O art. 71, § 1º, da Lei n.8.666/93, ao definir que a inadimplência do contratado, com referência aos encargos trabalhistas, não transfere à Administração Pública a responsabilidade por seu pagamento, representa legítima escolha do legislador, máxime porque a Lei n. 9.032/95 incluiu no dispositivo exceção à regra de não responsabilização com referência a encargos trabalhistas. 8. Constitucionalidade do art. 71, § 1º, da Lei n. 8.666/93 já reconhecida por esta Corte em caráter erga omnes e vinculante: ADC 16, Relator(a): Min. CEZAR PELUSO, Tribunal Pleno, julgado em 24/11/2010. 9. Recurso Extraordinário parcialmente conhecido e, na parte admitida, julgado procedente para fixar a seguinte tese para casos semelhantes: "O inadimplemento dos encargos trabalhistas dos empregados do contratado não transfere automaticamente ao Poder Público contratante a responsabilidade pelo seu pagamento, seja em caráter solidário ou subsidiário, nos termos do art. 71, § 1º, da Lei n. 8.666/93". (RE 760931, Relator(a): Min. ROSA WEBER, Relator(a) p/ Acórdão: Min. LUIZ FUX, Tribunal Pleno, julgado em 26/04/2017, Processo Eletrônico Repercussão Geral – Mérito DJe-206 DIVULG 11-09-2017 PUBLIC 12-09-2017

RECURSO DE REVISTA – RECURSO EXTRAORDINÁRIO – ENTE PÚBLICO TOMADOR DE SERVIÇOS – TEMA 246 DE REPERCUSSÃO GERAL – DECISÃO QUE ATRIBUI RESPONSABILIDADE SUBSIDIÁRIA AO ENTE PÚBLICO À MÍNGUA DA CULPA IN VIGILANDO – JUÍZO DE RETRATAÇÃO EXERCIDO. 1. Ao julgamento do Tema 246 de repercussão geral, o Supremo Tribunal Federal fixou tese no sentido de que "O inadimplemento dos encargos trabalhistas dos empregados do contratado não transfere automaticamente ao Poder Público contratante a responsabilidade pelo seu pagamento, seja em caráter solidário ou subsidiário, nos termos do art. 71, § 1º, da Lei n. 8.666/93". Tendo em vista o quanto fixado pelo Supremo Tribunal Federal, constata-se não ser possível a condenação automática da Administração, pautada exclusivamente na mera inadimplência das verbas trabalhistas. 2. No presente caso, esta Turma imputou responsabilidade subsidiária ao ente público com base no teor do item IV da Súmula 331 do TST ("O inadimplemento das obrigações trabalhistas, por parte do empregador, implica na responsabilidade subsidiária do tomador dos serviços, quanto àquelas obrigações, inclusive quanto aos órgãos da administração direta, das autarquias, das fundações públicas, das empresas públicas e das sociedades de economia mista, desde que hajam participado da relação processual e constem também do título executivo judicial (artigo 71 da Lei n. 8.666/93)."). Não há, na hipótese, qualquer referência à culpa in vigilando por parte da reclamada. 3. Em tal contexto, a decisão desta Primeira Turma destoa do entendimento do Supremo Tribunal Federal no julgamento da ADC 16 e do Tema 246 de repercussão geral, razão pela qual afigura-se imperioso o juízo de retratação, para conhecer do recurso de revista por ofensa ao artigo 71, § 1º, da Lei n. 8.666/93 e, no mérito, dar-lhe provimento , para afastar a responsabilidade subsidiária da Administração Pública pelo pagamento das verbas trabalhistas objeto desta reclamação. Recurso de revista conhecido e provido.(TST – RR: 6181870219995030002, Relator: Hugo Carlos Scheuermann, Data de Julgamento: 18/12/2019, 1ª Turma, Data de Publicação: DEJT 08/01/2020)

RECURSO DE REVISTA – RECURSO EXTRAORDINÁRIO – REPERCUSSÃO GERAL – ART. 1.030, II, DO CPC (ART. 543-B, § 3º, DO CPC/73) – RETRATAÇÃO – RESPONSABILIDADE SUBSIDIÁRIA – TOMADOR DOS SERVIÇOS – ENTE PÚBLICO – TEMA 246 DE REPERCUSSÃO GERAL – CONDENAÇÃO PAUTADA NA ANTIGA REDAÇÃO DA SÚMULA 331, IV/TST – CONDENAÇÃO INDEVIDA – JUÍZO DE RETRATAÇÃO EXERCIDO. 1. Ao julgamento do Tema 246 de repercussão geral, o Supremo Tribunal Federal fixou tese no sentido de que "O inadimplemento dos encargos trabalhistas dos empregados do contratado não transfere automaticamente ao Poder Público contratante a responsabilidade pelo seu pagamento, seja em caráter solidário ou subsidiário, nos termos do art. 71, § 1º, da Lei n. 8.666/93" . Tendo em vista o quanto ficou fixado pelo Supremo Tribunal Federal, constata-se não ser possível a condenação automática do ente público, pautado exclusivamente na mera inadimplência das verbas trabalhistas. 2. No caso, depreende-se do acórdão anteriormente proferido por esta Turma que a responsabilidade subsidiária imputada ao ente público ocorreu em razão do mero inadimplemento das verbas trabalhistas, amparada na antiga redação da Súmula n. 331, IV/TST ("O inadimplemento das obrigações trabalhistas, por parte do empregador, implica a responsabilidade subsidiária do tomador dos serviços, quanto àquelas obrigações, inclusive quanto aos órgãos da administração direta, das autarquias, das fundações públicas, das empresas públicas e das sociedades de economia mista, desde que hajam participado da relação processual e constem também do título executivo judicial (art. 71 da Lei n. 8.666, de 21.06.1993)"), à míngua, portanto, da premissa de culpa da Administração Pública na fiscalização do contrato. Inviável, contudo, a responsabilização subsidiária do ente público pautada na presunção de culpa pelo mero inadimplemento das obrigações trabalhistas devidas pela tomadora, como ocorreu no caso presente . 3. Juízo de retratação exercido, por estar a decisão anterior em dissonância do posicionamento firmado pelo Supremo Tribunal Federal. 4. Configurada a violação do art. 71, § 1º, da Lei 8.666/93. Recurso de revista conhecido e provido.(TST – RR: 990002420095100011, Relator: Hugo Carlos Scheuermann, Data de Julgamento: 05/02/2020, 1ª Turma, Data de Publicação: DEJT 10/02/2020).

"RECURSO DE REVISTA – RESPONSABILIDADE SUBSIDIÁRIA – DECISÃO RECORRIDA NA QUAL A MATÉRIA FOI EXAMINADA EM TESE, SEM O REGISTRO DAS PREMISSAS FÁTICO-PROBATÓRIAS CONCERNENTES ÀS CULPAS *IN ELIGENDO* E *IN VIGILANDO*. 1 — O Pleno do STF, ao declarar a constitucionalidade do art. 71 da Lei n. 8.666/93, somente vedou a transferência consequente e automática, fundada no mero inadimplemento, da responsabilidade da empresa prestadora de serviços para o ente público tomador de serviços, ressalvando que isso não impedirá que a Justiça do Trabalho recorra a outros princípios constitucionais e, invocando fatos da causa, reconheça a responsabilidade da Administração, não pela mera inadimplência, mas por outros fatos. 2 — Em consonância com a jurisprudência do STF, o Pleno do TST deu nova redação à Súmula n. 331 do TST: IV — O inadimplemento das obrigações trabalhistas, por parte do empregador, implica a responsabilidade subsidiária do tomador dos serviços quanto àquelas obrigações, desde que haja participado da relação processual e conste também do título executivo judicial. V — Os entes integrantes da Administração Pública direta e indireta respondem subsidiariamente, nas mesmas condições do item IV, caso evidenciada a sua conduta culposa no cumprimento das obrigações da Lei n. 8.666, de 21.6.1993, especialmente na fiscalização do cumprimento das obrigações contratuais e legais da prestadora de serviço como empregadora. A aludida responsabilidade não decorre de mero inadimplemento das obrigações trabalhistas assumidas pela empresa regularmente contratada. 3 — No caso dos autos, o TRT de origem examinou a matéria em tese, sem, contudo, registrar no acórdão recorrido se houve ou não a culpa *in elegendo* e/ou a culpa *in vigilando*, premissas fático-probatórias indispensáveis para decidir a controvérsia nesta Corte Superior. Nesse contexto, ressalvando entendimento pessoal, curvo-me à conclusão da Sexta Turma, determinando o retorno dos autos à Corte de origem para que prossiga no exame da matéria com base no conjunto fático-probatório relativo à culpa *in eligendo* e/ou à culpa *in vigilando*. 4 — Recurso de revista a que se dá provimento parcial para determinar o retorno dos autos ao TRT de origem." (RR — 20000-77.2008.5.04.0010, Relatora Ministra: Kátia Magalhães Arruda, Data de Julgamento: 6.3.2013, 6ª Turma, Data de Publicação: 8.3.2013).

Nesse sentido, esta egr. Corte Regional, editou a Súmula n. 43, *in verbis:*

"RESPONSABILIDADE SUBSIDIÁRIA DA ADMINISTRAÇÃO PÚBLICA. A constitucionalidade do § 1º do art. 71 da Lei n. 8.666/93, declarada pelo STF no julgamento da ADC n. 16, por si só, não afasta a responsabilidade subsidiária da Administração Pública, quando esta decorre da falta de fiscalização."

O ônus probatório de comprovar que teria procedido à efetiva fiscalização da empresa prestadora de serviços, inclusive com base na IN n. 2/08 do MPOG, analogicamente aplicável ao ente estadual, é do tomador dos serviços, por se tratar de fato impeditivo do direito pretendido relativo à sua responsabilização subsidiária.

Tal questão foi pacificada neste egr. Tribunal com a edição da Súmula n. 41, in *verbis*:

"RESPONSABILIDADE SUBSIDIÁRIA DO ENTE DA ADMINISTRAÇÃO PÚBLICA – PROVA DA CULPA – (ARTS. 29, VII, 58, 67 e 78, VII, DA LEI N. 8.666/93)

Recai sobre o ente da Administração Pública que se beneficiou da mão de obra terceirizada a prova da efetiva fiscalização do contrato de prestação de serviços." Ademais, a Administração tem o dever de exigir a apresentação de documentos que comprovem a regularidade, pela contratada, das obrigações trabalhistas e sociais e, por corolário, ter a posse desses documentos. Nesse plano, o Estado tem plena possibilidade de demonstrar em juízo que não incorreu em culpa *in vigilando*, bastando para tanto a juntada de documentos e a comprovação de que, observado o princípio da legalidade e a regra da não intervenção, fiscalizou a contratada no sentido de evitar o inadimplemento das verbas trabalhistas, o que, no caso sob apreço, não ocorreu eis que não há, nos autos, prova dessa fiscalização.

Oportuno salientar ainda que para que o tomador não seja responsabilizado subsidiariamente, deve ter êxito em demonstrar não apenas que foi diligente na fiscalização, mas sobretudo que tomou providência no sentido de reter os valores correspondentes aos faturamentos da terceirizada, de forma a preservar os pagamentos das verbas salariais (alimentícias) aos respectivos trabalhadores, em conjunto com os consectários legais (FGTS, férias, natalinas etc.). Apenas assim se poderia vislumbrar a possibilidade de haver o afastamento da responsabilidade subsidiária do ente público.

Dessa forma, por não ter havido, no caso concreto, a observância efetiva e profícua da fiscalização do contrato, foi necessário à parte autora que viesse ao Poder Judiciário procurar a satisfação dos seus direitos.

Como o Estado é o tomador e não observou os seus deveres de fiscalização e de escolha, poderá vir a ser responsável em execução, devendo, a sua responsabilidade abranger todos os direitos, inclusive decorrentes da legislação previdenciária e fiscal.

Neste sentido, temos o novo tópico VI da Súmula n. 331:

"A responsabilidade subsidiária do tomador de serviços abrange todas as verbas decorrentes da condenação."

Não é outro o entendimento prevalente nesta Corte Regional, como se infere de sua Súmula n. 13, *in verbis*: 'Cominações dos arts. 467 e 477 da CLT. Terceirização. Responsabilidade subsidiária. Nos casos de terceirização de mão de obra, inserem-se na responsabilidade subsidiária do tomador de serviços, ainda que se tratando de ente da Administração Pública Direta ou Indireta, as cominações dos arts. 467 e 477 da CLT'.

Por todo o exposto, nego provimento ao apelo, neste aspecto, mantendo a responsabilidade subsidiária do Estado, uma vez que não houve a observância efetiva e profícua da fiscalização do contrato com a primeira reclamada no sentido de evitar o inadimplemento das verbas trabalhistas."

27. Responsabilidade das Agências Reguladoras

Com o advento da privatização, o Estado passou a transferir grande parcela da prestação dos serviços públicos à iniciativa privada, cabendo-lhe o poder de regulação e a fiscalização por meio das Agências Reguladoras. O enorme avanço da informática, o crescimento da telefonia celular, da televisão a cabo e da internet colocaram os Estados em face de uma nova realidade, que demanda grande poder de organização e de regulação de novos produtos e serviços à coletividade, que anteriormente eram providos diretamente pelo Estado.

Este poder de organização e de regulamentação do Estado deve ser verificado nos espaços públicos que envolvem a disponibilização de redes de infraestrutura, como as infovias, telecomunicações, energia, água, saneamento, meio ambiente sadio etc. em face de novas necessidades sociais ligadas aos serviços públicos, que demandam enormes investimentos em um momento em que o Estado encontra-se endividado e deficitário, não conseguindo nem mesmo atender aos serviços básicos essenciais (educação, saúde, transporte e educação). Daí a necessidade de se transferir para o setor privado, com melhores condições de investimento, o desenvolvimento de grande parte dessas atividades, com exceção dos monopólios assegurados ao Estado, por norma constitucional (petróleo e energia nuclear).

As Agências Reguladoras surgiram no Direito norte-americano e no Brasil advieram com a política das privatizações, a partir da década de 1990, por meio do Decreto-Lei n. 200/1967, art. 5º; Lei n. 6.387/1976 e da Lei n. 9.986/2000[32], que trata da gestão de recursos humanos das referidas Agências.

As Agências Reguladoras são autarquias em regime especial, tratando-se, portanto, de pessoa jurídica de direito público, sujeitos de direitos e obrigações, com as seguintes características principais:

- Entidade autárquica em regime especial, vinculada aos Ministérios correlatos a seu objeto social;
- Possui personalidade jurídica e patrimônio próprios;
- É dotada de autoridade administrativa independente;
- Ausência de subordinação hierárquica;
- Mandato fixo e estabilidade de seus dirigentes, por 5 (cinco) anos, vedada a recondução;
- Autonomia financeira e orçamentária;
- Administradas por um presidente e diretores, nomeados pelo Presidente da República, depois de aprovados pelo Senado Federal, consistindo em pessoas de ilibada reputação e reconhecida competência técnica na área de atuação;
- Os seus dirigentes somente perderão o mandato em virtude de: renúncia, condenação judicial transitada em julgado ou processo administrativo disciplinar. A causa da perda do mandato também poderá decorrer da

---

(32) Lei n. 9.986, de 18 de julho de 2000.

Dispõe sobre a gestão de recursos humanos das Agências Reguladoras e dá outras providências.

Art. 1º As Agências Reguladoras terão suas relações de trabalho regidas pela Consolidação das Leis do Trabalho, aprovada pelo Decreto-Lei n. 5.452, de 1º de maio de 1943, e legislação trabalhista correlata, em regime de emprego público. (Revogado pela Lei n. 10.871, de 2004)

Art. 12. A investidura nos empregos públicos do Quadro de Pessoal Efetivo das Agências dar-se-á por meio de concurso público de provas ou de provas e títulos, conforme disposto em regulamento próprio de cada Agência, com aprovação e autorização pela instância de deliberação máxima da organização. (Revogado pela Lei n. 10.871, de 2004)

§ 1º O concurso público poderá ser realizado para provimento efetivo de pessoal em classes distintas de um mesmo emprego público, conforme disponibilidade orçamentária e de vagas. (Revogado pela Lei n. 10.871, de 2004)

Art. 13. Os Cargos Comissionados Técnicos são de ocupação privativa de servidores e empregados do Quadro de Pessoal Efetivo, do Quadro de Pessoal Específico e do Quadro de Pessoal em Extinção de que trata o art. 19 e de requisitados de outros órgãos e entidades da Administração Pública. (Revogado pela Lei n. 10.871, de 2004)

inobservância pelo presidente ou diretor dos deveres e proibições inerentes ao cargo;

• Cabe ao Ministro de Estado instaurar procedimento administrativo disciplinar contra o dirigente da Agência, cabendo ao Presidente da República determinar o seu afastamento preventivo;

• Período de quarentena, após deixar o cargo de direção: o ex-dirigente continuará vinculado à autarquia, mediante remuneração equivalente à do cargo que exerceu durante o período não inferior a três (3) meses;

• O dirigente poderá incorrer em prática de advocacia administrativa e estará sujeito às penas do art. 321[33] do Código Penal;

• As Agências Reguladoras têm suas relações de trabalho regidas pelo regime estatutário, conforme a Lei n. 11.182/2005 e Lei n. 11.296/2006. A investidura nos cargos se dará por concurso público (art. 37, inciso II, CF/88), muito embora recentemente as Agências contrataram funcionários sem concurso público, com autorização legal, sob alegação de urgência, que recebeu a chancela do Judiciário;

• Receberam também autorização para prorrogar por 24 meses os contratos de trabalho temporário em vigor, a partir da data de seu vencimento e, quando necessário e possível, recebem funcionários de outros órgãos da Administração, sob a forma de cessão.

Atualmente, o regime jurídico das Agências Reguladoras é o estatutário, sendo obrigatório o concurso público de provas e/provas e títulos, de acordo com o art. 37, II e § 2º, CF/88.

Portanto, as Agências Reguladoras, entre elas a ANATEL, ANNEL, ANP, ANVISA e ANS foram criadas para executar atividades típicas da Administração Pública, que requeiram, para seu melhor funcionamento, gestão administrativa e financeira descentralizada. Suas decisões são técnicas e não políticas e suas decisões não sofrem, ou não deveriam sofrer, qualquer tipo de influência do Chefe do Executivo ou do Ministro de Estado vinculado à área de atuação.

---

(33) Advocacia administrativa.

Art. 321. Patrocinar, direta ou indiretamente, interesse privado perante a administração pública, valendo-se da qualidade de funcionário:

Pena — detenção, de 1 (um) a 3 (três) meses, ou multa.

Parágrafo único. Se o interesse é ilegítimo:

Pena — detenção, de 3 (três) meses a 1 (um) ano, além da multa.

E como fica a responsabilização do Estado em face dos atos da Agência Reguladora e desta em relação aos atos de seus agentes, nessa qualidade?

Como autarquias em regime especial e órgãos dotados de personalidade jurídica própria, as Agências Reguladoras são pessoas diversas da do Estado, e por isso detêm legitimidade para ser parte, ativa ou passiva, judicialmente, haja vista que detêm poderes e obrigações no mundo do Direito.

Logo, possuem capacidade processual para serem acionadas em juízo em qualquer tipo de ação, inclusive naquelas em que seus servidores postulam reajuste de vencimentos, como se depreende da ementa abaixo:

> APELAÇÃO CÍVEL – EMBARGOS À EXECUÇÃO FISCAL – MULTA ADMINISTRATIVA APLICADA POR AGÊNCIA REGULADORA – EXIGIBILIDADE DE CRÉDITO NÃO TRIBUTÁRIO – ALEGAÇÃO DE ILEGITIMIDADE ATIVA DO ESTADO DO RIO DE JANEIRO PARA COBRANÇA – SENTENÇA DE IMPROCEDÊNCIA – MANUTENÇÃO. O artigo 4º da Lei Estadual n. 4.556/2005 confere à AGENERSA apenas atribuições de caráter administrativo, não incluindo a competência para inscrição em dívida ativa, tampouco para execução dos débitos. O Estado do Rio de Janeiro é o detentor da legitimidade para executar os créditos inscritos em dívida ativa provenientes de multas aplicadas pela agência reguladora. Negado provimento ao recurso. (TJ-RJ – APL: 01968907920158190001. Rio de Janeiro Capital Cartório Eletrônico da 11ª Vara Faz. Pública, Relator: Edson Aguiar de Vasconcelos, Data de Julgamento: 30/11/2016, Décima Sétima Câmara Cível, Data de Publicação: 06/12/2016)
>
> APELAÇÃO. EMBARGOS À EXECUÇÃO FISCAL – CRÉDITO NÃO TRIBUTÁRIO DECORRENTE DE MULTA APLICADA POR AUTARQUIA ESPECIAL – AGENERSA – ALEGAÇÃO DE ILEGITIMIDADE ATIVA DO ESTADO DO RIO DE JANEIRO – SENTENÇA DE IMPROCEDÊNCIA QUE NÃO MERECE REPARO – AUSÊNCIA DE LITISPENDÊNCIA, PORQUANTO A AÇÃO ANULATÓRIA ANTERIORMENTE AJUIZADA EM FACE DA AGÊNCIA REGULADORA TERIA POR ESCOPO A REDUÇÃO DO MONTANTE RELATIVO À MULTA APLICADA – INSCRIÇÃO EM DÍVIDA ATIVA QUE, NOS TERMOS DO ART. 176, § 6º, DA CONSTITUIÇÃO ESTADUAL, COMPETE PRIVATIVAMENTE À PROCURADORIA GERAL DO ESTADO – INEXISTÊNCIA NA LEI N. 4.556/05, BEM COMO NO DECRETO N. 38.618/05, DE ATRIBUIÇÃO DE COMPETÊNCIA À AUTARQUIA ESPECIAL PARA INSCRIÇÃO EM DÍVIDA ATIVA E EXECUÇÃO JUDICIAL DE TAIS CRÉDITOS. OUTORGA DO PODER DE POLÍCIA PELO ENTE ESTATAL À AGENCIA REGULADORA QUE NÃO AFASTA A LEGITIMIDADE DO ESTADO DO RIO DE JANEIRO PARA A PROPOSITURA DA EXECUÇÃO FISCAL. RECURSO A QUE SE NEGA PROVIMENTO.
>
> (TJ-RJ – APL: 01968933420158190001 Rio de Janeiro Capital Cartório Eletrônico da 11ª Vara Faz. Pública, Relator: Fernando Fernandy Fernandes, Data de Julgamento: 08/02/2017, Décima Terceira Câmara Cível, Data de Publicação: 10/02/2017)
>
> AGRAVO DE INSTRUMENTO – EXECUÇÃO FISCAL – CRÉDITO NÃO TRIBUTÁRIO DECORRENTE DE MULTA APLICADA POR AUTARQUIA ESPECIAL – ALEGAÇÃO DE ILEGITIMIDADE ATIVA DO ESTADO DO RIO DE JANEIRO – REJEIÇÃO DA EXCEÇÃO DE PRÉ-EXECUTIVIDADE OFERTADA. 1. Na hipótese, o fundamento da objeção apresentada refere-se à ilegitimidade ativa do Estado do Rio de Janeiro, pois a multa inscrita em dívida ativa foi aplicada por agência reguladora, que possui personalidade jurídica própria e, portanto, seria a parte legítima à execução do referido crédito.

2. As agências reguladoras integram a Administração indireta, com atribuição para fiscalizar a execução das atividades sob sua competência e para aplicar as sanções administrativas às infrações verificadas, em razão do Poder de Polícia que lhe foi outorgado por lei. 3. No caso, a lei criadora da Agência Reguladora de Energia e Saneamento Básico do Estado do Rio de Janeiro ¿ AGENERSA, Lei Estadual n. 4.556/2005, estabelece em seu art. 4º as atribuições e responsabilidades da autarquia estadual, dentre elas a de fiscalização, com possibilidade de aplicação direta das sanções cabíveis. 4. O crédito gerado pela imposição da sanção administrativa de multa passa a integrar a chamada "dívida ativa não-tributária" do ente público estadual, uma vez que o detentor da competência tributária é o Estado. 5. Portanto, não havendo delegação da capacidade tributária ativa à respectiva autarquia estadual, como na hipótese dos autos, a agência reguladora não possui competência para inscrever tais valores em Dívida Ativa e nem para executá-los. 6. Sendo assim, o Estado do Rio de Janeiro detém a legitimidade para executar os créditos inscritos em dívida ativa provenientes de multas aplicadas pela Agência Reguladora de Energia e Saneamento Básico do Estado do Rio de Janeiro ¿ AGENERSA. 7. Diante do exposto, voto pelo desprovimento do recurso, com a manutenção da decisão agravada que rejeitou a objeção de pré-executividade ofertada. (TJ-RJ – AI: 00635564920158190000 Rio de Janeiro Capital 11ª Vara Faz. Pública, Relator: Benedicto Ultra Abicair, Data de Julgamento: 11/05/2016, Sexta Câmara Cível, Data de Publicação: 13/05/2016

PROCESSUAL CIVIL – ADMINISTRATIVO — DEPARTAMENTO DE ESTRADAS DE RODAGEM – AUTARQUIA ESTADUAL – LEGITIMIDADE PASSIVA *AD CAUSAM*. O Departamento de Rodagem do Estado de Santa Catarina, na qualidade de autarquia dotada de autonomia de administração econômico-financeira, tem personalidade jurídica e capacidade processual de ser acionado em juízo nas ações em que os seus servidores postulam pagamento de diferenças de vencimentos, o que evidencia a ilegitimidade passiva *ad causam* do Secretário de Estado. Recurso especial conhecido e provido. (STJ — Resp. 235.027 — SC — 6ª T. — Rel. Min. Vicente Leal — DJU 14.2.2000, p. 87)

Depreende-se desta ementa, que as autarquias, e entre elas as Agências Reguladoras, embora de regime especial, são sujeitos de direitos e obrigações, podendo ser acionadas diretamente pelos que se acharem lesados por suas ações e de seus agentes.

Assim sendo, podemos dizer que a responsabilidade civil das Agências Reguladoras decorrentes de atos comissivos é regida pelo disposto no art. 37, § 6º (CF/88), ou seja, responsabilidade objetiva. Por exemplo: se diversas empresas ou consumidores forem prejudicados por uma má decisão gerencial da Agência, decorrente de negligência ou imprudência no desenvolvimento de seu objeto social (planejamento ou fomento de uma atividade econômica), deverá essa responder pelos danos provocados, ainda que indiretamente, pela sua atividade regulatória, posto que a Constituição Federal, em seu art. 37, XXI, garante o equilíbrio econômico-financeiro do contrato administrativo.

Essa matéria também é tratada pela Lei de Licitações (Lei n. 8.666/93), art. 58, I e §§ 1º, 2º, art. 65, II, *d* e §§ 5º e 6º, bem como pela Lei de Concessões (Lei n. 8.987/1995), art. 9º, *caput*.

Portanto, se a Agência Reguladora provocar a alteração dos contratos de concessão, de forma unilateral, que venha a romper o equilíbrio econômico-financeiro do contrato administrativo, deverá ressarcir as concessionárias de serviço público pelos danos causados a estas últimas, de forma a restabelecer o preço do serviço público ou tarifa a um valor compatível com a prestação (inclusive com juros e correção monetária).

De outra parte, se a Agência falha por omissão no planejamento de uma atividade ínsita a seu objeto social, provocando danos a outrem, uma vez configurada a omissão ou a falta de diligência no trato da coisa pública, como órgão regulador, deverá ressarcir as vítimas pelos danos causados, com fulcro no art. 15 do Código Civil de 1916 e art. 43 do novo Código Civil.

Quanto à responsabilidade do Estado em face ao atos da Agência Reguladora, cremos que não se justifica a propositura de ação indenizatória em face ao Estado, pessoa jurídica de direito público, a quem a Agência esteja filiada, com o objetivo de receber indenização por perdas e danos decorrentes dos atos da Agência. O fundamento é que a Agência possui plena capacidade para se defender em juízo, bem como para contrair obrigações, podendo responder diretamente pelos danos causados a terceiros.

Diante dessa linha de pensamento, a responsabilidade do Estado por atos da Agência Reguladora somente será possível, a título subsidiário, e não solidário. Em outras palavras, se buscará os recursos da União, Estado, Distrito Federal ou Município, a quem estiver a Agência vinculada (mas não subordinada) para solver a indenização tão somente após exauridos os recursos da Agência Reguladora.

De outro lado, se a responsabilidade da Agência for decorrente de ato lesivo provocado por um de seus agentes, nessa qualidade, a terceiros, com base na responsabilidade objetiva (CF, art. 37, § 6º), a Agência deverá arcar com a indenização, e, futuramente, ingressar com ação de regresso, em caso de dolo ou culpa do agente. Ou seja, a Agência paga o prejuízo diretamente ao lesado e depois perquire sobre a culpa ou dolo do agente, para eventualmente ajuizar ação de regresso.

Por derradeiro, neste particular, cabe falar da prescrição à pretensão indenizatória em sede das Agências Reguladoras. O Decreto n. 20.910/1932 estabelece a prescrição das ações contra a União, Estados e Municípios, em 5 (cinco) anos, contados do ato ou fato que originou a obrigação. Posteriormente, essa matéria foi disciplinada pelo Decreto-Lei n. 4.597/1942, estendendo o privilégio às autarquias e outros órgãos paraestatais.

A prescrição, como se sabe, pode ocorrer não somente em decorrência da inércia do titular em propor a ação, como também pela displicência no curso do processo, comumente denominada de prescrição intercorrente. Se o titular do direito se mantiver inerte, depois de ajuizada a ação, pelo prazo de dois anos e meio, deixando de promover atos judiciais ou diligências necessárias ao desenvolvimento do processo, o seu direito restará fulminado pela prescrição intercorrente, tal prazo começando a fluir a partir do último ato praticado no processo.

A seguir, transcrevemos a ementa a respeito da matéria:

> LEI N. 9.472/1997 — EFEITOS — A Lei n. 9.472/1997 dispõe sobre a organização dos serviços de telecomunicações e criação da respectiva Agência Nacional Reguladora — Anatel. Prevê em seu art. 94, inciso II, sobre a possibilidade de a empresa concessionária valer-se dos serviços de terceiros para o desenvolvimento regular de suas atividades. Não afasta referida disposição legal, invocada pela recorrente neste sentido, a responsabilidade da concessionária pelos contratos de trabalho pactuados com a empresa contratada, nem impede que os empregados desta venham a Juízo buscar o reconhecimento do vínculo de emprego diretamente. Não obsta, ainda, que empregado anteriormente mantenedor de contrato de trabalho com o concessionário que passa a fazê-lo por meio de empresa interposta, intente reclamatória visando ao reconhecimento da unicidade contratual, hipótese tratada nos presentes autos. EMENTA. Princípio da continuidade da prestação laboral. Presunção *juris tantum*. Dentre os princípios que regem o Direito Material do Trabalho, temos o da continuidade da prestação laboral. Prevalece, sob sua óptica, a ininterruptividade do vínculo de emprego, especialmente quando havia efetivo registro em CTPS e, logo em seguida, passa a existir contratação de forma diversa. Consequentemente, há presunção *juris tantum* da unicidade contratual, no caso, admitindo que o empregador faça prova em sentido contrário. (TRT 2ª R. — RO 13045 — (20030557229) — 3ª T. — Relª Juíza Mercia Tomazinho — DOESP 4.11.2003)

28. Responsabilidade no abuso de autoridade

O abuso de autoridade estava anteriormente disciplinado na Lei n. 4.898/1965[34], que traz o processo de responsabilidade civil, administrativo e penal das autoridades que incorrem nesse tipo de delito, no exercício de suas atividades.

---

(34) Abuso de Autoridade — Responsabilidade Administrativa Civil e Penal — Direito de Representação. Lei n. 4.898, de 1965. Lei n. 4.898, de 9 de dezembro de 1965 (DOU 13.12.1965). Regula o direito de representação e o processo de responsabilidade administrativa civil e penal, nos casos de abuso de autoridade.

O Presidente da República: (Lei Revogado pela Lei n. 13.869, de 2019)

Faço saber que o Congresso Nacional decreta e eu sanciono a seguinte Lei:

Art. 1º O direito de representação e o processo de responsabilidade administrativa civil e penal, contra as autoridades que, no exercício de suas funções, cometerem abusos, são regulados pela presente Lei.

Art. 2º O direito de representação será exercido por meio de petição:

a) dirigida à autoridade superior que tiver competência legal para aplicar, à autoridade, civil ou militar culpada, a respectiva sanção;

b) dirigida ao órgão do Ministério Público que tiver competência para iniciar processo-crime contra a autoridade culpada.

Parágrafo único. A representação será feita em duas vias e conterá a exposição do fato constitutivo do abuso de autoridade, com todas as suas circunstâncias, a qualificação do acusado e o rol de testemunhas, no máximo de três, se as houver.

Art. 3º Constitui abuso de autoridade qualquer atentado:

a) à liberdade de locomoção;

b) à inviolabilidade do domicílio;

c) ao sigilo da correspondência;

d) à liberdade de consciência e de crença;

e) ao livre exercício do culto religioso;

f) à liberdade de associação;

g) aos direitos e garantias legais assegurados ao exercício do voto;

h) ao direito de reunião;

i) à incolumidade física do indivíduo;

j) aos direitos e garantias legais assegurados ao exercício profissional. (Alínea acrescentada pela Lei n. 6.657, de 5.6.1979)

Art. 4º Constitui também abuso de autoridade:

a) ordenar ou executar medida privativa de liberdade individual, sem as formalidades legais ou com abuso de poder;

b) submeter pessoa sob sua guarda ou custódia a vexame ou a constrangimento não autorizado em lei;

c) deixar de comunicar, imediatamente, ao juiz competente a prisão ou detenção de qualquer pessoa;

d) deixar o juiz de ordenar o relaxamento de prisão ou detenção ilegal que lhe seja comunicada;

e) levar à prisão e nela deter quem quer que se proponha a prestar fiança, permitida em lei;

f) cobrar o carcereiro ou agente de autoridade policial carceragem, custas, emolumentos ou qualquer outra despesa, desde que a cobrança não tenha apoio em lei, quer quanto à espécie, quer quanto ao seu valor;

g) recusar o carcereiro ou agente de autoridade policial recibo de importância recebida a título de carceragem, custas, emolumentos ou de qualquer outra despesa;

h) o ato lesivo da honra ou do patrimônio de pessoa natural ou jurídica, quando praticado com abuso ou desvio de poder ou sem competência legal;

i) prolongar a execução de prisão temporária, de pena ou de medida de segurança, deixando de expedir em tempo oportuno ou de cumprir imediatamente ordem de liberdade. (Alínea acrescentada pela Lei n. 7.960, de 21.12.1989)

Art. 5º Considera-se autoridade, para os efeitos desta Lei, quem exerce cargo, emprego ou função pública, de natureza civil, ou militar, ainda que transitoriamente e sem remuneração.

Art. 6º O abuso de autoridade sujeitará o seu autor à sanção administrativa civil e penal.

§ 1º A sanção administrativa será aplicada de acordo com a gravidade do abuso cometido e consistirá em:

a) advertência;

b) repreensão;

c) suspensão do cargo, função ou posto por prazo de 5 (cinco) a 180 (cento e oitenta) dias, com perda de vencimentos e vantagens;

d) destituição de função;

e) demissão;

f) demissão, a bem do serviço público.

§ 2º A sanção civil, caso não seja possível fixar o valor do dano, consistirá no pagamento de uma indenização de quinhentos a dez mil cruzeiros.

§ 3º A sanção penal será aplicada de acordo com as regras dos arts. 42 a 56 do Código Penal e consistirá em:

a) multa de cem cruzeiros a cinco mil cruzeiros;

b) detenção por 10 (dez) dias a 6 (seis) meses;

c) perda do cargo e a inabilitação para o exercício de qualquer outra função pública por prazo até 3 (três) anos.

§ 4º As penas previstas no parágrafo anterior poderão ser aplicadas autônoma ou cumulativamente.

§ 5º Quando o abuso for cometido por agente de autoridade policial, civil ou militar, de qualquer categoria, poderá ser cominada a pena autônoma ou acessória, de não poder o acusado exercer funções de natureza policial ou militar no município da culpa, por prazo de 1 (um) a 5 (cinco) anos.

Art. 7º Recebida a representação em que for solicitada a aplicação de sanção administrativa, a autoridade civil ou militar competente determinará a instauração de inquérito para apurar o fato.

§ 1º O inquérito administrativo obedecerá as normas estabelecidas nas leis municipais, estaduais ou federais, civis ou militares, que estabeleçam o respectivo processo.

§ 2º Não existindo no município, no Estado ou na legislação militar normas reguladoras do inquérito administrativo, serão aplicadas supletivamente as disposições dos arts. 219 a 225 da Lei n. 1.711, de 28 de outubro de 1952 (Estatuto dos Funcionários Públicos Civis da União).

§ 3º O processo administrativo não poderá ser sobrestado para o fim de aguardar a decisão da ação penal ou civil.

Art. 8º A sanção aplicada será anotada na ficha funcional da autoridade civil ou militar.

Art. 9º Simultaneamente com a representação dirigida à autoridade administrativa ou independentemente dela, poderá ser promovida, pela vítima do abuso, a responsabilidade civil ou penal ou ambas, da autoridade culpada.

Art. 10. Vetado.

Art. 11. À ação civil serão aplicáveis as normas do Código de Processo Civil.

Art. 12. A ação penal será iniciada, independentemente de inquérito policial ou justificação, por denúncia do Ministério Público, instruída com a representação da vítima do abuso.

Art. 13. Apresentada ao Ministério Público a representação da vítima, aquele, no prazo de quarenta e oito horas, denunciará o réu, desde que o fato narrado constitua abuso de autoridade, e requererá ao Juiz a sua citação, e, bem assim, a designação de audiência de instrução e julgamento.

§ 1º A denúncia do Ministério Público será apresentada em duas vias.

Art. 14. Se o ato ou fato constitutivo do abuso de autoridade houver deixado vestígios, o ofendido ou o acusado poderá:

a) promover a comprovação da existência de tais vestígios, por meio de duas testemunhas qualificadas;

b) requerer ao Juiz, até setenta e duas horas antes da audiência de instrução e julgamento, a designação de um perito para fazer as verificações necessárias.

§ 1º O perito ou as testemunhas falso o seu relatório e prestarão seus depoimentos verbalmente, ou o apresentarão por escrito, querendo, na audiência de instrução e julgamento.

§ 2º No caso previsto na alínea "a" deste artigo a representação poderá conter a indicação de mais duas testemunhas.

Art. 15. Se o órgão do Ministério Público, ao invés de apresentar a denúncia requerer o arquivamento da representação, o Juiz, no caso de considerar improcedentes as razões invocadas, fará remessa da representação ao Procurador-Geral e este oferecerá a denúncia, ou designará outro órgão do Ministério Público para oferecê-la ou insistirá no arquivamento, ao qual só então deverá o Juiz atender.

Art. 16. Se o órgão do Ministério Público não oferecer a denúncia no prazo fixado nesta Lei, será admitida ação privada. O órgão do Ministério Público poderá, porém, aditar a queixa, repudiá-la e oferecer denúncia substitutiva e intervir em todos os termos do processo, interpor recursos e, a todo tempo, no caso de negligência do querelante, retomar a ação como parte principal.

Art. 17. Recebidos os autos, o Juiz, dentro do prazo de quarenta e oito horas proferirá despacho, recebendo ou rejeitando a denúncia.

§ 1º No despacho em que receber a denúncia, o Juiz designará, desde logo, dia e hora para a audiência de instrução e julgamento, que deverá ser realizada, improrrogavelmente, dentro de cinco dias.

De Plácido e Silva[35] qualifica abuso de autoridade como o abuso de poder conferido a alguém, seja poder público (administrativo) como poder privado (pátrio poder, poder conjugal). Excesso de limites nas funções administrativas, cujas atribuições são definidas e determinadas em lei. Emprego de violência para execução de um ato, que se efetiva sob a proteção de um princípio de autoridade.

---

§ 2º A citação do réu para se ver processar, até julgamento final e para comparecer à audiência de instrução e julgamento, será feita por mandado sucinto que será acompanhado da segunda via da representação e da denúncia.

Art. 18. As testemunhas de acusação e defesa poderão ser apresentadas em Juízo, independentemente de intimação.

Parágrafo único. Não serão deferidos pedidos de precatória para a audiência ou a intimação de testemunhas ou, salvo o caso previsto no art. 14, alínea "b", requerimentos para a realização de diligências, perícias ou exames, a não ser que o Juiz, em despacho motivado, considere indispensáveis tais providências.

Art. 19. À hora marcada, o Juiz mandará que o porteiro dos auditórios ou o oficial de justiça declare aberta a audiência, apregoando em seguida o réu, as testemunhas, o perito, o representante do Ministério Público ou o advogado que tenha subscrito a queixa e o advogado ou defensor do réu.

Parágrafo único. A audiência somente deixará de realizar-se se ausente o Juiz.

Art. 20. Se até meia hora depois da hora marcada o Juiz não houver comparecido, os presentes poderão retirar-se, devendo o ocorrido constar do livro de termos de audiência.

Art. 21. A audiência de instrução e julgamento será pública, se contrariamente não dispuser o Juiz, e realizar-se-á em dia útil, entre dez (10) e dezoito (18) horas, na sede do Juízo ou, excepcionalmente, no local que o Juiz designar.

Art. 22. Aberta a audiência o Juiz fará a qualificação e o interrogatório do réu, se estiver presente.

Parágrafo único. Não comparecendo o réu nem seu advogado, o Juiz nomeará imediatamente defensor para funcionar na audiência e nos ulteriores termos do processo.

Art. 23. Depois de ouvidas as testemunhas e o Perito, o Juiz dará a palavra sucessivamente, ao Ministério Público ou ao advogado que houver subscrito a queixa e ao advogado ou defensor do réu, pelo prazo de quinze minutos para cada um, prorrogável por mais dez (10), a critério do Juiz.

Art. 24. Encerrado o debate, o Juiz proferirá imediatamente a sentença.

Art. 25. Do ocorrido na audiência o escrivão lavrará no livro próprio, ditado pelo Juiz , termo que conterá, em resumo , os depoimentos e as alegações da acusação e da defesa, os requerimentos e, por extenso, os despachos e a sentença.

Art. 26. Subscreverão o termo o Juiz, o representante do Ministério Público ou o advogado que houver subscrito a queixa, o advogado ou defensor do réu e o escrivão.

Art. 27. Nas comarcas onde os meios de transporte forem difíceis e não permitirem a observância dos prazos fixados nesta Lei, o juiz poderá aumentá-los, sempre motivadamente, até o dobro.

Art. 28. Nos casos omissos, serão aplicáveis as normas do Código de Processo Penal, sempre que compatíveis com o sistema de instrução e julgamento regulado por esta Lei.

Parágrafo único. Das decisões, despachos e sentenças, caberão os recursos e apelações previstos no Código de Processo Penal.

Art. 29. Revogam-se as disposições em contrário.

H. Castello Branco-Presidente da República.

(35) SILVA, De Plácido e. Vocabulário jurídico. 3. ed. Rio de Janeiro: Forense, 1993. v. I e II, p. 16.

A jurisprudência[36] caracteriza a sua existência, quando ocorrerem os seguintes elementos:

a) que o fato incriminado constitua crime;

b) que o tenha praticado um funcionário público ou pessoa investida de autoridade pública;

c) que haja sido cometido no exercício de sua função;

d) que não se verifique motivo legítimo, que o justifique.

O abuso de autoridade também tem previsão legal no Código Penal, art. 350, *in verbis*:

> "Exercício arbitrário ou abuso de poder
>
> Art. 350. Ordenar ou executar medida privativa de liberdade individual, sem as formalidades legais ou com abuso de poder:
>
> Pena — detenção, de 1 (um) mês a 1 (um) ano.
>
> Parágrafo único. Na mesma pena incorre o funcionário que:
>
> I — ilegalmente recebe e recolhe alguém à prisão, ou a estabelecimento destinado a execução de pena privativa de liberdade ou de medida de segurança;
>
> II — prolonga a execução de pena ou de medida de segurança, deixando de expedir em tempo oportuno ou de executar imediatamente a ordem de liberdade;
>
> III — submete pessoa que está sob sua guarda ou custódia a vexame ou a constrangimento não autorizado em lei;
>
> IV — efetua, com abuso de poder, qualquer diligência."

Vê-se, assim, que o abuso de autoridade indica o delito cometido pelo funcionário público no exercício de suas funções, seja contra pessoa, seja contra a coisa pública ou privada. Mesmo no desempenho de suas funções, se pratica o ato ou executa a diligência, com excesso de poder ou abusivamente, empenha-se em um abuso, como por exemplo a violação de domicílio e o constrangimento levado a efeito por uma pessoa sobre a outra, em virtude de sua situação, seja decorrente de posição social, idade ou dependência.

No entanto, a Lei n. 13.869, de 2019, modificou profundamente a Lei de Abuso de Autoridade, conforme consta em seus artigos preliminares, como segue:

"CAPÍTULO I.

DISPOSIÇÕES GERAIS.

Art. 1º Esta Lei define os crimes de abuso de autoridade, cometidos por agente público, servidor ou não, que, no exercício de suas funções ou a pretexto de exercê-las, abuse do poder que lhe tenha sido atribuído.

---

(36) SILVA, De Plácido e. Vocabulário jurídico. 3. ed. Rio de Janeiro: Forense, 1993. v. I e II, p. 16.

§ 1º As condutas descritas nesta Lei constituem crime de abuso de autoridade quando praticadas pelo agente com a finalidade específica de prejudicar outrem ou beneficiar a si mesmo ou a terceiro, ou, ainda, por mero capricho ou satisfação pessoal.

§ 2º A divergência na interpretação de lei ou na avaliação de fatos e provas não configura abuso de autoridade.

CAPÍTULO II.

DOS SUJEITOS DO CRIME.

Art. 2º É sujeito ativo do crime de abuso de autoridade qualquer agente público, servidor ou não, da administração direta, indireta ou fundacional de qualquer dos Poderes da União, dos Estados, do Distrito Federal, dos Municípios e de Território, compreendendo, mas não se limitando a:

I – servidores públicos e militares ou pessoas a eles equiparadas;

II – membros do Poder Legislativo;

III – membros do Poder Executivo;

IV – membros do Poder Judiciário;

V – membros do Ministério Público;

VI – membros dos tribunais ou conselhos de contas.

Parágrafo único. Reputa-se agente público, para os efeitos desta Lei, todo aquele que exerce, ainda que transitoriamente ou sem remuneração, por eleição, nomeação, designação, contratação ou qualquer outra forma de investidura ou vínculo, mandato, cargo, emprego ou função em órgão ou entidade abrangidos pelo *caput* deste artigo.

CAPÍTULO III.

DA AÇÃO PENAL.

Art. 3º (VETADO).

Art. 3º Os crimes previstos nesta Lei são de ação penal pública incondicionada.

§1º Será admitida ação privada se a ação penal pública não for intentada no prazo legal, cabendo ao Ministério Público aditar a queixa, repudiá-la e oferecer denúncia substitutiva, intervir em todos os termos do processo, fornecer elementos de prova, interpor recurso e, a todo tempo, no caso de negligência do querelante, retomar a ação como parte principal.

§ 2º A ação privada subsidiária será exercida no prazo de 6 (seis) meses, contado da data em que se esgotar o prazo para oferecimento da denúncia.

CAPÍTULO IV.

DOS EFEITOS DA CONDENAÇÃO E DAS PENAS RESTRITIVAS DE DIREITOS. **Seção I.**

Dos Efeitos da Condenação.

Art. 4º São efeitos da condenação:

I – tornar certa a obrigação de indenizar o dano causado pelo crime, devendo o juiz, a requerimento do ofendido, fixar na sentença o valor mínimo para reparação dos danos causados pela infração, considerando os prejuízos por ele sofridos;

II – a inabilitação para o exercício de cargo, mandato ou função pública, pelo período de 1 (um) a 5 (cinco) anos;

III – a perda do cargo, do mandato ou da função pública.

Parágrafo único. Os efeitos previstos nos incisos II e III do *caput* deste artigo são condicionados à ocorrência de reincidência em crime de abuso de autoridade e não são automáticos, devendo ser declarados motivadamente na sentença.

Seção II.

Das Penas Restritivas de Direitos

Art. 5º As penas restritivas de direitos substitutivas das privativas de liberdade previstas nesta Lei são:

I – prestação de serviços à comunidade ou a entidades públicas;

II – suspensão do exercício do cargo, da função ou do mandato, pelo prazo de 1 (um) a 6 (seis) meses, com a perda dos vencimentos e das vantagens;

III – (VETADO).

Parágrafo único. As penas restritivas de direitos podem ser aplicadas autônoma ou cumulativamente.

CAPÍTULO V.

DAS SANÇÕES DE NATUREZA CIVIL E ADMINISTRATIVA.

Art. 6º As penas previstas nesta Lei serão aplicadas independentemente das sanções de natureza civil ou administrativa cabíveis.

Parágrafo único. As notícias de crimes previstos nesta Lei que descreverem falta funcional serão informadas à autoridade competente com vistas à apuração.

Art. 7º As responsabilidades civil e administrativa são independentes da criminal, não se podendo mais questionar sobre a existência ou a autoria do fato quando essas questões tenham sido decididas no juízo criminal.

Art. 8º Faz coisa julgada em âmbito cível, assim como no administrativo--disciplinar, a sentença penal que reconhecer ter sido o ato praticado em estado de necessidade, em legítima defesa, em estrito cumprimento de dever legal ou no exercício regular de direito.

CAPÍTULO VI.

DOS CRIMES E DAS PENAS.

Art. 9º (VETADO).

Art. 9º Decretar medida de privação da liberdade em manifesta desconformidade com as hipóteses legais: (Promulgação partes vetadas)

Pena – detenção, de 1 (um) a 4 (quatro) anos, e multa.

Parágrafo único. Incorre na mesma pena a autoridade judiciária que, dentro de prazo razoável, deixar de:

I – relaxar a prisão manifestamente ilegal;

II – substituir a prisão preventiva por medida cautelar diversa ou de conceder liberdade provisória, quando manifestamente cabível;

III – deferir liminar ou ordem de **habeas corpus**, quando manifestamente cabível.'

Art. 10. Decretar a condução coercitiva de testemunha ou investigado manifestamente descabida ou sem prévia intimação de comparecimento ao juízo:

Pena – detenção, de 1 (um) a 4 (quatro) anos, e multa.

Art. 11. (VETADO).

Art. 12. Deixar injustificadamente de comunicar prisão em flagrante à autoridade judiciária no prazo legal:

Pena – detenção, de 6 (seis) meses a 2 (dois) anos, e multa.

Parágrafo único. Incorre na mesma pena quem:

I – deixa de comunicar, imediatamente, a execução de prisão temporária ou preventiva à autoridade judiciária que a decretou;

II – deixa de comunicar, imediatamente, a prisão de qualquer pessoa e o local onde se encontra à sua família ou à pessoa por ela indicada;

III – deixa de entregar ao preso, no prazo de 24 (vinte e quatro) horas, a nota de culpa, assinada pela autoridade, com o motivo da prisão e os nomes do condutor e das testemunhas;

IV – prolonga a execução de pena privativa de liberdade, de prisão temporária, de prisão preventiva, de medida de segurança ou de internação, deixando, sem motivo justo e excepcionalíssimo, de executar o alvará de soltura imediatamente após recebido ou de promover a soltura do preso quando esgotado o prazo judicial ou legal.

Art. 13. Constranger o preso ou o detento, mediante violência, grave ameaça ou redução de sua capacidade de resistência, a:

I – exibir-se ou ter seu corpo ou parte dele exibido à curiosidade pública;

II – submeter-se a situação vexatória ou a constrangimento não autorizado em lei;

III – (VETADO).

III – produzir prova contra si mesmo ou contra terceiro: (Promulgação partes vetadas)

Pena – detenção, de 1 (um) a 4 (quatro) anos, e multa, sem prejuízo da pena cominada à violência.

Art. 14. (VETADO).

Art. 15. Constranger a depor, sob ameaça de prisão, pessoa que, em razão de função, ministério, ofício ou profissão, deva guardar segredo ou resguardar sigilo:

Pena – detenção, de 1 (um) a 4 (quatro) anos, e multa.

Parágrafo único. (VETADO).

Parágrafo único. Incorre na mesma pena quem prossegue com o interrogatório: (Promulgação partes vetadas)

I – de pessoa que tenha decidido exercer o direito ao silêncio; ou

II – de pessoa que tenha optado por ser assistida por advogado ou defensor público, sem a presença de seu patrono.

Violência Institucional(Incluído pela Lei n. 14.321, de 2022)

Art. 15-A. Submeter a vítima de infração penal ou a testemunha de crimes violentos a procedimentos desnecessários, repetitivos ou invasivos, que a leve a reviver, sem estrita necessidade:(Incluído pela Lei n.14.321, de 2022)

I – a situação de violência; ou(Incluído pela Lei n. 14.321, de 2022)

II – outras situações potencialmente geradoras de sofrimento ou estigmatização: (Incluído pela Lei n. 14.321, de 2022)

Pena – detenção, de 3 (três) meses a 1 (um) ano, e multa.(Incluído pela Lei n. 14.321, de 2022)

§ 1º Se o agente público permitir que terceiro intimide a vítima de crimes violentos, gerando indevida revitimização, aplica-se a pena aumentada de 2/3 (dois terços).(Incluído pela Lei n. 14.321, de 2022)

§ 2º Se o agente público intimidar a vítima de crimes violentos, gerando indevida revitimização, aplica-se a pena em dobro.(Incluído pela Lei n. 14.321, de 2022)

Art. 16. (VETADO).

Art. 16. Deixar de identificar-se ou identificar-se falsamente ao preso por ocasião de sua captura ou quando deva fazê-lo durante sua detenção ou prisão:(Promulgação partes vetadas)

Pena – detenção, de 6 (seis) meses a 2 (dois) anos, e multa.

Parágrafo único. Incorre na mesma pena quem, como responsável por interrogatório em sede de procedimento investigatório de infração penal, deixa de identificar-se ao preso ou atribui a si mesmo falsa identidade, cargo ou função.

Art. 17. (VETADO).

Art. 18. Submeter o preso a interrogatório policial durante o período de repouso noturno, salvo se capturado em flagrante delito ou se ele, devidamente assistido, consentir em prestar declarações:

Pena – detenção, de 6 (seis) meses a 2 (dois) anos, e multa.

Art. 19. Impedir ou retardar, injustificadamente, o envio de pleito de preso à autoridade judiciária competente para a apreciação da legalidade de sua prisão ou das circunstâncias de sua custódia:

Pena – detenção, de 1 (um) a 4 (quatro) anos, e multa.

Parágrafo único. Incorre na mesma pena o magistrado que, ciente do impedimento ou da demora, deixa de tomar as providências tendentes a saná-lo ou, não sendo competente para decidir sobre a prisão, deixa de enviar o pedido à autoridade judiciária que o seja.

Art. 20. (VETADO).

Art. 20. Impedir, sem justa causa, a entrevista pessoal e reservada do preso com seu advogado:(Promulgação partes vetadas)

Pena – detenção, de 6 (seis) meses a 2 (dois) anos, e multa.

Parágrafo único. Incorre na mesma pena quem impede o preso, o réu solto ou o investigado de entrevistar-se pessoal e reservadamente com seu advogado ou defensor, por prazo razoável, antes de audiência judicial, e de sentar-se ao seu lado e com ele comunicar-se durante a audiência, salvo no curso de interrogatório ou no caso de audiência realizada por videoconferência.

Art. 21. Manter presos de ambos os sexos na mesma cela ou espaço de confinamento:

Pena – detenção, de 1 (um) a 4 (quatro) anos, e multa.

Parágrafo único. Incorre na mesma pena quem mantém, na mesma cela, criança ou adolescente na companhia de maior de idade ou em ambiente inadequado, observado o disposto naLei n. 8.069, de 13 de julho de 1990(Estatuto da Criança e do Adolescente).

Art. 22. Invadir ou adentrar, clandestina ou astuciosamente, ou à revelia da vontade do ocupante, imóvel alheio ou suas dependências, ou nele permanecer nas mesmas condições, sem determinação judicial ou fora das condições estabelecidas em lei:

Pena – detenção, de 1 (um) a 4 (quatro) anos, e multa.

§ 1º Incorre na mesma pena, na forma prevista no *caput* deste artigo, quem:

I – coage alguém, mediante violência ou grave ameaça, a franquear-lhe o acesso a imóvel ou suas dependências;

II – (VETADO);

III – cumpre mandado de busca e apreensão domiciliar após as 21h (vinte e uma horas) ou antes das 5h (cinco horas).

§ 2º Não haverá crime se o ingresso for para prestar socorro, ou quando houver fundados indícios que indiquem a necessidade do ingresso em razão de situação de flagrante delito ou de desastre.

Art. 23. Inovar artificiosamente, no curso de diligência, de investigação ou de processo, o estado de lugar, de coisa ou de pessoa, com o fim de eximir-se de responsabilidade ou de responsabilizar criminalmente alguém ou agravar-lhe a responsabilidade:

Pena – detenção, de 1 (um) a 4 (quatro) anos, e multa.

Parágrafo único. Incorre na mesma pena quem pratica a conduta com o intuito de:

I – eximir-se de responsabilidade civil ou administrativa por excesso praticado no curso de diligência;

II – omitir dados ou informações ou divulgar dados ou informações incompletos para desviar o curso da investigação, da diligência ou do processo.

Art. 24. Constranger, sob violência ou grave ameaça, funcionário ou empregado de instituição hospitalar pública ou privada a admitir para tratamento pessoa cujo óbito já tenha ocorrido, com o fim de alterar local ou momento de crime, prejudicando sua apuração:

Pena – detenção, de 1 (um) a 4 (quatro) anos, e multa, além da pena correspondente à violência.

Art. 25. Proceder à obtenção de prova, em procedimento de investigação ou fiscalização, por meio manifestamente ilícito:

Pena – detenção, de 1 (um) a 4 (quatro) anos, e multa.

Parágrafo único. Incorre na mesma pena quem faz uso de prova, em desfavor do investigado ou fiscalizado, com prévio conhecimento de sua ilicitude.

Art. 26. (VETADO).

Art. 27. Requisitar instauração ou instaurar procedimento investigatório de infração penal ou administrativa, em desfavor de alguém, à falta de qualquer indício da prática de crime, de ilícito funcional ou de infração administrativa: (Vide ADIN 6234) (Vide ADIN 6240)

Pena – detenção, de 6 (seis) meses a 2 (dois) anos, e multa.

Parágrafo único. Não há crime quando se tratar de sindicância ou investigação preliminar sumária, devidamente justificada.

Art. 28. Divulgar gravação ou trecho de gravação sem relação com a prova que se pretenda produzir, expondo a intimidade ou a vida privada ou ferindo a honra ou a imagem do investigado ou acusado:

Pena – detenção, de 1 (um) a 4 (quatro) anos, e multa.

Art. 29. Prestar informação falsa sobre procedimento judicial, policial, fiscal ou administrativo com o fim de prejudicar interesse de investigado:(Vide ADIN 6234)(Vide ADIN 6240)

Pena – detenção, de 6 (seis) meses a 2 (dois) anos, e multa.

Parágrafo único. (VETADO).

Art. 30. (VETADO).

Art. 30. Dar início ou proceder à persecução penal, civil ou administrativa sem justa causa fundamentada ou contra quem sabe inocente:(Promulgação partes vetadas)

Pena – detenção, de 1 (um) a 4 (quatro) anos, e multa.

Art. 31. Estender injustificadamente a investigação, procrastinando-a em prejuízo do investigado ou fiscalizado:(Vide ADIN 6234)(Vide ADIN 6240)

Pena – detenção, de 6 (seis) meses a 2 (dois) anos, e multa.

Parágrafo único. Incorre na mesma pena quem, inexistindo prazo para execução ou conclusão de procedimento, o estende de forma imotivada, procrastinando-o em prejuízo do investigado ou do fiscalizado.

Art. 32. (VETADO).

Art. 32. Negar ao interessado, seu defensor ou advogado acesso aos autos de investigação preliminar, ao termo circunstanciado, ao inquérito ou a qualquer outro procedimento investigatório de infração penal, civil ou administrativa, assim como impedir a obtenção de cópias, ressalvado o acesso a peças relativas a diligências em curso, ou que indiquem a realização de diligências futuras, cujo sigilo seja imprescindível:(Promulgação partes vetadas)

Pena – detenção, de 6 (seis) meses a 2 (dois) anos, e multa.

Art. 33. Exigir informação ou cumprimento de obrigação, inclusive o dever de fazer ou de não fazer, sem expresso amparo legal:

Pena – detenção, de 6 (seis) meses a 2 (dois) anos, e multa.

Parágrafo único. Incorre na mesma pena quem se utiliza de cargo ou função pública ou invoca a condição de agente público para se eximir de obrigação legal ou para obter vantagem ou privilégio indevido.

Art. 34. (VETADO).

Art. 35. (VETADO).

Art. 36.Decretar, em processo judicial, a indisponibilidade de ativos financeiros em quantia que extrapole exacerbadamente o valor estimado para a satisfação da dívida da parte e, ante a demonstração, pela parte, da excessividade da medida, deixar de corrigi-la:

Pena – detenção, de 1 (um) a 4 (quatro) anos, e multa.

Art. 37. Demorar demasiada e injustificadamente no exame de processo de que tenha requerido vista em órgão colegiado, com o intuito de procrastinar seu andamento ou retardar o julgamento:

Pena – detenção, de 6 (seis) meses a 2 (dois) anos, e multa.

Art. 38. (VETADO).

Art. 38. Antecipar o responsável pelas investigações, por meio de comunicação, inclusive rede social, atribuição de culpa, antes de concluídas as apurações e formalizada a acusação:(Promulgação partes vetadas)

Pena – detenção, de 6 (seis) meses a 2 (dois) anos, e multa.

29. Responsabilidade e a Teoria do Fato Consumado

A aplicação da Teoria do Fato Consumado dos atos administrativos tem por finalidade abrigar aquelas situações de fato, constituídas a longo tempo por decisão judicial de caráter provisório e consolidadas no tempo por atraso de prestação jurisdicional do Estado. Por essa teoria, eventuais atos não podem mais ser desconstituídos em razão da segurança jurídica do indivíduo.

Em situações nas quais o trabalhador tomou posse no cargo público, seja no regime celetista ou estatutário, tendo posteriormente perdido o cargo pela não aplicação da Teoria do Fato Consumido, a quem poderia ser atribuída a responsabilidade pelo atraso da prestação jurisdicional do Estado?

O entendimento prevalecente hodiernamente do Supremo Tribunal Federal é pela não aplicação da Teoria do Fato Consumado, muito embora tenhamos posicionamentos diversos aplicados pelos nossos Tribunais. Vejamos:

> CONSTITUCIONAL – ADMINISTRATIVO – CONCURSO PÚBLICO – CANDIDATO REPROVADO QUE ASSUMIU O CARGO POR FORÇA DE LIMINAR – SUPERVENIENTE REVOGAÇÃO DA MEDIDA. RETORNO AO STATUS QUO ANTE – "TEORIA DO FATO CONSUMADO", DA PROTEÇÃO DA CONFIANÇA LEGÍTIMA E DA SEGURANÇA JURÍDICA – INAPLICABILIDADE – RECURSO PROVIDO. 1. Não é compatível com o regime constitucional de acesso aos cargos públicos a manutenção no cargo, sob fundamento de fato consumado, de candidato não aprovado que nele tomou posse em decorrência de execução provisória de medida liminar ou outro provimento judicial de natureza precária, supervenientemente revogado ou modificado. 2. Igualmente incabível, em casos tais, invocar o princípio da segurança jurídica ou

o da proteção da confiança legítima. É que, por imposição do sistema normativo, a execução provisória das decisões judiciais, fundadas que são em títulos de natureza precária e revogável, se dá, invariavelmente, sob a inteira responsabilidade de quem a requer, sendo certo que a sua revogação acarreta efeito ex tunc, circunstâncias que evidenciam sua inaptidão para conferir segurança ou estabilidade à situação jurídica a que se refere. 3. Recurso extraordinário provido. (RE 608482, Relator(a): Min. Teori Zavascki, Tribunal Pleno, julgado em 07/08/2014, Acórdão Eletrônico DJe-213 Divulg. 29-10-2014 PUBLIC 30-10-2014).

PROCESSUAL CIVIL – EMBARGOS DE DECLARAÇÃO – INEXISTÊNCIA DE QUAISQUER DOS VÍCIOS DO ART. 535 DO CPC – PRETENSÃO DE REDISCUTIR QUESTÕES JÁ DECIDIDAS EM RECURSO EXTRAORDINÁRIO JULGADO SOB O RITO DA REPERCUSSÃO GERAL, QUE AFASTOU A APLICAÇÃO DA "TEORIA DO FATO CONSUMADO" EM FAVOR DE CANDIDATO NÃO APROVADO EM CONCURSO PÚBLICO, MAS EMPOSSADO NO CARGO POR CONTA DE PROVIMENTO JUDICIAL DE NATUREZA PRECÁRIA, SUPERVENIENTEMENTE REVOGADO OU MODIFICADO – EMBARGOS DECLARATÓRIOS REJEITADOS. (STF – RE: 608482 RN, Relator: Min. Teori Zavascki, Data de Julgamento: 19/11/2014, Tribunal Pleno, Data de Publicação: Acórdão Eletrônico DJe-239 Divulg. 04-12-2014 PUBLIC 05-12-2014) DIREITO ADMINISTRATIVO – AGRAVO INTERNO EM RECURSO EXTRAORDINÁRIO – CONCURSO PÚBLICO – REPROVAÇÃO EM PROVA ORAL – AUSÊNCIA DE QUESTÃO CONSTITUCIONAL – SÚMULAS 279 E 454/STF – TEORIA DO FATO CONSUMADO – INAPLICABILIDADE. 1. A resolução da controvérsia demandaria o reexame dos fatos e do material probatório constantes dos autos, bem como das cláusulas do edital, procedimento vedado em recurso extraordinário. Incidência das Súmulas 279 e 454/STF. Precedentes. 2. O Plenário desta Corte, no RE 608.482-RG, julgado sob a relatoria do Ministro Teori Zavascki, assentou a inviabilidade da aplicação da denominada Teoria do Fato Consumado como forma de manutenção de candidato em cargo público, situação fruto de execução provisória ou outro provimento judicial de natureza precária. 3. Agravo interno a que se nega provimento. (STF – AgR RE: 950730 RJ – RIO DE JANEIRO 0009277-27.2007.4.02.5101, Relator: Min. Roberto Barroso, Data de Julgamento: 30/06/2017, Primeira Turma, Data de Publicação: DJe-174 08-08-2017)

PROCESSUAL CIVIL – ADMINISTRATIVO – AGRAVO INTERNO NO RECURSO ESPECIAL – CÓDIGO DE PROCESSO CIVIL DE 2015 – APLICABILIDADE – TEORIA DO FATO CONSUMADO – INAPLICABILIDADE AO CASO – REVISÃO – IMPOSSIBILIDADE – SÚMULA N. 7/STJ – INCIDÊNCIA – ARGUMENTOS INSUFICIENTES PARA DESCONSTITUIR A DECISÃO ATACADA – APLICAÇÃO DE MULTA – ART. 1.021, § 4º, DO CÓDIGO DE PROCESSO CIVIL DE 2015 -DESCABIMENTO. I – Consoante o decidido pelo Plenário desta Corte na sessão realizada em 09.03.2016, o regime recursal será determinado pela data da publicação do provimento jurisdicional impugnado. In casu, aplica-se o Código de Processo Civil de 2015 para o presente Agravo Interno, embora o Recurso Especial estivesse sujeito ao Código de Processo Civil de 1973. II – In casu, rever o entendimento do Tribunal de origem, que concluiu ser inaplicável, na espécie, a teoria do fato consumado, em razão das peculiaridades do caso concreto, demandaria necessário revolvimento de matéria fática, o que é inviável em sede de recurso especial, à luz do óbice contido na Súmula n. 7/STJ. III – Não apresentação de argumentos suficientes para desconstituir a decisão recorrida. IV – Em regra, descabe a imposição da multa, prevista no art. 1.021, § 4º, do Código de Processo Civil de 2015, em razão do mero improvimento do Agravo Interno em votação unânime, sendo necessária a configuração da manifesta inadmissibilidade ou improcedência do recurso a autorizar sua aplicação, o que não ocorreu no caso. V – Agravo

Interno improvido. (STJ – AgInt no REsp: 1748463 CE 2018/0144399-3, Relator: Ministra Regina Helena Costa, Data de Julgamento: 18/09/2018, T1 – Primeira Turma, Data de Publicação: DJe 21/09/2018)

"REGISTRO PROFISSIONAL — COREN — DOCUMENTOS — ENCAMINHAMENTO — NEGATIVA — COFEN — PRINCÍPIO DA RAZOABILIDADE — OFENSA — 'Administrativo. Conselho Regional de Enfermagem (Coren). Negativa de encaminhamento de documentos, ao Conselho Federal de Enfermagem (Cofen), para registro de conclusão do curso de pós-graduação devidamente comprovado por declaração fornecida pela instituição de ensino superior. Direito garantido por força de liminar. Situação de fato consolidada. 1. A negativa do Coren de encaminhar ao Cofen os documentos para registro do curso de pós-graduação *lato sensu*, com base em declaração fornecida pela instituição de ensino superior, em razão da não apresentação do respectivo diploma, decorrente de fatos alheios à vontade das impetrantes, obstando, assim, a sua nomeação e posse em cargo público, fere o princípio da razoabilidade. 2. Hipótese, ademais, em que, por força de liminar, confirmada pela sentença, foi garantido às impetrantes o direito vindicado, impondo-se, assim, a aplicação da teoria do fato consumado, haja vista que o decurso do tempo consolidou uma situação fática amparada por decisão judicial, cuja desconstituição não se mostra viável. 3. Remessa oficial desprovida'." (TRF 1ª R. — RN 2008.37.00.002189-1/MA — Rel. Juiz Fed. Conv. Marcelo Dolzany da Costa — DJe 18.01.2013)RSDA+86+2013+FEV+197+610—2v100

"DIREITO ADMINISTRATIVO — MANDADO DE SEGURANÇA — MATRÍCULA — CURSO DE FORMAÇÃO DE OFICIAIS DA INFANTARIA (CFOINF) DA ACADEMIA DA FORÇA AÉREA DO ANO DE 2003 — LIMINAR DEFERIDA — CONCESSÃO DA SEGURANÇA — SITUAÇÃO CONSOLIDADA — *APLICAÇÃO DA TEORIA DO FATO CONSUMADO* — 1 — Verifica-se do documento de fl. 84, que, por força do cumprimento da liminar concedida neste *writ* (fls. 40/41), o Impetrante foi matriculado no Curso de Formação de Oficiais de Infantaria da Aeronáutica do ano de 2003 (CFOINF), a contar de 21 de fevereiro de 2003, na Academia da Força Aérea (AFA), na cidade de Pirassununga — SP. 2 — Como se vê, afigura-se descabida a pretensão de modificar essa situação de fato, a qual se consumou ao longo da tramitação do *writ*, sendo óbvio que existe uma situação amparada pela denominada Teoria do Fato Consumado. Essa particularidade, de suma importância, revela-se na circunstância de que, *in specie*, é de rigor manter incólume a situação acadêmica do Impetrante que, pelo decurso do tempo, já se consolidou, devendo, pois, ser mantida a concessão da segurança. 3 — Vale dizer, a prestação jurisdicional não deve traduzir em um mal maior do que aquele que teria sofrido o Impetrante se a instância ordinária não tivesse acolhido a sua pretensão, à evidência, haveria um risco concreto de dano que o mesmo poderia vir a sofrer se alterada sua situação acadêmica. 4 — Apelação e remessa necessária conhecidas, mas improvidas." (TRF 2ª R. — AP-MS 2003.51.01.003744-4 — 4ª T. — Rel. Des. Fed. Arnaldo Lima — DJU 19.3.2004 — p. 185)

"DIREITO ADMINISTRATIVO — INSCRIÇÃO EM CONCURSO PARA PROFESSOR ADJUNTO DA CARREIRA DO MAGISTÉRIO SUPERIOR DA UFRJ — TÍTULO DE DOUTOR OBTIDO NO EXTERIOR NÃO REVALIDADO — REQUISITOS DO EDITAL — EXIGÊNCIA SOMENTE NO MOMENTO DA POSSE — CONCESSÃO DA ORDEM — APLICAÇÃO DA TEORIA DO FATO CONSUMADO — 1 — Não obstante as razões que fundamentaram a concessão da ordem, verifica-se que o presente *mandamus* foi impetrado em março de 2002, com pedido de liminar, com o intuito de assegurar à Impetrante o direito de inscrever-se no concurso para Professor Adjunto da Carreira do Magistério Superior da UFRJ, previsto no Edital n. 3, de 5 de fevereiro de 2002. 2 — Em março de 2002, foi deferida a liminar, determinando-se à Autoridade Coatora (UFRJ), fosse aceita a inscrição da Impetrante sem a exigência do título obtido no Exterior, ressalvando-se que, caso aprovado no concurso, somente tomará posse se comprovada dita exigência. Posteriormente, em 12.7.2002, a sentença ora recorrida confirmou a liminar, tornando efetiva a inscrição da Impetrante no referido concurso. 3 — Como se vê, afigura-se descabida a pretensão de modificar essa situação de fato, a qual se consumou ao longo da tramitação do *writ*, sendo óbvio que existe uma situação amparada pela denominada Teoria do Fato Consumado. Essa particularidade, de suma importância, revela-se na circunstância de que, *in specie*, é de rigor manter incólume a situação acadêmica da Impetrante que, pelo decurso do tempo, já se consolidou. 4 — Vale dizer, a prestação jurisdicional não deve traduzir em um mal maior do aquele que teria sofrido a Impetrante se a instância ordinária não tivesse acolhido a sua pretensão, à evidência, haveria um risco concreto de dano que a mesma poderia vir a sofrer se alterada sua situação acadêmica. 5 — Apelação e remessa necessária conhecidas, mas improvidas." (TRF 2ª R. — AP-MS 2002.51.01.004431-6 — 4ª T. — Rel. Des. Fed. Arnaldo Lima — DJU 1º.3.2004 — p. 126-127)

"REMESSA NECESSÁRIA — MILITAR — PEDIDO DE LIBERAÇÃO PARA OCUPAR CARGO CIVIL TEMPORÁRIO — § 4º DO ART. 42 DA CF/88 — LIMINAR DEFERIDA — TEORIA DO FATO CONSUMADO — 1. A autoridade coatora afirma à fl. 20 que "em momento algum questionou a admissibilidade do determinante constitucional constante do §4º do art. 42 da Carta Magna de 5. out. 1988, inteiramente aplicável à espécie. 2. Satisfeito o pedido autoral, à espécie aplica-se a Teoria do Fato Consumado, já que a liminar data de 19.2.1993 (fl. 15) e decorridos mais de 10 anos, pelo que, provavelmente já retornou o militar para a vida castrense ou foi transferido para a inatividade. 3. Remessa não provida." (TRF 2ª R. — REO-MS 95.02.15509-2 — 4ª T. — Rel. Des. Fed. Arnaldo Lima — DJU 10.2.2004 — p. 267)

"ADMINISTRATIVO — CONCURSO PÚBLICO — POLÍCIA RODOVIÁRIA FEDERAL — PROVA DE CAPACIDADE FÍSICA — SEGUNDA CHAMADA — INADMISSIBILIDADE — RESPEITO À NORMA EDITALÍCIA E AO PRINCÍPIO DA ISONOMIA — TEORIA DO FATO CONSUMADO — INAPLICABILIDADE — 1. O apelante foi considerado inapto na prova de capacidade física, que se constituía em uma das etapas obrigatórias (eliminatórias) do concurso público realizado para fins de provimento de cargos junto à Polícia Rodoviária Federal. Atribuiu a conclusão pela inaptidão ao fato de ter sofrido lesão (entorse) no joelho, ocasionada pelas más condições em que se encontrava a pista na qual se procedeu ao exame, fazendo referência, inclusive, à ocorrência de chuvas. Reputa caracterizada situação que se enquadraria como caso fortuito/força maior, a fazer emergir o direito subjetivo do candidato à segunda chamada na avaliação desditosa. 2. Nos termos da norma editalícia e de Instrução Normativa — expedida pelo Departamento da Polícia Rodoviária Federal e referenciada expressamente no edital, reguladora da prova de capacidade física no processo seletivo em comento —, 'os casos de alteração psicológica e/ou fisiológica temporários (estados menstruais, indisposições, câimbras, luxações, fraturas etc.) que impossibilitem a realização das provas ou diminuam a capacidade física dos candidatos não serão levados em consideração, não sendo concedido qualquer tratamento diferenciado'. Tratando-se de regra explícita no edital e sendo ele a norma-base de regência do concurso público, não é possível admitir, contra a expressa determinação, a realização de segunda chamada. Em tendo o apelante se submetido às mesmas condições e rigores exigidos dos demais candidatos, não se mostra razoável conferir a ele tratamento diferenciado, o que implicaria em agressão ao princípio da isonomia, mesmo porque problemas também podem ter acometido outros examinandos, sem que a eles se tenha dado a oportunidade de refazer a avaliação. É de se dizer que a vedação à promoção de segunda chamada se compatibiliza, *in casu*, com a necessidade de conclusão do certame em tempo hábil, o que seria inviabilizado se devessem ser tomadas em consideração, inclusive para repetição de fase de concurso, as particularidades físicas e emocionais de cada um dos candidatos. 3. Não é aplicável, ademais, no caso concreto, a teoria do fato consumado, como pretende o apelante, ao fundamento de que, na segunda chamada, realizada por força de liminar, teria sido avaliado apto, tendo mesmo concluído, com aprovação, o curso de formação profissional. Consoante decisão proferida pela Quinta Turma do STJ, com supedâneo em entendimento construído pelo Pretório Excelso, não pode prosperar o argumento de que há fato juridicamente consumado em favor de candidato concluinte do curso de formação e nomeado por força de provimento liminar. Em primeiro lugar, porque a nomeação do candidato aprovado *sub judice*, por si só, não é irreversível. Em segundo lugar, a aplicação dessa 'teoria' só tem cabimento em hipóteses raras e raríssimas, não se justificando para o fim de legitimar a permanência no cargo de candidato aprovado simplesmente porque obteve liminar na ação." (RESP 446077/DF, Rel. Min. Felix Fischer, j. em 7.8.2003, publ. em DJ de 8.9.2003). 4. Pelo não provimento da apelação. (TRF 5ª R. — AC 323123 — (2002.83.00.009685-1) — PE — 2ª T. — Rel. Des. Fed. Francisco Cavalcanti — DJU 18.3.2004 — p. 759)

30. Responsabilidade no contrato preliminar

Contrato preliminar ou pacto *in contrahendo* é aquele, segundo a teoria mais aceita, que como convenção provisória, contém os requisitos do art. 104[37]do novo Código Civil e os elementos essenciais ao contrato e tem por objeto concretizar um contrato futuro e definitivo, assegurando pelo começo de ajuste a possibilidade de ultimá-lo no tempo oportuno[38].

Estatui o art. 462 do novo Código Civil:

> "O contrato preliminar, exceto quanto à forma, deve conter todos os requisitos essenciais ao contrato a ser celebrado."

Por seu turno, os arts. 463 a 465 do Código Civil declaram que concluído o contrato preliminar, e desde que dele não conste cláusula de arrependimento, qualquer das partes terá o direito de exigir a celebração do definitivo, assinando prazo à outra para que o efetive.

> Esgotado o prazo, poderá o juiz, a pedido do interessado, suprir a vontade da parte inadimplente, conferindo caráter definitivo ao contrato preliminar, salvo se a isto se opuser a natureza da obrigação. (art. 464)
>
> Se o estipulante não der execução ao contrato preliminar, poderá a outra parte considerá-lo desfeito, e pedir perdas e danos. (art. 465)

---

(37)) Art. 104. A validade do negócio jurídico requer:

I — agente capaz;

II — objeto lícito, possível, determinado ou determinável;

III — forma prescrita ou não defesa em lei.

(38) FIUZA, Ricardo. *Novo código civil comentado*. São Paulo: Saraiva, 2003. p. 410.

Entendemos o art. 466 perfeitamente aplicável ao Direito do Trabalho. Diz o artigo:

> "Se a promessa do contrato for unilateral, o credor, sob pena de ficar a mesma sem efeito, deverá manifestar-se no prazo nela previsto, ou, inexistindo este, no que lhe for razoavelmente assinado pelo devedor."

Vejamos o seguinte caso concreto: um empregador procura contratar um empregado especializado no mercado de trabalho, que milita na área de finanças e já encontra-se empregado há algum tempo em uma empresa concorrente. Em face de uma proposta altamente compensadora, esse empregado especializado aceita o convite do potencial contratante, para iniciar a obrigação de fazer a partir de seis meses da assinatura de um termo de comprometimento de contratação, devidamente assinado pelo contratante. Após esse período, o empregado especializado entra em contato e comunica a decisão de início do trabalho no prazo avençado.

Assim sendo, nesse contrato preliminar, de natureza vinculante, o empregado tem a aptidão de exigir a constituição do contrato definitivo, com fulcro no art. 466 do novo Código Civil, pois o contrato preliminar obriga o empregador, que se vinculou por declaração ou termo de comprometimento de contratação.

Se porventura a empresa ou empregador contratante desistir da contratação atrairá para si a responsabilidade pelos danos materiais decorrentes de seu ato, ou seja, lucros emergentes e lucros cessantes. Deverá, ademais, manter a remuneração do empregado até que este consiga uma nova colocação no mercado de trabalho.

Poderíamos ainda aduzir que no caso em espécie aplica-se o art. 444 da CLT, que preconiza:

> "Art. 444. As relações contratuais de trabalho podem ser objeto de livre estipulação das partes interessadas em tudo quanto não contravenha às disposições de proteção ao trabalho, aos contratos coletivos que lhes sejam aplicáveis e às decisões das autoridades competentes."

Considerando que a livre estipulação do contrato de trabalho costuma ocorrer antes de qualquer pactuação formal, pode-se aplicar, também no presente caso, o disposto no art. 427 do novo Código Civil:

> "Art. 427. A proposta de contrato obriga o proponente, se o contrário não resultar dos termos dela, da natureza do negócio, ou das circunstâncias do caso."

Essa previsão legal hoje encontra-se reforçada em nosso ordenamento jurídico em face da aplicação do princípio da boa-fé objetiva (art. 113), em conexão com o art. 422 do novo Código Civil, que declara que:

> "Art. 422. Os contratantes são obrigados a guardar, assim, na conclusão do contrato, como em sua execução, os princípios da probidade e da boa-fé."

31. Responsabilidade na reintegração do empregado pela dispensa sem motivação no curso do estágio probatório

O servidor público submetido a concurso público (art. 37, inciso II, da Constituição Federal), e admitido sob a égide da CLT (Consolidação das Leis do Trabalho), quando impedido de cumprir o estágio probatório, em virtude de dispensa sem motivação pelo órgão ou ente público, sem observância das formalidades legais (processo administrativo ou sindicância), tem direito à reintegração e ao recebimento das verbas trabalhistas que deixou de auferir em virtude desse ato ilícito do empregador.

Encontramos o fundamento jurídico na Súmula n. 21 do Supremo Tribunal Federal, *in verbis*:

> "Funcionário em estágio probatório não pode ser exonerado nem demitido sem inquérito ou sem as formalidades legais de apuração de sua capacidade."

A ementa a seguir joga uma luz a tal entendimento:

> Trata-se de recurso extraordinário em face de acórdão do Superior Tribunal de Justiça, ementado nos seguintes termos: "ADMINISTRATIVO – SERVIDOR PÚBLICO – TÉCNICO JUDICIÁRIO AUXILIAR DO TJSC – ESTÁGIO PROBATÓRIO – CRITÉRIOS DE AVALIAÇÃO – OFENSA AOS PRINCÍPIOS DA PROPORCIONALIDADE E DA RAZOABILIDADE – AUSÊNCIA – DESEMPENHO INSATISFATÓRIO – EXONERAÇÃO – LEGALIDADE. 1. A aquisição da estabilidade no serviço público ocorre após o implemento de 3 anos no cargo e a aprovação na avaliação de estágio probatório. 2. A avaliação do servidor deve levar em consideração o desempenho durante todo o período de três anos, em atenção aos princípios da proporcionalidade e da razoabilidade. 3. Hipótese em que foram realizadas 12 avaliações em períodos trimestrais e subsequentes, sendo que, em sete delas (3ª, 4ª, 5ª, 6ª, 9ª, 10ª e 12ª), o recorrente não obteve grau satisfatório em pelo menos um dos quatro quesitos, notadamente disciplina e/ou eficiência, fatores estes suficientes para afastar o bom desempenho obtido nas demais avaliações, ocorridas no 1º, 2º, 7º, 8º e 11º períodos. 4. Agravos regimentais providos para negar provimento ao recurso ordinário." (eDOC 17, p. 15) Opostos embargos de declaração foram rejeitados. (eDOC 17, p. 89) No recurso extraordinário, interposto com fundamento no art. 102, III, "a", da Constituição Federal, aponta-se violação aos arts. 41, III, § 4º, do texto constitucional. Nas razões recursais, alega-se que interpretação adotada do acórdão recorrido, contraria o dispositivo constitucional mencionado, na medida em considerada válido avaliar servidor público de forma pontual por determinados trimestres em que sua nota ficou abaixo na média 7,0 (sete), mesmo que da média global, após os 3 (três) anos de avaliação seja superior a 7,0 (sete). (eDOC 17, p. 110) Decido. A irresignação recursal não merece prosperar. A estabilidade no serviço público após decorridos 3 anos de efetivo exercício, disposta no art. 41 da Constituição, tem como condição para sua aquisição "a avaliação especial de desempenho por comissão instituída para essa finalidade", nos termos do disposto no § 4º desse mesmo artigo. Assim, a avaliação especial de desempenho é condição *sine qua non* à aquisição da estabilidade no serviço público. A Administração Pública, agindo conforme seu propósito, deve zelar pelo rigor e formalidade dessas avaliações. Enquanto não aprovado na avaliação de desempenho, o servidor não adquire estabilidade no serviço público. Durante o estágio probatório, o servidor possui apenas a expectativa de direito à estabilidade, podendo vir a perder o cargo se

atendidas as formalidades legais. Confira-se a Súmula 21 desta Corte: "Funcionário em estágio probatório não pode ser exonerado nem demitido sem inquérito ou sem as formalidades legais de apuração de sua capacidade". A jurisprudência do Supremo Tribunal Federal também já assentou que a exoneração do servidor público no período de estágio probatório somente pode se dar se observados os princípios do contraditório e da ampla defesa. Nesse sentido: "AGRAVO REGIMENTAL NO AGRAVO DE INSTRUMENTO – ADMINISTRATIVO – EXONERAÇÃO DE SERVIDOR PÚBLICO – NECESSIDADE DE OBSERVÂNCIA DOS PRINCÍPIOS DA AMPLA DEFESA E DO CONTRADITÓRIO – AGRAVO REGIMENTAL AO QUAL SE NEGA PROVIMENTO. 1. Para a exoneração de servidor público, ainda que em estágio probatório, é imprescindível a observância do devido processo legal com as garantias a ele inerentes. Precedentes. 2. Impossibilidade de reexame de provas em recurso extraordinário: incidência da Súmula 279 do Supremo Tribunal Federal". (AI 623.854/MA-AgR, Primeira Turma, Relatora Ministra Cármen Lúcia, DJe 23.10.2009) "RECURSO EXTRAORDINÁRIO – MUNICÍPIO – DECLARAÇÃO DE DESNECESSIDADE DE CARGO – SERVIDOR PÚBLICO OCUPANTE DE CARGO EFETIVO, EM ESTÁGIO PROBATÓRIO – EXONERAÇÃO AD NUTUM E SEM CRITÉRIOS OBJETIVOS – IMPOSSIBILIDADE. O servidor público ocupante de cargo efetivo, ainda que em estágio probatório, não pode ser exonerado ad nutum, com base em decreto que declara a desnecessidade do cargo, sob pena de ofensa à garantia do devido processo legal, do contraditório e da ampla defesa. Incidência da Súmula 21 do STF. Recurso a que se dá provimento, para determinar a reintegração dos autores no quadro de pessoal da Prefeitura Municipal de Bicas (MG)". (RE 378.041/MG, Primeira Turma, Relator Ministro Carlos Britto, DJ 11.2.2005) Ademais, no caso, verifico que o Tribunal de origem, com base nas provas dos autos, consignou o desempenho insatisfatório do recorrido. Nesse sentido, extrai-se o seguinte trecho do acórdão impugnado: "A Corte de origem, confirmando a decisão administrativa, asseverou que a Resolução 11/2006-GP/TJSC, que disciplina a avaliação dos servidores em estágio probatório do Poder Judiciário Catarinense determina que, para cada quesito da avaliação do estágio probatório, a nota mínima deve ser 7, para fins de aprovação. Assim, concluiu que não tendo o servidor atingido a nota mínima em nove quesitos durante suas avaliações trimestrais, respeitado o devido processo legal, a sua exoneração é medida que se impõe. (...) Em caso semelhante, esta Corte já teve oportunidade de se manifestar afirmando a possibilidade de que seja levado em conta o desempenho global do Servidor para permitir sua aprovação em estágio probatório, em atenção ao princípios da proporcionalidade e da razoabilidade. Eis a ementa deste julgado: ADMINISTRATIVO – PROCESSUAL CIVIL – SUPOSTA AFRONTA AO ART. 462 DO CÓDIGO DE PROCESSO CIVIL – SERVIDORA PÚBLICA ESTADUAL – PERMANÊNCIA NO CARGO E AQUISIÇÃO AUTOMÁTICA DA ESTABILIDADE – AUSÊNCIA DE APROVAÇÃO EM ESTÁGIO PROBATÓRIO – OFENSA AO DIREITO ADQUIRIDO – NÃO OCORRÊNCIA – EXIGÊNCIA CONCOMITANTE DE LAPSO TEMPORAL E APROVAÇÃO EM ESTÁGIO PROBATÓRIO – INTELIGÊNCIA DO ART. 41 DA CARTA MAGNA DE 1988 – OFENSA AO PRINCÍPIO DO *NON BIS IN IDEM* – FATO PUNIDO EM SINDICÂNCIA UTILIZADO COMO FATOR DESABONADOR NA AVALIAÇÃO DE ESTÁGIO PROBATÓRIO – POSSIBILIDADE – REPROVAÇÃO EM ESTÁGIO PROBATÓRIO BASEADA EM SITUAÇÕES PONTUAIS – OBRIGATORIEDADE DE PONDERAÇÃO GLOBAL DOS PERÍODOS DE ESTÁGIO PROBATÓRIO – OFENSA AOS PRINCÍPIOS DA RAZOABILIDADE E PROPORCIONALIDADE – OCORRÊNCIA." (eDOC 17, p. 26 -29) Assim, divergir desse entendimento demandaria o revolvimento do acervo fático-probatório, providência inviável no âmbito do recurso extraordinário. Nesses termos, incide no caso a Súmula 279 do Supremo Tribunal Federal. Ante o exposto, nego seguimento ao recurso (art. 932, IV, do NCPC c/c art. 21, § 1º, do RISTF). Publique-se. Brasília, 30 de novembro de 2017. Ministro GILMAR MENDES Relator Documento assinado digitalmente (STF – RE: 1095636 SC – Santa Catarina 0053495-91.2015.8.24.0000, Relator: Min. Gilmar Mendes, Data de Julgamento: 30/11/2017, Data de Publicação: Dje-279 05/12/2017)

AGRAVO DE INSTRUMENTO – TERCEIRA TURMA RECURSAL DA FAZENDA PÚBLICA – SERVIDOR PÚBLICO – MUNICÍPIO DE ARROIO DO TIGRE – EXONERAÇÃO DURANTE ESTÁGIO PROBATÓRIO – IMPOSSIBILIDADE – PROBABILIDADE DO DIREITO E PERIGO DE DANO COMPROVADOS – RECURSO INTERPOSTO CONTRA DECISÃO QUE INDEFERIU O PEDIDO LIMINAR – DEFERIDO EFEITO SUSPENSIVO EM SEDE RECURSAL – DECISÃO MANTIDA. 1. A exoneração de servidor público, devidamente aprovado em concurso, ainda que em estágio probatório, trata-se de situação excepcional. Na hipótese de a exoneração ser motivada pela necessidade de adequação à Lei de Responsabilidade Fiscal, imprescindível o atendimento dos requisitos legais, pelo ente público. 2. A Constituição Federal, em seu art. 169, § 3º, previu critérios para a adequação da folha de pagamento à limitação de gastos com despesas de pessoal, sempre que o ente da Federação superar os limites estabelecidos na lei de responsabilidade fiscal. Entretanto, a verificação dos requisitos demanda dilação probatória e instrução processual. 3. Além disso, inexiste nos autos notícia de que tenha havido Processo Administrativo Disciplinar precedente à exoneração, hipótese que também motiva, nesta fase processual, a suspensão do ato administrativo de exoneração. A matéria, inclusive, é objeto da Súmula 21 do STF, que... dispõe: Funcionário em estágio probatório não pode ser exonerado nem demitido sem inquérito ou sem as formalidades legais de apuração de sua capacidade . 4. Requisitos do artigo 300 do CPC evidenciados. AGRAVO DE INSTRUMENTO PROVIDO. (Agravo de Instrumento n. 71008059941, Terceira Turma Recursal da Fazenda Pública, Turmas Recursais, Relator: Alan Tadeu Soares Delabary Junior, Julgado em 25/04/2019). (TJ-RS – AI: 71008059941 RS, Relator: Alan Tadeu Soares Delabary Junior, Data de Julgamento: 25/04/2019, Terceira Turma Recursal da Fazenda Pública, Data de Publicação: Diário da Justiça do dia 13/05/2019)

ADMINISTRATIVO – AGRAVO DE INSTRUMENTO – PROCESSO CIVIL – TUTELA DE URGÊNCIA – ESTÁGIO PROBATÓRIO – EXONERAÇÃO OU DEMISSÃO -NECESSIDADE DE INQUÉRITO – GARANTIA AO DEVIDO PROCESSO LEGAL, AMPLA DEFESA E CONTRADITÓRIO. 1. A tutela de urgência será concedida quando houver elementos suficientes que atestem a probabilidade do direito e o perigo de dano ou risco ao resultado útil do processo, nos termos do disposto no art. 300 do CPC. 2. Funcionário em estágio probatório não pode ser exonerado nem demitido sem inquérito ou sem as formalidades legais de apuração de sua capacidade, devendo ser garantido o devido processo legal, a ampla defesa e o contraditório, conforme orientação do STJ bem como disposto na Súmula n. 21 do STF. (TRF-4 – AG: 50013658820194040000 5001365-88.2019.4.04.0000, Relator: Rogerio Favreto, Data de Julgamento: 23/04/2019, TERCEIRA TURMA)

SERVIDOR PÚBLICO – EXONERAÇÃO SEM OBSERVÂNCIA DE CONTRADITÓRIO E DE DIREITO DE DEFESA. – "É necessário processo administrativo com ampla defesa, para demissão de funcionário admitido por concurso" (verbete n. 20 da súmula do STF)- "Funcionário em estágio probatório não pode ser exonerado nem demitido sem inquérito ou sem as formalidades legais de apuração de sua capacidade" (verbete n. 21 da súmula do STF) Não provimento da remessa obrigatória.(TJ-SP 10000690420188260125 SP 1000069-04.2018.8.26.0125, Relator: Ricardo Dip, Data de Julgamento: 19/06/2018, 11ª Câmara de Direito Público, Data de Publicação: 19/06/2018)

AGRAVO DE INSTRUMENTO. Ação anulatória de ato administrativo de exoneração de ofício de soldado da PM 2ª classe em estágio probatório. Recurso contra decisão que indeferiu liminar para reintegração ao cargo. Procedimento que encontra respaldo legal no artigo 37, § 2º, item 8 e 39 do Decreto n. 54.911/09 e artigo 2º, parágrafo único da Lei Complementar n. 697/92. Súmula 21 do STF: "Funcionário em estágio probatório não pode ser exonerado nem demitido sem inquérito ou sem as formalidades legais de apuração de sua capacidade". Ausência de comprovação, em cognição sumária, de que agravante foi exonerado sem inquérito ou sem observância das formalidades legais. Necessária análise de todo o procedimento realizado, com a vinda aos autos da defesa e ampla produção de provas. Ademais, tutela de urgência de natureza satisfativa e irreversível, que fragiliza ainda mais sua concessão. Decisão mantida. Recurso improvido. (TJ-SP 21250700320178260000 SP 2125070-03.2017.8.26.0000, Relator: Marcelo L Theodósio, Data de Julgamento: 12/09/2017, 11ª Câmara de Direito Público, Data de Publicação: 12/09/2017)

"EMPREGADO PÚBLICO — PREFEITURA MUNICIPAL — ESTÁGIO PROBATÓRIO — NECESSIDADE DE MOTIVAÇÃO DA DISPENSA — A motivação dos atos administrativos é exigência indispensável para a demonstração da obediência aos princípios da moralidade, impessoalidade, eficiência e publicidade ou transparência do comportamento da Administração Pública (art. 37, CF/88). Isso significa dizer que não há direito potestativo de resilição no âmbito da Administração Pública Direta e Indireta, autárquica ou fundacional. Nesse sentido, considerando-se que as pessoas jurídicas de direito público estadual e municipal não podem legislar sobre Direito do Trabalho (CF/88, art. 22, I), aplica-se ao empregado público estadual a legislação federal genérica (CLT) e a específica, Lei n. 9.962/00, destinada aos federais. Destarte, ofende o art. 9º da CLT e ao art. 3º da Lei n. 9.962/00, a despedida imotivada, impondo a reintegração no emprego. Pouco importa que o empregado público ainda estivesse no estágio probatório ao tempo da dispensa, pois, mesmo em tal período, o ente público não está imune aos procedimentos legais, inclusive à motivação — Súmula n. 21 do STF." (TRT 02ª R. — RO 00578-2005-391-02-00-4 — 6ª T. — Relª Juíza Ivani Contini Bramante — DOE/SP 14.12.2007)

"SERVIDOR PÚBLICO. ADMISSÃO PELO REGIME CELETISTA APÓS A EC N. 20/98 – DISPENSA DURANTE O ESTÁGIO PROBATÓRIO – DESOBEDIÊNCIA AO PRINCÍPIO DA IMPESSOALIDADE – REINTEGRAÇÃO. Mormente não se possa discutir acerca de estabilidade na hipótese, independentemente de seu cabimento ou não para os servidores celetistas a partir da EC n. 19/98, porquanto ainda no período de estágio probatório, presentemente tem-se a dispensa, de servidora concursada, sem qualquer motivação, incluindo dispensa de aviso-prévio. Ora, os princípios que norteiam a Administração Pública, principalmente o que trata da impessoalidade (motivação) dos respectivos atos, vedam essa prática de dispensa (CF, art. 37 e incisos), ainda que o da CLT o regime jurídico. E assim deve ser, pois senão, pode o Administrador, a seu bel prazer, burlar inclusive a ordem de classificação do certame: basta que contrate e dispense em seguida até atingir o candidato de sua preferência." (TRT 15ª R. — 5ª T. — 3.807/03 — Ac. 27.931/03-PATR — Rel. Juiz Valdevir Roberto Zanardi — DOE 19.9.2003, p. 83)

O mesmo entendimento não se aplica em se tratando de dispensa de trabalhador por empresa pública, exercente de atividade econômica ou por sociedade de economia mista, conforme ementa:

CONSTITUCIONAL E ADMINISTRATIVO – RECURSO EXTRAORDINÁRIO – EMPRESAS PÚBLICAS E SOCIEDADES DE ECONOMIA MISTA – DISPENSA DE SEUS EMPREGADOS ADMITIDOS APÓS APROVAÇÃO EM CONCURSO PÚBLICO

– CONTROVÉRSIA A RESPEITO DA NECESSIDADE DE MOTIVAÇÃO DO ATO – REPERCUSSÃO GERAL RECONHECIDA. 1. Revela especial relevância, na forma do art. 102, § 3º, da Constituição, a questão acerca da necessidade de motivação para a dispensa de empregados das empresas públicas e sociedades de economia mista admitidos por meio de concurso público. 2. Repercussão geral da matéria reconhecida, nos termos do art. 1.035 do CPC.

(STF RE 688267 RG, Relator(a): Min. Alexandre De Moraes, julgado em 13/12/2018, DJe-026 Divulg. 08-02-2019 PUBLIC 11-02-2019)

DIREITO CONSTITUCIONAL E DIREITO DO TRABALHO – EMBARGOS DE DECLARAÇÃO EM RECURSO EXTRAORDINÁRIO – DISPENSA SEM JUSTA CAUSA DE EMPREGADOS DA ECT – ESCLARECIMENTOS ACERCA DO ALCANCE DA REPERCUSSÃO GERAL – ADERÊNCIA AOS ELEMENTOS DO CASO CONCRETO EXAMINADO. 1. No julgamento do RE 589998, realizado sob o regime da repercussão geral, esta Corte estabeleceu que a Empresa Brasileira de Correios e Telégrafos – ECT tem o dever de motivar os atos de dispensa sem justa causa de seus empregados. Não houve, todavia, a fixação expressa da tese jurídica extraída do caso, o que justifica o cabimento dos embargos. 2. O regime da repercussão geral, nos termos do art. 543-A, § 7º, do CPC/1973 (e do art. 1.035, § 11, do CPC/2015), exige a fixação de uma tese de julgamento. Na linha da orientação que foi firmada pelo Plenário, a tese referida deve guardar conexão direta com a hipótese objeto de julgamento. 3. A questão constitucional versada no presente recurso envolvia a ECT, empresa prestadora de serviço público em regime de exclusividade, que desfruta de imunidade tributária recíproca e paga suas dívidas mediante precatório. Logo, a tese de julgamento deve estar adstrita a esta hipótese. 4. A fim de conciliar a natureza privada dos vínculos trabalhistas com o regime essencialmente público reconhecido à ECT, não é possível impor-lhe nada além da exposição, por escrito, dos motivos ensejadores da dispensa sem justa causa. Não se pode exigir, em especial, instauração de processo administrativo ou a abertura de prévio contraditório. 5. Embargos de declaração providos em parte para fixar a seguinte tese de julgamento: A Empresa Brasileira de Correios e Telégrafos – ECT tem o dever jurídico de motivar, em ato formal, a demissão de seus empregados. (STF – ED RE: 589998 PI – Piauí, Relator: Min. Roberto Barroso, Data de Julgamento: 10/10/2018, Tribunal Pleno)

"DESPEDIDA – EMPRESA PÚBLICA – AUSÊNCIA DE MOTIVAÇÃO. VALIDADE. De conformidade com a jurisprudência dominante no Tribunal Superior do Trabalho, a teor do art. 173, § 1º, inciso II, da Constituição Federal, estão sujeitas ao regime próprio das empresas privadas. Assim, dispõem de direito potestativo para dispensa sem justa causa de seus empregados, não se lhes exigindo motivação para tal. Incidência da Orientação Jurisprudencial n. 247 da SBDI — TST. Ressalva do entendimento divergente do Relator. Recurso de revista conhecido e provido para declarar a validade do ato de dispensa e julgar improcedente o pedido de reintegração do Reclamante no emprego." (TST — 1ª T. — RR 55/02-006-13-00.7 — Rel. M. João Oreste Dalazen — DJU 25.6.2004 — p. 493)

"50015139 — APELAÇÃO CÍVEL — EXONERAÇÃO DE SERVIDOR PÚBLICO CONCURSADO — AUSÊNCIA DE JUSTIFICATIVA E DO DEVIDO PROCESSO LEGAL — SERVIDOR AFASTADO DO SERVIÇO POR ATO DA ADMINISTRAÇÃO — ABUSO DE PODER CONFIGURADO — SÚMULA N. 21 DO STF — APELO PROVIDO — DECISÃO REFORMADA — Funcionário público concursado somente pode ser exonerado ou demitido do cargo público mediante justificativas da autoridade administrativa e sempre preservando-se o direito ao devido processo legal, que passa obrigatoriamente pelo direito de audição do funcionário atingido pelo ato administrativo." (TJMT — AC 18801/2002 — 3ª C. Cív. — Rel. Des. João Ferreira Filho — J. 30.4.2003)

Estatui a OJ n. 247 da SBDI do TST:

> "Servidor público. Celetista concursado. Despedida imotivada. Empresa Pública ou sociedade de economia mista. Possibilidade."

Não obstante o entendimento dominante do Tribunal Superior do Trabalho, consubstanciado na Orientação Jurisprudencial mencionada, existe uma corrente doutrinária que entende que tal ato de dispensa deve ser motivado, atendendo aos preceitos do art. 93, inciso IX da Constituição Federal de 1988, e atendimento aos princípios da legalidade, impessoalidade, moralidade e publicidade (art. 37 da CF/88), que devem nortear e até mesmo impor limitações às atividades das empresas públicas e sociedades de economia mista.

Nunca é demais lembrar a existência da Súmula n. 390 do Colendo Tribunal Superior do Trabalho, que assim se posiciona sobre o tema, relativamente aos servidores públicos da União, Distrito Federal, Estados, Municípios, autarquias, fundações, empresas públicas e sociedades de economia mista:

> "N. 390 — ESTABILIDADE - ART. 41 DA CF/88. CELETISTA - ADMINISTRAÇÃO DIRETA, AUTÁRQUICA OU FUNDACIONAL - APLICABILIDADE - EMPREGADO DE EMPRESA PÚBLICA E SOCIEDADE DE ECONOMIA MISTA - INAPLICÁVEL. (CONVERSÃO DAS ORIENTAÇÕES JURISPRUDENCIAIS NS. 229 E 265 DA SDI-1 E DA ORIENTAÇÃO JURISPRUDENCIAL N. 22 DA SDI-2); I — O servidor público celetista da administração direta, autárquica ou fundacional é beneficiário da estabilidade prevista no art. 41 da CF/88 (ex-OJ n. 265 da SDI-1 — Inserida em 27.9.2002 e ex-OJ n. 22 da SDI-2 — Inserida em 20.9.00); II — Ao empregado de empresa pública ou de sociedade de economia mista, ainda que admitido mediante aprovação em concurso público, não é garantida a estabilidade prevista no art. 41 da CF/88."

Não obstante, o inciso II da Súmula n. 390 do Colendo TST sofreu irreversível mitigação em face de decisão do Supremo Tribunal Federal, que passou a exigir a motivação do ato de dispensa por empresa pública ou sociedade de economia mista, que contratam seus empregados por meio de concurso público.

> EMPRESA PÚBLICA - DISPENSA SEM JUSTA CAUSA - MOTIVAÇÃO DO ATO - SÚMULA 390 E OJ 247 DA SDI-I, DO TST. O empregado público de sociedade de economia mista e de empresa pública não tem, só pelo fato de ter sido admitido por concurso público, direito à estabilidade no emprego ou de ter sua despedida vinculada à motivação. Assim também entendeu a jurisprudência majoritária (Súmula n. 390, inc. II, do TST). A OJ 247, da SDI-I, da mesma Corte, ao exigir da ECT a necessidade de motivação para dispensa, o fez porque a esta são concedidas as prerrogativas de Fazenda Pública, como dispensa de custas e execução por meio de precatório. Não há nos autos comprovação de que tal tratamento seja concedido à recorrida. (TRT-1 - Recurso Ordinário RO 00000974820125010059 RJ (TRT-1) Data de publicação: 02/06/2016)

> EMPRESA PÚBLICA E SOCIEDADE DE ECONOMIA MISTA - AUSÊNCIA DE ESTABILIDADE - DISPENSA IMOTIVADA - POSSIBILIDADE. EXIGÊNCIA DE MOTIVAÇÃO APENAS AOS EMPREGADOS DA EMPRESA BRASILEIRA DE CORREIOS E TELÉGRAFOS - ECT. SÚMULA N. 390, ITEM II, E ORIENTAÇÃO JURISPRUDENCIAL N. 247 DA SBDI-1, AMBAS , DO TST. A jurisprudência desta Corte, consolidada na Orientação Jurisprudencial n. 247 da SbDI-1, firmou-se no sentido de reputar desnecessária a

motivação da dispensa de empregado de empresa pública e sociedade de economia mista. A exceção cabe à ECT, em face da singularidade do regime jurídico especial a que está submetida. O Supremo Tribunal Federal, por ocasião do julgamento do RE n. 589.998/PI, revisitou a matéria e discutiu pontualmente a necessidade de motivação na dispensa sem justa causa de empregado da Empresa de Correios e Telégrafos – ECT (RE 589998 /PI. Relator: Ministro Ricardo Lewandowski. Julgamento: 20/3/2013. Publicação: 12/9/2013. Órgão Julgador: Tribunal Pleno). Ocorre que a redação da paradigmática ementa do acórdão principal possibilitou a interpretação de que o dever de motivação dos atos de dispensa também se estende a outras empresas prestadoras de serviço público, além da ECT, em dissonância inclusive com a jurisprudência já sedimentada no âmbito do Tribunal Superior do Trabalho. Em embargos de declaração e sob a relatoria do Ministro Luís Roberto Barroso, a quem foi redistribuído o processo, a Corte Suprema, por maioria de votos, prestou esclarecimentos e fixou a seguinte tese de repercussão geral relacionada à necessidade de motivação direcionada apenas à ECT: "A Empresa Brasileira de Correios e Telégrafos – ECT tem o dever jurídico de motivar, em ato formal, a demissão de seus empregados" (RE 589998 ED / PI – Piauí. Emb. Decl. no Recurso Extraordinário. Relator: Ministro Roberto Barroso. Julgamento: 10/10/2018. Órgão Julgador: Tribunal Pleno. Publicação DJe-261 Divulg. 4/12/2018 . Publicação: 5/12/2018)..

"EMPREGADO PÚBLICO — ESTABILIDADE — NECESSIDADE DE MOTIVAÇÃO DA DISPENSA — Aos empregados das sociedades de economia mista e das empresas públicas não é assegurada a estabilidade do art. 41 da Constituição Federal, aplicável apenas aos servidores ocupantes de cargo público, admitidos mediante concurso (Inteligência da Súmula n. 390 do TST). Todavia, no tocante à necessidade de motivação da dispensa, não obstante o entendimento contido na OJ n. 247 da SBDI1 do TST, a partir do julgamento do RE n. 589.998/PI, realizado em 20.3.2013 (STF, Tribunal Pleno, Rel. Ministro Ricardo Lewandowski, DJ de 12.9.2013), firmou-se o entendimento de que deve ser motivada a dispensa dos empregados públicos admitidos mediante concurso, em atenção aos princípios da impessoalidade e isonomia que regem a admissão por concurso público. No caso específico destes autos, entretanto, não há de se falar em nulidade da dispensa, uma vez que a empresa comprovou por meio da prova documental coligida que a dispensa sem justa causa do reclamante foi motivada e precedida de regular processo administrativo demissional." (TRT 3ª R. — RO 01906/2013-106-03-00.4 — Rel. Des. Marcus Moura Ferreira — DJe 21.7.2014 — p. 253)v108

"EMPREGADO DE EMPRESA PÚBLICA OU DE SOCIEDADE DE ECONOMIA MISTA -OBRIGATORIEDADE DE MOTIVAÇÃO DA DISPENSA – REINTEGRAÇÃO. O Plenário do E. Supremo Tribunal Federal, no julgamento do Recurso Extraordinário n. 589.998/PI, ocorrido em 20.3.2013 (com publicação do respectivo acórdão em 12.9.2013), posicionou-se no sentido de que as empresas públicas e as sociedades de economia mista precisam expor as razões do ato demissional por elas praticado, de forma a motivar o ato de rompimento sem justa causa do pacto laboral. A motivação resguarda o empregado e, indiretamente, toda a sociedade de eventual ruptura dos princípios constitucionais consagrados nos arts. 37 da CRFB/88, 2º e 50 da Lei n. 9784/99, os quais devem ser observados pelo agente estatal investido do poder de demitir. Ademais, a exposição dos motivos torna possível sua compreensão e contestação pelos atingidos, além de permitir o exame da legalidade do ato pelo Judiciário. Dessa forma, a falta de motivação do ato administrativo de resilição contratual acarreta a sua nulidade, com a consequente reintegração do empregado e pagamento integral das verbas devidas durante o afastamento. (Precedente do STF e do TST. Recurso conhecido e provido. 0000271882013501000. Tipo de processo: Recurso

Ordinário. Data de publicação: 2014.3.18. Órgão julgador: Quinta Turma. Relator: Des. Enoque Ribeiro dos Santos)

Para além do louvável entendimento jurisprudencial inovador emanado do STF, permanecemos ainda com nossa posição anterior, no sentido de que, na dispensa do servidor público, mesmo os regidos pela CLT, não basta a mera motivação do ato, mesmo porque, por si só, se levada a efeito pelo empregador acaba por deixar o obreiro na mesma situação anterior de ausência de eficaz proteção (OIT, Convenção n. 158), já que o ato do empregador seria considerado perfeito e acabado, não gerando quaisquer direitos aos trabalhadores.

É necessário, isto sim, que a motivação do ato de dispensa seja acompanhada do cumprimento do mandamento constitucional insculpido no art. 5º, LIV, pelo qual "ninguém deve ser privado de seus bens sem o devido processo legal", ou seja, de processo administrativo com ampla defesa e contraditório. Afinal, qual o significado semântico e mesmo sistemático do termo bens no citado inciso constitucional mencionado, que não tenha o sentido de incluir, com clareza solar, que o emprego constitui ao lado da família, os bens mais importantes para a dignidade da pessoa humana e a base de sustentação do sistema capitalista de produção de bens e serviços em um Estado Democrático de Direito?

Em agosto de 2007, o Supremo Tribunal Federal promoveu uma espécie de repristinação do art. 39 da Constituição Federal, que tinha sido modificado pela Emenda Constitucional n. 19/98, retornando à redação original. Neste sentido, transcrevemos:

> "Plenário suspende artigo da Constituição sobre contratações de servidores públicos em 2.8.2007
>
> Ao retomar o julgamento da Ação Direta de Inconstitucionalidade (ADI) n. 2.135, com o voto-vista do ministro Cezar Peluso, o Plenário do Supremo Tribunal Federal (STF) resolveu hoje (2.8.2007), por maioria, conceder liminar para suspender a vigência do art. 39, *caput*, da Constituição Federal, em sua redação dada pela Emenda Constitucional (EC) n. 19/98. A norma, questionada pelo Partido dos Trabalhadores (PT), Partido Democrático Trabalhista (PDT), Partido Comunista do Brasil (PC do B) e Partido Socialista Brasileiro (PSB), eliminava a exigência do Regime Jurídico Único e planos de carreira para os servidores da Administração Pública Federal, das autarquias e fundações públicas. Com a decisão, volta a vigorar a redação anterior do artigo.
>
> Antes do início da sessão já haviam votado para conceder a medida cautelar na ADI n. 2.135 o relator, ministro Néri da Silveira (aposentado), a ministra Ellen Gracie e os ministros Sepúlveda Pertence, Eros Grau e Carlos Ayres Britto. Contra a concessão da liminar haviam votado os ministros Nelson Jobim (aposentado), Ricardo Lewandowski e Joaquim Barbosa.
>
> *Voto-vista*
>
> Na sessão desta tarde, o ministro Cezar Peluso, em seu voto-vista, disse acreditar que o voto do ministro relator, Néri da Silveira (aposentado), teria dado uma solução correta à controvérsia. Ele ressaltou o fato de que a proposta de alteração do *caput* do art. 39 da Constituição Federal não foi aprovada pela maioria qualificada (3/5 dos parlamentares)

da Câmara dos Deputados, em primeiro turno, conforme previsto no art. 60, § 2º, da própria Constituição.

Ao elaborar o texto enviado para votação em segundo turno, relatou Cezar Peluso, a comissão especial de redação da Câmara dos Deputados teria deslocado o § 2º do art. 39 — que havia sido aprovado, para o lugar do *caput* do art. 39, cuja proposta de alteração havia sido rejeitada no primeiro turno. O ministro frisou que o próprio Regimento Interno da Câmara dos Deputados, em seu art. 118, assenta que não há como se fazer essa transposição por mera emenda redacional.

Pela concessão da liminar votaram, ainda na sessão de hoje, os ministros Marco Aurélio e Celso de Mello. Eles confirmaram o fato de que a Emenda Constitucional n. 19/98 teria sido aprovada sem a observância do regime bicameral, ou seja, o texto deveria ter sido analisado tanto pela Câmara dos Deputados quanto pelo Senado Federal.

Dessa forma, por oito votos a três, o Plenário deferiu medida cautelar para suspender o *caput* do art. 39 da Constituição Federal, voltando a vigorar a redação anterior à EC n. 19/98. A ministra Ellen Gracie, ao proferir o resultado do julgamento, esclareceu que a decisão tem efeito *ex-nunc*, ou seja, passa a valer a partir de agora. Com isso, toda a legislação editada durante a vigência do art. 39, *caput*, com a redação da EC n. 19/98, continua válida, explicou a ministra, ressaltando que, dessa forma, ficam resguardas as situações consolidadas, até o julgamento do mérito."

Também foi publicada alteração na Orientação Jurisprudencial do Tribunal Superior do Trabalho, relativamente à dispensa de trabalhadores pela Empresa Brasileira de Correios e Telégrafos, *in verbis*:

OJ-SDI1-247 – SERVIDOR PÚBLICO – CELETISTA CONCURSADO – DESPEDIDA IMOTIVADA – EMPRESA PÚBLICA OU SOCIEDADE DE ECONOMIA MISTA – POSSIBILIDADE (alterada – Res. n. 143 /2007)- DJ 13.11.2007. I – A despedida de empregados de empresa pública e de sociedade de economia mista, mesmo admitidos por concurso público, independe de ato motivado para sua validade; II – A validade do ato de despedida do empregado da Empresa Brasileira de Correios e Telégrafos (ECT) está condicionada à motivação, por gozar a empresa do mesmo tratamento destinado à Fazenda Pública em relação à imunidade tributária e à execução por precatório, além das prerrogativas de foro, prazos e custas processuais" . Desse modo, a motivação do ato para a dispensa de empregado é exigência direcionada apenas à ECT, não sendo requisito necessário na sociedade de economia mista e na empresa pública, mesmo que o empregado tenha sido contratado mediante concurso público. No caso dos autos, por se tratar de sociedade de economia mista, desnecessária a motivação, nos termos da Orientação Jurisprudencial n. 247, item I, da SbDI-1 do TST. Recurso de revista não conhecido. (TST – Recurso de Revista RR 1356007720085010060 (TST) – Data de publicação: 05/04/2019)

"O Tribunal Superior do Trabalho publicou, no Diário da Justiça, a Resolução n. 143/07 do Tribunal Pleno, que altera a Orientação Jurisprudencial n. 247 da SDI-1 para excepcionar a Empresa Brasileira de Correios e Telégrafos da possibilidade de demissão imotivada de servidores celetistas. O novo texto da OJ n. 247 é o seguinte:

SERVIDOR PÚBLICO – CELETISTA CONCURSADO – DESPEDIDA IMOTIVADA – EMPRESA PÚBLICA OU SOCIEDADE DE ECONOMIA MISTA – POSSIBILIDADE.

1. A despedida de empregados de empresa pública e de sociedade de economia mista, mesmo admitidos por concurso público, independe de ato motivado para sua validade;

2. A validade do ato de despedida do empregado da Empresa Brasileira de Correios e Telégrafos (ECT) está condicionada à motivação, por gozar a empresa do mesmo tratamento destinado à Fazenda Pública em relação à imunidade tributária e à execução por precatório, além das prerrogativas de foro, prazos e custas processuais.

A alteração foi decidida em setembro, quando o Pleno julgou incidente de uniformização de jurisprudência suscitado pela Seção Especializada em Dissídios Individuais (SDI-1). O fundamento da decisão foi o fato de o Supremo Tribunal Federal, em diversos precedentes, vir assegurando à ECT privilégios inerentes à Fazenda Pública — notadamente, no caso da Justiça do Trabalho, o pagamento de débitos por meio de precatórios. 'Deste modo, merecendo os Correios tratamento privilegiado em relação a tributos fiscais, isenção de custas e execução por precatórios, seus atos administrativos devem se vincular aos princípios que regem a administração pública direta, em especial o da motivação da despedida de empregados', assinalou o relator, ministro Aloysio Corrêa da Veiga."

Neste sentido o extrato jurisprudencial:

"Dívida trabalhista dos Correios deve ser paga por precatório. A Sexta Turma do Tribunal Superior do Trabalho adotou decisão unânime determinando que a execução de dívida trabalhista da Empresa Brasileira de **Correios** e Telégrafos se processe por meio de precatório. A Turma deu provimento parcial a um recurso em que a ECT foi condenada ao pagamento de direitos trabalhistas a um empregado terceirizado. Ao ser demitido, ele entrou com ação contra seu empregador direto e, em função do contrato de prestação de serviços, citou a Diretoria Regional de Minas Gerais da ECT como responsável subsidiária.

A sentença de primeiro grau reconheceu os direitos reclamados pelo trabalhador e, diante da inadimplência por parte do empregador, responsabilizou os **Correios** pelo seu pagamento. A estatal ajuizou recurso visando reformar a sentença, mas o Tribunal Regional da 3ª Região (Minas Gerais) manteve a decisão quanto à responsabilidade subsidiária e concluiu que a execução da dívida não deveria ser procedida por precatório, dada a condição de empresa pública da reclamada.

Diante disso, a ECT apelou ao TST, mediante recurso de revista. O relator da matéria, ministro Aloysio Corrêa da Veiga, deu provimento parcial ao recurso, excluindo da condenação o valor correspondente à multa do art. 477 da CLT e determinando que o pagamento da dívida deve se dar por meio de precatório, considerando o Decreto-Lei n. 509/69, que cria a Empresa Brasileira de **Correios** e Telégrafos. O decreto assegura à ECT os mesmos privilégios inerentes à Fazenda Pública.

O ministro fundamenta seu voto a partir da caracterização da ECT como empresa pública prestadora de serviço de competência da União, a quem cabe sua manutenção. Nesse contexto legal, Aloysio da Veiga considerou que não é aplicável à empresa o art. 173 da Constituição Federal, que estabelece a sujeição das empresas públicas e das sociedades de economia mista exploradoras de atividade econômica ao mesmo regime jurídico das empresas privadas. Como consequência, o pagamento devido em razão de sentença judicial deve ser feito por meio de precatório, 'sob pena de se estar transgredindo literalmente preceito de ordem constitucional', conclui, referindo-se ao art. 100 da Constituição Federal, ressaltando ser este o entendimento já firmado pelo Supremo Tribunal Federal.

O relator assinala que, diante da evolução jurisprudencial neste sentido, adotou-se o entendimento de que a execução contra a ECT só poderá ser efetivada por precatório, na forma do que é determinado pelo Código de Processo Civil e pela Constituição Federal." (RR-796.895/2001.7)

32. Responsabilidade pelos atos ilícitos na greve (Lei n. 7.783/1989)

A Lei de greve constitui direito constitucional do trabalhador e considera legítimo o seu exercício que se dá por meio da suspensão coletiva, temporária e pacífica, total ou parcial, de prestação pessoal de serviços a empregador.

A responsabilidade pelos atos grevistas enquadram-se nos preceitos da responsabilidade subjetiva, com base na negligência e imprudência do art. 186 do novo Código Civil e estão previstas nos arts. 14 e 15 da Lei n. 7.783/1989, bem como nos arts. 200 a 202 do Código Penal, cujos dispositivos assim dispõem:

> "Art. 14. Constitui abuso do direito de greve a inobservância das normas contidas na presente Lei, bem como a manutenção da paralisação após a celebração de acordo, convenção ou decisão da Justiça do Trabalho.
>
> Parágrafo único. Na vigência de acordo, convenção ou sentença normativa não constitui abuso do exercício do direito de greve a paralisação que:
>
> I — tenha por objetivo o cumprimento de cláusula ou condição;
>
> II — seja motivada pela superveniência de fato novo ou acontecimento imprevisto que modifique substancialmente a relação de trabalho.
>
> Art. 15. A responsabilidade pelos atos praticados, ilícitos ou crimes cometidos, no curso da greve, será apurada, conforme o caso, segundo a legislação trabalhista, civil ou penal.
>
> Parágrafo único. Deverá o Ministério Público, de ofício, requisitar a abertura do competente inquérito e oferecer denúncia quando houver indício da prática de delito."

Trazemos à colação a seguinte ementa:

> "RESCISÓRIA — DESPEDIDA DE EMPREGADO APÓS MOVIMENTO GREVISTA — VIOLAÇÃO DO ART. 19, INCISO 3, DA LEI DE GREVE — INEXISTÊNCIA — 1. Decisão que não defere a pleiteada reintegração dos empregados dispensados sem justa causa, após o movimento grevista. 2. Inexistência de ofensa literal ao artigo dezenove, inciso três, da lei quatro mil trezentos e trinta de sessenta e quatro, visto que ali não se garante qualquer tipo de estabilidade além do período de greve. 3. Pedido de rescisão julgado improcedente." (TST — AR 410669/1997 — SBDI 2 — Rel. Min. João Oreste Dalazen — DJU 26.2.1999 — p. 63)

Deste acórdão extraímos as seguintes informações, que passamos a transcrever:

> "Essa resistência, que perdura ainda em alguns países e núcleos trabalhistas, torna-se cada vez mais difícil, pois ao Direito anterior 'engessado' se propôs e impôs outros meios e maneiras de se regular o vínculo entre trabalhador e o tomador de serviços. Para tanto, fundamental foi a migração do capital para localidades sem tradição de práticas sindicais e reivindicativas significativas, o desemprego estrutural e as novas técnicas de gerência e administração de mão de obra (terceirização, trabalho *part-time* etc.). Quando imprescindível, a repressão policial, administrativa, legal e jurídica também foi utilizada, conforme aconteceu na Inglaterra na 'era *Thacher*'; nos EUA nos Governos de Reagan, e no Brasil de Sarney (Lei de Greve, n. 7.783/89, de 1989 e jurisprudência antigreve)."

A Lei de Greve brasileira proíbe, expressamente, o locaute (art. 17, Lei n. 7.783/1989). Ainda que o texto legal fosse omisso, tal proibição derivaria, indubitavelmente, de vasto e harmônico conjunto de regras e princípios constitucionais.

O locaute, como visto, é prática proibida na ordem jurídica do país. Sua realização concreta, em descumprimento à CF e à Lei de Greve, provoca, assim, inevitáveis consequências no âmbito do contrato de trabalho. Em primeiro lugar, o respectivo período de afastamento obreiro será considerado como mera interrupção da prestação de serviços (interrupção contratual). Desse modo, todas as parcelas contratuais laborativas serão devidas ao empregado no lapso temporal de desenvolvimento do locaute. É o que deriva da lógica da ordem jurídica e também do texto expresso do parágrafo único do art. 17 da Lei n. 7.783/1989.

A anterior Lei de Greve (n. 4.330/1964, art. 17), de indissimulável matiz autoritário, rejeitava essa combinação de circunstâncias, considerando inerente à greve a desocupação dos locais de trabalho. A nova ordem jurídica constitucional (art. 9º, CF/88), e mesmo a nova Lei de Greve n. 7.783/1989, não estabelecem, porém, tal requisito. E, rigorosamente, não há comprometimento do instituto paredista em vista da adoção da estratégia ocupacional, uma vez que esta mantém-se subordinada à função primária da figura sociojurídica, que é a abstenção coletiva de atividades contratuais pelos trabalhadores.

Do ponto de vista de uma rigorosa interpretação do instituto, poderiam não se enquadrar no conceito de greve, já que não propiciam sustação plena das atividades laborativas. Contudo, essa interpretação muito rigorosa do tipo legal da greve não atende à riqueza da dinâmica social, deixando de aplicar o Direito a fatos sociais que não guardam diferenciação efetivamente substantiva em comparação a outros. Por isso, tem sido criticada por importantes doutrinadores, como Jean-Claude Javillier, Manoel Carlos Palomeque Lópes e, no Brasil, Luiz de Pinho Pedreira e Márcio Túlio Viana. De todo modo, desde que se entenda que o Direito do Trabalho exige para configurar o movimento paredista, paralisação total ou meramente parcial, porém coletiva, das atividades contratuais dos obreiros, as condutas grupais especificadas, de redução concertada do labor, atenderiam à noção jurídica de movimento paredista. Relembre-se, a esse respeito, que a própria Lei de Greve brasileira, em seu art. 2º, conceitua a figura como suspensão coletiva de prestação pessoal de serviços, total ou parcial.

Conforme já debatido, a precedente Lei de Greve n. 4.330/64, oriunda de período autoritário da vida política do país, explicitamente, subordinava o tipo legal da greve à desocupação dos locais de trabalho — exigência que desapareceu com a nova ordem jurídica constitucional (art. 9º, CF/88) e legal (Lei n. 7.783/1989). O silêncio da nova ordem jurídica resulta do fato de não haver real comprometimento do instituto paredista em face da adoção da estratégia ocupacional, uma vez que esta mantém-se subordinada à função primária da figura grevista, que é a abstenção coletiva de atividades contratuais pelos trabalhadores.

Ainda com respeito a esses serviços ou atividades essenciais, em que caberá o atendimento das necessidades inadiáveis da comunidade (CF/88, art. 9º, § 1º), a Lei de Greve dispôs que os sindicatos, os empregadores e os trabalhadores ficam obrigados, de comum acordo, a garantir, durante a greve, a prestação dos serviços indispensáveis ao atendimento das necessidades inadiáveis da comunidade (art. 11, Lei n. 7.783/1989). Completa a lei que, no caso de inobservância da regra anterior, o Poder Público assegurará a prestação dos serviços indispensáveis (art. 12). O mesmo diploma esclareceu serem necessidades inadiáveis da comunidade aquelas que, não atendidas, coloquem em perigo iminente a sobrevivência, a saúde ou a segurança da população (parágrafo único do art. 11, Lei n. 7.783).

Na esteira da ressalva constitucional, a Lei de Greve dispôs que o sindicato obreiro ou a comissão de negociação, durante o movimento paredista, deverá manter, em ajuste com o empregador ou seu sindicato, equipes de empregados com o propósito de assegurar os serviços cuja paralisação resulte em prejuízo irreparável, pela deterioração irreversível de bens, máquinas e equipamentos, bem como a manutenção daqueles essenciais à retomada das atividades da empresa quando da cessação do movimento (art. 9º, *caput*). Completa o diploma legal que, à falta de acordo nessa linha, assegura-se ao empregador, enquanto perdurar a greve, o direito de contratar diretamente a realização dos correspondentes serviços de manutenção (parágrafo único do art. 9º, Lei n. 7.783).

Há outra limitação trazida pela Lei de Greve que se mostra de duvidosa constitucionalidade: trata-se da proteção especial conferida ao trabalhador que insista em trabalhar. De fato, dispõe a lei que as manifestações e atos de persuasão utilizados pelos grevistas não poderão impedir o acesso ao trabalho[...] (art. 6º, § 3º); completa o diploma legal que, em nenhuma hipótese, também, poderão ser violados ou constrangidos os direitos e garantias fundamentais de outrem (art. 6º, § 1º).

O terceiro requisito é o aviso-prévio à parte adversa (empregadores envolvidos ou seu respectivo sindicato). O aviso será dado, regra geral, com antecedência mínima de 48 horas da paralisação (art. 4º, Lei de Greve).

Em se tratando de serviços ou atividades essenciais, o prazo será de 72 horas da paralisação (art. 13, Lei de Greve). Neste caso, a comunicação deverá contemplar não apenas os empregadores como também o público interessado (a lei fala em usuários).

O quarto requisito é o respeito ao atendimento às necessidades inadiáveis da comunidade, no contexto de greve em serviços ou atividades essenciais (art. 9º, § 1º, CF/88, c/c arts. 10, 11 e 12, Lei de Greve).

São direitos dos trabalhadores paredistas, entre outros: utilização de meios pacíficos de persuasão (art. 6º, Lei de Greve); arrecadação de fundos por meios lícitos (idem); livre divulgação do movimento (idem); proteção contra a dispensa por parte do empregador (o contrato de trabalho encontra-se suspenso, juridicamente — art. 7º, Lei de Greve).

Neste caso, a Lei de Greve introduziu exceção — que deve receber interpretação restritiva, sob pena de frustrar, grosseiramente, o direito fundamental assegurado pela CF. Trata-se da não formação, pelos obreiros ou seu sindicato, de equipes de manutenção de bens e serviços cuja paralisação, na empresa, possa causar prejuízo irreparável, ou que sejam essenciais à futura retomada das atividades empresariais (art. 9º, Lei de Greve). Conforme já exposto no item III.3.B a regra legal confere certa ampliação à noção de abuso acobertada pela CF, devendo, em consequência, receber interpretação restritiva, sob pena de inviabilizar a efetiva realização de movimentos paredistas.

A segunda exceção à contratação de substitutos encontra-se no art. 14 da Lei de Greve. Ela abrange os movimentos considerados ilegais, seja por desrespeitarem a ordem jurídica, seja por se manterem após a celebração de acordo, convenção ou decisão judicial trabalhista a respeito.

A Lei de Greve n. 4.330/1964 do regime militar restringia, severamente, o instituto: não só proibia movimentos que não tivessem fins estritamente trabalhistas, como vedava a estratégia ocupacional do estabelecimento nas greves. A par disso, instituía rito cujo cumprimento era considerado inviável pelos sindicalistas. Transformado o Direito em mero simulacro, o diploma foi apelidado de Lei Antigreve.

A partir do cenário aberto pela CF, alguns diplomas legais posteriores fizeram referência ao processo arbitral no plano juscoletivo. É o que se passou com a Lei de Greve, que subordinava a validade do instituto paredista à frustração da negociação coletiva e subsequente inviabilização de recurso à via arbitral (n. 7.783/1989, art. 3º, *caput*). O mesmo diploma, referindo-se à cessação do movimento paredista, estipulava que a regulação das relações obrigacionais durante o período de greve seria regida ou por decisão judicial trabalhista ou por instrumento normativo coletivo, entre estes o laudo arbitral (art. 7º, *caput*, Lei n. 7.783).

Impõe referir, por fim, o direito de resistência, sufragado pelo art. 229, § 2º, da Constituição do Estado de São Paulo. Lê-se, no preceito, que em condições de risco grave ou iminente no local de trabalho, será lícito ao empregado interromper suas atividades, sem prejuízo de quaisquer direitos, até a eliminação do risco. Percebe-se, outra vez, a primazia da dignidade humana em contextos de colisão de princípios jurídicos, quando há risco de malferimento grave e iminente à vida e à integridade dos trabalhadores: é legítimo, nesses casos, o exercício da autotutela, com recusa de trabalho sem prejuízo de quaisquer direitos trabalhistas (salários, férias, DSRs, FGTS etc.), até que o risco imediato seja eliminado ou contornado. Preterem-se, episodicamente, os princípios econômicos da livre iniciativa e da propriedade privada, assim como o próprio poder hierárquico do empregador, para assegurar a dignidade e a integridade humanas, mantendo-se, todavia, a contraprestação contratual do empregador, às suas inteiras expensas, *ex vi legis*. Esse direito pode ser exercido individualmente ou coletivamente; nessa última hipótese, dar-se-á a greve como instrumento preventivo nas relações labor-ambientais, em circunstância não contemplada expressamente pela Lei n. 7.783/1989, mas de inteira justiça, com amparo na Constituição Estadual e até mesmo no direito natural (direito à autopreservação). Ademais, ilegal à vista da Lei de Greve, eis que o art. 1º, *caput*, garante aos trabalhadores "decidir sobre a oportunidade de exercê-lo [o direito de greve] e sobre os interesses que devam por ele defender" — como, aqui, o interesse por um meio ambiente do trabalho ecologicamente equilibrado.

Baseado na velha parêmia de que quem pode o mais, pode o menos, tem-se que o empregado pode ser punido com a só advertência, embora haja tal previsão somente na Lei de Greve. Ora, se o empregador pode aplicar a suspensão, que acarreta ao trabalhador o prejuízo moral e econômico, este último, por inexistirem trabalho e salário nos dias de suspensão, pode certamente aplicar a advertência, que muitas vezes traz apenas o tom de admoestação ao obreiro, inocorrendo dano para o mesmo.

Somente em 01/06/1964, entrou em vigor a Lei de Greve (Lei n. 4.330), que prescrevia a ilegalidade da greve:

> "Dessa forma, diante da lacuna existente e, considerando o fenômeno da recepção da atual Lei de Greve pela nova EC n. 19, cabe ao intérprete, pelo menos até que sobrevenha (se é que isso verdadeiramente venha a acontecer) a nova 'lei específica', dar a máxima efetividade à norma constitucional, mediante a integração do sistema."

A discrepância entre os Tribunais Superiores está a revelar que o servidor público estatutário encontra-se em posição de vantagem em relação ao servidor público celetista, o que não deixa de ser um paradoxo, uma vez que o regime contratual mostra-se mais propício a admitir a aplicação analógica da atual Lei de Greve do que o regime estatutário unilateral.

Assinala Orlando Teixeira da Costa que: "a greve exige organização, já que corresponde a um instrumento tácito de luta em prol dos interesses dos trabalhadores". A atual Lei de Greve (Lei n. 7.783, de 28 de junho de 1989), regula o exercício do direito de greve, define as atividades essenciais, exige o atendimento das necessidades inadiáveis da comunidade e dá outras providências.

A submissão do conflito de interesse a órgão de conciliação e mediação é em geral facultativa; mas na Austrália, Canadá, Índia, Malásia, Polônia e Singapura é obrigatória, sendo que essa compulsoriedade é mais frequente em relação aos conflitos coletivos que afetam os serviços públicos. Na Itália, por exemplo, a Lei n. 146, de 1990, dispõe que, na ocorrência de greve na função pública ou em empresa de serviços públicos, e desde que as partes não aceitem proposta a respeito formulada pela "Comissão de Guarda da Lei de Greve", prevista na citada lei, o presidente do Conselho de Ministros pode expedir uma "Ordem Motivada" determinando a submissão à arbitragem.

Daí reiterarmos a crítica quanto à concepção nanica: jamais haverá um modelo arejado de relações de trabalho enquanto não se: I) reformular profundamente a estrutura sindical mussoliniana; II) redefinir o grau de intervenção estatal nas condições de trabalho; III) delinear os limites procedimentais da negociação coletiva; e IV) aprimorar a Lei de Greve — destes quatro elementos fundamentais, o único que se encontra em bom estágio de desenvolvimento.

Todavia, como já dito, a norma agredida há de ser mencionada, não bastando a alusão genérica à violação da "Constituição", da "CLT", da "Lei de Greve" etc.: a invocação do preceito violado há de ser específica, sob pena de indeferimento da inicial.

Para se ter uma ideia, a nossa primeira Lei de Greve surgiu apenas em 1964 — Lei n. 4.330/1964 —, durante o regime militar, o que impedia os sindicatos de exercerem seus direitos, com medo de represália.

Entre as penas aplicáveis ao obreiro, a advertência (ou admoestação) surge como a mais leve. Pode ela ser meramente verbal ou assumir forma escrita. Essa pena tem origem na normatividade autônoma, em especial nos costumes trabalhistas (fonte do Direito, conforme art. 8º, CLT), embora também seja referida por alguns instrumentos convencionais coletivos. Raramente a advertência tem sido mencionada pela legislação heterônoma estatal. A título de ilustração, relembre-se que esteve insculpida na antiga Lei de Greve (Lei n. 4.330/1964), existindo, ainda, referência à admoestação na atual Lei do Trabalho Portuário (Lei n. 8.630/1993).

No caso de inexistência de norma coletiva em vigor — tendo a coisa julgada, no processo coletivo, caráter temporário (vale por período de vigência consignado na sentença normativa), impede que nesse período possa ser ajuizado novo dissídio (vigência mínima de um ano — CLT, art. 873). A única exceção permitida, tal como contemplada na Lei de Greve, é a da superveniência de fato novo ou acontecimento imprevisto que modifique substancialmente a relação de trabalho (Lei n. 7.783/1989, art. 14, parágrafo único, II).

Entretanto, esse aparato legal, embora vigente, tornou-se ineficaz na prática, como reconhece Amauri Mascaro Nascimento (NASCIMENTO, 1989, p. 102), principalmente a partir do final da década de 1970, quando os trabalhadores resolveram romper com o cinturão do regime estatal autoritário, com início no ABC paulista e posterior alastramento em todo o país, de norte a sul, deflagrando greves em atividades normais e essenciais.

Verdadeiras astreintes têm sido aplicadas pelo TST e outros Tribunais Trabalhistas, na interpretação dos arts. 11 e 12 da Lei de Greve (Lei n. 7.783/1989). E sem expressa previsão legal e com notável eficácia.

Nos Dissídios de Greve em atividades essenciais, as astreintes estão inseridas no art. 11 da Lei n. 7.783/1989, da chamada Lei de Greve, que tipifica a obrigação de fazer para os sindicatos, os empregadores e os trabalhadores, no sentido de garantirem, durante a greve, a prestação de serviços indispensáveis ao atendimento das necessidades inadiáveis da comunidade.

O art. 12 da mesma Lei de Greve determina:

> "A Constituição Federal, no § 2º do art. 114, estabelece que '[...] é facultado aos respectivos sindicatos ajuizar dissídio coletivo [...]'. A correta inteligência desse preceito leva ao convencimento de que o constituinte quis se referir a entidades sindicais quando mencionou sindicatos. Significa que só podem integrar os polos da relação processual coletiva entidades sindicais, tanto representativas de categorias profissionais como de categorias econômicas, de 1º Grau (sindicatos), de 2º Grau (federações) e de 3º Grau (confederações). Não há concorrência e sim preferência entre essas entidades, que se resolve por exclusão vertical. Onde há sindicato, a faculdade do § 2º do art. 114 da Constituição Federal é dele; não existindo é da federação; não existindo nem um, nem outro, é da confederação (CLT, art. 857, parágrafo único). Com essas normas harmoniza-se, também, o art. 8º e o seu inciso III, da Carta Magna: 'art. 8º É livre a associação profissional ou sindical, observado o seguinte: [...] III — ao sindicato cabe a defesa dos direitos e interesses coletivos ou individuais da categoria, inclusive em questões judiciais ou administrativa'. Não obstante o *caput* faça alusão à liberdade de associação profissional ou sindical, o direito estabelecido no aludido inciso III ficou reservado ao sindicato. Aliás, o art. 857 da Consolidação das Leis do Trabalho é claro: 'A representação para instaurar a instância em dissídio coletivo constitui prerrogativa das associações sindicais, excluídas as hipóteses do art. 856, quando ocorrer suspensão do trabalho', hipótese em que também a Presidência do Tribunal e o Ministério Público do Trabalho podem instaurar dissídio coletivo." (CLT, art. 856, e Lei de Greve — Lei n. 7.783, de 28.6.1989, art. 8º)

O delito de paralisação do trabalho, seguida de violência ou perturbação da ordem, também vem tipificado no art. 200 do Código Penal, que tem como objetivo jurídico a tutela da liberdade de trabalho.

Diz o texto da Lei Penal: paralisação de trabalho, seguida de violência ou perturbação da ordem.

> "Art. 200. Participar de suspensão ou abandono coletivo de trabalho, praticando violência contra pessoa ou contra coisa.
>
> Pena. Detenção de 1 (um) mês a 1 (um) ano e multa, além da pena correspondente à violência.
>
> Parágrafo único. Para que se considere coletivo o abandono de trabalho é indispensável o concurso de, pelo menos, três empregados."

Trata-se de crime doloso, que se consuma com a prática da violência, contra pessoa ou coisa, durante greve ou locaute. Admite-se a tentativa.

Na mesma esteira, temos o art. 201, *in verbis*:

Paralisação de trabalho de interesse coletivo.

> "Art. 201. Participar de suspensão ou abandono coletivo de trabalho, provocando a interrupção de obra pública ou serviço de interesse coletivo.
>
> Pena — detenção de 6 (seis) meses a 2 (dois) anos, e multa."

Trata-se de crime doloso, que se consuma com a interrupção da obra pública ou serviço de interesse coletivo, admitindo-se a tentativa.

Já o art. 202 do Código Penal trata da invasão de estabelecimento industrial, comercial ou agrícola. Sabotagem. Diz ele:

> "Art. 202. Invadir ou ocupar estabelecimento industrial, comercial ou agrícola, com o intuito de impedir ou embaraçar o curso normal do trabalho, ou com o mesmo fim danificar o estabelecimento ou as coisas nele existentes ou delas dispor.
>
> Pena — reclusão de 1 (um) a 3 (três) anos, e multa."

O sujeito ativo do crime ou ato ilícito pode ser o empregado, o empregador ou outra pessoa. No caso de empregados, para que se considere coletivo o abandono de trabalho, como vimos, é indispensável o concurso de, pelo menos, três trabalhadores.

A conduta típica vem expressa pelo verbo participar, que significa fazer parte, integrar e a participação pode ser de:

a) suspensão coletiva de trabalho, feita por empregadores, denominada locaute(39);

b) abandono coletivo de trabalho por empregados, no caso da greve.

O crime tipificado no art. 202 também trata-se de crime doloso, admitindo-se também a tentativa.

A propósito, inserimos a seguinte ementa:

> PENAL – RECURSOS EM SENTIDO ESTRITO – ARTIGOS 198 E 202, AMBOS DO CÓDIGO PENAL – INCOMPETÊNCIA ABSOLUTA DA JUSTIÇA FEDERAL – ART. 109, INC. VI, DA CONSTITUIÇÃO FEDERAL – SÚMULA 115 DO EXTINTO TRIBUNAL FEDERAL DE RECURSOS – INEXISTÊNCIA DE OFENSA À ORGANIZAÇÃO GERAL DO TRABALHO OU A DIREITOS DOS TRABALHADORES CONSIDERADOS COLETIVAMENTE – COMPETÊNCIA DA JUSTIÇA ESTADUAL – RECURSO NÃO PROVIDOS. 1. O art. 109, inc. VI, da Constituição Federal, rege a

---

(39) O locaute não é permitido em nosso ordenamento jurídico.

matéria aqui debatida. 2. O critério de fixação de competência, nesses casos, é norteado pela Súmula n. 115, do extinto Tribunal Federal de Recursos, a qual determina que compete à Justiça Federal o julgamento dos crimes contra a organização do trabalho, somente quando o interesse em questão afetar órgãos coletivos do trabalho ou a organização geral do trabalho. Precedentes. 3. No caso, os crimes imputados aos denunciados não atingem a organização geral do trabalho ou direitos dos trabalhadores considerados coletivamente. 4. O constrangimento dos representantes da EMBRAPORT e a invasão e ocupação de seu terminal, denotam tão somente lesão individual à empresa e a seus trabalhadores, não se justificando o deslocamento da competência federal, uma vez que não se vislumbra ofensa ao sistema de órgãos e institutos preordenados a preservar os direitos da coletividade de trabalhadores envolvidos com a atividade portuária santista. 5. Logo, não merece reparos a conclusão do juízo a quo. 6. Recursos não providos. (TRF-3 – RSE: 00043711320174036104 SP, Relator: Desembargador Federal Paulo Fontes, Data de Julgamento: 03/09/2018, Quinta Turma, Data de Publicação: e-DJF3 Judicial 1 Data:12/09/2018)

"CRIME CONTRA A ORGANIZAÇÃO DO TRABALHO — INVASÃO DE ESTABELECIMENTO INDUSTRIAL. Leiteiros que praticam depredações contra a usina pasteurizadora de produto — Delito caracterizado — Inexistência do crime de dano qualificado. Decisão mantida — Voto vencido — Inteligência dos arts. 202 e 163 do CP — Cometem o delito do art. 202 do CP aqueles que, com o fito de impedir o curso normal de atividade industrial do concorrente, eliminando-o do mercado, praticam depredações contra o estabelecimento do mesmo." (TJ SP — RT 3301/179)

Terceiros, desde que afetados pelo movimento grevista que lhes tenha provocado prejuízos ou danos materiais, poderão cobrar reparações decorrentes da abusividade do movimento, constituindo parte legítima para a ações de indenização por perdas e danos até mesmo perante os Juizados de Pequenas Causas (Lei n. 9.099/95 nas causas que não extrapolem o equivalente a 40 (quarenta) salários mínimos) ou na Justiça Comum nos demais casos, sendo que nos casos de reparação de danos em prédios urbanos ou rústicos, em que o valor não ultrapasse 60 (sessenta) vezes o salário mínimo aplica-se o disposto no inciso I, alínea *c* do art. 275 do Código de Processo Civil (Procedimento Sumário).

Logo, podemos inferir de todo o exposto neste tópico que a responsabilidade pelos atos ilícitos ou crimes cometidos no curso do movimento paredista é de natureza subjetiva, de acordo com a legislação trabalhista, civil e penal, considerando-se a ocorrência do ato omissivo ou comissivo do agente ou trabalhador (dirigente sindical, por exemplo), bem como levando-se em consideração o nexo etiológico (relação de causa e efeito entre o ato e o dano lesivo), além da culpa, independentemente da decisão declaratória da abusividade da greve pelo Judiciário.

É importante destacar que o direito de greve dos servidores públicos, insculpido no art. 37, inciso VII da Carta Magna de 1988, que era vista como norma de eficácia limitada pelo Supremo Tribunal Federal, embora grande parte da doutrina a considerasse uma norma de eficácia contida, corrente a que nós nos filiávamos[40], sofreu recente alteração substancial, conforme se infere pelo novo posicionamento da Suprema Corte Brasileira, extraído do jornal *Folha de S. Paulo*, de 26.10.2007, como segue:

> "STF limita direito a greve de funcionários públicos.
>
> O Supremo Tribunal Federal decidiu ontem aplicar ao funcionalismo público a Lei de Greve do setor privado e, com isso, impôs restrições às paralisações de servidores, que até agora não estavam sujeitos a nenhuma regra específica.
>
> A aplicação é válida até existir uma lei para o serviço público. O governo tem um projeto em análise para enviar ao Congresso, mas ele vem sendo bombardeado pelas centrais sindicais, contrárias às restrições previstas. Sobre a decisão do STF, entidades de servidores fizeram duras críticas porque entendem que o funcionalismo não pode ser submetido a obrigações se não tem os mesmos direitos do setor privado.
>
> Todos os 11 ministros reconheceram o direito de greve do servidor público. Três deles — Ricardo Lewandowski, Joaquim Barbosa e Marco Aurélio Mello — foram contrários à transposição para a administração pública dos limites de greve do setor privado.
>
> A decisão do STF permitirá que o órgão público atingido por greve peça a um tribunal a decretação de sua ilegalidade, a proibição de piquetes, a desocupação de locais e a autorização para não pagar os dias parados. O pedido será feito ao Tribunal de Justiça, se for servidor estadual e municipal, e Tribunal Regional Federal ou Superior Tribunal de Justiça, caso envolva servidor federal, disse o ministro Gilmar Mendes.
>
> O serviço público não poderá ser interrompido: os grevistas terão de manter pelo menos 30% das atividades. A lei do setor privado lista os serviços essenciais que não podem ser interrompidos. Entre eles estão a saúde, as telecomunicações e o controle de tráfego aéreo.
>
> Relator de um dos processos, o ministro Eros Roberto Grau disse que 'todo o serviço público é essencial' e que, assim, terá de manter um funcionamento mínimo. 'O servidor vai ter de encontrar uma maneira de fazer greve sem prejudicar a sociedade. Não pode haver greve prejudicial, que coloque em risco o atendimento à sociedade.'
>
> Os grevistas ficam a partir de agora mais expostos ao risco de corte do salário. A lei permite o desconto dos dias parados por acordo ou decisão judicial.
>
> 'A virtude dessa decisão é que agora toda e qualquer paralisação de atividade no serviço público está sujeita a um limite', comemorou Grau. Para ele, foi 'um julgamento histórico'.
>
> Segundo Grau, 'no setor privado, o que se disputa é o lucro do patrão, que é obrigado a atender às reivindicações. No serviço público não há patrão. O que existe é o interesse da sociedade, do outro lado'.

(40) SANTOS, Enoque Ribeiro dos; SILVA, Juliana Araújo Lemos da. *Direito de greve do servidor público como norma de eficácia contida*. Temas modernos de direito do trabalho após o advento da emenda constitucional n. 45/04. São Paulo: BH, 2005. p. 253-283.

> Duas greves neste ano, no Ibama e no Incra, irritaram até o presidente Lula, que criticou os grevistas. Os servidores do Ibama entraram em greve contra a criação do Instituto Chico Mendes e os funcionários do Incra pararam reivindicando plano de carreira e salários.
>
> A Constituição de 1988 previu o direito de greve do servidor, mas o condicionou à aprovação de uma lei regulamentando-o. O Congresso nunca votou a lei. Os ministros do STF tomaram essa decisão em processos movidos por sindicatos de servidores. Eles entraram com mandados de injunção para que o Congresso fosse declarado omisso e tivesse um prazo para aprovar a lei.
>
> O tribunal decidiu suprir a omissão do Congresso e aplicar a lei do setor privado enquanto não for aprovada a lei específica do setor público. Também deliberou que, no exame de cada caso, a Justiça poderá rejeitar a validade de determinadas normas da Lei n. 7.783 que não valham para o setor público.
>
> Durante a tramitação dos processos, a CUT (Central Única dos Trabalhadores) e sindicatos do funcionalismo pressionaram o STF para deixar a matéria sem regulamentação.
>
> Os ministros chegaram a cogitar dar 60 dias para Congresso aprovar a lei, mas desistiram da fixação do prazo, já que a iniciativa de propor o projeto é exclusiva do governo.
>
> O julgamento começou em maio de 2003, e sofreu sucessivos adiamentos em razão de pedidos de vista dos ministros.
>
> Três ministros defenderam a sua validade apenas para policiais civis do Espírito Santo, servidores do Judiciário do Pará e trabalhadores em educação do município de João Pessoa, representados pelos sindicatos que moveram as ações julgadas. Porém a maioria discordou."

Considerando o novo entendimento do Supremo Tribunal Federal em relação ao inciso VII do art. 37 da Constituição Federal de 1988 (*VII — o direito de greve será exercido nos termos e nos limites definidos em lei específica*), como norma constitucional de eficácia contida, e não mais de eficácia limitada, provocou a ratificação pelo Brasil da Convenção n. 151 da OIT, que trata da negociação coletiva no setor público, bem como possibilitou a negociação coletiva de trabalho por sindicatos de servidores públicos com o Governo Federal (Ministério do Planejamento), que culminou na celebração de vários acordos que levaram a um aumento de 15% para várias categorias em 2012, devidamente transformados em lei pelo Congresso Nacional(41).

No entanto, mais recentemente o direito de greve dos servidores públicos tem sido limitado pelo STF – Supremo Tribunal Federal, por meio de suas decisões, conforme síntese que desenvolvemos abaixo.

Ao julgar recurso extraordinário, com repercussão geral reconhecida, o STF fixou a tese de que a Administração Pública deverá descontar da remuneração dos servidores públicos os valores correspondentes aos dias não trabalhadores

(41) SANTOS, Enoque Ribeiro dos. *Temas contemporâneos de direito material e processual do trabalho*. Salvador: Juspodium, 2014. Para maiores informações sobre o tema, remetemos o leitor para análise em capítulo específico do livro ora mencionado.

em virtude de greve. Observa-se que o não pagamento dos dias não trabalhadores por participação na greve, atinge diretamente um direito constitucional do trabalhador e poderia inclusive ser entendido como anticonstitucional. Todavia, o entendimento do STF foi fixado, passando a ser parâmetro para as futuras decisões em ações judiciais sobre o tema, que foi firmado no julgamento do RE 693.456/RJ em setembro de 2016.

Dessa forma, segue a regra que passou a viger a partir de tal decisão para a Administração Pública:

> *"A administração pública deve proceder ao desconto dos dias de paralisação decorrentes do exercício do direito de greve pelos servidores públicos, em virtude da suspensão do vínculo funcional que dela decorre. É permitida a compensação em caso de acordo. O desconto será, contudo, incabível se ficar demonstrado que a greve foi provocada por conduta ilícita do Poder Público."*(RE 693.456/RJ).

Além disso, o desconto dos dias parados em decorrência de greve, independe do reconhecimento de abusividade ou ilicitude do movimento. O enunciado ressalva a possibilidade de compensação em caso de acordo, embora o voto do relator, ministro Dias Toffoli, reconheça as dificuldades existentes na implementação de negociação coletiva entre Administração Pública e servidores. O Brasil é signatário da Convenção 151 da Organização Internacional do Trabalho, na qual os Estados Partes comprometem-se a:

> *"promover o desenvolvimento e utilização plenos de mecanismos que permitam a negociação das condições de trabalho entre as autoridades públicas interessadas e as organizações de trabalhadores da Administração Pública".*

É cediço que o direito de greve dos servidores públicos é assegurado pela Constituição Federal no artigo 37, VII. Diante da ausência da lei regulamentadora determinada pelo texto constitucional, o Supremo determinara que, até o advento da legislação específica,**a greve no setor público será regida pelas normas destinadas ao setor privado**, as Leis ns. 7.701/1988 e 7.783/1989, conforme decisões nos Mandados de Injunção 670/ES, 708/DF e 712/PA.

A não possibilidade do desconto era defendida, não apenas com fundamento na Constituição da República, como também com fulcro no artigo 44, I, da Lei 8.112/1990, que admite a perda de remuneração somente em caso de faltas *"sem motivo justificado"*.

Contudo, o voto vencedor no RE 693.456, como mencionado, faculta a possibilidade de compensação, mediante acordo. Em assim sendo, nesta mesma linha restritiva que determina a feitura dos descontos, deixa em aberto que a decisão acerca da adoção de tal mecanismo deve se submeter à discricionariedade da Administração, no exercício de um juízo de conveniência e de oportunidade, o que, diga-se de passagem compromete o equilíbrio necessário para a efetivação de qualquer tipo de acordo em sede de negociação coletiva.

Em relação aos policiais federais, o STF também fixou a seguinte tese:

"Oexercício do direito de greve, sob qualquer forma ou modalidade, é vedado aos policiais civis e a todos os servidores públicos que atuem diretamente na área de segurança pública".

O voto vencedor foi proferido pelo ministro Alexandre de Moraes, que abriu divergência em relação ao entendimento do relator, ministro Edson Fachin, que reconhecia o direito de greve dos policiais civis.

33. Responsabilidade subjetiva na Lei da Improbidade Administrativa (Lei n. 14.230/2021)

O estabelecimento da base jurídica para a improbidade administrativa é fixado no art. 37 da Constituição Federal, ao determinar os princípios da Administração Pública (legalidade, impessoalidade, moralidade, publicidade) e a Emenda Constitucional n. 19/98 acrescentou o princípio da eficiência.

A Lei n. 14.230, de 25 de outubro de 2021 alterou a Lei n. 8.429, de 1992, que dispõe sobre improbidade administrativa.

Vejamos as principais modificações, como segue:

Art. 1º A ementa da Lei n. 8.429, de 2 de junho de 1992, passa a vigorar com a seguinte redação:

"Dispõe sobre as sanções aplicáveis em virtude da prática de atos de improbidade administrativa, de que trata o § 4º do art. 37 da Constituição Federal; e dá outras providências."

Art. 2º A Lei n. 8.429, de 2 de junho de 1992, passa a vigorar com as seguintes alterações:

> "Art. 1º O sistema de responsabilização por atos de improbidade administrativa tutelará a probidade na organização do Estado e no exercício de suas funções, como forma de assegurar a integridade do patrimônio público e social, nos termos desta Lei.
>
> Parágrafo único.(Revogado).
>
> § 1º Consideram-se atos de improbidade administrativa as condutas dolosas tipificadas nos arts. 9º, 10 e 11 desta Lei, ressalvados tipos previstos em leis especiais.
>
> § 2º Considera-se dolo a vontade livre e consciente de alcançar o resultado ilícito tipificado nos arts. 9º, 10 e 11 desta Lei, não bastando a voluntariedade do agente.
>
> § 3º O mero exercício da função ou desempenho de competências públicas, sem comprovação de ato doloso com fim ilícito, afasta a responsabilidade por ato de improbidade administrativa.
>
> § 4º Aplicam-se ao sistema da improbidade disciplinado nesta Lei os princípios constitucionais do direito administrativo sancionador.

§ 5º Os atos de improbidade violam a probidade na organização do Estado e no exercício de suas funções e a integridade do patrimônio público e social dos Poderes Executivo, Legislativo e Judiciário, bem como da administração direta e indireta, no âmbito da União, dos Estados, dos Municípios e do Distrito Federal.

§ 6º Estão sujeitos às sanções desta Lei os atos de improbidade praticados contra o patrimônio de entidade privada que receba subvenção, benefício ou incentivo, fiscal ou creditício, de entes públicos ou governamentais, previstos no § 5º deste artigo.

§ 7º Independentemente de integrar a administração indireta, estão sujeitos às sanções desta Lei os atos de improbidade praticados contra o patrimônio de entidade privada para cuja criação ou custeio o erário haja concorrido ou concorra no seu patrimônio ou receita atual, limitado o ressarcimento de prejuízos, nesse caso, à repercussão do ilícito sobre a contribuição dos cofres públicos.

§ 8º Não configura improbidade a ação ou omissão decorrente de divergência interpretativa da lei, baseada em jurisprudência, ainda que não pacificada, mesmo que não venha a ser posteriormente prevalecente nas decisões dos órgãos de controle ou dos tribunais do Poder Judiciário." (NR)

"Art. 2º Para os efeitos desta Lei, consideram-se agente público o agente político, o servidor público e todo aquele que exerce, ainda que transitoriamente ou sem remuneração, por eleição, nomeação, designação, contratação ou qualquer outra forma de investidura ou vínculo, mandato, cargo, emprego ou função nas entidades referidas no art. 1º desta Lei.

Parágrafo único. No que se refere a recursos de origem pública, sujeita-se às sanções previstas nesta Lei o particular, pessoa física ou jurídica, que celebra com a administração pública convênio, contrato de repasse, contrato de gestão, termo de parceria, termo de cooperação ou ajuste administrativo equivalente." (NR)

"Art. 3º As disposições desta Lei são aplicáveis, no que couber, àquele que, mesmo não sendo agente público, induza ou concorra dolosamente para a prática do ato de improbidade.

§ 1º Os sócios, os cotistas, os diretores e os colaboradores de pessoa jurídica de direito privado não respondem pelo ato de improbidade que venha a ser imputado à pessoa jurídica, salvo se, comprovadamente, houver participação e benefícios diretos, caso em que responderão nos limites da sua participação.

§ 2º As sanções desta Lei não se aplicarão à pessoa jurídica, caso o ato de improbidade administrativa seja também sancionado como ato lesivo à administração pública de que trata aLei n. 12.846, de 1º de agosto de 2013." (NR)

"Art. 7º Se houver indícios de ato de improbidade, a autoridade que conhecer dos fatos representará ao Ministério Público competente, para as providências necessárias.

Parágrafo único. (Revogado)." (NR)

"Art. 8ºO sucessor ou o herdeiro daquele que causar dano ao erário ou que se enriquecer ilicitamente estão sujeitos apenas à obrigação de repará-lo até o limite do valor da herança ou do patrimônio transferido." (NR)

"Art. 8º-AA responsabilidade sucessória de que trata o art. 8º desta Lei aplica-se também na hipótese de alteração contratual, de transformação, de incorporação, de fusão ou de cisão societária.

Parágrafo único. Nas hipóteses de fusão e de incorporação, a responsabilidade da sucessora será restrita à obrigação de reparação integral do dano causado, até o limite do patrimônio transferido, não lhe sendo aplicáveis as demais sanções previstas nesta Lei decorrentes de atos e de fatos ocorridos antes da data da fusão ou da incorporação, exceto no caso de simulação ou de evidente intuito de fraude, devidamente comprovados."

"Art. 9ºConstitui ato de improbidade administrativa importando em enriquecimento ilícito auferir, mediante a prática de ato doloso, qualquer tipo de vantagem patrimonial indevida em razão do exercício de cargo, de mandato, de função, de emprego ou de atividade nas entidades referidas no art. 1º desta Lei, e notadamente:

....

IV – utilizar, em obra ou serviço particular, qualquer bem móvel, de propriedade ou à disposição de qualquer das entidades referidas no art. 1º desta Lei, bem como o trabalho de servidores, de empregados ou de terceiros contratados por essas entidades;

....

VI – receber vantagem econômica de qualquer natureza, direta ou indireta, para fazer declaração falsa sobre qualquer dado técnico que envolva obras públicas ou qualquer outro serviço ou sobre quantidade, peso, medida, qualidade ou característica de mercadorias ou bens fornecidos a qualquer das entidades referidas no art. 1º desta Lei;

VII – adquirir, para si ou para outrem, no exercício de mandato, de cargo, de emprego ou de função pública, e em razão deles, bens de qualquer natureza, decorrentes dos atos descritos no *caput* deste artigo, cujo valor seja desproporcional à evolução do patrimônio ou à renda do agente público, assegurada a demonstração pelo agente da licitude da origem dessa evolução;

...." (NR)

"Art. 10.Constitui ato de improbidade administrativa que causa lesão ao erário qualquer ação ou omissão dolosa, que enseje, efetiva e comprovadamente, perda patrimonial, desvio, apropriação, malbaratamento ou dilapidação dos bens ou haveres das entidades referidas no art. 1º desta Lei, e notadamente:

I – facilitar ou concorrer, por qualquer forma, para a indevida incorporação ao patrimônio particular, de pessoa física ou jurídica, de bens, de rendas, de verbas ou de valores integrantes do acervo patrimonial das entidades referidas no art. 1º desta Lei;

....

VIII – frustrar a licitude de processo licitatório ou de processo seletivo para celebração de parcerias com entidades sem fins lucrativos, ou dispensá-los indevidamente, acarretando perda patrimonial efetiva;

....

X – agir ilicitamente na arrecadação de tributo ou de renda, bem como no que diz respeito à conservação do patrimônio público;

....

XIX – agir para a configuração de ilícito na celebração, na fiscalização e na análise das prestações de contas de parcerias firmadas pela administração pública com entidades privadas;

....

XXI – (revogado);

XXII – conceder, aplicar ou manter benefício financeiro ou tributário contrário ao que dispõem o *caput* e o§ 1º do art. 8º-A da Lei Complementar n. 116, de 31 de julho de 2003.

§ 1º Nos casos em que a inobservância de formalidades legais ou regulamentares não implicar perda patrimonial efetiva, não ocorrerá imposição de ressarcimento, vedado o enriquecimento sem causa das entidades referidas no art. 1º desta Lei.

§ 2º A mera perda patrimonial decorrente da atividade econômica não acarretará improbidade administrativa, salvo se comprovado ato doloso praticado com essa finalidade." (NR)

"Art. 11. Constitui ato de improbidade administrativa que atenta contra os princípios da administração pública a ação ou omissão dolosa que viole os deveres de honestidade, de imparcialidade e de legalidade, caracterizada por uma das seguintes condutas:

I – (revogado);

II – (revogado);

III – revelar fato ou circunstância de que tem ciência em razão das atribuições e que deva permanecer em segredo, propiciando beneficiamento por informação privilegiada ou colocando em risco a segurança da sociedade e do Estado;

IV – negar publicidade aos atos oficiais, exceto em razão de sua imprescindibilidade para a segurança da sociedade e do Estado ou de outras hipóteses instituídas em lei;

V – frustrar, em ofensa à imparcialidade, o caráter concorrencial de concurso público, de chamamento ou de procedimento licitatório, com vistas à obtenção de benefício próprio, direto ou indireto, ou de terceiros;

VI – deixar de prestar contas quando esteja obrigado a fazê-lo, desde que disponha das condições para isso, com vistas a ocultar irregularidades;

....

IX – (revogado);

X – (revogado);

XI – nomear cônjuge, companheiro ou parente em linha reta, colateral ou por afinidade, até o terceiro grau, inclusive, da autoridade nomeante ou de servidor da mesma pessoa jurídica investido em cargo de direção, chefia ou assessoramento, para o exercício de cargo em comissão ou de confiança ou, ainda, de função gratificada na administração pública direta e indireta em qualquer dos Poderes da União, dos Estados, do Distrito Federal e dos Municípios, compreendido o ajuste mediante designações recíprocas;

XII – praticar, no âmbito da administração pública e com recursos do erário, ato de publicidade que contrarie o disposto no§ 1º do art. 37 da Constituição Federal, de forma a promover inequívoco enaltecimento do agente público e personalização de atos, de programas, de obras, de serviços ou de campanhas dos órgãos públicos.

§ 1º Nos termos da Convenção das Nações Unidas contra a Corrupção, promulgada peloDecreto n. 5.687, de 31 de janeiro de 2006,somente haverá improbidade administrativa, na aplicação deste artigo, quando for comprovado na conduta funcional do agente público o fim de obter proveito ou benefício indevido para si ou para outra pessoa ou entidade.

§ 2º Aplica-se o disposto no § 1º deste artigo a quaisquer atos de improbidade administrativa tipificados nesta Lei e em leis especiais e a quaisquer outros tipos especiais de improbidade administrativa instituídos por lei.

§ 3º O enquadramento de conduta funcional na categoria de que trata este artigo pressupõe a demonstração objetiva da prática de ilegalidade no exercício da função pública, com a indicação das normas constitucionais, legais ou infralegais violadas.

§ 4º Os atos de improbidade de que trata este artigo exigem lesividade relevante ao bem jurídico tutelado para serem passíveis de sancionamento e independem do reconhecimento da produção de danos ao erário e de enriquecimento ilícito dos agentes públicos.

§ 5º Não se configurará improbidade a mera nomeação ou indicação política por parte dos detentores de mandatos eletivos, sendo necessária a aferição de dolo com finalidade ilícita por parte do agente." (NR)

"Art. 12. Independentemente do ressarcimento integral do dano patrimonial, se efetivo, e das sanções penais comuns e de responsabilidade, civis e administrativas previstas na legislação específica, está o responsável pelo ato de improbidade sujeito às seguintes cominações, que podem ser aplicadas isolada ou cumulativamente, de acordo com a gravidade do fato:

I – na hipótese do art. 9º desta Lei, perda dos bens ou valores acrescidos ilicitamente ao patrimônio, perda da função pública, suspensão dos direitos políticos até 14 (catorze) anos, pagamento de multa civil equivalente ao valor do acréscimo patrimonial e proibição de contratar com o poder público ou de receber benefícios ou incentivos fiscais ou creditícios, direta ou indiretamente, ainda que por intermédio de pessoa jurídica da qual seja sócio majoritário, pelo prazo não superior a 14 (catorze) anos;

II – na hipótese do art. 10 desta Lei, perda dos bens ou valores acrescidos ilicitamente ao patrimônio, se concorrer esta circunstância, perda da função pública, suspensão dos direitos políticos até 12 (doze) anos, pagamento de multa civil equivalente ao valor do dano e proibição de contratar com o poder público ou de receber benefícios ou incentivos fiscais ou creditícios, direta ou indiretamente, ainda que por intermédio de pessoa jurídica da qual seja sócio majoritário, pelo prazo não superior a 12 (doze) anos;

III – na hipótese do art. 11 desta Lei, pagamento de multa civil de até 24 (vinte e quatro) vezes o valor da remuneração percebida pelo agente e proibição de contratar com o poder público ou de receber benefícios ou incentivos fiscais ou creditícios, direta ou indiretamente, ainda que por intermédio de pessoa jurídica da qual seja sócio majoritário, pelo prazo não superior a 4 (quatro) anos;

IV – (revogado).

Parágrafo único. (Revogado).

§ 1º A sanção de perda da função pública, nas hipóteses dos incisos I e II do *caput* deste artigo, atinge apenas o vínculo de mesma qualidade e natureza que o agente público ou político detinha com o poder público na época do cometimento da infração, podendo o magistrado, na hipótese do inciso I do *caput* deste artigo, e em caráter excepcional, estendê-la aos demais vínculos, consideradas as circunstâncias do caso e a gravidade da infração.

§ 2º A multa pode ser aumentada até o dobro, se o juiz considerar que, em virtude da situação econômica do réu, o valor calculado na forma dos incisos I, II e III do *caput* deste artigo é ineficaz para reprovação e prevenção do ato de improbidade.

§ 3º Na responsabilização da pessoa jurídica, deverão ser considerados os efeitos econômicos e sociais das sanções, de modo a viabilizar a manutenção de suas atividades.

§ 4º Em caráter excepcional e por motivos relevantes devidamente justificados, a sanção de proibição de contratação com o poder público pode extrapolar o ente público lesado pelo ato de improbidade, observados os impactos econômicos e sociais das sanções, de forma a preservar a função social da pessoa jurídica, conforme disposto no § 3º deste artigo.

§ 5º No caso de atos de menor ofensa aos bens jurídicos tutelados por esta Lei, a sanção limitar-se-á à aplicação de multa, sem prejuízo do ressarcimento do dano e da perda dos valores obtidos, quando for o caso, nos termos do *caput* deste artigo.

§ 6º Se ocorrer lesão ao patrimônio público, a reparação do dano a que se refere esta Lei deverá deduzir o ressarcimento ocorrido nas instâncias criminal, civil e administrativa que tiver por objeto os mesmos fatos.

§ 7º As sanções aplicadas a pessoas jurídicas com base nesta Lei e na Lei n. 12.846, de 1º de agosto de 2013, deverão observar o princípio constitucional do **non bis in idem**.

§ 8º A sanção de proibição de contratação com o poder público deverá constar do Cadastro Nacional de Empresas Inidôneas e Suspensas (CEIS) de que trata a Lei n. 12.846, de 1º de agosto de 2013, observadas as limitações territoriais contidas em decisão judicial, conforme disposto no § 4º deste artigo.

§ 9º As sanções previstas neste artigo somente poderão ser executadas após o trânsito em julgado da sentença condenatória.

§ 10. Para efeitos de contagem do prazo da sanção de suspensão dos direitos políticos, computar-se-á retroativamente o intervalo de tempo entre a decisão colegiada e o trânsito em julgado da sentença condenatória." (NR)

"Art. 13.A posse e o exercício de agente público ficam condicionados à apresentação de declaração de imposto de renda e proventos de qualquer natureza, que tenha sido apresentada à Secretaria Especial da Receita Federal do Brasil, a fim de ser arquivada no serviço de pessoal competente.

§ 1º (Revogado).

§ 2º A declaração de bens a que se refere o *caput* deste artigo será atualizada anualmente e na data em que o agente público deixar o exercício do mandato, do cargo, do emprego ou da função.

§ 3º Será apenado com a pena de demissão, sem prejuízo de outras sanções cabíveis, o agente público que se recusar a prestar a declaração dos bens a que se refere o *caput* deste artigo dentro do prazo determinado ou que prestar declaração falsa.

§ 4º (Revogado)." (NR)

Art. 14. ....

§ 3º Atendidos os requisitos da representação, a autoridade determinará a imediata apuração dos fatos, observada a legislação que regula o processo administrativo disciplinar aplicável ao agente." (NR)

"Art. 16. Na ação por improbidade administrativa poderá ser formulado, em caráter antecedente ou incidente, pedido de indisponibilidade de bens dos réus, a fim de garantir a integral recomposição do erário ou do acréscimo patrimonial resultante de enriquecimento ilícito.

§ 1º (Revogado).

§ 1º-A O pedido de indisponibilidade de bens a que se refere o *caput* deste artigo poderá ser formulado independentemente da representação de que trata o art. 7º desta Lei.

§ 2º Quando for o caso, o pedido de indisponibilidade de bens a que se refere o *caput* deste artigo incluirá a investigação, o exame e o bloqueio de bens, contas bancárias e aplicações financeiras mantidas pelo indiciado no exterior, nos termos da lei e dos tratados internacionais.

§ 3º O pedido de indisponibilidade de bens a que se refere o *caput* deste artigo apenas será deferido mediante a demonstração no caso concreto de perigo de dano irreparável ou de risco ao resultado útil do processo, desde que o juiz se convença da probabilidade da ocorrência dos atos descritos na petição inicial com fundamento nos respectivos elementos de instrução, após a oitiva do réu em 5 (cinco) dias.

§ 4º A indisponibilidade de bens poderá ser decretada sem a oitiva prévia do réu, sempre que o contraditório prévio puder comprovadamente frustrar a efetividade da medida ou houver outras circunstâncias que recomendem a proteção liminar, não podendo a urgência ser presumida.

§ 5º Se houver mais de um réu na ação, a somatória dos valores declarados indisponíveis não poderá superar o montante indicado na petição inicial como dano ao erário ou como enriquecimento ilícito.

§ 6º O valor da indisponibilidade considerará a estimativa de dano indicada na petição inicial, permitida a sua substituição por caução idônea, por fiança bancária ou por seguro-garantia judicial, a requerimento do réu, bem como a sua readequação durante a instrução do processo.

§ 7º A indisponibilidade de bens de terceiro dependerá da demonstração da sua efetiva concorrência para os atos ilícitos apurados ou, quando se tratar de pessoa jurídica, da instauração de incidente de desconsideração da personalidade jurídica, a ser processado na forma da lei processual.

§ 8º Aplica-se à indisponibilidade de bens regida por esta Lei, no que for cabível, o regime da tutela provisória de urgência daLei n. 13.105, de 16 de março de 2015 (Código de Processo Civil).

§ 9º Da decisão que deferir ou indeferir a medida relativa à indisponibilidade de bens caberá agravo de instrumento, nos termos daLei n. 13.105, de 16 de março de 2015(Código de Processo Civil).

§ 10. A indisponibilidade recairá sobre bens que assegurem exclusivamente o integral ressarcimento do dano ao erário, sem incidir sobre os valores a serem eventualmente aplicados a título de multa civil ou sobre acréscimo patrimonial decorrente de atividade lícita.

§ 11. A ordem de indisponibilidade de bens deverá priorizar veículos de via terrestre, bens imóveis, bens móveis em geral, semoventes, navios e aeronaves, ações e quotas de sociedades simples e empresárias, pedras e metais preciosos e, apenas na inexistência desses, o bloqueio de contas bancárias, de forma a garantir a subsistência do acusado e a manutenção da atividade empresária ao longo do processo.

§ 12. O juiz, ao apreciar o pedido de indisponibilidade de bens do réu a que se refere o *caput* deste artigo, observará os efeitos práticos da decisão, vedada a adoção de medida capaz de acarretar prejuízo à prestação de serviços públicos.

§ 13. É vedada a decretação de indisponibilidade da quantia de até 40 (quarenta) salários mínimos depositados em caderneta de poupança, em outras aplicações financeiras ou em conta-corrente.

§ 14. É vedada a decretação de indisponibilidade do bem de família do réu, salvo se comprovado que o imóvel seja fruto de vantagem patrimonial indevida, conforme descrito no art. 9º desta Lei." (NR)

"Art. 17.A ação para a aplicação das sanções de que trata esta Lei será proposta pelo Ministério Público e seguirá o procedimento comum previsto na Lei n. 13.105, de 16 de março de 2015 (Código de Processo Civil), salvo o disposto nesta Lei.

§ 1º (Revogado). § 2º (Revogado). § 3º (Revogado). § 4º (Revogado).

§ 4º-A A ação a que se refere o *caput* deste artigo deverá ser proposta perante o foro do local onde ocorrer o dano ou da pessoa jurídica prejudicada.

§ 5º A propositura da ação a que se refere o *caput* deste artigo prevenirá a competência do juízo para todas as ações posteriormente intentadas que possuam a mesma causa de pedir ou o mesmo objeto.

§ 6º A petição inicial observará o seguinte:

I – deverá individualizar a conduta do réu e apontar os elementos probatórios mínimos que demonstrem a ocorrência das hipóteses dos arts. 9º, 10 e 11 desta Lei e de sua autoria, salvo impossibilidade devidamente fundamentada;

II – será instruída com documentos ou justificação que contenham indícios suficientes da veracidade dos fatos e do dolo imputado ou com razões fundamentadas da impossibilidade de apresentação de qualquer dessas provas, observada a legislação vigente, inclusive as disposições constantes dosarts. 77e80 da Lei n. 13.105, de 16 de março de 2015(Código de Processo Civil).

§ 6º-A O Ministério Público poderá requerer as tutelas provisórias adequadas e necessárias, nos termos dosarts. 294 a 310 da Lei n. 13.105, de 16 de março de 2015(Código de Processo Civil).

§ 6º-B A petição inicial será rejeitada nos casos doart. 330 da Lei n. 13.105, de 16 de março de 2015(Código de Processo Civil), bem como quando não preenchidos os requisitos a que se referem os incisos I e II do § 6º deste artigo, ou ainda quando manifestamente inexistente o ato de improbidade imputado.

§ 7º Se a petição inicial estiver em devida forma, o juiz mandará autuá-la e ordenará a citação dos requeridos para que a contestem no prazo comum de 30 (trinta) dias, iniciado o prazo na forma doart. 231 da Lei n. 13.105, de 16 de março de 2015(Código de Processo Civil).

§ 8º (Revogado).

§ 9º (Revogado).

§ 9º-A Da decisão que rejeitar questões preliminares suscitadas pelo réu em sua contestação caberá agravo de instrumento.

§ 10. (Revogado).

....

§ 10-B.Oferecida a contestação e, se for o caso, ouvido o autor, o juiz:

I – procederá ao julgamento conforme o estado do processo, observada a eventual inexistência manifesta do ato de improbidade;

II – poderá desmembrar o litisconsórcio, com vistas a otimizar a instrução processual.

§ 10-C. Após a réplica do Ministério Público, o juiz proferirá decisão na qual indicará com precisão a tipificação do ato de improbidade administrativa imputável ao réu, sendo-lhe vedado modificar o fato principal e a capitulação legal apresentada pelo autor.

§ 10-D. Para cada ato de improbidade administrativa, deverá necessariamente ser indicado apenas um tipo dentre aqueles previstos nos arts. 9º, 10 e 11 desta Lei.

§ 10-E. Proferida a decisão referida no § 10-C deste artigo, as partes serão intimadas a especificar as provas que pretendem produzir.

§ 10-F. Será nula a decisão de mérito total ou parcial da ação de improbidade administrativa que:

I – condenar o requerido por tipo diverso daquele definido na petição inicial;

II – condenar o requerido sem a produção das provas por ele tempestivamente especificadas.

§ 11.Em qualquer momento do processo, verificada a inexistência do ato de improbidade, o juiz julgará a demanda improcedente.

§ 12.(Revogado).

§ 13.(Revogado).

§ 14.Sem prejuízo da citação dos réus, a pessoa jurídica interessada será intimada para, caso queira, intervir no processo.

§ 15. Se a imputação envolver a desconsideração de pessoa jurídica, serão observadas as regras previstas nosarts. 133,134,135,136e137 da Lei n. 13.105, de 16 de março de 2015(Código de Processo Civil).

§ 16. A qualquer momento, se o magistrado identificar a existência de ilegalidades ou de irregularidades administrativas a serem sanadas sem que estejam presentes todos os requisitos para a imposição das sanções aos agentes incluídos no polo passivo da demanda, poderá, em decisão motivada, converter a ação de improbidade administrativa em ação civil pública, regulada pelaLei n. 7.347, de 24 de julho de 1985.

§ 17. Da decisão que converter a ação de improbidade em ação civil pública caberá agravo de instrumento.

§ 18. Ao réu será assegurado o direito de ser interrogado sobre os fatos de que trata a ação, e a sua recusa ou o seu silêncio não implicarão confissão.

§ 19. Não se aplicam na ação de improbidade administrativa:

I – a presunção de veracidade dos fatos alegados pelo autor em caso de revelia;

II – a imposição de ônus da prova ao réu, na forma dos §§ 1º e 2º do art. 373 da Lei n. 13.105, de 16 de março de 2015 (Código de Processo Civil);

III – o ajuizamento de mais de uma ação de improbidade administrativa pelo mesmo fato, competindo ao Conselho Nacional do Ministério Público dirimir conflitos de atribuições entre membros de Ministérios Públicos distintos;

IV – o reexame obrigatório da sentença de improcedência ou de extinção sem resolução de mérito.

§ 20. A assessoria jurídica que emitiu o parecer atestando a legalidade prévia dos atos administrativos praticados pelo administrador público ficará obrigada a defendê-lo judicialmente, caso este venha a responder ação por improbidade administrativa, até que a decisão transite em julgado.

§ 21. Das decisões interlocutórias caberá agravo de instrumento, inclusive da decisão que rejeitar questões preliminares suscitadas pelo réu em sua contestação." (NR)

"Art. 17-B.O Ministério Público poderá, conforme as circunstâncias do caso concreto, celebrar acordo de não persecução civil, desde que dele advenham, ao menos, os seguintes resultados:

I – o integral ressarcimento do dano;

II – a reversão à pessoa jurídica lesada da vantagem indevida obtida, ainda que oriunda de agentes privados.

§ 1º A celebração do acordo a que se refere o *caput* deste artigo dependerá, cumulativamente:

I – da oitiva do ente federativo lesado, em momento anterior ou posterior à propositura da ação;

II – de aprovação, no prazo de até 60 (sessenta) dias, pelo órgão do Ministério Público competente para apreciar as promoções de arquivamento de inquéritos civis, se anterior ao ajuizamento da ação;

III – de homologação judicial, independentemente de o acordo ocorrer antes ou depois do ajuizamento da ação de improbidade administrativa.

§ 2º Em qualquer caso, a celebração do acordo a que se refere o *caput* deste artigo considerará a personalidade do agente, a natureza, as circunstâncias, a gravidade e a repercussão social do ato de improbidade, bem como as vantagens, para o interesse público, da rápida solução do caso.

§ 3º Para fins de apuração do valor do dano a ser ressarcido, deverá ser realizada a oitiva do Tribunal de Contas competente, que se manifestará, com indicação dos parâmetros utilizados, no prazo de 90 (noventa) dias.

§ 4º O acordo a que se refere o *caput* deste artigo poderá ser celebrado no curso da investigação de apuração do ilícito, no curso da ação de improbidade ou no momento da execução da sentença condenatória.

§ 5º As negociações para a celebração do acordo a que se refere o *caput* deste artigo ocorrerão entre o Ministério Público, de um lado, e, de outro, o investigado ou demandado e o seu defensor.

§ 6º O acordo a que se refere o *caput* deste artigo poderá contemplar a adoção de mecanismos e procedimentos internos de integridade, de auditoria e de incentivo à denúncia de irregularidades e a aplicação efetiva de códigos de ética e de conduta no âmbito da pessoa jurídica, se for o caso, bem como de outras medidas em favor do interesse público e de boas práticas administrativas.

§ 7º Em caso de descumprimento do acordo a que se refere o *caput* deste artigo, o investigado ou o demandado ficará impedido de celebrar novo acordo pelo prazo de 5 (cinco) anos, contado do conhecimento pelo Ministério Público do efetivo descumprimento."

"Art. 17-C.A sentença proferida nos processos a que se refere esta Lei deverá, além de observar o disposto noart. 489 da Lei n. 13.105, de 16 de março de 2015(Código de Processo Civil):

I – indicar de modo preciso os fundamentos que demonstram os elementos a que se referem os arts. 9º, 10 e 11 desta Lei, que não podem ser presumidos;

II – considerar as consequências práticas da decisão, sempre que decidir com base em valores jurídicos abstratos;

III – considerar os obstáculos e as dificuldades reais do gestor e as exigências das políticas públicas a seu cargo, sem prejuízo dos direitos dos administrados e das circunstâncias práticas que houverem imposto, limitado ou condicionado a ação do agente;

IV – considerar, para a aplicação das sanções, de forma isolada ou cumulativa:

a) os princípios da proporcionalidade e da razoabilidade;

b) a natureza, a gravidade e o impacto da infração cometida;

c) a extensão do dano causado;

d) o proveito patrimonial obtido pelo agente;

e) as circunstâncias agravantes ou atenuantes;

f) a atuação do agente em minorar os prejuízos e as consequências advindas de sua conduta omissiva ou comissiva;

g) os antecedentes do agente;

V – considerar na aplicação das sanções a dosimetria das sanções relativas ao mesmo fato já aplicadas ao agente;

VI – considerar, na fixação das penas relativamente ao terceiro, quando for o caso, a sua atuação específica, não admitida a sua responsabilização por ações ou omissões para as quais não tiver concorrido ou das quais não tiver obtido vantagens patrimoniais indevidas;

VII – indicar, na apuração da ofensa a princípios, critérios objetivos que justifiquem a imposição da sanção.

§ 1º A ilegalidade sem a presença de dolo que a qualifique não configura ato de improbidade.

§ 2º Na hipótese de litisconsórcio passivo, a condenação ocorrerá no limite da participação e dos benefícios diretos, vedada qualquer solidariedade.

§ 3º Não haverá remessa necessária nas sentenças de que trata esta Lei."

"Art. 17-D.A ação por improbidade administrativa é repressiva, de caráter sancionatório, destinada à aplicação de sanções de caráter pessoal previstas nesta Lei, e não constitui ação civil, vedado seu ajuizamento para o controle de legalidade de políticas públicas e para a proteção do patrimônio público e social, do meio ambiente e de outros interesses difusos, coletivos e individuais homogêneos.

Parágrafo único. Ressalvado o disposto nesta Lei, o controle de legalidade de políticas públicas e a responsabilidade de agentes públicos, inclusive políticos, entes públicos e governamentais, por danos ao meio ambiente, ao consumidor, a bens e direitos de valor artístico, estético, histórico, turístico e paisagístico, a qualquer outro interesse difuso ou coletivo, à ordem econômica, à ordem urbanística, à honra e à dignidade de grupos raciais, étnicos ou religiosos e ao patrimônio público e social submetem-se aos termos da Lei n. 7.347, de 24 de julho de 1985."

"Art. 18.A sentença que julgar procedente a ação fundada nos arts. 9º e 10 desta Lei condenará ao ressarcimento dos danos e à perda ou à reversão dos bens e valores ilicitamente adquiridos, conforme o caso, em favor da pessoa jurídica prejudicada pelo ilícito.

§ 1º Se houver necessidade de liquidação do dano, a pessoa jurídica prejudicada procederá a essa determinação e ao ulterior procedimento para cumprimento da sentença referente ao ressarcimento do patrimônio público ou à perda ou à reversão dos bens.

§ 2º Caso a pessoa jurídica prejudicada não adote as providências a que se refere o § 1º deste artigo no prazo de 6 (seis) meses, contado do trânsito em julgado da sentença de procedência da ação, caberá ao Ministério Público proceder à respectiva liquidação do dano e ao cumprimento da sentença referente ao ressarcimento do patrimônio público ou à perda ou à reversão dos bens, sem prejuízo de eventual responsabilização pela omissão verificada.

§ 3º Para fins de apuração do valor do ressarcimento, deverão ser descontados os serviços efetivamente prestados.

§ 4º O juiz poderá autorizar o parcelamento, em até 48 (quarenta e oito) parcelas mensais corrigidas monetariamente, do débito resultante de condenação pela prática de improbidade administrativa se o réu demonstrar incapacidade financeira de saldá-lo de imediato." (NR)

"Art. 18-A.A requerimento do réu, na fase de cumprimento da sentença, o juiz unificará eventuais sanções aplicadas com outras já impostas em outros processos, tendo em vista a eventual continuidade de ilícito ou a prática de diversas ilicitudes, observado o seguinte:

I – no caso de continuidade de ilícito, o juiz promoverá a maior sanção aplicada, aumentada de 1/3 (um terço), ou a soma das penas, o que for mais benéfico ao réu;

II – no caso de prática de novos atos ilícitos pelo mesmo sujeito, o juiz somará as sanções.

Parágrafo único. As sanções de suspensão de direitos políticos e de proibição de contratar ou de receber incentivos fiscais ou creditícios do poder público observarão o limite máximo de 20 (vinte) anos."

"Art. 20. ....

§ 1º A autoridade judicial competente poderá determinar o afastamento do agente público do exercício do cargo, do emprego ou da função, sem prejuízo da remuneração, quando a medida for necessária à instrução processual ou para evitar a iminente prática de novos ilícitos.

§ 2º O afastamento previsto no § 1º deste artigo será de até 90 (noventa) dias, prorrogáveis uma única vez por igual prazo, mediante decisão motivada." (NR)

"Art. 21. ....

I -da efetiva ocorrência de dano ao patrimônio público, salvo quanto à pena de ressarcimento e às condutas previstas no art. 10 desta Lei;

....

§ 1º Os atos do órgão de controle interno ou externo serão considerados pelo juiz quando tiverem servido de fundamento para a conduta do agente público.

§ 2º As provas produzidas perante os órgãos de controle e as correspondentes decisões deverão ser consideradas na formação da convicção do juiz, sem prejuízo da análise acerca do dolo na conduta do agente.

§ 3º As sentenças civis e penais produzirão efeitos em relação à ação de improbidade quando concluírem pela inexistência da conduta ou pela negativa da autoria.

§ 4º A absolvição criminal em ação que discuta os mesmos fatos, confirmada por decisão colegiada, impede o trâmite da ação da qual trata esta Lei, havendo comunicação com todos os fundamentos de absolvição previstos noart. 386 do Decreto-Lei n. 3.689, de 3 de outubro de 1941(Código de Processo Penal).

§ 5º Sanções eventualmente aplicadas em outras esferas deverão ser compensadas com as sanções aplicadas nos termos desta Lei." (NR)

"Art. 22.Para apurar qualquer ilícito previsto nesta Lei, o Ministério Público, de ofício, a requerimento de autoridade administrativa ou mediante representação formulada de acordo com o disposto no art. 14 desta Lei, poderá instaurar inquérito civil ou procedimento investigativo assemelhado e requisitar a instauração de inquérito policial.

Parágrafo único. Na apuração dos ilícitos previstos nesta Lei, será garantido ao investigado a oportunidade de manifestação por escrito e de juntada de documentos que comprovem suas alegações e auxiliem na elucidação dos fatos." (NR)

"Art. 23.A ação para a aplicação das sanções previstas nesta Lei prescreve em 8 (oito) anos, contados a partir da ocorrência do fato ou, no caso de infrações permanentes, do dia em que cessou a permanência.

I – (revogado); II – (revogado); III – (revogado).

§ 1º A instauração de inquérito civil ou de processo administrativo para apuração dos ilícitos referidos nesta Lei suspende o curso do prazo prescricional por, no máximo, 180 (cento e oitenta) dias corridos, recomeçando a correr após a sua conclusãoou, caso não concluído o processo, esgotado o prazo de suspensão.

§ 2º O inquérito civil para apuração do ato de improbidade será concluído no prazo de 365 (trezentos e sessenta e cinco) dias corridos, prorrogável uma única vez por igual período, mediante ato fundamentado submetido à revisão da instância competente do órgão ministerial, conforme dispuser a respectiva lei orgânica.

§ 3º Encerrado o prazo previsto no § 2º deste artigo, a ação deverá ser proposta no prazo de 30 (trinta) dias, se não for caso de arquivamento do inquérito civil.

§ 4º O prazo da prescrição referido no *caput* deste artigo interrompe-se:

I – pelo ajuizamento da ação de improbidade administrativa;

II – pela publicação da sentença condenatória;

III – pela publicação de decisão ou acórdão de Tribunal de Justiça ou Tribunal Regional Federal que confirma sentença condenatória ou que reforma sentença de improcedência;

IV – pela publicação de decisão ou acórdão do Superior Tribunal de Justiça que confirma acórdão condenatório ou que reforma acórdão de improcedência;

V – pela publicação de decisão ou acórdão do Supremo Tribunal Federal que confirma acórdão condenatório ou que reforma acórdão de improcedência.

§ 5º Interrompida a prescrição, o prazo recomeça a correr do dia da interrupção, pela metade do prazo previsto no *caput* deste artigo.

§ 6º A suspensão e a interrupção da prescrição produzem efeitos relativamente a todos os que concorreram para a prática do ato de improbidade.

§ 7º Nos atos de improbidade conexos que sejam objeto do mesmo processo, a suspensão e a interrupção relativas a qualquer deles estendem-se aos demais.

§ 8º O juiz ou o tribunal, depois de ouvido o Ministério Público, deverá, de ofício ou a requerimento da parte interessada, reconhecer a prescrição intercorrente da pretensão sancionadora e decretá-la de imediato, caso, entre os marcos interruptivos referidos no § 4º, transcorra o prazo previsto no § 5º deste artigo." (NR)

"Art. 23-A.É dever do poder público oferecer contínua capacitação aos agentes públicos e políticos que atuem com prevenção ou repressão de atos de improbidade administrativa."

"Art. 23-B. Nas ações e nos acordos regidos por esta Lei, não haverá adiantamento de custas, de preparo, de emolumentos, de honorários periciais e de quaisquer outras despesas.

§ 1º No caso de procedência da ação, as custas e as demais despesas processuais serão pagas ao final.

§ 2º Haverá condenação em honorários sucumbenciais em caso de improcedência da ação de improbidade se comprovada má-fé."

"Art. 23-C.Atos que ensejem enriquecimento ilícito, perda patrimonial, desvio, apropriação, malbaratamento ou dilapidação de recursos públicos dos partidos políticos, ou de suas fundações, serão responsabilizados nos termos daLei n. 9.096, de 19 de setembro de 1995."(ADI 7236)

Art. 3º No prazo de 1 (um) ano a partir da data de publicação desta Lei, o Ministério Público competente manifestará interesse no prosseguimento das ações por improbidade administrativa em curso ajuizadas pela Fazenda Pública, inclusive em grau de recurso. (Vide ADI 7042)(Vide ADI 7043)

§ 1º No prazo previsto no caput deste artigo suspende-se o processo, observado o disposto noart. 314 da Lei n. 13.105, de 16 de março de 2015(Código de Processo Civil).

§ 2º Não adotada a providência descrita no caput deste artigo, o processo será extinto sem resolução do mérito.

Art. 4º Ficam revogados os seguintes dispositivos e seção da Lei n. 8.429, de 2 de junho de 1992:

I – parágrafo único do art. 1º; II – arts. 4º,5ºe6º; III – Seção II – A do Capítulo II; IV – parágrafo único do art. 7º; V -inciso XXI docaputdo art. 10; VI – incisos I,II,IXeX do caputdo art. 11; VII – inciso IV docaputeparágrafo único do art. 12; VIII – §§ 1º e 4º do art. 13; IX – § 1º do art. 16; X – §§ 1º, 2º, 3º, 4º, 8º, 9º, 10, 12 e 13 do art. 17; (Vide ADI 7042) (Vide ADI 7043). XI – incisos I, II e III do caputdo art. 23. Art. 5º Esta Lei entra em vigor na data de sua publicação. Brasília, 25 de outubro de 2021; 200oda Independência e 133oda República.

33.4.1. Competência penal da Justiça do Trabalho

Com o advento da Emenda Constitucional n. 45/04, que deu uma nova redação ao art. 114 da CF/88, houve um elastecimento da competência da Justiça do Trabalho, para processar e julgar controvérsias decorrentes da relação de trabalho (e não apenas oriundas da relação de emprego), passando, dessa forma, a ser uma competência em relação à matéria (e não mais em relação às pessoas do empregado e empregador).

Houve a incorporação no art. 114 retrorreferenciado da competência da Justiça do Trabalho para julgar o mandado de segurança, o *habeas data* e o *habeas corpus*. Este último instituto, verdadeiro remédio constitucional, também é considerado pelo Supremo Tribunal Federal como sendo de natureza penal, por estar topicamente inserido no art. 647 do Código de Processo Penal, *in verbis*:

> DO *HABEAS CORPUS* E SEU PROCESSO
>
> "Art. 647. Dar-se-á *habeas corpus* sempre que alguém sofrer ou se achar na iminência de sofrer violência ou coação ilegal na sua liberdade de ir e vir, salvo nos casos de punição disciplinar."

Em face de o Supremo Tribunal Federal já ter afastado a competência penal da Justiça do Trabalho, eventuais crimes cometidos envolvendo a relação de trabalho passaram a ser processados e julgados pela Justiça Comum ou pela Justiça Federal.

É cediço que inúmeros crimes tipificados no Código Penal ocorrem no desenvolvimento das relações de trabalho, dos quais podemos enumerar os seguintes:

> *Lesão corporal*
>
> Art. 129. Ofender a integridade corporal ou a saúde de outrem:
>
> Pena — detenção, de 3 (três) meses a 1 (um) ano.
>
> *DOS CRIMES CONTRA A HONRA*
>
> *Calúnia*
>
> Art. 138. Caluniar alguém, imputando-lhe falsamente fato definido como crime:
>
> Pena — detenção, de 6 (seis) meses a 2 (dois) anos, e multa.
>
> § 1º Na mesma pena incorre quem, sabendo falsa a imputação, a propala ou divulga.
>
> § 2º É punível a calúnia contra os mortos.
>
> *Difamação*
>
> Art. 139. Difamar alguém, imputando-lhe fato ofensivo à sua reputação:
>
> Pena — detenção, de 3 (três) meses a 1 (um) ano, e multa.
>
> *Exceção da verdade*
>
> Parágrafo único. A exceção da verdade somente se admite se o ofendido é funcionário público e a ofensa é relativa ao exercício de suas funções.
>
> *Injúria*
>
> Art. 140. Injuriar alguém, ofendendo-lhe a dignidade ou o decoro:
>
> Pena — detenção, de 1 (um) a 6 (seis) meses, ou multa.

Redução a condição análoga à de escravo

Art. 149. Reduzir alguém a condição análoga à de escravo, quer submetendo-o a trabalhos forçados ou a jornada exaustiva, quer sujeitando-o a condições degradantes de trabalho, quer restringindo, por qualquer meio, sua locomoção em razão de dívida contraída com o empregador ou preposto:

Pena — reclusão, de dois a oito anos, e multa, além da pena correspondente à violência.

§ 1º Nas mesmas penas incorre quem:

I — cerceia o uso de qualquer meio de transporte por parte do trabalhador, com o fim de retê-lo no local de trabalho;

II — mantém vigilância ostensiva no local de trabalho ou se apodera de documentos ou objetos pessoais do trabalhador, com o fim de retê-lo no local de trabalho.

§ 2º A pena é aumentada de metade, se o crime é cometido:

I — contra criança ou adolescente;

II — por motivo de preconceito de raça, cor, etnia, religião ou origem. (NR) (Redação dada ao artigo pela Lei n. 10.803, de 11.12.2003, DOU 12.12.2003)

DOS CRIMES CONTRA A INVIOLABILIDADE DOS SEGREDOS

Divulgação de segredo

Art. 153. Divulgar alguém, sem justa causa, conteúdo de documento particular ou de correspondência confidencial, de que é destinatário ou detentor, e cuja divulgação possa produzir dano a outrem:

Pena — detenção, de 1 (um) a 6 (seis) meses, ou multa.

§ 1º-A. Divulgar, sem justa causa, informações sigilosas ou reservadas, assim definidas em lei, contidas ou não nos sistemas de informações ou banco de dados da Administração Pública: (AC)

Pena — detenção, de 1 (um) a 4 (quatro) anos, e multa. (AC) (Parágrafo acrescentado pela Lei n. 9.983, de 14.7.2000, DOU 17.7.2000)

§ 1º Somente se procede mediante representação.

Violação do segredo profissional

Art. 154. Revelar alguém, sem justa causa, segredo, de que tem ciência em razão de função, ministério, ofício ou profissão, e cuja revelação possa produzir dano a outrem:

Pena — detenção, de 3 (três) meses a 1 (um) ano, ou multa.

Parágrafo único. Somente se procede mediante representação.

Furto

Art. 155. Subtrair, para si ou para outrem, coisa alheia móvel.

Pena — reclusão, de 1 (um) a 4 (quatro) anos, e multa.

§ 1º A pena aumenta-se de um terço, se o crime é praticado durante o repouso noturno.

Apropriação indébita

Art. 168. Apropriar-se de coisa alheia móvel, de que tem a posse ou a detenção:

Pena — reclusão, de 1 (um) a 4 (quatro) anos, e multa.

Apropriação indébita previdenciária (AC)

Art. 168-A. Deixar de repassar à previdência social as contribuições recolhidas dos contribuintes, no prazo e forma legal ou convencional: (AC)

Crime tipificado neste artigo.

Pena — reclusão, de 2 (dois) a 5 (cinco) anos, e multa. (AC)

§ 1º Nas mesmas penas incorre quem deixar de: (AC)

I — recolher, no prazo legal, contribuição ou outra importância destinada à previdência social que tenha sido descontada de pagamento efetuado a segurados, a terceiros ou arrecadada do público; (AC)

II — recolher contribuições devidas à previdência social que tenham integrado despesas contábeis ou custos relativos à venda de produtos ou à prestação de serviços; (AC)

III — pagar benefício devido a segurado, quando as respectivas cotas ou valores já tiverem sido reembolsados à empresa pela previdência social. (AC)

§ 2º É extinta a punibilidade se o agente, espontaneamente, declara, confessa e efetua o pagamento das contribuições, importâncias ou valores e presta as informações devidas à previdência social, na forma definida em lei ou regulamento, antes do início da ação fiscal. (AC)

§ 3º É facultado ao juiz deixar de aplicar a pena ou aplicar somente a de multa se o agente for primário e de bons antecedentes, desde que: (AC)

I — tenha promovido, após o início da ação fiscal e antes de oferecida a denúncia;

II — o valor das contribuições devidas, inclusive acessórios, seja igual ou inferior àquele estabelecido pela previdência social, administrativamente, como sendo o mínimo para o ajuizamento de suas execuções fiscais. (AC) (Artigo acrescentado pela Lei n. 9.983, de 14.7.2000)

Estelionato

Art. 171. Obter, para si ou para outrem, vantagem ilícita, em prejuízo alheio, induzindo ou mantendo alguém em erro, mediante artifício, ardil ou qualquer outro meio fraudulento:

Pena — reclusão, de 1 (um) a 5 (cinco) anos, e multa.

Fraude à execução

Art. 179. Fraudar execução, alienando, desviando, destruindo ou danificando bens, ou simulando dívidas:

Pena — detenção, de 6 (seis) meses a 2 (dois) anos, ou multa.

DOS CRIMES CONTRA A ORGANIZAÇÃO DO TRABALHO

Atentado contra a liberdade de trabalho

Art. 197. Constranger alguém, mediante violência ou grave ameaça:

I — a exercer ou não exercer arte, ofício, profissão ou indústria, ou a trabalhar ou não trabalhar durante certo período ou em determinados dias:

Pena — detenção, de 1 (um) mês a 1 (um) ano, e multa, além da pena correspondente à violência;

II — a abrir ou fechar o seu estabelecimento de trabalho, ou a participar de parede ou paralisação de atividade econômica:

Pena — detenção, de 3 (três) meses a 1 (um) ano, e multa, além da pena correspondente à violência.

Atentado contra a liberdade de contrato de trabalho e boicotagem violenta

Art. 198. Constranger alguém, mediante violência ou grave ameaça, a celebrar contrato de trabalho, ou a não fornecer a outrem ou não adquirir de outrem matéria-prima ou produto industrial ou agrícola:

Pena — detenção, de 1 (um) mês a 1 (um) ano, e multa, além da pena correspondente à violência.

Atentado contra a liberdade de associação

Art. 199. Constranger alguém, mediante violência ou grave ameaça, a participar ou deixar de participar de determinado sindicato ou associação profissional:

Pena — detenção, de 1 (um) mês a 1 (um) ano, e multa, além da pena correspondente à violência.

Paralisação de trabalho, seguida de violência ou perturbação da ordem

Art. 200. Participar de suspensão ou abandono coletivo de trabalho, praticando violência contra pessoa ou contra coisa:

Pena — detenção, de 1 (um) mês a 1 (um) ano, e multa, além da pena correspondente à violência.

Parágrafo único. Para que se considere coletivo o abandono de trabalho é indispensável o concurso de, pelo menos, três empregados.

Paralisação de trabalho de interesse coletivo

Art. 201. Participar de suspensão ou abandono coletivo de trabalho, provocando a interrupção de obra pública ou serviço de interesse coletivo:

Pena — detenção, de 6 (seis) meses a 2 (dois) anos, e multa.

Invasão de estabelecimento industrial, comercial ou agrícola. Sabotagem

Art. 202. Invadir ou ocupar estabelecimento industrial, comercial ou agrícola, com o intuito de impedir ou embaraçar o curso normal do trabalho, ou com o mesmo fim danificar o estabelecimento ou as coisas nele existentes ou delas dispor:

Pena — reclusão, de 1 (um) a 3 (três) anos, e multa.

Frustração de direito assegurado por lei trabalhista

Art. 203. Frustrar, mediante fraude ou violência, direito assegurado pela legislação do trabalho:

Pena — detenção de 1 (um) ano a 2 (dois) anos, e multa, além da pena correspondente à violência.

§ 1º Na mesma pena incorre quem:

I — obriga ou coage alguém a usar mercadorias de determinado estabelecimento, para impossibilitar o desligamento do serviço em virtude de dívida;

II — impede alguém de se desligar de serviços de qualquer natureza, mediante coação ou por meio da retenção de seus documentos pessoais ou contratuais.

§ 2º A pena é aumentada de um sexto a um terço se a vítima é menor de dezoito anos, idosa, gestante, indígena ou portadora de deficiência física ou mental.

Frustração de lei sobre a nacionalização do trabalho

Art. 204. Frustrar mediante fraude ou violência, obrigação legal relativa à nacionalização do trabalho:

Pena — detenção, de 1 (um) mês a 1 (um) ano, e multa, além da pena correspondente à violência.

Exercício de atividade com infração de decisão administrativa

Art. 205. Exercer atividade, de que está impedido por decisão administrativa:

Pena — detenção, de 3 (três) meses a 2 (dois) anos, ou multa.

Aliciamento para o fim de emigração

Art. 206. Recrutar trabalhadores, mediante fraude, com o fim de levá-los para território estrangeiro:

Pena — detenção, de 1 (um) a 3 (três) anos e multa.

Aliciamento de trabalhadores de um local para outro do território nacional

Art. 207. Aliciar trabalhadores, com o fim de levá-los de uma para outra localidade do território nacional:

Pena — detenção de um a três anos, e multa.

§ 1º Incorre na mesma pena quem recrutar trabalhadores fora da localidade de execução do trabalho, dentro do território nacional, mediante fraude ou cobrança de qualquer quantia do trabalhador, ou, ainda, não assegurar condições do seu retorno ao local de origem. (Parágrafo acrescentado pela Lei n. 9.777, de 29.12.1998, DOU 30.12.1998)

§ 2º A pena é aumentada de um sexto a um terço se a vítima é menor de dezoito anos, idosa, gestante, indígena ou portadora de deficiência física ou mental. (Parágrafo acrescentado pela Lei n. 9.777, de 29.12.1998, DOU 30.12.1998)

Assédio sexual (AC)

Art. 216-A. Constranger alguém com o intuito de obter vantagem ou favorecimento sexual, prevalecendo-se o agente da sua condição de superior hierárquico ou ascendência inerentes ao exercício de emprego, cargo ou função. (AC)

Pena — detenção, de 1 (um) a 2 (dois) anos. (AC)

Parágrafo único. (VETADO) (Artigo acrescentado pela Lei n. 10.224, de 15.5.2001, DOU 16.5.2001)

DO LENOCÍNIO E DO TRÁFICO DE PESSOAS

[...]

Art. 227. [...]

§ 1º Se a vítima é maior de 14 (catorze) e menor de 18 (dezoito) anos, ou se o agente é seu ascendente, descendente, cônjuge ou companheiro, irmão, tutor ou curador ou pessoa a quem esteja confiada para fins de educação, de tratamento ou de guarda:

[...]" (NR)

Tráfico internacional de pessoas

Art. 231. Promover, intermediar ou facilitar a entrada, no território nacional, de pessoa que venha exercer a prostituição ou a saída de pessoa para exercê-la no estrangeiro:

Pena — reclusão, de 3 (três) a 8 (oito) anos, e multa.

§ 1º [...]

Pena — reclusão, de 4 (quatro) a 10 (dez) anos, e multa.

§ 2º Se há emprego de violência, grave ameaça ou fraude, a pena é de reclusão, de 5 (cinco) a 12 (doze) anos, e multa, além da pena correspondente à violência.

§ 3º (revogado)." (NR)

Art. 2º O Decreto-Lei n. 2.848, de 7 de dezembro de 1940 — Código Penal, passa a vigorar acrescido do seguinte art. 231-A:

Tráfico internacional de pessoa para fim de exploração sexual(Redação dada pela Lei n. 12.015, de 2009)

Art. 231-A.(Revogado pela Lei n. 13.344, de 2016)(Vigência)

Falsificação de documento público

Art. 297. Falsificar, no todo ou em parte, documento público, ou alterar documento público verdadeiro:

Pena — reclusão de 2 (dois) a 6 (seis) anos, e multa.

§ 1º Se o agente é funcionário público, e comete o crime prevalecendo-se do cargo, aumenta-se a pena de sexta parte.

§ 2º Para os efeitos penais, equiparam-se a documento público o emanado de entidade paraestatal, o título ao portador ou transmissível por endosso, as ações de sociedade comercial, os livros mercantis e o testamento particular.

§ 3º Nas mesmas penas incorre quem insere ou faz inserir: (AC)

I — na folha de pagamento ou em documento de informações que seja destinado a fazer prova perante a previdência social, pessoa que não possua a qualidade de segurado obrigatório; (AC)

I — na Carteira de Trabalho e Previdência Social do empregado ou em documento que deva produzir efeito perante a previdência social, declaração falsa ou diversa da que deveria ter sido escrita; (AC)

III — em documento contábil ou em qualquer outro documento relacionado com as obrigações da empresa perante a previdência social, declaração falsa ou diversa da que deveria ter constado. (AC) (Parágrafo acrescentado pela Lei n. 9.983, de 14.7.2000, DOU 17.7.2000)

§ 4º Nas mesmas penas incorre quem omite, nos documentos mencionados no § 3º, nome do segurado e seus dados pessoais, a remuneração, a vigência do contrato de trabalho ou de prestação de serviços. (AC) (Parágrafo acrescentado pela Lei n. 9.983, de 14.7.2000, DOU 17.7.2000)

Falsificação de documento particular

Art. 298. Falsificar, no todo ou em parte, documento particular ou alterar documento particular verdadeiro:

Pena — reclusão, de 1 (um) a 5 (cinco) anos, e multa.

Falsidade ideológica

Art. 299. Omitir, em documento público ou particular, declaração que dele devia constar, ou nele inserir ou fazer inserir declaração falsa ou diversa da que devia ser escrita, com o fim de prejudicar direito, criar obrigação ou alterar a verdade sobre fato juridicamente relevante:

Pena — reclusão, de 1 (um) a 5 (cinco) anos, e multa, se o documento é público, e reclusão de 1 (um) a 3 (três) anos, e multa, se o documento é particular.

Parágrafo único. Se o agente é funcionário público, e comete o crime prevalecendo-se do cargo, ou se a falsificação ou alteração é de assentamento de registro civil, aumenta-se a pena de sexta parte.

Inserção de dados falsos em sistema de informações (AC)

Art. 313-A. Inserir ou facilitar, o funcionário autorizado, a inserção de dados falsos, alterar ou excluir indevidamente dados corretos nos sistemas informatizados ou bancos de dados da Administração Pública com o fim de obter vantagem indevida para si ou para outrem ou para causar dano: (AC)

Pena — reclusão, de 2 (dois) a 12 (doze) anos, e multa. (AC) (Artigo acrescentado pela Lei n. 9.983, de 14.7.2000, DOU 17.7.2000)

Modificação ou alteração não autorizada de sistema de informações (AC)

Art. 313-B. Modificar ou alterar, o funcionário, sistema de informações ou programa de informática sem autorização ou solicitação de autoridade competente: (AC)

Pena — detenção, de 3 (três) meses a 2 (dois) anos, e multa. (AC)

Falso testemunho ou falsa perícia

Art. 342. Fazer afirmação falsa, ou negar ou calar a verdade como testemunha, perito, contador, tradutor ou intérprete em processo judicial, ou administrativo, inquérito policial, ou em juízo arbitral: (Redação dada pela Lei n. 10.268, de 28.8.2001, DOU 29.8.2001)

Pena – reclusão, de 2 (dois) a 4 (quatro) anos, e multa. (Redação dada pela Lei n. 12.850, de 2013)(Vigência)

§ 1º As penas aumentam-se de um sexto a um terço, se o crime é praticado mediante suborno ou se cometido com o fim de obter prova destinada a produzir efeito em processo penal, ou em processo civil em que for parte entidade da administração pública direta ou indireta. (Redação dada ao parágrafo pela Lei n. 10.268, de 28.8.2001, DOU 29.8.2001)

§ 2º O fato deixa de ser punível se, antes da sentença no processo em que ocorreu o ilícito, o agente se retrata ou declara a verdade. (NR) (Redação dada ao parágrafo pela Lei n. 10.268, de 28.8.2001)

Art. 343. Dar, oferecer ou prometer dinheiro ou qualquer outra vantagem a testemunha, perito, contador, tradutor ou intérprete, para fazer afirmação falsa, negar ou calar a verdade em depoimento, perícia, cálculos, tradução ou interpretação:

Pena — reclusão, de 3 (três) a 4 (quatro) anos, e multa.

Parágrafo único. As penas aumentam-se de um sexto a um terço, se o crime é cometido com o fim de obter prova destinada a produzir efeito em processo penal ou em processo civil em que for parte entidade da administração pública direta ou indireta. (NR) (Redação dada ao artigo pela Lei n. 10.268, de 28.8.2001, DOU 29.8.2001)

Além dos crimes anteriormente tipificados, podemos, ainda, mencionar as seguintes demandas que poderiam ser incluídas no caso vertente, ou seja, nas quais podem incidir a tipicidade criminal:

- Trabalho informal;
- Sonegação de direitos mediante diversas fraudes (recibos em branco, *truck system*, falsificação de assinaturas dos empregados);
- Controle paralelo de jornada;
- Salário por fora (extrafolha);
- Falso cooperativismo (cooperativas fraudulentas);
- Constituição irregular de pessoas jurídicas;
- Discriminações de toda ordem;
- Simulação de ações trabalhistas para constituição de crédito privilegiado e burla a credores (lides simuladas);
- Estelionato na fraude ao seguro desemprego e ao FGTS (art. 171, CP);
- Crime de periclitação à vida ou à saúde nos casos de exposição do trabalhador a risco (art. 132);
- Contravenção penal de retenção indevida de CTPS (Carteira de Trabalho e Previdência Social);
- Discriminações raciais ou religiosas, de orientação sexual praticadas na relação de trabalho (Lei n. 7.761/89);
- Crimes contra pessoa portadora de deficiência (Lei n. 7.853/89);
- Crimes contra admissão irregular de servidor público, sem concurso, Decreto-Lei n. 201/67 e Lei de Improbidade Administrativa;
- Lesão corporal culposa (art. 129 do CP);
- Homicídio culposo em acidente de trabalho (art. 121 do CP);
- Falsidade ideológica (recibos em branco, controles paralelos de jornada, art. 299 do CP);
- Outros crimes Lei n. 9.099/95 e em face da mulher, idoso. Lei n. 10.741/03.

33.5. Prescrição na Lei de Improbidade Administrativa

Dispõe a Lei n. 14.230/ 2021, em seu art. 23, que a ação para aplicação das sanções previstas nessa Lei prescreve em 8 (oito) anos, contador a partir da ocorrência do fato ou, nos casos de infrações permanentes, do dia em que cessou a permanência.

Para o ressarcimento do dano não há prescrição, conforme dispõe o art. 37, § 5º[42] da Constituição Federal de 1988.

A propósito, inserimos as ementas, ainda que editadas anteriormente à nova Lei de Improbidade Administrativa, para esclarecimentos quanto à prescrição:

> AÇÃO DE RESSARCIMENTO DE SUPOSTO DANO AO ERÁRIO – PREJUDICIAL DE MÉRITO DA PRESCRIÇÃO – ALEGAÇÃO DO AUTOR DA AÇÃO DE QUE A PRETENSÃO É IMPRESCRITÍVEL – CONTUDO, O JULGADO RECORRIDO, PARA CONDENAR OS RÉUS, NÃO SE ALICERÇOU EM QUALQUER ITEM CATALOGADO NA LEI 8.429 /1992, DEVENDO SER APLICADA A DIRETRIZ DA CORTE SUPREMA DO RE 669.069/MG, REL. MIN. TEORI ALBINO ZAVASCKI, DJE 30.6.2016, EM QUE É PRESCRITÍVEL A AÇÃO DE REPARAÇÃO DE DANOS À FAZENDA PÚBLICA DECORRENTE DE ILÍCITO CIVIL – DETERMINAÇÃO DE RETORNO DOS AUTOS À ORIGEM, A FIM DE QUE SEJA ANALISADA A PREJUDICIAL DE MÉRITO DA PRESCRIÇÃO, UMA VEZ QUE A PRETENSÃO É REPUTADA PRESCRITÍVEL – AGRAVO INTERNO DO AUTOR DA AÇÃO DESPROVIDO. 1. A Corte de origem afastou a alegação de prescrição suscitada pela parte acionada, sob a perspectiva de que são imprescritíveis as ações que visam ressarcimento de dano ao erário (art. 37 , parágrafo único , CF/88) (fls. 772). 2. Sobre o tema, a Suprema Corte dispõe de dois temas julgados em Repercussão Geral: (a) prescritibilidade das ações de ressarcimento por danos causados ao Erário, ainda que o prejuízo não decorra de ato de improbidade administrativa; (b) prescritibilidade das ações de ressarcimento por ato de improbidade administrativa. 3. Acerca do primeiro tópico, o excelso Supremo Tribunal entendeu, no RE 669.069/MG, Rel. Min. TEORI ALBINO ZAVASCKI, DJe 30.6.2016, que é prescritível a ação de reparação de danos à Fazenda Pública decorrente de ilícito civil. 4. Por sua vez, quanto ao segundo tópico, a Corte Suprema declarou a imprescritibilidade das pretensões de ressarcimento, quando fundadas em ato de improbidade administrativa. Isso ficou definido no RE 852.475/SP, Rel. Min. EDSON FACHIN, DJe 22.3.2019, em que são imprescritíveis as ações de ressarcimento ao erário fundadas na prática de ato doloso tipificado na Lei de Improbidade Administrativa. 5. Na presente demanda, observa-se que o autor da ação, o MPF, até embasa a sua pretensão na possível prática de condutas ímprobas, caracterizadas por possíveis empréstimos irregulares praticados pelos réus junto ao antigo Banco do Estado do Ceará, por meio de convênio com o Banco do Nordeste. 6. Contudo, observa-se que o acórdão recorrido, para condenar os réus à devolução de valores aos cofres públicos frente a práticas irregulares, não faz qualquer menção à prática de conduta ímproba, limitando-se a manter a compreensão de que os sobreditos empréstimos teriam sido lesivos aos cofres públicos. 7. Repita-se: não há no acórdão cearense qualquer fundamento de condenação em atos supostamente

(42) § 4º Os atos de improbidade administrativa importarão a suspensão dos direitos políticos, a perda da função pública, a indisponibilidade dos bens e o ressarcimento ao erário, na forma e gradação previstas em lei, sem prejuízo da ação penal cabível.

§ 5º A lei estabelecerá os prazos de prescrição para ilícitos praticados por qualquer agente, servidor ou não, que causem prejuízos ao erário, ressalvadas as respectivas ações de ressarcimento. (Ver Lei n. 9.873/99 e Lei n. 8.112/90, art. 142).

ímprobos. Não se vê que a prática descrita na petição inicial tenha ensejado dos tipos previstos nos arts. 9º., 10 e 11 da Lei 8.429/1992. 8. Portanto, há um erro de avaliação quanto ao prazo prescricional no acórdão de origem. Se foi praticado alegado ilícito civil, há prescritibilidade da pretensão de ressarcimento, e o prazo precisa ser avaliado. Se foi supostamente praticada conduta ímproba, não há prazo prescricional a ser considerado. 9. Assim, na presente demanda, por não haver, de modo algum, fundamento de improbidade administrativa adotado pelos Julgadores para promover a condenação dos réus, devem ser avaliados, previamente, os prazos apropriados de prescrição previstos em lei. 10. Agravo Interno do Autor da ação desprovido. (STJ – AGRAVO INTERNO NO RECURSO ESPECIAL AgInt no REsp 1774756 CE 2018/0275051-2 (STJ) Data de publicação: 09/12/2019)

A Lei n. 8.112/90 também disciplina os atos de Improbidade Administrativa, em seu Título IV, nos seguintes dispositivos:

CAPÍTULO IV DAS RESPONSABILIDADES

Art. 121. O servidor responde civil, penal e administrativamente pelo exercício irregular de suas atribuições.

Art. 122. A responsabilidade civil decorre de ato omissivo ou comissivo, doloso ou culposo, que resulte em prejuízo ao erário ou a terceiros.

§ 1º A indenização de prejuízo dolosamente causado ao erário somente será liquidada na forma prevista no art. 46, na falta de outros bens que assegurem a execução do débito pela via judicial.

§ 2º Tratando-se de dano causado a terceiros, responderá o servidor perante a Fazenda Pública, em ação regressiva.

§ 3º A obrigação de reparar o dano estende-se aos sucessores e contra eles será executada, até o limite do valor da herança recebida.

Art. 123. A responsabilidade penal abrange os crimes e contravenções imputadas ao servidor, nessa qualidade.

Art. 124. A responsabilidade civil-administrativa resulta de ato omissivo ou comissivo praticado no desempenho do cargo ou função.

Art. 125. As sanções civis, penais e administrativas poderão cumular-se, sendo independentes entre si.

Art. 126. A responsabilidade administrativa do servidor será afastada no caso de absolvição criminal que negue a existência do fato ou sua autoria.

Art. 126-A. Nenhum servidor poderá ser responsabilizado civil, penal ou administrativamente por dar ciência à autoridade superior ou, quando houver suspeita de envolvimento desta, a outra autoridade competente para apuração de informação concernente à prática de crimes ou improbidade de que tenha conhecimento, ainda que em decorrência do exercício de cargo, emprego ou função pública.(Incluído pela Lei n. 12.527, de 2011)

CAPÍTULO V DAS PENALIDADES

Art. 127. São penalidades disciplinares:

I — advertência;

II — suspensão;

III — demissão;

IV — cassação de aposentadoria ou disponibilidade;

V — destituição de cargo em comissão;

VI — destituição de função comissionada.

Art. 128. Na aplicação das penalidades serão consideradas a natureza e a gravidade da infração cometida, os danos que dela provierem para o serviço público, as circunstâncias agravantes ou atenuantes e os antecedentes funcionais.

Parágrafo único. O ato de imposição da penalidade mencionará sempre o fundamento legal e a causa da sanção disciplinar. (Parágrafo acrescentado pela Lei n. 9.527, de 10.12.1997)

Art. 129. A advertência será aplicada por escrito, nos casos de violação de proibição constante do art. 117, incisos I a VIII e XIX, e de inobservância de dever funcional previsto em lei, regulamentação ou norma interna, que não justifique imposição de penalidade mais grave. (Redação dada pela Lei n. 9.527, de 10.12.1997)

Art. 130. A suspensão será aplicada em caso de reincidência das faltas punidas com advertência e de violação das demais proibições que não tipifiquem infração sujeita a penalidade de demissão, não podendo exceder de 90 (noventa) dias.

§ 1º Será punido com suspensão de até 15 (quinze) dias o servidor que, injustificadamente, recusar-se a ser submetido a inspeção médica determinada pela autoridade competente, cessando os efeitos da penalidade uma vez cumprida a determinação.

§ 2º Quando houver conveniência para o serviço, a penalidade de suspensão poderá ser convertida em multa, na base de 50% (cinquenta por cento) por dia de vencimento ou remuneração, ficando o servidor obrigado a permanecer em serviço.

Art. 131. As penalidades de advertência e de suspensão terão seus registros cancelados, após o decurso de 3 (três) e 5 (cinco) anos de efetivo exercício, respectivamente, se o servidor não houver, nesse período, praticado nova infração disciplinar.

Parágrafo único. O cancelamento da penalidade não surtirá efeitos retroativos.

Art. 132. A demissão será aplicada nos seguintes casos:

I — crime contra a administração pública;

II — abandono de cargo;

III — inassiduidade habitual;

IV — improbidade administrativa;

V — incontinência pública e conduta escandalosa, na repartição;

VI — insubordinação grave em serviço;

VII — ofensa física, em serviço, a servidor ou a particular, salvo em legítima defesa própria ou de outrem;

VIII — aplicação irregular de dinheiros públicos;

IX — revelação de segredo do qual se apropriou em razão do cargo;

X — lesão aos cofres públicos e dilapidação do patrimônio nacional;

XI — corrupção;

XII — acumulação ilegal de cargos, empregos ou funções públicas;

XIII — transgressão dos incisos IX a XVI do art. 117.

Art. 133. Detectada a qualquer tempo a acumulação ilegal de cargos, empregos ou funções públicas, a autoridade a que se refere o art. 143 notificará o servidor, por intermédio de sua chefia imediata, para apresentar opção no prazo improrrogável de 10 (dez) dias contados da data da ciência e, na hipótese de omissão, adotará procedimento sumário para a sua apuração e regularização imediata, cujo processo administrativo disciplinar se desenvolverá nas seguintes fases:

I — instauração, com a publicação do ato que constituir a comissão, a ser composta por dois servidores estáveis, e simultaneamente indicar a autoria e a materialidade da transgressão objeto da apuração;

II — instrução sumária, que compreende indiciação, defesa e relatório;

III — julgamento.

§ 1º A indicação da autoria de que trata o inciso I dar-se-á pelo nome e matrícula do servidor, e a materialidade pela descrição dos cargos, empregos ou funções públicas em situação de acumulação ilegal, dos órgãos ou entidades de vinculação, das datas de ingresso, do horário de trabalho e do correspondente regime jurídico.

§ 2º A comissão lavrará, até 3 (três) dias após a publicação do ato que a constituiu, termo de indiciação em que serão transcritas as informações de que trata o parágrafo anterior, bem como promoverá a citação pessoal do servidor indiciado, ou por intermédio de sua chefia imediata, para, no prazo de 5 (cinco) dias, apresentar defesa escrita, assegurando-se-lhe vista do processo na repartição, observado o disposto nos arts. 163 e 164.

§ 3º Apresentada a defesa, a comissão elaborará relatório conclusivo quanto à inocência ou à responsabilidade do servidor, em que resumirá as peças principais dos autos, opinará sobre a licitude da acumulação em exame, indicará o respectivo dispositivo legal e remeterá o processo à autoridade instauradora, para julgamento.

§ 4º No prazo de 5 (cinco) dias, contados do recebimento do processo, a autoridade julgadora proferirá a sua decisão, aplicando-se, quando for o caso, o disposto no § 3º do art. 167.

§ 5º A opção pelo servidor até o último dia de prazo para defesa configurará sua boa-fé, hipótese em que se converterá automaticamente em pedido de exoneração do outro cargo.

§ 6º Caracterizada a acumulação ilegal e provada a má-fé, aplicar-se-á a pena de demissão, destituição ou cassação de aposentadoria ou disponibilidade em relação aos cargos, empregos ou funções públicas em regime de acumulação ilegal, hipótese em que os órgãos ou entidades de vinculação serão comunicados.

§ 7º O prazo para conclusão do processo administrativo disciplinar submetido ao rito sumário não excederá 30 (trinta) dias, contados da data de publicação do ato que constituir a comissão, admitida a sua prorrogação por até 15 (quinze) dias, quando as circunstâncias o exigirem.

§ 8º O procedimento sumário rege-se pelas disposições deste artigo observando-se, no que lhe for aplicável, subsidiariamente, as disposições dos Títulos IV e V desta Lei. (Redação dada ao artigo pela Lei n. 9.527, de 10.12.1997)

Art. 134. Será cassada a aposentadoria ou a disponibilidade do inativo que houver praticado, na atividade, falta punível com a demissão.

Art. 135. A destituição de cargo em comissão exercido por não ocupante de cargo efetivo será aplicada nos casos de infração sujeita às penalidades de suspensão e de demissão.

Parágrafo único. Constatada a hipótese de que trata este artigo, a exoneração efetuada nos termos do art. 35 será convertida em destituição de cargo em comissão.

Art. 136. A demissão ou a destituição de cargo em comissão, nos casos dos incisos IV, VIII, X e XI do art. 132, implica a indisponibilidade dos bens e o ressarcimento ao erário, sem prejuízo da ação penal cabível.

Art. 137. A demissão, ou a destituição de cargo em comissão por infringência do art. 117, incisos IX e XI, incompatibiliza o ex-servidor para nova investidura em cargo público federal, pelo prazo de 5 (cinco) anos.

Parágrafo único. Não poderá retornar ao serviço público federal o servidor que for demitido ou destituído do cargo em comissão por infringência do art. 132, incisos I, IV, VIII, X e XI.

Art. 138. Configura abandono de cargo a ausência intencional do servidor ao serviço por mais de 30 (trinta) dias consecutivos.

Art. 139. Entende-se por inassiduidade habitual a falta ao serviço, sem causa justificada, por 60 (sessenta) dias, interpoladamente, durante o período de 12 (doze) meses.

Art. 140. Na apuração de abandono de cargo ou inassiduidade habitual, também será adotado o procedimento sumário a que se refere o art. 133, observando-se especialmente que: (Redação dada pela Lei n. 9.527, de 10.12.1997)

I — a indicação da materialidade dar-se-á: (Inciso acrescentado pela Lei n. 9.527, de 10.12.1997)

a) na hipótese de abandono de cargo, pela indicação precisa do período de ausência intencional do servidor ao serviço superior a 30 (trinta) dias; (Alínea acrescentada pela Lei n. 9.527, de 10.12.1997)

b) no caso de inassiduidade habitual, pela indicação dos dias de falta ao serviço sem causa justificada, por período igual ou superior a 60 (sessenta) dias interpoladamente, durante o período de 12 (doze) meses; (Alínea acrescentada pela Lei n. 9.527, de 10.12.1997)

II — após a apresentação da defesa, a comissão elaborará relatório conclusivo quanto à inocência ou à responsabilidade do servidor, em que resumirá as peças principais dos autos, indicará o respectivo dispositivo legal, opinará, na hipótese de abandono de cargo, sobre a intencionalidade da ausência ao serviço superior a 30 (trinta) dias e remeterá o processo à autoridade instauradora para julgamento. (Inciso acrescentado pela Lei n. 9.527, de 10.12.1997)

Nota: Assim dispunha o artigo alterado:

"Art. 140. O ato de imposição da penalidade mencionará sempre o fundamento legal e a causa da sanção disciplinar."

Art. 141. As penalidades disciplinares serão aplicadas:

I — pelo Presidente da República, pelos Presidentes das Casas do Poder Legislativo e dos Tribunais Federais, e pelo Procurador-Geral da República, quando se tratar de demissão e cassação de aposentadoria ou disponibilidade de servidor vinculado ao respectivo Poder, órgão, ou entidade;

II — pelas autoridades administrativas de hierarquia imediatamente inferior àquelas mencionadas no inciso anterior quando se tratar de suspensão superior a 30 (trinta) dias;

III — pelo chefe da repartição e outras autoridades na forma dos respectivos regimentos ou regulamentos, nos casos de advertência ou de suspensão de até 30 (trinta) dias;

IV — pela autoridade que houver feito a nomeação, quando se tratar de destituição de cargo em comissão.

Art. 142. A ação disciplinar prescreverá:

I — em 5 (cinco) anos, quanto às infrações puníveis com demissão, cassação de aposentadoria ou disponibilidade e destituição de cargo em comissão;

II — em 2 (dois) anos, quanto à suspensão;

III — em 180 (cento e oitenta) dias, quanto à advertência.

§ 1º O prazo de prescrição começa a correr da data em que o fato se tornou conhecido.

§ 2º Os prazos de prescrição previstos na lei penal aplicam-se às infrações disciplinares capituladas também como crime.

§ 3º A abertura de sindicância ou a instauração de processo disciplinar interrompe a prescrição, até a decisão final proferida por autoridade competente.

§ 4º Interrompido o curso da prescrição, o prazo começará a correr a partir do dia em que cessar a interrupção.

TÍTULO V DO PROCESSO ADMINISTRATIVO DISCIPLINAR

CAPÍTULO I DISPOSIÇÕES GERAIS

Art. 143. A autoridade que tiver ciência de irregularidade no serviço público é obrigada a promover a sua apuração imediata, mediante sindicância ou processo administrativo disciplinar, assegurada ao acusado ampla defesa.

Nota: ver Portaria SRF n. 699, de 21.7.1999, DOU 23.7.1999, que dispõe sobre a realização de sindicância ou processo administrativo disciplinar no âmbito da Secretaria da Receita Federal. (Revogada pela Portaria SRF n. 825, de 19 de maio de 2000)

§ 1º Compete ao órgão central do SIPEC supervisionar e fiscalizar o cumprimento do disposto neste artigo. (Parágrafo acrescentado pela Lei n. 9.527, de 10.12.1997)

§ 2º Constatada a omissão no cumprimento da obrigação a que se refere o *caput* deste artigo, o titular do órgão central do SIPEC designará a comissão de que trata o art. 149. (Parágrafo acrescentado pela Lei n. 9.527, de 10.12.1997) (Revogado pela Lei n. 11.204, de 2005)

§ 3º A apuração de que trata o *caput*, por solicitação da autoridade a que se refere, poderá ser promovida por autoridade de órgão ou entidade diverso daquele em que tenha ocorrido a irregularidade, mediante competência específica para tal finalidade, delegada em caráter permanente ou temporário pelo Presidente da República, pelos presidentes das Casas do Poder Legislativo e dos Tribunais Federais e pelo Procurador-Geral da República, no âmbito do respectivo Poder, órgão ou entidade, preservadas as competências para o julgamento que se seguir à apuração. (Parágrafo acrescentado pela Lei n. 9.527, de 10.12.1997)

Art. 144. As denúncias sobre irregularidades serão objeto de apuração, desde que contenham a identificação e o endereço do denunciante e sejam formuladas por escrito, confirmada a autenticidade.

Parágrafo único. Quando o fato narrado não configurar evidente infração disciplinar ou ilícito penal, a denúncia será arquivada, por falta de objeto.

Art. 145. Da sindicância poderá resultar:

I — arquivamento do processo;

II — aplicação de penalidade de advertência ou suspensão de até 30 (trinta) dias;

III — instauração de processo disciplinar.

Parágrafo único. O prazo para conclusão da sindicância não excederá 30 (trinta) dias, podendo ser prorrogado por igual período, a critério da autoridade superior.

Art. 146. Sempre que o ilícito praticado pelo servidor ensejar a imposição de penalidade de suspensão por mais de 30 (trinta) dias, de demissão, cassação de aposentadoria ou disponibilidade, ou destituição de cargo em comissão, será obrigatória a instauração de processo disciplinar.

CAPÍTULO II DO AFASTAMENTO PREVENTIVO

Art. 147. Como medida cautelar e a fim de que o servidor não venha a influir na apuração da irregularidade, a autoridade instauradora do processo disciplinar poderá determinar o seu afastamento do exercício do cargo, pelo prazo de até 60 (sessenta) dias, sem prejuízo da remuneração.

Parágrafo único. O afastamento poderá ser prorrogado por igual prazo, findo o qual cessarão os seus efeitos, ainda que não concluído o processo.

CAPÍTULO III DO PROCESSO DISCIPLINAR

Art. 148. O processo disciplinar é o instrumento destinado a apurar responsabilidade de servidor por infração praticada no exercício de suas atribuições, ou que tenha relação com as atribuições do cargo em que se encontre investido.

Art. 149. O processo disciplinar será conduzido por comissão composta de três servidores estáveis designados pela autoridade competente, observado o disposto no § 3º do art. 143, que indicará, dentre eles, o seu presidente, que deverá ser ocupante de cargo efetivo superior ou de mesmo nível, ou ter nível de escolaridade igual ou superior ao do indiciado. (Redação dada pela Lei n. 9.527, de 10.12.1997)

§ 1º A Comissão terá como secretário servidor designado pelo seu presidente, podendo a indicação recair em um de seus membros.

§ 2º Não poderá participar de comissão de sindicância ou de inquérito, cônjuge, companheiro ou parente do acusado, consanguíneo ou afim, em linha reta ou colateral, até o terceiro grau.

Art. 150. A Comissão exercerá suas atividades com independência e imparcialidade, assegurado o sigilo necessário à elucidação do fato ou exigido pelo interesse da administração.

Parágrafo único. As reuniões e as audiências das comissões terão caráter reservado.

Art. 151. O processo disciplinar se desenvolve nas seguintes fases:

I — instauração, com a publicação do ato que constituir a comissão;

II — inquérito administrativo, que compreende instrução, defesa e relatório;

III — julgamento.

Art. 152. O prazo para a conclusão do processo disciplinar não excederá 60 (sessenta) dias, contados da data de publicação do ato que constituir a comissão, admitida a sua prorrogação por igual prazo, quando as circunstâncias o exigirem.

§ 1º Sempre que necessário, a comissão dedicará tempo integral aos seus trabalhos, ficando seus membros dispensados do ponto, até a entrega do relatório final.

§ 2º As reuniões da comissão serão registradas em atas que deverão detalhar as deliberações adotadas.

SEÇÃO I DO INQUÉRITO

Art. 153. O inquérito administrativo obedecerá ao princípio do contraditório, assegurada ao acusado ampla defesa, com a utilização dos meios e recursos admitidos em direito.

Art. 154. Os autos da sindicância integrarão o processo disciplinar, como peça informativa da instrução.

Parágrafo único. Na hipótese de o relatório da sindicância concluir que a infração está capitulada como ilícito penal, a autoridade competente encaminhará cópia dos autos ao Ministério Público, independentemente da imediata instauração do processo disciplinar.

Art. 155. Na fase do inquérito, a comissão promoverá a tomada de depoimentos, acareações, investigações e diligências cabíveis, objetivando a coleta de prova, recorrendo, quando necessário, a técnicos e peritos, de modo a permitir a completa elucidação dos fatos.

Art. 156. É assegurado ao servidor o direito de acompanhar o processo pessoalmente ou por intermédio de procurador, arrolar e reinquirir testemunhas, produzir provas e contraprovas e formular quesitos, quando se tratar de prova pericial.

§ 1º O presidente da comissão poderá denegar pedidos considerados impertinentes, meramente protelatórios, ou de nenhum interesse para o esclarecimento dos fatos.

§ 2º Será indeferido o pedido de prova pericial, quando a comprovação do fato independer de conhecimento especial de perito.

Art. 157. As testemunhas serão intimadas a depor mediante mandado expedido pelo presidente da comissão, devendo a segunda via, com o ciente do interessado, ser anexada aos autos.

Parágrafo único. Se a testemunha for servidor público, a expedição do mandado será imediatamente comunicada ao chefe da repartição onde serve, com a indicação do dia e hora marcados para inquirição.

Art. 158. O depoimento será prestado oralmente e reduzido a termo, não sendo lícito à testemunha trazê-lo por escrito.

§ 1º As testemunhas serão inquiridas separadamente.

§ 2º Na hipótese de depoimentos contraditórios ou que se infirmem, proceder-se-á à acareação entre os depoentes.

Art. 159. Concluída a inquirição das testemunhas, a comissão promoverá o interrogatório do acusado, observados os procedimentos previstos nos arts. 157 e 158.

§ 1º No caso de mais de um acusado, cada um deles será ouvido separadamente, e sempre que divergirem em suas declarações sobre fatos ou circunstâncias, será promovida a acareação entre eles.

§ 2º O procurador do acusado poderá assistir ao interrogatório, bem como à inquirição das testemunhas, sendo-lhe vedado interferir nas perguntas e respostas, facultando-se-lhe, porém, reinquiri-las, por intermédio do presidente da comissão.

Art. 160. Quando houver dúvida sobre a sanidade mental do acusado, a comissão proporá à autoridade competente que ele seja submetido a exame por junta médica oficial, da qual participe pelo menos um médico psiquiatra.

Parágrafo único. O incidente de sanidade mental será processado em auto apartado e apenso ao processo principal, após a expedição do laudo pericial.

Art. 161. Tipificada a infração disciplinar, será formulada a indiciação do servidor, com a especificação dos fatos a ele imputados e das respectivas provas.

§ 1º O indiciado será citado por mandado expedido pelo presidente da comissão para apresentar defesa escrita, no prazo de 10 (dez) dias, assegurando-se-lhe vista do processo na repartição.

§ 2º Havendo dois ou mais indiciados, o prazo será comum e de 20 (vinte) dias.

§ 3º O prazo de defesa poderá ser prorrogado pelo dobro, para diligências reputadas indispensáveis.

§ 4º No caso de recusa do indiciado em apor o ciente na cópia da citação, o prazo para defesa contar-se-á da data declarada, em termo próprio, pelo membro da comissão que fez a citação, com a assinatura de 2 (duas) testemunhas.

Art. 162. O indiciado que mudar de residência fica obrigado a comunicar à comissão o lugar onde poderá ser encontrado.

Art. 163. Achando-se o indiciado em lugar incerto e não sabido, será citado por edital, publicado no *Diário Oficial da União* e em jornal de grande circulação na localidade do último domicílio conhecido, para apresentar defesa.

Parágrafo único. Na hipótese deste artigo, o prazo para defesa será de 15 (quinze) dias a partir da última publicação do edital."

33.6. Prescrição nos direitos difusos, coletivos e individuais homogêneos

Existem vários entendimentos quanto à prescrição da pretensão envolvendo os direitos metaindividuais, notadamente os direitos individuais homogêneos.

Alguns doutrinadores entendem que todos esses direitos e interesses — difusos, coletivos e individuais homogêneos estariam imantados pela imprescritibilidade, pois representariam bens maiores da sociedade. Outros, defendem a tese de que apenas os direitos difusos e coletivos seriam imprescritíveis, não o sendo os direitos individuais homogêneos, já que estes poderiam ser exercidos individualmente pelos seus titulares e não dependeriam dos titulares legitimados coletivos.

Para essa corrente doutrinária, os direitos difusos e coletivos são imprescritíveis, pois o não exercício do direito não pode ser atribuído à inércia de seu titular, uma vez que este não está legitimado legalmente para defendê-los. O mesmo não acontece com os direitos individuais homogêneos que podem ser exercidos individualmente, e além disso não divisíveis e determinados, materialmente falando.

Aplica-se no caso vertente o art. 95 do Código de Defesa do Consumidor, Lei n. 8.078/90, *in verbis*:

> "em caso de procedência do pedido, a condenação será genérica fixando a responsabilidade do réu pelos danos causados."

Daí, uma vez procedentes os pedidos formulados na ação coletiva (Ação Civil Pública ou Ação Civil Coletiva), fixa-se a responsabilidade genérica do réu, cabendo aos lesados e titulares do direito individual na liquidação e execução discutir apenas o *quantum satis*, já que a responsabilidade encontra-se determinada pela sentença, tornando-se líquida e certa.

Considerando que no caso concreto (liquidação e execução) ocorrerá uma diversificação de sujeitos individuais e os mesmos de forma diversa um do outro poderão ser suscetíveis de serem afetados por causas impeditivas e suspensivas da prescrição, ou ainda causas interruptivas (exemplo, menor de idade art. 440 CLT), o juiz não terá elementos para declarar a prescrição na sentença coletiva, em face da condenação genérica.

Em relação ao trabalhador menor beneficiado por uma sentença coletiva, nenhuma prescrição poderá ser declarada, enquanto o mesmo não pode ser dito em relação a outros beneficiários ou substituídos, que se sujeitam aos ditames do art. 205 e seguintes do Novo Código Civil, aplicado subsidiariamente ao processo do trabalho (art. 889 da CLT).

Assim sendo, a mesma pretensão formulada no mesmo processo, poderá remanescer prescrita para alguns substituídos e não prescrita para outros, dependendo de cada caso concreto e de sua situação particular e específica (de cada um dos substituídos).

Todavia, é digno de nota que a fluência do prazo prescricional ocorre a partir do conhecimento do dano e de sua autoria, consoante art. 27[43] da Lei n. 8.068/1990.

De outra parte, assim estatui o art. 207 do Novo Código Civil:

> Art. 207. Salvo disposição legal em contrário, não se aplicam à decadência as normas que impedem, suspendem ou interrompem a prescrição.

---

(43) Art. 27. Prescreve em 5 (cinco) anos a pretensão à reparação pelos danos causados por fato do produto ou do serviço prevista na Seção II deste Capítulo, iniciando-se a contagem do prazo a partir do conhecimento do dano e de sua autoria.

Este artigo expressamente prevê que leis especiais disponham sobre causas de impedimento, suspensão ou interrupção da decadência. Temos duas dessas causas na Lei n. 8.078/90: a reclamação formulada pelo consumidor perante o fornecedor de produto ou serviço e a instauração do inquérito civil. No primeiro caso ocorre a suspensão até que ocorra resposta negativa inequívoca, no segundo, até o encerramento do inquérito civil.

O art. 26 do CDC (Lei n. 8.078), em seu § 2º, diz que fica obstada a decadência desde:

> "III — a instauração do inquérito civil, até seu encerramento."

Entretanto, em qual momento começa a correr a prescrição?

Tratando-se de ações coletivas ACP ou ACC envolvendo direitos e interesses individuais homogêneos (art. 90 e ss. da Lei n. 8.078/1990), a prescrição deverá ser examinada tão somente após o julgamento da ação. Em outras palavras, somente na ocasião da liquidação e execução da sentença pelos substituídos, levando-se em consideração a situação específica e particular de cada um dos substituídos.

De acordo com a Lei n. 8.078/1990, o Inquérito Civil obsta a decadência (perda do direito material) até o seu encerramento. Assim o prazo decadencial (nas ações constitutivas) ou prescricional (nas ações condenatórias) somente começa a correr após o deslinde do inquérito civil.

Pode-se dizer, ainda, que em relação aos metaindividuais (direitos difusos, coletivos e individuais homogêneos) a leitura jurídica deve ser diferenciada. Entendemos que todos esses direitos transindividuais possuem a mesma dimensão, e deveriam ter idêntico tratamento jurídico, pois se apresentam como direitos de grupo, ou seja, a titularidade é do grupo. Somente na liquidação da sentença é que haverá a individualização. Em outras palavras, não devemos pura e simplesmente utilizar dos institutos da prescrição e da decadência do direito individual e aplicá-las em relação ao direito coletivo, que possui normas, regras, institutos e até instituições próprias e peculiares. Além disso, deve-se levar em consideração, que no ramo especial do Direito do Trabalho, a prescrição e a decadência favorece apenas o polo mais forte desta relação jurídica, ou seja, o empregador, e não se aproveita em favor do empregado.

Em outras palavras, os direitos individuais homogêneos não podem ser considerados meramente direitos acidentalmente coletivos, como o antigo sistema da Regra 23 dos EUA previa. Entendemos que caracterizam e podem ser encartados como direitos coletivos propriamente ditos (ao lado dos difusos e coletivos, considerados superdireitos coletivos), interessando ao sistema de justiça como subespécie de direito transindividual.

De acordo com Lorena de Mello Rezende Colnago(44):

"tratando-se o instituto da prescrição de um direito restritivo, material e de ordem pública, sua interpretação não pode ser extensiva e nem se pode utilizar a regra hermenêutica da analogia. A regra geral do ordenamento jurídico brasileiro a ser aplicada quando ao prazo prescricional é a prevista no art. 205 do Código Civil: "a prescrição ocorre em dez anos, quando a lei não lhe haja fixado prazo menor". O ordenamento pátrio é uno e indivisível. Portanto, essa regra é a aplicável à prescrição da pretensão coletiva, salvo as exceções previstas em normas jurídicas. O prazo prescricional previsto na lei de ação popular (art. 21 da Lei n. 4.717/1965), de cinco anos, refere-se aos direitos difusos previstos naquela legislação. Essa legislação foi elaborada heterotopicamente – contém regras de direito material e processual. O objeto da pretensão, contido na legislação, é "a anulação ou a declaração de nulidade de atos lesivos" ao patrimônio público. O objeto das leis da ação civil pública e ação civil coletiva são mais abrangentes, embora essas legislações sejam mais recentes (década de oitenta e noventa). Os Tribunais Superiores, na Justiça Comum e na Justiça do Trabalho, precisam analisar com maior cautela os casos envolvendo a prescrição de pretensões coletivas, porque, enquanto cortes de uniformização, têm o dever se zelar pela harmonia do sistema de Justiça em todos os seus aspectos: jurídico, simbólico, político e sociológico. Em síntese, o prazo da pretensão coletiva veiculada nas ações civis públicas e coletivas é decenal, independente da categoria de direito coletivo veiculado (art. 5º da LACP e art. 81 do CDC). As multas e medidas coercitivas aplicadas pelo magistrado no curso do processo coletivo são obrigação principal. Independente da destinação para o erário público ou para um ente privado, essas multas e medidas coercitivas têm o mesmo prazo da obrigação principal. Há modulação do prazo prescricional decenal na área trabalhista quando o ilícito gerar uma tutela reintegratória, nascida com o fim do contrato de trabalho. Nesse caso, o prazo para a atuação dos legitimados coletivos será de dois anos para essa tutela específica (art. 7º, XXIX, da CF/88), embora a indenização moral que emerge dessa dispensa coletiva siga o prazo decenal. Há pretensões coletivas imprescritíveis. As pretensões decorrentes dos crimes de racismo e os crimes praticados por grupos armados contra a ordem constitucional e o Estado Democrático (art. 5º, XLIII e XLIV, CF/88) foram gravadas pelo legislador constituinte como imprescritíveis. Essa matéria pode ser atraída para a competência da Justiça especializada, se no art. 257 sobrevier a regulamentação da competência penal (art. 114, IX, da CF/88) e o motivo do crime estiver relacionado às relações de trabalho. A pretensão de reparação civil decorrente de dano ambiental (art. 225, § 3º, CF/88 e Tema n. 999 do STF) também é imprescritível. O meio ambiente do trabalho faz parte do meio ambiente. A improbidade administrativa com ressarcimento

(44) COLNAGO, Lorena de Mello Rezende. A prescrição das pretensões coletivas na Justiça do Trabalho: O prazo e os efeitos nas demandas coletivas e individuais. São Paulo: LTr, 2022, p. 237

enquanto pena decorrente do crime doloso (art. 12 da Lei n. 8.429/1992 e Tema n. 897 do STF) até o dia 26/10/2021 também era imprescritível. Porém, a partir do ingresso da Lei n. 14.230/2021, que excluiu do art. 12 o ressarcimento integral do dano, no ordenamento jurídico, essa pretensão passou a ter prazo quinquenal. As pretensões declaratórias, sem conteúdo condenatório, são imprescritíveis por lei (art. 11, §1º da CLT). Aplica-se a regra do direito intertemporal quanto ao prazo geral da codificação civil, art. 2.028 do CC. O prazo será de 20 anos para as pretensões com metade do transcurso do tempo (dez anos) até a entrada em vigor do Código Civil de 2002 – 10 de janeiro de 2003. Após essa data, o prazo é decenal (art. 205 do CC). Quanto ao direito intertemporal fixado para o prazo prescricional decorrente das pretensões que nascem como fim do contrato de trabalho, o prazo é de dois anos, aplicando-se o art. 916 da CLT".

Em síntese conclusiva neste tópico podemos afirmar sobre a tese de imprescritibilidade, que leva em consideração que tais demandas constituem ações sem interesse patrimonial direto; apenas indireto, envolvendo obrigações de fazer e não fazer, e que apenas os direitos patrimoniais são passíveis de prescrição, e neste caso nos inclinamos pelo prazo de 5 anos, segundo a corrente majoritária preconizada pelo Superior Tribunal de Justiça.

Podemos mencionar também a imprescritibilidade (difusos e coletivos) com fundamento constitucional de uma espécie de direito difuso, o relativo à defesa do interesse público e a existência no ordenamento ortodoxo de situações de imprescritibilidade e de inocorrência de decadência. Ex: não corre prescrição ou decadência contra o incapaz, Nas ações de nulidade de casamento fundadas em impedimento absoluto não se convalesce o vício no tempo; nas ações meramente declaratórias; nas ações de ressarcimento ao erário, em razão de ato doloso de improbidade administrativa (art. 37º, § 5º, CF 88).

No Direito do Trabalho, por raciocínio lógico, não se aplica o prazo do Direito Civil e sim o do art. 11 da CLT e art. 7º., XXXIX, CF/88, cujo prazo prescricional é de 5 anos. O ajuizamento da ação coletiva para a tutela de DIH interrompe a prescrição das pretensões individuais. O prazo prescricional começa a correr, após o trânsito em julgado da decisão coletiva.

Decisão recente do STJ (Resp. n. 1.173.091/PE), aposta no Acórdão da 3ª. T. do Superior Tribunal de Justiça – Ação coletiva de consumo: entendeu que inexiste prazo para o ajuizamento da ação coletiva, e que na medida em que o que prescreve são as pretensões, o prazo prescricional da pretensão coletiva das ações de DIH (direitos individuais homogêneos) é o mesmo prazo prescricional das pretensões individuais. O STJ firmou entendimento sobre a prescrição quinquenal das ações coletivas, aplicando também a Súmula 150 do STF. Dessa forma, STJ estendeu também o prazo quinquenal a todas as ações decorrentes da execução da decisão na tutela coletiva, ou seja, as ações coletivas: tanto no processo de cognição, quanto no da execução, o prazo prescricional será de 5 anos.

Dessa forma, da sentença coletiva em ação civil pública, o STJ firmou as seguintes teses em relação à execução individual de sentença proferida em ação civil pública:

1) a prescrição é de cinco anos e

2) o prazo é contado do trânsito em julgado da sentença coletiva, sendo desnecessária a publicação de edital no órgão oficial para que os interessados possam intervir no processo como litisconsortes, providência do art. 94 da Lei n. 8.078/1990.

Vejamos o seguinte julgado emanado do STJ, neste sentido:

"No âmbito do Direito Privado, é de cinco anos o prazo prescricional para ajuizamento de execução individual em pedido de cumprimento de sentença proferida em Ação Civil Pública". (Resp. 1.273.643/PR, 2ª. Seção, rel. Min. Sidnei Beneti, j. 27.03.2013, Dje 04.04.2013 (...) e (AgRg no AREsp 112.794/PR, 4ª. T. rel. Min. Antonio Carlos Ferreira, j. 27.02.2018).

34. Responsabilidade objetiva no dano ao meio ambiente

De acordo com a Lei n. 6.938/1991, que traça a Política Nacional do Meio Ambiente, em seu art. 3º, entende-se por meio ambiente:

> "...o conjunto de condições, leis, influências e interações de ordem física, química e biológica, que permite, abriga e rege a vida em todas as suas formas."

Para José Afonso da Silva(45), "meio ambiente é a interação do conjunto de elementos naturais, artificiais e culturais que propiciem o desenvolvimento equilibrado da vida em todas as suas formas".

O meio ambiente desdobra-se em meio ambiente artificial (espaço urbano, áreas construídas etc.), meio ambiente natural (solo, ar, vegetação, água etc.), meio ambiente cultural (tutela do patrimônio histórico, cultural, artístico e paisagístico) e meio ambiente do trabalho, considerado como meio ambiente artificial especial.

O meio ambiente de trabalho pode ser conceituado como um "complexo de bens móveis e imóveis de uma empresa e de uma sociedade, objeto de direitos subjetivos privados e de direitos invioláveis da saúde e da integridade física dos trabalhadores que o frequentam"(46), sendo que o objeto imediato é

---

(45) SILVA, José Afonso da. *Curso de direito constitucional positivo*. São Paulo: Malheiros, 1999. p. 134.
(46) FIORILLO, Celso Antonio Pacheco. A ação civil pública e o meio ambiente do trabalho. In: FREDIANY, Yone, TORRES, Jane Granzoto (coords.). *O direito do trabalho na sociedade contemporânea*. São Paulo: Jurídica Brasileira, 2001. p. 183.

a qualidade de vida do trabalhador e o objeto mediato as condições de saúde, bem-estar e segurança do trabalhador.

O meio ambiente do trabalho tem amparo constitucional no art. 200, inciso VIII, da Constituição Federal de 1988, *in verbis*:

> "Ao sistema único da saúde, compete, além de outras atribuições, nos termos da lei:
>
> [...] VIII — colaborar na proteção ao meio ambiente, nele compreendido o do trabalho."
>
> O art. 7º, incisos XXII e XXIII da Constituição Federal, assim se expressa:
>
> "XXII — Redução dos riscos inerentes ao trabalho, por meio de normas de saúde, higiene e segurança.
>
> XXIII — Adicional de remuneração para as atividades penosas, insalubres ou perigosas, na forma da lei."

A Convenção n. 155 da OIT também alude ao meio ambiente do trabalho, quando estabelece:

> "Art. 3º, alínea ~~a~~ e: o termo saúde, em relação ao trabalho, abrange não somente a ausência de afecções ou enfermidades, mas também os elementos físicos e mentais que afetam a saúde e estão diretamente relacionados com a segurança e higiene no trabalho e
>
> Art. 4º, item 2: sobre a política nacional do meio ambiente: esta política terá por objetivo prevenir os acidentes e os danos para a saúde que sejam consequência do trabalho, guardem relação com atividade laboral ou sobrevenham durante o trabalho, reduzindo, ao mínimo, na medida em que seja razoável e possível, as causas dos riscos inerentes ao meio ambiente do trabalho."

Os fundamentos constitucionais da proteção ao meio ambiente do trabalho têm como fulcro a dignidade da pessoa humana, erigindo o ambientalismo como direito fundamental da pessoa humana. A qualidade do meio ambiente constitui-se, dessa forma, um bem ou patrimônio, cuja preservação, recuperação e revitalização tornam-se um imperativo do Estado.

Logo, cabe ao Estado e a toda a sociedade a preservação pela qualidade do meio ambiente, de forma a criar boas condições de bem-estar para a pessoa humana, no que refere-se à saúde, educação, lazer, segurança etc.

Nesse sentido, o art. 5º, inciso LXXIII, da Constituição Federal de 1988, que trata da Ordem Social estabelece:

> "Qualquer cidadão é parte legítima para propor ação popular que vise a anular ato lesivo ao patrimônio público ou de entidade de que o Estado participe, à moralidade administrativa, ao meio ambiente e ao patrimônio histórico e cultural, ficando o autor, salvo comprovada má-fé, isento de custas judiciais e do ônus da sucumbência."

O art. 225 da Magna Carta, que trata do Meio Ambiente expressa:

> "DO MEIO AMBIENTE[47]:

---

(47) O meio ambiente é também objeto da Lei n. 6.938/81, Lei n. 9.605/98, Lei n. 8.723/93, Lei n. 7.802/89, Decreto n. 98.816/90 (Regulamenta a Lei n. 7802/89), Lei n. 7.347/85.

Art. 225. Todos têm direito ao meio ambiente ecologicamente equilibrado, bem de uso comum do povo e essencial à sadia qualidade de vida, impondo-se ao Poder Público e à coletividade o dever de defendê-lo e preservá-lo para as presentes e futuras gerações.

§ 1º Para assegurar a efetividade desse direito, incumbe ao Poder Público:

I — preservar e restaurar os processos ecológicos essenciais e prover o manejo ecológico das espécies e ecossistemas;

II — preservar a diversidade e a integridade do patrimônio genético do País e fiscalizar as entidades dedicadas à pesquisa e manipulação de material genético;

III — definir, em todas as unidades da Federação, espaços territoriais e seus componentes a serem especialmente protegidos, sendo a alteração e a supressão permitidas somente através de lei, vedada qualquer utilização que comprometa a integridade dos atributos que justifiquem sua proteção;

IV — exigir, na forma da lei, para instalação de obra ou atividade potencialmente causadora de significativa degradação do meio ambiente, estudo prévio de impacto ambiental, a que se dará publicidade;

V — controlar a produção, a comercialização e o emprego de técnicas, métodos e substâncias que comportem risco para a vida, a qualidade de vida e o meio ambiente;

VI — promover a educação ambiental em todos os níveis de ensino e a conscientização pública para a preservação do meio ambiente;

VII — proteger a fauna e a flora, vedadas, na forma da lei, as práticas que coloquem em risco sua função ecológica, provoquem a extinção de espécies ou submetam os animais a crueldade.

§ 2º Aquele que explorar recursos minerais fica obrigado a recuperar o meio ambiente degradado, de acordo com solução técnica exigida pelo órgão público competente, na forma da lei.

§ 3º As condutas e atividades consideradas lesivas ao meio ambiente sujeitarão os infratores, pessoas físicas ou jurídicas, a sanções penais e administrativas, independentemente da obrigação de reparar os danos causados.

§ 4º A Floresta Amazônica brasileira, a Mata Atlântica, a Serra do Mar, o Pantanal Mato-Grossense e a Zona Costeira são patrimônio nacional, e sua utilização far-se-á, na forma da lei, dentro de condições que assegurem a preservação do meio ambiente, inclusive quanto ao uso dos recursos naturais.

Nota: Regulamentado pela MP n. 2.186-16, de 23.8.2001;

§ 5º São indisponíveis as terras devolutas ou arrecadadas pelos Estados, por ações discriminatórias, necessárias à proteção dos ecossistemas naturais.

§ 6º As usinas que operem com reator nuclear deverão ter sua localização definida em lei federal, sem o que não poderão ser instaladas".

Entre os principais princípios da Política Nacional do Meio Ambiente que encontramos na Lei n. 6.938/1981, podemos citar cinco desses princípios a seguir:

a) Princípio do Desenvolvimento Sustentável: procura compatibilizar o desenvolvimento econômico e o meio ambiente, de modo a considerar as futuras gerações, objetivando um mínimo de degradação ambiental. Esse princípio teve sua origem na Declaração de Estocolmo (1972) e foi citado na Declaração Eco/Rio de 1992, consistindo na seguinte definição: "na exploração equilibrada dos recursos naturais, nos limites da satisfação das necessidades e do bem-estar da presente geração, assim como de sua conservação no interesse das gerações futuras". Possui como motivação a consciência da esgotabilidade dos recursos naturais, conjugados com os perigos da própria subsistência da humanidade. Sua previsão constitucional é encontrada no art. 225, *caput*, da Constituição de 1988 e na Lei n. 6.938/81, art. 4º, bem como no art. 170, inciso VI(48) da Constituição Federal de 1988;

b) Princípio da Prevenção: também chamado de Princípio da Precaução procura evitar a ocorrência do dano e evitar os riscos conhecidos. Adota de antemão as medidas preventivas para sua concretização, como medidas administrativas, licenciamento ambiental, estudo de impacto ambiental, relatório de impacto ambiental etc. Com base nesse princípio, o Estado impõe ao particular sanções administrativas (licenças, fiscalização, autorização, multa);

c) Princípio do Poluidor-Pagador: possui caráter preventivo e procura evitar danos ao meio ambiente. Aqui encontramos os aspectos ligados à Responsabilidade Civil Objetiva pelos danos causados ao meio ambiente. De acordo com a Lei n. 9.605/98 a pessoa jurídica pode ser imputada criminalmente por tais danos, bem como pode incorrer em sanções de índole administrativa e civil. Tem-se como prioridade a reparação específica do dano e a solidariedade na reparação;

d) Princípio da Participação: tem por escopo a participação de toda a sociedade, já que o meio ambiente é visto como um bem jurídico de natureza difusa, ou seja pertence a todos e, ao mesmo tempo, não pertence a ninguém, por ser indivisível, não podendo ser dividido em quotas-partes. Como exemplo podemos considerar a praia da enseada no Guarujá. Portanto, o Poder Público e toda sociedade devem zelar pelo meio ambiente;

e) Princípio do Ônus Social: apresenta-se como antítese ao princípio poluidor-pagador. Esse princípio apregoa que a repartição do ônus ambiental é para toda a sociedade, não importando a utilidade relativa de cada indivíduo. Seu exercício se dá pela cobrança pelo Estado de impostos e taxas ambientais visando à conservação desse bem difuso.

A Constituição Federal de 1988 sistematizou o tratamento jurídico do meio ambiente, estabelecendo, além das competências privativas, competência *comum* para o combate à poluição (art. 23, VI) e *concorrente* para legislar sobre florestas, caça, pesca, fauna, conservação da natureza, defesa do solo e dos recursos naturais, proteção do meio ambiente e controle da poluição (art. 24, VI, CF/88).

Essa repartição de competências ambientais, verificada na Constituição Federal de 1988, de certa forma estabeleceu a municipalização da questão ambiental, especialmente nas matérias de interesse local.

A Lei n. 9.605/1998 introduziu importantíssimos avanços na seara da criminalização das ações lesivas ao meio ambiente, estabelecendo sanções penais e administrativas em relação ao poluidor.

---

(48) Inciso VI — defesa do meio ambiente, inclusive mediante tratamento diferenciado conforme o impacto ambiental dos produtos e serviços e de seus processos de elaboração e prestação. (Redação dada ao inciso pela Emenda Constitucional n. 42, de 19.12.2003)

No campo ambiental, a responsabilidade de pessoa física ou jurídica, de direito público ou privado, é feita com base na conduta ou na atividade que venha a provocar qualquer dano ou lesão ao meio ambiente.

O direito ao meio ambiente sadio e equilibrado não poderá ser individualizado, pois é um bem que pertence a toda a sociedade. Portanto, toda pretensão em juízo que vise a apurar a reparação por lesão causada ao meio ambiente será de natureza difusa, indivisível, tendo como titulares sujeitos indeterminados e ligados por circunstâncias de fato.

A Lei de Política Nacional do Meio Ambiente (Lei n. 6.938/1981) adota a sistemática da responsabilidade civil objetiva em seu art. 14, § 1º, tendo sido totalmente recepcionada pelo ordenamento jurídico nacional.

Dessa forma, não é necessária a perquirição da culpa, nas modalidades negligência, imprudência e imperícia, ou do dolo do lesante para lhe atribuir a culpabilidade por sua conduta ilícita, bem como pela sua obrigação jurídica de indenizar e reparar os danos causados.

Logo, a previsão legal em nosso ordenamento em relação ao dano ambiental é feita com base na responsabilidade civil objetiva, tendo surgido pela primeira vez, entre nós, com o advento do Decreto n. 79.347/1977, de 1969, que promulgou a Convenção Internacional sobre Responsabilidade Civil por Danos Causados por Poluição por Óleo, tendo acolhido, em seu art. 4º, a tese da admissibilidade da responsabilidade objetiva aos danos provenientes de atividade nuclear.

A Lei n. 6.938/1981 também agasalhou a responsabilidade civil objetiva na reparação do dano ambiental (art. 14, § 1º), não sendo mais necessária a comprovação da culpa do poluidor. O legislador optou pelo não exame da conduta ou comportamento do agente poluidor do ponto de vista subjetivo, concentrando a análise do caso concreto no evento lesivo ou danoso ao meio ambiente.

Portanto, para que se verifique a obrigatoriedade da reparação ao dano ao meio ambiente é suficiente tão somente a demonstração do nexo etiológico, ou seja, relação de causa e efeito entre o dano causado ao meio ambiente e a ação ou omissão do agente responsável pelo ato.

A Teoria da Responsabilidade Objetiva encontra seu fundamento na Teoria do Risco Inerente à atividade desenvolvida pelo autor do dano, uma vez que aquele que se beneficia ou lucra com uma determinada atividade econômica deverá responder pelos riscos e danos provocados a outrem em decorrência da mesma.

O Ministério Público do Trabalho tem um papel fundamental nesse campo como um dos titulares da ação civil pública na defesa e proteção ao meio ambiente do trabalho. Ocorrendo o dano ao meio ambiente, por ato humano ou falha técnica, fruto de caso fortuito ou força maior, ou simplesmente pelo normal desempenho de uma atividade econômica, deverá o agente causador responder pela obrigação de arcar com todas as despesas e custos envolvidos pelos danos provocados ao meio ambiente, facultando-se-lhe, todavia, quando possível, o exercício do direito de regresso contra o responsável direto, se este agiu por dolo.

Com o advento da Lei n. 9.605/1998, que trata dos Crimes Ambientais, os crimes contra o meio ambiente e as infrações administrativas ambientais passaram a ter tutela específica. Sistematizou as infrações penais ao meio ambiente, anteriormente previstos em um cipoal de leis, revogou vários institutos, reforçou penalidades existentes e impôs maior agilidade ao julgamento dos crimes, com a previsão do rito sumário (Lei n. 9.099/1995), com a aplicação da lei das pequenas causas, introduzindo, ademais, várias inovações como a aplicação de penas alternativas como norma geral para as pessoas físicas criminosas, a responsabilidade penal das pessoas jurídicas e a desconsideração da personalidade jurídica(49).

Ressalte-se que o artigo que previa a responsabilidade objetiva criminal foi vetado, mas a responsabilidade na esfera civil continua em vigor, por força do art. 14, § 1º, da Lei n. 6.936/1981, que traça a Política Nacional do Meio Ambiente, e ainda pelo fato da presente lei tratar apenas de ilícitos penais e administrativos contra o ambiente.

A Lei n. 9.605/1998 introduziu as penas restritivas de direitos que foram criadas como uma alternativa à prisão. Consoante o art. 8º, as penas restritivas de direito correspondem à prestação de serviços à comunidade ou à entidade ambiental; interdição temporária de direitos, cassação de autorização ou licença concedida pela autoridade competente, suspensão parcial ou total de atividades; prestação pecuniária; recolhimento domiciliar. Tais penas são autônomas e substituem as penas privativas de liberdade, no caso de crime culposo ou se a pena privativa de liberdade for inferior a quatro anos, ou se a culpabilidade, os antecedentes, a conduta social e a personalidade do condenado, os motivos e as circunstâncias do crime o justificarem(50).

Outra novidade da Lei n. 9.605/1998 foi a responsabilização criminal das pessoas jurídicas. Destacamos os artigos:

> *"Art. 2º Quem, de qualquer forma, concorre para a prática dos crimes previstos nesta Lei, incide nas penas a estes cominadas, na medida da sua culpabilidade, bem como o diretor, o administrador, o membro de conselho e de órgão técnico, o auditor, o gerente, o preposto ou mandatário de pessoa jurídica, que, sabendo da conduta criminosa de outrem, deixar de impedir a sua prática, quando podia agir para evitá-la.*

---

(49) SANTOS, Fabiano Pereira dos. *Meio ambiente e poluição*. Jus Navigandi, n. 201, p. 9, 23.1.2004.
(50) *Ibidem*, p. 10.

Art. 3º As pessoas jurídicas serão responsabilizadas administrativa, civil e penalmente conforme o disposto nesta Lei, nos casos em que a infração seja cometida por decisão de seu representante legal ou contratual, ou de seu órgão colegiado, no interesse ou benefício da sua entidade.

Parágrafo único. A responsabilidade das pessoas jurídicas não exclui a das pessoas físicas, autoras, co-autoras ou partícipes do mesmo fato.

Art. 4º Poderá ser desconsiderada a pessoa jurídica sempre que sua personalidade for obstáculo ao ressarcimento de prejuízos causados à qualidade do meio ambiente.

Art. 5º (VETADO)".

Resta mencionar que, certamente, somente serão aplicadas às pessoas jurídicas sanções como a multa, pena restritiva de direitos e a prestação de serviços à comunidade ou a entidade ambiental. Para a prestação de serviços à comunidade foram previstos: o custeio de programas e projetos ambientais, a execução de obras de recuperação de obras degradadas, a manutenção de espaços públicos e contribuições a entidades ambientais ou culturais públicas.

A pena restritiva de direitos poderá consistir na suspensão parcial ou total de atividades, interdição temporária de estabelecimento, obra ou atividade, ou na proibição de contratar com o Poder Público ou de obtenção de subsídios ou doações pelo prazo máximo de 10 anos.

De outra parte, o art. 13 da Lei n. 7.347/1985 (Lei da Ação Civil Pública) dispõe que:

> "Havendo condenação em dinheiro, a indenização pelo dano causado reverterá a um fundo gerido por um Conselho Federal ou por Conselhos Estaduais de que participarão necessariamente o Ministério Público e representantes da comunidade, sendo seus recursos destinados à reconstituição dos bens lesados."

Foi criado em 1994, por meio do Decreto n. 1.306/1994, o Fundo de Defesa dos Direitos Difusos com o objetivo de coordenar as ações para reconstituição aos bens lesados.

Apresentamos as seguintes ementas alusivas à presente matéria:

> AGRAVO DE INSTRUMENTO – Cumprimento de sentença – Decisão que determinou que a multa civil por ato improbo fixada no título executivo judicial seja depositada no Fundo de Defesa de Direitos Difusos, regulado pelo Decreto n. 1.306 /94 – Multa civil prevista no artigo 12 da Lei de Improbidade, de natureza coercitiva e punitiva, que deve ser destinado à pessoa jurídica de direito lesada, por analogia ao artigo 18 da Lei n. 8.429 /92. Precedentes deste E. Tribunal de Justiça de São Paulo – Decisão reformada – Recurso provido. (TJ-SP – 22132274920178260000 SP 2213227-49.2017.8.26.0000 (TJ-SP). 1ª Câmara de Direito Público. Data de publicação: 22/01/2018. Relator: Marcelo L Theodosio)

EMBARGOS DE DECLARAÇÃO OPOSTOS CONTRA DECISÃO COLEGIADA QUE NEGOU PROVIMENTO AO RECURSO DE APELAÇÃO – CONCESSIONÁRIA DE SERVIÇO PÚBLICO DE ÁGUA E SANEAMENTO BÁSICO – COBRANÇA DE TARIFA DE ÁGUA – CÁLCULO DE ACORDO COM O SISTEMA DE ECONOMIAS – ILEGALIDADE – NECESSIDADE DE APURAÇÃO DO VALOR RESPEITANDO O CONSUMO REAL AFERIDO – DECISÃO PACIFICADA PELO SUPERIOR TRIBUNAL DE JUSTIÇA EM RECURSO REPRESENTATIVO DE CONTROVÉRSIA (RESP N. 1.166.561/RJ) AUSÊNCIA DE OMISSÃO NO QUE PERTINE À APRECIAÇÃO DO APELO SOB A ÓTICA DA RESOLUÇÃO N. 130 DA ARCE NORMATIVA QUE PREVÊ A COBRANÇA DE FATURA MÍNIMA POR CADA ECONOMIA EXISTENTE EM COLISÃO COM O RECURSO ESPECIAL PRECITADO – DESNECESSIDADE DE AFERIR DOLO OU CULPA DA EMBARGANTE – RESPONSABILIDADE OBJETIVA – DANO MORAL COLETIVO – MANUTENÇÃO – VALOR A SER REVERTIDO EM FAVOR DO FUNDO DE DEFESA DOS DIREITOS DIFUSOS DO ESTADO DO CEARÁ – CONSECTÁRIOS DA CONDENAÇÃO – MATÉRIA DE ORDEM PÚBLICA – CORREÇÃO DE OFÍCIO NESTA FASE PARA AFASTAR A VERBA HONORÁRIA, HAJA VISTA A ATUAÇÃO DO PARQUET ESTADUAL NO POLO ATIVO DA AÇÃO. EMBARGOS CONHECIDOS E DESPROVIDOS. 1. Na espécie, a embargante alega que acórdão embargado foi omisso ao não apreciar os fundamentos de que a referida autarquia não enriquece com o procedimento da cobrança de mais de uma tarifa mínima sobre o mesmo hidrômetro, tal como preconizava resolução da ARCE, já que a tarifa é destinada a remunerar a concessionária prestadora do serviço público (CAGECE), a qual não compartilha essa receita com a recorrente. 2. O inconformismo não merece prosperar. A relação estabelecida entre as partes é de consumo e sobre ela devem incidir as normas da Lei n. 8.078/90, figurando a Ré como fornecedora de serviços, conforme artigos 3º e 14. A responsabilidade civil do prestador de serviços afigura-se sob a modalidade objetiva, fundada na "teoria do risco empresarial". 3. De relevo, a responsabilidade da Ré, ora embargada, é objetiva, na forma do artigo 14, da Lei Consumerista, sendo necessários como requisitos ao dever de responder, a demonstração do ato ilícito que causou o dano e o nexo causal entre o dano e o ato. 4. Como se extrai do Acórdão embargado, restou expresso que a Resolução n. 25/01 da ARCE, posteriormente ratificada pela Resolução n. 130/2010, a qual disciplina a prestação e utilização dos serviços públicos de fornecimento de água e coleta de esgoto no Ceará utiliza-se de esdruxula regra de enquadramento de diversos tipos de consumidores, criando vantagem excessiva e desarrazoada ao fornecedor do serviço. Exemplifica o Parquet que mesmo sendo servido por apenas um ramal de água, o consumidor comercial, por exemplo, que tiver um hotel com 10 (dez) quartos, será enquadrado como cinco economias. 5. Nessa toada, a decisão foi pautada em vasta jurisprudência do Superior Tribunal de Justiça e dos demais Tribunais Pátrios reconhecendo a ilegalidade da cobrança efetivada pela CAGECE com base em normativo da ARCE, razão pela qual verifica-se que as normas descritas pela embargante a respaldar a sua atuação não merecem substrato. Portanto, não há que se falar em demonstração de dolo, seja direto ou eventual, visto que está-se diante de responsabilidade objetiva. 6. Noutro ponto, aduz a embargante que a condenação foi requerida em primeiro grau pelo Ministério Público objetivando a reparação do dano causado com "recursos destinados à reconstituição dos bens lesados", e foi sentenciada a título simplesmente de "indenização", não havendo menção no acórdão objurgado de que esses recursos venham a ser utilizados para eventual reconstituição dos bens lesados, reiterando, por último, que não há condições para que a condenação por danos morais coletivos seja aplicável na hipótese vertente. 7. Contudo, verifica-se que tanto a sentença de fls. 239-244 quanto o Acórdão que a manteve fazem expressa menção aos danos morais, inclusive com precedentes jurisprudenciais acerca do seu cabimento na hipótese vertente, não havendo contradição no que pertine a esse ponto. Diante disso, restou mantida a indenização fixada pelo Magistrado de primeiro grau, no importe de R$ 10.000,00 (dez mil reais) para cada demandado, valor suficiente para enfatizar o caráter educativo da resposta jurídica que ora é imposta aos demandados, prestadores de serviço público essencial à coletividade. Tais valores, como bem lançado na sentença de origem, deverão ser revertidos para o FUNDO DE DEFESA DOS DIREITOS DIFUSOS DO ESTADO DO CEARÁ – FDID. 8. Por fim, considerando que os consectários da condenação consistem em matéria de ordem pública, podendo ser considerados de ofício pelo Julgador, vislumbro que a Sentença de planície incorreu em equívoco manifesto no ponto em que fixou honorários advocatícios em favor do Ministério Público, autor da demanda, no importe de R$ 1.000,00 (um mil reais) conforme se verifica à fl. 244. Com efeito, merece reparo a Sentença quanto a condenação do demandado, ora embargante, ao pagamento de honorários advocatícios a favor do Ministério Público. 9. Embargos de Declaração conhecidos e desprovidos. Exclusão de ofício dos honorários advocatícios arbitrados. ACÓRDÃO Vistos, relatados e discutidos estes autos de Embargos de Declaração n. 0005691-76.2010.8.06.0171/50001, em que são partes as acima relacionadas, Acordam os Desembargadores que compõem a 1ª Câmara de Direito Público do Tribunal de Justiça do Estado do Ceará, por unanimidade, em conhecer dos aclaratórios, mas para negar-lhes provimento, nos termos do voto da eminente Relatora, parte integrante deste. Fortaleza/CE, 14 de outubro de 2019. (Tribunal de Justiça do Ceará TJ-CE – Embargos de Declaração : ED 0005691-76.2010.8.06.0171. Relator: Lisete de Sousa Gadelha. Data de julgamento: 14.10.2019).

35. Competência trabalhista ou civil para julgar lides envolvendo o meio ambiente dos servidos públicos estatutários

Após a decisão do Supremo Tribunal Federal, no que se refere ao art. 114[51] da CF/88, atribuindo a competência da Justiça Federal para processar e julgar as lides oriundas dos servidores públicos estatutários (art. 109, I, CF/88), surgiu grande cizânia doutrinária em relação à competência para julgar as lides oriundas do meio ambiente do trabalho daqueles servidores.

---

(51) CONFLITO NEGATIVO DE COMPETÊNCIA — JUSTIÇA ESTADUAL E JUSTIÇA DO TRABALHO — DEMANDA ENTRE SINDICATO DE SERVIDORES ESTATUTÁRIOS E SINDICALIZADO A RESPEITO DE ELEIÇÃO DE REPRESENTANTES SINDICAIS — INEXISTÊNCIA DE VÍNCULO TRABALHISTA — COMPETÊNCIA DA JUSTIÇA COMUM — 1. O STF, ao apreciar medida cautelar na ADIN n. 3.395 (Min. Cézar Peluso, DJ de 10.11.2006), referendou medida liminar que, interpretando o inciso I do art. 114 da CF/88, excluiu da competência da justiça do trabalho as causas envolvendo entidades de direito público e seus respectivos servidores, submetidos a regime estatutário. 2. A mesma orientação deve ser adotada na interpretação do inciso III do art. 114 da CF, que atribui à justiça do trabalho competência para processar e julgar as demandas "entre sindicatos, entre sindicatos e empregadores e entre sindicatos e trabalhadores". Tal norma de competência não se aplica a demandas entre sindicato e seus sindicalizados, quando estes são regidos por normas estatutárias de direito administrativo. 3. Conflito conhecido e declarada a competência da Justiça Estadual, a suscitada. (STJ — CC 200701334549 — (86387/RS) — 1ª S. — Rel. Min. Teori Albino Zavascki — DJU 10.9.2007 — p. 179)

O nosso entendimento é pela competência da Justiça do Trabalho em relação ao meio ambiente de trabalho dos estatutários, com fulcro na Súmula n. 736[52] do STF e ainda com base nos seguintes pontos:

1. Existindo um único trabalhador na empresa, cuja relação de trabalho seja regida pela CLT, a Justiça do Trabalho será competente para processar e julgar controvérsias decorrentes do meio ambiente de trabalho, mesmo que todos os demais trabalhadores sejam regidos pelo regime estatutário.

2. Nos entes públicos (Administração Pública Direta, Autárquica e Fundacional), cuja relação jurídica de contratação de servidor público seja estatutária, em tese, sempre existirão trabalhadores regidos pela CLT, como aqueles que desenvolvem atividades-meio, contratados por meio de terceirização de serviços, envolvendo atividades de conservação, limpeza, vigilância etc. Vale lembrar que o Decreto-Lei n. 200/1967, desde aquela data permite esse tipo de contratação como forma de descentralização administrativa. A respeito, a Súmula n. 331 do TST e o malfadado art. 71 da Lei n. 8.666/1993, considerado inconstitucional.

3. As normas do meio ambiente de trabalho estão elencadas em normas regulamentadoras (NR) expedidas pelo Ministério do Trabalho e Emprego e em artigos específicos da CLT — normas de higiene, medicina e segurança no trabalho, o que reforça a tese da competência da Justiça do Trabalho.

4. Vale lembrar ainda que na vigência plena da Emenda Constitucional n 19/98, que eliminou o regime jurídico único de contratação de servidores públicos, até o advento da decisão liminar em 2.8.2007, que promoveu um tipo de repristinação atípica do art. 39 da CF/88, a Administração Pública Direta, Autárquica e Fundacional poderia escolher entre dois regimes ~~jurídicos~~ jurídicos de contratação de servidor: o celetista e o estatutário.

Como a decisão liminar de 2.8.2007 produzirá efeitos *ex-nunc*, remanescerão todos os contratos celetistas anteriores (empregados públicos) com a Administração, inclusive com plena vigência da Súmula n. 390, inciso I, do TST, já que lhes aplica o art. 41 da CF/88 (estabilidade após 3 anos do estágio probatório).

Portanto, pelo princípio da unidade de convicção e da incindibilidade da natureza jurídica dos institutos deve prevalecer a tese da competência da Justiça do Trabalho para julgar lides decorrentes do meio ambiente de trabalho do estatutário, com fulcro na Súmula n. 736 do STF.

36. Responsabilidade no contrato de franchising (franquia empresarial)

Hodiernamente temos assistido a um número crescente de demandas ajuizadas na Justiça do Trabalho, em que se busca o reconhecimento do vínculo de emprego na relação que se forma entre o franqueado, franqueador e empregado, como se configurasse uma relação terceirizada, ensejando a responsabilidade subsidiária do tomador, nos moldes da Súmula n. 331 do Tribunal Superior do Trabalho.

---

(52) Compete à Justiça do Trabalho julgar as ações que tenham como causa de pedir o descumprimento de normas trabalhistas relativas à segurança, higiene e saúde dos trabalhadores.

No entanto, a Lei n. 13.966/2019, que revogou a Lei n. 8.955/1994, dispõe sobre o contrato de franquia empresarial (*franchising*), como segue:

"Art. 1º Esta Lei disciplina o sistema de franquia empresarial, pelo qual um franqueador autoriza por meio de contrato um franqueado a usar marcas e outros objetos de propriedade intelectual, sempre associados ao direito de produção ou distribuição exclusiva ou não exclusiva de produtos ou serviços e também ao direito de uso de métodos e sistemas de implantação e administração de negócio ou sistema operacional desenvolvido ou detido pelo franqueador, mediante remuneração direta ou indireta, sem caracterizar relação de consumo ou vínculo empregatício em relação ao franqueado ou a seus empregados, ainda que durante o período de treinamento.

§ 1º Para os fins da autorização referida no caput, o franqueador deve ser titular ou requerente de direitos sobre as marcas e outros objetos de propriedade intelectual negociados no âmbito do contrato de franquia, ou estar expressamente autorizado pelo titular.

§ 2º A franquia pode ser adotada por empresa privada, empresa estatal ou entidade sem fins lucrativos, independentemente do segmento em que desenvolva as atividades.

(...)

O art. 7º define as principais condições do sistema de franquia:

" *Os contratos de franquia obedecerão às seguintes condições:*

I – os que produzirem efeitos exclusivamente no território nacional serão escritos em língua portuguesa e regidos pela legislação brasileira;

II – os contratos de franquia internacional serão escritos originalmente em língua portuguesa ou terão tradução certificada para a língua portuguesa custeada pelo franqueador, e os contratantes poderão optar, no contrato, pelo foro de um de seus países de domicílio.

§ 1º As partes poderão eleger juízo arbitral para solução de controvérsias relacionadas ao contrato de franquia.

§ 2º Para os fins desta Lei, entende-se como contrato internacional de franquia aquele que, pelos atos concernentes à sua conclusão ou execução, à situação das partes quanto a nacionalidade ou domicílio, ou à localização de seu objeto, tem liames com mais de um sistema jurídico.

§ 3º Caso expresso o foro de opção no contrato internacional de franquia, as partes deverão constituir e manter representante legal ou procurador devidamente qualificado e domiciliado no país do foro definido, com poderes para representá-las administrativa e judicialmente, inclusive para receber citações.

Art. 8º A aplicação desta Lei observará o disposto na legislação de propriedade intelectual vigente no País.

Fica claro pelos dispositivos acima que tal matéria não se coaduna com os preceitos da Súmula n. 331 do TST, que anuncia a prestação de serviços diretamente entre o tomador e o prestador de serviços, porquanto o contrato de franquia afasta de imediato a figura da terceirização, posto que os empregados da franqueada prestam serviços direta e exclusivamente a essa, que exerce na sua plenitude o poder diretivo, ou seja, o poder de fiscalização e de direção do trabalho, sem qualquer interferência da franqueadora, que lhe aluga a marca ou patente.

O art. 1º da Lei n. 13.966/2019 é expresso em afirmar a inexistência de vínculo empregatício no contrato de franquia empresarial (*franchising*).

Neste sentido, julgamos oportuno trazer as seguintes ementas:

> VALIDADE DO CONTRATO DE FRANQUIA E INEXISTÊNCIA DE VÍNCULO DE EMPREGO – DENEGADO SEGUIMENTO AO RECURSO DE REVISTA COM FUNDAMENTO NO ART. 896 , § 1º-A, I, DA CLT – INDICAÇÃO DO TRECHO DA DECISÃO RECORRIDA QUE CONSUBSTANCIA O PREQUESTIONAMENTO DA CONTROVÉRSIA OBJETO DO RECURSO DE REVISTA. A jurisprudência desta Corte firmou o entendimento de que, especificamente em relação à arguição de nulidade do julgado por negativa de prestação jurisdicional, a parte recorrente deverá indicar, mediante transcrição, no seu recurso de revista, os trechos que demonstrem a recusa do Regional em prestar a jurisdição em sua integralidade. Para tanto, deverá transcrever os trechos da petição dos embargos de declaração e do acórdão respectivo em que o Tribunal se recusou a apreciar a questão objeto do recurso ou a apreciou de forma incompleta, o que não foi observado pela recorrente, consoante se depreende das razões recursais. No tocante ao tema da validade do contrato de franquia e inexistência de vínculo de emprego, também não há falar em observância do requisito previsto no artigo 896 , § 1º-A, I, da CLT, porque se verifica que a parte recorrente, nas razões do seu recurso de revista, não transcreveu o trecho pertinente da decisão atacada que consubstancia o prequestionamento da matéria recorrida, transcrevendo sim trecho referente ao tema do reconhecimento de vínculo empregatício diante da nulidade do contrato de gestão empresarial. Agravo de instrumento conhecido e não provido. (TST – AGRAVO DE INSTRUMENTO EM RECURSO DE REVISTA AIRR 15104320145020433 (TST) • Data de publicação: 30/08/2019 – Relator: Dona Maria da Costa).
>
> CONTRATO DE FRANQUIA – RESPONSABILIDADE SOLIDÁRIA – GRUPO ECONÔMICO – INEXISTÊNCIA. O contrato de franquia empresarial, regulado pela Lei 8.555/1994, estabelece no artigo 2º que a "franquia empresarial é o sistema pelo qual um franqueador cede ao franqueado o direito de uso de marca ou patente, associado ao direito de distribuição exclusiva ou semi-exclusiva de produtos ou serviços e, eventualmente, também ao direito de uso de tecnologia de implantação e administração de negócio ou sistema operacional desenvolvidos ou detidos pelo franqueador, mediante remuneração direta ou indireta, sem que, no entanto, fique caracterizado vínculo empregatício". Como se vê, o contrato de franquia tem natureza estritamente civil, não implicando, via de regra, nenhum tipo de responsabilidade da franqueadora pelas dívidas trabalhistas da franqueada. Por se tratar de fato constitutivo do direito, competia ao autor demonstrar irregularidade ou fraude na relação comercial ajustada entre as reclamadas, a fim de ensejar a responsabilização da franqueadora ou a nulidade do contrato pactuado, o que não ocorreu. (TRT-3 – RECURSO ORDINÁRIO TRABALHISTA: RO 0011619-96.2016.5.03.0020. Relator: Sabrina de Faria F. Leão, 7ª turma).
>
> CONTRATO DE FRANQUIA – VALIDADE – RESPONSABILIDADE DO FRANQUEADOR. São inerentes ao contrato de *franchising* a padronização dos produtos e a fixação da forma de comercialização, pois é do interesse do franqueador manter sua marca valorizada, exigindo do franqueado a observância de determinadas regras, sem que isso, por si só, configure o desvirtuamento do contrato de franquia, ou mesmo caracterize vínculo empregatício entre trabalhadores da franqueada e a franqueadora.

Não havendo prestação de serviços em favor da franqueadora, não há que se falar na sua responsabilidade subsidiária, com base na Súmula n. 331 do TST. Nego provimento." (00014806520105010048. Tipo de processo: Recurso Ordinário. Data de publicação: 2013.9.4. Órgão julgador: Quinta Turma. Relator: Des. Enoque Ribeiro dos Santos)

"FRANQUIA – RESPONSABILIDADE SOLIDÁRIA OU SUBSIDIÁRIA DA LICENCIADORA DA MARCA – INEXISTÊNCIA. Comprovado nos autos que a primeira reclamada autorizou a utilização de sua marca e do seu sistema de prestação de serviços, através do sistema de franquia, inexiste responsabilidade solidária ou subsidiária daquela com relação às empresas franqueadas, posto que ausentes os pressupostos legais para a caracterização de responsabilidade na hipótese, bem como por não se tratar de caso de prestação de serviços, vez que a primeira reclamada não trata de 'tomadora de serviços' como exige o Enunciado n. 331/TST e máxime considerando que a relação de emprego se desenvolveu apenas com a empresa franqueadora, como esclarecido na inicial." (TRT/RO 0724/98, Ac. 2ª T., Rel. Juiz Braz Henriques de Oliveira)

37. Responsabilidade no pagamento de invenções do empregado

Uma das perguntas mais correntes, quando se trata de invenções ou de aperfeiçoamentos levados a cabo pelos empregados nas empresas, em alguma máquina, objeto, utilidade ou sistemas de computação, diz respeito a quem pertencem os direitos intelectuais dessa invenção.

Essa matéria é regulada pela Lei n. 9.279, de 14 de maio de 1996, que alterou o art. 454 da CLT, regulando os direitos e obrigações relativos à propriedade industrial e à proteção dos direitos relativos à propriedade industrial, considerando o seu interesse social e o desenvolvimento tecnológico e econômico do País, mediante o que dispõe o seu art. 2º:

- Concessão[53] de patentes de invenção e de modelo de utilidade;
- Concessão de registro de desenho industrial;
- Concessão de registro de marca;
- Repressão às falsas indicações geográficas; e
- Repressão à concorrência desleal.

O art. 3º da Lei n. 9.279/1996 diz que ela aplica-se também:

- Ao pedido de patente ou de registro proveniente do exterior e depositado no País por quem tenha proteção assegurada por tratado ou convenção em vigor no Brasil;
- Aos nacionais ou pessoas domiciliadas em país que assegure aos brasileiros ou pessoas domiciliadas no Brasil, a reciprocidade de direitos iguais ou equivalentes.

O art. 4º, por sua vez, dispõe:

- As disposições dos tratados em vigor no Brasil são aplicáveis, em igualdade de condições, às pessoas físicas e jurídicas nacionais ou domiciliadas no País.

---

(53) A concessão de patente pelo INPI (Instituto Nacional de Propriedade Industrial) na área de medicamentos e remédios, passou a exigir, por medida provisória recentemente transformada em lei, a inspeção prévia da Agência Reguladora ANVISA (Agência Nacional da Vigilância Sanitária).

Consideram-se bens móveis, para os efeitos legais, os direitos de propriedade industrial (art. 5º).

Para responder à questão inicial devemos recorrer aos arts. 88 a 93 da aludida Lei n. 9.279/1996, como dispõe:

> "Da invenção e do modelo de utilidade realizado por empregado ou prestador de serviços:
>
> Art. 88. A invenção e o modelo de utilidade pertencem exclusivamente ao empregador, quando decorrerem de contrato de trabalho, cuja execução ocorra no Brasil e que tenha por objeto a pesquisa ou a atividade inventiva, ou resulte esta da natureza dos serviços para os quais foi empregado contratado.
>
> § 1º Salvo, expressa disposição contratual em contrário, a retribuição pelo trabalho a que refere este artigo, limita-se ao salário ajustado.
>
> § 2º Salvo prova em contrário, consideram-se desenvolvidos na vigência do contrato a invenção ou o modelo de utilidade, cuja patente seja requerida pelo empregado até 1 (um) ano após a extinção do vínculo empregatício.
>
> Art. 89. O empregador, titular da patente, poderá conceder ao empregado, autor de invento ou aperfeiçoamento, participação nos ganhos econômicos resultantes da exploração da patente, mediante negociação com o interessado ou conforme disposto em norma da empresa.
>
> Parágrafo único. A participação referida neste artigo *não se incorpora,* a qualquer título, ao salário do empregado.
>
> Art. 90. Pertencerá exclusivamente ao empregado, a invenção ou o modelo de utilidade por ele desenvolvido, desde que desvinculado do contrato de trabalho e não decorrente da utilização de recursos, meios, dados, materiais, instalações ou equipamentos do empregador.
>
> Art. 91. A propriedade de invenção ou de modelo de utilidade será comum, em partes iguais, quando resultar da contribuição pessoal do empregado e de recursos, dados, meios, materiais, instalações ou equipamentos do empregador, ressalvada expressa disposição contratual em contrário.
>
> § 1º Sendo mais de um empregado, a parte que lhes couber, será dividida igualmente entre todos, salvo ajuste em contrário.
>
> § 2º É garantido ao empregador o direito exclusivo de licença de exploração e assegurada ao empregado a justa remuneração.
>
> § 3º A exploração do objeto da patente, na falta de acordo, deverá ser iniciada pelo empregador, dentro do prazo de 1 (um) ano, contado da data de sua concessão, sob pena de passar à exclusiva propriedade do empregado a titularidade da patente, ressalvadas as hipóteses de falta de exploração por razões legítimas.
>
> § 4º No caso de cessão, qualquer dos cotitulares, em igualdade de condições, poderá exercer o direito de preferência.
>
> Art. 92. O disposto nos artigos anteriores aplica-se, no que couber, às relações entre o trabalhador autônomo ou o estagiário e a empresa contratante e entre empresas contratantes e contratadas.

Art. 93. Aplica-se o disposto nesse Capítulo, no que couber, às entidades da Administração Pública direta, indireta e fundacional, federal, estadual ou municipal.

Parágrafo único. Na hipótese do art. 88, será assegurada ao inventor, na forma e condições previstas no Estatuto ou Regimento Interno da entidade a que se refere este artigo, premiação de parcela no valor das vantagens auferidas com o pedido ou com a patente a título de incentivo."

Tratando-se de controvérsia sobre a invenção no curso da relação de trabalho, a competência é da Justiça do Trabalho, com fundamento no art. 114 da Constituição Federal de 1988. Vejamos algumas ementas sobre a matéria:

INVENÇÃO/MODELO DE UTILIDADE – GANHOS DE PRODUTIVIDADE NA OPERAÇÃO DE EQUIPAMENTO DECORRENTES DE ATIVIDADE INVENTIVA DO TRABALHADOR – JUSTA RETRIBUIÇÃO PECUNIÁRIA DEVIDA. A Lei 9.279/96 disciplina direitos e obrigações relativos à propriedade industrial, inclusive em relação às invenções dos empregados. O artigo 88, § 1º, da referida Lei esclarece que as invenções de serviço constituem objeto do contrato de trabalho e resultam do labor executado pelo empregado admitido com o fim de estudar e criar, percebendo retribuição restrita ao salário. Nesse caso, a atividade criativa pertence ao empregado, mas o empregador detém os frutos do invento porque arcou com os riscos econômicos e financeiros necessários à invenção. A invenção livre, por sua vez, resulta de criação desvinculada do contrato de trabalho, sem uso de recursos, materiais e instalações da empresa e pertence exclusivamente ao empregado (artigo 90 da Lei 9.279/96). As invenções casuais, resultantes da contribuição pessoal do empregado com uso de recursos do empregador, serão propriedade comum, em partes iguais, salvo expressa disposição contratual em contrário. Tratando-se de invenção casual, é certo que a atividade intelectual extrapolou a função para a qual o trabalhador foi contratado, razão pela qual o salário não remunerou a inovação industrial. Já o art. 91, § 2º, da Lei 9.279/96 garante ao empregador o uso da invenção resultante dos recursos por ele propiciados, mas também assegura ao obreiro a justa remuneração por ter contribuído com sua atividade intelectiva e irradiada de sua personalidade para criação e/ou aperfeiçoamento de invento, cujo produto será revertido em benefício da exploração econômica do empreendedor. In casu, o acervo probatório comprova que o reclamante, valendo-se de suas aptidões intelectivas, criou estrutura desvinculada da máquina que operava, viabilizando melhoria no processo produtivo. Como foram extrapoladas suas obrigações contratuais, enquadra-se no permissivo legal em comento e faz jus ao pagamento de "justa remuneração" proporcional aos benefícios/ganhos auferidos pela empresa com o dispositivo criado. (TRT-3 – RECURSO ORDINÁRIO TRABALHISTA : RO 0010298-63.2014.5.03.0095 – Relator: José Marlon de Freitas).

"RECURSO DE REVISTA – COMPETÊNCIA DA JUSTIÇA DO TRABALHO – INVENÇÃO DO EMPREGADO – CÓDIGO DE PROPRIEDADE INDUSTRIAL. A fixação da competência da Justiça do Trabalho se faz pela matéria ou natureza do litígio, desde que decorrente da relação de trabalho (art. 114 da CF). Não é porque o Código de Propriedade Industrial trata da invenção que a matéria seria exclusiva da jurisdição civil (Vantuil Abdala), ainda mais quando há capítulo específico nessa lei, cuidando 'do invento ocorrido na vigência do contrato de trabalho', disso também falando o vetusto art. 454 da CLT. A competência firma-se em decorrência do contrato de trabalho, sem o qual essa criação não teria ocorrido (Sebastião Machado). Recurso de Revista conhecido e acolhido." (TST — RR 593729 — 2ª Turma — Rel. Min. Conv. José Pedro de Camargo — DJ 16.2.2001)

"ADMINISTRATIVO E COMERCIAL - PROPRIEDADE INDUSTRIAL - PRAZO DE VALIDADE DE PATENTES - LIMINAR DEFERINDO PRORROGAÇÃO - APLICAÇÃO DE LEGISLAÇÃO NOVA, QUE ESTATUI PRAZO DE 20 ANOS PARA PRIVILÉGIO DE INVENÇÃO, ÀS PATENTES DEFERIDAS SOB A ÉGIDE DE LEGISLAÇÃO ANTERIOR QUE PRAZO DE 15 ANOS - AUSÊNCIA SE *FUMOS BONI IURIS* - PRECEDENTE DE E. 4ª TURMA DESTE C. TRIBUNAL - EFEITO RETROATIVO IMPLÍCITO NÃO ADMITIDO - AGRAVO DE INSTRUMENTO PROVIDO - LIMINAR CASSADA. Decisão. A Turma, à unanimidade, deu provimento ao agravo, nos termos do voto do(a) Relator(a)." (TRF 2ª R. — AGV 37939 — Proc. 99.02.17982-7 — RJ — Quarta Turma — Rel. Juiz Rogerio Carvalho — DJU data: 22.2.2000 Outras Fontes DJU. Fls. 227/253 22.2.2000 DJUFLS-259 22.2.2000)

"INVENÇÃO — NÃO CARACTERIZAÇÃO — SIMPLES IDEIA DE SOLUÇÃO PARA RESOLVER PROBLEMA DO COTIDIANO — A expressão inventar existe na língua com uma gama variada de sentidos, desde a fabulação e imaginação — a invenção de ficções — a desculpas ou pretextos — inventar motivos para fazer ou deixar de fazer alguma coisa ou justificar a quebra de um compromisso etc. — até a apresentação de boas ou más ideias novas para alegrar, melhorar, aperfeiçoar o cotidiano e chegando ao invento em sentido estrito aqui examinado, da criação original de algo novo, diferente e diverso de tudo que já existiu e que sirva para uma nova função ou utilidade, inexistente e impensada antes, gerando novidade, progresso e evolução tecnológica. Não sendo o caso, a simples e singela ideia — e não invenção — de se amarrar o telefone público à sua base com um fio de aço para não ser furtado por vândalos. O que é — amarrar objetos para desestimular ou dificultar o furto — tão velho que se perde na memória dos tempos. Não se podendo dizer, pois, que o Autor tenha feito uma invenção, nos sentidos técnico e jurídico do termo, capaz de lhe garantir direitos e a propriedade do 'invento' de maneira tal que ninguém mais no mundo possa prender um telefone na base com um arame sem ter que obter dele a devida licença e pagar taxas pelo uso da invenção. Pela ideia útil, o empregado foi premiado com pequeno incentivo como previsto no regulamento da empresa, não ficando caracterizada invenção, no sentido próprio do termo técnico, para dar-lhe milionária indenização pelo uso dela." (TRT 3ª R. — RO 00812-2002-023-03-00-2 — 3ª T. — Rel. Juiz Paulo Araújo — DJMG 2.8.2003)

38. Responsabilidade na relação de trabalho do Conselho Tutelar

O Conselho Tutelar é regido pela Lei n. 8.069/1990 (Estatuto da Criança e do Adolescente) e a função exercida pelos conselheiros tutelares tem natureza jurídica específica, de caráter administrativo, não sendo regida, pois, pela Consolidação das Leis do Trabalho.

A rigor, os conselheiros tutelares são agentes públicos honoríficos, eleitos pela comunidade, por prazo certo de 3 (três) anos, permitida uma recondução, para prestar serviço público relevante, mas sem qualquer outro vínculo com a Administração Pública, conforme se depreende dos arts. 131 a 135 da Lei n. 8.069/1990, *in verbis*:

"*Do Conselho Tutelar*

CAPÍTULO I

Disposições Gerais

Art. 131. O Conselho Tutelar é órgão permanente e autônomo, não jurisdicional, encarregado pela sociedade de zelar pelo cumprimento dos direitos da criança e do adolescente, definidos nesta lei.

Art. 132. Em cada Município e em cada Região Administrativa do Distrito Federal haverá, no mínimo, 1 (um) Conselho Tutelar como órgão integrante da administração pública local, composto de 5 (cinco) membros, escolhidos pela população local para mandato de 4 (quatro) anos, permitida recondução por novos processos de escolha. (Redação dada pela Lei n. 13.824, de 2019).

Art. 133. Para a candidatura a membro do Conselho Tutelar, serão exigidos os seguintes requisitos:

I – reconhecida idoneidade moral;

II – idade superior a vinte e um anos;

III – residir no município.

Art. 134. Lei municipal ou distrital disporá sobre o local, dia e horário de funcionamento do Conselho Tutelar, inclusive quanto à remuneração dos respectivos membros, aos quais é assegurado o direito a: (Redação dada pela Lei ~~n.~~ n. 12.696, de 2012)

I – cobertura previdenciária; (Incluído pela Lei ~~n.~~ n. 12.696, de 2012)

II – gozo de férias anuais remuneradas, acrescidas de 1/3 (um terço) do valor da remuneração mensal; (Incluído pela Lei ~~n.~~ n. 12.696, de 2012)

III – licença-maternidade; (Incluído pela Lei ~~n.~~ n. 12.696, de 2012)

IV – licença-paternidade; (Incluído pela Lei ~~n.~~ n. 12.696, de 2012)

V – gratificação natalina. (Incluído pela Lei ~~n.~~ n. 12.696, de 2012)

Parágrafo único. Constará da lei orçamentária municipal e da do Distrito Federal previsão dos recursos necessários ao funcionamento do Conselho Tutelar e à remuneração e formação continuada dos conselheiros tutelares. (Redação dada pela Lei ~~n.~~ n. 12.696, de 2012).

Art. 135. O exercício efetivo da função de conselheiro constituirá serviço público relevante e estabelecerá presunção de idoneidade moral. (Redação dada pela Lei n. 12.696, de 2012).

CAPÍTULO II Das Atribuições do Conselho

Art. 136. São atribuições do Conselho Tutelar:

I — atender as crianças e adolescentes nas hipóteses previstas nos arts. 98 e 105, aplicando as medidas previstas no art. 101, I a VII;

II — atender e aconselhar os pais ou responsável, aplicando as medidas previstas no art. 129, I a VII;

III — promover a execução de suas decisões, podendo para tanto:

a) requisitar serviços públicos nas áreas de saúde, educação, serviço social, previdência, trabalho e segurança;

b) representar junto à autoridade judiciária nos casos de descumprimento injustificado de suas deliberações;

IV — encaminhar ao Ministério Público notícia de fato que constitua infração administrativa ou penal contra os direitos da criança ou adolescente;

V — encaminhar à autoridade judiciária os casos de sua competência;

VI — providenciar a medida estabelecida pela autoridade judiciária, dentre as previstas no art. 101, de I a VI, para o adolescente autor de ato infracional;

VII — expedir notificações;

VIII — requisitar certidões de nascimento e de óbito de criança ou adolescente quando necessário;

IX - assessorar o Poder Executivo local na elaboração da proposta orçamentária para planos e programas de atendimento dos direitos da criança e do adolescente;

X - representar, em nome da pessoa e da família, contra a violação dos direitos previstos no art. 220, § 3º, inciso II, da Constituição Federal ;

XI - representar ao Ministério Público para efeito das ações de perda ou suspensão do poder familiar, após esgotadas as possibilidades de manutenção da criança ou do adolescente junto à família natural. (Redação dada pela Lei n. 12.010, de 2009)

XII - promover e incentivar, na comunidade e nos grupos profissionais, ações de divulgação e treinamento para o reconhecimento de sintomas de maus-tratos em crianças e adolescentes. (Incluído pela Lei n. 13.046, de 2014)

XIII - adotar, na esfera de sua competência, ações articuladas e efetivas direcionadas à identificação da agressão, à agilidade no atendimento da criança e do adolescente vítima de violência doméstica e familiar e à responsabilização do agressor; (Incluído pela Lei n. 14.344, de 2022)

XIV - atender à criança e ao adolescente vítima ou testemunha de violência doméstica e familiar, ou submetido a tratamento cruel ou degradante ou a formas violentas de educação, correção ou disciplina, a seus familiares e a testemunhas, de forma a prover orientação e aconselhamento acerca de seus direitos e dos encaminhamentos necessários; (Incluído pela Lei n. 14.344, de 2022) Vigência

XV - representar à autoridade judicial ou policial para requerer o afastamento do agressor do lar, do domicílio ou do local de convivência com a vítima nos casos de violência doméstica e familiar contra a criança e o adolescente; (Incluído pela Lei n. 14.344, de 2022)

XVI - representar à autoridade judicial para requerer a concessão de medida protetiva de urgência à criança ou ao adolescente vítima ou testemunha de violência doméstica e familiar, bem como a revisão daquelas já concedidas; (Incluído pela Lei n. 14.344, de 2022)

XVII - representar ao Ministério Público para requerer a propositura de ação cautelar de antecipação de produção de prova nas causas que envolvam violência contra a criança e o adolescente; (Incluído pela Lei n. 14.344, de 2022)

XVIII - tomar as providências cabíveis, na esfera de sua competência, ao receber comunicação da ocorrência de ação ou omissão, praticada em local público ou privado, que constitua violência doméstica e familiar contra a criança e o adolescente; (Incluído pela Lei n. 14.344, de 2022)

XIX - receber e encaminhar, quando for o caso, as informações reveladas por noticiantes ou denunciantes relativas à prática de violência, ao uso de tratamento cruel ou degradante ou de formas violentas de educação, correção ou disciplina contra a criança e o adolescente; (Incluído pela Lei n. 14.344, de 2022)

XX – representar à autoridade judicial ou ao Ministério Público para requerer a concessão de medidas cautelares direta ou indiretamente relacionada à eficácia da proteção de noticiante ou denunciante de informações de crimes que envolvam violência doméstica e familiar contra a criança e o adolescente. (Incluído pela Lei n. 14.344, de 2022)

Parágrafo único. Se, no exercício de suas atribuições, o Conselho Tutelar entender necessário o afastamento do convívio familiar, comunicará incontinenti o fato ao Ministério Público, prestando-lhe informações sobre os motivos de tal entendimento e as providências tomadas para a orientação, o apoio e a promoção social da família. (Incluído pela Lei n. 12.010, de 2009)

Art. 137. As decisões do Conselho Tutelar somente poderão ser revistas pela autoridade judiciária a pedido de quem tenha legítimo interesse.

CAPÍTULO III

Da Competência

Art. 138. Aplica-se ao Conselho Tutelar a regra de competência constante do art. 147.

CAPÍTULO IV

Da Escolha dos Conselheiros

Art. 139. O processo para a escolha dos membros do Conselho Tutelar será estabelecido em lei municipal e realizado sob a responsabilidade do Conselho Municipal dos Direitos da Criança e do Adolescente, e a fiscalização do Ministério Público. (Redação dada pela Lei n. 8.242, de 12.10.1991)

§ 1º O processo de escolha dos membros do Conselho Tutelar ocorrerá em data unificada em todo o território nacional a cada 4 (quatro) anos, no primeiro domingo do mês de outubro do ano subsequente ao da eleição presidencial. (Incluído pela Lei n. 12.696, de 2012)

§ 2º A posse dos conselheiros tutelares ocorrerá no dia 10 de janeiro do ano subsequente ao processo de escolha. (Incluído pela Lei n. 12.696, de 2012)

§ 3º No processo de escolha dos membros do Conselho Tutelar, é vedado ao candidato doar, oferecer, prometer ou entregar ao eleitor bem ou vantagem pessoal de qualquer natureza, inclusive brindes de pequeno valor. (Incluído pela Lei n. 12.696, de 2012)

CAPÍTULO V

Dos Impedimentos

Art. 140. São impedidos de servir no mesmo Conselho marido e mulher, ascendentes e descendentes, sogro e genro ou nora, irmãos, cunhados, durante o cunhadio, tio e sobrinho, padrasto ou madrasta e enteado.

Parágrafo único. Estende-se o impedimento do conselheiro, na forma deste artigo, em relação à autoridade judiciária e ao representante do Ministério Público com atuação na Justiça da Infância e da Juventude, em exercício na Comarca, Foro Regional ou Distrital.

Art. 143. É vedada a divulgação de atos judiciais, policiais e administrativos que digam respeito a crianças e adolescentes a que se atribua autoria de ato infracional.

Parágrafo único. Qualquer notícia a respeito do fato não poderá identificar a criança ou adolescente, vedando-se fotografia, referência a nome, apelido, filiação, parentesco, residência e, inclusive, iniciais do nome e sobrenome. (Redação dada ao parágrafo pela Lei n. 10.764, de 12.11.2003, DOU 13.11.2003)

CAPÍTULO VI

DA Justiça da Infância e da Juventude

SEÇÃO I

Disposições Gerais

Art. 145. Os Estados e o Distrito Federal poderão criar varas especializadas e exclusivas da infância e da juventude, cabendo ao Poder Judiciário estabelecer sua proporcionalidade por número de habitantes, dotá-las de infraestrutura e dispor sobre o atendimento, inclusive em plantões.

SEÇÃO II

Do Juiz

Art. 146. A autoridade a que se refere esta lei é o Juiz da Infância e da Juventude, ou o Juiz que exerce essa função, na forma da Lei de Organização Judiciária local.

(Súmula n. 108[54] do STJ).

Art. 147. A competência será determinada:

I — pelo domicílio dos pais ou responsável;

II — pelo lugar onde se encontre a criança ou adolescente, à falta dos pais ou responsável.

§ 1º Nos casos de ato infracional, será competente a autoridade do lugar da ação ou omissão, observadas as regras de conexão, continência e prevenção.

§ 2º A execução das medidas poderá ser delegada à autoridade competente da residência dos pais ou responsável, ou do local onde sediar-se a entidade que abrigar a criança ou adolescente.

§ 3º Em caso de infração cometida através de transmissão simultânea de rádio ou televisão, que atinja mais de uma comarca, será competente, para aplicação da penalidade, a autoridade judiciária do local da sede estadual da emissora ou rede, tendo a sentença eficácia para todas as transmissoras ou retransmissoras do respectivo Estado.

Art. 148. A Justiça da Infância e da Juventude é competente para:

I — conhecer de representações promovidas pelo Ministério Público, para apuração de ato infracional atribuído a adolescente, aplicando as medidas cabíveis;

II — conceder a remissão, como forma de suspensão ou extinção do processo;

III — conhecer de pedidos de adoção e seus incidentes;

IV — conhecer de ações civis fundadas em interesses individuais, difusos ou coletivos afetos à criança e ao adolescente, observado o disposto no art. 209;

---

(54) SÚMULA STJ N. 108 — A aplicação de medidas socioeducativas ao adolescente, pela prática de ato infracional, é da competência exclusiva do juiz.

V — conhecer de ações decorrentes de irregularidades em entidades de atendimento, aplicando as medidas cabíveis;

VI — aplicar penalidades administrativas nos casos de infrações contra norma de proteção a crianças ou adolescentes;

VII — conhecer de casos encaminhados pelo Conselho Tutelar, aplicando as medidas cabíveis.

Parágrafo único. Quando se tratar de criança ou adolescente nas hipóteses do art. 98, é também competente a Justiça da Infância e da Juventude para o fim de:

a) conhecer de pedidos de guarda e tutela;

b) conhecer de ações de destituição do pátrio poder, perda ou modificação da tutela ou guarda;

c) suprir a capacidade ou o consentimento para o casamento;

d) conhecer de pedidos baseados em discordância paterna ou materna, em relação ao exercício do pátrio poder;

e) conhecer a emancipação, nos termos da lei civil, quando faltarem os pais;

f) designar curador especial em casos de apresentação de queixa ou representação, ou de outros procedimentos judiciais ou extrajudiciais em que haja interesses de criança ou adolescente;

g) conhecer de ações de alimentos;

h) determinar o cancelamento, a retificação e o suprimento dos registros de nascimento e óbito.

Art. 149. Compete à autoridade judiciária disciplinar, através de portaria, ou autorizar, mediante alvará:

I — a entrada e permanência de criança ou adolescente, desacompanhado dos pais ou responsável, em:

a) estádio, ginásio e campo desportivo;

b) bailes ou promoções dançantes;

c) boate ou congêneres;

d) casa que explore comercialmente diversões eletrônicas;

e) estúdios cinematográficos, de teatro, rádio e televisão.

II — a participação de criança e adolescente em:

a) espetáculos públicos e seus ensaios;

b) certames de beleza.

Parágrafo único. Para os fins do disposto neste artigo, a autoridade judiciária levará em conta, dentre outros fatores:

a) os princípios desta lei;

b) as peculiaridades locais;

c) a existência de instalações adequadas;

d) o tipo de frequência habitual ao local;

e) a adequação do ambiente à eventual participação ou frequência de crianças e adolescentes;

f) a natureza do espetáculo.

§ 2º As medidas adotadas na conformidade deste artigo deverão ser fundamentadas, caso a caso, vedadas as determinações de caráter geral."

Caberá ao Ministério Público promover o inquérito civil e a ação civil pública para a proteção dos interesses individuais, difusos ou coletivos relativos à infância e à adolescência, inclusive os definidos no art. 220(55), § 3º, inciso II, da Constituição Federal.

De outra parte, os membros do Conselho Tutelar não podem ser nomeados ou exonerados livremente como os cargos em comissão (em que tais servidores são demissíveis *ad nutum*).

Assim sendo, podemos afirmar que a relação de trabalho entre a Municipalidade e os membros do Conselho Tutelar são de natureza administrativa, com regulação por lei municipal, inexistindo, portanto, qualquer vínculo de emprego.

A responsabilidade por atos de tais membros, por dolo ou culpa, que venham a afetar terceiros, no exercício da função, enquadra-se no art. 37, § 6º, da Constituição Federal de 1988, ou seja, constitui responsabilidade objetiva da

---

(55) Art. 220. A manifestação do pensamento, a criação, a expressão e a informação, sob qualquer forma, processo ou veículo não sofrerão qualquer restrição, observado o disposto nesta Constituição. (CF, art. 5º, IV e IX). Lei n. 5.250/67 (Lei de Imprensa). § 1º Nenhuma lei conterá dispositivo que possa constituir embaraço à plena liberdade de informação jornalística em qualquer veículo de comunicação social, observado o disposto no art. 5º, IV, V, X, XIII e XIV.

§ 2º É vedada toda e qualquer censura de natureza política, ideológica e artística.

§ 3º Compete à lei federal:

I — regular as diversões e espetáculos públicos, cabendo ao Poder Público informar sobre a natureza deles, as faixas etárias a que não se recomendem, locais e horários em que sua apresentação se mostre inadequada;

II — estabelecer os meios legais que garantam à pessoa e à família a possibilidade de se defenderem de programas ou programações de rádio e televisão que contrariem o disposto no art. 221, bem como da propaganda de produtos, práticas e serviços que possam ser nocivos à saúde e ao meio ambiente.

§ 4º A propaganda comercial de tabaco, bebidas alcoólicas, agrotóxicos, medicamentos e terapias estará sujeita a restrições legais, nos termos do inciso II do parágrafo anterior, e conterá, sempre que necessário, advertência sobre os malefícios decorrentes de seu uso. (CF, Lei n. 9.294/96, Decreto n. 2.018/96 e Lei n. 7.802/89).

§ 5º Os meios de comunicação social não podem, direta ou indiretamente, ser objeto de monopólio ou oligopólio.

§ 6º A publicação de veículo impresso de comunicação independe de licença de autoridade.

Administração Pública direta, no caso o Município, pelo fato de tais membros se equipararem aos servidores públicos municipais.

Transcrevemos as seguintes ementas emanadas de nossos Pretórios Trabalhistas:

> SERVIDOR PÚBLICO – DIREITO ADMINISTRATIVO – MUNICÍPIO DO VALE DO SOL – CONSELHEIRA TUTELAR – DIREITOS TRABALHISTAS – VERBAS RESCISÓRIAS – INAPLICABILIDADE DA CLT – MANUTENÇÃO DA SENTENÇA. O cargo de conselheiro tutelar se enquadra em cargo em colaboração com a administração pública, de modo que sua situação deve ser regulada através de lei específica. A relação de trabalho existente entre as partes é de ordem estatutária, enquadrando-se na regra prevista do art. 37, inciso II, da CF, se submetendo exclusivamente às regras e princípios de Direito Administrativo e também a Lei própria ns. 115/95 e 391/02. Caso concreto em que a apelante não faz jus ao recebimento de verbas inerentes a uma relação de emprego, como ao pagamento de diferenças trabalhistas e a anotação na CTPS, que são devidas apenas aos servidores celetistas. Acolhimento do parecer ministerial. Precedentes desta Câmara. Sentença mantida. APELAÇÃO DESPROVIDA. (Apelação Cível n. 70058148016, Terceira Câmara Cível, Tribunal de Justiça do RS, Relator: Marlene Marlei de Souza, Julgado em 16/05/2019).

> APELAÇÃO CÍVEL – RECLAMATÓRIA TRABALHISTA PROPOSTA POR CONSELHEIRA TUTELAR EM FACE DO MUNICÍPIO DE BELMONTE, COM O INTENTO DE TER RECONHECIDO O VÍNCULO DE EMPREGO JUNTO AO ENTE PÚBLICO MUNICIPAL DEMANDADO E A PERCEPÇÃO DE VERBAS TRABALHISTAS E RESCISÓRIAS DESSE DECORRENTES – SENTENÇA DE IMPROCEDÊNCIA. (1) INSURGÊNCIA DA AUTORA. (A) PRETENDIDO RECONHECIMENTO DE VÍNCULO DE EMPREGO JUNTO AO DEMANDADO MUNICÍPIO DE BELMONTE. TESE RECHAÇADA. A DESPEITO DE SE TRATAR DE RECLAMATÓRIA TRABALHISTA, COM O PROPÓSITO DE PERCEPÇÃO DE VERBAS TIPICAMENTE LABORAIS, O VÍNCULO EXISTENTE ENTRE A AUTORA E O ENTE PÚBLICO MUNICIPAL DEMANDADO NÃO É DE NATUREZA ESTATUTÁRIA OU CELETISTA, SIM, “INSTITUCIONAL, QUE MAIS SE AFINA COM O REGIME ESTATUTÁRIO” (STJ, CONFLITO DE COMPETÊNCIA N. 148.173 – SP), PELO QUE A COMPETÊNCIA PARA PROCESSÁ-LO E JULGÁ-LO É DA JUSTIÇA COMUM ESTADUAL. AUTORA QUE, NA QUALIDADE DE CONSELHEIRA TUTELAR, CONQUANTO EXERCESSE, NOS TERMOS LEGAIS, SERVIÇO PÚBLICO RELEVANTE (ART. 135 DO ECA), O FAZIA DE FORMA TRANSITÓRIA, POR MEIO DO MANDATO PARA O QUAL FORA ELEITA PELA COMUNIDADE, POR MEIO DO VOTO POPULAR DIRETO, SEM, PORTANTO, GOZAR DE ESTABILIDADE OU RELAÇÃO DE DEPENDÊNCIA JUNTO À ADMINISTRAÇÃO PÚBLICA MUNICIPAL. PLEITO DE RECONHECIMENTO DO VÍNCULO DE EMPREGO, OU MESMO ESTATUTÁRIO, QUE, ALÉM DE SE REVELAR INCOMPATÍVEL COM A NATUREZA DA FUNÇÃO DE CONSELHEIRO TUTELAR, NÃO ENCONTRA RESPALDO NA LEGISLAÇÃO QUE DISCIPLINAVA A REMUNERAÇÃO DOS CONSELHEIROS TUTELARES À ÉPOCA. (B) DA PRETENSA PERCEPÇÃO DE VERBAS TRABALHISTAS E RESCISÓRIAS. PLEITO AFASTADO. LEI MUNICIPAL ESPECÍFICA (LEI N. 669/2003), A QUE ALUDE O ART. 134 DO ESTATUTO DA CRIANÇA E DO ADOLESCENTE, QUE, AO TEMPO DOS DOIS PRIMEIROS MANDATOS DA AUTORA, CONQUANTO TENHA PREVISTO O REGIME JURÍDICO MISTO (ESTATUTÁRIO E CELETISTA) PARA REGER TODO O QUADRO DE PESSOAL (ART. 1º), DANDO MARGEM À INTERPRETAÇÕES ERRÔNEAS E CONFLITANTES, ATRIBUIU AOS CONSELHEIROS TUTELARES O DIREITO TÃO SOMENTE À PERCEPÇÃO DA REMUNERAÇÃO NELA FIXADA. PRECEDENTE DESTA CORTE EM CASO ANÁLOGO AO PRESENTE. (C) DO

PEDIDO DE INDENIZAÇÃO POR DANOS MORAIS. ALEGAÇÃO DE QUE FAZ JUS À REPARAÇÃO POR ABALO MORAL DECORRENTE DA REDUÇÃO SALARIAL. TESE RECHAÇADA. AFASTAMENTO DO PRETENDIDO RECONHECIMENTO DE VÍNCULO DE EMPREGO JUNTO À MUNICIPALIDADE. AUSÊNCIA DE PREVISÃO LEGAL PARA A PERCEPÇÃO DE VANTAGENS EVENTUALMENTE AUFERIDAS. MERA LIBERALIDADE DO MUNICÍPIO. AUSÊNCIA DE ILÍCITO APTO A ENSEJAR O DEVER DE INDENIZAR. (D) PREQUESTIONAMENTO. DESNECESSIDADE. JULGADOR QUE NÃO ESTÁ NECESSARIAMENTE OBRIGADO A ANALISAR EXAUSTIVAMENTE TODOS OS DISPOSITIVOS DE LEI E ARGUMENTOS APONTADOS PELAS PARTES QUANDO RESOLVE A LIDE DE FORMA SATISFATÓRIA. EXEGESE DO ART. 93, IX, DA CONSTITUIÇÃO FEDERAL E DOS ARTS. 927, § 1º, C/C 489, § 1º, IV, DO CPC. SENTENÇA DE IMPROCEDÊNCIA MANTIDA. RECURSO DE APELAÇÃO CÍVEL INTERPOSTO PELA PARTE AUTORA CONHECIDO E DESPROVIDO. (TJ-SC – Apelação Cível : AC 0000073-17.2013.8.24.0084. Data de julgamento: 10.10.19. Relator: Denise de Souza Luis Francoski).

"CONFLITO NEGATIVO DE COMPETÊNCIA — CONSELHEIRO TUTELAR — VÍNCULO INSTITUCIONAL COM O PODER PÚBLICO — COMPETÊNCIA DA JUSTIÇA COMUM ESTADUAL — ADVENTO DA EC N. 45/04 — DECISÃO DO STF NA ADI N. 3.395-MC — PREVALÊNCIA DA ORIENTAÇÃO FIRMADA NA SÚMULA N. 137/STJ — 1. Na origem, a ação foi ajuizada por membro do conselho tutelar do município de Viamão/RS, que mantém vínculo institucional com o poder público local, disciplinado por Lei específica. 2. A parte autora, portanto, não conserva com a municipalidade contrato trabalhista nos moldes da consolidação das Leis do Trabalho — CLT, o que afasta a competência da justiça especializada para o julgamento da lide. 3. Em verdade, o vínculo estabelecido entre o poder público local e os conselheiros tutelares é institucional, assemelhado ao regime jurídico estatutário, o que determina a competência da justiça comum estadual, considerada a aplicação analógica da Súmula n. 137/STJ. 4. Mesmo em face da alteração promovida pela EC n. 45/04 no texto do art. 114, I, da Constituição Federal, a orientação firmada no referido verbete sumular persiste, ante a concessão de medida cautelar na ADI n. 3.395 pelo Supremo Tribunal Federal. 5. Conflito conhecido para declarar a competência do juízo de direito da 1ª Vara Cível de Viamão/RS, ora suscitado." (STJ — CC 200701082640 — (84886) — RS — 3ª S. — Relª Min. Maria Thereza de Assis Moura — DJU 1º.2.2008 — p. 1)

"RELAÇÃO DE EMPREGO — CONSELHEIRA TUTELAR — Membro escolhido para o Conselho Municipal dos Direitos da Criança e do Adolescente, cujas atribuições estão elencadas no art. 136 da Lei n. 8.069/90, ainda que o exercício efetivo da função de conselheira constitua serviço público relevante, não detém a situação jurídica de empregado do Município no curso do seu mandato." (TRT 4ª R. — Ac. 00450.531/98-8 RO — 8ª T. — Rel. Juiz Nelson Ribas — DOERS 20.5.2002)

"ADMINISTRATIVO — CONSELHEIRO TUTELAR — NATUREZA JURÍDICA DO CARGO — AGENTES PÚBLICOS QUE NÃO SE ENQUADRAM NA CATEGORIA DE SERVIDOR PÚBLICO — REGIME DE REMUNERAÇÃO — LEI ESPECIAL — INAPLICABILIDADE DO ESTATUTO DOS SERVIDORES PÚBLICOS MUNICIPAIS — RECURSO DESPROVIDO — Conquanto seja inegável que os membros do Conselho Tutelar sejam agentes públicos, estes não integram a subespécie servidor estatal; porém, por semelhança, são enquadrados na categoria de agentes honoríficos. Assim, o regime de remuneração, quando cabível, é o previsto em lei especial, sendo inaplicável o Estatuto dos Servidores Públicos Municipais." (TJSC — AC 2002.002760-0 — 2ª C. Dir. Pub. — Rel. Des. Luiz Cézar Medeiros — J. 13.2.2003)

Oportuno, no momento, trazer o entendimento do Tribunal de Justiça do Rio Grande do Sul sobre o Conselho Tutelar:

"Conclusões do Centro de Estudos do TJRS:

Para a escolha de Conselheiro Tutelar, a Lei Municipal pode estabelecer outros requisitos compatíveis com o cargo, além dos indicados no art. 133 do ECA, ante o permissivo dos arts. 24, inc. XV e 30, inc. II, da Constituição Federal. (Unanimidade).

A orientação jurisprudencial desta Corte firmou-se no sentido de admitir que cada Município pode legislar supletivamente, consoante suas próprias peculiaridades e necessidades, estabelecendo exigências, requisitos ou condições para o registro de candidatura ao pleito para o cargo de Conselheiro Tutelar, tal como autoriza o art. 30, inc. II, da Constituição Federal, visto que o art. 24, inc. XV, da Carta Magna estabelece a competência concorrente entre a União, o Estado e o Município para legislar sobre a proteção à infância e à juventude. Entende-se, portanto, que os requisitos indicados no art. 133 do Estatuto da Criança e do Adolescente são aqueles mínimos necessários ao desempenho do cargo, sendo que o art. 139 da precitada Lei estabelece processo para a escolha dos membros do Conselho Tutelar deve ser regulado por Lei Municipal. Claro que tal competência legislativa não se limita a definir mera forma de funcionamento, senão de adequar os critérios de escolha, a partir do que for conveniente e necessário para o Município, assegurando-se a livre e ampla, mas qualificada, participação popular." (Fonte TJRS) (Ver precedentes APC 70002367613, MS 70002245603).

|CAPÍTULO III|

A RESPONSABILIDADE OBJETIVA E SUBJETIVA DA EMPRESA NA PRÁTICA DO DIREITO DO TRABALHO (A POSIÇÃO DOS TRIBUNAIS DO TRABALHO)

1. Introdução

Entre os inúmeros casos de aplicação da responsabilidade subjetiva e objetiva no caso concreto do Direito do Trabalho, relacionamos alguns casos em que procuraremos demonstrar a ampla aplicação, de longa data, da responsabilidade objetiva na regulação das relações entre o capital e o trabalho, como segue.

2. A posição de nossos Tribunais

Para que possamos aferir o entendimento e a posição de nossos Tribunais, elencamos a seguir vários extratos jurisprudenciais, para constatação das linhas de decisão adotadas pelos nossos magistrados, no tratamento da responsabilidade objetiva e subjetiva aplicadas às relações de trabalho.

2.1. Grupo de empresas

O entendimento predominante na doutrina é que existindo ou não relação de subordinação ou de coordenação entre as empresas do mesmo grupo, existe *responsabilidade objetiva* delas em face dos direitos trabalhistas, por presunção *juris tantum*.

É o patrimônio do grupo que garante os direitos dos trabalhadores e em qualquer tipo de cisão, fusão, incorporação ou alteração societária, a regra é: "para onde vai o patrimônio deve ir a demanda trabalhista". No caso do grupo de empresas como empregador único, a jurisprudência já pacificou a tese de sua solidariedade ativa e passiva.

Sob este prisma, o patrimônio da empresa constitui, na verdade, a hipoteca legal dos direitos dos trabalhadores, já que os créditos trabalhistas acompanham o patrimônio do empregador como uma espécie de direito de sequela.

No caso em espécie, trazemos os seguintes acórdãos para elucidar a matéria:

> RECURSO ORDINÁRIO DOS RECLAMADOS – EMPREGADOR ÚNICO – GRUPO ECONÔMICO – CONFIGURAÇÃO. Caracterizada a existência de grupo econômico, o empregado poderá exigir de todas ou de qualquer uma das empresas pertencentes ao conglomerado, os direitos trabalhistas oriundos do contrato de trabalho por ele mantido com uma ou com mais de uma das empresas componentes do grupo econômico. Sentença mantida. (TRT-7 – Recurso Ordinário : RO 0000367-97.2016.5.07.0016. Relator: Carlos Alberto Trindade Rebonatto. Data de julgamento: 03.07.19).

> UNICIDADE CONTRATUAL – TRANSFERÊNCIA PARA EMPRESA DO GRUPO ECONÔMICO – TEORIA DO EMPREGADOR ÚNICO. A transferência do contrato de trabalho de um empregado para uma empresa do grupo econômico e posterior recontratação configura um único contrato com o primeiro empregador. Adota-se para a hipótese a teoria do empregador único que possui viés dual, impondo um ônus para as empresas do grupo, com o reconhecimento da responsabilidade solidária, e um bônus, que é a possibilidade de prestação de serviços por um único empregado para as várias empresas integrantes do grupo sem que haja a necessidade de serem celebrados vários pactos. Portanto, o contrato de trabalho é um só, devendo ser desconsiderada a celebração de um novo documento com outra empresa do grupo quando o objetivo é suprimir direitos do trabalhador, como, por exemplo, a contagem do tempo de serviço para obtenção de benefícios. (TRT-1R. – Recurso Ordinário Trabalhista : RO 01000111820165010521 RJ. Relator: Antonio Carlos de Azevedo Rodrigues. Data de julgamento: 24.09.19).

> "GRUPO DE EMPRESAS — EFEITOS DA SOLIDARIEDADE — INEXISTÊNCIA DE UM ÚNICO CONTRATO DE TRABALHO — Ocorre grupo econômico sempre que uma ou mais empresas, tendo, embora, cada uma delas, personalidade jurídica própria, estiverem sob a direção, controle ou administração de outra. Constituindo grupo industrial, comercial ou de qualquer outra atividade econômica, serão, para os efeitos da relação de emprego, solidariamente responsáveis a empresa principal e cada uma das subordinadas (inteligência do art. 2º, § 2º, da CLT). Entre os efeitos da solidariedade decorrente do reconhecimento do consórcio empresarial não se encontra o de que o vínculo de emprego com mais de uma das consorciadas gera a unicidade contratual. O efeito da solidariedade restringe-se apenas à responsabilidade de todos os consorciados pelo pagamento dos créditos adquiridos pelo empregado em face de uma das empresas do conglomerado." (TRT 12ª R. — RO-V 00014-2002-014-12-00-0 — (12043/2004) — Florianópolis — 2ª T. — Relª Juíza Marta Maria Villalba Fabre — J. 14.10.2004).

> "EMBARGOS DE TERCEIRO E O TEOR DO ENUNCIADO N. 205 DO TST. O Enunciado n. 205 do TST assevera *in verbis*: 'O responsável solidário, integrante do *grupo econômico*, que não participou da relação processual como reclamado e que, portanto, não consta do Título Executivo Judicial como devedor, não pode ser sujeito passivo na execução'. A bem da verdade trata-se de um retrocesso o referido entendimento jurisprudencial. Exigir do reclamante, na fase de conhecimento, litigar contra todas as empresas do *grupo* é por demais exagerado. Deve ajuizar a ação contra a empresa aparente. Cabe a esta discutir o mérito do contrato de trabalho que se apresenta litigioso. Somente quando a referida empresa se mostrar inadimplente é que o empregado, pela aplicação da solidariedade, tem o direito de exigir das demais integrantes do *grupo* o ressarcimento de seus créditos trabalhistas. Em havendo a lesão ao direito subjetivo trabalhista, pode e

deve o empregado procurar a sua reparação, exercitando o seu direito de ação contra o seu empregador efetivo. Reconhecido o direito, através do competente processo de conhecimento, em execução de sentença com base no título executivo judicial (art. 876, CLT), se a empresa devedora se mostrar de fato inadimplente, devem ser penhorados e expropriados os bens das demais empresas integrantes do *grupo econômico*, em função do fato de que a solidariedade passiva é impositivo legal (art. 2º, § 2º, CLT). A *responsabilidade* solidária está prevista na legislação trabalhista, portanto, a mesma pode e deve ser reconhecida na ação de execução. Rejeito o apelo quanto a aplicação do disposto no Enunciado n. 205 do TST." Tribunal: 2ª Região. Acórdão n. 20030390430. Decisão: 5.8.2003. Tipo: AP02 n. 28046. Ano: 2003. Número Único Proc.: AP02 — 28046-2003-902-02-00. Agravo de Petição em Embargos de Terceiro. Turma: 4ª. Órgão Julgador — Quarta Turma. DOE SP, PJ, TRT 2ª. Data: 22.8.2003. Relator: Francisco Ferreira Jorge Neto. Revisor: Salvador Franco de Lima Laurino.

É de se destacar que a Súmula n. 205 do TST foi cancelada pela revisão dos enunciados do TST realizada no final de 2003, atendendo a uma espécie de clamor dos advogados, que entendiam que o Tribunal Superior do Trabalho tinha exorbitado nas suas atribuições constitucionais ao dar uma interpretação extremamente restritiva ao art. 8º, inciso III, da Constituição Federal de 1988.

O entendimento estampado nessa Súmula ficou ainda mais comprometido, a partir do momento em que o Código de Defesa do Consumidor (Lei n. 8.078/1990), em seu art. 81, *caput* e parágrafo único, III e art. 82, ao mesmo tempo em que a Ação Civil Pública (Lei n. 7.347/1985), no art. 5º, passaram a contemplar a plena substituição processual ou extraordinária das associações, entre as quais se encontram os sindicatos, para figurarem no polo ativo das ações coletivas, difusas ou individuais homogêneas na defesa dos interesses dos trabalhadores.

A substituição processual dos sindicatos[(1)], que é entendida como substituição processual extraordinária, já que o sindicato, em seu próprio nome, postula em juízo direitos de terceiros (seus associados), consoante art. 12º do Código de Processo Civil, de 2015, não se confunde com a substituição processual autônoma[(2)] do Ministério Público do Trabalho, já que este postula em juízo,

---

(1) "CARÊNCIA DE AÇÃO — SUBSTITUIÇÃO PROCESSUAL — AÇÃO DE CUMPRIMENTO — ART. 872, PARÁGRAFO ÚNICO, DA CLT [...] SUBSTITUIÇÃO PROCESSUAL DE UM ÚNICO TRABALHADOR. Não há nos dispositivos legais disciplinadores da matéria (arts. 843 e 872 da CLT e 8º, III, da CR) qualquer vedação para que o sindicato se apresente como substituto processual em defesa de um único trabalhador. Se a lei não faz a distinção, não cabe ao intérprete fazê-la. Ademais, não é o número de substituídos que fixa a forma de postular em juízo, mas, sim, o título pleiteado." [...] (TST, RR 461.124/1998.3, (Ac. 3ª T.), 8ª R., Relª Min. Maria Cristina Irigoyen Peduzzi, DJU 19.9.2003, p. 566)

(2) Em relação ao Ministério Público, não é da sua natureza constitucional defender direitos subjetivos individuais disponíveis; nos casos em que o legislador o legitimou para tal tarefa (tutela de consumidores, de credores de instituições financeiras em regime de liquidação e de investidores no mercado financeiro), ocorre substituição processual autônoma, para demandar pretensão condenatória genérica, em caráter coletivo e impessoal. A compatibilidade constitucional dessa legitimação está em que a lesão conjunta àqueles direitos individuais implica também lesão a valores sociais especialmente privilegiados pelo

independentemente de qualquer tipo de autorização dos interessados, por fulcro de mandamento constitucional emanado dos arts. 127 a 129 da Carta Magna e dos arts. 83 e 84 da Lei Complementar n. 75/1993.

Dessa forma, com o cancelamento da Súmula n. 310 do TST, os sindicatos passam a ostentar um alargamento de sua legitimidade para figurar no polo ativo, como substituto processual, nas lides de defesa dos interesses dos trabalhadores, que não mais fica restrita às ações que pleiteavam aumentos salariais, adicionais de periculosidade ou insalubridade etc.

Recentemente, na Reclamação n. 49.974 AgR, o STF assim se manifestou sobre este tipo de responsabilidade do empregador:

" (...) Deveras, no julgamento da Reclamação 49.974-AgR, de relatoria do Ministro Gilmar Mendes, a Turma manteve decisão que deu provimento à reclamação, para cassar o acórdão reclamado, no ponto em que afastou a incidência da norma contida no § 5º do artigo 513 do Código de Processo Civil, determinando que outro fosse proferido, observando-se o disposto no artigo 97 da Constituição Federal, vencidos os Ministros Nunes Marques e Edson Fachin. Confira-se a ementa do acórdão, in verbis:

"Agravo regimental na reclamação. 2. Direito Processual e do Trabalho. 3. Grupo econômico. 4. Art. 513, §5º, do CPC. O cumprimento da sentença não poderá ser promovido em face daquele que não tiver participado da fase de conhecimento. 5. Tribunal de origem afastou aplicação do referido dispositivo, sem observar cláusula de reserva de plenário. Violação à Súmula Vinculante 10 desta Corte. Reclamação julgada procedente para determinar o rejulgamento da causa. 6. Ausência de argumentos capazes de infirmar a decisão agravada. 7. Negado provimento ao agravo regimental." (Rcl 49.974-AgR, Rel. Min. Gilmar Mendes, Segunda Turma, DJe de 22/3/2022)

No caso acima transcrito, o Ministro Gilmar Mendes externou a seguinte compreensão, in verbis:

"Ressaltei que, no ponto, há uma situação complexa e delicada na perspectiva do devido processo legal, do contraditório e da ampla defesa no que toca aos processos trabalhistas desde o cancelamento da Súmula 205 do TST, em 2003, a qual dispunha:

---

direito positivo, cuja tutela constitui obrigação do Ministério Público. Com exceção dos casos expressamente previstos em Lei, a legitimidade do Ministério Público na defesa de direitos individuais poderá ser admitida apenas em situações especiais, quando a lesão ao conjunto dos direitos venha representar, à luz dos valores jurídicos estabelecidos, não apenas a soma dos interesses particulares, mas também o comprometimento de interesses relevantes da sociedade, como um todo.

A substituição é uma figura processual por meio da qual uma pessoa estranha às relações de direito material e processual ingressa em juízo em nome de uma das partes. Assim, o substituto é parte no sentido processual, mas não o é no sentido material. Logo, é atingido apenas pela coisa julgada formal. O substituído, parte no aspecto substancial, porém, é que é albergado pela coisa julgada material.

'O responsável solidário, integrante do grupo econômico, que não participou da relação processual como reclamado e que, portanto, não consta no título executivo judicial como devedor, não pode ser sujeito passivo na execução.'

A esse respeito, sob o pretexto de melhor reflexão do TST sobre a matéria, as motivações e os efeitos do cancelamento de referido enunciado sumular tornaram-se objeto de vívida polêmica doutrinária, conforme se extrai de Sérgio Pinto Martins em sentido oposto ao que se tornou comum na Justiça Trabalhista: (...)Porém, a partir do advento do Código de Processo Civil de 2015, merece revisitação a orientação jurisprudencial do Juízo a quo no sentido da viabilidade de promover-se execução em face de executado que não integrou a relação processual na fase de conhecimento, apenas pelo fato de integrar o mesmo grupo econômico para fins laborais. Isso porque o §5º do art. 513 do CPC assim preconiza:

Art. 513. O cumprimento da sentença será feito segundo as regras deste Título, observando-se, no que couber e conforme a natureza da obrigação, o disposto no Livro II da Parte Especial deste Código.

§ 5º O cumprimento da sentença não poderá ser promovido em face do fiador, do coobrigado ou do corresponsável que não tiver participado da fase de conhecimento.' (...)

Dessa forma, ao desconsiderar o comando normativo inferido do §5º do art. 513 do CPC, lido em conjunto com o art. 15 do mesmo diploma legal, que, por sua vez, dispõe sobre a aplicabilidade da legislação processual na ausência de normas que regulem processos eleitorais, trabalhistas ou administrativos, o Tribunal de origem afrontou a Súmula Vinculante 10 do STF e, por consequência, a cláusula de reserva de plenário, do art. 97 da Constituição Federal."

Não obstante, até o momento o STF ainda não se manifestou de forma definitiva sobre o tema acima mencionado.

2.2. *Grupo econômico típico*

No grupo econômico típico, o grupo não é empregador único. A responsabilidade é subsidiária, e não solidária. Temos aqui um caso de obrigação meramente passiva, e não ativa. Na situação atípica, em que o grupo é empregador único, o contrato de trabalho existe com todo o grupo, e a obrigação é solidária, existindo solidariedade ativa e passiva.

2.3. *Sucessão trabalhista*

A OJ (Orientação Jurisprudencial) n. 225 da SDI — I do TST (Seção de Dissídios Individuais do Tribunal Superior do Trabalho) traz-nos um exemplo de responsabilidade objetiva do empregador em sucessão trabalhista.

Diz a orientação:

"225. Contrato de Concessão de Serviço Público. Responsabilidade Trabalhista. Inserida em 20.6.2001 e alterada pelo Tribunal Pleno, em 18.4.2002 — MA n. 10.999/02 (nova redação). Celebrado contrato de concessão de serviço público em que uma empresa (primeira concessionária) outorga a outra (segunda concessionária), no todo ou em parte, mediante arrendamento ou qualquer outra forma contratual, a título transitório, bens de sua propriedade: I — em caso de rescisão do contrato de trabalho após a entrada em vigor da concessão, a segunda concessionária, na condição de sucessora, responde pelos direitos decorrentes do contrato de trabalho, sem prejuízo da responsabilidade subsidiária da primeira concessionária pelos débitos trabalhistas contraídos até a concessão; II — no tocante ao contrato de trabalho extinto antes da vigência da concessão, a responsabilidade pelos direitos dos trabalhadores será exclusivamente da antecessora."

Colacionamos, a seguir, alguns acórdãos recentes elucidativos sobre a temática em análise.

SUCESSÃO TRABALHISTA – RESPONSABILIDADE. Hipótese em que a maioria dos integrantes da Turma, vencido o Relator, entende que a empresa sucedida deve ser responsabilizada de forma solidária pelos créditos reconhecidos em favor da parte autora na demanda. CONTRIBUIÇÃO ASSISTENCIAL. A contribuição assistencial prevista em acordo, convenção coletiva ou sentença normativa é devida apenas pelos empregados associados ao sindicato respectivo, sob pena de "violação ao princípio da legalidade tributária", conforme decidido pelo STF no processo n. ARE 1.018.459 RG/PR, com Repercussão Geral. (TRT-4 : ROT 0020887-43.2017.5.04.0205 – Data de julgamento: 07.11.19. 6ª turma)

SUCESSÃO TRABALHISTA – RESPONSABILIDADE DO SUCESSOR. O sucessor do empreendimento deve responder exclusivamente, não apenas pelas obrigações trabalhistas contraídas a partir das referidas alterações, mas também por aquelas referentes ao período pretérito. Inteligência dos arts. 10 e 448 da CLT. (TRT-4 – Recurso Ordinário : RO 0021372-84.2017.5.04.0741 – Data de julgamento: 08.05.2019. 6ª Turma)

"CONCESSÃO DE SERVIÇO PÚBLICO — SUCESSÃO DE EMPREGADORES — RESPONSABILIDADE — NÃO CONTINUAÇÃO DA PRESTAÇÃO DE SERVIÇOS PELO EMPREGADO — TRANSFERÊNCIA DE PATRIMÔNIO — Em que pese o entendimento consolidado na OJ n. 225 da SDI-I do TST, que trata da responsabilidade trabalhista em contrato de concessão de serviço público, o caso em apreço possui particularidade apta a distingui-lo do que hodiernamente acontece no caso de sucessão entre concessionárias de serviço público. A questão nevrálgica configuradora da sucessão de empregadores é a de que o empregado vincula-se ao empreendimento e não à pessoa jurídica singularmente considerada e que a responsabilidade patrimonial pelas verbas trabalhistas passam àquele que adquire os bens da empregadora. Caso contrário, estar-se-ia apoiando o descumprimento das regras trabalhistas, posto que foi transferido à sucessora o ativo, boa parte do patrimônio e das instalações da empregadora original capaz de solver as dívidas trabalhistas dos então empregados, inclusive os não absorvidos pela nova empresa." (TRT 1ª R. — RO 0001338-07.2012.5.01.0302 — 10ª T. — Rel. Leonardo Dias Borges — DOERJ 23.7.2014)v108

2.4. Bancos. Sucessão trabalhista

Caso idêntico é disciplinado pela Orientação Jurisprudencial n. 261 da Seção de Dissídios Individuais I do Tribunal Superior do Trabalho, que assim se expressa:

"*Bancos. Sucessão trabalhista.* As obrigações trabalhistas, inclusive as contraídas à época em que os empregados trabalhavam para o banco sucedido, são de responsabilidade do sucessor, uma vez que a este foram transferidos os ativos, as agências, os direitos e deveres contratuais, caracterizando típica sucessão trabalhista."

Transcrevemos, a seguir, acórdãos para esclarecer a matéria.

I – AGRAVO DE INSTRUMENTO – RECURSO DE REVISTA – RECLAMANTE – LEI N. 13.015/2014. PRELIMINAR DE NÃO CONHECIMENTO ARGUIDA PELO AGRAVADO. No agravo de instrumento, o reclamante tenta demonstrar, de modo específico, que deve ser conhecido o recurso de revista. Nesse contexto, não se aplica no caso concreto a Súmula n. 422 do TST. Preliminar rejeitada. PEDIDO SUCESSIVO DE RECONHECIMENTO DA RESPONSABILIDADE DO BANCO SUCESSOR DA EMPREGADORA. Deve ser provido o agravo de instrumento para melhor exame do recurso de revista do reclamante quanto à alegada violação dos arts. 10 e 448 da CLT e à indicada contrariedade à OJ n. 261 da SBDI-1 do TST. Não subsiste o fundamento utilizado pelo TRT para afastar o pedido sucessivo de reconhecimento da responsabilidade do BANCO FIBRA pela ocorrência de sucessão, qual seja, de que a ação foi ajuizada somente contra o BANCO FIBRA e não está no polo passivo da lide a CREDIFIBRA. Com efeito, estando registrada, no acórdão recorrido, a premissa de que a CREDIFIBRA foi posteriormente incorporada pelo BANCO FIBRA, a alegada responsabilidade resultante da sucessão é matéria de direito que pode ser decidida independentemente da presença da empresa CREDIFIBRA no polo passivo da lide. Assim, embora tenha sido julgado improcedente o pedido principal de reconhecimento de vínculo de emprego diretamente com o BANCO FIBRA, por não haver terceirização ilícita no contrato de trabalho do reclamante com a CREDIFIBRA vigente até 01/10/2012, subsiste a necessidade de as instâncias ordinárias examinarem o pedido sucessivo de responsabilização do BANCO FIBRA, na qualidade de sucessor trabalhista, pelas obrigações da sucedida CREDIFIBRA. Agravo de instrumento a que se dá provimento.

II – RECURSO DE REVISTA – RECLAMANTE – LEI N. 13.015/2014 – PEDIDO SUCESSIVO DE RECONHECIMENTO DA RESPONSABILIDADE DO BANCO SUCESSOR DA EMPREGADORA. Recurso de revista sob a vigência da Lei n. 13.015/2014. Foram preenchidas as exigências do art. 896, § 1º-A, da CLT. Não subsiste o fundamento utilizado pelo TRT para afastar o pedido sucessivo de reconhecimento da responsabilidade do BANCO FIBRA pela ocorrência de sucessão, qual seja, de que a ação foi ajuizada somente contra o BANCO FIBRA e não está no polo passivo da lide a CREDIFIBRA. Com efeito, estando registrada, no acórdão recorrido, a premissa de que a CREDIFIBRA foi posteriormente incorporada pelo BANCO FIBRA, a alegada responsabilidade resultante da sucessão é matéria de direito que pode ser decidida independentemente da presença da empresa CREDIFIBRA no polo passivo da lide. Assim, embora tenha sido julgado improcedente o pedido principal de reconhecimento de vínculo de emprego diretamente com o BANCO FIBRA, por não haver terceirização ilícita no contrato de trabalho do reclamante com a CREDIFIBRA vigente até 01/10/2012, subsiste a necessidade de as instâncias ordinárias examinarem o pedido sucessivo de responsabilização do BANCO FIBRA, na qualidade de sucessor trabalhista, pelas obrigações da sucedida CREDIFIBRA. Recurso de revista a que se dá provimento. (TST – RECURSO DE REVISTA : RR 298-54.2014.5.07.0010. Relatora: Katia Magalhães Arruda. Data de julgamento: 10.05.17. 6ª turma. Data de publicação: 12.05.17).

SUCESSÃO TRABALHISTA – RESPONSABILIDADE. Restou demonstrado que a complementação de aposentadoria, antes da incorporação do ex-empregador (Banco do

Estado do Piauí) pelo Banco do Brasil, era de responsabilidade do Estado do Piauí, conforme Lei 5.776/2008. Com a mencionada incorporação pelo reclamado, o Banco do Brasil passou à condição de sucessor, a título universal do BEP, sendo responsável por todas as obrigações. Assim é o entendimento deste Tribunal, ao decidir o Incidente de Uniformização de Jurisprudência 0000144-15.2015.5.22.0000, "no sentido que a responsabilidade pelo pagamento dos reajustes das complementações de aposentadoria dos ex-empregados do Banco do Estado do Piauí (BEP) é do Banco do Brasil, sucessor do Banco do Estado do Piauí (BEP), sendo que a legitimidade passiva ad causam recai somente sobre o Banco do Brasil, pelo fato deste ser o detentor da responsabilidade patrimonial". Nesses termos, foi editada a Tese Jurídica Prevalecente 01/2015, com a seguinte redação: "BANCO DO ESTADO DO PIAUÍ. SUCESSÃO PELO BANCO DO BRASIL. LEIS ESTADUAIS NS. 4.612/93 E 5.776/2008. RESPONSABILIDADE DO SUCESSOR. Configurada a sucessão trabalhista, nos termos dos arts. 10 e 448 da CLT e da OJ n. 261 da SBDI-1, o sucessor assume as obrigações contraídas pelo sucedido, inclusive quanto às obrigações decorrentes de complementação de aposentadoria instituída pelo antigo empregador". Dessa forma, não havendo controvérsia em torno dos reajustes concedidos aos funcionários da ativa, por força de Acordos Coletivos de Trabalho, mantém-se a sentença que deferiu a pretensão autoral para conceder o reajuste pleiteado, com a devida incorporação na complementação de aposentadoria paga à parte autora. (TST – RECURSO DE REVISTA RR 4337320125090562 (TST) – Data de publicação: 17/10/2014. 1ª Turma. Relator: Hugo Carlos Scheuermann)

2.5. Extinção de estabelecimento

Na extinção do estabelecimento ou cessação da atividade da empresa, temos também casos de responsabilidade objetiva do empregador, pelo risco inerente que corre em relação à atividade produtiva, objeto do art. 2º da CLT.

A Súmula n. 44 do Tribunal Superior do Trabalho destaca:

> "a cessação da atividade da empresa, com o pagamento da indenização, simples ou em dobro, não exclui, por si só, o direito do empregado ao aviso-prévio."

Por outro lado, o direito não contempla a exorbitância do paternalismo nas relações laborais, como ocorre com a cessação da estabilidade provisória de dirigente sindical, a partir da data do fechamento da empresa ou encerramento de suas atividades, sem a responsabilidade do empregador pelo pagamento das verbas até doze meses após o respectivo mandato.

É que o direito visa à proteção do trabalhador, o que não se confunde com um paternalismo exacerbado. O mesmo acontece com os salários dos empregados que somente são devidos até a data de extinção ou de cessação das atividades da empresa.

Mesmo nos casos de força maior, consoante os arts. 501 e 502 da CLT, aplica-se a teoria da responsabilidade objetiva, uma vez que todo acontecimento que atinge a empresa entra na esfera jurídica de responsabilidade do empregador. Não cabe ao empregado correr o risco do negócio. A força maior não desobriga o pagamento de indenizações por parte do empregador. Apenas tem o condão de as reduzir, em alguns casos pela metade, embora a jurisprudência invariavelmente seja exigente, rejeitando com frequência a configuração de força maior.

Trazemos à lume os acórdãos, a seguir:

MEMBRO DA CIPA - EXTINÇÃO DAS ATIVIDADES PRODUTIVAS DA EMPRESA - ESTABILIDADE PROVISÓRIA - INSUBSISTÊNCIA. Não havendo continuidade das atividades produtivas, lícita a dispensa do membro da CIPA, não fazendo jus o Autor à reintegração ou ao pagamento da indenização substitutiva da estabilidade do cipeiro. HONORÁRIOS ADVOCATÍCIOS - SUCUMBÊNCIA - AÇÃO PROPOSTA ANTES DA VIGÊNCIA DA LEI N. 13.467/17. Indevidos honorários advocatícios sucumbenciais quando a reclamação trabalhista foi ajuizada anteriormente à vigência da Lei n. 13.467/17 - Reforma Trabalhista. (TRT-15 : ROT 0012716-13.2016.5.15.0016 0012716-13.2016.5.15.0016. Relator: Luiz Antonio Lazarim. Data da Publicação 06.11.19)

RECURSO ORDINÁRIO DA RECLAMANTE. RESCISÃO INDIRETA. INADIMPLEMENTO DE SALÁRIO-MATERNIDADE. ESTABILIDADE DA GESTANTE. EXTINÇÃO DO ESTABELECIMENTO.

O inadimplemento de salário-maternidade configura falta grave do empregador, hábil a ensejar a rescisão indireta do vínculo, nos termos do art. 483, d, da CLT. Ademais, extinto o estabelecimento, torna-se impossível o retorno da empregada ao posto de trabalho de origem, razão pela qual faz jus ao pagamento de indenização substitutiva abrangendo todo o período de estabilidade empregatícia, garantido no art. 10, II, b, do ADCT. Recurso ordinário da reclamante a que se dá provimento para deferir-lhe as verbas rescisórias postuladas na inicial. (RECURSO ORDINARIO TRABALHISTA: RO 0001145-63.2018.5.17.0131. Relator: Marcello Maciel Mancilha. Data de julgamento: 01.08.19. TRT 17ª. Região)

"UNIÃO — RECURSO ORDINÁRIO — NÃO CONHECIMENTO — Não se deve conhecer de recurso ordinário cuja fundamentação esteja em total dissociação com a matéria versada na reclamação, já devidamente analisada e decidida na sentença atacada. Recurso Ordinário da empresa reclamada. Estabilidade da Gestante. Extinção do estabelecimento e desconhecimento do estado gravídico. Consequências. A extinção do estabelecimento não retira da empregada gestante o direito à estabilidade prevista no art. 10, II, *B*, do ADCT, mas apenas determina a conversão do período estabilitário em indenização. Nem mesmo o desconhecimento do estado gravídico pelo empregador afasta o direito ao pagamento da indenização decorrente da garantia de emprego prevista na Constituição. Na medida em que a gravidez teve início ao tempo do vínculo de emprego, é irrelevante o desconhecimento dessa condição pelo empregador e até mesmo pela empregada. Inteligência do item I da Súmula n. 244/TST. Recurso patronal a que se nega provimento." (TRT 21ª R. — RO 119400-65.2009.5.21.0007 — (98.873) — Rel. Eridson João Fernandes Medeiros — DJe 03.12.2010 — p. 172)v87.

"ESTABILIDADE DA GESTANTE — EXTINÇÃO DO ESTABELECIMENTO — A empregada gestante tem jus à estabilidade de emprego conferida pelo art. 10, II, *b*, do ADCT, ainda que a despedida tenha ocorrido em virtude do fechamento da empresa, a qual assume os riscos da atividade econômica e com eles deve arcar em caso de perdas advindas do empreendimento, consoante o disposto no art. 2º da CLT. Recurso conhecido e provido (...*omissis*...). (Proc. n. TST-RR-627.917/2000.3. Publicação: DJ 12.3.2004

— 1ª Turma. Rel. Ministro Lelio Bentes Corrêa)." (TRT 12ª R. — RO-V 00110-2004-024-12-00-8 — (00586/2005) — Florianópolis — 1ª T. — Rel. Juiz Marcos Vinício Zanchetta — J. 16.12.2004).

2.6. *Supressão de horas extras*

Outro caso de responsabilidade objetiva podemos inferir da Súmula n. 291 do TST:

> "*Horas extras. Supressão.* A supressão, pelo empregador, do serviço suplementar prestado com habitualidade, durante pelo menos um ano, assegura ao empregado o direito à indenização correspondente ao valor de um mês das horas suprimidas para cada ano ou fração igual ou superior a seus meses de prestação de serviço acima da jornada normal. O cálculo observará a média das horas suplementares efetivamente trabalhadas nos últimos 12 meses, multiplicada pelo valor da hora extra do dia da supressão."

Transcrevemos as seguintes ementas:

> RECURSO DE REVISTA - HORAS EXTRAS HABITUAIS - SUPRESSÃO - INDENIZAÇÃO - SÚMULA N. 291 DO TST . A jurisprudência desta Corte Superior é firme no sentido de que a indenização compensatória, prevista na Súmula n. 291 do TST, incide mesmo quando houver a supressão de horas extras em decorrência de decisão judicial, uma vez que, independentemente do motivo, persiste a necessidade de minimizar o impacto da redução da remuneração habitualmente recebida pelo empregado durante longo período. Dessa orientação divergiu o Tribunal Regional. Recurso de revista conhecido e provido, no particular. (TST RECURSO DE REVISTA: RR 9073-47.2011.5.12.0035. Relator: Walmir Oliveira da Costa. Data de julgamento: 04.09.19. 1ª Turma)

> AGRAVO DE INSTRUMENTO EM RECURSO DE REVISTA - PORTUÁRIO - HORAS EXTRAS - SUPRESSÃO - INDENIZAÇÃO DEVIDA - SÚMULA N. 291/TST. 1. O Tribunal Regional concluiu ser indevido o pagamento de indenização decorrente da supressão das horas extras, ao fundamento de que não houve redução salarial, pois concedidos reajustes em decorrência da implantação do Plano de Cargos e Salários. 2. Aparente contrariedade à Súmula 291/TST, nos moldes do art. 896 da CLT, a ensejar o provimento do agravo de instrumento, nos termos do artigo 3º da Resolução Administrativa n. 928/2003. Agravo de instrumento conhecido e provido. RECURSO DE REVISTA - PORTUÁRIO - HORAS EXTRAS - SUPRESSÃO - INDENIZAÇÃO DEVIDA - SÚMULA N. 291/TST. 1. Reconhecida a supressão parcial das horas extras prestadas com habitualidade no acórdão regional, é aplicável à hipótese o entendimento cristalizado na Súmula n. 291/TST ("A supressão total ou parcial, pelo empregador, de serviço suplementar prestado com habitualidade, durante pelo menos 1 (um) ano, assegura ao empregado o direito à indenização correspondente ao valor de 1 (um) mês das horas suprimidas, total ou parcialmente, para cada ano ou fração igual ou superior a seis meses de prestação de serviço acima da jornada normal. O cálculo observará a média das horas suplementares nos últimos 12 (doze) meses anteriores à mudança, multiplicada pelo valor da hora extra do dia da supressão"). 3. A concessão de aumento salarial decorrente da implantação de novo Plano de Cargos e Salários não desobriga a empregadora do pagamento da indenização prevista no verbete sumular transcrito, pois distintas a natureza e a finalidade das parcelas. Precedentes. Recurso de revista conhecido e provido. (TST - RECURSO DE REVISTA: RR 2275-87.2014.5.02.0441. Relator: Hugo Carlos Scheuermann, Data de julgamento: 07.11.18)

"CONVENÇÃO COLETIVA DE TRABALHO — SUPRESSÃO DE HORAS EXTRAS — TEORIA DO CONGLOBAMENTO — POSSIBILIDADE — A análise das vantagens e conquistas dos empregados, no âmbito de instrumentos coletivos, não pode ser feita de forma isolada e individualizada tomando por base, apenas, uma cláusula. Segundo a teoria do conglobamento, devem ser observadas as vantagens e avanços conquistados no pacto como um todo, de forma sistêmica, após observação de todas as cláusulas estipuladas pelas partes. No caso dos autos, a supressão do adicional de 50%, incidente sobre as aulas que extrapolaram o limite previsto no art. 318 da CLT, ou seja, 4 aulas consecutivas ou 6 intercaladas, foi compensada pela concessão de outros direitos, tais como pagamento da hora aula, acrescido de 50%, quando os professores participavam de reuniões, trabalhos e atividades fora do seu trabalho normal, além da garantia ao filho ou dependente de gratuidade plena da anuidade escolar. Recurso conhecido e não provido." (TRT 16ª R. — Proc. 01044-2003-003-16-00-0 — (01659-2005) — Rel. Juiz Alcebíades Tavares Dantas — J. 1º.6.2005).

2.7. *Dispensa obstativa*

A responsabilidade objetiva do empregador também se manifesta na dispensa obstativa.

As ementas ilustram a matéria:

ESTABILIDADE PRÉ-APOSENTADORIA – REINTEGRAÇÃO – DISPENSA OBSTATIVA. Tendo sido preenchidos os requisitos para a aquisição de garantia de emprego prevista em norma coletiva, faz jus o reclamante à estabilidade pré-aposentadoria e à reintegração, ficando caracterizada a dispensa obstativa. (TRT-18, ROT – 0010933-30.2019.5.18.0005, Rel. IARA TEIXEIRA RIOS, 1ª TURMA, 18/03/2020)

RECURSO DE REVISTA – PROCESSO SOB A VIGÊNCIA DA LEI N. 13.015 /2014 – DESPEDIDA OBSTATIVA À ESTABILIDADE PROVISÓRIA – GESTANTE – DANO MORAL – NÃO CONFIGURAÇÃO. A dispensa de empregada gestante, por si só, não gera dano moral, mas, tão somente o direito à reintegração ou indenização quanto ao período de estabilidade correspondente. Para que se configure o dano moral, necessária a comprovação de violação de algum dos direitos da personalidade do trabalhador, como a honra, a imagem, o nome, a intimidade e a privacidade, entre outros, fatos estes que sequer delimitados na petição inicial. Nesse passo, não configura dano à esfera extrapatrimonial do trabalhador, a mera dispensa da empregada gestante. Precedentes. Recurso de revista conhecido e provido. (RR – 279-26.2015.5.12.0058, Relator Ministro: Luiz Philippe Vieira de Mello Filho, Data de Julgamento: 05/10/2016, 7ª Turma, Data de Publicação: DEJT 07/10/2016)". (TRT18, ROPS – 0011475-39.2018.5.18.0181, Rel. Edison Vaccari, 1ª TURMA, 19/12/2018)

A dispensa obstativa também pode ocorrer quando a empresa dispensa o trabalhador prestes a obter o benefício previdenciário decorrente do acidente de trabalho, doença profissional ou ocupacional. Dessa forma, obstando o empregado acidentado ou doente de preencher os requisitos do art. 118 da Lei n. 8.213/1991, ou seja, o afastamento do serviço por período superior a 15 dias e a percepção do auxílio-doença acidentário, o empregador estaria, maliciosamente, obstando a aquisição desse direito ao empregado.

O acidente de trabalho[3] equipara-se à doença profissional e já temos inúmeros exemplos em nossa jurisprudência de responsabilidade civil do empregador por dano moral nos casos decorrentes de LER ou DORT.

O art. 7º, inciso XXVIII da Constituição Federal, no caso específico do acidente de trabalho, adota a teoria da responsabilidade subjetiva do empregador (... *sem excluir a indenização a que este está obrigado, quando incorrer em dolo ou culpa*), enquanto a norma infraconstitucional disposta no parágrafo único do art. 927 do novo Código Civil, que introduziu definitivamente em nosso ordenamento jurídico a responsabilidade objetiva, com base na Teoria do Risco inerente à atividade, dispensa ao empregado a prova da culpabilidade do empregador em tais casos.

Os dissídios individuais entre trabalhadores e empregadores decorrentes de indenizações derivadas de acidente de trabalho que tenham como causa a relação de emprego, em que houver a responsabilização do empregador por dano moral, estão no âmbito de competência da Justiça do Trabalho.

A propósito, o Tribunal Superior do Trabalho recentemente divulgou o entendimento disposto na Súmula n. 392, que dispõe:

> "N. 392 — DANO MORAL. COMPETÊNCIA DA JUSTIÇA DO TRABALHO. (CONVERSÃO DA ORIENTAÇÃO JURISPRUDENCIAL N. 327 DA SDI-1)
>
> Nos termos do art. 114 da CF/1988, a Justiça do Trabalho é competente para dirimir controvérsias referentes à indenização por dano moral, quando decorrente da relação de trabalho." (ex-OJ n. 327 — DJ 9.12.2003)

---

(3) A título ilustrativo, informamos que o art. 124 da Lei n. 8.213/91 dispõe: "Salvo os casos de direito adquirido, não é permitido o recebimento conjunto dos seguintes benefícios da Previdência Social: I — aposentadoria e auxílio-doença; II — mais de uma aposentadoria; III — aposentadoria e abono de permanência em serviço; IV — salário-maternidade e auxílio-doença; V — mais de um auxílio-acidente; VI — mais de uma pensão deixada por cônjuge ou companheiro, ressalvado o direito de opção pela mais vantajosa. Parágrafo Único. É vedado o recebimento conjunto do seguro-desemprego com qualquer benefício de prestação continuada da Previdência Social, exceto pensão por morte ou auxílio-acidente". Para saber se os benefícios previdenciários podem ou não ser cumuláveis, temos que nos atentar para sua origem, de onde podemos examinar o seguinte critério de distinção entre os vários benefícios: a) prestações devidas aos segurados (aposentadorias e os auxílios-doença e natalidade); b) prestações garantidas aos dependentes (pensões, auxílio-reclusão e auxílio-funeral) e c) prestações devidas às duas categorias anteriores, sem distinção (benefícios de uma forma geral). Assim, podem-se acumular, por exemplo, a aposentadoria e a pensão por morte, pois a primeira é derivada das prestações devidas aos próprios segurados e a segunda aos dependentes, portanto, de origem distinta. No que tange à pensão por morte, após a edição da atual Lei de Benefícios da Previdência Social, ela passou a ser partilhada, em quotas iguais entre todos os dependentes que a lei habilita ao recebimento (art. 77, Lei n. 8.213/91). Em havendo a perda de qualidade de qualquer um deles, a sua parte será redistribuída entre os remanescentes (§ 1º do art. 77). Entre os dependentes, se incluem o marido e a mulher, conforme for o caso, e ambos terão direito à pensão pela morte do outro. A hipótese dessa dupla proteção também se estende aos demais dependentes (os filhos, por exemplo). Logo, se morrerem marido e mulher, ambos segurados, os filhos receberão duas pensões, uma de cada um dos segurados filiados.

Podemos assim destacar que a Justiça Comum[4] possui competência para o julgamento das ações que envolvam o ressarcimento de danos de natureza compensatória ou tarifada, cuja responsabilidade da entidade autárquica (INSS) é objetiva, independe de perquirição de culpa (negligência ou imprudência) e de dolo (intenção deliberada de produzir um resultado lesivo para a vítima).

A responsabilidade objetiva do INSS pelo adimplemento das prestações acidentárias fundamenta-se no nexo etiológico (relação de causa e efeito) e o dano ou lesão, com base no risco criado pela própria atividade econômica do empregador, que se beneficia da mesma, e é segurado obrigatório da Previdência Social.

Vemos, dessa forma, que o nosso ordenamento jurídico alberga o ressarcimento dos danos provenientes de acidente de trabalho em dois campos: o da responsabilidade objetiva (infortunística) e o do direito comum (subjetiva, com base na culpa ou dolo), permitindo a acumulação da prestação previdenciária do INSS e a reparação civil pelo empregador. Tal previsão encontra-se no art. 121 da Lei n. 8.213/1991, *in verbis*:

> "o pagamento pela Previdência Social, das prestações por acidente de trabalho não exclui a responsabilidade civil da empresa ou de outrem."

Anteriormente à previsão constitucional do art. 7º mencionado, o Supremo Tribunal Federal já assegurava uma indenização ao empregado acidentado em caso de dolo ou culpa grave do empregador, bem como a possibilidade da responsabilidade objetiva ou subjetiva. Vejamos a Súmula n. 229 do STF:

> "Acidente. Indenização. A indenização acidentária não exclui a do Direito comum, em caso de dolo ou culpa grave do empregador."

Em decorrência da evolução do tempo e com base no princípio da dignidade da pessoa humana do trabalhador, hodiernamente o Supremo Tribunal Federal já não exige a culpa grave[5] do empregador, espelhando seu novo entendimento em inúmeros julgados, em que basta a culpa de natureza levíssima, como veremos em tópico mais à frente nessa obra.

Vejamos a seguinte ementa:

> REINTEGRAÇÃO – VEROSSIMILHANÇA E FUNDADO RECEIO DE DANO IRREPARÁVEL. A decisão que determinou a reintegração do trabalhador tem amparo na presença da verossimilhança e do fundado receio de dano irreparável, daí porque não há que ser falar em direito líquido e certo da impetrante. A primeira, pela constatação de

---

(4) Súmula n. 15 do STJ: "SÚMULA STJ N. 15. Compete à Justiça Estadual processar e julgar os litígios decorrentes de acidente do trabalho".

(5) Após o advento da Lei n. 6.367/76, não mais se exige, para a caracterização do dever de o empregador indenizar, a ocorrência do dolo ou da culpa grave. Podemos ainda acrescentar que o dever do empregador de indenizar o empregado por acidente de trabalho acha-se consubstanciado no art. 186 do novo Código Civil e no art. 7º, inciso XXVIII da Constituição Federal de 1988.

que o terceiro interessado é portador de neoplasia maligna e que a empregadora sabia desta condição, caracterizando a dispensa discriminatória. O segundo pelo fato de o plano de saúde restabelecido ser fundamental para o trabalhador dar seguimento a seu tratamento médico. (TRT-1 – Mandado de Segurança Cível MS 01023611920185010000 RJ (TRT-1) Data de publicação: 12/10/2019 – Relatora: Claudia Regina Vianna Marques Barrozo – SEDI-2).

REINTEGRAÇÃO NO EMPREGO – ESTABILIDADE PROVISÓRIA – DOENÇA OCUPACIONAL EQUIPARADA AO ACIDENTE DO TRABALHO – REQUISITOS. O inciso II da Súmula 378 do TST fixa entendimento de que "são pressupostos para a concessão da estabilidade o afastamento superior a 15 dias e a consequente percepção do auxílio-doença acidentário, salvo se constatada, após a despedida, doença profissional que guarde relação de causalidade com a execução do contrato de emprego". Na presente hipótese, havendo prova contundente de que a reclamante foi acometida por doença ocupacional, tendo sido afastada do emprego para o gozo de auxílio doença acidentário, faz jus à estabilidade provisória e à reintegração no emprego. (TRT-3 – RO 0010326-42.2018.5.03.0143 (TRT-3). Data de publicação: 13/06/2019 – Relator: Manoel Barbosa da Silva, 5ª turma).

"MANDADO DE SEGURANÇA — DISPENSA DE TRABALHADOR PORTADOR DE NEOPLASIA MALIGNA — CONCESSÃO DE TUTELA ANTECIPADA — REINTEGRAÇÃO — CABIMENTO — "Mandado de segurança. Dispensa de trabalhador portador de neoplasia maligna. Concessão de tutela antecipada. Reintegração. O exercício do poder potestativo de dispensa imotivada não é absoluto, posto encontrar limites nos princípios da não discriminação, da função social da propriedade, da dignidade da pessoa humana e dos valores sociais do trabalho, todos com assento constitucional, portanto o empregador, ao pretender desfazer decisão que em sede de tutela antecipada determinou a reintegração do trabalhador acometido de doença cancerígena em seu posto de trabalho, não tem direito líquido e certo a ser amparado pelo *writ*. Segurança denegada." (TRT 14ª R. — MS 0010036-38.2013.5.14.0000 — Relª Desª Vania Maria da Rocha Abensur — DJe 17.9.2013)RST+294+2013+DEZ+144v105

O Supremo Tribunal Federal passou a se posicionar no sentido de que a competência para julgar lides decorrentes de dano moral ou material nos acidentes de trabalho é da Justiça do Trabalho, remanescendo como competência da Justiça Federal apenas as lides acidentárias interpostas em face da autarquia previdenciária.

O Colendo Tribunal Superior do Trabalho pacificou seu entendimento em relação à doença de trabalho, que se equipara ao acidente, consoante súmulas abaixo:

"N. 378 — ESTABILIDADE PROVISÓRIA. ACIDENTE DE TRABALHO. ART. 118 DA LEI N. 8.213/91 (inserido o item III)

I — É constitucional o art. 118 da Lei n. 8.213/91 que assegura o direito à estabilidade provisória por período de 12 meses após a cessação do auxílio-doença ao empregado acidentado. (ex-OJ n. 105 da SBDI-1 — inserida em 1º.10.1997)

II — São pressupostos para a concessão da estabilidade o afastamento superior a 15 dias e a consequente percepção do auxílio-doença acidentário, salvo se constatada, após a despedida, doença profissional que guarde relação de causalidade com a execução do contrato de emprego." (primeira parte — ex-OJ n. 230 da SBDI-1 — inserida em 20.6.2001)

Jurisprudência Vinculada

"III — O empregado submetido a contrato de trabalho por tempo determinado goza da garantia provisória de emprego, decorrente de acidente de trabalho, prevista no art. 118 da Lei n. 8.213/91."

"N. 440 — AUXÍLIO-DOENÇA ACIDENTÁRIO. APOSENTADORIA POR INVALIDEZ. SUSPENSÃO DO CONTRATO DE TRABALHO. RECONHECIMENTO DO DIREITO À MANUTENÇÃO DE PLANO DE SAÚDE OU DE ASSISTÊNCIA MÉDICA. Assegura-se o direito à manutenção de plano de saúde ou de assistência médica oferecido pela empresa ao empregado, não obstante suspenso o contrato de trabalho em virtude de auxílio-doença acidentário ou de aposentadoria por invalidez."

"N. 443 — DISPENSA DISCRIMINATÓRIA. PRESUNÇÃO. EMPREGADO PORTADOR DE DOENÇA GRAVE. ESTIGMA OU PRECONCEITO. DIREITO À REINTEGRAÇÃO. Presume-se discriminatória a despedida de empregado portador do vírus HIV ou de outra doença grave que suscite estigma ou preconceito. Inválido o ato, o empregado tem direito à reintegração no emprego."

2.8. *Trabalho temporário*

No caso do trabalho temporário, amparado na Lei n. 6.019/1974, a Súmula n. 331 do TST dispõe sobre a responsabilidade do tomador de serviços.

Nos casos de intermediação de mão de obra (prestação de serviços), com fraude à lei (art. 9º da CLT), temos o caso de autêntica solidariedade, de acordo com o art. 942 do Código Civil.

A Lei n. 6.019, de 3 de janeiro de 1974, que dispõe sobre o trabalho temporário nas empresas urbanas estabelece em seu art. 16 a responsabilidade solidária da empresa tomadora de serviços ou cliente, *in verbis:*

"Art. 16. No caso de falência da empresa de trabalho temporário, a empresa tomadora ou cliente é *solidariamente* responsável pelo recolhimento das contribuições previdenciárias, no tocante ao tempo em que o trabalhador esteve sob suas ordens, assim como em referência ao mesmo período, pela remuneração e indenização, previstas nesta lei."

Idêntica é a posição do legislador na Lei n. 6.533, de 24 de maio de 1978, que regula a atividade do artista e técnico em espetáculos de diversões, em seu art. 17, como segue:

"Art. 17. A utilização de profissional contratado por agência de locação de mão de obra obrigará o tomador do serviço *solidariamente* pelo cumprimento das obrigações legais e contratuais, se caracterizar a tentativa, pelo tomador de serviço, de utilizar a agência para fugir às responsabilidades e obrigações decorrentes desta lei ou de contrato."

A Lei n. 6.615, de 16 de dezembro de 1978, que trata do Radialista, também assim dispõe em seu art. 11, *in verbis*:

"Art. 11. A utilização de profissional contratado por agência de locação de mão de obra obrigará o tomador do serviço *solidariamente* pelo cumprimento das obrigações legais e contratuais, se caracterizar a tentativa, pelo tomador de serviço, de utilizar a agência para fugir às responsabilidades e obrigações decorrentes desta lei ou de contrato."

Embora não se trate de trabalho temporário, também é interessante trazer ao leitor o disposto na Lei n. 7.195, de 12 de junho de 1984, que regula as atividades dos empregados domésticos e a responsabilidade civil das agências de contratação.

A lei acima dispõe em seu art. 1º que:

> "As agências especializadas na indicação de empregados domésticos são civilmente responsáveis pelos atos ilícitos cometidos por estes no desempenho de suas atividades", enquanto no art. 2º estabelece:
>
> "No ato da contratação, a agência firmará compromisso com o empregador, obrigando-se a reparar qualquer dano que venha a ser praticado pelo empregado contratado, no período de um (1) ano."

No entanto, o TST fixou seu entendimento no sentido de que a responsabilidade do tomador de serviços é subsidiária, ou seja secundária, de acordo com a Súmula n. 331 do TST, que em sua nova redação, assim dispõe:

> "N. 331 — CONTRATO DE PRESTAÇÃO DE SERVIÇOS. LEGALIDADE. (nova redação do item IV e inseridos os itens V e VI à redação)
>
> I — A contratação de trabalhadores por empresa interposta é ilegal, formando-se o vínculo diretamente com o tomador dos serviços, salvo no caso de trabalho temporário (Lei n. 6.019, de 3.1.1974).
>
> II — A contratação irregular de trabalhador, mediante empresa interposta, não gera vínculo de emprego com os órgãos da Administração Pública direta, indireta ou fundacional (art. 37, II, da CF/88).
>
> III — Não forma vínculo de emprego com o tomador a contratação de serviços de vigilância (Lei n. 7.102, de 20.6.1983) e de conservação e limpeza, bem como a de serviços especializados ligados à atividade-meio do tomador, desde que inexistente a pessoalidade e a subordinação direta.
>
> IV — O inadimplemento das obrigações trabalhistas, por parte do empregador, implica a responsabilidade subsidiária do tomador dos serviços quanto àquelas obrigações, desde que haja participado da relação processual e conste também do título executivo judicial.
>
> V — Os entes integrantes da Administração Pública direta e indireta respondem subsidiariamente, nas mesmas condições do item IV, caso evidenciada a sua conduta culposa no cumprimento das obrigações da Lei n. 8.666, de 21.6.1993, especialmente na fiscalização do cumprimento das obrigações contratuais e legais da prestadora de serviço como empregadora. A aludida responsabilidade não decorre de mero inadimplemento das obrigações trabalhistas assumidas pela empresa regularmente contratada.
>
> VI — A responsabilidade subsidiária do tomador de serviços abrange todas as verbas decorrentes da condenação referentes ao período da prestação laboral."

Trazemos também em complementação os acórdãos a seguir enunciados.

RECURSO DE REVISTA – RECURSO EXTRAORDINÁRIO – ENTE PÚBLICO TOMADOR DE SERVIÇOS – TEMA 246 DE REPERCUSSÃO GERAL – DECISÃO QUE ATRIBUI RESPONSABILIDADE SUBSIDIÁRIA AO ENTE PÚBLICO À MÍNGUA DA CULPA IN VIGILANDO – JUÍZO DE RETRATAÇÃO EXERCIDO. 1. Ao julgamento do Tema 246 de repercussão geral, o Supremo Tribunal Federal fixou tese no sentido de que "O inadimplemento dos encargos trabalhistas dos empregados do contratado não transfere automaticamente ao Poder Público contratante a responsabilidade pelo seu pagamento, seja em caráter solidário ou subsidiário, nos termos do art. 71, § 1º, da Lei n. 8.666/93". Tendo em vista o quanto fixado pelo Supremo Tribunal Federal, constata-se não ser possível a condenação automática da Administração, pautada exclusivamente na mera inadimplência das verbas trabalhistas. 2. No presente caso, esta Turma imputou responsabilidade subsidiária ao ente público com base no teor do item IV da Súmula 331 do TST ("O inadimplemento das obrigações trabalhistas, por parte do empregador, implica na responsabilidade subsidiária do tomador dos serviços, quanto àquelas obrigações, inclusive quanto aos órgãos da administração direta, das autarquias, das fundações públicas, das empresas públicas e das sociedades de economia mista, desde que hajam participado da relação processual e constem também do título executivo judicial (artigo 71 da Lei n. 8.666/93)."). Não há, na hipótese, qualquer referência à culpa in vigilando por parte da reclamada. 3. Em tal contexto, a decisão desta Primeira Turma destoa do entendimento do Supremo Tribunal Federal no julgamento da ADC 16 e do Tema 246 de repercussão geral, razão pela qual afigura-se imperioso o juízo de retratação, para conhecer do recurso de revista por ofensa ao artigo 71, § 1º, da Lei 8.666/93 e, no mérito, dar-lhe provimento , para afastar a responsabilidade subsidiária da Administração Pública pelo pagamento das verbas trabalhistas objeto desta reclamação. Recurso de revista conhecido e provido.(TST – RR: 6181870219995030002, Relator: Hugo Carlos Scheuermann, Data de Julgamento: 18/12/2019, 1ª Turma, Data de Publicação: DEJT 08/01/2020)

RECURSO DE REVISTA – RECURSO EXTRAORDINÁRIO – REPERCUSSÃO GERAL – ART. 1.030, II, DO CPC (ART. 543-B, § 3º, DO CPC/73) – RETRATAÇÃO – RESPONSABILIDADE SUBSIDIÁRIA – TOMADOR DOS SERVIÇOS – ENTE PÚBLICO – TEMA 246 DE REPERCUSSÃO GERAL – CONDENAÇÃO PAUTADA NA ANTIGA REDAÇÃO DA SÚMULA 331, IV/TST – CONDENAÇÃO INDEVIDA – JUÍZO DE RETRATAÇÃO EXERCIDO. 1. Ao julgamento do Tema 246 de repercussão geral, o Supremo Tribunal Federal fixou tese no sentido de que "O inadimplemento dos encargos trabalhistas dos empregados do contratado não transfere automaticamente ao Poder Público contratante a responsabilidade pelo seu pagamento, seja em caráter solidário ou subsidiário, nos termos do art. 71, § 1º, da Lei n. 8.666/93" . Tendo em vista o quanto ficou fixado pelo Supremo Tribunal Federal, constata-se não ser possível a condenação automática do ente público, pautado exclusivamente na mera inadimplência das verbas trabalhistas. 2. No caso, depreende-se do acórdão anteriormente proferido por esta Turma que a responsabilidade subsidiária imputada ao ente público ocorreu em razão do mero inadimplemento das verbas trabalhistas, amparada na antiga redação da Súmula 331, IV/TST ("O inadimplemento das obrigações trabalhistas, por parte do empregador, implica a responsabilidade subsidiária do tomador dos serviços, quanto àquelas obrigações, inclusive quanto aos órgãos da administração direta, das autarquias, das fundações públicas, das empresas públicas e das sociedades de economia mista, desde que hajam participado da relação processual e constem também do título executivo judicial (art. 71 da Lei n. 8.666, de 21.06.1993)"), à míngua, portanto, da premissa de culpa da Administração Pública na fiscalização do contrato. Inviável, contudo, a responsabilização subsidiária do ente público pautada na presunção de culpa pelo mero inadimplemento das obrigações trabalhistas devidas pela tomadora, como ocorreu no caso presente . 3. Juízo de retratação exercido, por estar a decisão anterior em dissonância do posicionamento firmado pelo Supremo Tribunal Federal. 4. Configurada a violação do art. 71, § 1º, da Lei 8.666/93. Recurso de revista conhecido e provido. (TST – RR: 990002420095100011, Relator: Hugo Carlos Scheuermann, Data de Julgamento: 05/02/2020, 1ª Turma, Data de Publicação: DEJT 10/02/2020)

"ADMINISTRAÇÃO PÚBLICA — RESPONSABILIDADE SUBSIDIÁRIA — CONDUTA CULPOSA EVIDENCIADA NOS AUTOS — SÚMULA N. 331, IV E V, DO C. TST — A hipótese dos autos é exatamente a de responsabilidade subsidiária, nos termos da jurisprudência citada e transcrita, isso porque a recorrente não comprovou nos autos que fiscalizava ou exigia o cumprimento das obrigações contratuais e legais da prestadora de serviço como empregadora, pelo que ficou evidenciado sua conduta culposa." (TRT 8ª R. — RO 0000579-32.2013.5.08.0005 — Rel. Des. Fed. Eliziário Bentes — DJe 24.2.2014 — p. 5)v106

Decisão do Supremo Tribunal Federal, de março de 2008, alterou substancialmente o entendimento sobre a competência para processar e julgar lides envolvendo os temporários contratados pelos órgãos da Administração Pública Direta, que até então eram julgados pela Justiça do Trabalho. Vejamos extrato desse novo posicionamento:

"Temporários ficam na Justiça Comum:

Uma decisão tomada nesta segunda-feira (17.3.2008) pelo Supremo Tribunal Federal (STF) pode comprometer a única política nacional de combate a fraudes trabalhistas nos poderes locais, realizada pelo Ministério Público do Trabalho (MPT). O Supremo aceitou uma reclamação do governo do Amazonas e extinguiu um processo em que o Tribunal Regional do Trabalho (TRT) do Estado declarou irregulares sete mil contratos de trabalho temporários e determinou a abertura de concurso público para preencher as vagas. O precedente pode invalidar mais de 50 processos semelhantes abertos pelo órgão contra prefeituras e governos estaduais por contratações irregulares e encerrar novas investigações.

Os ministros do Supremo entenderam que os funcionários temporários são regidos pelo direito administrativo, ainda que não sejam propriamente estatutários. O tema não era mais alvo de discussões na jurisprudência, mas os governos locais aproveitaram um desentendimento em torno da tramitação da Emenda Constitucional n. 45, de 2004, que estabeleceu a reforma do Judiciário, para reabrir o debate. Durante a tramitação da emenda foi discutida a criação da competência trabalhista para questões envolvendo servidores estatutários, mas a proposta não foi aprovada. Para evitar dúvidas, a Associação dos Juízes Federais do Brasil (Ajufe) apresentou uma ação direta de inconstitucionalidade (Adin) pedindo que o Supremo declarasse explicitamente que a competência para julgar os casos não é da Justiça do Trabalho. Governos estaduais e prefeituras foram em peso à corte alegar descumprimento da Adin nas ações movidas pelo Ministério Público do Trabalho: além do caso do Amazonas, há outros 18 processos idênticos em pauta no pleno do Supremo.

O Ministério Público do Trabalho tem uma política de combate às contratações temporárias pelo menos desde 2003, quando foi criada a coordenação de combate a irregularidades na administração pública. O chefe da coordenadoria, Fábio Leal Cardoso, calcula que as unidades do órgão ajuizaram entre 50 e 100 processos do tipo. O servidor estatutário — diz —, é aquele trabalhador com contratação prevista em lei e portaria de nomeação, e toda forma alternativa de contrato não é estatutária, e deve ser julgada na esfera trabalhista. A contratação temporária, segundo o procurador, é uma forma típica de governos e prefeituras locais driblarem a regra do concurso para acomodar apadrinhados políticos. Apesar de previsto na Constituição Federal para situações de emergência — como calamidades públicas —, o contrato é usado para preencher vagas comuns e geralmente se estende até o fim da gestão.

Com a decisão do Supremo o caso deverá ficar na mão dos ministérios públicos locais, que tradicionalmente nunca se ocuparam do assunto e têm outras atribuições, como ações criminais e de improbidade. E na Justiça comum as ações encontrarão um trânsito mais congestionado e a falta de jurisprudência definida."

Em caso análogo, que também versou sobre a contratação temporária de agentes comunitários de saúde pelo Município de Itaperuna, julgado pelo TRT da 1ª Região, em decisão da relatoria da Exma. Desembargadora Vólia Bomfim Cassar, também foi reconhecida a incompetência desta Justiça Laboral, nos termos que ora transcrevo:

"A reclamante ingressou nos quadros do réu em 1º.12.2010, por meio do processo seletivo 1/2010 (fls. 25/29), em que consta como fundamento para a admissão do agente comunitário de saúde a Lei n. 11.350/2006.

O contrato administrativo está às fls. 30/31. Do que consta dos autos, há alguns óbices para reconhecer a competência desta Justiça para analisar o caso.

Primeiro, a própria existência do contrato administrativo. Somente a justiça competente pode declará-lo nulo, da mesma forma que, quando há contrato celetista, somente esta justiça pode apreciar sua nulidade.

Por outro lado, ainda que se argumente que a Lei n. 471/09 não regulamenta o cargo de agente comunitário de saúde no município recorrente, o edital do concurso baseou-se nesta lei. É certo que as regras do edital vinculam as partes, e ao fazer menção à Lei n. 471/09, que prevê normas de direito público para reger a relação (fls. 90/92), o réu deixou claro aos participantes do concurso que o vínculo estabelecido seria de natureza administrativa.

Se o concurso desatendeu à Lei n. 11.350/2006, pois trata de contratação temporária, enquanto tal norma veda tal tipo de contratação, questiona-se o próprio concurso, e não apenas a parte que interessa a autora.

Assim, não se pode apenas afastar a incidência da Lei n. 471/09, e transformar o contrato da autora em celetista, pois o concurso todo estaria maculado, ao fixar termo para contratação.

Mas, em se tratando de ente público, não é de competência desta Justiça analisar os possíveis vícios do concurso.

Há, ainda, questão de relevo a se destacar. A Lei n. 11.350/2006, em seu art. 8º, acima transcrito, fixa o regime celetista desde que lei local não disponha de forma diversa, e, *in casu*, há lei local que dispõe.

Deixando-se de lado a questão da aplicação ou não da Lei n. 471/09 para os agentes comunitários de saúde, o fato é que o município de Itaperuna dispõe de lei para seus servidores, que são estatutários (Lei n. 83/76, fl. 113. Disponível em: <itaperuna.rj.gov.br/estatuto/estatuto_lei083_76.pdf>).

A Lei n. 11.350/2006 não diz que é preciso uma lei específica para agentes comunitários, e que nela deve constar o regime de contratação. A exegese da norma é fixar o regime celetista, para os municípios que não têm regime estatutário.

Entender de outra forma seria, mesmo após o julgamento da ADI n. 2.135-4, permitir que os municípios tivessem 2 regimes gerindo seus funcionários.

O réu é integrante da Administração Pública Direta e, por isso, adota o sistema do regime jurídico único imposto pelo art. 39 da CRFB, seja ele estatutário ou celetista, salvo para as contratações temporárias, cujo regime é similar ao estatutário, mas com ele não se confunde.

A reclamante estava submetida ao Regime Jurídico estatuído pela Lei Municipal n. 83/76, sendo subordinada ao Estatuto dos Servidores do Município, não estando, portanto, sob o regime celetista.

Isto se explica porque a Emenda Constitucional n. 19/1998, que tinha alterado a redação do art. 39 da CRFB, para permitir a duplicidade de regimes no âmbito federal da Administração Pública Direta, Autárquica e Fundacional, foi declarada inconstitucional em 2007." (ADI n. 2.135-4/00, do STF).

Com isso, a antiga redação prevaleceu.

"Logo, manter a decisão de origem seria desobedecer ao comando contido na ADI n. 2.135-4.

Tem-se, pois, que o art. 114, I, da CRFB, com a interpretação conforme atribuída pela liminar concedida na ADIn n. 3.395-6, exclui da competência da Justiça do Trabalho apreciação de lides entre o Poder Público e seus servidores.

Após o julgamento da ADIN n. 3.395/DF e da Reclamação n. 6.552/MG, ambas as ações julgadas pelo Plenário do STF, a Justiça do Trabalho é absolutamente incompetente para processar e julgar as ações que envolvam contratos de servidores públicos em caráter de regime jurídico administrativo (caso da autora), bem como de estatutários referentes aos Estados, Municípios, União, DF e das autarquias e fundações públicas.

Ainda incorre em um equívoco a decisão de origem, pois o fato da autora perceber direitos trabalhistas não significa que o réu a reconhecesse como celetista. O estatuto dos servidores prevê a percepção de férias, abono Natal e salário-família, como pode ser confirmado no endereço eletrônico acima transcrito.

Diante do reconhecimento da incompetência, prejudicada a análise das demais matérias do recurso do réu e do recurso da reclamante." (TRT — 1ª Região — RO 0000566-85.2013.5.01.0471, Desembargadora Relatora Vólia Bomfim Cassar, 2ª Turma, Data de Julgamento: 21 de maio de 2014)

O Supremo Tribunal Federal, por sua vez, também afasta a competência da Justiça do Trabalho para apreciar demandas que se pretende a nulidade de contrato de trabalho temporário firmado pela administração pública, como se infere dos seguintes arestos:

INCOMPETÊNCIA DA JUSTIÇA DO TRABALHO – RELAÇÃO JURÍDICO-ADMINISTRATIVA. No caso, o eg. TRT concluiu pela incompetência material da Justiça do Trabalho. No caso, a trabalhadora foi contratada de forma temporária, sob o regime celetista, vinculando-se ao município, sem concurso público, para exercer a função de agente comunitário de saúde. O Supremo Tribunal Federal, no julgamento da Medida Cautelar na ADI n. 3.395-6/DF, afastou qualquer interpretação do artigo 114, I , da Constituição Federal que inclua na competência da Justiça do Trabalho a apreciação de demandas instauradas entre a Administração Pública e os servidores a ela vinculados por relação de ordem estatutária ou de caráter jurídico-administrativo, aí incluídos os conflitos sobre o exercício de cargo comissionado ou acerca de contrato temporário de excepcional interesse público (artigo 37 , IX , da Constituição Federal). Seguindo esse entendimento, esta Corte cancelou a Orientação Jurisprudencial 205 da SBDI-1 e tem firmado jurisprudência no sentido de que não compete à Justiça do Trabalho processar e julgar causas decorrentes das relações entre os servidores e o poder público em que se discute o desvirtuamento da contratação efetuada pelo regime especial disposto no art. 37 , IX , da Constituição Federal . Agravo de instrumento conhecido e desprovido. (TST – Agravo de Instrumento em Recurso de Revista AIRR 113303120165150150 (TST) Data de publicação: 17/05/2019 – Relator: Alexandre de Souza Agra Belmonte, 3ª Turma)

FAZENDA PÚBLICA – CONTRATO TEMPORÁRIO DE TRABALHO – NECESSIDADE TEMPORÁRIA – PROFESSOR SUBSTITUTO – INDEVIDO O PAGAMENTO DE FGTS – LEI DISTRITAL 4.266/2008 – RECURSO CONHECIDO E IMPROVIDO. 1. A modalidade de contratação temporária, sem exigência de concurso público, está prevista no artigo 37 , IX da Constituição Federal . 2. A Justiça do Trabalho não tem competência para processar e julgar causas que envolvam o Poder Público e servidores a ele vinculados, mesmo que em decorrência de contrato temporário, por se tratar de relação jurídico-administrativa. Precedente (STF – Rcl 7028 AgR/MG – Relatoria: Ministra ELLEN GRACIE – DJe de 15.10.2009). Portanto, a competência para julgamento dos casos em apreço é da Justiça Comum. Preliminar de Incompetência dos Juizados Especiais rejeitada. 3. O STF fixou, no RE 658.026, com repercussão geral reconhecida (Tema 612), as diretrizes que norteiam a contratação temporária por tempo determinado para atendimento à necessidade temporária de excepcional interesse público, considerando-a válida, quando atendidos os seguintes requisitos: a) os casos excepcionais estejam previstos em lei; b) o prazo de contratação seja predeterminado; c) a necessidade seja temporária; d) o interesse público seja excepcional; e) a necessidade de contratação seja indispensável, sendo vedada a contratação para os serviços ordinários permanentes do Estado, e que devam estar sob o espectro das contingências normais da Administração. 4. Nesse sentido, a Lei Distrital n. 4.266/08 dispõe sobre tal contratação, trazendo os requisitos que devem ser observados para a validade do contrato. (TJ-DF – DF 0721143-23.2019.8.07.0016. Data de publicação: 22/10/2019. Relator: Eduardo Henrique Rosas. Primeira Turma Recursal. Data de julgamento: 11.10.2019).

"[...] 1. Incompetência da Justiça Trabalhista para o processamento e o julgamento das causas que envolvam o Poder Público e servidores que sejam vinculados a ele por relação jurídico-administrativa.

2. O eventual desvirtuamento da designação temporária para o exercício de função pública, ou seja, da relação jurídico administrativa estabelecida entre as partes, não pode ser apreciado pela Justiça do Trabalho.

3. Reclamação julgada procedente." (Rcl 4.464, Pleno, Rel. Min. Cármen Lúcia, DJe de 21.8.2009)

"[...] 1. A Justiça do Trabalho não detém competência para processar e julgar causas que envolvam o Poder Público e servidores a ele vinculados, mesmo que por contrato temporário com prazo excedido, por se tratar de relação jurídico--administrativa. 2. Ainda que possa ter ocorrido desvirtuamento da contratação temporária para o exercício de função pública, não cabe à Justiça do Trabalho analisar a nulidade desse contrato. 3. Existência de precedentes desta Corte nesse sentido. 4. Agravo regimental ao qual se nega provimento." (Rcl 7.028-AgR, Pleno, Rel. Min. Ellen Gracie, DJe de 16.10.2009)

"Compete à Justiça Comum processar e julgar causas instauradas entre o Poder Público e seus servidores submetidos a regime especial disciplinado por lei local editada antes da Constituição Republicana de 1988, com fundamento no art. 106 da Constituição de 1967, na redação que lhe deu a Emenda Constitucional n. 1/69, ou no art. 37, IX, da Constituição de 1988. III — Recurso Extraordinário conhecido e provido." (RE 573.202, Rel. Min. Ricardo Lewandowski, Plenário, DJe 5.12.2008)

"AGRAVO REGIMENTAL - PROCESSUAL CIVIL - SERVIDOR PÚBLICO - CONTRATO TEMPORÁRIO - ART. 37, IX, DA CONSTITUIÇÃO - COMPETÊNCIA - JUSTIÇA COMUM ESTADUAL - PRECEDENTE. Conforme o julgamento proferido no RE 573202, Rel. Min. Ricardo Lewandowski, Tribunal Pleno, DJ 5.12.2008, compete à Justiça comum estadual o julgamento de causas que digam respeito a contratos temporários celebrados pela Administração Pública municipal, nos termos do art. 37, IX, da Constituição. Agravo regimental a que se nega provimento." (STF AI 784.188-AgR, Rel. Min. Joaquim Barbosa, Segunda Turma, DJe 24.5.2011).

2.8.1. Terceirização permanente e temporária, lícita e ilícita

Terceirização permanente é aquela que ocorre quando empresas privadas ou públicas celebram contratos de prestação de serviços, com ou sem licitação, com empresas prestadoras de serviços meio (limpeza, conservação, vigilância), serviços especializados (manutenção de elevadores, assistência técnica a computadores, a sistema digital, a programas de *software* etc.), bem com os serviços de vigilância (Lei n. 7.102/1972), quando se contrata os serviços a serem desenvolvidos, não importando a pessoa do trabalhador que executará as mencionadas atividades. Um dia a empresa prestadora poderá enviar João, no dia seguinte Maria, e no terceiro dia outro trabalhador. O mais importante, neste caso, é a prestação de serviços, independentemente da pessoa do trabalhador que a realiza, e sua permanência ou duração será estabelecida contratualmente, no prazo contratual.

Nesta situação, temos a terceirização permanente, pois o mesmo trabalhador, que cuida da limpeza ou do cafezinho não precisará ser substituído a cada três meses ou seis meses, já que não se trata do trabalhador temporário, regido pela Lei n. 6.019/1974.

Até o momento, ainda não temos lei que disciplina a terceirização no Brasil, e tais casos são solucionados de acordo com a Súmula n. 331 do Colendo Tribunal Superior do Trabalho, bem como pela jurisprudência dominante dos Tribunais do Trabalho.

Por outro lado, a terceirização temporária é regida pela Lei n. 6.019/1974 e a Súmula n. 331 anteriormente mencionada, que estabelecem que o trabalhador temporário não poderá desenvolver suas atividades em prazo superior a três meses, ou em alguns casos seis meses, se houver autorização neste sentido do Ministério do Trabalho e Emprego. Havendo a extrapolação deste prazo, o temporário poderá ajuizar reclamação trabalhista pleiteando a convocação de seu contrato temporário em contrato por prazo indeterminado, com a empresa tomadora dos serviços.

A terceirização lícita é aquele que segue o disciplinamento do ordenamento jurídico, enquanto a ilícita ocorre quando há ofensa aos direitos dos trabalhadores, seja pela empresa de locação de mão de outra, ou por meio da tomadora de serviços. Neste caso, serão verificados se os serviços contratados se relacionam à atividade-fim ou meio da tomadora, se houve *culpa in vigilando* ou *in eligendo* na contratação etc.

Veja a ementa e trechos do acórdão que trata de terceirização ilícita pela Administração Pública:

> ADMINISTRAÇÃO PÚBLICA DIRETA – TERCEIRIZAÇÃO ILÍCITA DE ATIVIDADE-FIM – RESPONSABILIDADE SUBSIDIÁRIA. É firme a jurisprudência deste Tribunal Superior no sentido de que a terceirização ilícita pela Administração Pública, por caracterizar fraude à legislação trabalhista, impõe a responsabilidade solidária da tomadora e da prestadora de serviços por todos os créditos reconhecidos ao trabalhador, a teor do disposto no art. 942 do Código Civil . Na espécie, houve o reconhecimento apenas de responsabilidade subsidiária, na linha da jurisprudência do TST, o que atrai a incidência do disposto no art. 896 , § 7º , da CLT . Precedentes. Recurso de revista de que não se conhece. (TST – Recurso de Revista RR 1224004520095150135 (TST). Data de publicação: 24/08/2018. Relator: Walmir Oliveira da Costa, 1ª turma).
>
> "RECURSO DO SEGUNDO RECLAMADO – RESPONSABILIDADE SUBSIDIÁRIA – TERCEIRIZAÇÃO – ADMINISTRAÇÃO PÚBLICA – AUSÊNCIA DE FISCALIZAÇÃO – CONFIGURAÇÃO. Se não há prova nos autos demonstrando que o ente público procedeu à fiscalização efetiva da prestadora de serviços, principalmente em relação às suas obrigações trabalhistas, deverá responder subsidiariamente, abrangendo toda a condenação, inclusive em relação às parcelas fiscais e previdenciárias. Recurso a que se nega provimento, neste aspecto. DANO MORAL – NÃO CONFIGURAÇÃO. O inadimplemento de haveres resilitórios, por si só, não acarreta o pagamento da pretendida reparação, porquanto, apesar de representar uma situação desfavorável ao trabalhador, viola apenas seus direitos econômicos, sem ofender, contudo, seu patrimônio ideal. Recurso a que se dá parcial provimento, neste particular." (RO 00009001020135010281. Tipo de processo: Recurso Ordinário. Data de publicação: 2014-06-27. Órgão julgador: Quinta Turma. Relator: Des. Enoque Ribeiro dos Santos. TRT 1ª Região)
>
> [...] Seguem excertos do acórdão retrorreferenciado:
>
> "RESPONSABILIDADE SUBSIDIÁRIA
>
> Pugna o segundo reclamado pela reforma da sentença no que tange à condenação subsidiária que lhe foi imposta.
>
> Não lhe assiste razão."

Em primeiro lugar, não há que se falar em conflito entre Súmulas do TST, haja vista que a Súmula n. 363 trata de trabalhador contratado sem concurso público. Ocorre que não foi pedido vínculo empregatício com o Estado, razão por que inexistente violação ao art. 37 da CRFB e afronta a Súmula n. 363 do C. TST. O caso em análise não se refere a contrato nulo e sim responsabilidade da tomadora dos serviços, para quem o obreiro despende diretamente a sua força de trabalho.

A Súmula n. 331 do TST determinava que:

"I — A contratação de trabalhadores por empresa interposta é ilegal, formando-se o vínculo diretamente com o tomador dos serviços, salvo no caso de trabalho temporário (Lei n. 6.019, de 3.1.1974).

II — A contratação irregular de trabalhador, através de empresa interposta, não gera vínculo de emprego com os órgãos da Administração Pública Direta, Indireta ou Fundacional (art. 37, II, da Constituição da República).

III — Não forma vínculo de emprego com o tomador a contratação de serviços de vigilância (Lei n. 7.102, de 20.6.1983), e de conservação e limpeza, bem como a de serviços especializados ligados à atividade-meio do tomador, desde que inexistente a pessoalidade e a subordinação direta.

IV — O inadimplemento das obrigações trabalhistas, por parte do empregador, implica na responsabilidade subsidiária do tomador dos serviços quanto àquelas obrigações, inclusive quanto aos órgãos da administração direta, das autarquias, das fundações públicas, das empresas públicas e das sociedades de economia mista, desde que hajam participado da relação processual e constem também do título executivo judicial (art. 71 da Lei n. 8.666/93).

O tomador (contratante) tem a obrigação não apenas na seleção ou escolha da empresa de prestação de serviços, bem como de sua fiscalização.

Aplica-se aqui o desdobramento da responsabilidade civil no que respeita às relações de trabalho, por meio da culpa *in elegendo* e *in vigilando*. O tomador de serviços deverá exigir, mensalmente ou a cada dois meses, a apresentação dos comprovantes de recolhimentos previdenciários, fiscais e trabalhistas até mesmo para sua própria proteção financeira. É cediço que o crédito trabalhista é superprivilegiado, de acordo com os arts. 186 do CTN e do art. 449 da CLT.

Verifica-se, no plano fático, a configuração da responsabilidade subsidiária quando a empresa prestadora de serviços for inadimplente em relação aos títulos trabalhistas e previdenciários de seus empregados. Pela experiência forense, é fato corriqueiro que, quando ocorre a finalização dos contratos de prestação de serviços, com a ocorrência de novas licitações e o surgimento, neste plano, de novos vencedores e perdedores, tem-se, assim, a rescisão de contratos de trabalho dos trabalhadores terceirizados e concomitantemente a rescisão de contratos de prestação de serviços entre o tomador e o prestador, com a emergência de inadimplementos de toda sorte em relação aos títulos rescisórios dos empregados terceirizados.

Com a finalidade de proteger estes trabalhadores, que carecem até mesmo de proteção sindical, em situações de inadimplemento, aplica-se a teoria da responsabilidade civil, nos vetores da culpa *in elegendo* e *in vigilando*, devendo o tomador ser devidamente responsabilizado.

Não remanesce dúvida de que o tomador deve compor a relação jurídica processual, para que possa responder, no plano dos fatos, pelo inadimplemento por parte da empresa prestadora dos serviços. Aplica-se, de forma analógica, o entendimento jurisprudencial da Súmula n. 205 do TST (cancelada em 19.11.2003 — Resolução n. 121/03) em relação ao grupo de empresas.

Embora a inclusão do tomador no polo passivo seja uma medida elogiável, na medida em que integrando a relação jurídica processual poderá requerer e apresentar as provas necessárias, declinar seus argumentos e exercer com plenitude seu direito constitucional de ampla defesa e contraditório, fundamentos do devido processo legal, hodiernamente já não mais se discute do acerto do entendimento de que a execução só pode se voltar às empresas que tenham participado do processo, em sua fase de conhecimento.

Em face da dinâmica da vida social, dos efeitos da globalização, na era do conhecimento e da informação e da proliferação da terceirização, que atualmente está presente em praticamente todos os segmentos produtivos, inclusive com intensidade na Administração Pública, a responsabilização dos tomadores de serviços se assemelha aos grupos empresariais, nas palavras do relator Ney José de Freitas (TRT-PR-71350-2003-006-09-00-0. Seção Especializada. DJ PR 4.11.2005):

'não se trata de abrir a exceção à regra e permitir que a execução se volte contra quem não participou do processo cognitivo apenas porque pertence ao mesmo grupo econômico, com clara ofensa ao princípio do devido processo legal. Não pode ser desprezada a circunstância de que a embargante não foi incluída no polo passivo, para que o autor se beneficiasse do art. 2º, § 2º, da CLT, pela simples razão de que sequer existia, à época da propositura da ação. Isentá-la de responsabilidade pode criar perigoso precedente, que permitiria ao executado simplesmente constituir outras empresas que, a despeito de plenas condições de arcar com a dívida, podem livrar-se da execução com o singelo argumento de que não participaram do polo passivo da demanda, na fase de conhecimento. Agravo de petição que se nega provimento para manter a penhora sobre o bem da terceira embargante'."

De acordo com Emília Simeão Albino Sako: "...a terceirização de serviços transformou-se em regra geral, pois o risco é aceitável e bastante razoável. Os números mostram que mais de 50% dos processos ajuizados na Justiça do Trabalho contemplam alguma forma de terceirização. E não só as empresas privadas utilizam essa forma nefasta de trabalho como também o setor público, ou seja, quem, justamente, deveria zelar pelo cumprimento da lei. [...] A terceirização favorece apenas uma das partes da relação, ou seja, favorece apenas o detentor do capital, que com ela reduz os custos de produção com elevação dos lucros. As empresas terceirizadas mal conseguem cumprir o contrato, sendo que na maioria das vezes, encerram suas atividades e desaparecem antes do contrato chegar ao fim. O trabalhador é mal remunerado, cumpre extensas jornadas de trabalho, as condições de trabalho são indignas, o contrato precário e de curta duração. Trata-se de uma forma cruel de exploração do trabalhador, pois passa a ser considerado uma simples peça no sistema da produção. As empresas terceirizadas não sobrevivem sem emprego, desprovidos de direitos mínimos" (SAKO, 2006, p. 346).

As entidades da Administração Pública Direta e Indireta, bem como as concessionárias de serviços públicos, quando investidas na qualidade de empregadores ou tomadores de serviços, devem responder pelos prejuízos que nesta qualidade causaram aos que lhes prestam serviços. Estes dizeres estão em consonância com o art. 37, VI, da CF/88, relativamente à responsabilidade objetiva da Administração Pública, porém, o col. TST, por meio da Súmula n. 331, veio relativizar aquele entendimento, atribuindo-lhe a responsabilidade subsidiária, em caso de culpa na escolha/seleção e fiscalização das empresas prestadoras de serviços.

Por este entendimento é que a jurisprudência cristalizada na Súmula n. 331 do TST há de ser mantida no presente caso concreto. Em face do fenômeno da terceirização, como é o caso dos autos, a jurisprudência do Tribunal Superior do Trabalho adota a tese da responsabilidade civil subjetiva. Neste panorama, o tomador ou contratante dos serviços, seja público ou privado, possui a responsabilidade civil na seleção/escolha e fiscalização no trato das relações trabalhistas da empresa prestadora com seus empregados.

> [...] verifica-se que a Administração Pública (direta ou indireta), quando terceiriza suas atividades, equipara-se aos empregadores da iniciativa privada (art. 173, § 3º, da CF/88), despindo-se, portanto, do *jus imperii* inerentes às atividades de Estado, e destarte, qualquer exclusão em relação à responsabilidade pelo menos subsidiária feriria de morte o princípio constitucional da igualdade.
>
> Com base nestes mandamentos constitucionais que o col. TST inclui, de forma expressa, a responsabilidade subsidiária da Administração Pública em contratos de terceirização.
>
> O Tribunal Superior do Trabalho, ao redigir a Súmula n. 331, de forma concreta, colocou uma "pá de cal" em toda e qualquer discussão que pudesse decorrer da terceirização.
>
> Em primeiro lugar, houve a observância da Súmula n. 331 do col. TST, a qual determina o afastamento do art. 71 da Lei n. 8.666/1993.
>
> Em segundo lugar, a não aplicação da Lei n. 8.666/1993, não implica, necessariamente, em se dizer que a Lei seja inconstitucional para que não seja aplicada. Se assim o fosse, qualquer negativa de aplicação a um dispositivo legal, de forma concreta, exigiria aferir se a lei é constitucional ou não.
>
> Em terceiro lugar, a discussão acerca da responsabilidade subsidiária da Administração Pública por débitos trabalhistas, baseando-se no confronto entre a Lei n. 8.666 e a Súmula n. 331, TST, reside no âmbito infraconstitucional. (STF — 1ª T. — AI 409.572-AgR — Rel. Min. Ilmar Galvão — DJ 7.3.2003; STF — 2ª T. — AI 401.222-AgR — Rel. Min. Nelson Jobim — DJ 29.11.2002; STF — 2ª T. — AI 453.737-AgR — Rel. Min. Celso de Mello — DJ 5.12.2003)
>
> Em quarto lugar, o STF foi provocado a se manifestar sobre a constitucionalidade do art. 71, § 1º, da Lei n. 8.666/1993 (Ação Declaratória de Constitucionalidade n. 16, ajuizada pelo Distrito Federal em março de 2007), sob a alegação de que o TST estaria negando vigência ao citado dispositivo, pela reiterada aplicação do entendimento jurisprudencial cristalizado no tópico IV da Súmula n. 331.
>
> A ADC n. 16 considerou constitucional o art. 71 da Lei n. 8.666/1993, de modo a vedar, de forma expressa, a responsabilidade automática do ente público contratante da empresa prestadora pelos débitos trabalhistas de sua responsabilidade, em caso de inadimplemento.
>
> O E. STF deliberou pela constitucionalidade do art. 71 e o seu § 1º, além da indicação ao TST da não generalização da responsabilidade subsidiária da Administração Pública, devendo, assim, investigar caso a caso para que se tenha esta imputação se a inadimplência da empresa prestadora teve por causa principal a falha ou falta de fiscalização pelo órgão público contratante.

A decisão do STF foi no sentido de que o art. 71, § 1º, da Lei n. 8.666/1993 afasta a responsabilidade contratual do ente público pelas obrigações trabalhistas da empresa prestadora. Dessa forma, a responsabilidade pelos direitos trabalhistas dos empregados das empresas prestadoras de serviços deverá ser reconhecida, pelo exame de cada caso concreto, verificando se houve a culpa *lato sensu* do ente público contratante, como nos casos de contração sem licitação, dispensa ilegal do processo licitatório etc. Observe-se que a Administração Pública responde pelos danos que seus agentes causarem a terceiros, assegurado o direito de regresso contra o responsável nos casos de dolo ou culpa (art. 37, § 6º, CF).

Saliente-se que a interpretação do art. 71 da Lei n. 8.666/1993 não pode ser realizada de forma isolada. Seu alcance impõe a leitura combinada com a legislação que imputa à Administração Pública o dever de fiscalizar a execução dos seus contratos, diante dos princípios da legalidade e da moralidade, previstos no art. 37, *caput*, da Constituição Federal.

Os arts. 54, § 1º, 55, inciso XIII e 66 da Lei n. 8.666/1993 determinam que o prestador de mão de obra está obrigado ao cumprimento das obrigações contratuais a partir do momento em que participou da licitação.

Ademais, o art. 58, III, assegura à Administração Pública o direito de fiscalizar o efetivo cumprimento dos contratos administrativos.

Por sua vez, o art. 67, *caput* e § 1º, assegura que a execução do contrato deverá ser acompanhada e fiscalizada por um representante da Administração Pública, cabendo ao representante anotar em registro próprio todas as ocorrências relacionadas com a execução do contrato, determinando, inclusive, o que for necessário para a regularização das faltas ou defeitos observados.

O art. 78 dispõe expressamente, como motivo para rescisão do contrato, o não cumprimento ou cumprimento irregular das cláusulas contratuais, especificações, projetos ou prazos, o que também se aplica na hipótese de não cumprimento das obrigações trabalhistas.

No que respeita à responsabilidade subsidiária da Administração Pública, após a decisão do STF, quanto a ADC n. 16, o TST reformulou o teor da Súmula n. 331, conforme a Resolução n. 174, de 24.5.2011, DJe TST 30.5.2011 e 20.4.1987 promoveu profundas alterações em sua redação, conforme se observa:

a) o tópico IV foi alterado e agora possui a seguinte redação:

"IV — O inadimplemento das obrigações trabalhistas, por parte do empregador, implica a responsabilidade subsidiária do tomador de serviços quanto àquelas obrigações, desde que haja participado da relação processual e conste também do título executivo judicial";

b) o tópico V foi inserido:

"V — Os entes integrantes da administração pública direta e indireta respondem subsidiariamente, nas mesmas condições do item IV, caso evidenciada a sua conduta culposa no cumprimento das obrigações da Lei n. 8.666/93, especialmente na fiscalização do cumprimento das obrigações contratuais e legais da prestadora de serviço como empregadora. A aludida responsabilidade não decorre de mero inadimplemento das obrigações trabalhistas assumidas pela empresa regularmente contratada."

O item V da Súmula n. 331 do TST reconhece a responsabilidade subsidiária da Administração Pública em caso de não cumprimento com o seu dever de fiscalizar a empresa prestadora quanto ao adimplemento dos direitos trabalhistas dos seus empregados.

Como resultado do julgamento da ADC n. 16 pelo STF e com a nova redação da Súmula n. 331, a jurisprudência do TST tem se posicionado no seguinte sentido:

> RESPONSABILIDADE SUBSIDIÁRIA – JULGAMENTO DA ADC 16 DO STF E NOVA REDAÇÃO DA SÚMULA 331, V, DO TST.
>
> A declaração de constitucionalidade do artigo 71 da Lei n. 8.666/91 pelo STF, no julgamento da ADC 16, não inviabilizou a condenação do Ente Público como responsável subsidiário, pelo Judiciário Trabalhista. Presente a conduta culposa do 2ª Réu, decorrente da ausência de fiscalização quanto a idoneidade da prestadora de serviço e do correto cumprimento do contrato, configura-se a sua responsabilidade subsidiária. (TRT-1 – Recurso Ordinário : RO 00065002120075010055 RJ. Relator: Carlos Henrique Chernichato. Data de julgamento: 05.02.20, Quarta Turma)

Nesse sentido, o TRT 1ª Região editou a Súmula n. 43, *in verbis:*

> "RESPONSABILIDADE SUBSIDIÁRIA DA ADMINISTRAÇÃO PÚBLICA. A constitucionalidade do § 1º do art. 71 da Lei n. 8.666/93, declarada pelo STF no julgamento da ADC n. 16, por si só, não afasta a responsabilidade subsidiária da Administração Pública, quando esta decorre da falta de fiscalização. O ônus probatório de comprovar que teria procedido à efetiva fiscalização da empresa prestadora de serviços, inclusive com base na IN n. 2/08 do MPOG, analogicamente aplicável ao ente estadual, é do tomador dos serviços, por se tratar de fato impeditivo do direito pretendido relativo à sua responsabilização subsidiária."

E ainda, a Súmula n. 41, *in verbis:*

> "RESPONSABILIDADE SUBSIDIÁRIA DO ENTE DA ADMINISTRAÇÃO PÚBLICA. PROVA DA CULPA (ARTS. 29, VII, 58, 67 e 78, VII, DA LEI N. 8.666/93). 'Recai sobre o ente da Administração Pública que se beneficiou da mão de obra terceirizada a prova da efetiva fiscalização do contrato de prestação de serviços'."

Ademais, a Administração tem o dever de exigir a apresentação de documentos que comprovem a regularidade, pela contratada, das obrigações trabalhistas e sociais e, por corolário, ter a posse desses documentos.

Nesse plano, o Estado tem plena possibilidade de demonstrar em juízo que não incorreu em culpa *in vigilando,* bastando para tanto a juntada de documentos e a comprovação de que, observado o princípio da legalidade e a regra da não intervenção, fiscalizou a contratada no sentido de evitar o inadimplemento das verbas trabalhistas, o que, no caso em apreço, não ocorreu eis que não há, nos autos, prova dessa fiscalização.

Oportuno salientar ainda que, para que o tomador não seja responsabilizado subsidiariamente, deve ter êxito em demonstrar não apenas que foi diligente na fiscalização, mas sobretudo que tomou providência no sentido de reter os valores correspondentes aos faturamentos da terceirizada, de forma a preservar os pagamentos das verbas salariais (alimentícias) aos respectivos trabalhadores, em conjunto com os consectários legais (FGTS, férias, natalinas etc.). Apenas assim se poderia vislumbrar a possibilidade de haver o afastamento da responsabilidade subsidiária do ente público.

Dessa forma, por não ter havido, no caso concreto, a observância efetiva e profícua da fiscalização do contrato, foi necessário à parte autora que viesse ao Poder Judiciário procurar a satisfação dos seus direitos.

Como o Estado é o tomador e não observou os seus deveres de fiscalização e de escolha, poderá vir a ser responsável em execução, devendo, a sua responsabilidade abranger todos os direitos, inclusive decorrentes da legislação previdenciária e fiscal.

Neste sentido, temos o novo tópico VI da Súmula n. 331:

> "A responsabilidade subsidiária do tomador de serviços abrange todas as verbas decorrentes da condenação referentes ao período da prestação laboral."

Não é outro o entendimento prevalente nesta Corte Regional, como se infere de sua Súmula n. 13, *in verbis*:

> "Cominações dos arts. 467 e 477 da CLT. Terceirização. Responsabilidade subsidiária. Nos casos de terceirização de mão de obra, inserem-se na responsabilidade subsidiária do tomador de serviços, ainda que se tratando de ente da Administração Pública Direta ou Indireta, as cominações dos arts. 467 e 477 da CLT."

Por todo o exposto, nego provimento ao apelo, neste aspecto, mantendo a responsabilidade subsidiária do Estado, uma vez que não houve a observância efetiva e profícua da fiscalização do contrato com a primeira reclamada no sentido de evitar o inadimplemento das verbas trabalhistas.

2.8.2. Terceirização e intermediação de mão de obra

A terceirização não se confunde com a intermediação de mão de obra, pois esta se caracteriza como o instituto do *merchandage*, proibido pelo ordenamento jurídico pátrio, na medida em que impõe ao trabalhador um ônus que desfigura sua dignidade e colide com os princípios fundamentais do Estado Democrático de Direitos e dos direitos humanos.

Ainda encontramos no Brasil entes públicos que usurpam a prática do concurso público, por meio de contratação de cooperativas de mão de obra. Mediante tal propósito, toda sorte de servidores são contratados pela cooperativa para prestar serviços ao Poder Público, em verdadeiro processo de mercantilização de mão de obra, já que os trabalhadores têm os direitos trabalhistas e previdenciários sonegados, uma vez que tal contratação é nula, não produzindo quaisquer efeitos jurídicos, a não ser o pagamento dos dias efetivamente trabalhados e do FGTS, consoante Súmula n. 363 do Colendo TST:

> N. 363 — CONTRATO NULO. EFEITOS — NOVA REDAÇÃO
>
> "A contratação de servidor público, após a CF/1988, sem prévia aprovação em concurso público, encontra óbice no respectivo art. 37, II e § 2º, somente lhe conferindo direito ao pagamento da contraprestação pactuada, em relação ao número de horas trabalhadas, respeitado o valor da hora do salário mínimo, e dos valores referentes aos depósitos do FGTS."

Sobre o tema, importante destacar os comentários de Cláudio Brandão[6]:

"...pode-se concluir que, nos contratos de terceirização, deve prevalecer a regra da responsabilidade objetiva da empresa tomadora quanto aos empregados da fornecedora, com base nos arts. 932, III e 933, ambos do CC, em relação aos acidentes causados aos empregados da empresa terceirizada, que nada mais é do que preposta da empresa tomadora de serviços. Exemplifica-se: um eletricitário que executa serviços de manutenção de rede de alta voltagem para empresa concessionária de energia elétrica, por meio de empresa contratada, está sujeito ao mesmo risco específico acentuado que os empregados daquela e, por conseguinte, se vier a acidentar-se está protegido pela regra de responsabilidade objetiva que alcançará não apenas sua empregadora, em virtude da regra contida no art. 927, parágrafo único do Código Civil, como também a concessionária, em virtude da sua condição de proponente."

2.8.3. Uma nova roupagem jurídica de terceirização ilícita pela Administração Pública

Utilizando-se de critérios jurídicos alternativos para evitar o puro e simples enquadramento da contratação de mão de obra como "intermediação", os interessados lograram aprovar no Congresso Nacional duas Leis: ns. 9637/1998 (organizações sociais) e 9.790/1999 (organizações da sociedade civil de interesse público).

Pela Lei n. 9.637/1998, as organizações sociais podem, entre outras vantagens, contratar empregados sem concurso público, adquirir bens, produtos e serviços sem processo de licitação e ainda não prestar contas de seus gastos a órgãos de controle interno e externo da Administração Pública, porque estas são consideradas atribuições privativas de seu Conselho de Administração. A Lei n. 9.790/1999 a segue na mesma trilha.

---

(6) BRANDÃO, Cláudio. *Acidentes de trabalho*. São Paulo: LTr, 2003. p. 158.

Trata-se de um tipo de terceirização ou privatização de serviços públicos, que culmina com a transferência de um dever do Estado, atribuído constitucionalmente entre as competências privativas da União para entes privativos, que podem dispor de bens, patrimônio, crédito e até mesmo de servidores públicos para administrar e gerir seus próprios interesses. Não bastasse isso, estas entidades do terceiro setor são ainda declaradas de interesse social e utilidade pública para os fins legais.

A saúde (art. 196), a educação e o ensino (arts. 203 e 204 da CF/88) são deveres do Estado e este não pode simplesmente desobrigar-se ou afastar sua responsabilidade na prestação destes serviços, transferindo-as a terceiros, já que resta ao setor privado o papel de complementariedade (art. 197 da CF/88) na forma da Lei n. 8.666/1993.

Não obstante, o que se percebeu pela experiência prática com as terceirizações previstas naquelas leis foi a transferência, pelo Poder Público, de prédios, móveis, hospitais, postos de saúde, equipamentos, recursos públicos e até mesmo cessão de pessoal estatutário para estes entes do terceiro setor, portanto, da iniciativa privada. Sem muito esforço, conclui-se que este último fato trata-se de uma teratologia jurídica: obrigar servidores públicos estatutários a prestar serviços a empresas privadas, quando aprovados em concursos públicos para preencher cargos em órgãos públicos.

Tais instituições do terceiro setor celebram contratos de gestão ou termos de parceria com a Administração Pública, cujo fim inclui a intermediação de mão de obra.

Observa-se a grande semelhança existente entre os contratos de gestão próprios das organizações sociais e os termos de parceria firmados pelo Estado com as OSCIPs. O núcleo central de ambos é a parceria Estado-Entidade Privada na busca de objetivos de interesses comuns, porém, envolvendo a delegação de poder para o exercício de atividade-fim do Poder Público, especialmente as ligadas à saúde e educação, que absorvem grande contingente de trabalhadores, cuja mão de obra anteriormente era fornecida principalmente pelas cooperativas ilícitas de mão de obra.

É digno de realce que a CF/88 (art. 199) permite a participação de entes privados, de forma complementar, afastando a possibilidade de celebração de contratos de administração gerenciada, que tenha por objeto o próprio serviço da saúde e da educação. O Poder Público não tem autorização para transferir à uma organização social, a administração e execução plena de suas atividades de saúde, prestada por exemplo, por um hospital público. Logo, o Poder Público pode apenas contratar terceiros para prestação de atividades-meio (limpeza, vigilância, bem como serviços técnicos especializados, e ainda consultas e exames médicos), e não a transferência de toda a gestão administrativa e operacional.

Sabemos que vários procedimentos devem ser obedecidos na terceirização de serviços públicos, quais sejam:

• A licitação, exigência da norma constitucional (arts. 175 e 37, incisos 21 da CF/88). Constitui procedimento obrigatório na terceirização de serviços públicos, sempre tendo em vista a escolha da oferta mais vantajosa para a Administração, bem como para facultar a igualdade de acesso à contratação pela Administração;

• No que respeita à fiscalização dos serviços, cabe ao Poder Público controlar a execução dos serviços públicos terceirizados, em especial, quanto à prestação de serviços adequados (art. 175, inciso 4, da CF/88, e arts. 84 a 86 da Lei n. 8.666/1993);

• As hipóteses de terceirização lícita de serviço público, estão, portanto, circunscritas à terceirização para o trabalho temporário, com observância do art. 10 da Lei n. 6.016/1974 (que não pode ser superior a 3 meses, salvo autorização conferida pelo órgão local do Ministério do Trabalho e Emprego), a terceirização dos serviços de vigilantes (Lei n. 7.102/1983), a terceirização de atividades-meio (conservação, limpeza, serviços especializados ligados às atividades-meio do Estado, como tomador de serviços).

• Portanto, atividades de saúde e de ensino não são mais passíveis de terceirização lícita. No que diz respeito ao ensino, a Lei de Diretrizes e Bases da Educação Nacional (Lei n. 9.394/1996), vedou, de forma definitiva, a terceirização dos serviços educacionais voltados à atividade de "ensinar", uma vez que o profissional da educação deve necessariamente ser selecionado por meio de concurso público.

• Diz o art. 67 desta lei: "Os sistemas de ensino proverão a valorização dos profissionais da educação, assegurando-lhes, inclusive nos termos dos estatutos e nos planos de carreira do magistério público: I — ingresso exclusivamente por concurso público de provas e títulos".

Neste contexto, não poderá mais o Poder Público se valer de estagiários para "ensinar", em lugar de docentes, regularmente contratados, por concurso público.

Em face do exposto, somos levados a acordar em relação à inconstitucionalidade da Lei n. 9.637/1998 (organizações sociais) e, como corolário lógico, também pela inconstitucionalidade reflexa dos artigos semelhantes da Lei n. 9.790/1999 (OSCIPs), já que existe uma relação de continência entre ambas, o que, certamente, fechará as janelas de oportunidade para a continuidade das práticas fraudulentas de intermediação de mão de obra, por meio de termos de parceria firmados pelas OSCIPs com a Administração Pública, para que trabalhadores prestem serviços, de forma não eventual e subordinada ao Poder Público, em substituição à reincidente prática de contratação fraudulenta por meio das cooperativas de mão de obra.

É cediço que leis infraconstitucionais (Leis ns. 9.637/1998 e 9.790/1999) não têm o condão de revogar disposições e princípios constitucionais que regem o Poder Público (legalidade, impessoalidade, moralidade, publicidade e eficiência), expressos na CF/88, facultando, por exemplo, a exigência de licitação pelos órgãos da Administração Pública direta e indireta, autárquica e fundacional e a contratação sem concurso público para cargos efetivos, com exceção do disposto no art. 37, inciso 9º, da CF/88.

Se até mesmo as sociedades de economia mista e as empresas públicas que exercem atividades econômicas, não podem eximir-se destas exigências constitucionais, quanto mais e com muito mais razão é de se exigir que as organizações sociais e as OSCIPs curvem-se aos ditamos constitucionais.

Como no caso vertente tais interesses envolvem uma coletividade de trabalhadores e direitos difusos e coletivos, cabe ao Ministério Público do Trabalho não apenas a investigação, como também a pacificação do conflito coletivo por meio de termos de ajuste de conduta, ou alternativamente, o ajuizamento de ações moleculares (ações civis públicas)(7).

2.8.4. Preterição em concurso público em decorrência de terceirização dos serviços advocatícios e direito subjetivo à nomeação no cargo por empresa pública federal

Nos casos de preterição de nomeação em concurso público realizado por empresa pública ou sociedade de economia mista, com a contratação dos serviços respectivos por meio de terceirização, demonstrando, claramente, a necessidade de convocação dos aprovados no certame público, a jurisprudência tem-se declinado em dar provimento aos recursos dos trabalhadores preteritos.

Caso ilustrativo do caso vertente é a decisão do TRT 1ª Região, *in verbis*:

> "RECURSO ORDINÁRIO – PRETERIÇÃO EM CONCURSO PÚBLICO EM DECORRÊNCIA DA TERCEIRIZAÇÃO DOS SERVIÇOS ADVOCATÍCIOS E CONSEQUENTE DIREITO SUBJETIVO A NOMEAÇÃO NO CARGO DE ADVOGADO JUNIOR. As jurisprudências do STF, TST e STJ possuem entendimento sedimentado no direito à nomeação de candidato preterido em decorrência da contratação de terceirizados para o desempenho da idêntica atividade constante no cargo ofertado por meio de concurso público, quando este ainda se encontra válido. Entretanto, no caso em apreço, o reclamante, que ocupa a posição de número 95 na ordem de classificação, não se encontra abarcado pelas vagas que, em tese, surgiriam com a declaração, *incidenter tantum,* de invalidade dos contratos administrativos firmados com os escritórios de advocacia terceirizados, razão pela qual não faz jus à nomeação. No entanto, o reclamante tem direito a ter reservada sua vaga, enquanto perdurar essa situação irregular de terceirização de serviços em que empresa pública federal deveria contratar empregados diretamente, mediante concurso público. Recurso parcialmente provido."

Para elucidar a matéria, peço vênia para transcrever parte do voto acima, de nossa lavra:

> "O reclamante pretende a reforma do julgado alegando preterição em sua nomeação no concurso público para cadastro de reserva realizado pela ré no ano de 2012, para

(7) SANTOS, Enoque Ribeiro dos. As OSCIP (Organizações da Sociedade Civil de Interesse Público) e a administração pública. Intermediação fraudulenta de mão de obra sob uma nova roupagem jurídica. In: SANTOS, Enoque Ribeiro dos; FREITAS JR., Antonio Rodrigues (coords.). *Direito coletivo do trabalho em debate*. São Paulo: LTr, 2009. p. 19 a 50.

ocupar o cargo de advogado júnior, ainda em validade, ao argumento de que a reclamada estaria terceirizando os serviços advocatícios para escritórios particulares, o que demonstra, por consequência, haver evidente necessidade na convocação dos aprovados no certame. Cumpre mencionar que o autor encontra-se aprovado em cadastro de reserva, ocupando a posição de n. 95 na ordem de classificação (fl. 72). Em primeiro grau, os pedidos foram julgados improcedentes, por entender o Juízo sentenciante não restar caracterizada a preterição do autor em sua nomeação, uma vez que a atividade advocatícia constitui-se em 'atividade-meio' no contexto bancário, passível, portanto, de terceirização. Em textual: '[...] Apesar de integrar a Administração Indireta, fato que traz peculiaridades à sua atuação, haja vista o interesse público especial a recair sobre seus atos e a submissão à força normativa dos princípios constitucionais, a Caixa Econômica Federal exerce atividade econômica, atua em regime de concorrência com outras pessoas jurídicas de direito privado e goza de liberdade quanto ao estabelecimento do número de empregados que deseja contratar'.

Verifica-se viável, do ponto de vista jurídico, que a empresa pública ocupante do polo passivo opte por recorrer a serviços prestados por profissionais autônomos ou pessoas jurídicas sem que tenha que contratar empregados para o desempenho das atividades das quais necessita, desde que, por óbvio, observe o regime de licitações e não venha a incidir na prática de terceirização ilícita.

A advocacia apresenta-se, notoriamente, como atividade meio no contexto cotidiano de uma instituição financeira como a Caixa Econômica Federal. [...]. Focando-se, especificamente, no pleito do autor voltado à contratação pela Caixa Econômica Federal, de fato é que o mesmo foi aprovado em Concurso Público para a formação de cadastro de reserva, logrando alcançar a 95ª posição no certame.

A menção à formação do cadastro de reserva é indicativa de ausência de direito adquirido do autor à contratação, restando incólume a garantia fundamental prevista no art. XXXVI da Constituição da República.

Relata o autor, na exordial, que até o dia 9.7.2013, apenas 4 candidatos aprovados haviam sido convocados pela Caixa Econômica. Não há nos autos discussão sobre o preterimento do direito do autor à nomeação por nomeação ilegítima de aprovado classificado abaixo do autor, fato que poderia justificar a atuação do Estado-Juiz voltada a preservação da ordem jurídica violada, em especial, dos princípios da impessoalidade e da moralidade.

Verifica-se, a partir do documento de fl. 137, que, por conta de prorrogação publicada no dia 20.6.2013, o concurso do autor dentro do prazo de validade, podendo a contratação dos candidatos aprovados ocorrer até 8.7.2014, não havendo que se falar em reserva de vaga, haja vista a ausência de inobservância à ordem de classificação do concurso, bem como ser o certame voltado à formação da cadastro de reserva [...].

Constato que é incontroversa nos autos a terceirização de serviços advocatícios, por parte da reclamada, a escritórios privados, quando em validade concurso público realizado para o preenchimento de vagas no cargo de advogado júnior, conforme se verifica pelos documentos de fls. 84/90.

Pois bem. Em que pese os aprovados no concurso público constantes no chamado 'cadastro de reserva' possuam, em princípio, mera expectativa de direito à nomeação, em virtude da conveniência e oportunidade inerentes ao ato administrativo discricionário, a jurisprudência do Superior Tribunal de Justiça, transcrita a seguir, consolidou entendimento de que nos casos em que a empregadora contrata, de forma precária (no caso a terceirização), idênticos serviços para os quais realizou o certame, ainda dentro do prazo de validade, a mera expectativa de direito dos aprovados transmuda-se em direito de fato, sendo imperioso concluir pela nomeação e posse dos candidatos."

"ADMINISTRATIVO – CONCURSO PÚBLICO – CANDIDATO APROVADO FORA DO NÚMERO DE VAGAS PREVISTAS NO EDITAL – ABERTURA DE NOVAS VAGAS – CONTRATAÇÃO TEMPORÁRIA – EXPECTATIVA DE DIREITO QUE SE CONVOLA EM DIREITO LÍQUIDO E CERTO. 1. O STJ adota o entendimento de que a mera expectativa de nomeação dos candidatos aprovados em concurso público (fora do número de vagas) convola-se em direito líquido e certo quando, dentro do prazo de validade do certame, há contratação de pessoal de forma precária para o preenchimento de vagas existentes, com preterição daqueles que, aprovados, estariam aptos a ocupar o mesmo cargo ou função". 2. Agravo Regimental não provido." (STJ AgRg no RMS 36.831/MA, Rel. Ministro Herman Benjamin, Segunda Turma, julgado em 22.5.2012, DJe 15.6.2012)

No mesmo sentido a jurisprudência do Tribunal Superior do Trabalho:

ENTE DA ADMINISTRAÇÃO PÚBLICA INDIRETA – CONCURSO PÚBLICO – FORMAÇÃO DE CADASTRO DE RESERVA – CONTRATAÇÃO PRECÁRIA DE PESSOAL – PRETERIÇÃO DE CANDIDATO APROVADO, AINDA QUE A SELEÇÃO TENHA-SE DADO APENAS PARA FORMAÇÃO DE CADASTRO DE RESERVA -DIREITO SUBJETIVO À CONTRATAÇÃO. É ilícita a conduta da empresa pública que, a despeito da realização de concurso público, promove a contratação de pessoal de forma precária para o exercício das mesmas atribuições do cargo para o qual foi realizado o certame, ainda que fora das vagas previstas em edital, pois tal comportamento gera flagrante preterição dos candidatos aprovados. Precedentes do STF e do TST. Agravo de instrumento conhecido e desprovido. (TST – AIRR 105376720175030158 – Relator: Alberto Luiz -Bresciani de Fontan Pereira. DEJT: 10.05.19).

"COMPETÊNCIA DA JUSTIÇA DO TRABALHO – RELAÇÃO PRÉ-CONTRATUAL -CONCURSO PÚBLICO – CADASTRO DE RESERVA – LITÍGIO ORIGINADO NA FASE PRÉ-CONTRATUAL. Consoante o entendimento que vem se consolidando nesta Corte superior, compete à Justiça do Trabalho processar e julgar litígio originado na fase pré-contratual, relacionado à preterição de candidato aprovado em concurso público para cadastro de reserva caracterizada pela terceirização, no prazo de validade do certame, dos serviços para o qual fora realizado o concurso. Hipótese em que não se reconhece afronta ao disposto no art. 114 da Constituição da República. Precedentes. Agravo de instrumento a que se nega provimento. ADMINISTRAÇÃO PÚBLICA INDIRETA – CONCURSO PÚBLICO – APROVAÇÃO PARA CADASTRO DE RESERVA – TERCEIRIZAÇÃO DOS SERVIÇOS NO DECORRER DO PRAZO DE VALIDADE DO CERTAME – PRETERIÇÃO DOS CANDIDATOS APROVADOS. 1. Consoante o mandamento insculpido na cabeça do art. 37 da Constituição da República, a Administração Pública, tanto direta quanto indireta, de qualquer dos Poderes da União, dos Estados, do Distrito Federal e dos Municípios, está submetida aos princípios da legalidade, impessoalidade, moralidade, publicidade e eficiência. Desse modo, constatada a existência de desvio de finalidade na conduta do administrador, afastando-se o ato praticado do interesse público — norteador do desempenho administrativo —, para alcançar fim diverso daquele que a lei lhe permitiu, deve tal ato ser submetido à revisão judicial ou administrativa, porquanto configurada ilegalidade, constituindo-se causa de nulidade do ato administrativo. 2. Conforme entendimento consolidado no Supremo Tribunal Federal, a aprovação de candidato em concurso público realizado para preenchimento de cadastro de reserva não gera, em princípio, direito subjetivo à nomeação, mas apenas expectativa de direito. Tem-se, contudo, que a moderna jurisprudência da Excelsa Corte, bem como do Superior Tribunal de Justiça, tem firmado seu posicionamento no sentido de que a contratação precária de pessoal, dentro do prazo de validade do concurso público, seja por comissão, terceirização ou contratação temporária, para o exercício das mesmas atribuições do cargo para o qual fora realizado o certame, configura preterição dos candidatos aprovados, ainda que fora das vagas previstas no edital ou para preenchimento de cadastro de reserva, evidenciando desvio de finalidade, em inequívoca transgressão à exigência do art. 37, II, da Lei Magna. 3. Na presente hipótese, resultou comprovado que a Petrobras Transportes S.A., ente integrante da Administração Pública indireta, após a realização de concurso público para preenchimento de cadastro de reserva para o cargo de Técnico de Instrumentação, e dentro do prazo de validade do certame, efetuou contratações para a prestação de serviços técnicos de instrumentação, configurando inequívoca preterição dos candidatos aprovados no referido concurso. Constatando-se que o ente público terceirizou os serviços para os quais houve realização de concurso público para preenchimento de cadastro de reserva, dentro do prazo de validade do certame, resulta configurado o desvio de finalidade do ato administrativo e a expectativa de direito convola-se em direito subjetivo à nomeação, visto que demonstrada a necessidade premente de provimento do cargo descrito no edital. 4. Precedentes do Supremo Tribunal Federal e Superior Tribunal de Justiça. Agravo de instrumento a que se nega provimento." (TST — AIRR: 3464020105190003 346-40.2010.5.19.0003, Relator: José Maria Quadros de Alencar, Data de Julgamento: 6.11.2013, 1ª Turma, Data de Publicação: DEJT 8.11.2013)

Perfilha o mesmo posicionamento o Tribunal Regional do Trabalho da 10ª. Região:

> APROVAÇÃO EM CONCURSO PÚBLICO – CADASTRO DE RESERVA – TERCEIRIZAÇÃO – DIREITO SUBJETIVO À NOMEAÇÃO. A contratação precária de pessoal, no prazo de validade do concurso público – seja mediante comissão, terceirização ou contratação temporária -, para o desempenho das mesmas atribuições do cargo para o qual realizado o certame, configura preterição dos candidatos aprovados, ainda que fora das vagas previstas no edital ou para preenchimento de cadastro de reserva, evidenciando desvio de finalidade, em inequívoca transgressão à exigência do artigo 37, II, da CRFB/88. (TRT-1 – Recurso Ordinário Trabalhista : RO 01013739320175010012 – Relator: Monica Batista Vieira Puglia. DEJT: 30.07.19)

Em síntese, a atitude da reclamada em contratar escritórios de advocacia particulares, quando ainda válido concurso público para o cargo de advogado júnior, denota clara ofensa ao princípio constitucional do concurso público, insculpido no art. 37, II, da CF.

Do simples fato da contratação de escritórios particulares infere-se a necessidade dos serviços de advogado, não havendo razão para que se dê preferência à terceirização, ainda mais quando irregular, em detrimento daqueles aprovados no certame, ainda válido, sob pena de se violar o dever de boa-fé que deve permear aos atos da Administração Pública.

Esse é o posicionamento do Supremo Tribunal Federal a respeito do tema:

> "ADMINISTRAÇÃO PÚBLICA – PRINCÍPIO DA SEGURANÇA JURÍDICA – BOA-FÉ – PROTEÇÃO À CONFIANÇA. O dever de boa-fé da Administração Pública exige o respeito incondicional às regras do edital, inclusive quanto à previsão das vagas do concurso público. Isso igualmente decorre de um necessário e incondicional respeito

à segurança jurídica como princípio do Estado de Direito. Tem-se, aqui, o princípio da segurança jurídica como princípio de proteção à confiança. Quando a Administração torna público um edital de concurso, convocando todos os cidadãos a participarem de seleção para o preenchimento de determinadas vagas no serviço público, ela impreterivelmente gera uma expectativa quanto ao seu comportamento segundo as regras previstas nesse edital. Aqueles cidadãos que decidem se inscrever e participar do certame público depositam sua confiança no Estado administrador, que deve atuar de forma responsável quanto às normas do edital e observar o princípio da segurança jurídica como guia de comportamento. Isso quer dizer, em outros termos, que o comportamento da Administração Pública no decorrer do concurso público deve se pautar pela boa-fé, tanto no sentido objetivo quanto no aspecto subjetivo de respeito à confiança nela depositada por todos os cidadãos." (RE 598.099/MS, Ministro Gilmar Mendes, 10.8.2011)

Contudo, no caso em tela, os documentos de fls. 84 e 85 comprovam que a reclamada possuía, no total, 26 escritórios de advocacia contratados antes da realização do concurso, sendo que somente 8 deles tiveram seus contratos renovados, em janeiro de 2013, não havendo como se precisar o real número de advogados terceirizados que prestam serviços em favor da CEF do Estado do Rio de Janeiro. Assim, ainda que se invalidasse, *incidenter tantum*, os contratos administrativos renovados pela instituição financeira (8, no total — fl. 85), e ainda que se considerasse o razoável número de 10 advogados por escritório prestando serviços, exclusivamente, em favor da CEF, totalizando 80 advogados terceirizados, o autor não faria jus à nomeação, tal como postulada no item 6 de fl. 33, uma vez que ocupa a posição de n. 95 na ordem de classificação (fl. 72), negando-se, por consequência, a antecipação dos efeitos da tutela.

No entanto, merece prosperar o pedido sucessivo, determinando que a requerida, sem violar a ordem legal de convocação do concurso, reserve a vaga pertinente à sua posição no certame (item 2 do rol de fl. 33), enquanto perdurar a utilização indevida de serviços advocatícios mediante terceirização.

Não faz qualquer sentido que a ré, sendo uma empresa pública federal, com capital 100% estatal, descumpra deliberada e propositalmente o mandamento constitucional de observância ao concurso público, insculpido no art. 37, II, da CFRB, *in verbis:*

'Art. 37. A administração pública direta e indireta de qualquer dos Poderes da União, dos Estados, do Distrito Federal e dos Municípios obedecerá aos princípios de legalidade, impessoalidade, moralidade, publicidade e eficiência e, também, ao seguinte: [...]

II — a investidura em cargo ou emprego público depende de aprovação prévia em concurso público de provas ou de provas e títulos, de acordo com a natureza e a complexidade do cargo ou emprego, na forma prevista em lei, ressalvadas as nomeações para cargo em comissão declarado em lei de livre nomeação e exoneração; [...].'

Há que se ressaltar que, embora não constitua sua atividade-fim, é para o pleno desenvolvimento da atividade bancária a utilização de serviços advocatícios, até porque não se concebe o desenvolvimento de tal atividade, toda ela lastreada em contratos de inúmeras naturezas, sem o devido apoio jurídico.

Decidir de forma contrária, seria dar guarida à perpetuação de um ato ilícito, de natureza constitucional, atingindo não apenas direitos individuais, como também direitos e interesses difusos, na medida que qualquer causídico brasileiro que preencha os requisitos editalícios da ré, tenha o direito de postular cargos públicos na referida instituição.

Por fim, mas não menos importante, impende salientar que ao agir dessa forma, a CEF ainda poderá atrair para si ações de indenizações por dano moral coletivo à comunidade interessada, acarretando-lhe prejuízos financeiros ainda maiores.

Diante do exposto, dou parcial provimento ao recurso ordinário para deferir o pedido sucessivo, para deferir o pleito de imediata nomeação e posse do demandante, ora recorrente, antecipando os efeitos da tutela, determinando à recorrida, Caixa Econômica Federal, que, uma vez apresentados os documentos exigidos no edital n. 1, de 2012, dê posse ao recorrente, observando-se o prazo máximo de 60 dias, sob pena de pagamento de multa diária de R$ 1.500,00 pelo descumprimento dessa obrigação de fazer, nos termos do art. 461, §§ 5º e 6º, do CPC, nos termos da fundamentação *supra*." (RO 0001027-56.2013.5.01.0245. TRT 1ª Região. 5ª T. Relator: Des. Enoque Ribeiro dos Santos. Sessão de julgamento: 2.12.2014).

2.8.5. Obrigatoriedade de motivação da dispensa do empregado de empresa pública ou sociedade de economia mista

O Supremo Tribunal Federal, no julgamento do recurso de extraordinário n. 589.998/PI, ocorrido em 20.3.2013, adotou o entendimento de que as empresas públicas e as sociedades de economia mista precisam expor as razões do ato demissional por elas praticado, de forma a motivar o ato de rompimento sem justa causa do pacto laboral.

Neste sentido, a ementa do TRT 1ª Região:

EMPREGADO DE EMPRESA PÚBLICA OU DE SOCIEDADE DE ECONOMIA MISTA – OBRIGATORIEDADE DE MOTIVAÇÃO DA DISPENSA -REINTEGRAÇÃO.

O Plenário do E. Supremo Tribunal Federal, no julgamento do Recurso Extraordinário n.589.998/PI, ocorrido em 20/3/2013 (com publicação do respectivo acórdão em 12/9/2013), posicionou-se no sentido de que as empresas públicas e as sociedades de economia mista precisam expor as razões do ato demissional por elas praticado, de forma a motivar o ato de rompimento sem justa causa do pacto laboral. Ainda que, com o julgamento dos embargos de declaração ocorrido na sessão realizada no dia 10/10/2018, a tese de repercussão geral tenha sido limitada à Empresa Brasileira de Correios e Telégrafos (ECT), não há impedimento para a aplicação do entendimento consubstanciado na decisão do Recurso Extraordinário às demais empresas públicas e sociedades de economia mista. Com efeito, a motivação resguarda o empregado e, indiretamente, toda a sociedade de eventual ruptura dos princípios constitucionais consagrados nos arts. 37 da CRFB/88, 2º e 50 da Lei n. 9.784/99, os quais devem ser observados pelo agente estatal investido do poder de demitir. Ademais, a exposição dos motivos torna possível sua compreensão e contestação pelos atingidos, além de permitir o exame da legalidade do ato pelo Judiciário. Para além do louvável entendimento jurisprudencial inovador emanado do STF, permanecemos ainda com nossa posição anterior, no sentido de que, na dispensa do servidor público, mesmo os regidos pela CLT, não basta a mera motivação do ato, mesmo porque, por si só, se levada a efeito pelo empregador acaba por deixar o obreiro na mesma situação anterior de ausência de eficaz proteção (OIT, Convenção n. 158), já que o ato do empregador seria considerado perfeito e acabado, não gerando quaisquer direitos aos trabalhadores. É necessário, isto sim, que a motivação do ato de dispensa seja acompanhada do cumprimento do mandamento constitucional insculpido no artigo 5, LIV, pelo qual "ninguém deve ser privado de seus bens sem o devido processo legal", ou seja, de processo administrativo com ampla defesa e contraditório. Afinal, qual o significado semântico e mesmo sistemático do termo bens no citado inciso constitucional mencionado, que não tenha o sentido de incluir, com clareza solar, que o emprego constitui ao lado da família, os bens mais importantes para a dignidade da pessoa humana e base de sustentação do sistema capitalista de produção de bens e serviços em um Estado Democrático de Direito? Dessa forma, a falta de motivação do ato administrativo de resilição contratual acarreta a sua nulidade, com a consequente reintegração do empregado e pagamento integral das verbas devidas durante o afastamento. Precedentes do STF e do TST. Recurso obreiro provido, no aspecto. (TRT-1 – Recurso Ordinário : RO 01006389420165010012. Relator: Enoque Ribeiro dos Santos. DEJT: 16.05.19).

"EMPREGADO DE EMPRESA PÚBLICA OU DE SOCIEDADE DE ECONOMIA MISTA – OBRIGATORIEDADE DE MOTIVAÇÃO DA DISPENSA – REINTEGRAÇÃO. O Plenário do E. Supremo Tribunal Federal, no julgamento do Recurso Extraordinário n. 589.998/PI, ocorrido em 20.3.2013 (com publicação do respectivo acórdão em 12.9.2013), posicionou-se no sentido de que as empresas públicas e as sociedades de economia mista precisam expor as razões do ato demissional por elas praticado, de forma a motivar o ato de rompimento sem justa causa do pacto laboral. A motivação resguarda o empregado e, indiretamente, toda a sociedade de eventual ruptura dos princípios constitucionais consagrados nos arts. 37 da CRFB/88, 2º e 50 da Lei n. 9.784/99, os quais devem ser observados pelo agente estatal investido do poder de demitir. Ademais, a exposição dos motivos torna possível sua compreensão e contestação pelos atingidos, além de permitir o exame da legalidade do ato pelo Judiciário. Para além do louvável entendimento jurisprudencial inovador emanado do STF, permanecemos ainda com nossa posição anterior, no sentido de que, na dispensa do servidor público, mesmo os regidos pela CLT, não basta a mera motivação do ato, mesmo porque, por si só, se levada a efeito pelo empregador acaba por deixar o obreiro na mesma situação anterior de ausência de eficaz proteção (OIT, Convenção n. 158), já que o ato do empregador seria considerado perfeito e acabado, não gerando quaisquer direitos aos trabalhadores. É necessário, isto sim, que a motivação do ato de dispensa seja acompanhada do cumprimento do mandamento constitucional insculpido no art. 5º, LIV, pelo qual 'ninguém deve ser privado de seus bens sem o devido processo legal', ou seja, de processo administrativo com ampla defesa e contraditório. Afinal, qual o significado semântico e mesmo sistemático do termo bens no citado inciso constitucional mencionado, que não tenha o sentido de incluir, com clareza solar, que o emprego constitui ao lado da família, os bens mais importantes para a dignidade da pessoa humana e base de sustentação do sistema capitalista de produção de bens e serviços em um Estado Democrático de Direito? Dessa forma, a falta de motivação do ato administrativo de resilição contratual acarreta a sua nulidade, com a consequente reintegração do empregado e pagamento integral das verbas devidas durante o afastamento." (Precedentes do STF e do TST. Recurso conhecido e parcialmente provido. RO 001315-42.2012.5.01.0032. TRT 1ª Região. 5ª T. Sessão 3.12.2014. Rel. Des. Enoque Ribeiro dos Santos).

2.8.6. Do Reconhecimento de Vínculo Empregatício de motorista da UBER

Alguns Tribunais do Trabalho passaram a se posicionar em favor do reconhecimento do vínculo empregatício de motorista da Uber, visto que o cliente é da UBER e não do motorista, sendo vedado qualquer contato direto, conforme regras estipuladas pela empresa.

O motorista e o passageiro são dois estranhos que só se conhecem após a solicitação da corrida; o passageiro não tem como selecionar o motorista e o preço, e o motorista só sabe quanto ganha por viagem, como regra, nos dias de pagamento.

Logo, o motorista não trabalha por conta própria, mas por conta alheia, já que sequer pode estipular o preço cobrado, traço característico da relação empregatícia.

Ademais, a utilização das próprias ferramentas para o trabalho, principalmente dos instrumentos tecnológicos móveis, tais como smartphones, tablets e computadores portáteis, que tem se difundido em vários setores sob a denominação de BYOD *(bring your own device)*, não desnatura o vínculo de trabalho subordinado. A exemplo da tabela de honorários da OAB, é possível que um órgão regulador da profissão fixe o valor mínimo a ser cobrado, mas não impedem qualquer cobrança acima desse valor, assim como não vedam a concessão de descontos.

Em tempos em que o acesso à plataforma digital pelo smartphone pode ser terminado de forma remota, a titularidade do aparelho móvel é irrelevante. Muito pelo contrário, o que determina o domínio dos meios de produção é a titularidade e o gerenciamento da plataforma digital e das informações nela contidas, tais como nome e telefones dos passageiros e motoristas, para a prestação dos serviços a terceiros.

Além disso, a UBER controla a forma de dirigir, a velocidade, onde estacionar. Assim, considerada a "atividade econômica organizada para a produção ou a circulação de bens ou de serviços", nos termos do art. 966 do Código Civil, é considerada empregadora quando "(...) assumindo os riscos da atividade econômica, admite, assalaria e dirige a prestação pessoal de serviço", como preceitua o art. 2º da CLT.

Neste sentido, a ementa do TRT 1ª Região:

> RECURSO OBREIRO – DIREITO DO TRABALHO CONTEMPORÂNEO – PLATAFORMAS DIGITAIS – PODER DE DIREÇÃO: NORMATIVO, DE CONTROLE E DISCIPLINAR POR ADESÃO – VÍNCULO DE EMPREGO. Se a ré confirma a prestação de serviços, atrai para si o ônus de demonstrar que o reclamante não trabalhou nos moldes do art. 3º da CLT, por se tratar de fato obstativo do direito obreiro, nos termos do art. 818 da CLT e do art. 373, inciso II, do CPC, mas, no caso em apreço, desse encargo não se desincumbiu. A relação de trabalho em análise é essencial para a própria existência da primeira ré, uma empresa de transporte de pessoas, cujos serviços prestados pelo autor são imprescindíveis à consecução da atividade empresarial da sociedade UBER, configurando-se a subordinação estrutural. Desta forma, o motorista que recorre a tal plataforma digital não constitui uma clientela para si próprio, não fixa livremente as

tarifas cobradas ao final de cada corrida e não determina as condições de execução de sua prestação de transporte. O itinerário é imposto ao motorista pela empresa e, se ele não obedece, ou não o segue, correções tarifárias são aplicadas. Além disso, a destinação não é conhecida pelo trabalhador, revelando assim que ele não pode escolher livremente o curso ou rota que melhor lhe convier. Ademais, a UBER dispõe de um poder de sanção/disciplinar, típico do empregador contemporâneo, pois a partir de três recusas de rota, pode desconectar temporariamente o motorista de seu aplicativo. Nos casos em que ele ultrapassa uma quantidade de anulação de comandos/chamadas recebidas, ou em que apresenta sinais aparentes de comportamento problemático, pode perder o acesso a sua conta, de forma definitiva. Enfim, o motorista participa de um serviço organizado de transporte, no qual a sociedade UBER define unilateralmente as condições de trabalho. Diante disso, cabe ao Poder Judiciário Trabalhista a difícil tarefa de, por meio de seus julgados, mostrar que é capaz de se adaptar ao analisar tais casos, com olhos voltados para um novo e mais dinâmico Direito do Trabalho contemporâneo, especialmente voltado ao recente modelo de exercício do poder de direção/controle/disciplinar empresarial, à distância, digital, por meio das plataformas, e muito mais circunscrito à adesão dos empregados a seus estatutos/regimentos internos. Recurso a que se dá parcial provimento. (TRT-1 – Recurso Ordinário : RO 0100940-76.2020.5.01.0047. Relator: Enoque Ribeiro dos Santos. DEJT: 16.08.22)

2.9. *Empreiteiro principal*

A responsabilidade solidária passiva é do empreiteiro principal, se o subempreiteiro não honrar dívidas trabalhistas com os seus empregados. Vige neste caso o art. 275[8] do Código Civil, em conexão com o art. 455[9], da CLT, impondo a responsabilidade subsidiária ou secundária ou, ainda, solidariedade com benefício de ordem, nas ações em que os empregados do subempreiteiro demandam o empreiteiro principal.

Exemplificamos essa hipótese jurídica com os seguintes acórdãos enunciados:

DONO DA OBRA – RESPONSABILIDADE SOLIDÁRIA DA EMPREITEIRA PRINCIPAL – O contexto fático delineado no acórdão recorrido, infenso a reexame nos termos da Súmula 126/TST, permite concluir que o segundo reclamado se enquadra na exceção da OJ 191 da SBDI-1 desta Corte: "Diante da inexistência de previsão legal específica, o contrato de empreitada de construção civil entre o dono da obra

(8) Art. 275. O credor tem direito a exigir e receber de um ou de alguns dos devedores, parcial ou totalmente, a dívida comum; se o pagamento tiver sido parcial, todos os demais devedores continuam obrigados solidariamente pelo resto.

Parágrafo único. Não importará renúncia da solidariedade a propositura de ação pelo credor contra um ou alguns dos devedores.

(9) Art. 455. Nos contratos de subempreitada responderá o subempreiteiro pelas obrigações derivadas do contrato de trabalho que celebrar, cabendo, todavia, aos empregados, o direito de reclamação contra o empreiteiro principal pelo inadimplemento daquelas obrigações por parte do primeiro.

Parágrafo único. Ao empreiteiro principal fica ressalvada, nos termos da lei civil, ação regressiva contra o subempreiteiro e a retenção de importâncias a este devidas, para a garantia das obrigações previstas neste artigo.

e o empreiteiro não enseja responsabilidade solidária ou subsidiária nas obrigações trabalhistas contraídas pelo empreiteiro, salvo sendo o dono da obra uma empresa construtora ou incorporadora". Incide o óbice do art. 896 , § 7º , da CLT e da Súmula 333/TST. Agravo de instrumento conhecido e desprovido. (TST – Agravo de Instrumento em Recurso de Revista AIRR 2552920175130016 (TST) – Relator: Alberto Luiz Bresciani de Fontan Pereira, 3ª turma. DEJT 06.03.20).

DONO DA OBRA – RESPONSABILIDADE SUBSIDIÁRIA – INIDONEIDADE DA EMPREITEIRA – TRANSCENDÊNCIA. A declaração de responsabilidade subsidiária da segunda reclamada, tomadora dos serviços, pelos créditos trabalhistas reconhecidos na lide, em que pese ter realizado contrato de empreitada e ser dona de obra, sem ser empresa construtora ou incorporadora, contraria a Orientação Jurisprudencial n. 191 da SBDI-1 deste C. TST, conforme devidamente demonstrado, por meio de cotejo analítico, pela parte recorrente. Transcendência política da causa reconhecida nos termos do 896-A, § 1º, II, da CLT . Recurso de revista de que se conhece e a que se dá provimento. (TST – Recurso de Revista RR 14902720165050133 (TST) . Data de publicação: 12/04/2019. Relatora: Cilene Ferreira Amaro Santos).

RECURSO ORDINÁRIO – ACIDENTE DE TRABALHO – DANO MORAL CONFIGURADO – MANTIDA A RESPONSABILIDADE SOLIDÁRIA ENTRE O DONO DA OBRA E O EMPREITEIRO – INAPLICÁVEL O ENTENDIMENTO CONSUBSTANCIADO NA OJ N. 191 DA SBDI-1 DO C. TST. As lides decorrentes de acidente de trabalho, doença ocupacional ou profissional sendo pretensões de natureza eminentemente civil, o Colendo Tribunal Superior do Trabalho tem o entendimento que a regra da orientação jurisprudencial citada restringe-se às obrigações trabalhistas contraídas pelo empreiteiro. Tal entendimento foi confirmada em sessão realizada no dia 22.11.2012, e firmou o entendimento acerca da responsabilidade solidária do dono de obra pelas indenizações devidas por danos morais, estéticos e materiais resultantes de acidente de trabalho decorrentes de culpa por ato ilícito. Recurso parcialmente provido. (RO. 00119008020095010302. Tipo de processo: Recurso Ordinário. Data de publicação: 2014-02-13. Órgão julgador: Quinta Turma. Relator: Des. Enoque Ribeiro dos Santos. TRT 1ª Região)

RECURSO ORDINÁRIO – DONO DA OBRA – RESPONSABILIDADE SUBSIDIÁRIA. A natureza das atividades da rés demonstradas nos presentes autos evidenciam uma força de atração considerável entre seus objetos sociais. Trata-se de contratos de empreitada ou prestação de serviços entre três empresas, em que a dona da obra/incorporadora (ou tomadora de serviços), necessariamente, tenha de realizar tais empreendimentos, mesmo que estes assumam caráter infraestrutural e de mero apoio à sua dinâmica normal de funcionamento. Em tais situações, parece clara a responsabilidade subsidiária da dona da obra/incorporadora (ou tomadora de serviços), nos termos do da parte final da OJ 191 do C. TST. Dou provimento para reformar a r. sentença e declarar a responsabilidade subsidiária das 2ª e 3ª rés pelas verbas devidas. (TRT 1ª R. RO 00009401820115010004. Tipo de processo: Recurso Ordinário. Data de publicação: 2013-11-21. Órgão julgador: Quinta Turma. Relator: Des. Enoque Ribeiro dos Santos)

RESPONSABILIDADE SUBSIDIÁRIA — EMPREITADA — CULPA *IN VIGILANDO* — SÚMULA N. 331, ITENS IV E V, DO TST — Responde a empreiteira principal (construtora) subsidiariamente pela satisfação dos direitos trabalhistas do empregado do subempreiteiro que lhe prestou serviços quando este não puder arcar com as obrigações decorrentes do contrato de trabalho. Fundamenta essa responsabilidade a culpa *in eligendo* e *in vigilando* com que se houve o empreiteiro. Aplicação da Súmula n. 331, itens IV e V, do TST e do art. 455 e parágrafo único, da CLT. (TRT 11ª R. — RO 0002403-85.2012.5.11.0002 — Relª Desª Rita A. Albuquerque — DJe 26.3.2014 — p. 6) v106

CONTRATO DE SUBEMPREITADA — DONO DA OBRA — O inadimplemento de direitos ao empregado gera obrigação solidária de satisfazer aquilo que inadimplido pelo subempreteiro. Inteligência do art. 455, parágrafo único, CLT. Contudo, se o reclamante postula o reconhecimento da responsabilidade subsidiaria, deve ser observado o limite do pedido. (TRT 1ª R. — RO 0000805-82.2011.5.01.0011 — 1ª T. — Rel. Alexandre Teixeira de Freitas Bastos Cunha — DOERJ 14.5.2013)v108.

2.10. *Falta de anotação da carteira de trabalho e previdência social (CTPS)*

A falta de anotação da carteira de tempo de serviço e de previdência social constitui outra hipótese de enquadramento na modalidade de responsabilidade civil objetiva da empresa ou do empregador.

Trata-se de gravíssima ofensa aos direitos materiais e morais do empregado que podem ensejar reparação por dano material e moral. O fato de não registrar o empregado é gravíssimo e se enquadra no rol da responsabilidade objetiva do empregador, pois obsta o direito básico de aposentadoria, de se beneficiar do auxílio-acidentário ou auxílio-doença da Previdência Social, em caso de necessidade, além de deixar o empregado em posição de inferioridade em relação aos demais empregados devidamente registrados.

Para diminuir a informalidade no mercado de trabalho no Brasil, cremos que uma das mais eficazes medidas a ser adotada seria a utilização efetiva da legislação já em vigor que penaliza o empregador que deixa de anotar a CTPS de seus empregados, como forma de burlar ou fraudar a legislação trabalhista e previdenciária.

Transcrevemos as seguintes ementas elucidativas, como segue:

ANOTAÇÃO EM CTPS – VÍNCULO AFETIVO ENTRE EMPREGADOR E EMPREGADO – REGISTRO EFETUADO POR MERA LIBERALIDADE DO EMPREGADOR – AUSÊNCIA DE JUSTIFICATIVA LEGAL PARA INVALIDAR O REGISTRO. Não há fórmula suscetível a afastar a validade do registro de emprego em CTPS, efetivada por mera liberalidade do empregador, sem a presença de qualquer vício. União estável entre empregado e empregador não representa óbice à existência de vínculo empregatício. Recurso ordinário da reclamada a que se nega provimento. (TRT-2 – 10011860320185020431 SP – Data de publicação: 22/11/2019. Relator: Valdir Florindo. 6ª Turma. DEJT: 22.11.19).

AUSÊNCIA DE ANOTAÇÃO DA CTPS DO TRABALHADOR E RECOLHIMENTO DOS DEPÓSITOS DO FGTS – FALTA AUTORIZADORA DA RESCISÃO INDIRETA.

A ausência de anotação da CTPS do empregado, além da falta de recolhimento dos depósitos do FGTS, constituem faltas suficientemente graves, de forma a autorizar a rescisão indireta do pacto laboral, nos termos do artigo 483, alínea d, da CLT. (TRT-3 – Recurso Ordinario Trabalhista: RO 0010326-36.2018.5.03.0145 – Relator Convocada: Angela C. Rogedo Ribeiro. 11 Turma. DEJT: 18/12/2019)

CONTRATO POR PRAZO DETERMINADO — AUSÊNCIA DE ANOTAÇÃO CTPS — VALIDADE — Ainda que o art. 29 da CLT disponha sobre a necessidade de anotação na CTPS das condições especiais do contrato de trabalho, a falta de anotação na CTPS do contrato por prazo determinado não importa na nulidade do ajuste, especialmente quando as partes formalizaram contrato com vigência definida. Recurso conhecido e provido. (TRT 16ª R. — ROPS 30600-25.2011.5.16.0009 — Rel. Des. Américo Bedê Freire — DJe 11.10.2012 — p. 57)v107

RESCISÃO INDIRETA — FALTA DE ANOTAÇÃO NA CTPS — ACIDENTE DE TRABALHO — Em regra, a falta de anotação da CTPS do empregado não enseja, por si só, a rescisão indireta do contrato de trabalho, pois trata-se de infração meramente administrativa, podendo a omissão do empregador, de resto, ser suprida nos termos do art. 39, §§ 1º e 2º, da CLT. No caso, porém, a omissão da Reclamada trouxe grave prejuízo para o Reclamante, que, acidentado no trabalho, viu-se impedido de recorrer à Previdência Social por não ser regularmente registrado. Rescisão indireta acolhida com fundamento no art. 483, alínea "d", da CLT. Recurso provido parcialmente. (TRT 24ª R. — RO 0020/2005-076-24-00-1 — Rel. Juiz Márcio Eurico Vitral Amaro — DOMS 1º.8.2005)

Com o advento da Lei n. 9.983/2000, que alterou o art. 297, §§ 3º e 4º, do Código Penal, o empregador que deixa de registrar seus empregados e consignar as devidas anotações na CTPS estará tipificado em crime, na conduta do citado dispositivo legal, que assim dispõe:

"Falsificação de documento público

Art. 297 — Falsificar, no todo ou em parte, documento público, ou alterar documento público verdadeiro:

Pena — reclusão, de 2 (dois) a 6 (seis) anos, e multa.

§ 1º Se o agente é funcionário público, e comete o crime prevalecendo-se do cargo, aumenta-se a pena de sexta parte.

§ 2º Para os efeitos penais, equiparam-se a documento público o emanado de entidade paraestatal, o título ao portador ou transmissível por endosso, as ações de sociedade comercial, os livros mercantis e o testamento particular.

§ 3º Nas mesmas penas incorre quem insere ou faz inserir: (AC) (Acrescentado pela Lei n. 9.983, de 14.7.2000)

I — na folha de pagamento ou em documento de informações que seja destinado a fazer prova perante a Previdência Social, pessoa que não possua a qualidade de segurado obrigatório; (AC) (Acrescentado pela Lei n. 9.983, de 14.7.2000)

II — na Carteira de Trabalho e Previdência Social do empregado ou em documento que deva produzir efeito perante a Previdência Social, declaração falsa ou diversa da que deveria ter sido escrita; (AC) (Acrescentado pela Lei n. 9.983, de 14.7.2000)

III — em documento contábil ou em qualquer outro documento relacionado com as obrigações da empresa perante a Previdência Social, declaração falsa ou diversa da que deveria ter constado. (AC) (Acrescentado pela Lei n. 9.983, de 14.7.2000)

§ 4º Nas mesmas penas incorre quem omite, nos documentos mencionados no § 3º, nome do segurado e seus dados pessoais, a remuneração, a vigência do contrato de trabalho ou de prestação de serviços. (AC) (Acrescentado pela Lei n. 9.983, de 14.7.2000)."

Portanto, mesmo que o empregado consinta em não ser registrado pelo empregador, após a Lei n. 9.983/2000, tal comportamento se configura como um ilícito penal, capitulado no art. 297 descrito.

Entendemos que em idêntico crime incorrerá o empregador que registrar o empregado com salário menor, uma vez que estará omitindo e relacionando dados incorretos na CTPS e demais documentos respectivos, incorrendo estará em sonegação fiscal, além de estar fraudando o recolhimento do INSS, com o pagamento da contribuição previdenciária com base de cálculo em remuneração inferior à real.

No passado, a doutrina enquadrava tal conduta no art. 203[(10)] do Código Penal. Todavia, tal entendimento restou superado pelo advento da Lei n. 9.983/2000, uma vez que a frustração do direito do empregado se dá mediante fraude, *mas não violência,* ferindo direito assegurado pela legislação de trabalho, como enuncia o dispositivo legal.

Entretanto, poderia se alegar a compatibilidade do art. 203 do Código Penal, pois a previsão legal utiliza-se da conjunção alternativa "ou" e não da conjunção aditiva "e", incorrendo no crime, portanto, o empregador que frustrar direito trabalhista mediante fraude *ou* violência. Assim, se o empregador agir mediante fraude (p. ex., registrando o empregado com salário a menor), mesmo que sem violência, já estará configurado o crime tipificado no art. 203.

Não obstante, cremos que a Lei n. 9.983/2000, em seus §§ 4º e 5º, de forma definitiva, clarificou a matéria.

2.11. Consórcio de empregadores rurais

O consórcio de empregadores rurais acha-se regulado pela Portaria n. 1.964/1999 do Ministério do Trabalho e do Emprego e pelo art. 25 da Lei n. 8.212/1991, por

---

(10) Frustação de direito assegurado por lei trabalhista.

Art. 203. Frustrar, mediante fraude ou violência, direito assegurado pela legislação do trabalho:

Pena — detenção, de um ano a dois anos, e multa, além da pena correspondente à violência. (Redação dada à pena pela Lei n. 9.777, de 29.12.1998)

§ 1º Na mesma pena incorre quem: (Acrescentado pela Lei n. 9.777, de 29.12.1998)

I — obriga ou coage alguém a usar mercadorias de determinado estabelecimento, para impossibilitar o desligamento do serviço em virtude de dívida; (Acrescentado pela Lei n. 9.777, de 29.12.1998)

II — impede alguém de se desligar de serviços de qualquer natureza, mediante coação ou por meio de retenção de seus documentos pessoais ou contratuais. (Acrescentado pela Lei n. 9.777, de 29.12.1998)

§ 2º A pena é aumentada de um sexto a um terço se a vítima é menor de dezoito anos, idosa, gestante, indígena ou portadora de deficiência física ou mental. (Parágrafo acrescentado pela Lei n. 9.777, de 29.12.1998).

meio dos quais os empregadores rurais, pessoas físicas, compartilham a mesma mão de obra.

A existência do pacto de solidariedade entre eles suscita a responsabilização objetiva de todos pelos direitos dos trabalhadores, sejam eles de índole material ou moral.

Idêntica situação de responsabilidade objetiva encontramos nos casos de *Condomínio de empregadores rurais.*

Transcrevemos a seguinte ementa:

> AGRAVO DE INSTRUMENTO – RECURSO DE REVISTA INTERPOSTO SOB A ÉGIDE DAS LEIS NS. 13.015/2014 E 13.105/2015 E ANTES DA VIGÊNCIA DA LEI N. 13.467/2017 – DESCABIMENTO – CONSÓRCIO DE EMPREGADORES RURAIS. ART. 25-A DA LEI N. 8.212/1991 – REQUISITOS PARA CONFIGURAÇÃO. 1. O consórcio de empregadores é figura relativamente nova no direito brasileiro e encontra regulação restrita ao ambiente rural. Sua institucionalização atende aos anseios não só dos empregadores, mas, também, àqueles dos trabalhadores, a uns e outros resguardando contra vicissitudes decorrentes das atividades peculiares ao campo, naturalmente descontínuas. O instituto, como regrado, responde aos comandos constitucionais de respeito à dignidade da pessoa humana e de valorização social do trabalho e da livre iniciativa, dignificando a pessoa do trabalhador e garantindo o pleno emprego, além de outorgar segurança jurídica (Constituição Federal, arts. 1º, III e IV, 7º, 170, VIII e 193). 2. Cumpre anotar, no entanto, que, para o meio rural, a efetividade da proteção jurídica depende – agora, inclusive, sob o interesse previdenciário – de que sejam materializados os requisitos fixados pelas normas que regulam a espécie. O consórcio simplificado de produtores rurais, "formado pela união de produtores rurais pessoas físicas, que outorgar a um deles poderes para contratar, gerir e demitir trabalhadores para prestação de serviços, exclusivamente, aos seus integrantes", ganhará corpo com o pacto de solidariedade (Código Civil, art. 256), registrado em cartório de títulos e documentos e que "deverá conter a identificação de cada produtor, seu endereço pessoal e o de sua propriedade rural", também com o "respectivo registro no Instituto Nacional de Colonização e Reforma Agrária – INCRA ou informações relativas a parceria, arrendamento ou equivalente e a matrícula no Instituto Nacional do Seguro Social – INSS de cada um dos produtores rurais". Ainda: "o consórcio deverá ser matriculado no INSS em nome do empregador a quem hajam sido outorgados os poderes, na forma do regulamento" (Lei n. 8212/91, art. 25-A). No caso em apreço, foi evidenciada a contratação de trabalhadores para prestação de serviços em favor de empresa não consorciada, o que não atendeu à finalidade da norma . Agravo de instrumento conhecido e desprovido. (TST – Agravo de Instrumento em Recurso de Revista : AIRR 10483-78.2015.5.03.0156. Relator: Alberto Luiz Bresciani de Fontan Pereira. DEJT: 11.12.17)

> RECURSO ORDINÁRIO DOS RECLAMADOS – HORAS EXTRAS – CONSÓRCIO DE EMPREGADORES DOMÉSTICOS. 1) Por analogia ao consórcio de empregadores rurais, previsto na Portaria 1.964/99, quando duas ou mais unidades familiares distintas (ou unidades similares), ajustarem contratar a mesma doméstica e dividirem os encargos trabalhistas, bem como a prestação laboral, é permitida a caracterização como consórcio de empregadores domésticos, ficando os mesmos solidariamente responsáveis pelas obrigações contratuais. 2) No caso de consórcio de empregadores domésticos, em que há apenas um contrato de trabalho, devem os empregadores observar o limite constitucional de 8 horas diárias e 44 horas semanais. RECURSO

ORDINÁRIO DA RECLAMANTE - DOENÇA OCUPACIONAL - NEXO DE CONCAUSALIDADE - DANOS MORAIS. Ficando comprovado que o labor exercido para os reclamados contribuiu para o agravamento da doença, ainda que a mesma tenha origem em procedimento cirúrgico anterior à contratação, fica caracterizada a doença ocupacional, por nexo de concausalidade, devendo os empregadores responder pelos danos morais sofridos pela autora. (TRT-17 - Recurso Ordinário Trabalhista : RO 0000324-90.2017.5.17.0132. Relator: Claudio Cardoso de Souza. DEJT: 11.06.19).

CONTRATAÇÃO RURAL — CONSÓRCIO DE EMPREGADORES FORMALIDADES PROTEÇÃO LEGAL ASSEGURADA AO EMPREGADO. O novo modelo de contratação rural chamado "Consórcio, ou Condomínio de Empregadores" está definido na Portaria GM/MTE n. 1.964, de 1º.12.1999 como "a união de produtores rurais, pessoas físicas, com a finalidade única de contratar empregados rurais". Nesse modelo admite-se que, além dos empregados diretos do produtor rural, outros possam ser contratados para prestar serviços ao grupo consorciado. A adoção do modelo, no entanto, exige o cumprimento de certas formalidades, dentre as quais a matrícula no Cadastro Eletrônico do INSS (CEI) e o registro cartorial de um pacto de solidariedade firmado pelos produtores nos termos da lei civil, mediante o qual reconhecem sua responsabilidade pelas obrigações trabalhistas, previdenciárias e fiscais decorrentes da prestação de serviços. O Direito do Trabalho não permite que se deixe o empregado ao desamparo; consequentemente, se o exame da situação concreta revela que a prestação de serviços se desenvolveu em violação das normas trabalhistas, não pode o produtor, que usufruiu daquele benefício, eximir-se de sua responsabilidade para com o empregado. A irregularidade do consórcio não obsta a responsabilização dos consorciados, atraindo a solidariedade, aliás prevista como requisito para a regularização do consórcio; o credor pode demandar de qualquer deles o total da dívida (cf. art. 904, do Código Civil Brasileiro). INDENIZAÇÃO SUBSTITUTIVA DO SEGURO-DESEMPREGO PRESSUPOSTO ESSENCIAL. A dispensa sem justa causa obriga o empregador a fornecer ao ex- empregado as guias necessárias ao recebimento do seguro-desemprego, não cabendo a esse último dizer do direito ao benefício (art. 24, Lei n. 7.998/90); deixando o ex-empregador de fornecer os documentos ao trabalhador, obsta-lhe o exercício do direito, devendo indenizá-lo, nos termos do art. 159/Código Civil. Tal não ocorre, todavia, se o próprio trabalhador admite ter obtido nova ocupação após o desligamento do emprego, contrariando a presunção de falta de recursos financeiros no lapso imediatamente posterior à dispensa, pois nesse caso revela-se inexistente o pressuposto essencial que motivou a norma benéfica". (Tribunal: 3ª Região Decisão: 24.10.2000 Tipo: RO n. 16734 Ano: 2000 Número Único Proc: RO — Turma: Quinta Turma DJMG Data: 18.11.2000 p: 25 Relator Juiz Eduardo Augusto Lobato)

CONSÓRCIO DE EMPREGADORES NA ESFERA URBANA — EXTENSÃO ANALÓGICA DA REGRA APLICADA NO MEIO RURAL — RESPONSABILIDADE — Incontroverso nos autos que a 1ª e 2ª rés se utilizaram da força de trabalho do reclamante, uma vez que empreenderam, juntas, por meio da constituição de consórcio de empregadores, esforços mútuos para a execução de atividades de exploração, avaliação, desenvolvimento, produção e comercialização de Petróleo e Gás natural. Restou comprovado, também, que referido consórcio foi firmado para dar estrito cumprimento ao Contrato Administrativo a ser firmado com a ANP e, ainda, que após o abandono do canteiro de pesquisas e dos trabalhadores pela 1ª ré, a 2ª ré deu prosseguimento às atividades contratadas pela ANP. De fato, não existe no ordenamento legal dispositivo regulamentando o consórcio de empregadores na esfera urbana, motivo pelo qual, por força do art. 8º do texto Consolidado, aplica-se ao caso, por extensão analógica, a figura do consórcio de empregadores no meio rural, a qual encontra-se regida pela Lei n. 10.256, de 9 de julho de 2001, que acrescentou o art. 25-A à Lei n. 8.212/91, que estabelece a responsabilidade solidária dos membros participantes do consórcio. Como o pedido de responsabilização solidária foi feito apenas em sede de impugnação à defesa, de modo que, por ausência de pedido inicial nesse sentido, não cabe falar em solidariedade, na hipótese, sob pena de se configurar julgamento fora dos limites da lide, por força do que dispõem os arts. 128 e 460 do CPC. Reconhecida, portanto, a responsabilização subsidiária da 2ª ré. Recurso parcialmente provido. DONO DA OBRA — OJ N. 191 DA SBDI-1 DO TST — NÃO CONFIGURADA — Da detida análise do contrato firmado entre a ANP e o consórcio Brain/Stratageo, não se vislumbra configurada a condição de dono da obra, nos termos preconizados pela OJ n. 191 da SBDI-1 do C. TST. Nesse prisma, para que se aplique o citado entendimento jurisprudencial, necessário que o objeto contratual da prestação de serviços estivesse relacionado ao ramo de construção imobiliária de prédios e escritórios, típico dos contratos de empreitada, o que não é pertinente ao caso em testilha, em que as atividades contratadas pela ANP se referem a serviços técnicos e especializados de pesquisa de dados sísmicos, motivo pelo qual imperiosa a reforma do *decisum* para afastar a aplicação da OJ mencionada. Recurso provido, nesse aspecto. ANP — ENTE DA ADMINISTRAÇÃO PÚBLICA — RESPONSABILIDADE SUBSIDIÁRIA —SÚMULA N. 331 DO TST — A omissão do tomador de serviços, quando ente integrante da Administração Pública, quanto ao dever legal de fiscalizar a execução do contrato firmado com o empregador, implica na sua responsabilidade subsidiária pelo pagamento das obrigações trabalhistas decorrentes daquele contrato, nos termos da Súmula n. 331, IV, V e VI do C. TST, corroborando o entendimento do Supremo Tribunal Federal que, no julgamento da ADC n. 16, ao reconhecer a constitucionalidade do art. 71 da Lei de Licitações, não eximiu a Administração Pública de responsabilidade quando esta deixa de cumprir seu dever legal de fiscalização. Dessa forma, imperiosa a reforma da sentença para declarar a responsabilidade subsidiária da 3ª ré. Recurso conhecido e provido, no particular. PETROBRAS — RESPONSABILIZAÇÃO SUBSIDIÁRIA — AUSÊNCIA DE PROVAS — Do conjunto probatório encartado aos autos não há nenhuma evidência de que o autor ou sua real empregadora, a 1ª ré, tivessem mantido qualquer vínculo jurídico com a 4ª ré, de modo que não há como imputar-lhe qualquer responsabilidade diante da ausência de prova nos autos. Dessa feita, no caso *sub judice*, cabia ao reclamante demonstrar que a 4ª ré efetivamente se beneficiou dos serviços por ele prestados, conforme regra processual disposta no art. 818 da CLT e art. 333, I do CPC, ônus do qual não se desvencilhou a contento. Assim, nego provimento ao recurso obreiro quanto ao pleito recursal de responsabilização subsidiária da 4ª demandada. Nego provimento. (TRT 23ª R. — RO 0001280-35.2011.5.23.0008 — 2ª T. — Rel. Des. João Carlos — J. 10.2.2014)v107.

VÍNCULO DE EMPREGO — A ocorrência de trabalho nos moldes do art. 3º da Consolidação das Leis do Trabalho é fato constitutivo do direito do autor, cabendo a ele fazer a sua prova nos termos do art. 818 da CLT e 333, inciso I do Código de Processo Civil. No caso dos autos o autor não se desincumbiu do ônus que lhe competia. Ademais, trabalhando o autor para duas empresas, em um mesmo horário e local de trabalho, não há falar em duplo vínculo de emprego, conceituada a figura de um eventual consórcio de empregadores urbanos. Neste sentido a n. Súmula n. 129 do TST. Recurso a que se nega provimento. (TRT 01ª R. — RO 0000237-67.2012.5.01.0064 — 1ª T. — Relª Mery Bucker Caminha — DOERJ 8.5.2013)v108.

2.12. Condomínios residenciais e operadores portuários

Podemos citar como casos de autêntica solidariedade, os condomínios residenciais — Lei n. 2.757/1956, art. 3º que dispõe que os condôminos respondem solidariamente (se o condomínio não pagar, pagam os condôminos, cada um a sua parte); o operador portuário — Lei n. 9.719/1989, art. 2º, § 4º, por meio do qual o trabalhador avulso pode cobrar do operador e do Órgão Gestor da Mão de obra, independentemente do benefício de ordem, que foi substituída pela nova lei dos Portos (Lei n. 12.815, de 5 de junho de 2013), que dispõem em seu art. 33, § 2º:

> "o órgão responde, solidariamente, com os operadores portuários, pela remuneração devida ao trabalhador portuário avulso e pelas indenizações decorrentes de acidentes de trabalho."

Outrossim, a gestão da mão de obra do trabalho portuário deve observar as normas do contrato, convenção ou acordo coletivo de trabalho (art. 36 da nova Lei).

As ementas que seguem elucidam esse caso concreto:

> RECURSO DE REVISTA DO RECLAMADO – PRELIMINAR DE ILEGITIMIDADE PASSIVA "AD CAUSAM" – O art. 19, § 2.º, da Lei n. 8.630/93, prevê que "o órgão responde, solidariamente com os operadores portuários, pela remuneração devida ao trabalhador portuário avulso" – a responsabilidade solidária é modalidade de obrigação que faculta ao credor exigir de cada um dos codevedores o montante integral da dívida. Trata-se, portanto, de figura jurídica benéfica ao credor, pois cada devedor é responsável pelo cumprimento total da obrigação, uma vez exigida. Dessarte, considerando o disposto no artigo supracitado, o trabalhador avulso poderá cobrar eventuais débitos resultantes da prestação de serviço tanto do operador portuário quanto do OGMO, isoladamente. Recurso de Revista não conhecido. RECURSO DE REVISTA DO RECLAMANTE – PRESCRIÇÃO – TRABALHADOR PORTUÁRIO AVULSO – INCIDÊNCIA DA PRESCRIÇÃO QUINQUENAL – ENTENDIMENTO CONSOLIDADO A PARTIR DO DISPOSTO NO ARTIGO 37, § 4.º, DA LEI N. 12.215/2013 (NOVA LEI DOS PORTOS). No tocante à aplicação ao trabalhador avulso da prescrição bienal prevista no art. 7.º, XXIX, da constituição de 1988, o tribunal pleno desta corte superior, por meio da Resolução n. 186/2012, determinou o cancelamento da OJ n. 384 da SBDI-1, embora naquele momento não tenha sido fixado novo entendimento a respeito da matéria. Posteriormente, diante da edição da Lei n. 12.815/13 (nova lei dos portos), que em seu artigo 37, § 4.º, estabeleceu expressamente que "as ações relativas aos créditos decorrentes da relação de trabalho avulso prescrevem em 5 (cinco) anos até o limite de 2 (dois) anos após o cancelamento do registro ou do cadastro no órgão gestor de mão de obra" a SBDI-1 desta corte, no julgamento do E-RR-65500-90.2009.5.04.0121, em 28/4/2016, entendendo que foi suprida a lacuna legislativa, por unanimidade, consolidou posicionamento no sentido de que às ações relativas a créditos de trabalhadores avulsos incide a prescrição quinquenal, e a contagem da prescrição bienal inicia-se a partir do cancelamento do registro ou do cadastro no OGMO, nos termos do disposto no artigo 37, § 4º, da Lei n. 12.815/13. O precedente anteriormente citado cuidou, ainda, de afirmar que "com a edição da Lei n. 12.815/13, foi posta pá de cal sobre a controvérsia, corroborando jurisprudência preexistente nesta col. Corte superior quanto ao tema", o que revela a adoção da tese de que, quer para as situações regidas pela antiga lei dos portos, quer para as regidas pela nova lei dos portos, a prescrição a ser aplicada seria a prescrição quinquenal, e o prazo bienal somente seria observado em relação ao cancelamento do registro do trabalhador no OGMO. Em razão disso, para as demandas apreciadas na vigência da Lei n. 8.630/1993, quando não havia disposição expressa a respeito da prescrição a ser aplicada às ações intentadas pelo trabalhador portuário avulso, esta relatora acompanha o entendimento consolidado no âmbito da SBDI-1, com ressalva, no entanto, do seu

entendimento acerca da matéria. Já quanto às demandas que se submetem aos termos da Lei n. 12.815/2013, a despeito da notícia de que tramita no STF ação direta de constitucionalidade, mediante a qual se questiona a constitucionalidade do referido artigo 37, § 4., da Lei n. 12.815/2013 (ADI n. 5.123/2014), não havendo, ainda, posicionamento fixado no âmbito daquela corte superior a respeito da matéria, esta relatora adota o entendimento de que deve ser aplicada a lei em vigência. LIMITAÇÃO DAS HORAS EXTRAS E DO INTERVALO INTRAJORNADA, CONSIDERANDO-SE A PRESTAÇÃO DE SERVIÇOS NO MESMO DIA PARA OPERADOR PORTUÁRIO DIFERENTE. A escalação do trabalhador portuário avulso é feita pelo órgão gestor de mão de obra, o qual deve assegurar que não haja preterição do trabalhador regularmente registrado e simultaneidade na escalação, conforme os artigos 5º e 7º da lei n. 9.719/98. Nesse sentido, não pode o órgão gestor de mão de obra eximir-se de pagar o adicional sobre as horas extras decorrentes do trabalho em jornada superior à fixada para a categoria e a supressão do intervalo interjornadas, ainda que em razão da prestação de serviço para tomadores diversos, responsabilidade que, conforme já consignado, também recai sobre o operador portuário (artigo 19, § 2º, da Lei n. 8.630/93). Recurso de revista parcialmente conhecido e provido. (TST – Recurso de Revista: RR 851-52.2012.5.09.0322. Relator: Maria de Assis Calsing, DEJT: 30.09.16).

TRABALHADOR AVULSO – RESPONSABILIDADE SOLIDÁRIA DO SINDICATO E DO OPERADOR PORTUÁRIO – LEI N. 8.923/93. Filio-me atualmente à corrente doutrinária e jurisprudencial que atribui ao *operador portuário a responsabilidade* solidária pelos créditos do trabalhador avulso, o que em nada se confunde com reconhecimento de liame empregatício com o sindicato ou com a operadora. E isso porque o § 2º do art. 19 da Lei n. 8.630/93 prevê especificamente a *responsabilidade* solidária do *operador portuário* e do órgão gestor pela remuneração devida ao trabalhador avulso. A tese de que o sindicato não desempenha o papel atribuído ao OGMO também não favorece a reclamada, já que o SINTRAPORT — ao escalar avulsos para o trabalho realizado junto à demandada — nada mais fez do que atuar como órgão gestor; numa conduta suportada pelo ordenamento em virtude do notório desinteresse dos atores sociais envolvidos no processo de modernização dos portos (trabalhadores, operadores e sindicatos) em dar regular cumprimento à dicção da Lei n. 8.630/93. (Tribunal: 2ª Região Acórdão n. 20020791270 Decisão: 2.12.2002 Tipo: RO01 n. 36523200290202000 Ano: 2002 Número Único Proc: RO01 — Recurso Ordinário Turma: 7º Órgão Julgador — Sétima Turma DOE SP, PJ, TRT 2ª Data: 17.1.2003 Relatora: Yone Frediani Revisor(a) Luiz Antonio Moreira Vidigal)

2.13. *Dono da obra*

A Orientação Jurisprudencial n. 191 da SDI-1 do Tribunal Superior do Trabalho trata da responsabilidade do dono da obra.

A aludida orientação assim se expressa:

> "*Dono da obra* — responsabilidade — Diante da inexistência de previsão legal, o contrato de empreitada entre o dono da obra e o empreiteiro não impõe responsabilidade solidária ou subsidiária nas obrigações trabalhistas contraídas pelo empreiteiro, salvo sendo o dono da obra uma empresa construtora ou incorporadora."

Transcrevemos o entendimento da matéria pelo Tribunal Superior do Trabalho, como segue:

DONO DA OBRA – RESPONSABILIDADE SOLIDÁRIA DA EMPREITEIRA PRINCIPAL. O contexto fático delineado no acórdão recorrido, infenso a reexame nos termos da Súmula 126/TST, permite concluir que o segundo reclamado se enquadra na exceção da OJ 191 da SBDI-1 desta Corte: "Diante da inexistência de previsão legal específica, o contrato de empreitada de construção civil entre o dono da obra e o empreiteiro não enseja responsabilidade solidária ou subsidiária nas obrigações trabalhistas contraídas pelo empreiteiro, salvo sendo o dono da obra uma empresa construtora ou incorporadora". Incide o óbice do art. 896 , § 7º , da CLT e da Súmula 333/TST. Agravo de instrumento conhecido e desprovido. (TST – Agravo de Instrumento em Recurso de Revista AIRR 2552920175130016 (TST) – Relator: Alberto Luiz Bresciani de Fontan Pereira, 3ª turma. DEJT 06.03.20).

DONO DA OBRA – RESPONSABILIDADE SUBSIDIÁRIA – INIDONEIDADE DA EMPREITEIRA – TRANSCENDÊNCIA. A declaração de responsabilidade subsidiária da segunda reclamada, tomadora dos serviços, pelos créditos trabalhistas reconhecidos na lide, em que pese ter realizado contrato de empreitada e ser dona de obra, sem ser empresa construtora ou incorporadora, contraria a Orientação Jurisprudencial n. 191 da SBDI-1 deste C. TST, conforme devidamente demonstrado, por meio de cotejo analítico, pela parte recorrente. Transcendência política da causa reconhecida nos termos do 896-A, § 1º, II, da CLT . Recurso de revista de que se conhece e a que se dá provimento. (TST – Recurso de Revista RR 14902720165050133 (TST) . Data de publicação: 12/04/2019. Relatora: Cilene Ferreira Amaro Santos).

Outrossim, para corroborar o entendimento acima, alguns doutrinadores aludem à responsabilidade solidária do dono da obra e do construtor emanada do art. 30 e incisos da Lei n. 8.212/1991, que dispõe:

"VI — o proprietário, o incorporador definido na Lei n. 4.591, de 16 de dezembro de 1964, o dono da obra ou condômino da unidade imobiliária, qualquer que seja a forma de contratação da construção, reforma ou acréscimo, são solidários com o construtor, e estes com a subempreiteira pelo cumprimento das obrigações para com a Seguridade Social, ressalvado o seu direito regressivo contra o executor ou contratante da obra e admitida a retenção de importância a este devida para garantia do cumprimento dessas obrigações, não se aplicando, em qualquer hipótese, o benefício de ordem; (Redação dada ao inciso pela Lei n. 9.528, de 10.12.1997)

VII — exclui-se da responsabilidade solidária perante a Seguridade Social o adquirente de prédio ou unidade imobiliária que realizar a operação com empresa de comercialização ou incorporador de imóveis, ficando estes solidariamente responsáveis com o construtor;

VIII — nenhuma contribuição à Seguridade Social é devida se a construção residencial unifamiliar, destinada ao uso próprio, de tipo econômico, for executada sem mão de obra assalariada, observadas as exigências do regulamento;

IX — as empresas que integram grupo econômico de qualquer natureza respondem entre si, solidariamente, pelas obrigações decorrentes desta Lei."

Oportuno também colacionar a seguinte ementa do TST sobre a matéria:

"AGRAVO EM EMBARGOS REGIDOS PELA LEI N. 13.015/2014, PELO CPC/2015 E PELA INSTRUÇÃO NORMATIVA N. 39/2016 DO TRIBUNAL SUPERIOR DO TRABALHO. DONA DA OBRA. CONTRATO DE EMPREITADA PARA A EXECUÇÃO

DE OBRAS VOLTADAS À CONSTRUÇÃO CIVIL. INEXISTÊNCIA DE RESPONSABILIDADE SUBSIDIÁRIA. [APLICAÇÃO DA ORIENTAÇÃO JURISPRUDENCIAL N. 191 DA SBDI-1. OBSERVÂNCIA DA DECISÃO PROFERIDA PELA SBDI-1 EM JULGAMENTO DE INCIDENTE DE RECURSO DE REVISTA REPETITIVO . TEMA N. 0006 (CONTRATO DE EMPREITADA. DONA DA OBRA. RESPONSABILIDADE. ORIENTAÇÃO JURISPRUDENCIAL N. 191 DA SBDI-1 DO TST]. A discussão dos autos gira em torno da possibilidade de a dona da obra ser responsabilizada subsidiariamente pelos créditos trabalhistas devidos ao empregado.Na hipótese, consta do acórdão regional transcrito na decisão embargada que a**Petrobras (segunda reclamada) celebrou contrato com a empresa ENGECAMPO ENGENHEIRA LTDA**para o**fornecimento de bens e prestação de serviços**relativos à *'montagem eletromecânica e comissionamento para**implantação de ciclo combinado na Usina Termelétrica Sepé Tiaraju, em Canoas/ RS'***, e que, por meio de termo aditivo, a ENGECAMPO cedeu para GDK S.A. (primeira reclamada), com a anuência da Petrobras, todos os direitos e obrigações decorrentes do referido contrato. Em vista disso,**a Turma concluiu que, como o contrato realizado entre a Petrobrás e a GDK Engenharia S.A. tinha por objeto a realização de obra de construção civil, incidiria o disposto na Orientação Jurisprudencial n. 191 da SbDI-1 do Tribunal Superior do Trabalho**, segundo a qual, *'diante da inexistência de previsão legal específica, o contrato de empreitada de construção civil entre o dono da obra e o empreiteiro não enseja responsabilidade solidária ou subsidiária nas obrigações trabalhistas contraídas pelo empreiteiro, salvo sendo o dono da obra uma empresa construtora ou incorporadora'*. A questão relativa ao alcance e à subsistência do entendimento consagrado na Orientação Jurisprudencial n. 191 foi à deliberação da Subseção I de Dissídios Individuais no âmbito do**Incidente de Recurso de Revista Repetitivo n. 190-53.2015.5.03.0090,**de relatoria do Ministro João Oreste Dalazen (ocorrido em 11/5/2017, com a publicação da respectiva decisão no DEJT em 30/6/2017), que, naquela ocasião, definiu as seguintes teses jurídicas acerca da aplicação da orientação jurisprudencial mencionada: '[...]' . Nesse contexto,**considerando que a embargada, no caso em análise, não se trata de uma empresa construtora ou incorporadora, não há falar na incidência da parte exceptiva da orientação jurisprudencial mencionada. De mais a mais, conforme entendimento firmado por ocasião do Incidente de Recurso de Revista Repetitivo n. 190-53.2015.5.330090, *'não é compatível com a diretriz sufragada na Orientação Jurisprudencial n. 191da SDI-1 do TST jurisprudência de Tribunal Regional do Trabalho que amplia a responsabilidade trabalhista da dona da obra, excepcionando apenas 'a pessoa física ou micro e pequenas empresas , na forma da lei, que não exerçam atividade econômica vinculada ao objeto contratado'* (grifou-se).**Tem-se, portanto, que a**Turma, neste caso, ao afastar a responsabilidade subsidiária da Petrobras, dona da obra, decidiu**em**consonância**com o entendimento preconizado na**Orientação Jurisprudencial n. 191 da SbDI-1 do Tribunal Superior do Trabalho.**Agravo desprovido " (Ag-E-RR-72-64.2013.5.04.0205, Rel. Min.**Jose Roberto Freire Pimenta**, SBDI-1, DEJT 19/12/18 – grifos nossos).

2.14. *Armador de navio*

Temos ainda os casos de responsabilidade do armador de navio pelo trabalho em bloco para manutenção de cascos de embarcação, quando o armador contrata empreiteiros. Neste caso, responde o armador pelas obrigações trabalhistas de empreiteiro que contratar para o serviço de bloco, consoante Lei n. 5.385/68, art. 42.

Além disso, o armador do navio ainda responde por danos materiais e morais em relação à integridade dos trabalhadores da embarcação, por imposição inclusive de convenções internacionais emanadas da OIT — Organização Internacional do Trabalho, ratificadas pelo Brasil.

Trazemos, a título de ilustração, a ementa, datada de agosto de 2014:

> DANOS MATERIAIS E MORAIS - ATIVIDADE DE RISCO - ACIDENTE DE TRABALHO - EMBARCAÇÃO DE PESCA - NAUFRÁGIO - FORTUITO OU FORÇA MAIOR. RESPONSABILIDADE CIVIL - CAUSA EXCLUDENTE INEXISTENTE. Verificado o risco da atividade desenvolvida, o dever de indenizar independe da configuração da culpa, bastando a caracterização do nexo causal, consoante estabelece o parágrafo único do art. 927 do Código Civil. A atividade considerada de risco impõe ao empregador a responsabilidade pelo simples fato de se verificar o nexo causal entre os danos sofridos e o labor durante o exercício da atividade perigosa. O acidente marítimo decorrente de fortuito ou força maior relacionado ao risco da atividade não tem o condão de romper o nexo causal em face da responsabilidade pelo dano. Entendimento diverso transferiria o risco da atividade econômica ao trabalhador, em afronta ao art. 2º da CLT. (TRT 12ª R. Recurso Ordinário Trabalhista : RO 0000438-48.2014.5.12.0043 - Relator: Amarildo Carlos de Lima. Secretário da 2ª Turma. DEJT: 26.01.17)

> DANO MORAL - ACIDENTE DE TRABALHO - EMBARCAÇÃO - PERÍODO DE DESCANSO - CONFIGURAÇÃO. O empregador, ao fornecer moradia ao seu empregado, obriga-se a garantir condições mínimas de habitação, como saúde, higiene e segurança, inclusive nos períodos em que o trabalhador não se encontra à sua disposição. No caso, o acidente de trabalho somente ocorreu, e da forma como ocorreu, em virtude das especificidades da relação de trabalho mantida entre empregado e empregador. Nessa linha de raciocínio, não é demais recordar que, nos termos do art. 114, VI, de nossa Lei Maior, compete à Justiça do Trabalho processar e julgar as ações de indenização por dano moral ou patrimonial, decorrentes da relação de trabalho. Assim, a r. sentença que afastou a competência desta Justiça Especializada deve ser reformada. Recurso a que se dá provimento. (TRT 1ª R. RO 00000036420125010071. Tipo de processo: Recurso ordinário Data de publicação: 2014-08-13. Órgão julgador: Quinta Turma. Relator: Des. Enoque Ribeiro dos Santos)

Para fins de esclarecimentos sobre a responsabilidade do armador, pedimos vênia para transcrever excerto deste acórdão, como segue:

> "INCOMPETÊNCIA TERRITORIAL. Dispõe o art. 651 da CLT que "[a] competência das Juntas de Conciliação e Julgamento é determinada pela localidade onde o empregado, reclamante ou reclamado, prestar serviços ao empregador, ainda que tenha sido contratado noutro local ou no estrangeiro."

Com base nessa disposição legal, a reclamada arguiu a incompetência territorial da Justiça do Trabalho do Rio de Janeiro para apreciar a demanda, uma vez que, no momento do assassinato, a filha da autora prestava serviços no Porto de Santos.

Vale ressaltar, antes de mais nada, que tal regra tem como escopo permitir uma melhor apuração dos fatos, o que, no caso, é irrelevante, tendo em vista que o evento danoso foi cometido a bordo de um navio, que é itinerante, e todas as provas necessárias ao deslinde da questão ou já foram apuradas, ou já se perderam.

Por outro lado, tal regra infraconstitucional não pode se sobrepor a Constituição Cidadã de 1988, que garante o amplo acesso à Justiça. Nesse sentido, transcrevo a seguinte decisão acerca do tema:

"RECURSO ORDINÁRIO OBREIRO – EXCEÇÃO DE INCOMPETÊNCIA EM RAZÃO DO LUGAR – DECISÃO DETERMINANDO A REMESSA DOS AUTOS PARA VARA VINCULADA A OUTRO TRIBUNAL REGIONAL DO TRABALHO – POSSIBILIDADE DE AJUIZAMENTO DA AÇÃO NO LOCAL DE DOMICÍLIO DO TRABALHADOR – PRINCÍPIO DA PROTEÇÃO AO ACESSO AO JUDICIÁRIO APLICÁVEL.

A despeito de o art. 651 da CLT orientar-se no sentido da competência em função da localidade onde prestados os serviços, tal regra processual não pode se sobrepor à diretriz constitucional de proteção ao acesso do jurisdicionado ao Poder Judiciário, especialmente quando se trata de trabalhador, em razão da proteção, também constitucional, dada à função social do trabalho e à dignidade do ser humano.

Recurso, assim, provido, determinando-se o processamento do feito na vara de origem." (Tribunal Regional do Trabalho da 19ª Região. RO 00621.2011.062.19.00-7, Relator: Desembargador João Leite, Data de Publicação: 10.2.2012). Rejeito, também, esta preliminar.

MÉRITO DO RECURSO – INCOMPETÊNCIA MATERIAL DA JUSTIÇA DO TRABALHO. A recorrente, mãe da vítima, como era sua única herdeira, ajuizou a presente demanda com o escopo de buscar reparação pelos danos morais decorrentes do óbito de sua filha em embarcação marítima da ré, mas o Juízo *a quo* extinguiu o processo sem resolver o mérito, nos seguintes termos (fls. 630/631): "Da análise da prova documental carreada aos autos, constata-se que a vítima, no momento de seu óbito, encontrava-se em fruição de seu intervalo interjornada, conforme relatado nas conclusões finais do inquérito, à fl. 98, conclusão 76.9, *in verbis:* 'CAMILLA se encontrava com roupas íntimas, para dormir, pois apenas trabalharia naquele dia após às 12:00h'.

Considerando-se o horário em que ocorreu o infortúnio, resta comprovado que a vítima, ao ser assassinada, não estava no seu horário de trabalho.

Fruía, sim, de intervalo interjornada, lapso temporal em que a prestação de serviços e a disponibilidade do trabalhador perante o empregador ficam suspensas. Ela também não estava no seu local de trabalho, e sim em sua cabine privativa. Entende-se que o local de trabalho do trabalhador marítimo confunde-se com o de residência temporária, pela impossibilidade dele se afastar. Em verdade, o trabalhador do mar é fisicamente obrigado a permanecer confinado em seu local de trabalho enquanto estiver embarcado. Nesse sentido, o C. TST dispõe, à Súmula n. 96: 'A permanência do tripulante a bordo do navio, no período de repouso, além da jornada, não importa presunção de que esteja à disposição do empregador ou em regime de prorrogação de horário, circunstâncias que devem resultar provadas, dada a natureza do serviço'. Esclareça-se que a exceção legal (art. 21, § 1º, da Lei n. 8.213/91), que dispõe acerca de agressão praticada no período destinado a descanso, trata do intervalo intrajornada, e também exige como requisito que a prática do ilícito se dê no horário ou local de trabalho. Entretanto, deste intervalo não se trata a presente lide. Deste modo, a morte de Camilla Peixoto não configura acidente de trabalho por equiparação, motivo pelo qual, declara-se a incompetência *ex ratione materiae* desta Especializada para julgar a RT 0000003-64.2012.5.01.0071, inclusive quanto às demais preliminares e requerimento iniciais."

A questão, a meu ver, é muito mais complexa do que parece. Inicialmente, há que se frisar que o art. 21 da Lei n. 8.213/1991 enumera situações equiparadas a acidente do trabalho, para efeitos desse diploma legal, ou, em outro dizer, para fins previdenciários.

Por outro lado, ainda que para fins previdenciários, entendo que o parágrafo primeiro do art. 21 da precitada lei não se refere, exclusivamente, ao intervalo intrajornada, ante as particularidades desse tipo de relação trabalhista. *In verbis*: "Nos períodos destinados a refeição ou descanso, ou por ocasião da satisfação de outras necessidades fisiológicas, no local do trabalho ou durante este, o empregado é considerado no exercício do trabalho." A vítima, no momento do evento danoso, encontrava-se em período destinado a seu descanso, ainda que entre duas jornadas, no local de trabalho. Há que se ressaltar, outrossim, que "o acidente sofrido pelo segurado ainda que fora do local e horário de trabalho [...] em viagem a serviço da empresa, inclusive para estudo quando financiada por esta dentro de seus planos para melhor capacitação da mão de obra, independentemente do meio de locomoção utilizado, inclusive veículo de propriedade do segurado", nos termos do, art. 21, IV, 'c', também se equipara a acidente de trabalho.

De certa forma, não há como negar, a trabalhadora vitimada pelo infortúnio encontrava-se em viagem a serviço da empresa, e, portanto, resta caracterizado o acidente de trabalho, para fins previdenciários, ainda que fora do local e horário de trabalho.

Como bem ressaltado na decisão alvejada, entende-se que o local de trabalho do trabalhador marítimo confunde-se com o de residência temporária, pela impossibilidade dele se afastar. Em verdade, o trabalhador do mar é fisicamente obrigado a permanecer confinado em seu local de trabalho enquanto estiver embarcado.

Ora, e se o acusado de ter cometido o delito fosse um passageiro, cliente do empregador? Ou, ainda, se a trabalhadora apenas tivesse sofrido o acidente em decorrência de sua cama ter quebrado? Sem sombras de dúvidas, nessas hipóteses, não seria necessário maiores debates para que fosse reconhecida a competência material desta Justiça Especializada. Na verdade, implicitamente, ao tomarmos ciência de que o agente causador do dano mantinha relação afetiva com a vítima, tendemos a desassociar, *prima facie*, tal infortúnio da relação de emprego que a filha da autora mantinha com a apelada. Contudo, tal raciocínio, com efeito, acaba retratando julgamento do mérito, e por isso não pode ser admitido.

Entretanto, o triste evento somente ocorreu dessa forma em virtude das especificidades da relação de trabalho mantida com a recorrida. Nessa linha de raciocínio, não é demais recordar que, nos termos do art. 114, VI, de nossa Lei Maior, compete à Justiça do Trabalho processar e julgar as ações de indenização por dano moral ou patrimonial, decorrentes da relação de trabalho.

Não há dúvidas de que o empregador, ao fornecer moradia ao seu empregado, obriga-se a garantir condições mínimas de habitação, com saúde e higiene. No caso de uma embarcação, o patrão também é obrigado ainda a garantir a segurança de toda sua tripulação, inclusive nos períodos em que o trabalhador não se encontra à sua disposição. A título ilustrativo, cito a seguinte decisão: "[...] CONDIÇÕES PRECÁRIAS DE MORADIA. Se o empregador oferece moradia aos seus empregados sem condições mínimas de saúde e higiene, deve este incorrer em pagamento de indenização a título de danos morais, pelas condições degradantes impostas aos seus trabalhadores. [...]" (TRT-14 — RO: 374 RO 0000374, Relator: Desembargadora Maria Cesarineide de Souza Lima, Data de Julgamento: 14.12.2011, Primeira Turma, Data de Publicação: DE TRT14 n. 233, de 16.12.2011).

Pois bem, se o empregador zelou pela segurança da vítima, ou possibilitou, de alguma forma, a ocorrência da tragédia, é matéria a ser apreciada no mérito da demanda. Assim, dou provimento ao apelo, nesse item, afastando a preliminar de incompetência da Justiça do Trabalho, acolhida no Juízo *a quo*, por não configurada as hipóteses do art. 301 do CPC. Encontrando-se a causa madura para apreciação, adentro ao mérito do pedido com espeque no art. 515, § 3º, do CPC e na Súmula n. 100, VII, TST.

> INDENIZAÇÃO POR DANOS MORAIS E MATERIAIS. Para a efetiva caracterização do dano material e moral individual no Direito do Trabalho, é necessário que estejam presentes todos os elementos exigidos pelo ordenamento jurídico a fim de que se realizem, concretamente, os efeitos desejados contra o lesante. A caracterização do direito à reparação do dano decorrente da relação trabalhista depende, no plano fático, da concordância dos seguintes elementos: a) o impulso do agente (ação ou omissão); b) o resultado lesivo, *i. e.*, o dano; c) o nexo etiológico ou de causalidade entre o dano e a ação alheia; d) o ato ilícito (art. 186 do Código Civil) ou abusivo (art. 187 do Código Civil) do empregador ou seu representante.
>
> De acordo com Fernanda Orsi Baltrunas Doretto, "o nexo de causalidade é o liame que une a conduta do agente ao dano experimentado pela vítima. Desse modo, o nexo de causalidade corresponde a um pressuposto essencial para que se proceda à reparação civil, vez que se mostra indispensável, ainda que se trate de responsabilidade objetiva". (DORETTO, Fernanda Orsi Baltrunas. *Dano moral coletivo.* Tese (Doutorado) — Faculdade de Direito da Universidade de São Paulo. São Paulo: Universidade de São Paulo, 2008. p. 21)

Portanto, o dano moral e material individual, na seara trabalhista, tem natureza subjetiva. A sua caracterização no mundo dos fatos não prescinde de elementos vinculados ao sofrimento do lesado, tais como a dor moral, a humilhação, a vergonha, o constrangimento, enfim, todos os fatos ou atos que efetivamente tenham proporcionado uma lesão na alma ou no espírito do ofendido.

Dessa forma, o dano moral individual, por seu caráter subjetivo, leva em consideração a culpabilidade

> "do ofensor, em seus desdobramentos de negligência ou imprudência, e escora-se no art. 186 do Código Civil Brasileiro e no art. 5º, incisos V e X, da Constituição Federal de

1988, *in verbis*: "Art. 186. Aquele que, por ação ou omissão voluntária, negligência ou imprudência, violar direito e causar dano a outrem, ainda que exclusivamente moral, comete ato ilícito. Art. 5º [...] V — é assegurado o direito de resposta, proporcional ao agravo, além da indenização por dano material, moral ou à imagem; [...] X — são invioláveis a intimidade, a vida privada, a honra e a imagem das pessoas, assegurado o direito à indenização pelo dano material ou moral decorrente de sua violação; [...].

Vale ressaltar, no entanto, que para se configurar o abalo moral e material, basta a simples constatação da ocorrência do fato ofensivo (*damnum in re ipsa*). Dispensa-se, portanto, a comprovação do efetivo prejuízo ao patrimônio material e ideal do ofendido, bastando demonstrar o resultado lesivo em tese e sua conexão com o fato causador para responsabilizar o agente, fazendo nascer a obrigação de pagar a indenização correspondente.

Nesse sentido, o seguinte aresto: 'RECURSO DE REVISTA – [...]. 2. DANOS MORAIS – TRABALHADOR RURAL – AUSÊNCIA DE INSTALAÇÕES SANITÁRIAS APROPRIADAS. [...] Assim, diante do suporte fático entregue pelo Tribunal *a quo* não há de se questionar acerca da clara ocorrência de ofensa à dignidade da pessoa humana e aos bens incorpóreos do trabalhador diante das precárias condições de trabalho descritas'.

Trata-se, no caso, de *damnum in re ipsa*, ou seja, o dano moral é consequência do próprio fato ofensivo, de modo que, comprovado o evento lesivo (violação a honra e a dignidade do trabalhador), tem-se, como consequência lógica, a configuração de dano moral, exsurgindo a obrigação de pagar indenização, nos termos do art. 5º, X, da Constituição Federal. Recurso de revista não conhecido. (TST — RR 668-58.2012.5.09.0459, Relator: Guilherme Augusto Caputo Bastos, Data de Julgamento: 2.10.2013, 5ª Turma, Data de Publicação: DEJT 11.10.2013)

Ainda sobre o tema, ensina José Luis Goñi Sein que 'o pressuposto da indenização por dano moral é a existência do prejuízo, o qual se presume, sempre que se acredita na existência da intromissão ilegítima' (SEIN, J. L. G. *El respeto a la esfera privada del trabajador. Un estudio sobre los limites del poder de control empresarial.* Madrid: Civitas, 1988. p. 313).

Feitas essas considerações preliminares, cumpre-nos enfrentar o busílis da questão, qual seja, se a ré praticou algum ato ilícito e, caso confirmado, se há nexo causal com a produção do dano, que é incontroverso.

A petição inicial nos informa que a tripulante Camilla Peixoto Bandeira foi encontrada morta na cabine 3.171 do MSC Musica, no dia 10 de janeiro de 2010, com sinais de enforcamento em seu pescoço.

Por conta disso, foi instaurado inquérito para apuração da *causa mortis*, pela Polícia Federal em Santos, que concluiu pelo indiciamento de Bruno Souza Bicalho Vale Ricardo como autor do crime de homicídio de Camilla. Diante de tais fatos lastimáveis, a mãe da falecida obreira, como sua única herdeira, buscou nesta Justiça Especializada a reparação pelos danos morais e materiais por ela experimentados com fulcro na negligência da empregadora, ou, ainda, nos termos do art. 927, parágrafo único, do Código Civil, embasando-se na responsabilidade objetiva.

A apelada, em sua defesa, sustentou que não mantinha vínculo de emprego, nos termos da legislação brasileira, com a vítima ou o suposto autor do crime, e que os danos não decorreram de um acidente de trabalho. Outrossim, argumenta a recorrida que Camilla e Bruno (o suposto criminoso) mantinham relação marital, não formalizada, e a tragédia não teve como fundamento o liame empregatício, mas sim o relacionamento afetivo entre a vítima e o suposto agressor.

Aduz, ainda, que a filha da autora, no momento do óbito, estava com roupas íntimas de dormir e, portanto, não se encontrava no exercício de suas atividades laborais.

Pondera a empregadora, por outro lado, que 'é norma do Grupo MSC, que apenas casais oficialmente constituídos, mediante documento comprobatório expedido por autoridade atestando tal relação, podem ser alocados numa mesma cabine. Namorados, companheiros que não tenham esta condição oficializada etc., não estão autorizados a se instalarem na mesma cabine. Vigora a regra de separação por sexo, distribuindo-se os tripulantes pelo número de cabines existentes, alocando-se no máximo dois por ambiente, a teor do que determinam as normas internacionais acerca do trabalho marítimo' (fl. 194). Prossegue, afirmando que, sem o conhecimento dos oficiais do navio e, por ajuste particular com outro casal de namorados, a filha da autora passou a dividir a cabine com Bruno. Alega, nesse sentido, que não teve qualquer culpa por omissão, uma vez que não tinha conhecimento de problemas de relacionamento entre vítima e agressor.

Por fim, alega que um suposto suicídio da filha da autora ainda não foi definitivamente descartado, tendo em vista que até a data do ajuizamento da demanda, o suposto homicídio ainda não havia sido objeto de denúncia criminal pelo Ministério Público Federal.

Afasta-se, inicialmente, a alegação de inexistência de liame empregatício nos termos da legislação pátria, pois, nos termos do art. 3º da CLT, 'considera-se empregado toda pessoa física que prestar serviços de natureza não eventual a empregador, sob a dependência deste e mediante salário'. Vale ressaltar que a contratação da vítima em outro país não afasta o reconhecimento da relação empregatícia em apreço. Nesse sentido, a Lei n. 7.064/82 regula a situação de trabalhadores contratados no Brasil ou transferidos por seus empregadores para prestar serviço no exterior, determinando, em seu art. 3º, II, 'a aplicação da legislação brasileira de proteção ao trabalho, naquilo que não for incompatível com o disposto nesta Lei, quando mais favorável do que a legislação territorial, no conjunto de normas e em relação a cada matéria'.

Como no caso vertente a trabalhadora estava prestando serviços em águas brasileiras, e não demonstrado que a legislação pátria não lhe era mais favorável, a relação de trabalho deve ser examinada à luz das leis nacionais.

Há que se descartar, de plano, a hipótese de suicídio, uma vez que, nos termos do item 31 do inquérito policial (fl. 83), 'todos os pareceres técnicos e médicos chegam à conclusão de que o corpo nunca esteve pendurado, e os ferimentos no pescoço de Camilla não foram causados por um lençol'.

No item 46 de fl. 87, é afirmado "[...] categoricamente que a morte de Camilla Peixoto Bandeira foi consequente à 'ASFIXIA MECÂNICA POR CONSTRIÇÃO DO PESCOÇO, NA MODALIDADE DE ESTRANGULAMENTO COM AS MÃOS', tratando-se de prática tipicamente homicida.

Por outro lado, em relação aos motivos que levaram Bruno a cometer o suposto crime, convém destacar que é irrelevante para o deslinde da questão. É que não se analisa aqui a culpa da empregadora por sua ação, mas sim pela sua omissão/negligência no dever de fiscalização e fornecimento de condições de habitação seguras aos seus funcionários, durante todo o período a bordo da embarcação, bem como na escolha de seus funcionários. Assim, há que se perquirir na hipótese vertente a culpa *in elegendo* e *in vigilando* da empregadora.

Há que se frisar que o fato de a filha da autora estar em horário de folga não isentaria a empregadora de garantir sua segurança a bordo do navio, uma vez que a moradia fornecida pela apelada integrava o próprio contrato de trabalho. A obreira, ao aceitar o trabalho como tripulante, não tinha outra escolha senão habitar nas acomodações fornecidas pelo empregador.

Aliás, leia-se do contrato coletivo de trabalho, no art. 7º (fl. 297), que o apontado intervalo interjornadas é de apenas oito horas, e poderia ser reduzido, mediante o pagamento de horas extraordinárias. Conclui-se, portanto, que em caso de necessidade, os tripulantes poderiam ser convocados a trabalhar, mediante o pagamento do correspondente adicional. Nesse sentido, a vítima, ainda que não estivesse trabalhando, encontrava-se à disposição do empregador para eventual necessidade de serviço.

Outrossim, da leitura do art. 19 do citado documento (fl. 303), observa-se o compromisso assumido pelo patrão de fornecer alimentação e adequadas, além de instalações recreativas. Certamente, após um longo período de confinamento, o mínimo que se exige do empregador é dar condições dignas a seus funcionários, com direito à moradia e ao lazer, por exemplo, embora tais aspectos não sejam essenciais aos contratos de trabalho ordinários.

Quanto à regra interna do Grupo MSC de que apenas casais oficialmente constituídos, mediante documento comprobatório expedido por autoridade atestando tal relação, podem ser alocados numa mesma cabine, embora a apelada não tenha feito a prova da existência e da ciência pela vítima de tal norma, há que se destacar que, se havia tal determinação, era da responsabilidade do empregador fiscalizar o seu efetivo cumprimento.

Com efeito, não basta o empregador criar normas ou regulamentos internos. É seu dever, também, a sua efetiva fiscalização, inclusive com a aplicação de severas penalidades pelo descumprimento. Analogicamente, seria o mesmo que o empregador fornecer equipamentos de proteção individual, mas não exigir o seu uso efetivo. A culpa *in vigilando*, dessa forma, é inegável. Ao que parece, pelas apurações feitas no Inquérito Policial, a solicitação de uma segunda via do cartão de identificação (utilizado também como chave da porta da cabine) era facilmente obtida, não se questionando, nem monitorando, os reais motivos desse pedido. Talvez, se fosse questionado ou investigado se a regra de conduta interna estava sendo descumprida pela vítima e seu suposto agressor, a fatalidade que ora se aprecia com pesar poderia ter sido evitada.

Aliás, da leitura do termo de declarações do Sr. Chirayath Sunoj (fl. 373), extrai-se que 'no dia 10 de janeiro de 2010 estava trabalhando no Laguna Bar na parte da manhã; QUE no mesmo horário do declarante, naquele dia 10.1.2010, também estavam trabalhando no Laguna Bar as pessoas de Bagus Sugiharka, Bruno, Marcela; QUE no dia 10.1.2010 chegou no bar Laguna por volta das sete horas da manhã, porém Bruno não estava lá, então telefonou para a cabine de Bruno cobrando sua presença'.

A conclusão que se infere do depoimento do Sr. Chirayath Sunoj é que era do conhecimento dos superiores hierárquicos de Bruno que ele se encontrava na cabine 3.771, juntamente com Camilla.

Por fim, como restou apurado no inquérito policial (item 24 de fl. 80), o relacionamento entre Camilla e Bruno estava em evidente crise, inclusive com um histórico de constantes agressões, e tais fatos eram de conhecimento de outros tripulantes. Com efeito, é dever do empregador que mantém seus funcionários sob contato longo e prolongado, em ambiente de semiconfinamento, fiscalizar o cumprimento das regras de conduta dentro de seu estabelecimento, especialmente se for para evitar eventuais desentendimento entre seus funcionários, agressões e até fatalidades como a que ocorreu *in casu*.

O dano é inquestionável, até porque a morte de um ente querido supera todas as dores que um ser humano pode vivenciar, o que se agrava quando se trata da perda de seu próprio filho, tendo em vista o impacto da inversão da ordem natural da vida. Não há *restitutio in integrum* para tais situações, exigindo-se, por isso, maior sensibilidade na sua apreciação.

Restou comprovada, também, como já dito alhures, a culpa *in elegendo* e *in vigilando* da apelada pelos abalos morais experimentados pela autora em virtude do óbito de sua filha, configurando o ato ilícito, nos termos do art. 186 do Código Civil. Não há dúvidas de que a atitude negligente da empregadora contribuiu diretamente para o trágico desfecho da relação empregatícia — com o óbito de Camilla. Assim, estão presentes o dano, o ato ilício omissivo e o nexo causal entre esses dois, fazendo jus a autora à respectiva reparação.

É também evidente o prejuízo material sofrido pela autora, até porque essa, comprovadamente, é dependente previdenciária de Camilla, recebendo o correspondente benefício em decorrência de seu óbito, como se infere do documento de fl. 37.

Após essas considerações, temos que, quanto à estimativa do *quantum* indenizatório por danos morais, a mesma não é tão singela, não sendo realizada mediante um simples cálculo aritmético, mas com critério, em que o magistrado deve verificar em cada caso, a repercussão econômica, a situação econômica das partes, a repercussão social e a duração da lesão. Sobre o tema, aliás, em ensaio doutrinário de minha autoria, indiquei determinados parâmetros que o magistrado deverá levar em consideração para arbitramento do referido valor, *in verbis:* 'a) as condições econômicas, sociais e culturais de quem cometeu o dano e principalmente de quem o sofreu; b) a intensidade do sofrimento do ofendido; c) a gravidade da repercussão da ofensa; d) a posição do ofendido; e) a intensidade do dolo ou o grau de culpa do responsável; f) um possível arrependimento evidenciado por fatos concretos; g) a retratação espontânea e cabal; h) a equidade; i) as máximas de experiência e do bom-senso; j) a situação econômica do país e dos litigantes; k) o discernimento de quem sofreu e de quem provocou o dano'. (SANTOS, Enoque Ribeiro dos. *O dano moral na dispensa do empregado*. 4 ed. São Paulo: LTr, 2009. p. 204-205)

Nesse sentido, reconheço o prejuízo moral sofrido pela mãe da trabalhadora, dou provimento ao recurso para condenar a ré ao pagamento da indenização correspondente, que ora fixo em R$ 200.000,00 (duzentos mil reais), levando-se em consideração não só os abalos sofridos pela recorrente, como a capacidade econômica das partes e a parcela, ainda que pequena, de culpa da vítima. É devida, também, a reparação por danos materiais, ora fixada no importe total de R$ 168.000,00 (cento e sessenta e oito mil reais), com base na remuneração mensal de Camilla (fl. 253), no importe de U$ 1.324,78 (mil trezentos, vinte e quatro dólares, e setenta e oito centavos), o que equivale a cerca de R$ 3.000,00 (três mil reais) por mês. Levando-se em conta que os recursos obtidos pela vítima não eram totalmente revertidos à autora, com base na proporcionalidade e no art. 475-Q do CPC, aplicável de forma analógica ao caso, estipulo que um terço da remuneração da trabalhadora deve ser pago por mais 14 anos, ou seja, até a autora completar 75 (setenta e cinco) anos de idade. O pagamento deve ser feito em parcela única, como autorizado pelo parágrafo único do art. 950 do Código Civil. *In verbis*: 'Art. 950. Se da ofensa resultar defeito pelo qual o ofendido não possa exercer o seu ofício ou profissão, ou se lhe diminua a capacidade de trabalho, a indenização, além das despesas do tratamento e lucros cessantes até ao fim da convalescença, incluirá pensão correspondente à importância do trabalho para que se inabilitou, ou da depreciação que ele sofreu. Parágrafo único. O prejudicado, se preferir, poderá exigir que a indenização seja arbitrada e paga de uma só vez'. Nos termos da OJ n. 421 da SDI1 do C. TST, 'a condenação em honorários advocatícios nos autos de ação de indenização por danos morais e materiais decorrentes de acidente de trabalho ou de doença profissional, remetida à Justiça do Trabalho após ajuizamento na Justiça comum, antes da vigência da Emenda Constitucional n. 45/04, decorre da mera sucumbência, nos termos do art. 20 do CPC, não se sujeitando aos requisitos da Lei n. 5.584/70'.

Assim, como a presente demanda foi ajuizada nesta Justiça Especializada, após a vigência da Emenda Constitucional n. 45/04, não há que se falar em pagamento de honorários advocatícios, nos termos da Súmula n. 219, item I, do Tribunal Superior do Trabalho, uma vez que a autora não se encontra assistida pelo sindicato correspondente. Dou provimento parcial. CONCLUSÃO. Ante o exposto, CONHEÇO do recurso e REJEITO as preliminares de incompetência da Justiça Brasileira e de incompetência territorial. No mérito, DOU PARCIAL PROVIMENTO ao apelo para afastar a preliminar de incompetência material acolhida em primeira instância e condenar a recorrida: ao pagamento de reparação por danos morais, no importe de R$ 200.000,00 (duzentos mil reais); ao pagamento de reparação por danos materiais, no importe de R$ 168.000,00 (cento e sessenta e oito mil reais). TRT 1ª Região. 5ª T. Relator: Des. Enoque Ribeiro dos Santos.

Oportuno, ainda destacar, que a responsabilidade do armador pelos tripulantes e todos os empregados da embarcação é regida pelo Decreto Legislativo n. 2.681/12, que estabelece em seu art. 1º, que '[...] *será sempre presumida a culpa do transportador*', que somente se eximirá da presunção legal, quando restar provada qualquer excludente de responsabilidade.

O armador é a pessoa física ou jurídica que celebra um contrato de parceria marítima ou de sociedade com o proprietário do navio, no sentido de promover sua exploração econômica.

Desta forma, a responsabilidade do armador, no campo do Direito do Trabalho, se equipara a do empregador comum, disposta no art. 2º, § 2º, da CLT, se enquadrando na Teoria do Risco Profissional, de natureza objetiva, independentemente de culpa, nos termos do art. 927, parágrafo único, do Código Civil. Preenchidos os requisitos da responsabilidade, ou seja, o dano ou lesão e o nexo causal, deverá ocorrer a indenização, salvo as excludentes da responsabilidade. Não obstante, existe um forte e consistente mercado de seguro marítimo, que é um instrumento de mitigação de riscos aos empresários do setor.

A OIT — Organização Internacional do Trabalho — divulgou a Convenção do Trabalho Marítimo, conhecida por MLC 2006, que constitui uma carta dos direitos que garante a proteção a cerca de 1,5 milhões de trabalhadores marítimos em todo o mundo, bem como condições equitativas para os armadores.

Esta convenção foi ratificada por 48 países, e estabelece requisitos mínimos de proteção, entre eles, condições de emprego, horários de trabalho e descanso, alojamento, instalações recreativas, alimentação, cuidados de saúde e bem estar, e ainda proteção social.

A responsabilidade dos armadores está disposta no título 'Norma A4.2 — Responsabilidade dos armadores!' na retromencionada Convenção da OIT, que assim dispõe:

'[...] a) os armadores devem suportar os custos, relativamente aos marítimos que trabalham a bordo dos seus navios, de qualquer doença ou acidentes ocorridos entre a data de início e a data em que se considere que o marítimo foi devidamente repatriado, ou resultante do seu trabalho entre estas duas datas;

[...] b) os armadores devem assegurar uma cobertura financeira para garantir uma indenização em caso de morte ou de incapacidade de longa duração dos marítimos, resultante de acidente de trabalho, doença profissional ou risco profissional, nos termos da legislação nacional, do contrato de trabalho marítimo ou convenção coletiva'."

Não obstante, a Convenção também determina, em seu item 4, que a legislação nacional pode limitar a responsabilidade do armador, em casos específicos e previamente estipulados.

No Brasil, é atribuição do Ministério Público do Trabalho promover a instauração de inquéritos civis para pacificar os conflitos coletivos envolvendo os trabalhadores em embarcações marítimas, nacionais e estrangeiras, que circulam em águas nacionais, cuja fiscalização fica a cargo dos auditores fiscais do trabalho.

2.15. Transferência de empregado brasileiro para o exterior. Lei n. 7.064/1982 (Atualizada pela Lei n. 11.962, de 3 de julho de 2009)

A transferência do empregado brasileiro para o exterior na construção civil, por empresa estrangeira com sócio no Brasil, com no mínimo 5% do capital social é regida pela Lei n. 7.064/1982, arts. 12, 13 e 19. Havendo inadimplência do sócio estrangeiro, a responsabilidade objetiva é do sócio brasileiro, ocorrendo típico caso de solidariedade.

Logo a seguir foi promulgada a Lei n. 11.962, de 3 de julho de 2009, que assim dispõe:

> "Altera o art. 1º da Lei n. 7.064, de 6 de dezembro de 1982, estendendo as regras desse diploma legal a todas as empresas que venham a contratar ou transferir trabalhadores para prestar serviço no exterior."

O PRESIDENTE DA REPÚBLICA. Faço saber que o Congresso Nacional decreta e eu sanciono a seguinte Lei: art. 1º o *caput* do art. 1º da Lei n. 7.064, de 6 de dezembro de 1982, que dispõe sobre a situação de trabalhadores contratados ou transferidos para prestar serviço no exterior, passa a vigorar com a seguinte redação:

> "Art. 1º Esta Lei regula a situação de trabalhadores contratados no Brasil ou transferidos por seus empregadores para prestar serviço no exterior."

Portanto, a Lei n. 7.064/1982 foi alterada pela Lei n. 11.962/2009, para dar guarida a todos os trabalhadores contratados no Brasil ou transferidos para prestar serviços no exterior, não abrangendo apenas e restritivamente, como outrora, os trabalhadores da construção civil.

As seguintes ementas ilustrarão a presente situação jurídica no Brasil:

> RECURSO ORDINÁRIO DA RECLAMADA – ADICIONAL DE TRANSFERÊNCIA – NATUREZA SALARIAL – EMPREGADO CONTRATADO PARA PRESTAR SERVIÇOS

NO EXTERIOR – LEI N. 7.064/82. A Lei n. 7.064/82, que regula o trabalho dos empregados contratados no Brasil para prestar serviços no exterior, dispõe, no caput de seu art. 4º, sobre a obrigatoriedade de pagamento do adicional de transferência. E o art. 5º do mesmo diploma legal prevê expressamente o cômputo do adicional de transferência na remuneração devida durante a transferência do empregado. O simples fato de o adicional em questão somente ser devido enquanto perdurar o trabalho no exterior não retira o caráter salarial da verba, que, in casu, foi paga com habitualidade durante aproximadamente um ano. Desse modo, correta a decisão de primeiro grau que determinou a integração do adicional de transferência à remuneração do autor para todos os efeitos legais. Recurso ordinário patronal a que se nega provimento. (Processo: RO – 0001361-94.2013.5.06.0231, Redator: Ana Cristina da Silva, Data de julgamento: 01/06/2016, Primeira Turma, Data de publicação: 12/06/2016. TRT da 16ª. Região). (Qual é o Tribunal?)

EMPREGADO TRANSFERIDO PARA O EXTERIOR – ADICIONAL DE TRANSFERÊNCIA – LEI N. 7.064/82 – NATUREZA SALARIAL. Consoante a inteligência dos artigos 4º, 5º e 10 da Lei n. 7.064/82, o adicional de transferência pago ao trabalhador transferido para o exterior é dotado de natureza jurídica salarial, configurando-se ainda como "salário-condição", pois devido somente enquanto perdurar a prestação de serviços em outro país. (TRT-3 – Recurso Ordinário Trabalhista : RO 0011650-76.2016.5.03.0001. Relator: Sebastião Geraldo de Oliveira, 2ª turma. Data de publicação: 04/09/2017).

DANO MORAL — FASE PRÉ-CONTRATUAL EM TERRITÓRIO BRASILEIRO — CONTRATO DE TRABALHO NO EXTERIOR NÃO EFETIVADO — INDENIZAÇÃO DEVIDA — "Fase pré-contratual em território brasileiro. Contrato de trabalho no exterior não efetivado. Aplicação da legislação brasileira. No presente caso, como não se efetivou o contrato de trabalho, e a análise recursal limita-se ao pedido de indenização por danos morais na fase pré-contratual, não há como se invocar a aplicação, da Lei n. 7.064/82, sendo plenamente aplicável a legislação brasileira. Dano moral. Expectativa de admissão frustrada. Indenização devida. Uma vez provado, nos autos, que o reclamante viajou para outro país após prévia seleção no Brasil, inclusive, tendo se submetido a exames admissionais, é devida àquele importância a título de indenização por danos morais, tendo em vista que houve expectativa de contratação, que não se efetivou por iniciativa discriminatória da empresa, em razão do expectador ser portador da síndrome de imunodeficiência adquirida (Sida ou AIDS). Recurso parcialmente provido". (TRT 13ª R. — RO 32900-50.2011.5.13.0006 — Rel. Des. Leonardo Jose Videres Trajano)

FÉRIAS — TRABALHO NO EXTERIOR — REMUNERAÇÃO DO PERÍODO AQUISITIVO — OBSERVAÇÃO — "Férias. Remuneração. Trabalho no exterior. Adquirido o direito às férias em decorrência do trabalho efetuado no exterior, a remuneração delas durante o período concessivo deve ser a mesma devida no período aquisitivo, ainda que elas tenham sido usufruídas no Brasil, sob pena de caracterizar a redução de salários vedada no art. 7º, VI, da Constituição da República, afastada a incidência do art. 10 da Lei n. 7.064/82". (TRT 3ª R. — RO 349/2011-020-03-00.0 — Relª Juíza Conv. Gisele de Cassia V. D. Macedo — DJe 19.9.2011)RST+270+2011+DEZ+1854.2013)RST+293+2013+-NOV+49v104

A Súmula n. 207 do Colendo TST foi cancelada pela Resolução TST n. 181, de 16.4.2012, DJe TST 20.4.2012, espelhando a nova posição jurisprudencial daquela Corte em relação à matéria. Predomina atualmente a tese da norma mais favorável ao empregado no cotejo do local da prestação de serviços no exterior, superando a predominância da lei do local da prestação de serviços (*lex loci executionis*).

Uma outra corrente jurisprudencial em caso de conflito de normas espaciais, no tocante à competência material da Justiça do Trabalho é a do local do relacionamento mais significativo ou preponderante. Eis ementa proveniente do TRT da 1ª Região, *in verbis*:

> BRASILEIRO CONTRATADO PARA TRABALHO NO EXTERIOR. NAVIOS DE TURISMO EM ÁGUAS INTERNACIONAIS. COMPETÊNCIA MATERIAL DA JUSTIÇA DO TRABALHO DO BRASIL. CONFLITO ESPECIAL DE LEIS. LEI DA BANDEIRA. CÓDIGO DE BUSTAMANTE. LEI DO LUGAR DA EXECUÇÃO DO CONTRATO. *MOST SIGNIFICANT RELATIONSHIP*. CRITÉRIOS DE PREVALÊNCIA. Nos casos de contratos de trabalho executados por brasileiro em navios de turismo em águas internacionais, a eleição do princípio da "Lei da Bandeira", ou "Lei do Pavilhão", resolve o problema da extraterritorialidade da lei e tem como propósito beneficiar o empregado, dando a ele, em princípio, um foro residual, já que não é razoável exigir que o empregado demande o empregador, pelo mesmo contrato, em tantos quantos forem os portos em que tiver atracado, porque evidente a diversidade de legislações. A afetação da competência material pela origem da bandeira fincada nos mastros dos navios em que o empregado tiver trabalhado outorga ao empregado um foro natural, sejam quais forem os lugares por onde tiver navegado durante a execução desse contrato, mas esse princípio somente existe validamente na medida em que seja benéfico ao empregado, isto é, na medida em que, efetivamente, resolva em favor do empregado uma delicada questão de foro. Se, ao contrário, é usado para dificultar o seu acesso à jurisdição do seu país, então deve ser relativizado para que outro assuma o seu lugar e atinja aquele propósito que alimentou a intenção do legislador, ou seja, o de permitir que o empregado, parte débil do contrato, possa reivindicar seus direitos trabalhistas despendendo o menor esforço possível. O direito do trabalho certamente não desconhece o "tráfico de bandeira", ou a "bandeira de aluguel", prática comercial perniciosa que consiste em matricular a embarcação em países onde a legislação trabalhista é nitidamente menos protetiva que a legislação do país de origem do empregado, como forma de compelir o trabalhador a demandar no foro da bandeira do navio onde trabalhou, e, assim, apequenar seus direitos e dividir com o empregador o custo do negócio. Não é por outra razão que a jurisprudência mais bem aceita no foro vem firmando o entendimento de que em matéria de conflitos de leis trabalhistas no espaço vigora o *most significant relationship*, que consagra o que em doutrina se costumou chamar "válvula de escape", técnica de solução de dissídios que permite ao julgador afastar, pontual e excepcionalmente, certas regras de direito internacional, sempre que verificar que, considerada a peculiaridade do caso concreto, a lide deduzida tenha ligação mais forte e efetiva com outro direito, que não aquele do lugar da bandeira ou do pavilhão onde o navio está matriculado. Se o empregado é brasileiro, e foi contratado no Brasil para prestar serviços a bordo de navios no exterior, não é relevante saber se se aplica a lei da bandeira, ou do pavilhão, isto é, a lei do país onde o navio está matriculado, ou onde o armador, dono das embarcações, tem sede ou o centro de sua ocupação principal, como está na Convenção de Havana (Decreto n. 18.871/29). É de pouca serventia o fato de a maior parte do tempo de trabalho ter sido prestada em águas internacionais ou neste ou naquele país. A questão não se resolve por meio dessa aritmética. O que conta é a *most significant relationship*, isto é, o que é mais significativo, o que irradia efeitos mais substanciais no contrato de emprego, pouco importando o lapso de tempo em que isso se deu aqui ou acolá. Prevalece a regra do art. 651, § 3º, da CLT, claramente tuitiva, isto é, protetiva do empregado: se o empregador promove serviços em mais de um lugar, diversos daquele da contratação, o empregado pode demandar em qualquer deles, ainda que contratado no estrangeiro. Nesses contratos extraterritoriais de trabalho vige o princípio do centro de gravidade da relação jurídica, de que falou

primeiramente Otto Gierke, depois Savigny (teoria da sede do fato), isto é, não prevalece a lei do pavilhão, ou a do armador. (00011628620125010024. Tipo de processo: Recurso ordinário. Data de publicação: 2014-10-16. Órgão julgador: Segunda Turma. Relator: José Geraldo da Fonseca)

SERVIÇOS PRESTADOS EM ANGOLA — CONSTRUTORA NORBERTO ODEBRECHT S/A. LEGISLAÇÃO APLICÁVEL. Caracterizada a contratação do empregado no Brasil, por empresa brasileira, para prestar serviços no exterior, a Lei aplicável é a n. 7.064/82, que dispões sobre a observância da norma mais favorável ao empregado. HORAS EXTRAS — INVERSÃO DO ÔNUS DA PROVA. Na forma do que preceitua o art. 818 da CLT, a prova das alegações incumbe a parte que as fizer. Excepcionalmente, no que tange a jornada de trabalho, o ônus da prova é do empregador que conta com mais de 10 (dez) empregados o registro da jornada de trabalho, na forma do art. 74, § 2º, da CLT. A não apresentação injustificada dos controles de frequência gera presunção relativa de veracidade da jornada de trabalho, a qual pode ser elidida por prova em contrário (Súmula n. 338 do C. TST). (00001432720125010030. Tipo de processo: Recurso Ordinário Data de publicação: 2014-07-08.Órgão julgador: Segunda Turma Relator: Valmir de Araújo Carvalho)

Contudo, se o trabalhador desenvolver suas atividades em outro país, a ele é aplicável a lei desse país e não a lei brasileira. O Brasil ratificou o Código Bustamante, por meio do Decreto n. 18.871/1929, que em seu art. 198 dispõe sobre o princípio da territorialidade para as leis de proteção ao trabalho. No entanto, o empregador terá que ter qualquer domicílio no Brasil (filial, agência etc.), senão a citação terá que ser feita por carta rogatória.

Dispõe ainda o Código Bustamante, que é territorial a legislação sobre acidentes de trabalho e proteção social do trabalhador e que não haverá qualquer distinção entre empresas privadas e de capital misto, quando se refere à solução de conflito legislativo no espaço.

Esta temática é regulada pelo art. 651[11]da CLT. Aplica-se a Lei n. 7.064/1982 nas situações de trabalhadores contratados ou transferidos para prestar serviços no exterior. Pedidos que tenham por fundamento unicamente a CLT serão

---

(11) Art. 651. A competência das Juntas de Conciliação e Julgamento é determinada pela localidade onde o empregado, reclamante ou reclamado, prestar serviços ao empregador, ainda que tenha sido contratado noutro local ou no estrangeiro.

A Emenda Constitucional n. 24 substituiu a expressão "Junta de Conciliação e Julgamento" por "Vara do Trabalho", extinguiu o cargo de Juiz Classista e alterou a Justiça do Trabalho.

§ 1º Quando for parte no dissídio agente ou viajante comercial, a competência será da Junta da localidade em que a empresa tenha agência ou filial e a esta o empregado esteja subordinado e na falta será competente a Junta da localização em que o empregado tenha domicílio ou a localidade mais próxima. (NR) (Redação dada pela Lei n. 9.851, de 27.10.1999)

§ 2º A competência das Juntas de Conciliação e Julgamento, estabelecida neste artigo, estende-se aos dissídios ocorridos em agência ou filial no estrangeiro, desde que o empregado seja brasileiro e não haja convenção internacional dispondo em contrário.

julgados improcedentes, uma vez que subsistirão os que têm por base a lei estrangeira, que será aplicada ao caso concreto. Em tais demandas, mesmo que se aplique a lei estrangeira, o empregado brasileiro fará jus ao FGTS, ao INSS e ao PIS (Programa de Integração Social).

O art. 3º da Lei n. 7.064 estabelece que:

> "Art. 3º A empresa responsável pelo contrato de trabalho do empregado transferido assegurar-lhe-á, independentemente da observância da legislação do local da execução dos serviços:
>
> I — os direitos previstos nesta lei;
>
> II — a aplicação da legislação brasileira de proteção ao trabalho, naquilo que não for incompatível com o disposto nesta lei, quando mais favorável do que a legislação territorial, no conjunto de normas e em relação a cada matéria.
>
> Parágrafo único. Respeitadas as disposições especiais desta lei, aplicar-se-á a legislação brasileira sobre Previdência Social, Fundo de Garantia do Tempo de Serviço (FGTS) e Programa de Integração Social (PIS/PASEP)."

Observe-se que independentemente da legislação do país da prestação dos serviços, aplicar-se-á a lei brasileira, quando mais favorável no conjunto das normas e em relação a cada matéria, de acordo com o art. 7º, *caput*, da Constituição Federal de 1988.

No caso concreto, no cotejo entre as legislações dos dois países para se identificar o conjunto das normas mais favoráveis, a jurisprudência tem se inclinado na utilização da Teoria do Conglobamento, ou seja, lhe importará mais o conjunto das normais mais favoráveis, e, não levará em conta a Teoria da Acumulação, por meio da qual as normas mais favoráveis são pinçadas dos ordenamentos, individualmente, formando um terceiro conjunto de normas.

Se o trabalhador trabalhar em vários países, aplicar-se-á a legislação do país em que se situa a matriz da empresa em que está subordinado o trabalhador, ou, na falta de parâmetro, a lei do país onde está situada a sede da empresa(12).

De acordo com Henrique Correia e Elisson Miessa(13) "importante destacar, ainda, que o empregado contratado por pessoas de direito público externo, ou seja, que preste serviços, no Brasil, para Estados estrangeiros, ONU, OIT, OMC etc., será regido pela lei trabalhista brasileira, conforme posicionamento majoritário da doutrina e da jurisprudência do STF. O fundamento desta corrente é

---

§ 3º Em se tratando de empregador que promova realização de atividades fora do lugar do contrato de trabalho, é assegurado ao empregado apresentar reclamação no foro da celebração do contrato ou no da prestação dos respectivos serviços.

(12) CORREA, Henrique; MIESSA, Elisson. *Súmulas e orientações jurisprudenciais do TST*. 4. ed. Salvador: JusPodivm, 2013. p. 74.

(13) *Idem*.

que, se há prestação de serviços em território brasileiro, aplica-se a lei desse país, conforme previsto na Súmula n. 207 do TST, não havendo, portanto, imunidade de jurisdição em causas de natureza trabalhista.

No entanto, a OJ n. 416 da SDI I do TST, assim dispõe:

> "OJ n. 416. Imunidade de Jurisdição. Organização ou Organismo Internacional.
>
> As organizações ou organismos internacionais gozam de imunidade absoluta de jurisdição quando amparados por norma internacional incorporada ao ordenamento jurídico brasileiro, não se lhes aplicando a regra do Direito Consuetudinário relativa à natureza dos atos praticados. Excepcionalmente, prevalecerá a jurisdição brasileira na hipótese de renúncia expressa à cláusula de imunidade jurisdicional."

Citamos ainda, a ementa:

> TEORIA DO CONGLOBAMENTO ORGÂNICO FLEXIBILIZAÇÃO — INEFICÁCIA DA NORMA COLETIVA AUSÊNCIA DE BENEFÍCIO EQUIVALENTE — A teoria do conglobamento orgânico ou por instituto, trazida por analogia da Lei n. 7.064/82, em seu art. 3º, inciso II, autoriza que, mediante negociação, a flexibilização de um direito legalmente previsto seja compensado com uma vantagem no tocante à mesma matéria, o que resguarda o sentido próprio da transação (que se distingue da renúncia de direitos e, portanto, não encontra óbice no princípio da irrenunciabilidade). Assim, a princípio, se autoriza a flexibilização relativa às horas de trabalho em turno de revezamento, desde que haja no ajuste coletivo, em contrapartida, benefício equivalente, para fins de se promover o necessário equilíbrio que deve permear as boas e justas pactuações. Não se verificando, na hipótese em exame, benefício de maior ou igual relevo àquele suprimido, não se há oferecer validade e eficácia à pactuação. (TRT 3ª R. — RO 00824/2013-034-03-00.3 — Rel. Des. Julio Bernardo do Carmo — DJe 21.7.2014 — p. 158)v108
>
> HORAS *IN ITINERE* — NEGOCIAÇÃO COLETIVA — INVALIDADE — SUPRESSÃO TOTAL — Em princípio deve ser acatada a negociação coletiva em torno de horas *in itinere*, tendo em vista o disposto no art. 7º, inciso XXVI, da CR e, principalmente, porque o direito em questão não se insere em medida de higiene e segurança do trabalho, hipótese em que, aí sim, seria infenso à negociação coletiva. No entanto, o pacto coletivo que estabelece a supressão total não é válido, pois exclui integralmente o direito em lugar de transacionar um limite dessas horas, não observando a teoria do conglobamento. Nessas condições, não houve transação, mas renúncia do direito de receber contrapartida salarial por um tempo legalmente reconhecido como integrante da jornada previsto no § 2º do art. 58 da CLT. (TRT 3ª R. — RO 0011398-13.2013.5.03.0055 — Relª Desª Deoclecia Amorelli Dias — DJe 7.7.2014 — p. 58)v108.

Já o empregado contratado para trabalhar em embarcações e aeronaves será regido, conforme doutrina majoritária, pela lei do país da embarcação ou aeronave, isto é, a nacionalidade de quem explora a atividade econômica. Se o empregado contratado por empresa aérea (GOL ou TAM, por exemplo), mesmo que esteja prestando serviços em outro país, aplicar-se-á a legislação trabalhista brasileira[14].

---

(14) CORREA, Henrique; MIESSA, Elisson. *Súmulas e orientações jurisprudenciais do TST*. 4. ed. Salvador: Juspodivm, 2013. p. 74.

Achamos oportuno também incluirmos neste tópico, o extrato jurisprudencial publicado em 18 de agosto de 2005:

> "Para a 3ª Turma do Tribunal Regional do Trabalho da 2ª Região (TRT-SP), o brasileiro contratado por empresa nacional para prestar serviços no exterior, pode escolher onde ajuizar processo trabalhista: na Justiça do Trabalho do Brasil, ou no Judiciário do país onde atuava. Na apuração dos direitos do empregado, deve ser aplicada a legislação do país estrangeiro, conforme o Código de Bustamante — Convenção de Direito Internacional privado assinada pelo Brasil. Em 2003, um ex-empregado da TAM — Linhas Aéreas S.A. entrou com processo na 56ª Vara do Trabalho de São Paulo, reclamando verbas referentes ao período em que prestou serviço à empresa aérea em Miami (EUA), de 1998 a 2000. A TAM, por sua vez, alegou a prescrição do pedido, pois estaria ultrapassado o prazo de dois anos para ajuizamento de processo após a rescisão do contrato de trabalho. Além disso, sustentou que o reclamante deveria ter entrado com o processo na Justiça norte-americana. Acolhendo a tese da prescrição, a vara extinguiu a ação, sem julgamento de mérito. Inconformado com a sentença, o ex-empregado recorreu ao TRT-SP, argumentando que nunca teve relação trabalhista com a TAM no Brasil, que a 56ª Vara "aplicou, incorretamente, a prescrição bienal prevista no ordenamento jurídico brasileiro", e que a empresa aérea "não comprovou a prescrição com base na lei estrangeira". Segundo a Juíza Mércia Tomazinho, relatora do recurso no tribunal, "em 1929, o ordenamento jurídico brasileiro, através do Decreto 18.871, recepcionou as regras do Código de Bustamante, ao ratificar o Tratado de Havana, seguindo-o na fixação de suas regras". De acordo com a relatora, o art. 198, do Código de Bustamante, dispõe que "é territorial a legislação sobre acidentes do trabalho e proteção social ao trabalhador". Para a Juíza Mércia, a Consolidação das Leis do Trabalho (CLT) também é expressa quando dispõe no art. 651, § 2º, que a competência das Varas do Trabalho 'estende-se aos dissídios ocorridos em agência ou filial no estrangeiro, desde que o empregado seja brasileiro e não haja convenção internacional dispondo em contrário'". "Definido que a competência para o julgamento do caso pode ser ou da justiça americana ou da justiça brasileira, por se tratar de nacional o demandante, e, considerando que o autor entende ter acostado aos autos as normas relativas aos direitos que pretende ver apreciados nesta Justiça, competiria à ré, ao aduzir a prescrição bienal — tema genuinamente de direito material —, também trazer aos autos a disciplina de tal instituto na lei alienígena, encargo do qual não se desincumbiu, observou a Juíza relatora. Por unanimidade, os juízes da 3ª Turma acompanharam o voto da Juíza Mércia, afastando a prescrição e determinando que o processo retorne à vara para julgamento dos pedidos do ex-empregado da TAM." (RO 00158.2003.056.02.00-4)

2.16. *Itaipu Binacional*

Por meio do Tratado Internacional de Itaipu, Decreto n. 75.242/1975, art. 12, a Itaipu Binacional responde subsidiariamente pelas obrigações resultantes de contratos de trabalho celebrados pelos empreiteiros ou subempreiteiros de obras e locadores ou sublocadores de serviços.

Sujeita-se, ademais à legislação brasileira, como qualquer outra empresa de direito público internacional que opera no Brasil, no exato patamar de todas as demais pessoas jurídicas estabelecidas no Brasil, inclusive na obrigatoriedade de contratar empregados por meio de concurso público de provas e/ou títulos, contratação das quotas legais de aprendizes e empregados com deficiência.

A seguir, as seguintes ementas atinentes à matéria:

> RECURSO DE REVISTA DA ITAIPU BINACIONAL – JUÍZO DERETRATAÇÃO – ARTIGOS 1.030, II, 1.039,CAPUT, E 1.040, II, DO CPC (ART. 543-B, § 3º, DO CPC DE 1973) – RESPONSABILIDADE SUBSIDIÁRIA – ADMINISTRAÇÃO PÚBLICA – SÚMULA 331, V, DO TST – CONDUTA CULPOSA NÃO EVIDENCIADA. Os autos retornam para juízo de retratação, com fundamento nos artigos 1.030, II, 1.039, caput, e 1.040, II, do CPC (art. 543-B, § 3º, do CPC de 1973), ante a decisão do Supremo Tribunal Federal no julgamento do RE 760931 – Tema 246 da Tabela de Repercussão Geral. RESPONSABILIDADE SUBSIDIÁRIA – ADMINISTRAÇÃO PÚBLICA – SÚMULA 331, V, DO TST – CONDUTA CULPOSA NÃO EVIDENCIADA. Em que pese o reconhecimento da constitucionalidade do artigo 71 da Lei 8.666/93, pelo Supremo Tribunal Federal (ADC 16, julgada pelo STF em 24/11/2010), não foi afastada, *in totum*, pela excelsa Corte, a responsabilidade subsidiária das entidades estatais, tomadoras de serviços, pela fiscalização do correto cumprimento da legislação trabalhista e previdenciária na vigência do contrato administrativo. Subsiste tal responsabilidade quando existente sua culpa in vigilando, observada a partir da análise fática da conduta específica da Administração Pública. No caso em tela, todavia, o acórdão regional não se referiu à omissão culposa do órgão da Administração Pública quanto à fiscalização do cumprimento das obrigações trabalhistas razão por que não há falar em responsabilidade subsidiária. Recurso de revista conhecido e provido. ADICIONAL DE INSALUBRIDADE – BASE DE CÁLCULO. Não cabe juízo de retratação para tema recursal cuja matéria não tem relação com os fundamentos da decisão proferida pelo STF no RE 760931. (TST – RECURSO DE REVISTA RR 3947005120055090095 (TST) • Data de publicação: 17/04/2020. Relator: Augusto Cesar Leite de Carvalho). I. JUÍZO DE RETRATAÇÃO. ARTIGO 543-B DO CPC/1973 (ARTIGO 1.041, CAPUT, § 1º, DO CPC/2015). RESPONSABILIDADE SUBSIDIÁRIA – ENTE DA ADMINISTRAÇÃO PÚBLICA – AUSÊNCIA DE FISCALIZAÇÃO PRESUMIDA EM RAZÃO DO DESCUMPRIMENTO DE OBRIGAÇÕES TRABALHISTAS POR PARTE DA PRESTADORA DE SERVIÇOS – CULPA IN VIGILANDO PRESUMIDA – MATÉRIA JULGADA PELO SUPREMO TRIBUNAL FEDERAL (RE 760.931) – REPERCUSSÃO GERAL. 1. Discute-se nos presentes autos a responsabilidade subsidiária de ente público pelas verbas trabalhistas inadimplidas pela empresa prestadora de serviços. 2. Esta Quinta Turma, em acórdão pretérito, negou provimento ao agravo de instrumento da segunda Reclamada (ITAIPU BINACIONAL), sendo mantido, assim, o entendimento do Tribunal Regional no sentido de responsabilizar subsidiariamente o ente público, com base na diretriz da Súmula 331, IV, do TST. 3. O Supremo Tribunal Federal, no julgamento da ADC 16 ajuizada pelo governo do Distrito Federal, considerou constitucional o art. 71, § 1º, da Lei 8.666/93. Afirmou que a simples inadimplência da empresa contratada não transfere, automaticamente, a responsabilidade pelas verbas trabalhistas à entidade pública. Com efeito, a responsabilidade subsidiária da Administração Pública não decorre de presunção de culpa ou do simples fato de ter a Reclamante prestado serviços à empresa tomadora de serviços, mas da verificação em concreto da culpa pela instância revisora. 4. Assim, verificando-se que a decisão deste Colegiado foi proferida em desconformidade com a orientação do STF, impõe-se o exercício do juízo de retratação e o reexame do recurso interposto, nos termos do artigo 543-B, § 3º, do CPC/73 (artigo 1.041, § 1º, do CPC/2015) II. AGRAVO DE INSTRUMENTO EM RECURSO DE REVISTA DA SEGUNDA RECLAMADA (ITAIPU BINACIONAL) – NÃO REGIDO PELA LEI 13.015/2014. RESPONSABILIDADE SUBSIDIÁRIA – ENTE DA ADMINISTRAÇÃO

PÚBLICA – AUSÊNCIA DE FISCALIZAÇÃO PRESUMIDA EM RAZÃO DO DESCUMPRIMENTO DE OBRIGAÇÕES TRABALHISTAS POR PARTE DA PRESTADORA DE SERVIÇOS -CULPA IN VIGILANDO PRESUMIDA. Demonstrada possível contrariedade à Súmula 331/TST, impõe-se o provimento do agravo de instrumento para determinar o processamento do recurso de revista . Agravo de instrumento provido. III. RECURSO DE REVISTA DA SEGUNDA RECLAMADA (ITAIPU BINACIONAL) – NÃO REGIDO PELA LEI 13.015/2014 – RESPONSABILIDADE SUBSIDIÁRIA – ENTE DA ADMINISTRAÇÃO PÚBLICA – AUSÊNCIA DE FISCALIZAÇÃO PRESUMIDA EM RAZÃO DO DESCUMPRIMENTO DE OBRIGAÇÕES TRABALHISTAS POR PARTE DA PRESTADORA DE SERVIÇOS – CULPA IN VIGILANDO PRESUMIDA. Caso em que a Corte de origem manteve a responsabilidade subsidiária reconhecida na sentença, fundamentado que, em razão do descumprimento de obrigações trabalhistas por parte da prestadora de serviços, presume-se a ausência de fiscalização do contrato de terceirização pelo tomador. Embora a constitucionalidade do art. 71 da Lei 8.666/93 tenha sido declarada em definitivo pela Excelsa Corte Suprema no julgamento proferido na ADC 16/DF, não há óbice para a condenação subsidiária dos entes jurídicos integrantes da Administração nas situações em que configurada a omissão no regular acompanhamento e fiscalização da execução dos contratos de terceirização celebrados, particularmente em relação ao cumprimento das obrigações trabalhistas (legais e contratuais) por parte das empresas contratadas. Não registrada no acórdão regional, todavia, a premissa fática indispensável para caracterizar a conduta culposa do tomador, quanto à ausência de fiscalização da execução do contrato de prestação de serviços, inviável a manutenção da condenação subsidiária proclamada, nos termos da Súmula 331, IV e V, desta Corte e do decidido na ADC 16 pelo Supremo Tribunal Federal. Recurso de revista conhecido e provido. (TST – RR 273700-03.2009.5.09.0303. Relator: Douglas Alencar Rodrigues. DEJT: 06.12.19).

ITAIPU BINACIONAL — TRATADO INTERNACIONAL — HIERARQUIA DE NORMAS — LEGISLAÇÃO APLICÁVEL — PRINCÍPIO DA NORMA MAIS FAVORÁVEL — Conforme entendimento do STF, os tratados internacionais celebrados pela República Federativa do Brasil, que não versem sobre direitos humanos e não tenham sido aprovados com *quorum* específico, possuem a mesma hierarquia de Lei ordinária. No caso, o tratado internacional trata-se de ato normativo infraconstitucional e, ante o princípio da norma mais favorável que orienta o Direito do Trabalho, existindo norma mais favorável ao empregado, esta deve prevalecer sobre aquela, razão pela qual se aplica a legislação trabalhista consolidada. (TRT 9ª R. — RO 3115100-48.2009.5.09.0005 — Rel. Francisco Roberto Ermel — DJe 28.2.2014 — p. 166) v106.

2.17. *Dispensa discriminatória*

A dispensa discriminatória disposta na Lei n. 9.029/1995[15], art. 4º, também tipifica casos de discriminação no emprego e proíbe tais práticas nas relações de

(15) Lei n. 9.029, de 13 de abril de 1995 (DOU 17.4.1995).

Proíbe a exigência de atestados de gravidez e esterilização, e outras práticas discriminatórias, para efeitos admissionais ou de permanência da relação jurídica de trabalho, e dá outras providências.

Nota: Decreto n. 4.316, de 30.7.2002, DOU 31.7.2002, que promulga o Protocolo Facultativo à Convenção sobre a Eliminação de Todas as Formas de Discriminação contra a Mulher.

trabalho, ensejando a reintegração com pagamento dos atrasados, a percepção em dobro das verbas trabalhistas, e em alguns casos reparação por danos morais.

Assim estabelece o art. 2º e ss., da precitada lei:

> "Art. 2º Constituem crime as seguintes práticas discriminatórias:
>
> I — a exigência de teste, exame, perícia, laudo, atestado, declaração ou qualquer outro procedimento relativo à esterilização ou a estado de gravidez;
>
> II — a adoção de quaisquer medidas, de iniciativa do empregador, que configurem:
>
> a) indução ou instigamento à esterilização genética;
>
> b) promoção do controle de natalidade, assim não considerado o oferecimento de serviços e de aconselhamento ou planejamento familiar, realizados através de instituições públicas ou privadas, submetidas às normas do Sistema Único de Saúde — SUS.
>
> Pena: detenção de um a dois anos e multa.
>
> Parágrafo único. São sujeitos ativos dos crimes a que se refere este artigo:
>
> I — a pessoa física empregadora;
>
> II — o representante legal do empregador, como definido na legislação trabalhista;
>
> III — o dirigente, direto ou por delegação, de órgãos públicos e entidades das administrações públicas direta, indireta e fundacional de qualquer dos Poderes da União, dos Estados, do Distrito Federal e dos Municípios.
>
> Art. 3º Sem prejuízo do prescrito no art. 2º e nos dispositivos legais que tipificam os crimes resultantes de preconceito de etnia, raça ou cor, as infrações do disposto nesta Lei são passíveis das seguintes cominações:
>
> I — multa administrativa de dez vezes o valor do maior salário pago pelo empregador, elevado em cinquenta por cento em caso de reincidência;
>
> II — proibição de obter empréstimo ou financiamento junto a instituições financeiras oficiais.

O Presidente da República

Faço saber que o Congresso Nacional decreta e eu sanciono a seguinte Lei:

Art. 1o É proibida a adoção de qualquer prática discriminatória e limitativa para efeito de acesso à relação de trabalho, ou de sua manutenção, por motivo de sexo, origem, raça, cor, estado civil, situação familiar, deficiência, reabilitação profissional, idade, entre outros, ressalvadas, nesse caso, as hipóteses de proteção à criança e ao adolescente previstas no inciso XXXIII do art. 7o da Constituição Federal. (Redação dada pela Lei nº 13.146, de 2015)

[...]

Art. 5º Esta Lei entra em vigor na data de sua publicação.

Art. 6º Revogam-se as disposições em contrário.

Brasília, 13 de abril de 1995; 174º da Independência e 107º da República.

Fernando Henrique Cardoso

Paulo Paiva

Art. 4º O rompimento da relação de trabalho por ato discriminatório, nos moldes desta Lei, além do direito à reparação pelo dano moral, faculta ao empregado optar entre:

I — a readmissão com ressarcimento integral de todo o período de afastamento, mediante pagamento das remunerações devidas, corrigidas monetariamente, acrescidas dos juros legais;

II — a percepção, em dobro, da remuneração do período de afastamento, corrigida monetariamente e acrescida dos juros legais."

Além disso, o Brasil também ratificou a Convenção n. 111 da OIT, que trata da vedação da discriminação nas relações de trabalho e emprego. A proibição de qualquer forma discriminação, porque ofensiva ao princípio da dignidade da pessoa humana, também encontra amparo na Constituição Federal de 1988, em seu arts. 7º Inciso I, 170 e 193, bem como nas leis infraconstitucionais.

Vejamos algumas ementas sobre a matéria:

DISPENSA DISCRIMINATÓRIA – PORTADOR DE DOENÇA GRAVE – AUSÊNCIA DE ESTIGMA E PRECONCEITO. Embora grave a doença cardíaca da qual o reclamante é portador, não suscita qualquer estigma ou preconceito a ensejar a aplicação da Súmula 443 do TST, pelo que lhe cabia comprovar que foi discriminatória a sua dispensa (arts. 818 da CLT e 373, I, do CPC), ônus do qual não se desincumbiu, não configurando ofensa a bem jurídico de ordem moral ou material passível de indenização. (TRT-3 – Recurso Ordinário Trabalhista : RO 0010800-34.2018.5.03.0039. Data de publicação: 04/12/2019).

DISPENSA DISCRIMINATÓRIA – PORTADOR DE DOENÇA GRAVE – NEOPLASIA MALIGNA. Consoante entendimento pacificado na SDI-1, do TST, o câncer (neoplasia maligna) é considerado doença grave, que suscita estigma ou preconceito, aplicando-se, assim, a Súmula n. 443, da Corte Trabalhista. Nos termos do disposto na referida súmula, presume-se discriminatória a despedida de empregado portador de doença grave. No presente caso, a reclamada não comprovou que o motivo da dispensa teria sido outro, além daquele suscitado na inicial, qual seja, suspeita de que o reclamante era portador de moléstia grave, restando caracterizada a demissão discriminatória. (TRT-14 – Recurso Ordinário Trabalhista : RT 0001028-71.2017.5.14.0008. Relator: Ilson Alves Pequeno Jr. 2ª Turma. DEJT: 12.09.19).

RECURSO ORDINÁRIO – DISPENSA DISCRIMINATÓRIA – PORTADOR VÍRUS DA AIDS. Devemos considerar, como pressuposto para que se configure discriminatória a dispensa do empregado, por ser este portador do vírus HIV, o prévio conhecimento, pela empregadora, dessa condição especial. No caso em tela, analisando o teor da petição inicial, constata-se que o próprio autor confessou que somente veio a conhecer sua condição de portador do vírus HIV após sua dispensa. Nego provimento ao recurso do autor. (TRT 1ª R. 00001689520125010044. Tipo de processo: Recurso Ordinário. Data de publicação: 2013-10-15. Órgão julgador: Quinta Turma. Relator: Enoque Ribeiro dos Santos)

REINTEGRAÇÃO NO EMPREGO — PORTADOR DO VÍRUS HIV — DESPEDIDA DISCRIMINATÓRIA — TUTELA ANTECIPADA — CABIMENTO — "Mandado de segurança. Reintegração ao emprego. Portador do vírus HIV. Antecipação dos efeitos da tutela. Despedida discriminatória. Presunção. Presume-se discriminatória a despedida sem justa causa de empregado portador da síndrome de imunodeficiência adquirida (AIDS). Existem dispositivos legais e constitucionais, que, por uma interpretação sistemática, asseguram o deferimento de antecipação dos efeitos da tutela de reintegração ao emprego, tais como os arts. 1º (II, III e IV), 5º (X e XLI), 6º, 170 (III) e 193 da Constituição Federal, bem como o Decreto n. 62.150/68, que introduziu em nosso ordenamento a Convenção n. 111 da OIT (concernente à discriminação em matéria de emprego e profissão). Irreparável, assim, a decisão de primeiro grau que, com base nas provas documentais juntadas na reclamatória trabalhista, considerou presentes os requisitos exigidos no art. 273 do CPC para a concessão antecipada dos efeitos da tutela de mérito. O *periculum in mora*, por sua vez, resta caracterizado pelo simples fato de que o reclamante sofreu supressão de sua fonte de renda, por um ato presumivelmente discriminatório, o que, com certeza, compromete a sua própria subsistência com dignidade (art. 1º, III, da CF). Mandado de segurança, que busca afastar a reintegração, que se rejeita". (TRT 9ª R. — Proc. 00540-2010-909-09-00-5 — Ac. 39658-2010 — Seção Especializada — Rel. Des. Luiz Eduardo Gunther — DJPR 7.12.2010)RST+261+2011+MAR+143.

É cediço que entre os objetivos fundamentais da República Federativa do Brasil, para dar suporte à proteção do trabalhador e do cidadão e impedir atitudes discriminatórias, dispõe a Constituição Federal em seu art. 3º:

"Art. 3º Constituem objetivos fundamentais da República Federativa do Brasil:

I — construir uma sociedade livre, justa e solidária;

II — garantir o desenvolvimento nacional;

III — erradicar a pobreza e a marginalização e reduzir as desigualdades sociais e regionais;

IV — promover o bem de todos, sem preconceitos de origem, raça, sexo, cor, idade e quaisquer outras formas de discriminação."

O Brasil também é signatário da Convenção sobre a Eliminação de Todas as Formas de Discriminação contra a Mulher[16], que hoje integra o nosso ordenamento jurídico, como lei ordinária federal.

---

(16) DECRETO N. 4.316, DE 30 DE JULHO DE 2002 (DOU 31.7.2002)

Promulga o Protocolo Facultativo à Convenção sobre a Eliminação de Todas as Formas de Discriminação contra a Mulher.

O Presidente da República, no uso da atribuição que lhe confere o art. 84, inciso VIII, da Constituição,

considerando que o Congresso Nacional aprovou o texto do Protocolo Facultativo à Convenção sobre a Eliminação de Todas as Formas de Discriminação contra a Mulher, por meio do Decreto Legislativo n. 107, de 6 de junho de 2002;

Considerando que o Protocolo entra em vigor, para o Brasil, em 28 de setembro de 2002, nos termos de seu art. 16, § 2º.

Decreta:

Art. 1º O Protocolo Facultativo à Convenção sobre a Eliminação de Todas as Formas de Discriminação contra a Mulher, apenso por cópia ao presente Decreto, será executado e cumprido tão inteiramente como nele se contém.

Art. 2º São sujeitos à aprovação do Congresso Nacional quaisquer atos que possam resultar em revisão do referido Protocolo, assim como quaisquer ajustes complementares que, nos termos do art. 49, inciso I, da Constituição, acarretem encargos ou compromissos gravosos ao patrimônio nacional.

Art. 3º Este Decreto entra em vigor em 28 de setembro de 2002.

Brasília, 30 de julho de 2002; 181º da Independência e 114º da República.

Fernando Henrique Cardoso

Celso Lafer

Protocolo Facultativo à Convenção sobre a Eliminação de Todas as Formas de Discriminação contra a Mulher

A Assembleia Geral,

Reafirmando a Declaração e Programa de Ação de Viena e a Declaração e Plataforma de Ação de Pequim, lembrando que a Plataforma de Ação de Pequim, em seguimento à Declaração e Programa de Ação de Viena, apoiou o processo iniciado pela Comissão sobre a Situação da Mulher com vistas à elaboração de minuta de protocolo facultativo à Convenção sobre a Eliminação de Todas as Formas de Discriminação contra a Mulher que pudesse entrar em vigor tão logo possível, em procedimento de direito a petição;

Observando que a Plataforma de Ação de Pequim exortou todos os Estados que não haviam ainda ratificado ou aderido à Convenção a que o fizessem tão logo possível, de modo que a ratificação universal da Convenção pudesse ser alcançada até o ano 2000;

1. Adota e abre a assinatura, ratificação e adesão o Protocolo Facultativo à Convenção, cujo texto encontra-se anexo à presente resolução;

2. Exorta todos os Estados que assinaram, ratificaram ou aderiram à Convenção a assinar e ratificar ou aderir ao Protocolo tão logo possível;

3. Enfatiza que os Estados-Partes do Protocolo devem comprometer-se a respeitar os direitos e procedimentos dispostos no Protocolo e cooperar com o Comitê para a Eliminação da Discriminação contra a Mulher em todos os estágios de suas ações no âmbito do Protocolo;

4. Enfatiza também que, em cumprimento de seu mandato, bem como de suas funções no âmbito do Protocolo, o Comitê deve continuar a ser pautado pelos princípios de não seletividade, imparcialidade e objetividade;

5. Solicita ao Comitê que realize reuniões para exercer suas funções no âmbito do Protocolo após sua entrada em vigor, além das reuniões realizadas segundo o art. 20 da Convenção; a duração dessas reuniões será determinada e, se necessário, reexaminada, por reunião dos Estados-Partes do Protocolo, sujeita à aprovação da Assembleia Geral;

6. Solicita ao Secretário-Geral que forneça o pessoal e as instalações necessárias para o desempenho efetivo das funções do Comitê segundo o Protocolo após sua entrada em vigor;

7. Solicita, ainda, ao Secretário-Geral que inclua informações sobre a situação do Protocolo em seus relatórios regulares apresentados à Assembleia Geral sobre a situação da Convenção.

28ª Reunião Plenária, em 6 de outubro de 1999.

ANEXO

Protocolo Facultativo à Convenção sobre a Eliminação de todas as Formas de Discriminação Contra a Mulher

Os Estados-Partes do presente Protocolo,

Observando que na Carta das Nações Unidas se reafirma a fé nos direitos humanos fundamentais, na dignidade e no valor da pessoa humana e na igualdade de direitos entre homens e mulheres,

Observando, ainda, que a Declaração Universal dos Direitos Humanos proclama que todos os seres humanos nascem livres e iguais em dignidade e direitos e que cada pessoa tem todos os direitos e liberdades nela proclamados, sem qualquer tipo de distinção, incluindo distinção baseada em sexo,

Lembrando que as Convenções Internacionais de Direitos Humanos e outros instrumentos internacionais de direitos humanos proíbem a discriminação baseada em sexo,

Lembrando, ainda, a Convenção sobre a Eliminação de Todas as Formas de Discriminação Contra a Mulher (doravante denominada "a Convenção"), na qual os Estados-Partes condenam a discriminação contra a mulher em todas as suas formas e concordam em buscar, de todas as maneiras apropriadas e sem demora, uma política de eliminação da discriminação contra a mulher,

Reafirmando sua determinação de assegurar o pleno e equitativo gozo pelas mulheres de todos os direitos e liberdades fundamentais e de agir de forma efetiva para evitar violações desses direitos e liberdades, concordaram com o que se segue:

Artigo 1º

Cada Estado-Parte do presente Protocolo (doravante denominado "Estado-Parte") reconhece a competência do Comitê sobre a Eliminação da Discriminação contra a Mulher (doravante denominado "o Comitê") para receber e considerar comunicações apresentadas de acordo com o art. 2º deste Protocolo.

Artigo 2º

As comunicações podem ser apresentadas por indivíduos ou grupos de indivíduos, que se encontrem sob a jurisdição do Estado-Parte e aleguem ser vítimas de violação de quaisquer dos direitos estabelecidos na Convenção por aquele Estado-Parte, ou em nome desses indivíduos ou grupos de indivíduos. Sempre que for apresentada em nome de indivíduos ou grupos de indivíduos, a comunicação deverá contar com seu consentimento, a menos que o autor possa justificar estar agindo em nome deles sem o seu consentimento.

Artigo 3º

As comunicações deverão ser feitas por escrito e não poderão ser anônimas. Nenhuma comunicação relacionada a um Estado-Parte da Convenção que não seja parte do presente Protocolo será recebida pelo Comitê.

Artigo 4º

1. O Comitê não considerará a comunicação, exceto se tiver reconhecido que todos os recursos da jurisdição interna foram esgotados ou que a utilização desses recursos estaria sendo protelada além do razoável ou deixaria dúvida quanto a produzir o efetivo amparo.

2. O Comitê declarará inadmissível toda comunicação que:

(a) se referir a assunto que já tiver sido examinado pelo Comitê ou tiver sido ou estiver sendo examinado sob outro procedimento internacional de investigação ou solução de controvérsias;

(b) for incompatível com as disposições da Convenção;

(c) estiver manifestamente mal fundamentada ou não suficientemente consubstanciada;

(d) constituir abuso do direito de submeter comunicação;

(e) tiver como objeto fatos que tenham ocorrido antes da entrada em vigor do presente Protocolo para o Estado-Parte em questão, a não ser no caso de tais fatos terem tido continuidade após aquela data.

Artigo 5º

1. A qualquer momento após o recebimento de comunicação e antes que tenha sido alcançada determinação sobre o mérito da questão, o Comitê poderá transmitir ao Estado-Parte em questão, para urgente consideração, solicitação no sentido de que o Estado-Parte tome as medidas antecipatórias necessárias para evitar possíveis danos irreparáveis à vítima ou vítimas da alegada violação.

2. Sempre que o Comitê exercer seu arbítrio segundo o § 1º deste artigo, tal fato não implica determinação sobre a admissibilidade ou mérito da comunicação.

Artigo 6º

1. A menos que o Comitê considere que a comunicação seja inadmissível sem referência ou Estado--Parte em questão, e desde que o indivíduo ou indivíduos consintam na divulgação de sua identidade ao Estado-Parte, o Comitê levará confidencialmente à atenção do Estado-Parte em questão a comunicação por ele recebida no âmbito do presente Protocolo.

2. Dentro de seis meses, o Estado-Parte que receber a comunicação apresentará ao Comitê explicações ou declarações por escrito esclarecendo o assunto e o remédio, se houver, que possa ter sido aplicado pelo Estado-Parte.

Artigo 7º

1. O Comitê considerará as comunicações recebidas segundo o presente Protocolo à luz das informações que vier a receber de indivíduos ou grupos de indivíduos, ou em nome destes, ou do Estado-Parte em questão, desde que essa informação seja transmitida às partes em questão.

2. O Comitê realizará reuniões fechadas ao examinar as comunicações no âmbito do presente Protocolo.

3. Após examinar a comunicação, o Comitê transmitirá suas opiniões a respeito, juntamente com sua recomendação, se houver, às partes em questão.

4. O Estado-Parte dará a devida consideração às opiniões do Comitê, juntamente com as recomendações deste último, se houver, e apresentará ao Comitê, dentro de seis meses, resposta por escrito incluindo informações sobre quaisquer ações realizadas à luz das opiniões e recomendações do Comitê.

5. O Comitê poderá convidar o Estado-Parte a apresentar informações adicionais sobre quaisquer medidas que o Estado-Parte tenha tomado em resposta às opiniões e recomendações do Comitê, se houver, incluindo, quando o Comitê julgar apropriado, informações que passem a constar de relatórios subsequentes do Estado-Parte segundo o art. 18 da Convenção.

Artigo 8º

1. Caso o Comitê receba informação fidedigna indicando graves ou sistemáticas violações por um Estado-Parte dos direitos estabelecidos na Convenção, o Comitê convidará o Estado-Parte a cooperar no exame da informação e, para esse fim, a apresentar observações quanto à informação em questão.

2. Levando em conta quaisquer observações que possam ter sido apresentadas pelo Estado-Parte em questão, bem como outras informações fidedignas das quais disponha, o Comitê poderá designar um ou mais de seus membros para conduzir uma investigação e apresentar relatório urgentemente ao Comitê.

Sempre que justificado, e com o consentimento do Estado-Parte, a investigação poderá incluir visita ao território deste último.

3. Após examinar os resultados da investigação, o Comitê os transmitirá ao Estado-Parte em questão juntamente com quaisquer comentários e recomendações.

4. O Estado-Parte em questão deverá, dentro de seis meses do recebimento dos resultados, comentários e recomendações do Comitê, apresentar suas observações ao Comitê.

5. Tal investigação será conduzida em caráter confidencial e a cooperação do Estado-Parte será buscada em todos os estágios dos procedimentos.

Artigo 9º

1. O Comitê poderá convidar o Estado-Parte em questão a incluir em seu relatório, segundo o art. 18 da Convenção, pormenores de qualquer medida tomada em resposta à investigação conduzida segundo o art. 18 deste Protocolo.

2. O Comitê poderá, caso necessário, após o término do período de seis meses mencionado no art. 8.4 deste Protocolo, convidar o Estado-Parte a informá-lo das medidas tomadas em resposta à mencionada investigação.

Artigo 10

1. Cada Estado-Parte poderá, no momento da assinatura ou ratificação do presente Protocolo ou no momento em que a este aderir, declarar que não reconhece a competência do Comitê disposta nos arts. 8º e 9º deste Protocolo.

2. O Estado-Parte que fizer a declaração de acordo com o § 1º deste art.10 poderá, a qualquer momento, retirar essa declaração através de notificação ao Secretário-Geral.

Artigo 11

Os Estados-Partes devem tomar todas as medidas apropriadas para assegurar que os indivíduos sob sua jurisdição não fiquem sujeitos a maus tratos ou intimidação como consequência de sua comunicação com o Comitê nos termos do presente Protocolo.

Artigo 12

O Comitê incluirá em seu relatório anual, segundo o art. 21 da Convenção, um resumo de suas atividades nos termos do presente Protocolo.

Artigo 13

Cada Estado-Parte compromete-se a tornar públicos e amplamente conhecidos a Convenção e o presente Protocolo e a facilitar o acesso à informação acerca das opiniões e recomendações do Comitê, em particular sobre as questões que digam respeito ao próprio Estado-Parte.

Artigo 14

O Comitê elaborará suas próprias regras de procedimento a serem seguidas no exercício das funções que lhe são conferidas no presente Protocolo.

Artigo 15

1. O presente Protocolo estará aberto à assinatura por qualquer Estado que tenha ratificado ou aderido à Convenção.

2. O presente Protocolo estará sujeito à ratificação por qualquer Estado que tenha ratificado ou aderido à Convenção. Os instrumentos de ratificação deverão ser depositados junto ao Secretário-Geral das Nações Unidas.

3. O presente Protocolo estará aberto à adesão por qualquer Estado que tenha ratificado ou aderido à Convenção.

4. A adesão será efetivada pelo depósito de instrumento de adesão junto ao Secretário-Geral das Nações Unidas.

Artigo 16

1. O presente Protocolo entrará em vigor três meses após a data do depósito junto ao Secretário-Geral das Nações Unidas do décimo instrumento de ratificação ou adesão.

2. Para cada Estado que ratifique o presente Protocolo ou a ele venha a aderir após sua entrada em vigor, o presente Protocolo entrará em vigor três meses após a data do depósito de seu próprio instrumento de ratificação ou adesão.

Artigo 17

Não serão permitidas reservas ao presente Protocolo.

Artigo 18

1. Qualquer Estado-Parte poderá propor emendas ao presente Protocolo e dar entrada a proposta de emendas junto ao Secretário-Geral das Nações Unidas. O Secretário-Geral deverá, nessa ocasião, comunicar as emendas propostas aos Estados-Partes juntamente com solicitação de que o notifiquem caso sejam favoráveis a uma conferência de Estados-Partes com o propósito de avaliar e votar a proposta. Se

2.18. *Empregada gestante*

O caso da responsabilidade objetiva do empregador em relação à gestante, de acordo com a Súmula n. 244 do Colendo Tribunal Superior do Trabalho que assim se expressa:

> "N. 244 — GESTANTE. ESTABILIDADE PROVISÓRIA (Redação do Item III Alterada na Sessão do Tribunal Pleno realizada em 14.9.2012)
>
> I — O desconhecimento do estado gravídico pelo empregador não afasta o direito ao pagamento da indenização decorrente da estabilidade (art. 10, II, *b*, do ADCT).
>
> II — A garantia de emprego à gestante só autoriza a reintegração se esta se der durante o período de estabilidade. Do contrário, a garantia restringe-se aos salários e demais direitos correspondentes ao período de estabilidade.
>
> III — A empregada gestante tem direito à estabilidade provisória prevista no art. 10, inciso II, alínea *b*, do Ato das Disposições ConstitucionaisTransitórias, mesmo na hipótese de admissão mediante contrato por tempo determinado."

---

ao menos um terço dos Estados-Partes for favorável à conferência, o Secretário-Geral deverá convocá-la sob os auspícios das Nações Unidas. Qualquer emenda adotada pela maioria dos Estados-Partes presentes e votantes na conferência será submetida à Assembleia Geral das Nações Unidas para aprovação.

2. As emendas entrarão em vigor tão logo tenham sido aprovadas pela Assembleia Geral das Nações Unidas e aceitas por maioria de dois terços dos Estados-Partes do presente Protocolo, de acordo com seus respectivos processos constitucionais.

3. Sempre que as emendas entrarem em vigor, obrigarão os Estados-Partes que as tenham aceitado, ficando os outros Estados-Partes obrigados pelas disposições do presente Protocolo e quaisquer emendas anteriores que tiverem aceitado.

Artigo 19

1. Qualquer Estado-Parte poderá denunciar o presente Protocolo a qualquer momento por meio de notificação por escrito endereçada ao Secretário-Geral das Nações Unidas. A denúncia terá efeito seis meses após a data do recebimento da notificação pelo Secretário-Geral.

2. A denúncia não prejudicará a continuidade da aplicação das disposições do presente Protocolo em relação a qualquer comunicação apresentada segundo o art. 2º deste Protocolo e a qualquer investigação iniciada segundo o art. 8º deste Protocolo antes da data de vigência da denúncia.

Artigo 20

O Secretário-Geral das Nações Unidas informará a todos os Estados sobre:

(a) Assinaturas, ratificações e adesões ao presente Protocolo;

(b) Data de entrada em vigor do presente Protocolo e de qualquer emenda feita nos termos do art. 18 deste Protocolo;

(c) Qualquer denúncia feita segundo o art. 19 deste Protocolo.

Artigo 21

1. O presente Protocolo, do qual as versões em árabe, chinês, inglês, francês, russo e espanhol são igualmente autênticas, será depositado junto aos arquivos das Nações Unidas.

2. O Secretário-Geral das Nações Unidas transmitirá cópias autenticadas do presente Protocolo a todos os estados mencionados no art. 25 da Convenção.

Após a nova redação da retromencionada Súmula, o entendimento prevalecente no Tribunal Superior do Trabalho é no sentido de que uma norma coletiva, que deflui do princípio da autonomia privada coletiva, embora constitua fonte formal do direito, não tem o condão de restringir a aplicação de uma norma constitucional, que visa a amparar não apenas a trabalhadora gestante, mas, sobretudo, a criança que carece ainda de maior proteção. Observe-se que o que está em jogo, predominantemente, é o direito constitucional e fundamental à vida[17].

As causas envolvendo trabalhadora gestante são muito recorrentes na Justiça do Trabalho, que, em homenagem ao princípio da dignidade da pessoa humana e a seus direitos imanentes, vem apresentando, de forma salutar, um progressivo avanço na proteção às trabalhadoras.

No mesmo sentido, o art. 391-A da CLT:

> "Art. 391-A. A confirmação do estado de gravidez advindo no curso do contrato de trabalho, ainda que durante o prazo do aviso-prévio trabalhado ou indenizado, garante à empregada gestante a estabilidade provisória prevista na alínea *b* do inciso II do art. 10 do Ato das Disposições Constitucionais Transitórias. (Artigo acrescentado pela Lei n. 12.812, de 16.5.2013, DOU de 17.5.2013)."

Em face da relevância do direito à vida e à proteção da gestante, também não prevalece normas que venham mitigar ou retirar tais direitos, inclusive por negociação coletiva de trabalho, como prescreve a OJ n. 30 da SDC do TST:

> "OJ n. 30. Estabilidade da Gestante. Renúncia ou Transação de Direitos Constitucionais. Impossibilidade.
>
> Nos termos do art. 10, II, *b*, do ADCT, a proteção à maternidade foi erigida à hierarquia constitucional, pois retirou do âmbito do direito potestativo do empregador a possibilidade de despedir arbitrariamente a empregada em estado gravídico. Portanto, a teor do art. 9º, da CLT, torna-se nula de pleno direito a cláusula que estabelece a possibilidade de renúncia ou transação, pela gestante, das garantias referentes à manutenção do emprego e salário."

Ainda no mesmo sentido a OJ n. 399 da SDI I do TST:

"OJ n. 399. Estabilidade Provisória. Ação Trabalhista Ajuizada após o Término do Período de Garantia no Emprego. Abuso do Exercício do Direito de Ação. Não Configuração. Indenização Devida. O ajuizamento de ação trabalhista após decorrido o período de garantia de emprego não configura abuso do exercício do direito de ação, pois este está submetido apenas ao prazo prescricional inscrito no art. 7º, XXIX, da CF/1988, sendo devida a indenização desde a dispensa até a data do término do período estabilitário."

---

(17) SANTOS, Enoque Ribeiro dos. *As affirmative actions* (ações afirmativas) e a nova redação da OJ (Orientação Jurisprudencial) n. 88 da SDI — I do Tribunal Superior do Trabalho. Suplemento Trabalhista n. 67/04, São Paulo: LTr, ano 40, p. 287.

E ainda, a OJ n. 44 da SDI-I do TST:

> "OJ n. 44. Gestante. Salário-Maternidade. É devido o salário-maternidade, de 120 dias, desde a promulgação da CF/88, ficando a cargo do empregador o pagamento do período acrescido pela Carta."

Importante falar, mesmo que perfunctoriamente, sobre a licença-maternidade.

A licença-maternidade compreende o afastamento remunerado da gestante, que, antes da CF/88, era de apenas 12 semanas. Após a promulgação da CF/88, o prazo de duração passou a ser de 120 dias, conforme o art. 7º da CF/88.

Ainda sobre o tema, mesmo em caso de parto antecipado ou de morte da criança, a trabalhadora terá direito adquirido à licença-maternidade, uma vez que tal licença não está condicionada legalmente ao nascimento da criança com vida, pois mesmo nascendo morta, este repouso será de 120 dias para ampla recuperação do infortúnio.

Diz, o art. 392 da CLT:

> "Art. 392. A empregada gestante tem direito à licença-maternidade de 120 (cento e vinte) dias, sem prejuízo do emprego e do salário. (Redação dada ao *caput* pela Lei n. 10.421, de 15.4.2002, DOU 16.4.2002).
>
> § 1º A empregada deve, mediante atestado médico, notificar o seu empregador da data do início do afastamento do emprego, que poderá ocorrer entre o 28º (vigésimo oitavo) dia antes do parto e a ocorrência deste.
>
> § 2º Os períodos de repouso, antes e depois do parto, poderão ser aumentados de 2 (duas) semanas cada um, mediante atestado médico.
>
> § 3º Em caso de parto antecipado, a mulher terá direito aos 120 (cento e vinte) dias previstos neste artigo.
>
> Art. 392-B. Em caso de morte da genitora, é assegurado ao cônjuge ou companheiro empregado o gozo de licença por todo o período da licença-maternidade ou pelo tempo restante a que teria direito a mãe, exceto no caso de falecimento do filho ou de seu abandono. (Artigo acrescentado pela Lei n. 12.873, de 24.10.2013, DOU de 25.10.2013, com efeitos a partir de 90 (noventa) dias após a sua publicação)
>
> Art. 392-C. Aplica-se, no que couber, o disposto nos arts. 392-A e 392-B ao empregado que adotar ou obtiver guarda judicial para fins de adoção. (Artigo acrescentado pela Lei n. 12.873, de 24.10.2013, DOU de 25.10.2013)
>
> Art. 393. Durante o período a que se refere o art. 392, a mulher terá direito ao salário integral e, quando variável, calculado de acordo com a média dos 6 (seis) últimos meses de trabalho, bem como os direitos e vantagens adquiridos, sendo-lhe ainda facultado reverter à função que anteriormente ocupava."

Também terá direito à licença-maternidade, a trabalhadora que adotar ou obtiver guarda judicial para fins de adoção. Tal licença somente será concedida mediante apresentação do termo judicial de guarda à adotante ou guardiã. A duração da licença para este tipo de trabalhadora também será de 120 dias.

A prorrogação da duração do período de licença-maternidade por prazo superior a 120 dias, ou seja, por mais 60 dias, foi outorgada pela Lei n. 11.770/2008, que assim determina:

> "Art. 1º É instituído o Programa Empresa Cidadã, destinado a prorrogar: I – por 60 (sessenta) dias a duração da licença-maternidade prevista no inciso XVIII do *caput* do art. 7º da Constituição Federal.
>
> § 1º A prorrogação será garantida à empregada da pessoa jurídica que aderir ao Programa, desde que a empregada a requeira até o final do primeiro mês após o parto, e concedida imediatamente após a fruição da licença-maternidade de que trata o inciso XVIII do *caput* do art. 7º da Constituição Federal.
>
> § 2º A prorrogação será garantida, na mesma proporção, também à empregada que adotar ou obtiver guarda judicial para fins de adoção de criança.
>
> Art. 2º É a administração pública, direta, indireta e fundacional, autorizada a instituir programa que garanta prorrogação da licença-maternidade para suas servidoras, nos termos do que prevê o art. 1º desta Lei.
>
> Art. 3º Durante o período de prorrogação da licença-maternidade, a empregada terá direito à sua remuneração integral, nos mesmos moldes devidos no período de percepção do salário-maternidade pago pelo regime geral de previdência social.
>
> Art. 4º No período de prorrogação da licença-maternidade de que trata esta Lei, a empregada não poderá exercer qualquer atividade remunerada e a criança não poderá ser mantida em creche ou organização similar.
>
> Parágrafo único. Em caso de descumprimento do disposto no *caput* deste artigo, a empregada perderá o direito à prorrogação.
>
> Art. 5º A pessoa jurídica tributada com base no lucro real poderá deduzir do imposto devido, em cada período de apuração, o total da remuneração integral da empregada pago 60 (sessenta) dias de prorrogação de sua licença-maternidade, vedada a dedução como despesa operacional."

Examinemos algumas ementas sobre a temática:

> ESTABILIDADE – GESTANTE – CONFIRMAÇÃO DA GRAVIDEZ – TERMO INICIAL. Para a incidência da estabilidade da gestante, cuja finalidade é a de proteção ao nascituro, exige-se tão somente a confirmação da gravidez, sendo irrelevante o conhecimento ou não do fato pelo empregador ou pela empregada no momento da dispensa. Além disso, o termo inicial do direito à estabilidade é a data da concepção e não a constatação da gravidez. (TRT-3 – Recurso Ordinário Trabalhista : RO 0011683-16.2017.5.03.0071. Relator: Cesar Machado, 6ª turma. Publicação: 26.06.19).
>
> ESTABILIDADE PROVISÓRIA DA GESTANTE – INDENIZAÇÃO SUBSTITUTIVA – RECUSA INJUSTIFICADA À REINTEGRAÇÃO. Em face da demonstração de má aplicação do art. 10, II, b, do Ato das Disposições Constitucionais Transitórias, dá-se provimento ao agravo de instrumento para determinar o processamento do recurso de revista. Agravo de instrumento conhecido e provido. B) RECURSO DE REVISTA – ESTABILIDADE PROVISÓRIA DA GESTANTE – INDENIZAÇÃO SUBSTITUTIVA – RECUSA INJUSTIFICADA À REINTEGRAÇÃO. Cinge-se a controvérsia à possibilidade de se deferir indenização substitutiva nos casos em que há recusa injustificada da empregada gestante à proposta do empregador de retorno ao trabalho. Na hipótese

dos autos, ficou devidamente comprovado que o empregador, tão logo teve conhecimento do estado gestacional da reclamante, espontaneamente lhe ofereceu o retorno ao posto de trabalho, sendo que esta injustificadamente se recusou a retornar. Logo, não há como dar guarida à pretensão indenizatória, diante do implícito abuso de direito por parte da gestante. Recurso de revista conhecido e provido. (TST – Recurso de Revista RR 6871320175090096 (TST). Data de publicação: 09/08/2019. Relator: Dora Maria da Costa)

CONTRATO DE EXPERIÊNCIA — CONFIRMAÇÃO DA GRAVIDEZ — ESTABILIDADE — CABIMENTO — "Recurso de revista. Reclamante. Estabilidade da gestante. Contrato de experiência. Confirmação da gravidez. 1. Conforme a Súmula n. 244, item III, do TST, a empregada gestante tem direito à estabilidade provisória prevista no art. 10, inciso II, alínea *b*, do Ato das Disposições Constitucionais Transitórias, mesmo na hipótese de admissão mediante contrato por tempo determinado. 2. No caso dos autos, constata-se que tem direito à estabilidade. O exame Beta HCG verifica o nível do hormônio gonadotrofina coriônica humana, produzido após a fixação do embrião na parede uterina, cujo índice indicativo de gravidez é atingido de 7 a 10 dias após a fecundação. Apesar de o acórdão do TRT não registrar a data em que foi realizada a coleta, se a reclamante recebeu o exame em 18.2.2010, com resultado positivo, a fecundação ocorreu, no mínimo, 7 dias antes, logo, dentro do prazo do contrato de experiência que terminou em 14.02.2010. 3. Recurso de revista a que se dá provimento". (TST — RR 784-11.2010.5.15.0025 — 6ª T. — Relª Min. Kátia Magalhães Arruda — DJe 26.4.2013) RST+289+2013+JUL+36+01/94

RECURSO ORDINÁRIO – ESTABILIDADE GESTANTE – Há direito da empregada gestante à estabilidade provisória na ocorrência de dispensa antecipada em contrato de experiência, antes da alteração ocorrida na redação do item III, da Súmula n. 244 C. TST, que foi modificada pela Resolução n. 185/12, para os casos de admissão mediante regime de contrato por tempo determinado. Até por que, o entendimento sumulado do Colendo TST — Tribunal Superior do Trabalho, que acrescentou o inciso III na Súmula n. 244 não é lei, sequer ordinária, quanto mais constitucional, e quando a mais alta corte trabalhista chega à conclusão de pacificar seu entendimento quanto a determinada matéria é no sentido de que não remanescem dúvidas quanto a titularidade do direito material a ser aplicado. Recurso a que se dá provimento. (TRT 1ª R. 00020156620125010551. Tipo de processo: Recurso Ordinário. Data de publicação: 2013-11-19. Órgão julgador: Quinta Turma. Relator: Des. Enoque Ribeiro dos Santos)

ESTABILIDADE PROVISÓRIA DA GESTANTE – INDENIZAÇÃO SUBSTITUTIVA – CONTRIBUIÇÃO PREVIDENCIÁRIA – NÃO INCIDÊNCIA. A indenização da estabilidade gestante não se insere entre as hipóteses elencadas no inciso I, do art. 28, da Lei n. 8.212/91, tendo em vista que o seu pagamento não objetiva a remuneração de qualquer tipo de trabalho, sendo evidente sua natureza indenizatória. Além disso, o art. 214, § 12, do Decreto n. 3.048/99 é claro ao dispor que tal verba não integra o salário de contribuição nos casos de conversão em indenização previstos nos arts. 496 e 497 da CLT. Agravo de petição a que se nega provimento. (TRT 1ª R. 00934005020095010018. Tipo de processo: Agravo de Petição. Data de publicação: 2014-04-15. Órgão julgador: Quinta Turma. Relator: Des. Enoque Ribeiro dos Santos)

RECURSO OBREIRO – ASSÉDIO MORAL – GESTANTE – LABOR EM CONDIÇÕES INADEQUADAS – CONFIGURAÇÃO. Se a empregada gestante é submetida a trabalhos manifestamente incompatíveis com seu estado gravídico, resta configurado o alegado assédio moral, fazendo jus a trabalhadora à correspondente indenização pelos abalos experimentados. Recurso a que se dá provimento, nesse aspecto. (TRT 1ª

R. 00018337320125010521. Tipo de processo: Recurso Ordinário. Data de publicação: 2014-07-14. Órgão julgador: Quinta Turma. Relator: Enoque Ribeiro dos Santos)

ESTABILIDADE PROVISÓRIA — GESTANTE — RECUSA EM RETORNAR AO EMPREGO DURANTE O PERÍODO ESTABILITÁRIO — INDENIZAÇÃO SUBSTITUTIVA — PAGAMENTO INDEVIDO — "Estabilidade gestante. Recusa em retornar ao emprego durante o período estabilitário. Indenização substitutiva indevida. Durante o período de estabilidade, a indenização substitutiva somente seria viável se a reclamada não quisesse o retorno da empregada ao trabalho. Assim, ao colocar o emprego à disposição da reclamante com o pagamento dos salários e demais direitos correspondentes como se trabalhando estivesse, a reclamada desobrigou-se de suas responsabilidades. Dispensado o relatório, nos termos do art. 852-I da CLT, acrescentado pela Lei n. 9.957, de 12 de janeiro". (TRT 2ª R. — Proc. 00020858920135020076 — (20140078961) — Relª Desª Odette Silveira Moraes — DJe 8.2.2014)RST+298+2014+ABR+160)

CONTRATO DE EXPERIÊNCIA — GESTANTE — ESTABILIDADE PROVISÓRIA — GARANTIA SUBSISTENTE — "I — Agravo de instrumento. Recurso de revista. Gestante. Contrato de experiência. Estabilidade provisória. A reclamante alega que deve ser reconhecida a estabilidade provisória da gestante, ainda que em contrato de experiência, pois, quando a Constituição Federal elege a gestante para atribuir-lhe a garantia de emprego, entende que para essa cidadã deva ser dado tratamento especial. A intenção do constituinte foi a de preservar não só a mulher, mas sobretudo o nascituro durante a gestação bem como nos seus primeiros meses de vida (fl. 127). O Tribunal Regional indeferiu o pedido da reclamante, com fundamento na redação anterior da Súmula n. 244, III, do TST. A mudança do entendimento jurisprudencial neste Tribunal Superior resultou na alteração do item III da Súmula n. 244 do TST, por meio da Resolução n. 185/12. Dessa forma, atualmente, vigora o entendimento de que a empregada gestante tem direito à estabilidade provisória prevista no art. 10, II, *b*, do ADCT, mesmo na hipótese de admissão por contrato por prazo determinado. Aparente ofensa ao art. 10, II, *b*, do ADCT e contrariedade à Súmula n. 244, III, do TST. Agravo de instrumento a que se dá provimento, a fim de determinar o processamento do recurso de revista, observando-se o disposto na Resolução Administrativa n. 928/03. II — Recurso de revista. Gestante. Contrato de experiência. Estabilidade provisória. O Tribunal Regional consignou, com fundamento na redação anterior da Súmula n. 244, III, do TST, que o estado gravídico ocorreu no período de experiência, não existindo por tal razão o direito a estabilidade provisória (fl. 106), afastando a estabilidade provisória de que trata o art. 10, II, *b*, do ADCT. A garantia à estabilidade no emprego da gestante constitui medida de proteção à maternidade (art. 6º da Constituição Federal) e ao próprio nascituro. Por essa razão, o entendimento atual dominante nesta Corte é no sentido de que a circunstância de ter sido a reclamante admitida mediante contrato de experiência, por prazo determinado, não constitui condição obstativa ao reconhecimento da estabilidade provisória constitucional da gestante. A regra do art. 10, II, *b*, do ADCT possui caráter humanitário e veda a dispensa arbitrária da empregada gestante de forma objetiva, desde a confirmação da gravidez até cinco meses após o parto. O fato de a reclamante ter sido admitida sob contrato de trabalho de experiência não exclui o seu direito à estabilidade provisória, uma vez que se extrai do acórdão regional que a concepção ocorreu ainda na vigência da relação de emprego. Não é caso de reintegração da reclamante ao emprego, considerado o tempo transcorrido entre o período da estabilidade provisória e a data de julgamento deste recurso. Nos termos da Súmula n. 396, I, desta Corte, exaurido o período de estabilidade, são devidos aos empregados apenas os salários do período compreendido entre a data da despedida e o final do período de estabilidade, não lhe sendo assegurada a reintegração no emprego. Assim, a reclamante tem direito aos salários relativos ao período compreendido entre a data do ilegal afastamento e cinco meses após o parto, inclusive a gratificação natalina, férias acrescidas de um terço e depósitos e multa relativos ao FGTS, na forma do entendimento consagrado na parte final do item II da Súmula n. 244 desta Corte Superior. Recurso de revista de que se conhece e que se dá provimento, para (a) reconhecer o direito da reclamante à estabilidade provisória no emprego e (b) condenar a reclamada ao pagamento dos salários e demais direitos correspondentes ao período compreendido entre a data de sua despedida ilegal e cinco meses após o parto". (TST — RR 1231-23.2010.5.09.0071 — Rel. Min. Fernando Eizo Ono — DJe 30.5.2013 — p. 2020)RST+289+2013+JUL+38+01/94v103.

2.19. *Empregado acidentado*

A responsabilidade do empregador em relação ao acidentado é objetiva. É cediço que o acidentado precisa de dezesseis dias afastado para receber o auxílio-doença acidentário. Se o empregador, dolosamente, deixa de emitir a CAT — Comunicação de Acidente de Trabalho, responderá objetivamente, pois não poderá se beneficiar da própria torpeza, de acordo com a Lei de Introdução ao Código Civil, art. 3º que declara que:

"*ninguém se escusa de cumprir a lei, alegando que não a conhece.*"

Se não houver neste caso o afastamento e, por consequência, o empregado deixa de receber o auxílio-doença acidentário, pré-requisito para a obtenção da estabilidade provisória, a responsabilidade é do empregador negligente.

A Súmula n. 378 do TST, em sua nova redação atualizada, assim estabelece:

"N. 378 — ESTABILIDADE PROVISÓRIA. ACIDENTE DE TRABALHO. ART. 118 DA LEI N. 8.213/91 (inserido o item III)

I — É constitucional o art. 118 da Lei n. 8.213/91 que assegura o direito à estabilidade provisória por período de 12 meses após a cessação do auxílio-doença ao empregado acidentado. (ex-OJ n. 105 da SBDI-1 — inserida em 1º.10.1997)

II — São pressupostos para a concessão da estabilidade o afastamento superior a 15 dias e a consequente percepção do auxílio-doença acidentário, salvo se constatada, após a despedida, doença profissional que guarde relação de causalidade com a execução do contrato de emprego. (primeira parte — ex-OJ n. 230 da SBDI-1 — inserida em 20.6.2001)

III — O empregado submetido a contrato de trabalho por tempo determinado goza da garantia provisória de emprego, decorrente de acidente de trabalho, prevista no art. 118 da Lei n. 8.213/91."

Oportuno mencionado que o período estabilitário de 12 meses, previsto no inciso I, retro mencionado, trata-se de norma de ordem pública, de indisponibilidade absoluta, infenso inclusive à negociação coletiva de trabalho e ao princípio da autonomia privada coletiva, não remanescendo, portanto, de transação com o empregado visando a sua redução.

Neste sentido, a OJ n. 31 da SDC do Colendo TST:

"OJ n. 31. Estabilidade do Acidentado. Acordo Homologado. Prevalência. Impossibilidade. Violação do art. 118 da Lei n. 8.213/91. Inserida em 19.8.1998. Não é possível a prevalência de acordo sobre legislação vigente, quando ele é menos benéfico do que a própria lei, porquanto o caráter imperativo dessa última restringe o campo de atuação da vontade das partes."

De acordo com a doutrina de Henrique Correa e Elisson Miessa[18] "[...] algumas doenças ocupacionais não se manifestam de forma rápida, ou seja, ao longo dos anos vão se alojando no organismo. Exemplo: A LER em determinado empregado que exerce a atividade de digitador na empresa, diagnosticada após a sua dispensa. Neste caso, mesmo que o trabalhador não tenha recebido auxilio doença, pois os afastamentos foram de poucos dias, terá direito à estabilidade. Isto porque a doença do trabalho ou profissional tem ligação com o trabalho desenvolvido na empresa".

Ainda segundo estes autores "sobre a doença ocupacional, cabe destacar que existe discussão sobre o início do prazo prescricional. Este caso é chamado pela doutrina de lesão pós-contratual. O início da prescrição, em regra, inicia-se com o término do contrato. Quando constatada a lesão pós-contratual, a contagem do prazo inicia-se com o surgimento da legislação ou do trânsito em julgado da sentença. Seguem alguns exemplos de lesões pós-contratuais: a) identificação de doença relacionada com o trabalho após o término do contrato; b) inscrição do nome do trabalhador em lista negra, ou ainda afronta a direitos da personalidade do trabalhador, c) expurgos inflacionários etc."[19].

Neste sentido, a Súmula n. 278 do STJ:

> "278 — O termo inicial do prazo prescricional, na ação de indenização, é a data em que o segurado teve ciência inequívoca da incapacidade laboral."

Se houver instrumento normativo regulamentado esta matéria, prevalecerá sempre a norma mais favorável ao empregado, conforme dispõe a OJ n. 41 da SDI I — do TST:

> "OJ n. 41. Estabilidade. Instrumento normativo. Vigência. Eficácia. Preenchidos todos os pressupostos para a aquisição de estabilidade decorrente de acidente ou doença profissional, ainda durante a vigência do instrumento normativo, goza o empregado de estabilidade mesmo após o término da vigência deste."

Aplica-se, neste caso, uma espécie de ultratividade da norma coletiva, à medida que prevalece a estabilidade do empregado, que preencheu os requisitos e, portanto, passou a ter direito adquirido ao benefício, que se incorporou ao seu patrimônio jurídico, mesmo após o término da vigência do instrumento autocompositivo, e que ainda foi substituído por outro (as partes ainda estão em processo de negociação coletiva, de dissídio coletivo em trâmite no TRT/TST etc.) provendo guarida ao trabalhador quando mais necessita desta proteção, ou seja, quando doente ou acidentado.

---

(18) CORREA, Henrique; MIESSA, Elisson. *Súmulas e orientações jurisprudenciais do TST*..., cit., p. 441.
(19) CORREA, Henrique; MIESSA, Elisson. *Súmulas e orientações jurisprudenciais do TST*..., cit., p. 441.

A seguir, transcrevemos algumas ementas sobre o trabalhador acidentado:

RECURSO DE REVISTA – LEI N. 13.015/2014. CPC/2015 – INSTRUÇÃO NORMATIVA N. 40 DO TST – LEI 13.467/2017 – ESTABILIDADE DO EMPREGADO ACIDENTADO – CONTRATOS DE TRABALHO SIMULTÂNEOS – EXTENSÃO DO BENEFÍCIO – OBSERVÂNCIA DA PREVISÃO CONTIDA NO ARTIGO 118 DA LEI N. 8.213/91 – NOVA INTERPRETAÇÃO – TRANSCENDÊNCIA JURÍDICA DA CAUSA RECONHECIDA. Nos termos do artigo 118, caput, da Lei n. 8.213/91, será garantida a manutenção do contrato de trabalho do segurado que, afastado por mais de 15 dias do emprego, em decorrência de acidente de trabalho, tiver percebido o auxílio-doença acidentário, somente não sendo exigido tal requisito nos casos em que, após a despedida, for constatada a existência de doença profissional que guarde relação de causalidade com a execução do contrato (Súmula n.378, II, do TST). Trata-se da garantia de emprego do trabalhador acidentado, concedida pelo prazo mínimo de 12 meses após a cessação do aludido benefício. Logo, dispensado o reclamante no período por ela alcançado, deverá ser reintegrado, salvo "quando a reintegração do empregado estável for desaconselhável, dado o grau de incompatibilidade resultante do dissídio, especialmente quando for o empregador pessoa física, o tribunal do trabalho poderá converter aquela obrigação em indenização devida nos termos do artigo seguinte" (artigo 496 da CLT). É de se observar, contudo, que o mencionado dispositivo é claro ao vincular a manutenção do contrato de trabalho do acidentado à empresa em que ocorrido o infortúnio, inclusive em se tratando de acidente de trajeto (artigo 21, IV, da Lei n. 8.213/91). Nesse contexto, ao reconhecer a estabilidade do autor em face de empresa alheia ao acidente ocorrido, com quem mantinha um contrato de trabalho simultâneo, a decisão ofendeu literalmente o artigo 118 da Lei n. 8.213/91. Recurso de revista conhecido e provido. (TST – Recurso de Revista : RR 36-40.2016.5.22.0003. Relator: Claudio Mascarenhas Brandão. DEJT: 13.12.19)

RECURSO DE REVISTA – REGIDO PELA LEI 13.015/2014 -CONTRATO TEMPORÁRIO -ACIDENTE DE TRABALHO – ESTABILIDADE PROVISÓRIA – SÚMULA 378/TST. A controvérsia está centrada em definir sobre o direito à estabilidade provisória nas hipóteses de contratos temporários. O Tribunal Regional aplicou ao caso a tese prevalecente n. 9 do TRT da 2ª Região, segundo a qual «Não se reconhece a estabilidade provisória prevista no art. 118, da Lei n. 8.213/91, no caso de acidente do trabalho ocorrido no transcurso do contrato a termo". Tendo em conta os princípios da razoabilidade, da boa- fé objetiva, além da teoria do risco da atividade econômica, a jurisprudência do TST evoluiu no sentido de que deve ser reconhecido o direito do trabalhador temporário acidentado à estabilidade do artigo 118 da Lei n. 8.213/91. Incidência da diretriz inserta na Súmula 378, III, do TST, segundo a qual "o empregado submetido a contrato de trabalho por tempo determinado goza da garantia provisória de emprego decorrente de acidente de trabalho prevista no art. 118 da Lei n. 8.213/91". Recurso de revista conhecido e provido. (TST – Recurso de Revista : RR 1002170-73.2015.5.02.0501. Relator: Douglas Alencar Rodrigues. DEJT 17.03.20).

RECURSO ORDINÁRIO – INDENIZAÇÃO – ESTABILIDADE PROVISÓRIA – INCIDÊNCIA DA SÚMULA N. 378/TST. A jurisprudência do TST orienta que deve ser reconhecida a reintegração ou indenização substitutiva decorrente da estabilidade provisória por período de doze meses após a cessação do auxílio-doença ao empregado acidentado (alta previdenciária), na forma do item I da Súmula n. 378/TST. Recurso a que se nega provimento. (TRT 1ª R. 00004930920135010247, Tipo de processo: Recurso Ordinário. Data de publicação: 2014-04-15. Órgão julgador: Quinta Turma. Relator: Enoque Ribeiro dos Santos)

LIMITAÇÃO DO DIREITO POTESTATIVO DE RESILIÇÃO CONTRATUAL – ABUSO DE DIREITO – TRABALHADOR DOENTE – SUSPENSÃO DO CONTRATO DE TRABALHO – REINTEGRAÇÃO. A interpretação sistemático-teleológica, efetiva, dinâmica e evolutiva do ordenamento pátrio evidencia a intenção de proteger a saúde do trabalhador e evitar a sua dispensa arbitrária, ainda que não seja ele detentor de estabilidade provisória no emprego. Portanto, se na data da dispensa, a empregada encontrava-se doente, ainda que a moléstia não seja relacionada às atividades desenvolvidas no reclamado, o ato resilitório deve ser declarado nulo, devendo o contrato de trabalho permanecer suspenso enquanto persistir a incapacidade. Trata-se de hipótese de suspensão, a que se referem os arts. 472 e 476 da CLT. Do mesmo modo, dispõem os arts. 60, § 4º, e 62 da Lei n. 8.213/91. Nesse diapasão, em homenagem, especialmente, aos princípios fundamentais da proteção, da dignidade da pessoa humana, da boa-fé, da função social do contrato e do valor social do trabalho, deve haver uma mitigação do direito potestativo de dispensa, eis que, no período em o trabalhador que está doente é quando ele mais necessita dos benefícios advindos do pacto e, além disso, as chances de recolocação profissional são muito reduzidas. Ademais, a conduta reprovável de dispensar trabalhador doente pode configurar discriminação, tendo em vista o disposto no art. 1º da Lei n. 9.029/95 e nos arts. 5º, XIII e XLI e 7º, I, da CRFB/88. Com efeito, o direito à manutenção do contrato de trabalho enquanto durar a suspensão contratual não se confunde com o de estabilidade provisória do empregado acidentado. No primeiro caso, não há a prestação de serviços, porque o contrato permanece em verdadeiro estado de hibernação. No segundo, ao empregado é garantido o direito ao trabalho pelo período de doze meses após o seu retorno. Recurso obreiro conhecido e provido para declarar a nulidade de sua dispensa, determinar a consequente reintegração, com o respectivo pagamento de toda a remuneração e vantagens contratuais e normativas relativas ao período do afastamento (conforme pedidos iniciais), além da suspensão contratual para tratamento até que cesse sua incapacidade. (00016495720125010056. Tipo de processo: Recurso Ordinário. Data de publicação: 2014-04-09. Órgão julgador: Quinta Turma. Relator: Enoque Ribeiro dos Santos).

ESTABILIDADE DO ACIDENTADO — EXTINÇÃO DA EMPRESA — Extinguindo-se a unidade fabril em que trabalhava o empregado, cessa o contrato de trabalho, desaparecendo as garantias decorrentes da relação de emprego, inclusive a estabilidade de que trata o art. 118 da Lei n. 8.213/91, e isto porque a garantia conferida ao trabalhador tem como objetivo impedir que o empregador, de maneira arbitrária, dispense o empregado que não raramente tem sua capacidade laborativa diminuída em decorrência do acidente de trabalho. A circunstância de a reclamada ter encerrado as suas atividades no ramo em que trabalhava o reclamante constitui óbice à percepção da indenização correspondente ao período de estabilidade provisória do acidentado. Recurso de Revista a que se nega provimento. (TST — RR 718.179/00.1/7ª R. — 1ª T. — Rel. Juiz Guilherme Bastos — DJU 24.6.2005 — p. 910).

É hoje pacífico na doutrina que foi ampliado consideravelmente o posicionamento do Supremo Tribunal Federal em relação ao acidentado, no tocante à interpretação da Súmula n. 229, *in verbis*:

> "SÚMULA STF N. 229. A indenização acidentária não exclui a do direito comum, em caso de dolo ou culpa grave do empregador."

Anteriormente a Justiça do Trabalho somente dava provimento ao pedido de indenização no caso de dolo ou culpa grave do empregador. Entretanto, mudando para melhor e denotando uma maior preocupação com a saúde e segurança do trabalhador, hodiernamente, havendo culpa do empregador ou de outrem, de qualquer grau, mesmo que levíssima, o trabalhador acidentado faz jus à reparação.

Constitui obrigação do empregador a emissão da CAT (Comunicação de Acidente de Trabalho), como dito, até o 1º (primeiro) dia útil seguinte ao da ocorrência, e, em caso de morte, de imediato, à autoridade competente, sob pena de multa variável entre o limite mínimo e máximo do salário de contribuição, sucessivamente, aumentada nas reincidências e cobrada pela Previdência Social, conforme se depreende do art. 22, *caput*, da Lei n. 8.213/1991.

Nesta vertente, as ementas dos Tribunais do Trabalho:

> ACIDENTE DE TRABALHO – DANOS MORAIS – RESPONSABILIDADE OBJETIVA. Tendo sido suficientemente provado que o ex-empregado foi vítima de acidente de trabalho quando do desempenho de suas funções para a reclamada, é devida a indenização por danos morais. Provimento parcial ao recurso interposto. (TRT-1 – Recurso Ordinário RO 00016537720125010482 RJ (TRT-1).Data de publicação: 13/06/2019. Relator: Roberto Norris. DEJT 10.06.19) .
>
> ACIDENTE DE TRABALHO – DANOS MORAIS E ESTÉTICOS. Os valores arbitrados a título de indenizações por danos morais e estéticos, são compatíveis com a gravidade/ extensão das lesões psíquicas e estéticas causadas ao reclamante, bem como as condições econômicas e o grau de culpa das reclamadas. (TRT-4 – Recurso Ordinário : RO 0020241-73.2017.5.04.0030.: DEJT 17.05.19)
>
> DANO MORAL — ACIDENTE DE TRÂNSITO — MOTOCICLETA — AUSÊNCIA DE EMISSÃO DA CAT — IMPROCEDÊNCIA — É juridicamente irrelevante no processo judicial trabalhista a circunstância de ter sido emitida, ou não, a CAT, pois se trata de um mero documento formulário exigido pela legislação previdenciária, para que seja dado início ao processo administrativo de concessão do benefício acidentário, se for o caso. A CAT emitida pelo empregador cinge-se a relatar o suposto evento danoso, o que também pode ser feito por qualquer pessoa dentre as arroladas pelo art. 22, § 2º, da Lei n. 8.213, de 1991, para que, ao final, após a submissão do segurado à perícia médica, o INSS possa proferir a decisão administrativa, concedendo, ou negando, o benefício previdenciário acidentário. (TRT 3ª R. — RO 00399/2013-134-03-00.0 — Rel. Des. Milton V. Thibau de Almeida — DJe 21.7.2014 — p. 221)v108.
>
> ACIDENTE DE TRABALHO — FALTA DE EMISSÃO DA CAT — Após a ocorrência de acidente de trabalho, a reclamada não cumpriu com a obrigação de emitir a CAT, o que impossibilitou o reclamante de usufruir o benefício previdenciário, da espécie 91, violando o disposto no art. 22 da Lei n. 8.213/91, razão pela qual deve reintegrar o reclamante. (TRT 8ª R. — RO 0000605-30.2013.5.08.0005 — Relª Desª Fed. Maria Valquiria Norat Coelho — DJe 27.5.2014 — p. 9)v107
>
> ACIDENTE DE TRABALHO — INDENIZAÇÃO POR DANOS MORAIS E MATERIAIS — Provado nos autos que o reclamante acidentou-se em serviço, por conta do que sofreu lesões no ombro esquerdo, ocasionando sequelas de traumatismo de músculo e tendão do membro superior e síndrome do manguito rotador, resta claro o direito inarredável de ser indenizado pelos danos morais e materiais sofridos, tanto mais quando sequer a empresa emitiu a CAT, violando o disposto no art. 22 da Lei n. 8.213/91, a evidenciar a sua culpa, juntamente com a falta de equipamentos de proteção para o trabalho em altura (arts. 186 e 927 do CCB). (TRT 11ª R. — RO 0001679-31.2012.5.11.0051 — Relª Desª Rita A. Albuquerque — DJe 26.3.2014 — p. 5)v106

Várias empresas na tentativa de justificar sua omissão na obrigação de emitir a CAT vêm se posicionando no sentido de que as normas regulamentadoras não são vinculantes, com fulcro no disposto no art. 5º, inciso II, da Constituição Federal de 1988[20], esquecendo-se da previsão legal estatuída no art. 154[21] e ss., bem como do art. 169[22]da CLT.

---

(20) Art. 5º, inciso II da CF/88: "ninguém será obrigado a fazer ou deixar de fazer alguma coisa senão em virtude da lei".

(21) Art. 154. A observância, em todos os locais de trabalho, do disposto neste Capítulo, não desobriga as empresas do cumprimento de outras disposições que, com relação à matéria, sejam incluídas em códigos de obras ou regulamentos sanitários dos Estados ou Municípios em que se situem os respectivos estabelecimentos, bem como daquelas oriundas de convenções coletivas de trabalho. (Redação dada pela Lei n. 6.514, de 22.12.1977)

Art. 155. Incumbe ao órgão de âmbito nacional competente em matéria de Segurança e Medicina do Trabalho: (Redação dada pela Lei n. 6.514, de 22.12.1977)

I — estabelecer, nos limites de sua competência, normas sobre a aplicação dos preceitos deste Capítulo, especialmente os referidos no art. 200;

II — coordenar, orientar, controlar e supervisionar a fiscalização e as demais atividades relacionadas com a segurança e a medicina do trabalho em todo o território nacional, inclusive a Campanha Nacional de Prevenção de Acidentes do Trabalho;

III — conhecer, em última instância, dos recursos, voluntários ou de ofício, das decisões proferidas pelos Delegados Regionais do Trabalho, em matéria de Segurança e Medicina do Trabalho.

Art. 156. Compete especialmente às Delegacias Regionais do Trabalho, nos limites de sua jurisdição:

I — promover a fiscalização do cumprimento das normas de Segurança e Medicina do Trabalho;

II — adotar as medidas que se tornem exigíveis, em virtude das disposições deste Capítulo, determinando as obras e reparos que, em qualquer local de trabalho, se façam necessárias;

III — impor as penalidades cabíveis por descumprimento das normas constantes deste Capítulo, nos termos do art. 201. (Redação dada pela Lei n. 6.514, de 22.12.1977)

Art. 157. Cabe às empresas:

I — cumprir e fazer cumprir as normas de Segurança e Medicina do Trabalho;

II — instruir os empregados, através de ordens de serviço, quanto às precauções a tomar no sentido de evitar acidentes do trabalho ou doenças ocupacionais;

III — adotar as medidas que lhes sejam determinadas pelo órgão regional competente;

IV — facilitar o exercício da fiscalização pela autoridade competente. (Redação dada pela Lei n. 6.514, de 22.12.1977)

Art. 158. Cabe aos empregados:

I — observar as normas de Segurança e Medicina do Trabalho, inclusive as instruções de que trata o item II do artigo anterior;

II — colaborar com a empresa na aplicação dos dispositivos deste Capítulo.

Parágrafo único. Constitui ato faltoso do empregado a recusa injustificada:

a) à observância das instruções expedidas pelo empregador na forma do item II do artigo anterior;

b) ao uso dos equipamentos de proteção individual fornecidos pela empresa. (Redação dada pela Lei n. 6.514, de 22.12.1977)

Art. 159. Mediante convênio autorizado pelo Ministro do Trabalho, poderão ser delegadas a outros órgãos federais, estaduais ou municipais, atribuições de fiscalização ou orientação às empresas quanto ao cumprimento das disposições constantes deste Capítulo. (Redação dada pela Lei n. 6.514, de 22.12.1977)

(22) Art. 169. Será obrigatória a notificação das doenças profissionais e das produzidas em virtude de condições especiais de trabalho, comprovadas ou objeto de suspeita, de conformidade com as instruções expedidas pelo Ministério do Trabalho. (Redação dada pela Lei n. 6.514, de 22.12.1977)

O art. 200 da CLT apresenta, com clareza solar, que cabe ao

> "Ministério do Trabalho estabelecer disposições complementares às normas de que trata este Capítulo, tendo em vista as peculiaridades de cada atividade ou setor de trabalho, especialmente sobre:
>
> I — medidas de prevenção de acidentes e os equipamentos de proteção individual em obras de construção, demolição ou reparos."

No caso de recusa da empresa em emitir a CAT, esta poderá ser preenchida pelo próprio acidentado, seus dependentes, pela entidade sindical competente, pelo médico que o assistiu ou qualquer autoridade pública, não prevalecendo nestes casos o prazo previsto no *caput* do art. 22[(23)] da Lei n. 8.213/1991.

Se a CAT for emitida pelo empregador, a entidade autárquica (INSS) concederá o benefício "auxílio-doença acidentário", mas se ela for formalizada pelo próprio acidentado ou pelas demais pessoas ou entidades indicadas, o benefício poderá ou não ser concedido pelo órgão previdenciário sob a forma de "auxílio--doença". Como regra geral, decorridos 90 dias, no máximo, o benefício, nesse caso, poderá ser suspenso e o trabalhador será liberado para retornar ao emprego.

Luiz Salvador afirma que entre as razões da recusa de não emissão da CAT pelos empregadores são conhecidas, entre outras:

a) obrigação de continuar depositando o FGTS, enquanto o empregado estiver com o contrato suspenso;

b) garantia de emprego até um ano após a suspensão do benefício acidentário do art. 118 da Lei n. 8.213/1991;

c) elevação dos custos operacionais por incidência de uma alíquota maior, em razão do reconhecimento dos riscos existentes na empresa por infortúnios,

---

(23) Art. 22. A empresa deverá comunicar o acidente do trabalho à Previdência Social até o 1º (primeiro) dia útil seguinte ao da ocorrência e, em caso de morte, de imediato, à autoridade competente, sob pena de multa variável entre o limite mínimo e o limite máximo do salário de contribuição, sucessivamente aumentada nas reincidências, aplicada e cobrada pela Previdência Social.

§ 1º Da comunicação a que se refere este artigo receberão cópia fiel o acidentado ou seus dependentes, bem como o sindicato a que corresponda a sua categoria.

§ 2º Na falta de comunicação por parte da empresa, podem formalizá-la o próprio acidentado, seus dependentes, a entidade sindical competente, o médico que o assistiu ou qualquer autoridade pública, não prevalecendo nestes casos o prazo previsto neste artigo.

§ 3º A comunicação a que se refere o § 2º não exime a empresa de responsabilidade pela falta do cumprimento do disposto neste artigo.

§ 4º Os sindicatos e entidades representativas de classe poderão acompanhar a cobrança, pela Previdência Social, das multas previstas neste artigo.

§ 5º A multa de que trata este artigo não se aplica na hipótese do caput do art. 21-A. (Incluído pela Lei n. 11.430, de 2006)

instituídos pela Lei n. 8.212/1991, que pelo art. 22 obriga a recolher sobre a folha de pagamento 1,0%, 2,0% ou 3,0% as empresas em cuja atividade preponderante esse risco seja considerado grave. Tais contribuições se referem ao antigo SAT e atualmente LDRAT e destinadas ao financiamento dos benefícios concedidos em razão do grau de incidência de incapacidade laborativa decorrentes dos riscos ambientais do trabalho(24).

De outra parte, verificando o magistrado ou o Tribunal, no caso concreto, que o empregador age no sentido de obstruir a aquisição do direito pelo empregado ao se recusar a emitir a CAT, de forma maliciosa, deixando de cumprir obrigação que lhe é imposta pela lei, à luz do art. 129(25) do novo Código Civil, aplicado subsidiariamente no ordenamento jurídico trabalhista, poderá ser levado à ilação de que o preenchimento das condições necessárias à obtenção da estabilidade provisória foram efetivamente implementadas.

2.19.1. *Prescrição aplicável em ações com pedido de dano moral decorrente de acidente de trabalho*

Os arts. 23 e 204 da Lei n. 8.213/1991, assim estatuem, respectivamente:

> "Art. 23. Considera-se como dia do acidente, no caso de doença profissional ou do trabalho, a data do início da incapacidade laborativa para o exercício da atividade habitual, ou o dia da segregação compulsória, ou o dia em que for realizado o diagnóstico, valendo para este efeito o que ocorrer primeiro.
>
> Art. 104. As ações referentes à prestação por acidente do trabalho prescrevem em 5 (cinco) anos, observado o disposto no art. 103 desta Lei, contados da data:
>
> I — do acidente, quando dele resultar a morte ou a incapacidade temporária, verificada esta em perícia médica a cargo da Previdência Social; ou
>
> II — em que for reconhecida pela Previdência Social, a incapacidade permanente ou o agravamento das sequelas do acidente.

---

(24) SALVADOR, Luis. Acidente do trabalho. Empregador que não emite a CAT deve indenizar trabalhador pelo prejuízo. Revista Justiça do Trabalho, Porto Alegre, ano 21, n. 248, p. 26, ago. 2004. O autor ainda informa que "diante dos abusos já consabidos dessas subnotificações, o governo, preocupado com a tragédias dessas despedidas de trabalhadores doentes e lesionados, sem emissão da CAT, onerando a previdência e a própria sociedade, alterou os critérios para o recolhimento das referidas alíquotas, que doravante poderão ser menores ou maiores, como se extrai do exame da Lei n. 10.666, de 8 de maio de 2003, que permite a redução no pagamento das alíquotas instituídas em até 50% e/ou um acréscimo em até 100%, em razão do desempenho da empresa em relação à respectiva atividade econômica, apurado em conformidade com os resultados obtidos a partir dos índices de frequência, gravidade e custo, calculados segundo metodologia aprovada pelo Conselho Nacional de Previdência Social".

(25) Art. 129. Reputa-se verificada, quanto aos efeitos jurídicos, a condição cujo implemento for maliciosamente obstado pela parte a quem desfavorecer, considerando-se, ao contrário, não verificada a condição maliciosamente levada a efeito por aquele a quem aproveita o seu implemento.

Por seu turno, a Súmula n. 278 do Superior Tribunal de Justiça diz:

'O termo inicial do prazo prescricional, na ação de indenização, é a data em que o segurado teve ciência inequívoca da incapacidade laboral'.

E a Súmula n. 230 do Supremo Tribunal Federal:

'A prescrição da ação de acidente do trabalho conta-se do exame pericial que comprovar a enfermidade ou verificar a natureza da incapacidade'."

Assim, se posiciona a jurisprudência:

INDENIZAÇÃO POR DANOS MORAIS E MATERIAIS DECORRENTES DE ACIDENTE DO TRABALHO – MARCO INICIAL – CIÊNCIA INEQUÍVOCA DA LESÃO APÓS A PROMULGAÇÃO DA EMENDA CONSTITUCIONAL N. 45 /2004 – PRESCRIÇÃO TRABALHISTA – PRAZO PREVISTO NO ARTIGO 7º, INCISO XXIX, DA CONSTITUIÇÃO DA REPÚBLICA – CONTRATO DE TRABALHO SUSPENSO NO MOMENTO DO AJUIZAMENTO DA AÇÃO EM RAZÃO DE GOZO DE AUXÍLIO-DOENÇA. A jurisprudência desta Corte firmou-se no sentido de que a data do início do prazo prescricional da pretensão de indenização por danos morais e materiais decorrentes de doença ocupacional deverá, em regra, coincidir com a data em que o empregado tenha tido ciência inequívoca dos efeitos danosos da lesão sofrida, pois é nesse momento que o direito à reparação civil se torna mensurável e, portanto, exigível. Quando se está efetivamente diante de lesões decorrentes de doença ocupacional , a fixação desse marco prescricional torna-se mais difícil, uma vez que seus sintomas não se revelam de imediato, como no caso de um acidente com morte do trabalhador, ao passo que a doença ocupacional, ao revés, atinge a saúde do trabalhador de forma gradual e progressiva. Ademais, por se estar diante de situação provisória e gradativa, a real extensão da doença ocupacional, por constituir lesão que se protrai no tempo, somente será conhecida quando se estiver diante de dois resultados possíveis e excludentes: 1) se a lesão que atingiu o empregado for totalmente incapacitante para qualquer trabalho, ele será aposentado por invalidez; e 2) por outro lado, se a lesão não for incapacitante e o empregado estiver apto para executar as mesmas atividades ou puder ser readaptado, o auxílio-doença ou auxílio-doença acidentário cessará e ele retornará ao trabalho. (TST – Embargos Declaratórios Recurso de Revista E-ED-RR 18813008020075090011 (TST). Data de publicação: 22/11/2019. Relator: José Roberto Freire Pimenta).

"RECURSO DE REVISTA — PRESCRIÇÃO — ACIDENTE DE TRABALHO — DOENÇA OCUPACIONAL — INÍCIO DO PRAZO — CIÊNCIA INEQUÍVOCA. Cinge-se a controvérsia em definir o prazo prescricional em relação ao pleito de indenização por danos morais e materiais decorrentes de doença ocupacional equiparada ao acidente do trabalho e, consequentemente, o momento da ciência inequívoca da lesão, ou seja, se ocorreu antes ou depois da vigência do Código Civil de 2002 e da promulgação da Emenda Constitucional n. 45/04, com vista a definir a incidência de prescrição civil ou trabalhista. O Tribunal Regional entendeu que a prescrição aplicável ao caso é a trabalhista. Para tanto considerou que, embora tenha sido emitido CAT em 2000, não se verificou a consolidação de lesão já nessa época, tendo em vista o gozo de benefício previdenciário até 2007. Assim, não considerou prescrita a pretensão, porque a ação foi proposta em 2008, dentro do prazo de dois anos da ruptura do contrato. É assente na jurisprudência desta Corte o entendimento de que o termo inicial do prazo prescricional da pretensão de indenização por danos decorrentes de acidente do trabalho, a que se equipara a doença profissional, é a data em que o trabalhador teve ciência inequívoca da incapacidade laboral ou do resultado gravoso. Logo, convém definir o que vem a ser a expressão ciência inequívoca da incapacidade. No caso, tal expressão não se trata da ciência das primeiras lesões da doença, como quer fazer crer a reclamada, mas da efetiva consolidação da moléstia e da consequente repercussão na capacidade de trabalho do empregado. Aliás, este tem sido o posicionamento adotado nesta Corte nas demandas relacionadas a doença ocupacional, que se caracteriza, justamente, por resultar de um processo, e não de um ato isolado, na medida em que a pretensão apenas poderia ter surgido no momento em que foram consolidados os efeitos desse processo. Admitiu-se, ainda, que, somente após o trânsito em julgado da decisão que reconheceu a doença profissional, é que tem início a prescrição da pretensão à indenização por danos morais, materiais e estéticos decorrentes daquela doença. Com efeito, a ciência inequívoca da lesão é efetivamente a data em que o empregado tem a certeza da extensão e dos efeitos do dano causado. Logo, correta a decisão que rejeitou a prescrição total da pretensão." (RR 122700-50.2008.5.04.0231, Data de Julgamento: 22.5.2013, Relatora Desembargadora Convocada: Maria das Graças Silvany Dourado Laranjeira, 2ª Turma, Data de Publicação: DEJT 31.5.2013)

Dessa forma, o prazo prescricional em ações de dano moral decorrente de doença profissional ou acidente de trabalho tem início na data da ciência inequívoca da lesão pelo empregado, o que se dá por meio de perícia médica. Em muitas, ocorre a consolidação da lesão em prazo bem superior à Comunicação do Acidente de Trabalho (CAT), por algum motivo desencadeador.

Superada a controvérsia acerca da data do início da contagem do prazo prescricional nos casos de doenças profissionais decorrentes de acidente de trabalho, cumpre perquirirmos qual a prescrição a ser adotada, se a trabalhista ou a civil.

Filiamo-nos à posição que aplica a prescrição civil quando a ciência inequívoca da incapacidade laborativa tiver ocorrido antes da EC n. 45/2004, e aplica a prescrição trabalhista quando a referida ciência tiver ocorrido após a promulgação da referida Emenda.

Assim, se houver a ciência inequívoca da incapacidade laborativa em prazo posterior à Emenda Constitucional n. 45, a prescrição aplicável é a trabalhista, de 5 (cinco) anos (art. 7º, XXIX, CRFB/88).

Há que se ressaltar, a título de esclarecimento, que, se a ciência inequívoca da moléstia tivesse ocorrido antes da entrada em vigor da supramencionada emenda constitucional, a prescrição a ser aplicável seria a civil, aplicando-se o Novo Código Civil, que estabelece como prazo prescricional o de três anos.

Acerca do tema, arestos, *verbis*:

AGRAVO DE INSTRUMENTO EM RECURSO DE REVISTA – PRESCRIÇÃO – ACIDENTE DO TRABALHO – TRANSCENDÊNCIA SOCIAL. A lide versa sobre a prescrição aplicável à pretensão referente ao pleito de indenização por danos morais decorrente de acidente do trabalho. São três as hipóteses de ocorrência da prescrição nos casos de acidente do trabalho ou doença ocupacional equiparada a acidente do trabalho: prescrição para os acidentes ocorridos ou para as doenças diagnosticadas após a promulgação da EC n. 45/04 (31/12/2004), prescrição para os acidentes ocorridos ou para as doenças diagnosticadas na vigência do Código Civil de 2002 e antes da vigência da

EC 45/2004 e prescrição para os acidentes ocorridos ou para as doenças diagnosticadas na vigência do Código Civil de 1916. Em primeiro plano, apenas para os acidentes ocorridos ou para as doenças diagnosticadas a partir da vigência da EC n. 45/04, que ocorreu em 31/12/04, deve-se aplicar a prescrição trabalhista, prevista no artigo 7º, inciso XXIX, da Constituição Federal. Para os casos anteriores, aplica-se a disciplina do Código Civil, estatutos de 1916 e 2002, observada a regra de transição do artigo 2.028 do Diploma Civil de 2002. Dessa forma, para os acidentes ocorridos até 11/1/1993, a prescrição aplicável é a vintenária, na forma do artigo 177 do Código Civil de 1916; para os acidentes ocorridos de 12/1/1993 a 10/1/2003 , é aplicável a prescrição trienal da lei nova (artigo 206, § 3º, V do Código Civil de 2002), contada, todavia, a partir da vigência do Novo Código Civil (11/1/2003); e para os acidentes ocorridos de 11/1/2003 a 31/12/2004, aplicável igualmente a prescrição do Código Civil de 2002 (artigo 206, § 3º, V), ou seja, trienal, contada, no entanto, a partir da lesão ao direito material. É firme a jurisprudência desta Corte Superior no sentido de que, em se tratando de acidente do trabalho, o marco prescricional é definido a partir da data em que a parte tem ciência inequívoca do ato danoso. No caso, depreende-se do v. acórdão que o acidente do trabalho ocorreu em 13/09/1997 e a esposa do de cujus ajuizou ação na Justiça Comum em 20/07/2007. Dessa forma, observando-se a regra de transição do artigo 2.028 do Código Civil de 2002 para os acidentes ocorridos de 12/1/1993 a 10/1/2003 , é aplicável a prescrição trienal da lei nova, nos termos do artigo 206, § 3º, V, do Código Civil de 2002, contada a partir de 11/1/2003, data da vigência do Novo Código Civil. Nesse contexto, não há como se divisar a apontada violação dos preceitos constitucionais. Agravo de instrumento conhecido e desprovido. (TST – Agravo de Instrumento em Recurso de Revista : AIRR 1001401-83.2016.5.02.0031. Relator: Alexandre de Souza Agra Belmonte. DEJT: 21.06.19).

"AGRAVO DE INSTRUMENTO – RECURSO DE REVISTA – ACIDENTE DE TRABALHO – PRESCRIÇÃO. Com relação à fonte legal da prescrição (civil ou trabalhista), esta Corte Superior tem decidido reiteradamente que as ações decorrentes de acidente de trabalho ou doença profissional estão sujeitas à incidência da norma prescricional trabalhista, salvo no caso em que a lesão é anterior à entrada em vigor da Emenda à Constituição n. 45, em 31.12.2004. Para esse caso excepcional, entende-se que se deve aplicar a norma prescricional civil, em respeito aos princípios da segurança jurídica e do direito adquirido, tendo em vista que, até 31.12.2004, era incontroverso que competia à Justiça comum a apreciação de pedido de pagamento de indenização por danos morais e materiais decorrentes de acidente de trabalho ou enfermidade ocupacional, com a aplicação dos prazos prescricionais estabelecidos no direito civil. Consignado no acórdão recorrido que o Reclamante teve conhecimento inequívoco da incapacidade laboral no dia 13.11.2006, a prescrição de sua pretensão deve ser examinada sob a ótica da norma prescricional trabalhista (art. 7º, XXIX, da CF). Examinando a questão sob o enfoque da norma trabalhista, a contagem do prazo prescricional para o exercício do direito de ação pelo Reclamante findou em 13.11.2008. Como a reclamação trabalhista foi proposta em 2.9.2010, a pretensão do Reclamante está realmente prescrita, não merecendo reparos a decisão recorrida. Agravo de instrumento a que se nega provimento. ACORDAM os Ministros da Quarta Turma do Tribunal Superior do Trabalho, à unanimidade, negar provimento ao agravo de instrumento." (TST Processo: AIRR — 1504-27.2010.5.02.0255 Data de Julgamento: 23.4.2014, Relator Ministro: Fernando Eizo Ono, 4ª Turma, Data de Publicação: DEJT 2.5.2014)

Neste mesmo sentido destaco que, em seu estudo sobre o tema, Sebastião Geraldo de Oliveira conclui o seguinte, *in verbis:*

"a prescrição aplicável nas ações indenizatórias decorrentes de acidente do trabalho deve ser a do Código Civil para as ações ajuizadas até 2004 e a trabalhista para aquelas iniciadas posteriormente." (OLIVEIRA, Sebastião Geraldo de. *Indenizações por acidente do trabalho ou doença funcional*. São Paulo: LTr, 2008).

Oportuno, esclarecer, que o gozo do benefício previdenciário não possui aptidão para suspender o prazo prescricional, haja vista que o tema já foi pacificado pelo C. TST, por meio da OJ n. 375 da SDI 1, cujo teor transcrevo a seguir:

> "AUXÍLIO-DOENÇA. APOSENTADORIA POR INVALIDEZ. SUSPENSÃO DO CONTRATO DE TRABALHO. PRESCRIÇÃO. CONTAGEM (DEJT divulgado em 19, 20 e 22.4.2010)
>
> A suspensão do contrato de trabalho, em virtude da percepção do auxílio-doença ou da aposentadoria por invalidez, não impede a fluência da prescrição quinquenal, ressalvada a hipótese de absoluta impossibilidade de acesso ao Judiciário."

De outra parte, a incapacidade absoluta em questão, apta a suspender o prazo prescricional, de acordo com a jurisprudência Tribunal Superior do Trabalho, é aquela que impossibilita a prática dos atos da vida civil, prevista no art. 198, I, do Código Civil brasileiro, e também a incapacidade física absoluta, que inviabiliza totalmente o acesso do obreiro ao poder judiciário, e que decorre do princípio contra *non volent agere non curit praescriptio*, isto é, "contra quem não pode agir judicialmente não corre a prescrição".

Neste sentido, dispõe o art. 198 do Código Civil brasileiro, *in verbis*:

> "Art. 198. Também não corre a prescrição:
>
> I — contra os incapazes de que trata o art. 3º."

Os incapazes tratados no art. 3º são os seguintes, *in verbis*:

> "Art. 3º São absolutamente incapazes de exercer pessoalmente os atos da vida civil:
>
> I — os menores de dezesseis anos;
>
> II — os que, por enfermidade ou deficiência mental, não tiverem o necessário discernimento para a prática desses atos;
>
> III — os que, mesmo por causa transitória, não puderem exprimir sua vontade."

Em relação à incapacidade física absoluta, para o Tribunal Superior do Trabalho é aquela que possui caráter excepcional, que impossibilita o obreiro, de forma absoluta, de se locomover e de ter acesso ao judiciário, caso em que o reclamante, na pior das hipóteses, poderia ter ido ao judiciário com auxílio de cadeira de rodas.

Oportuno trazer à colação a decisão da SDI-1 do Col. TST, de lavra do Ministro João Oreste Dalazen, que cita, como exemplo dessa incapacidade física absoluta de acesso ao judiciário, o caso em que o demandante está acometido por uma doença denominada "leucopenia", em que o enfermo fica proibido categoricamente de ingressar em qualquer ambiente social, não podendo sequer sair de sua residência, uma vez que tal moléstia reduz de forma significativa a quantidade de leucócitos no sangue, fazendo com que o portador da moléstia não possa ter contato com outras pessoas, em razão do alto risco de contaminação por doença oportunista, que poderia levá-lo à morte.

Transcrevo a mencionada decisão, *in verbis:*

> "SUSPENSÃO DO CONTRATO DE TRABALHO — AUXÍLIO-DOENÇA — PRESCRIÇÃO — NÃO FLUÊNCIA — 1 — Suspenso o contrato de trabalho, em virtude de o empregado haver sido acometido de doença profissional (leucopenia), com percepção de auxílio-doença, opera-se a correlata suspensão igualmente do fluxo do prazo prescricional para ajuizamento de ação trabalhista [...]." (TST-E-RR-741962/2001, Rel. Ministro João Oreste Dalazen, DJ 13.12.2002)

Já no caso dos presentes autos, tem-se que, pelas regras de experiência comum, a hérnia discal, em regra, não tem aptidão para impossibilitar de forma absoluta a realização de todas atividades cotidianas do paciente, gerando um estado vegetativo ao mesmo, mas apenas reduz, em diferentes graus, a gama de atividades que este pode praticar, não abarcando esta redução, evidentemente, a impossibilidade de acessar o judiciário.

E, ainda as ementas sobre a matéria:

> PRESCRIÇÃO - SUSPENSÃO DO CONTRATO DE TRABALHO - APOSENTADORIA POR INVALIDEZ. Transcorridos mais de 5 anos entre a data de aposentadoria por invalidez e o ajuizamento da presente reclamatória, e nada sendo alegado na inicial acerca da impossibilidade de acesso ao Judiciário, resta prescrito o direito às parcelas pleiteadas pela parte autora. Aplicação da OJ 375 da SBDI-1. (TRT-4 - Recurso Ordinário : RO 0021481-55.2016.5.04.0702. Data de julgamento: 14.07.17)

> I- AGRAVO DE INSTRUMENTO DO RECLAMANTE INTERPOSTO ANTES DA LEI N. 13.015/2014 - APOSENTADORIA POR INVALIDEZ. SUSPENSÃO DO CONTRATO DE TRABALHO - DIREITOS PREVISTOS EM NORMA COLETIVA - CARTÃO-ALIMENTAÇÃO - INDENIZAÇÃO SUBSTITUTIVA - ABONO SALARIAL E PLR. A jurisprudência desta Corte Superior consolidou o entendimento de que a suspensão do contrato de trabalho em razão da aposentadoria por invalidez implica a sustação das obrigações contratuais, de forma que fica suspensa, além dos salários, grande parte das obrigações acessórias, aí incluídos o auxílio-alimentação, a indenização substitutiva e os abonos salariais. Somente persistirá o direito nos casos em que a norma coletiva instituidora do benefício for expressa em estendê-los aos aposentados por invalidez, o que não é a hipótese dos autos, segundo o quadro fático traçado pelo Regional. Precedentes. Agravo de instrumento não provido. II- AGRAVO DE INSTRUMENTO DA RECLAMADA INTERPOSTO ANTES DA LEI N. 13.015/2014 - APOSENTADORIA POR INVALIDEZ - SUSPENSÃO DO CONTRATO DE TRABALHO - DIREITOS PREVISTOS EM NORMA COLETIVA - CARTÃO-ALIMENTAÇÃO - INDENIZAÇÃO SUBSTITUTIVA - ABONO SALARIAL . Ante a possível violação do artigo 7º, XXVI, dou provimento ao agravo de instrumento. III - RECURSO DE REVISTA DA RECLAMADA - APELO INTERPOSTO ANTES DA LEI N. 13.015/2014 - PRESCRIÇÃO QUINQUENAL - SUSPENSÃO DO CONTRATO DE TRABALHO - APOSENTADORIA POR INVALIDEZ. O Tribunal Regional manteve a prescrição quinquenal declarada na origem sob o fundamento de que houve a suspensão do contrato de trabalho em razão da aposentadoria

por invalidez. A decisão, portanto, está em consonância com a OJ n. 375 da SDI-1 do TST, segundo a qual "a suspensão do contrato de trabalho, em virtude da percepção do auxílio-doença ou da aposentadoria por invalidez, não impede a fluência da prescrição quinquenal, ressalvada a hipótese de absoluta impossibilidade de acesso ao Judiciário". Recurso de revista não conhecido. APOSENTADORIA POR INVALIDEZ – SUSPENSÃO DO CONTRATO DE TRABALHO – DIREITOS PREVISTOS EM NORMA COLETIVA – CARTÃO-ALIMENTAÇÃO – INDENIZAÇÃO SUBSTITUTIVA – ABONO SALARIAL. A jurisprudência desta Corte Superior consolidou o entendimento de que a suspensão do contrato de trabalho em razão da aposentadoria por invalidez implica a sustação das obrigações contratuais, de forma que fica suspensa, além dos salários, grande parte das obrigações acessórias, aí incluídos o auxílio-alimentação, a indenização substitutiva e os abonos salariais. Somente persistirá o direito nos casos em que a norma coletiva instituidora do benefício for expressa em estendê-los aos aposentados por invalidez, o que não é a hipótese dos autos, segundo o quadro fático traçado pelo Regional. Precedentes. Recurso de revista conhecido e provido. (TST-ARR 1013-25.2012.5.03.0060. 2ª Turma. DEJT 03/05/2019. Relator: Maria Helena Mallmann)

AUXÍLIO-DOENÇA – SUSPENSÃO DO CONTRATO DE TRABALHO – MANUTENÇÃO DO PLANO DE SAÚDE. O afastamento do empregado do trabalho, com percepção do auxílio-doença, é causa de suspensão do contrato de trabalho, mantendo-se, contudo o seu direito aos benefícios do plano de saúde contratado pela empresa, em conformidade com a Súmula 440 do TST. (TRT-3 – Recurso Ordinário Trabalhista: RO 0010966-58.2015.5.03.0108 – Relator: Convocada Olivia Figueiredo Pinto Coelho, 10ª Turma)

2.19.2. Empregado acidentado no contrato de experiência

Encontramos várias definições para o contrato de experiência: contrato de prova, pacto de prova, período de experiência, pacto de experiência, contrato de experiência etc. A CLT utiliza-se da expressão contrato de experiência nos arts. 443, § 2º e 445, parágrafo único.

A rigor, o contrato de experiência é utilizado para que haja um conhecimento recíproco entre empregador e empregado, aquilatando-se nesse período de 90 (noventa) dias, que pode ser prorrogado uma única vez (desde que não extrapole este prazo de 90 dias), as reais aptidões, técnica e responsabilidade do empregado, bem como a sua adequação ao quadro funcional, prerrogativas e exigências do empregador.

O contrato de experiência equipara-se levemente ao instituto do estágio probatório do Direito Administrativo, de 3 anos para os servidores em geral, conforme se depreende do art. 41 da Constituição Federal, e de 2 anos para servidores públicos com regulamento próprio (magistrados, procuradores etc.), de acordo com o art. 37 e parágrafos da mesma Constituição.

Sergio Pinto Martins[26] afirma que o contrato de experiência não deixa de ser um contrato de trabalho por tempo determinado. Assim, há necessidade de anotação na CTPS do empregado do referido pacto, que dará ao obreiro todos os direitos e obrigações pertinentes ao citado acordo.

O problema que se afigura é se o empregado, no curso do contrato de experiência, vier a se acidentar, estará protegido e usufruirá dos benefícios do art. 118 da Lei n. 8.213/91, da mesma forma que o empregado contratado por prazo indeterminado.

A matéria atualmente encontra-se pacificada pelo Colendo Tribunal Superior do Trabalho, nos termos da Súmula n. 378, III:

> "III — O empregado submetido a contrato de trabalho por tempo determinado goza da garantia provisória de emprego, decorrente de acidente de trabalho, prevista no art. 118 da Lei n. 8.213/1991."

Neste sentido as ementas:

> ACIDENTE DE TRABALHO POR EQUIPARAÇÃO - LEI 8.213/91 - ESTABILIDADE PROVISÓRIA. "Não se discute a prerrogativa que possui o empregador de rescindir o contrato de trabalho no curso do período de experiência, vez que tal se insere no poder potestativo do empregador. Todavia, tratando-se de empregado acidentado no percurso trabalho-casa, ou vice-versa, este detém estabilidade no emprego, a teor do que estabelece o artigo 118 da Lei n. 8.213/91." (TRT-1 - Recurso Ordinário Trabalhista : RO 01012025320165010342 - Relator: Valmir de Araujo Carvalho - DEJT: 04.10.19

> CONTRATO DE TRABALHO POR PRAZO DETERMINADO, A TÍTULO DE EXPERIÊNCIA. A controvérsia está centrada em se reconhecer a garantia da estabilidade provisória nas hipóteses de contratos por prazo determinado, a título de experiência. A jurisprudência do TST evoluiu no sentido de reconhecer, ante a potencial continuidade do contrato de experiência e tendo-se em conta os princípios da razoabilidade, da boa-fé objetiva, além da teoria do risco da atividade econômica, que deve ser reconhecido o direito do trabalhador acidentado à estabilidade do artigo 118 da Lei n. 8.213 /91. Incidência da diretriz inserta na Súmula 378, III, do TST, segundo a qual "o empregado submetido a contrato de trabalho por tempo determinado goza da garantia provisória de emprego decorrente de acidente de trabalho prevista no art. 118 da Lei n. 8.213 /91" . Recurso de revista conhecido e provido. (TST - Recurso de Revista RR 21655220145020065 (TST) Data de publicação: 28/04/2017. Relator: Douglas Alencar Rodrigues. DEJT 28.04.17).

> "ESTABILIDADE PROVISÓRIA — ACIDENTADO — CONTRATO DE EXPERIÊNCIA — COMPATIBILIDADE — SÚMULA N. 378, III, DO TST — Já está pacificado na jurisprudência que o contrato de trabalho por prazo determinado, no que se inclui do contrato de experiência, não é incompatível com a estabilidade provisória por acidente de trabalho. Neste sentido é a Súmula n. 378, III, do TST, que se aplica imediatamente a todos os processos em curso." (TRT 17ª R. — RO 0155200-45.2012.5.17.0013 — Rel. Des. Gerson Fernando da Sylveira Novais — DJe 18.7.2014 — p. 165) v108.

(26) MARTINS, Sergio Pinto. *Direito do trabalho.* 19. ed. São Paulo: Atlas, 2003. p. 142.

"ACIDENTE DO TRABALHO — CONTRATO DE EXPERIÊNCIA — BENEFÍCIO PREVIDENCIÁRIO — SUSPENSÃO CONTRATUAL — GARANTIA PROVISÓRIA DE EMPREGO — ART. 118 DA LEI N. 8.213/91 — APLICABILIDADE — SÚMULA N. 378, III, DO TRIBUNAL SUPERIOR DO TRABALHO — 1) O art. 118 da Lei n. 8.213/91 prevê que 'o segurado que sofreu acidente do trabalho tem garantida, pelo prazo mínimo de doze meses, a manutenção do seu contrato de trabalho na empresa, após a cessação do auxílio-doença acidentário, independentemente de percepção de auxílio-acidente'. Observa-se que o legislador não estabeleceu qualquer diferença em relação à duração dos contratos abrangidos pelo texto legal. Tal dispositivo consagra proteção especial ao trabalhador acidentado, devendo prevalecer sobre outras normas, de caráter genérico. 2) É de se notar que a estabilidade acidentária é compatível com o contrato a termo, pois o fim maior da norma é proteger o cidadão trabalhador, garantindo-lhe a possibilidade de se reinserir no mercado de trabalho. 3) Assim, o acidente ocorrido no ambiente de trabalho, local em que o empregador detém o encargo de velar pela segurança, estabelecendo mecanismos tendentes a evitar infortúnios no ambiente laboral, além de cumprir as normas de saúde, segurança e higiene previstas em lei, justifica a incidência da proteção consagrada no art. 118 da Lei n. 8.213/91, a despeito da natureza do contrato de emprego celebrado. Tal consequência deriva, ainda, da responsabilidade social que se impõe ao detentor dos meios de produção, a quem incumbe arcar com os riscos do empreendimento — Exegese do art. 170, inciso III, da Constituição da República. 4) Não se olvide, ademais, que o juiz aplicará a Lei atendendo aos fins sociais a que ela se dirige e às exigências do bem comum (art. 5º da Lei de Introdução ao Código Civil). Ao aplicador da lei, portanto, cabe valer-se do método teleológico a fim de encontrar o sentido da norma que realize os fins sociais por ela objetivados. Indubitável que o art. 118 da Lei n. 8.213/91 encerra disposição de grande relevância social, prevenindo que o empregado, vítima de acidente do trabalho, venha a sofrer ainda mais graves consequências do ato a que não deu causa, ao ser lançado no mercado de trabalho, sem proteção, em momento que tem sua saúde e capacidade laboral debilitadas. Entendimento em sentido contrário atentaria contra o ideal da realização da justiça social, vilipendiando ainda o princípio da dignidade da pessoa humana, consagrado no art. 1º, III, da Constituição da República. 5) Hipótese de incidência da Súmula n. 378, III, desta Corte superior. 6) Agravo de instrumento não provido. (TST — AIRR 0004020-47.2012.5.12.0004 — Rel. Min. Lélio Bentes Corrêa — DJe 13.6.2014 — p. 702) v108.

Em supedâneo ao entendimento esposado assinado, podemos citar a Súmula n. 371 do Tribunal Superior do Trabalho, que enuncia:

"N. 371 — AVISO-PRÉVIO INDENIZADO. EFEITOS. SUPERVENIÊNCIA DE AUXÍLIO-DOENÇA NO CURSO DESTE. (CONVERSÃO DAS ORIENTAÇÕES JURISPRUDENCIAIS NS. 40 E 135 DA SDI-1)

A projeção do contrato de trabalho para o futuro, pela concessão do aviso-prévio indenizado, tem efeitos limitados às vantagens econômicas obtidas no período de pré-aviso, ou seja, salários, reflexos e verbas rescisórias. No caso de concessão de auxílio-doença no curso do aviso-prévio, todavia, só se concretizam os efeitos da dispensa depois de expirado o benefício previdenciário." (ex-OJs ns. 40 e 135 — Inseridas respectivamente em 28.11.1995 e 27.11.1998)

A OJ 41 da SDI I do TST, no mesmo sentido, também dispõe:

"OJ n. 41. Estabilidade. Instrumento normativo. Vigência. Eficácia. Preenchidos todos os pressupostos para a aquisição de estabilidade decorrente de acidente ou doença profissional, ainda durante a vigência do instrumento normativo, goza o empregado de estabilidade mesmo após o término da vigência deste."

A Súmula n. 46 do TST, por seu turno, reforça a tese de que as faltas ou ausências decorrentes de acidente de trabalho configuram típica situação de interrupção do contrato de trabalho, ao dispor:

"N. 46 — ACIDENTE DO TRABALHO — As faltas ou ausências decorrentes de acidente de trabalho não são consideradas para os efeitos de duração de férias e cálculo da gratificação natalina." (RA 41/73 — DJU 14.6.1973)

2.20. *Aviso-prévio indenizado*

Nesta mesma esteira podemos enquadrar o aviso-prévio indenizado, pela superveniência de auxílio-doença, que vem regulado pela Súmula n. 371 do Colendo TST, que assim dispõe:

"N. 371 — AVISO-PRÉVIO INDENIZADO. EFEITOS. SUPERVENIÊNCIA DE AUXÍLIO-DOENÇA NO CURSO DESTE. (CONVERSÃO DAS ORIENTAÇÕES JURISPRUDENCIAIS NS. 40 E 135 DA SDI-1) A projeção do contrato de trabalho para o futuro, pela concessão do aviso-prévio indenizado, tem efeitos limitados às vantagens econômicas obtidas no período de pré-aviso, ou seja, salários, reflexos e verbas rescisórias. No caso de concessão de auxílio-doença no curso do aviso-prévio, todavia, só se concretizam os efeitos da dispensa depois de expirado o benefício previdenciário." (ex-OJs ns. 40 e 135 — Inseridas respectivamente em 28.11.1995 e 27.11.1998)

As seguintes ementas tratam do presente caso:

AVISO-PRÉVIO INDENIZADO – DOENÇA COMUM – COMPROVAÇÃO – DEMISSÃO -ILEGALIDADE – SÚMULA N. 371 DO C.TST – APLICABILIDADE. Da primeira leitura da súmula 371 do C. TST depreende-se que, no curso no aviso-prévio indenizado, somente o gozo do auxílio previdenciário seria capaz de postergar a concretização dos efeitos da rescisão contratual ao término do benefício. Não obstante, mormente porque o que se busca é proteger o obreiro contra a rescisão de seu contrato de trabalho quando doente, sempre que o empregado comprovar, por outros meios (atestados e exames) a redução de sua capacidade laborativa e, portanto, sua inaptidão por doença comum, ainda no curso do período de pré-aviso, há de ser aplicado o entendimento sumulado. Dessarte, tem direito o empregado a sua reintegração ou mesmo indenização do período entre a data da demissão e aquele em que se considere novamente apto ao reingresso no mercado de trabalho. Recurso obreiro a que se dá provimento parcial. (Processo: RO – 0000046-54.2013.5.06.0191, Redator: Paulo Alcantara, Data de julgamento: 09/03/2017, Quarta Turma, Data da assinatura: 13/03/2017).

AVISO PRÉVIO – AUXÍLIO DOENÇA – CONTRATO DE TRABALHO SUSPENSO -SÚMULA N. 371 DO TST. Conforme emana do entendimento já sumulado do TST, o tempo do aviso prévio, ainda que indenizado, conta como tempo de serviço para todos os efeitos legais. No caso de concessão de auxílio-doença no curso do aviso prévio, somente se concretizam os efeitos da dispensa após o término do benefício previdenciário. Restou comprovado o gozo continuado de auxílio-doença até dia 10/05/2002, conforme se infere de informação contida no ofício do INSS (fl. 479). Neste contexto, não vejo motivo para estender a vigência do contrato, até a efetiva data da reintegração, ocorrida dia 23/08/2017 (fl. 722), quando transcorridos mais de quinze anos do término do benefício previdenciário. Apelo patronal parcialmente provimento para afastar a tutela antecipada que determinou a reintegração da empregada e para reconhecer como término do contrato a data de 11/05/2002, ou seja, o dia seguinte à cessação do auxílio-doença. 2. DA COMPLEMENTAÇÃO AO BENEFÍCIO PREVIDENCIÁRIO. Depreende-se cláusula vigésima quinta da CCT de 1999/2000, mantida pela CCT de 2000/2001 (cláusula décima – fl. 280) e pela CCT de 2001/2001 (cláusula décima – fls. 269/270), que é devido o pagamento da complementação, inclusive no caso de auxílio--doença simples. Desta forma, procede o pedido de complementação salarial devido no período de gozo do auxílio-doença, no período de 06/03/2002 a 10/05/2002,em valor equivalente à diferença entre a importância recebida pelo INSS e o somatório das verbas fixas percebidas mensalmente atualizada pela obreira. Apelo autoral parcialmente provimento para deferir o pagamento da complementação de auxílio-doença previdenciário, no período de 06/03/2002 a 10/05/2002. (TRT-1 – Recurso Ordinário RO 01312007820025010044 RJ (TRT-1) • Data de publicação: 20/04/2018. Relator: Ivan da Costa Alemão Ferreira).

2.21. *Seguro-desemprego*

O seguro-desemprego constitui benefício de natureza previdenciária, conquanto não seja pago pela Previdência Social (INSS), mas sim com recursos do FAT (Fundo de Amparo ao Trabalhador), em convênio com a Caixa Econômica Federal (CEF), alimentado de forma plural (recursos de recapacitação, qualificação profissional, multas etc.).

O período de fruição do seguro-desemprego[27] varia de acordo com o período trabalhado com carteira assinada, ou seja, com o devido registro na CTPS. Assim, se o período trabalhado com carteira assinada for de 6 a 11 meses, o número de prestações do seguro-desemprego será de 3 parcelas mensais; se de 12 a 23 meses de trabalho, o número de prestações será de 4 parcelas mensais e se o trabalhador trabalhou mais de 23 meses, o número de parcelas do seguro-desemprego é de 5 parcelas mensais.

O valor dessas parcelas varia de acordo com a remuneração do trabalhador, e este tem um prazo de 7 a 120 dias para requerer o benefício. Esse prazo é decadencial, ou seja, uma vez que o empregado deixa transcorrer o prazo *in albis* há a perda efetiva do direito.

De outra parte, o período aquisitivo do direito ao seguro-desemprego é de 16 meses, sendo possível a fruição de mais de um seguro-desemprego, desde que seja observada a comprovação de mais de uma atividade pelo trabalhador. Se voltar a trabalhar, há a suspensão do benefício.

---

(27) A Lei n. 10.608/02 concedeu o benefício do seguro-desemprego aos trabalhadores resgatados da condição análoga à de escravo, na proporção de 3 (três) parcelas de seguro-desemprego, além de cursos de requalificação profissional no SINE. A Lei n. 10.779/03 proporcionou o pagamento de parcelas de seguro-desemprego ao pescador profissional, individual ou em regime de economia familiar (pescador artesanal), no período de defeso.

Após 16 meses, se o trabalhador voltar a ficar desempregado, terá o direito de receber as parcelas que não recebeu anteriormente. Vale dizer, na primeira fruição do benefício: exigência de 6 meses, no mínimo, de período trabalhado; já na segunda vez o período aquisitivo é elastecido para 16 meses.

Temos as seguintes hipóteses de suspensão do benefício do seguro-desemprego: a) admissão em novo emprego e b) início de percepção de benefício de prestação continuada da Previdência Social, exceto auxílio-acidente e pensão por morte (hipóteses em que a cumulação dos benefícios é permitida).

As hipóteses de cancelamento do benefício do seguro-desemprego, por seu turno, são assim enumeradas: a) recusa por parte do trabalhador-desempregado de outro emprego condizente com sua qualificação e remuneração anterior; b) comprovação de falsidade na prestação de informações necessárias à habilitação do benefício; c) comprovação de fraude para obtenção do benefício e d) morte do trabalhador.

O seguro-desemprego também está contemplado nos casos de responsabilidade objetiva da empresa ou empregador.

Não obstante, em janeiro de 2014, o Governo Federal promoveu alterações no seguro desemprego, de forma que somente receberá o seguro-desemprego pela segunda vez, quem tiver permanecido no trabalho por pelo menos um ano. De acordo com o MTE, se esta regra já estivesse em vigor em 2014, 26% dos desempregados teriam ficado sem o benefício.

A mudança no seguro desemprego objetiva reduzir a rotatividade da mão de obra, embora o principal motivo oculto é reduzir as despesas orçamentárias do Estado com esta sigla.

De acordo com a Súmula n. 389 do TST, o não fornecimento pelo empregador da guia necessária para o recebimento do seguro-desemprego dá origem ao direito à indenização. Vejamos:

> "N. 389 — SEGURO-DESEMPREGO. COMPETÊNCIA DA JUSTIÇA DO TRABALHO. DIREITO À INDENIZAÇÃO POR NÃO LIBERAÇÃO DE GUIAS. (CONVERSÃO DAS ORIENTAÇÕES JURISPRUDENCIAIS NS. 210 E 211 DA SDI-1)
>
> I — Inscreve-se na competência material da Justiça do Trabalho a lide entre empregado e empregador tendo por objeto indenização pelo não fornecimento das guias do seguro-desemprego. (ex-OJ n. 210 — Inserida em 8.11.2000)
>
> II — O não fornecimento pelo empregador da guia necessária para o recebimento do seguro-desemprego dá origem ao direito à indenização." (ex-OJ n. 211 — Inserida em 8.11.2000)

É outro caso típico de responsabilidade objetiva do empregador, que poderá ser decorrente de uma responsabilidade indireta. É o caso de negligência de um de seus prepostos, encarregado desta função na empresa. Se houve dolo ou culpa do empregado, o empregador terá o direito da ação regressiva contra ele.

As seguintes ementas ajudam a esclarecer a presente situação fática:

SEGURO-DESEMPREGO – INDENIZAÇÃO. Na impossibilidade de recebimento do seguro desemprego por meio das guias próprias, por culpa do empregador, já que ultrapassado o prazo de percepção do benefício, de todo cabível a indenização substitutiva, a teor do disposto na Súmula n. 389, do C. TST e considerando-se, ainda, o que dispõem os arts. 186 e 927 , do Código Civil . (TRT-1 – Recurso Ordinário Trabalhista RO 01009908220175010411 RJ (TRT-1). Data de publicação: 31/07/2019. Relator: José Antonio Piton).

SEGURO-DESEMPREGO – INDENIZAÇÃO SUBSTITUTIVA. Frustrado o direito do reclamante à percepção do benefício do seguro desemprego, por culpa do reclamado, que não providenciou seu cadastro a fim de obter sua matrícula CEI, devida a indenização substitutiva. Recurso não provido. (TRT-24 : 00006724520135240006. Relator: Marcio V. Thibau de Almeida. DEJT: 24.02.15).

SEGURO-DESEMPREGO — INDENIZAÇÃO SUBSTITUTIVA — HIPÓTESE DE CABIMENTO — "Período clandestino. Ônus da prova. Ao autor incumbe comprovar os elementos caracterizadores da relação de emprego delineados no art. 3º, consolidado. Entretanto, caso a demandada reconheça a prestação de serviços pelo obreiro, atribuindo-lhe caráter diverso daquele pertinente ao vínculo empregatício, atrai para si o ônus de provar as circunstâncias em que fundamenta essa asserção. Incidência dos arts. 818 da CLT e 333, II, do CPC. Seguro desemprego. Indenização substitutiva. A irregularidade praticada pelo empregador, de modo a impossibilitar a percepção do seguro desemprego pelo obreiro, agrega o mesmo resultado jurídico imposto ao não fornecimento das guias relativas ao benefício, o que obriga a reclamada ao pagamento da indenização substitutiva, conforme aplicação analógica do disposto no item II da Súmula n. 389 do TST. Recurso ordinário parcialmente provido". (TRT 6ª R. — RO 0000614-35.2012.5.06.00020 — 4ª T. — Relª Desª Gisane Barbosa de Araújo — DJe 17.09.2013) RST+293+2013+NOV+141v104.

2.22. *Planos de demissão voluntária*

Podemos também dizer que cabe a responsabilidade objetiva do empregador nos casos de pagamentos genéricos feitos nos Planos de Demissão Voluntária, após o aparecimento no mundo do Direito da OJ n. 270 da SDI I do TST, que assim se expressa:

> "Programa de Incentivo à Demissão Voluntária. Transação extrajudicial. Parcelas oriundas do extinto contrato de trabalho. Efeitos. A transação extrajudicial que importa rescisão do contrato de trabalho ante a adesão do empregado a plano de demissão voluntária implica quitação exclusivamente das parcelas e valores constantes do recibo."

Logo, aplica-se neste caso o adágio da sabedoria popular que diz: "quem paga mal, paga duas vezes", por inobservância a preceitos legais. Essa orientação acha-se em íntima conexão com a Súmula n. 330[28] do TST sobre quitação de parcelas salariais.

---

(28) ENUNCIADO TST N. 330 — QUITAÇÃO — Validade — (Revisão do Enunciado n. 41) — A quitação passada pelo empregado, com assistência de entidade sindical de sua categoria, ao empregador, com observância dos requisitos exigidos nos parágrafos do art. 477 da CLT, tem eficácia liberatória em

As ementas abaixo relacionadas esclarecem a presente situação jurídica.

RECURSO ORDINÁRIO – MULTA DO ART. 477 DA CLT – PLANO DE DEMISSÃO VOLUNTÁRIA – ACORDO DESCUMPRIDO – NÃO CABIMENTO. A multa do art. 477 da CLT é aplicável à mora no pagamento das verbas rescisórias, stricto sensu, não sendo cabível em casos como o dos autos, já que se trata a hipótese de descumprimento de acordo extrajudicial. Ademais, deflui-se, ante a espontaneidade em aderir ao questionado programa de demissão voluntária, tendo a rescisão contratual ocorrido por mútuo acordo entre empregado e empregador (caráter transacional), que não se há de falar dispensa sem justa causa a que se refere o dispositivo em questão. Apelo ao qual se nega provimento. (Processo: RO – 0000704-76.2018.5.06.0232, Redator: Virginia Malta Canavarro, Data de julgamento: 18/02/2019, Terceira Turma, Data da assinatura: 18/02/2019) (TRT -6 Processo: RORSum – 0000355-39.2019.5.06.0232, Redator: Ivan de Souza Valência Alves, Data de julgamento: 21/08/2019, Primeira Turma, Data da assinatura: 23/08/2019).

AGRAVO DE INSTRUMENTO – LEI 13.467/2017 – ADESÃO AO PROGRAMA DE DESLIGAMENTO VOLUNTÁRIO – CELG-D – INEXISTÊNCIA DE NORMA COLETIVA PREVENDO A QUITAÇÃO AMPLA E IRRESTRITA DO CONTRATO DE TRABALHO – TRANSCENDÊNCIA. O art. 896-A, § 1º, II, da CLT prevê como indicação de transcendência política, entre outros, "o desrespeito da instância recorrida à jurisprudência sumulada do Tribunal Superior do Trabalho ou do Supremo Tribunal Federal". Como o dispositivo não é taxativo, deve ser reconhecida a transcendência política quando há desrespeito à jurisprudência reiterada do Tribunal Superior do Trabalho ou do Supremo Tribunal Federal, ainda que o entendimento não tenha sido objeto de súmula. A matéria diz respeito aos efeitos da adesão do reclamante ao Programa de Desligamento Voluntário da empresa CELG-D. Discute-se se referida adesão implicou quitação geral e irrestrita do contrato de trabalho. No caso, o eg. Tribunal Regional entendeu que, não obstante o PDV não tenha sido objeto de acordo coletivo, esse fato não é capaz de restringir a amplitude da quitação conferida pela "Cláusula Quarta do instrumento particular firmado pelas partes". A causa apresenta transcendência política, uma vez que o entendimento do eg. Tribunal Regional contraria a jurisprudência pacífica desta Corte que, com fundamento na decisão proferia pelo STF nos autos do RE 590.415/SC, considera que a adesão do empregado ao Plano de Demissão Voluntária apenas enseja a quitação ampla e irrestrita do contrato de trabalho, caso essa condição tenha constado expressamente do acordo coletivo que aprovou o plano. Não obstante o reconhecimento da transcendência política, o recurso não deve ser conhecido, uma vez que o reclamante não cumpriu o art. 896, § 1º-A, I, da CLT, visto que procedeu à transcrição integral do tópico do v. acórdão regional, sem nenhum destaque da tese do eg. Tribunal Regional que buscava ver examinada por esta Corte Superior. Agravo de instrumento de que se conhece e a que se nega provimento . RECURSO DE REVISTA – LEI 13.467/2017 – BENEFÍCIO DA JUSTIÇA GRATUITA – DECLARAÇÃO DE HIPOSSUFICIÊNCIA ECONÔMICA – PERCEPÇÃO

---

relação às parcelas expressamente consignadas no recibo, salvo se oposta ressalva expressa e especificada ao valor dado à parcela ou parcelas impugnadas.

I — A quitação não abrange parcelas não consignadas no recibo de quitação e, consequentemente, seus reflexos em outras parcelas, ainda que essas constem desse recibo.

II — Quanto a direitos que deveriam ter sido satisfeitos durante a vigência do contrato de trabalho, a quitação é válida em relação ao período expressamente consignado no recibo de quitação. (Redação dada pela Res. n. 108/2001, DJ 18.4.2001)

DE VERBAS RESCISÓRIAS E INDENIZAÇÃO VULTOSA EM FACE DA ADESÃO AO PROGRAMA DE DEMISSÃO VOLUNTÁRIA – TRANSCENDÊNIA. A matéria diz respeito ao indeferimento dos benefícios da Justiça gratuita ao reclamante, seja em razão de não ter juntado a declaração de hipossuficiência econômica, mas apenas ter afirmado essa condição na petição inicial, seja porque recebeu verbas rescisórias e indenização vultosa em face da adesão ao Programa de Demissão Voluntária. Trata-se de reclamação trabalhista proposta em 2016, cujo benefício da Justiça gratuita havia sido deferido pela r. sentença proferida em 6/3/2017 . O eg. Tribunal Regional, ao reformar a r. sentença, decidiu que, após a vigência do CPC/15, o pedido dos benefícios da justiça gratuita, quando não apresentada a declaração de pobreza pela parte, demanda outorga de poderes específicos ao advogado do declarante, nos termos do art. 105 do CPC, o que não teria sido observado no caso. Decidiu, também, que o reclamante não pode ser considerado economicamente hipossuficiente em razão de ter recebido, pela adesão ao PDV da reclamada , verbas rescisórias e indenização em quantia vultosa. A causa apresenta transcendência política, uma vez que o eg. Tribunal Regional não apenas incorreu em má-aplicação da Súmula 463, I, desta Corte ao exigir a outorga de poderes específicos ao advogado da parte para firmar a declaração de pobreza, em ação ajuizada antes de 26/6/2017, como também decidiu em sentido contrário à jurisprudência pacífica desta Corte Superior, cujo posicionamento é de que o simples fato de a parte ter recebido valores ou indenização vultosa em face da adesão a plano de demissão voluntária não demonstra, por si só, que esteja em situação econômica que lhe permita arcar com as despesas do processo, sem prejuízo do sustento de sua família. A declaração de hipossuficiência econômica feita pelo reclamante na inicial tem presunção relativa de veracidade, de forma que, apenas quando elidida por prova em contrário, o que não restou evidenciado pelo eg. Tribunal Regional, deve ser indeferido o benefício pleiteado. Transcendência política reconhecida, Recurso de revista de que se conhece e a que se dá provimento. (TST : ARR 11000-67.2016.5.18.0015. DEJT: 14.06.19)

O Colendo TST emitiu a seguinte Orientação Jurisprudencial Transitória, em relação ao tema:

"OJ N. 67. TELEMAR. PRIVATIZAÇÃO. PLANO DE INCENTIVO À RESCISÃO CONTRATUAL (PIRC). PREVISÃO DE PAGAMENTO DA INDENIZAÇÃO COM REDUTOR DE 30%. APLICAÇÃO LIMITADA AO PERÍODO DA REESTRUTURAÇÃO. Não é devida a indenização com redutor de 30%, prevista no Plano de Incentivo à Rescisão Contratual da Telemar, ao empregado que, embora atenda ao requisito estabelecido de não haver aderido ao PIRC, foi despedido em data muito posterior ao processo de reestruturação da empresa, e cuja dispensa não teve relação com o plano."

2.23. *Execução trabalhista até a penhora*

Encontramos na execução trabalhista típica situação de responsabilidade objetiva do credor, geralmente o empregado, na figura de credor.

Com o advento da Lei n. 11.232/2005, a execução provisória sofreu algumas modificações, sendo regida pelo art. 475-O, *in verbis:*

"Art. 475-O. A execução provisória da sentença far-se-á, no que couber, do mesmo modo que a definitiva, observadas as seguintes normas:

I — corre por iniciativa, conta e responsabilidade do exequente, que se obriga, se a sentença for reformada, a reparar os danos que o executado haja sofrido;

II — fica sem efeito, sobrevindo acórdão que modifique ou anule a sentença objeto da execução, restituindo-se as partes ao estado anterior e liquidados eventuais prejuízos nos mesmos autos, por arbitramento;

III — o levantamento de depósito em dinheiro e a prática de atos que importem alienação de propriedade ou dos quais possa resultar grave dano ao executado, dependem de caução suficiente e idônea, arbitrada de plano pelo juiz e prestada nos próprios autos.

§ 1º No caso do inciso II do *caput* deste artigo, se a sentença provisória for modificada ou anulada apenas em parte, somente nesta ficará sem efeito a execução.

§ 2º A caução a que se refere o inciso III do *caput* deste artigo poderá ser dispensada:

I — quando, nos casos de crédito da natureza alimentar ou decorrente de ato ilícito, até o limite de sessenta vezes o valor do salário-mínimo, o exequente demonstrar situação de necessidade;

II — nos casos de execução provisória em que penda agravo de instrumento junto ao Supremo Tribunal Federal ou ao Superior Tribunal de Justiça (art. 544), salvo quando da dispensa possa manifestadamente resultar risco de grave dano, de difícil ou incerta reparação.

§ 3º Ao requerer a execução provisória, o exequente instruirá a petição com cópias autenticadas das seguintes peças do processo, podendo o advogado valer-se do disposto na parte final do art. 544, § 1º:

I — sentença ou acórdão exequendo;

II — certidão de interposição do recurso não dotado de efeito suspensivo;

III — procurações outorgadas pelas partes;

IV — decisão de habilitação, se for o caso;

V — facultativamente, outras peças processuais que o exequente considere necessárias. (Artigo acrescentado pela Lei n. 11.232, de 22.12.2005. DOU 23.12.2005, com efeitos a partir de 6 (seis) meses após a publicação)."

De acordo com Carlos Henrique Bezerra Leite(29) a execução corre por conta e risco do exequente, que deverá ser responsabilizado, no mesmo processo, ou melhor, nos mesmos autos (inciso IV), pelos prejuízos que vier a causar ao executado. No Processo do Trabalho, o juiz deve ter redobrada cautela ao permitir a execução provisória que importe atos de expropriação dos bens do executado, pois o exequente, na grande maioria dos casos, é (des)empregado e não tem condições de arcar com eventuais prejuízos decorrentes do resultado final desfavorável do processo.

A exceção fica por conta do levantamento do crédito, em execução provisória, nos casos de necessidade, conforme se depreende da seguinte ementa:

EXECUÇÃO TRABALHISTA — ART. 475-O DO CPC — HIPÓTESE DE APLICABILIDADE — "Recurso de revista. Execução provisória. Art. 475-O do CPC. Compatibilidade

---

(29) LEITE, Carlos Henrique Bezerra. *Curso de direito processual do trabalho*. São Paulo: LTr, 2003. p. 638.

com o processo do trabalho. A regra e o princípio constitucionais da razoável duração do processo e da efetividade da jurisdição (art. 5º, LXXVIII, da CF) tornam compatíveis com o processo do trabalho os novos dispositivos processuais civis favorecedores da célere, eficiente e efetiva prestação jurisdicional, tal como o recente art. 475-O do CPC reformado. Em par com essa fonte constitucional inovadora e heurística (por si só bastante), o art. 475-O do CPC é de aplicabilidade no processo do trabalho em face do permissivo contido no art. 769 da CLT e também porque a natureza do crédito trabalhista se compatibiliza com normas de índole protetiva que busquem o aperfeiçoamento dos procedimentos executivos, com o objetivo de se alcançar de forma efetiva a satisfação dos créditos reconhecidos judicialmente. A finalidade social da norma é inquestionável, possibilitando a diminuição do impacto sofrido pelo trabalhador que é dispensado sem a percepção de todos os direitos adquiridos ao longo do pacto laboral e é impedido de obter recursos financeiros para suprir necessidades básicas em virtude das várias medidas processuais disponibilizadas às partes, que permitem que seja protelado o pagamento das verbas deferidas em juízo. A absorção, pelo processo do trabalho, das regras processuais civis, naquilo que tornam a execução mais rápida e eficaz, tem respaldo ainda em outro Texto Constitucional que, no art. 100, § 1º-A, reconhece expressamente a natureza alimentar dos créditos trabalhistas. Nesse sentido, é nítida a harmonia entre a norma contida no art. 475-O do CPC e o sistema processual trabalhista especializado. Recurso de revista não conhecido". (TST — RR 163640-69.2008.5.03.0139 — 6ª T. — Rel. Min. Mauricio Godinho Delgado — DJe 13.8.2010) DPU+39+2011+MAI-JUN+184 RST+258+2010+DEZ+148+01/94.

EXECUÇÃO PROVISÓRIA — PROCESSO DO TRABALHO — LIMITAÇÃO ATÉ A PENHORA — HIPÓTESE DE CABIMENTO — "Recurso ordinário em mandado de segurança. Execução provisória. Constrição de pecúnia. Impossibilidade. Súmula n. 417, III, do TST. Nos termos do art. 899 da CLT, a execução provisória, no processo do trabalho, somente é permitida até a penhora. Por outra face, a jurisprudência desta Corte está orientada no sentido de que, em se tratando de execução provisória, a determinação de penhora em dinheiro, quando nomeados outros bens, fere direito líquido e certo do executado a que a execução se processe da forma que lhe seja menos gravosa (CPC, art. 620). Esta é a diretriz da Súmula n. 417, III. Recurso ordinário conhecido e provido". (TST — RO 10900-17.2010.5.02.0000 — SDI-2 — Rel. Min. Alberto Luiz Bresciani de Fontan Pereira — DJe 29.6.2012)RST+279+2012+SET+161+01/94v98.

E o que dizer da execução provisória nas obrigações de fazer[30]? Entendemos plenamente cabível a execução provisória nas obrigações de fazer, uma vez que o art. 588 do CPC, revogado pela Lei n. 11.232/05, tendo sido substituído pelo art. 475, aplicável subsidiariamente ao processo do trabalho, não faz qualquer distinção entre obrigação de dar e de fazer. Ademais, partindo da máxima de que o legislador não profere palavras inúteis, não caberá, neste caso, ao intérprete fazê-lo.

---

(30)) Entre as obrigações de fazer, encontramos a reintegração ou readmissão de empregado no emprego; anotação na CTPS; concessão de férias e fornecimento de carta de referência a empregado dispensado do emprego.

De outra sorte, o entendimento jurisprudencial vem gradualmente sedimentando-se no sentido da admissibilidade da tese da possibilidade de antecipação de tutela na obrigação de fazer. Vejamos as ementas abaixo relacionadas:

> ANTECIPAÇÃO DE TUTELA DEFERIDA - OBRIGAÇÕES DE FAZER E NÃO FAZER - SEGURANÇA NO TRANSPORTE DE CANA-DE-AÇÚCAR - CAMINHÕES COM PESO SUPERIOR AO LIMITE FIXADO PELO CONTRAN - RISCO DE ACIDENTE - OFENSA A DIREITO LÍQUIDO E CERTO DAS IMPETRANTES . 1 - Hipótese em que o mandado de segurança impugna ato que deferiu parcialmente o pedido de antecipação de tutela efetuado em ação civil pública, para determinar o cumprimento de obrigações de fazer e não fazer relacionadas à segurança no transporte de cana - de - açúcar, sob pena de multa diária. 2 - Extrai-se do ato impugnado que a matéria em discussão é bastante controversa e exige ampla dilação probatória, razão pela qual a autoridade coatora deveria ter oportunizado às partes contrárias prazo para se manifestarem, garantindo assim o exercício do contraditório e da ampla defesa, e de modo a proferir decisão segura acerca dos requisitos autorizadores para o deferimento. É de se ressaltar, por importante, que dentre as argumentações expendidas pelas impetrantes está a de que elas não fazem o transporte da carga de cana-de-açúcar, efetuando a terceirização da atividade, cuja empresa prestadora de serviço sequer consta como parte na ação civil pública. 3 - Ausência dos requisitos autorizadores para a concessão da tutela antecipada previstos no art. 273 do CPC de 1973. 4 - Ofensa a de direito líquido e certo. 5 - Precedentes. Recurso ordinário conhecido e não provido. (TST - Recurso Ordinário Trabalhista RO 55931220165150000 (TST) - Data de publicação: 29/06/2018)

> No mesmo sentido, a OJ n. 65 da SDI-2 do TST, como segue:

> "OJ n. 65. Mandado de segurança. Reintegração liminarmente concedida. Dirigente sindical. Ressalvada a hipótese do art. 494 da CLT, não fere direito líquido e certo a determinação liminar de reintegração no emprego de dirigente sindical, em face da previsão do inciso X do art. 659 da CLT."

2.24. *Redirecionamento da execução*

A frustração da execução em face do devedor principal implica a imediata assunção da obrigação pelo devedor subsidiário. Sobre o assunto o TRT da 1ª Região fixou seu entendimento jurisprudencial:

> "SÚMULA N. 12.
>
> IMPOSSIBILIDADE DE SATISFAÇÃO DO DÉBITO TRABALHISTA PELO DEVEDOR PRINCIPAL. EXECUÇÃO IMEDIATA DO DEVEDOR SUBSIDIÁRIO. Frustrada a execução em face do devedor principal, o juiz deve direcioná-la contra o subsidiário, não havendo amparo jurídico para a pretensão de prévia execução dos sócios ou administradores daquele."

Relacionamos as ementas sobre a matéria:

> EXECUÇÃO - RECUPERAÇÃO JUDICIAL DO DEVEDOR PRINCIPAL - REDIRECIONAMENTO DA EXECUÇÃO EM FACE DO RESPONSÁVEL SUBSIDIÁRIO. 1. A jurisprudência deste Tribunal Superior é firme no sentido de que o deferimento de recuperação judicial do devedor principal autoriza o imediato redirecionamento da execução ao patrimônio do responsável subsidiário, uma vez que, na hipótese, está caracterizada a sua insolvência ou, pelo menos, a dificuldade em satisfazer o crédito

trabalhista. 2. Dessa orientação divergiu o acórdão recorrido, violando a literalidade do art. 5º, LXXVIII, da Constituição Federal, porquanto a execução trabalhista deve ser realizada em proveito do credor e no menor prazo processual possível, sob pena de frustação de crédito de natureza alimentar. Precedentes específicos. Recurso de revista conhecido e provido. (TST – Recurso de Revista RR 6295520135020254 (TST). Data de publicação: 09/11/2018. Relator: Walmir Oliveira da Costa).

AGRAVO DE PETIÇÃO – EXECUÇÃO EM FACE DA DEVEDORA SUBSIDIÁRIA -DESNECESSIDADE DE ESGOTAMENTO DA EXECUÇÃO EM FACE DA DEVEDORA PRINCIPAL. Não há que se cogitar no exaurimento prévio das vias executórias em face da devedora principal, para somente depois prosseguir a execução em desfavor da responsável subsidiária. A finalidade da subsidiariedade é justamente dar garantia ao pagamento do crédito trabalhista, quando os valores não são satisfeitos pelo devedor principal. (TRT-2 : 00012288120145020052 São Paulo – SP – Data de publicação: 16.08.19, Relator: Wilma Gomes da Silva Hernandes).

CONTRIBUIÇÃO ASSISTENCIAL E SINDICAL — SUCESSÃO TRABALHISTA — EXECUÇÃO — REDIRECIONAMENTO — CABIMENTO — "Cobrança de contribuições assistenciais e sindicais. Sucessão trabalhista. Redirecionamento da execução. A sucessão de empresas não está configurada na hipótese dos autos, pela inaplicabilidade dos arts. 10 e 448 da CLT quando se trata de ação de cumprimento para cobrança de contribuição assistencial e sindical. Além disso, nos termos do art. 889 da CLT e da Lei n. 6.830/80 (Lei de Execuções Fiscais), os elementos dos autos não autorizam, por si sós, o reconhecimento da pretendida sucessão trabalhista. Decisão mantida". (TRT 4ª R. — AP 0001164-71.2010.5.04.0241 — S. Esp. — Rel. Des. Marcelo José Ferlin D'Ambroso — DJe 28.10.2013) RST+296+2014+FEV+150v105.

2.24.1. Penhora de valores relativos à salário e aposentadoria

A respeito da penhorabilidade dos salários, a C. SBDI-2 do C. TST tem interativa e atual jurisprudência a respeito da possibilidade da penhora de salário para pagamento de dívida trabalhista.

RECURSO ORDINÁRIO EM MANDADO DE SEGURANÇA – PENHORA DE 30% DOS SALÁRIOS DOS SÓCIOS EXECUTADOS – ATO COATOR PRATICADO NA VIGÊNCIA DO CPC/2015 – ARTS. 529, § 3.º, 833, IV E § 2.º, DO CPC/2015 – LEGALIDADE. Em regra, nos termos do art. 833, IV, do CPC/2015, são impenhoráveis "os vencimentos, os subsídios, os soldos, os salários, as remunerações, os proventos de aposentadoria, as pensões, os pecúlios e os montepios, bem como as quantias recebidas por liberalidade de terceiro e destinadas ao sustento do devedor e de sua família, os ganhos de trabalhador autônomo e os honorários de profissional liberal". Todavia, diante do disposto no art. 833, § 2.º, do CPC/2015, "o disposto nos incisos IV e X do caput não se aplica à hipótese de penhora para pagamento de prestação alimentícia, independentemente de sua origem, bem como às importâncias excedentes a 50 (cinquenta) salários-mínimos mensais, devendo a constrição observar o disposto no art. 528, § 8.º, e no art. 529, § 3.º". In casu, a penhora determinada pelo ato coator, com as adequações feitas pelo TRT, preencheu todos os requisitos legais, quais sejam: a) determinada em 24/5/2018, na vigência do CPC/2015; b) imposta para pagamento de prestação alimentícia, visto que é pacífico na jurisprudência desta Corte, do STJ e do STF que os créditos reconhecidos perante a Justiça do Trabalho têm nítido cunho alimentar; c) o percentual determinado para a penhora – 30% dos salários dos sócios executados – , observa o disposto no art. 529, § 3.º, do CPC/2015. Nesse contexto, deve ser reconhecida a legalidade do ato coator. Afigura-se inaplicável ao presente feito a diretriz consubstanciada na Orientação Jurisprudencial n. 153 da SBDI-2. A nova redação conferida ao aludido verbete jurisprudencial estabelece que a impenhorabilidade dos salários está restrita aos atos praticados sob a égide do CPC/1973. Recurso Ordinário conhecido e não provido.(Processo: RO – 100976-36.2018.5.01.0000 – Órgão Judicante: Subseção II Especializada em Dissídios Individuais – Relator: Luiz José Dezena da Silva – Julgamento: 03/03/2020 – Publicação: 06/03/2020 – Sem destaques no original).

Também para os benefícios de aposentadoria há possibilidade de penhora, consoante se extrai da seguinte decisão do C. TST:

RECURSO ORDINÁRIO EM MANDADO DE SEGURANÇA – RECURSO DO IMPETRANTE – PENHORA DE 20% DOS PROVENTOS DA APOSENTADORIA – ATO IMPUGNADO PRATICADO NA VIGÊNCIA DO CPC/15 – ORIENTAÇÃO JURISPRUDENCIAL N. 153 DA SBDI-2 INAPLICÁVEL – ABUSIVIDADE NÃO DEMONSTRADA – PREVISÃO LEGAL. ARTIGOS 529, § 3º, E 833, § 2º, DO CPC/15. Conquanto não houvesse previsão legal no Código de Processo Civil de 1973, o novo Código de Processo Civil, em seu art. 833, ao prever a impenhorabilidade dos vencimentos, subsídios, soldos, salários, remunerações, proventos de aposentadoria, pensões, pecúlios e montepios, expressamente estabelece ressalva no § 2º relativamente "à hipótese de penhora para pagamento de prestação alimentícia, independentemente de sua origem", no que se incluem, portanto, os créditos de natureza trabalhista. O art. 529, §3º, também do CPC/15, por seu turno, limita o percentual de penhora a 50% do ganho líquido do executado, revelando, dessa forma, a preocupação do legislador em também não desprover o devedor de quantia minimamente necessária à sua subsistência. Diante da inovação legislativa trazida com o CPC/15, e com o fim de evitar aparente antinomia, o Tribunal Pleno, por meio da Resolução 220, de 18/9/2017, alterou a redação da Orientação Jurisprudencial n. 153 da SBDI-2, de modo a adequá-la, limitando sua aplicação aos atos praticados na vigência do CPC/73, o que não é o caso dos autos, haja vista que o ato inquinado de coator ocorreu em 1º/2/2017, na vigência no CPC/15. No caso concreto, a constrição ficou limitada a 20% do valor dos proventos da aposentadoria, muito aquém do limite máximo previsto no já referido dispositivo. Assim, não há ilegalidade ou abusividade no ato impugnado a justificar a ação mandamental. Recurso ordinário conhecido e desprovido (Processo: RO – 313-34.2019.5.05.0000 – Órgão Judicante: Subseção II Especializada em Dissídios Individuais – Relator: Alexandre de Souza Agra Belmonte – Julgamento: 10/03/2020 – Publicação: 13/03/2020)

Não por outra razão, a redação da Orientação Jurisprudencial 153 da SBDI-2 do C. TST foi alterada. Confira-se:

153. MANDADO DE SEGURANÇA. EXECUÇÃO. ORDEM DE PENHORA SOBRE VALORES EXISTENTES EM CONTA SALÁRIO. ART. 649, IV, DO CPC DE 1973. ILEGALIDADE. (atualizada em decorrência do CPC de 2015) – Res. 220/2017, DEJT divulgado em 21, 22 e 25.09.2017

Ofende direito líquido e certo decisão que determina o bloqueio de numerário existente em conta salário, para satisfação de crédito trabalhista, ainda que seja limitado a determinado percentual dos valores recebidos ou a valor revertido para fundo de aplicação ou poupança, visto que o art. 649, IV, do CPC de 1973 contém norma imperativa que não admite interpretação ampliativa, sendo a exceção prevista no art. 649, § 2º, do CPC de 1973 espécie e não gênero de crédito de natureza alimentícia, não englobando o crédito trabalhista.

Assim, a ilegalidade restringe-se à vigência do CPC de 1.973 e à redação do então art. 649, IV e seu parágrafo 2°, redação esta substancialmente alterada no Diploma Adjetivo vigente.

A alteração da redação da OJ 153 da SBDI-II do C. TST foi promovida por decisão do Tribunal Pleno daquela Corte superior, como se vê da Resolução n. 220 de 18 de setembro de 2017 o que, mantida a "venia", se enquadra no quanto dispõe o art. 927, V do CPC, combinado com o art. 15, I, e da Instrução Normativa 39 do C. TST.

Vejamos:

> Art. 15. O atendimento à exigência legal de fundamentação das decisões judiciais (CPC, art. 489, § 1º) no Processo do Trabalho observará o seguinte: I – por força dos arts. 332 e 927 do CPC, adaptados ao Processo do Trabalho, para efeito dos incisos V e VI do § 1º do art. 489 considera-se "precedente" apenas: ... e) decisão do plenário, do órgão especial ou de seção especializada competente para uniformizar a jurisprudência do tribunal a que o juiz estiver vinculado ou do Tribunal Superior do Trabalho.

Eis ementa, no mesmo sentido:

> AGRAVO DE PETIÇÃO DA EXECUTADA – PENHORA DE VALORES RELATIVOS A SALÁRIO E APOSENTADORIA – POSSIBILIDADE. A penhora de salários, de subsídios, de aposentadorias/proventos em contas correntes e de poupança de pessoas físicas de executados, sócios e ex-sócios, ou ainda sócios retirantes, encontra amparo no novel artigo 833, 2º do CPC, aplicável ao caso em comento por força do artigo 1.046 do CPC. Anteriormente, este relator examinava causas como tais apenas pelo prisma da colisão de princípios constitucionais, tendo em conta a teoria da ponderação de interesses de Alexy, que considerava, em sua gênese, o confronto entre os princípios da dignidade do trabalhador (art. 3º, III, CRFB/88), que teve seus créditos sonegados pelo empregador, e o princípio da propriedade do empregador (art. 5º., XXII, da CF/88). Evoluindo o posicionamento anterior e me alinhando à doutrina mais moderna, especialmente a do jurista e sociólogo Nicklas Luhmann (que desenvolveu a teoria dos sistemas autopoéticos), no subsistema do Direito, que faz parte do sistema social da sociedade contemporânea, complexa e contingente, formada por vários subsistemas (da política, economia, educação, ciência, religião, direito, arte etc.), fechados operacionalmente e abertos cognitivamente, autônomos e independentes entre si, diferenciados funcionalmente, cada um deles dispondo de um código binário próprio e de um programa condicional, entendo que não há lugar para o meio termo ou terceira via. Assim, penso que não se alinha ao código binário do Direito, ou seja, não é conforme o direito ou lícito, com base na teoria dos sistemas, simplesmente se privilegiar o devedor e seus bens materiais (conta corrente e poupança) em detrimento do credor alimentar. Agravo de petição não provido. (TRT 1ª Região. Processo n. 0101025-76.2017.5.01.0432 (AP). Relator Enoque Ribeiro dos Santos.)

2.24.2. Responsabilidade do Sócio Retirante

O entendimento atual é que os sócios atuais e os ex-sócios têm responsabilidade na execução da sociedade quando os bens desta mostram-se insuficientes para o pagamento do débito trabalhista, no entanto, o ônus restringe-se àqueles componentes do quadro societário a partir do liame empregatício, porque beneficiados direta ou indiretamente com o produto do esforço do obreiro.

O artigo 1032 do Código Civil, limitando a responsabilidade dos sócios que se retiram da sociedade, pelas obrigações contraídas pela empresa, até dois após a averbação da alteração do contrato no cartório não se aplica na seara discutida. O dispositivo refere-se apenas às obrigações de natureza civil, não se aplicando ao caso dos débitos trabalhistas, em razão de sua natureza alimentar.

Cite-se que as ações trabalhistas são regidas por ordenamento próprio, vejamos o Artigo 10 e 448 da CLT que aduz:

> "Art. 10 – Qualquer alteração na estrutura jurídica da empresa não afetará os direitos adquiridos por seus empregados.
>
> Art. 448 – A mudança na propriedade ou na estrutura jurídica da empresa não afetará os contratos de trabalho dos respectivos empregados".

Assim, a responsabilidade do sócio retirante não se esgota após dois anos de sua saída da sociedade, nem se limita às obrigações contraídas até a data da cessão de cotas, porque se trata de resguardar direitos de natureza alimentar.

Se os sócios retirantes se beneficiaram do resultado da prestação de serviços do trabalhador, não há como se admitir que sejam responsáveis por atos praticados apenas por dois anos após sua saída.

Vejamos decisão em caso idêntico de nossos tribunais:

SÓCIO RETIRANTE – RESPONSABILIDADE. O sócio retirante é responsável pelos débitos trabalhistas do empregado durante a contratualidade, ainda que tenha transcorrido mais de dois anos de sua retirada do quadro societário, porquanto é vedado transferir ao empregado o risco e o passivo da empresa. Ao presente caso não se aplica o disposto no art. 10-A da CLT, porquanto o referido preceito constitui regra de direito material, aplicando-se somente aos fatos ocorridos após a sua vigência. (TRT-12 – AP: 00029559320145120053 SC 0002955-93.2014.5.12.0053, Relator: Maria de Lourdes Leiria, Secretaria da 3ª Turma, Data de Publicação: 15/08/2018)

RESPONSABILIDADE DOS EX-SÓCIOS – DÉBITOS TRABALHISTAS – ARTS. 1003 E 1032 DO CÓDIGO CIVIL. Os artigos 1.003 e 1.032 do Código Civil dispõem sobre a responsabilidade dos sócios retirantes perante as obrigações de natureza civil. Com relação aos débitos trabalhistas da empresa, a responsabilidade do sócio retirante não se esgota após dois anos de sua saída da sociedade, tendo em vista as peculiaridades da ação trabalhista que visa resguardar direitos de natureza alimentar. Os direitos de natureza trabalhista subsistem até mesmo à dissolução da empresa, nos termos do artigo 449 da CLT, sendo inequívoca a responsabilidade dos ex-integrantes do quadro societário da empresa executada pelas obrigações trabalhistas inadimplidas, inexistindo qualquer limite temporal, ainda mais quando, no caso vertente, prevalece que o agravante continuou ostentando a condição de sócio oculto, apesar de o contrato social acusar sua saída da sociedade.(TRT-3 – AP: 01129201204603008 0001129-73.2012.5.03.0046, Relator: Marcelo Lamego Pertence, Sétima Turma, Data de Publicação: 22/11/2013 21/11/2013. DEJT. P. 129.)

2.25. Excludentes de responsabilidade civil

Temos duas situações em que encontramos exceções ao princípio geral da responsabilidade civil objetiva ou subjetiva. Vejamos.

2.25.1. Dono da obra

A primeira envolve a OJ n. 191 da SDI-1 do Tribunal Superior do Trabalho, que preceitua:

> "OJ n. 191. Dono da obra. Responsabilidade. Diante da inexistência de previsão legal, o contrato de empreitada entre o dono da obra e o empreiteiro não enseja responsabilidade solidária ou subsidiária nas obrigações trabalhistas contraídas pelo empreiteiro, salvo sendo o dono da obra uma empresa construtora ou incorporadora."

O Tribunal Superior do Trabalho não reconhece a responsabilidade do dono da obra em relação aos créditos dos empregados contratados pelo empreiteiro, a não ser que o dono da obra seja empresa construtora ou incorporadora.

Existe, ademais, uma corrente minoritária que entende que o dono da obra é responsável, de forma solidária com o empreiteiro pelos créditos trabalhistas, mesmo não sendo empresa construtora ou incorporadora, com supedâneo legal e por interpretação analógica com o art. 30, inciso VI da Lei n. 8.212/1991, que estatui:

> "VI — o proprietário, o incorporador definido na Lei n. 4.591, de 16 de dezembro de 1964, o dono da obra ou condômino da unidade imobiliária, qualquer que seja a forma de contratação da construção, reforma ou acréscimo, são solidários com o construtor, e estes com a subempreiteira, pelo cumprimento das obrigações para com a Seguridade Social, ressalvado o seu direito regressivo contra o executor ou contratante da obra e admitida a retenção de importância a este devida para garantia do cumprimento dessas obrigações, não se aplicando, em qualquer hipótese, o benefício de ordem." (Redação dada ao inciso pela Lei n. 9.528, de 10.12.1997)

Tal corrente leva em consideração que todos se apropriaram da força de trabalho, eis porque deverão responder por eventuais créditos trabalhistas devidos. Eis ementa, no mesmo sentido:

> DONO DA OBRA – OJ 191 SDI-1/TST – AUSÊNCIA DE RESPONSABILIDADE SUBSIDIÁRIA – O Colendo TST, no julgamento do IRR-190-53.2015.5.03.0090, consolidou o posicionamento de que, via de regra, o dono da obra não responde subsidiariamente pelas verbas trabalhistas contraídas pela empresa contratada. A excepcional responsabilidade alcança os casos em que o dono da obra de construção civil é construtor ou incorporador (parte final da OJ 191 SDI-1/TST), ressaltando-se, todavia, que em nenhuma hipótese a condenação subsidiária do dono da obra será aplicada aos integrantes da Administração Pública Direta ou Indireta. Conclui-se, portanto, que sendo o recorrente dotado de personalidade jurídica de direito público, não poderá ser responsabilizado pelo inadimplemento das obrigações trabalhistas da empreiteira contratada. Recurso a que se dá provimento. (TRT-3 – Recurso Ordinario Trabalhista RO 00109268320195030028 0010926-83.2019.5.03.0028 (TRT-3) – Data de publicação: 30/03/2020).

> RECURSO ORDINÁRIO – ACIDENTE DE TRABALHO – DANO MORAL CONFIGURADO – MANTIDA A RESPONSABILIDADE SOLIDÁRIA ENTRE O DONO DA OBRA E O EMPREITEIRO – INAPLICÁVEL O ENTENDIMENTO CONSUBSTANCIADO NA OJ N. 191 DA SBDI-1 DO C. TST. As lides decorrentes de acidente de trabalho, doença ocupacional ou profissional sendo pretensões de natureza eminentemente civil, o Colendo Tribunal Superior do Trabalho tem o entendimento que a regra da orientação jurisprudencial citada restringe-se às obrigações trabalhistas contraídas pelo empreiteiro. Tal entendimento foi confirmada em sessão realizada no dia 22.11.2012, em que se firmou o entendimento acerca da responsabilidade solidária do dono de obra pelas indenizações devidas por danos morais, estéticos e materiais resultantes de acidente de trabalho decorrentes de culpa por ato ilícito. Recurso parcialmente provido. (TRT1ª R. 00119008020095010302. Tipo de processo: Recurso Ordinário. Data de publicação: 2014.2.13. Órgão julgador: Quinta Turma. Relator: Enoque Ribeiro dos Santos)

2.25.2. Contrato de trabalho com associação de pais e mestres

O Tribunal Superior do Trabalho não reconhece a responsabilidade solidária ou subsidiária do Estado em relação aos créditos trabalhistas decorrentes de contrato de trabalho firmado entre Associação de Pais e Mestres e eventuais empregados, consoante se depreende da OJ n. 185 da SDI-1 do TST, *in verbis*:

> "185. Contrato de trabalho com a Associação de Pais e Mestres — APM. Inexistência de responsabilidade solidária ou subsidiária do Estado."

2.26. *A inimputabilidade civil*

De acordo com o art. 3º do Código Civil, são considerados absolutamente incapazes:

> a) os menores de dezesseis anos;
>
> b) os que, por enfermidade ou deficiência mental, não tiverem o necessário discernimento para a prática desses atos; e
>
> c) os que, mesmo por causa transitória, não puderem exprimir sua vontade.

Já o art. 4º do Código Civil considera como relativamente incapazes:

a) os maiores de dezesseis e menores de dezoito anos;

b) os ébrios habituais, os viciados em tóxicos, e os que, por deficiência mental, tenham o discernimento reduzido;

c) os excepcionais, sem desenvolvimento mental completo; e

d) os pródigos.

A capacidade dos índios será regulada por legislação especial (art. 4º, parágrafo único).

Francisco Ferreira Jorge Neto e Jouberto de Quadros Pessoa Cavalcante[31] informam que, pela doutrina, o absolutamente incapaz não é responsável pelos seus atos, pois é o que se costuma denominar de "inimputável", sendo que não possui as condições pessoais de consciência e vontade para a prática do ato lesivo.

Não obstante, a inimputabilidade apenas elide a responsabilidade civil do ofensor, mas, por outro lado, cria a obrigação do responsável de reparar o dano experimentado, seja ele o pai, tutor, curador etc. Essa responsabilidade é fundada na culpa *in vigilando* (art. 921, I e II, CC)[32].

É importante ainda destacar que o menor, entre dezesseis e dezoito anos, não pode, para se eximir de uma obrigação, invocar a sua idade se dolosamente a ocultou quando inquirido pela outra parte, ou se, no ato de obrigar-se, declarou-se maior, de conformidade com o art. 180 do Código Civil.

Importante ressaltar que na seara do Direito do Trabalho, o acidentado impossibilitado de buscar a tutela de seus direitos trabalhistas/previdenciários pode ser qualificado como "absolutamente incapaz" (art. 3º do Código Civil), o que por si só atrairia a não fluição do prazo prescricional. Contudo, esse não é o entendimento da maioria dos Tribunais do Trabalho do país.

> DOENÇA OCUPACIONAL – INDENIZAÇÃO POR DANOS MORAIS QUANTUM INDENIZATÓRIO – A SBDI -1 desta Corte tem jurisprudência no sentido de que, às ações de indenização por dano moral ou patrimonial, decorrentes da relação de trabalho, relativos aos fatos ocorridos depois da eficácia da Emenda Constitucional 45 /2004, que se iniciou em 31/12/2004, incide o prazo prescricional previsto no artigo 7º , XXIX , da Constituição Federal , sendo aplicável o prazo prescricional civil nos demais casos. Por outro lado, a contagem do prazo prescricional somente tem início, em se tratando de acidente de trabalho ou doença ocupacional, a partir do momento em que o empregado tem ciência inequívoca da incapacidade laborativa , ou do resultado gravoso para sua saúde física ou mental, e não simplesmente da data do acidente, nem mesmo do afastamento. É que não se poderia exigir da vítima o ajuizamento da ação quando ainda persistiam dúvidas acerca da extensão dos danos sofridos. In casu, a reclamante somente teve ciência inequívoca da total extensão da sua incapacidade para o trabalho em julho/2009 , data de emissão da última CAT e devendo-se adotar essa data como marco

(31) NETO, Francisco Ferreira Jorge; CAVALCANTE, Jouberto de Quadros Pessoa. *Manual de direito do trabalho*. 2. ed. Rio de Janeiro: Lumen Juris, 2003. t. I, p. 778.

(32) *Idem*.

de início do prazo prescricional. No particular, o TRT consignou a emissão de 4 CAT' S (entre os anos de 2003 a 2009) e que a doença fora se agravando nesse interregno, até o retorno da autora em outra função, após o processo de reabilitação pelo INSS. Fixado o marco inicial da prescrição em momento posterior à eficácia da Emenda Constitucional 45 /2004, deve ser observado o prazo prescricional trabalhista (art. 7º , XXIX , da CF de 1988). O contrato de trabalho continua em vigor e a ação foi ajuizada em 23/02/2010, antes, portanto, de findar qualquer prazo prescricional, bienal ou quinquenal. Recurso de revista não conhecido (TST – Recurso de Revista RR 3115320105200003 (TST).Data de publicação: 30/08/2019) .

2.26.1. Suspensão da prescrição. A tese da incindibilidade dos direitos do menor

Em relação ao menor acidentado, temos ainda a tese da incindibilidade dos direitos da família. Em outras palavras, ocorrendo a perpetração de ato ilícito em face de menor herdeiro, já que seus direitos são imprescritíveis (art. 440 CLT), todos os demais membros da família passarão a se beneficiar deste benefício legal, já que tais verbas são fixadas em caráter *intuitu familiae*. A respeito, a ementa:

> I – AGRAVO DE INSTRUMENTO DA RECLAMADA AGROCERES MULTIMIX NUTRIÇÃO ANIMAL LTDA. – RECURSO DE REVISTA INTERPOSTO SOB A ÉGIDE DA LEI N. 13.015/2014 – SUCESSÃO TRABALHISTA A tese lançada no Recurso de Revista carece do regular prequestionamento. Incidência da Súmula n. 297 do TST. RESPONSABILIDADE CIVIL – DANOS MORAIS – ACIDENTE DE TRABALHO – CARACTERIZAÇÃO. No ponto, estão presentes os requisitos ao reconhecimento da responsabilidade civil e do dever de indenizar. Incidência da Súmula n. 126 do TST. RESPONSABILIDADE CIVIL – DANOS MATERIAIS – ACIDENTE DE TRABALHO – PENSÃO MENSAL. O Reclamante sofreu redução parcial e permanente da capacidade laboral em decorrência de acidente de trabalho. Incidência da Súmula n. 126 do TST. O deferimento da indenização por danos materiais, na forma de pensão mensal, encontra respaldo no artigo 950 do Código Civil. HONORÁRIOS ADVOCATÍCIOS. A hipossuficiência econômica decorre da percepção de salário inferior ao dobro do mínimo legal ou, independente da remuneração do empregado, de estar o reclamante em situação econômica que não lhe permita demandar sem prejuízo do seu próprio sustento ou de sua família, bastando, para tanto, a declaração do autor nesse sentido, na própria petição inicial ou a qualquer tempo. Incidência da Orientação Jurisprudencial n. 304 da SBDI-1. (Agravo de Instrumento a que se nega provimento. (TST – Inteiro Teor. Agravo de Instrumento em Recurso de Revista: AIRR 18085120125150010.Data de publicação: 15/08/2016)].
>
> EMPREGADO CONTRATADO NO BRASIL – LABOR EM NAVIO DE CRUZEIRO INTERNACIONAL – LEGISLAÇÃO APLICÁVEL. 1 – Há transcendência política quando se verifica em exame preliminar o desrespeito à jurisprudência majoritária do TST quanto ao tema decidido no acordão recorrido. 2 – Aconselhável o provimento do agravo de instrumento para melhor exame do recurso de revista quanto à provável divergência jurisprudencial. 3 – Agravo de instrumento a que se dá provimento. II- RECURSO DE REVISTA – RECLAMANTE – LEIS NS. 13.015/2014 E 13.467/2017 – IN N. 40 DO TST – EMPREGADO CONTRATADO NO BRASIL – LABOR EM NAVIO DE CRUZEIRO INTERNACIONAL – LEGISLAÇÃO APLICÁVEL. 1 – A tese vinculante do STF no julgamento do RE 636.331/RJ (Repercussão Geral – Tema 2010) não tratou de Direito do Trabalho, e sim de extravio de bagagem

de passageiro: "Nos termos do art. 178 da Constituição da República, as normas e os tratados internacionais limitadores da responsabilidade das transportadoras aéreas de passageiros, especialmente as Convenções de Varsóvia e Montreal, têm prevalência em relação ao Código de Defesa do Consumidor". 2 – A jurisprudência majoritária do TST (sete das oito Turmas), quanto à hipótese de trabalhador brasileiro contratado para desenvolver suas atividades em navios estrangeiros em percursos em águas nacionais e internacionais, é de que nos termos do art. 3º, II, da Lei n. 7.064/82, aos trabalhadores nacionais contratados no País ou transferidos do País para trabalhar no exterior, aplica-se a legislação brasileira de proteção ao trabalho naquilo que não for incompatível com o diploma normativo especial, quando for mais favorável do que a legislação territorial estrangeira. 3 – O Pleno do TST cancelou a Súmula n. 207 porque a tese de que "A relação jurídica trabalhista é regida pelas leis vigentes no país da prestação de serviço e não por aquelas do local da contratação" não espelhava a evolução legislativa, doutrinária e jurisprudencial sobre a matéria. E após o cancelamento da Súmula n. 207 do TST, a jurisprudência majoritária se encaminhou para a conclusão de que somente em princípio, à luz do Código de Bustamante, também conhecido como "Lei do Pavilhão"(Convenção de Direito Internacional Privado em vigor no Brasil desde a promulgação do Decreto n. 18.871/1929), aplica-se às relações de trabalho desenvolvidas em alto mar a legislação do país de inscrição da embarcação. Isso porque, em decorrência da Teoria do Centro de Gravidade, (*most significant relationship*), as normas de Direito Internacional Privado deixam de ser aplicadas quando, observadas as circunstâncias do caso, verificar-se que a relação de trabalho apresenta uma ligação substancialmente mais forte com outro ordenamento jurídico. Trata-se da denominada "válvula de escape", segundo a qual impende ao juiz, para fins de aplicação da legislação brasileira, a análise de elementos tais como o local das etapas do recrutamento e da contratação e a ocorrência ou não de labor também em águas nacionais. 4 – Nos termos do art. 3º da Lei n. 7.064/1982, a antinomia aparente de normas de direito privado voltadas à aplicação do direito trabalhista deve ser resolvida pelo princípio da norma mais favorável, considerando o conjunto de princípios, regras e disposições que dizem respeito a cada matéria (teoria do conglobamento mitigado). 5 – Não se ignora a importância das normas de Direito Internacional oriundas da ONU e da OIT sobre os trabalhadores marítimos (a exemplo da Convenção das Nações Unidas sobre o Direito do Mar, ratificada pelo Brasil por meio do Decreto n. 4.361/2002, e da Convenção n. 186 da OIT sobre Direito Marítimo – MLC, não ratificada pelo Brasil). Contudo, deve-se aplicar a legislação brasileira em observância a Teoria do Centro de Gravidade e ao princípio da norma mais favorável, que norteiam a solução jurídica quanto há concorrência entre normas no Direito Internacional Privado, na área trabalhista. Doutrina. 6 – Cumpre registrar que o próprio texto da Convenção n. 186 da OIT sobre Direito Marítimo – MLC, não ratificada pelo Brasil, esclarece que sua edição levou em conta "o parágrafo 8º do Artigo 19 da Constituição da Organização Internacional do Trabalho, que determina que, de modo algum a adoção de qualquer Convenção ou Recomendação pela Conferência ou a ratificação de qualquer Convenção por qualquer Membro poderá afetar lei, decisão, costume ou acordo que assegure condições mais favoráveis aos trabalhadores do que as condições previstas pela Convenção ou Recomendação". 7 – Não afronta o princípio da isonomia a aplicação da legislação brasileira mais favorável aos trabalhadores brasileiros e a aplicação de outra legislação aos trabalhadores estrangeiros no mesmo navio. Nesse caso há diferenciação entre trabalhadores baseada em critérios objetivos (regência legislativa distinta), e não discriminação fundada em critérios subjetivos oriundos de condições e/ou características pessoais dos trabalhadores. 8 – Desde a petição inicial a pretensão do reclamante é de aplicação da legislação brasileira mais favorável. Desde a defesa a reclamada sustentou que deveriam ser aplicadas Lei do Pavilhão (Código de

Bustamante) e a MLC (Convenção do Trabalho Marítimo) utilizada no País da bandeira da embarcação (Malta) e no País sede da empregadora (Bahamas). 9 – Deve ser provido o recurso de revista do reclamante para determinar a aplicação da legislação brasileira mais favorável e determinar o retorno dos autos para que o TRT prossiga no exame do feito como entender de direito. 10 – Recurso de revista a que se dá provimento. Processo: TST ARR – 11800-08.2016.5.09.0028 Data de Julgamento: 10/04/2019, Relatora Ministra: Kátia Magalhães Arruda, 6ª Turma, Data de Publicação: DEJT 12/04/2019."

[...] RECURSO DE REVISTA DO BANCO SANTANDER S.A. – AUXÍLIO-DOENÇA — SUSPENSÃO DO CONTRATO DE TRABALHO — PRESCRIÇÃO — Recurso de revista fundamentado em violação dos arts. 7º, XXIX, da Constituição da República e 199, I, do Código Civil e em divergência jurisprudencial. Discute-se se a suspensão do contrato de trabalho, em decorrência de acidente de trabalho e consequente percepção do auxílio-doença, é causa de suspensão do prazo prescricional. No caso, o Tribunal Regional reformou a sentença que afastara a prescrição bienal e declarara a prescrição quinquenal dos créditos anteriores a 27.2.2006. Ora, o instituto da prescrição tem por objetivo a estabilização das relações sociais, motivo pelo qual é um dos sustentáculos do princípio da segurança jurídica. As causas de suspensão da prescrição são taxativamente reguladas por lei, da qual não pode se afastar o intérprete sob pena de colocar em risco o referido princípio. Dessa forma, restabelece-se a decisão do juiz de primeiro grau que entendera que a suspensão do contrato de trabalho em razão da obtenção de auxílio-doença não suspende o prazo prescricional quinquenal. Aplicação da Orientação Jurisprudencial n. 375 da SBDI-1. Recurso de revista conhecido por divergência jurisprudencial e provido. (TST — RR 66000-10.2007.5.15.0061 — Rel. Min. Alexandre de Souza Agra Belmonte — DJe 13.12.2013 — p. 1253)v107

2.26.2. Caso fortuito e força maior

Os fatos decorrentes de caso fortuito e força maior também não são passíveis de reparação.

De acordo com Anderson Schreiber(33) "admite-se, tradicionalmente, que o nexo de causalidade pode ser interrompido pela intervenção de fatores estranhos à cadeia causal, desde que aptos a romper o liame de causalidade inicial entre a atividade do agente e o dano. Como excludentes de causalidade — e, consequentemente, de responsabilidade — apontam-se três categorias fundamentais: i) o caso fortuito ou força maior; ii) a causa exclusiva da vítima e iii) o fato de terceiro".

Aduz ainda o doutrinador que "uma análise detida da jurisprudência atual revel, em todo o mundo, uma gradual relativização do poder excludente destes fatores, com a sua absorção pela cadeia causal deflagrada pelo responsável. Assim, por exemplo, ganha calorosa acolhida em diversos ordenamentos a chamada teoria do fortuito interno, desenvolvida no âmbito das relações de consumo, a fim de evitar a exclusão da responsabilidade do fornecedor por acontecimentos

---

(33) SCHREIBER, Anderson. *Novos paradigmas da responsabilidade civil*: da erosão dos filtros da reparação à diluição dos danos. 5. ed. São Paulo: Atlas, 2013. p. 68.

que, embora imprevisíveis e irresistíveis, se verificam anteriormente à colocação do produto no mercado. Por consistir em risco ligado à atividade do sujeito responsável, o fortuito interno tem sido considerado insuficiente para o afastamento da relação de causalidade entre a atividade desenvolvida e o dano, mesmo quando imprevisível e irresistível. Em outros termos: aos tradicionais requisitos da imprevisibilidade e irresistibilidade do caso fortuito têm-se acrescentado esta terceira exigência — a externalidade ou externidade do caso fortuito, sem a qual se conserva a responsabilidade(34).

E ainda, afirma que "os tribunais brasileiros têm reiteradamente acolhido o conceito de fortuito interno como não excludente de causalidade. E tem mesmo aplicado a noção a situações cuja internalidade à atividade é duvidosa. Os tribunais de justiça do Rio de Janeiro, por exemplo, já considerou como fortuito interno da atividade bancária, o assalto com roubo de bens materiais mantidos em cofre alugado, condenando a instituição financeira a ressarcir o cliente. A mesma corte entendeu haver fortuito interno na situação de empresa de financiamento que promove a abertura de crédito em nome de outrem, com a utilização de documentação falsa, condenando ao dever de indenizar a empresa que, com base em tal documentação, inscreve o nome do suposto devedor no serviço de proteção ao crédito"(35).

Portanto, para este doutrinador "[...] o juízo acerca de incidência ou não da figura do fortuito interno parece, antes, vinculado à lógica do risco de sua imputação a certo sujeito que desenvolve uma atividade potencialmente lesiva. Daí ser o fortuito interno noção recorrente em relações regidas pela responsabilidade objetiva, mas elemento tecnicamente estranho à seara da responsabilidade subjetiva, onde a simples imprevisibilidade é considerada suficiente para desconfigurar o ilícito"(36).

De forma pragmática, podemos dizer que força maior, também conhecida como *Acts of God* são aqueles fatos em que podemos identificar "o local, o dia e a hora em que ocorreram", enquanto todos os demais fatos poderão ser conceituados como caso fortuito.

O art. 393 do Código Civil assim se expressa:

> "O devedor não responde pelos prejuízos resultantes de caso fortuito ou força maior, se expressamente não se houver por eles responsabilizado.
>
> Parágrafo único. O caso fortuito ou de força maior verifica-se no fato necessário, cujos efeitos não era possível evitar ou impedir."

---

(34) *Idem*.
(35) SCHREIBER, Anderson. *Novos paradigmas da responsabilidade civil*: da erosão dos filtros da reparação à diluição dos danos. 5. ed. São Paulo: Atlas, 2013. p. 354.
(36) *Ibidem*, p. 69.

De acordo com Mário Luiz Delgado Régis[37], caso fortuito ou força maior foram empregados pelo legislador, como sinônimos, mas doutrinariamente não se confundem, muito embora os autores sofram divergências sobre as diferenças entre os dois eventos. Os conceitos, muitas vezes, chegam a ser diametralmente opostos. Optamos por seguir a corrente dos que entendem ser o caso fortuito o acidente que não poderia ser razoavelmente previsto, decorrente de forças naturais ou ininteligentes, tais como um terremoto, um furação etc. (Clóvis Beviláqua, João Luiz Alves, Tito Fulgêncio e Carvalho de Mendonça).

A força maior, tomando por empréstimo a definição de Huc, seria "o fato de terceiro que criou, para execução da obrigação, um obstáculo, que a boa vontade do devedor não pôde vencer". Exemplos de força maior: a guerra, o embargo de autoridade pública que impede a saída do navio do porto etc.[38].

Data maxima venia ousamos discordar desta definição com base no entendimento de que a força maior traduz *Act of God* (tufão, terremoto, enchente etc.), sendo o intérprete capaz de identificar o local, o dia, a hora, o mês e o ano do acontecimento. Por exclusão, todos os demais fatos em que não seja possível sua identificação serão considerados casos fortuitos (pedreira subterrânea, por exemplo, já que não seria possível se determinar quando se formou a primeira pedra).

Ainda para esse autor, os efeitos do caso fortuito e da força maior são idênticos: isentar o devedor da responsabilidade pelo descumprimento da obrigação. Salvo se o devedor houver assumido por cláusula expressa a responsabilidade pelo descumprimento, mesmo ocorrendo caso fortuito ou força maior[39].

Por sua vez, a CLT em seu art. 501 dispõe que:

> "Entende-se por força maior todo acontecimento inevitável, em relação à vontade do empregador, e para a realização do qual este não concorreu, direta ou indiretamente.
>
> Parágrafo primeiro. A imprevidência do empregador exclui a razão de força maior."

Para Valentin Carrion[40], a força maior adotada pelo texto abrange o caso fortuito (imprevisto e imprevisível) e a força maior em sentido restrito (fato previsto ou previsível), ambos superiores às forças de quem lhes suporta os efeitos. A norma repisa que a imprevidência exclui a configuração de força maior; pode consistir em fenômenos naturais, atos humanos privados, leis novas ou atos do governo.

---

(37) RÉGIS, Mário Luiz Delgado. Parte especial — livro I. In: FIUZA, Ricardo (coord.). *Do direito das obrigações. Novo código civil comentado*. São Paulo: Saraiva, 2003. p. 352.

(38) *Idem*.

(39) *Ibidem*, p. 351..

(40) CARRION, Valentin. Comentários à consolidação das leis do trabalho. 29. ed. atualizada. São Paulo: Saraiva, 2004. p. 403-404

Ainda de acordo com esse autor[41], no Direito do Trabalho: a) aplica-se a teoria da esfera da responsabilidade: afirma-se que todo acontecimento que atinge a empresa entre na esfera jurídica da responsabilidade do empregador; b) a força maior aqui não desobriga do pagamento de indenizações, mas as reduz; c) a jurisprudência é muito exigente e com frequência rejeita a configuração de força maior.

Para Valentin Carrion[42] não se configura a força maior: a) no caso de evento considerado força maior, que, todavia, não afete a situação econômico-financeira; b) na hipótese de medidas governamentais de caráter geral no campo da economia; c) extinção de setor da empresa, por obsoleto; d) incêndio, inexistindo seguro contra fogo; e) mau tempo em atividade a céu aberto; g) falência e concordata (em face do que determina o art. 449).

Seguem as ementas:

> VIAGEM PARA ASSISTIR JOGOS DA COPA DO MUNDO DE 2018 – ATRASO DE VOO – 01h39m – FORTUITO INTERNO – DEMORA INFERIOR A QUATRO HORAS – LAPSO DENTRO DA RAZOABILIDADE – INTELIGÊNCIA RESOLUÇÃO 400/2016 ANAC E CÓDIGO BRASILEIRO DE AERONÁUTICA – PERDA DO PRÓXIMO VOO E NECESSIDADE DE COMPRA DE NOVO BILHETE – AUTOR QUE ADQUIRIU BILHETES SEPARADAMENTE MONTANDO A CONEXÃO E RESPEITANDO INTERVALO DIMINUTO DE 02h05m ENTRE OS VOOS. DANOS MATERIAIS E MORAIS NÃO CONFIGURADOS – HONORÁRIOS RECURSAIS DEVIDOS -RECURSO DESPROVIDO. (TJPR – 9ª C. Cível – 0017830-77.2018.8.16.0017 – Maringá – Rel.: Desembargador Arquelau Araujo Ribas – J. 04.11.2019)

> JOGO DA COPA DAS CONFEDERAÇÕES — CANCELAMENTO DE VOO — EFEITOS — "Juizado Especial Cível. Consumidor. Transporte aéreo. Cancelamento de voo. Alegação de alteração da malha aérea. Ausência de comprovação. Caso fortuito interno. Responsabilidade objetiva de fornecedor do serviço preservada. Realocação dos passageiros em voo cerca de cinco horas depois. Perda do objetivo da viagem. Pretensão de assistir jogo da Copa das Confederações. Falha na prestação do serviço. Pedido de reembolso das passagens aéreas e ingressos. Procedência. Dano moral. Caracterização. Valor. Observância dos princípios da razoabilidade e proporcionalidade. Sentença mantida. 1. Nas relações de consumo, a responsabilidade do fornecedor do serviço ou produto é objetiva, decorrência do risco da atividade. 2. Na esteira do art. 14, § 1º, da Lei n. 8.078/90, o fornecedor do serviço tem responsabilidade objetiva pelos danos decorrentes da prestação viciosa dos seus serviços, a qual somente é afastada se comprovar a ausência de defeito, culpa exclusiva do consumidor ou de terceiros. 3. A alegação de alteração da malha aérea não restou comprovada. Ademais, é fato previsível dentro da atividade comercial de transporte, logo é considerado caso fortuito interno. Portanto, tal escusa não eximiria a companhia aérea de reparar os danos causados pelo atraso ou cancelamento de voo. 4. Os consumidores viajariam para assistir a um evento esportivo de grande porte, mas a mudança dos horários dos voos comprometeu toda a

---

(41) *Ibidem*, p. 404.

(42) CARRION, Valentin. *Comentários à consolidação das leis do trabalho*. 29. ed. atual. São Paulo: Saraiva, 2004. p. 70

programação, já que eles foram realocados em voo que sairia quase cinco horas depois, tornando exíguo o tempo para a chegada no evento. Além de todo o prejuízo material decorrente dos gastos com passagens e ingressos, a situação vivenciada pelos autores gerou desconforto, apreensão e angústia. O quadro exposto foi capaz de alterar o Estado anímico dos passageiros, que superaram os meros dissabores ou aborrecimentos cotidianos. A jurisprudência pátria já pacificou o entendimento para reconhecer o dano moral no caso de atraso ou cancelamento de voo. 5. Não há motivos para a revisão do *quantum* indenizatório, uma vez que observados os princípios da razoabilidade e da proporcionalidade que informam a fixação da indenização do dano moral, bem como sua natureza compensatória e dissuasória. 6. Recurso conhecido e desprovido. 7. Decisão tomada na forma do art. 46 da Lei n. 9.099/1995, servindo a ementa de acórdão. 8. Condeno a recorrente no pagamento das custas e honorários advocatícios, os quais arbitro em 10% (dez por cento) do valor da condenação". (TJDFT — Proc. 20130110909795 — (767798) — Rel. Juiz Luís Gustavo B. de Oliveira — DJe 17.3.2014 — p. 298)RDD+18+2014+ABR-MAI+202v108.

AGRAVO REGIMENTAL — AGRAVO EM RECURSO ESPECIAL — RESPONSABILIDADE CIVIL — FALHA NA PRESTAÇÃO DE SERVIÇO BANCÁRIO — DANOS MORAIS — REEXAME DO CONJUNTO FÁTICO-PROBATÓRIO — *QUANTUM* INDENIZATÓRIO — RAZOABILIDADE — IMPOSSIBILIDADE — SÚMULA N. 7/STJ — DECISÃO AGRAVADA MANTIDA — IMPROVIMENTO — 1. A convicção a que chegou o Tribunal *a quo* quanto à existência de dano moral indenizável, decorreu da análise das circunstâncias fáticas peculiares à causa, cujo reexame é vedado em âmbito de recurso especial, a teor do Enunciado n. 7 da Súmula desta Corte. 2. Com a edição da Súmula n. 479 deste Tribunal, a 2ª Seção desta Corte pacificou entendimento no sentido de que as instituições financeiras respondem objetivamente pelos danos gerados por fortuito interno relativo a fraudes e delitos praticados por terceiros no âmbito de operações bancárias. 3. A intervenção do STJ, Corte de caráter nacional, destinada a firmar interpretação geral do Direito Federal para todo o País e não para a revisão de questões de interesse individual, no caso de questionamento do valor fixado para o dano moral, somente é admissível quando o valor fixado pelo Tribunal de origem, cumprindo o duplo grau de jurisdição, se mostre teratológico, por irrisório ou abusivo. 4. Inocorrência de teratologia no caso concreto, em que foi fixado o valor de indenização em R$ 10.000,00 (dez mil reais), devido pelo ora agravante ao autor, a título de danos morais decorrentes de inscrição indevida em cadastro de proteção ao crédito. 5. O agravo não trouxe nenhum argumento novo capaz de modificar a conclusão do julgado, a qual se mantém por seus próprios fundamentos. 6. Agravo regimental improvido. (STJ — AgRg-AREsp 388.345/SP — 3ª T. — Rel. Min. Sidnei Beneti — J. 26.11.2013 — DJe 6.12.2013)RJU+435+2014+JAN+141+09/90v107.

"APELAÇÃO CÍVEL — DÉBITO DECORRENTE DE USO DE CARTÃO DE CRÉDITO — INCLUSÃO EM CADASTRO DE INADIMPLENTES — FRAUDE — RELAÇÃO JURÍDICA — ÔNUS DA PROVA — FATO DE TERCEIRO — Fortuito interno. Responsabilidade. Dano moral *in re ipsa*. Dispensa de prova. Tratando-se de relação de consumo em que reconhecida a vulnerabilidade do consumidor e invertido o ônus da prova, cabe à instituição financeira demonstrar a existência de relação jurídica entre as partes e, bem assim, que o débito cobrado e inserido nos cadastros de proteção ao crédito foi assumido pelo consumidor e não por terceiro que adquiriu cartão de crédito mediante fraude. A fraude por meio da qual terceira pessoa, fazendo-se passar por outra, adquire cartão de crédito configura fortuito interno, estando a situação inserida no risco da atividade e, portanto, ensejadora de responsabilidade civil da instituição financeira negligente. O dano moral decorrente da inclusão indevida em cadastros de proteção ao crédito se opera *in re ipsa*, dispensando-se a prova do dano, pois este já decorre do próprio fato."

(TJDFT — Proc. 20130111065842APC — (727351) — 2ª T.Cív. — Relª Desª Carmelita Brasil — J. 23.10.2013 — DJe 25.10.2013)RJU+433+2013+NOV+171v105.

RESPONSABILIDADE CIVIL OBJETIVA — SERVENTE/MEIO OFICIAL ATIVADO NA CONSTRUÇÃO CIVIL — ATIVIDADE DE RISCO PARA FRATURAS — TORÇÃO DE TORNOZELO EM SERVIÇO AO SAIR DE ANDAIME, FRATURANDO O TALUS — UTILIZAÇÃO DE EPIS E ADOÇÃO DE MEDIDAS DE SEGURANÇA DO TRABALHO INCAPAZES DE IMPEDIR O OCORRIDO — FORTUITO INTERNO À ATIVIDADE QUE NÃO ILIDE A RESPONSABILIDADE CIVIL — IDEIA DE SOCIALIZAÇÃO DOS DANOS — IRRELEVÂNCIA DE CULPA DA RECLAMADA — O Reclamante desempenhava a função de servente/meio oficial, preparando massa e concreto com uso de betoneira, transportando material com carriola, realizando a limpeza da obra com vassourão, abrindo valas e buracos com picareta e pá, com risco de acidente e ferimentos (Laudo de atividades insalubres e periculosas para fins trabalhistas de 2009/2010 — item 4.1.2.4), o acidente inseriu-se no risco presumido da atividade. O PPRA destaca como fontes geradoras dos cortes e ferimentos, a utilização de picareta, pá, e a abertura de valas. A prova oral produzida confirmou que o Reclamante torceu o pé ao descer do andaime, e que este não possuía qualquer irregularidade. Pela vasta documentação encartada aos autos pela Recorrente (PCMSO, Laudo de atividades insalubres e periculosas, e PPRA), da qual consta, inclusive, os EPIs fornecidos por função, com o respectivo certificado, considera-se que o Reclamante utilizava equipamentos de proteção no momento do acidente. Não obstante esta constatação, tem-se que o acidente de trabalho ocorreu durante o desempenho da função de servente/meio oficial, para a qual existia risco de cortes e fraturas, não se podendo, por isso, reputar caracterizada a culpa exclusiva da vítima, pois o risco estava claramente inserido no fortuito interno da profissão de servente/meio oficial. Cuida-se, portanto, de responsabilidade objetiva, em que a ocorrência do fortuito interno (possível ou esperado) é insuficiente à sua elisão. Não se pode descurar que a responsabilidade objetiva ao oposto do que sucede na aquiliana — fundamenta-se na ideia de diluição social dos danos, evitando que o lesado, ao desempenhar atividade lícita em benefício de outrem, arque com os prejuízos que dela decorram, bastando, para tanto, que este se enquadre dentro do risco admitido, como no caso. Recurso da Reclamada a que se nega provimento. (TRT 09ª R. — RO 0001731-86.2011.5.09.0093 — Rel. Ubirajara Carlos Mendes — DJe 11.3.2014 — p. 132)v106.

RESPONSABILIDADE OBJETIVA. Sendo objetiva a responsabilidade contratual do banco, aplicável a inversão do ônus da prova (art. 6º, VIII, Lei n. 8.078/90), compete ao correntista demonstrar a movimentação fraudulenta de sua conta, devendo o banco, para elidir sua responsabilidade civil, comprovar que o fato derivou da culpa do cliente ou da força maior ou caso fortuito (Lei n. 8.078/90, art. 14, § 3º), o que não ocorreu na espécie. 7 — Recurso conhecido, mas improvido. (TRF 2ª R. — AC 2001.02.01.035189-9 — 8ª T. Esp. — Rel. Juiz Fed. Conv. Guilherme Calmon Nogueira da Gama — DJU 20.9.2005 — p. 211)

2.26.3. Culpa exclusiva da vítima e culpa concorrente

O art. 945 do Código Civil declara:

"Se a vítima tiver concorrido culposamente para o evento danoso, a sua indenização será fixada tendo-se em conta a gravidade de sua culpa em confronto com a do autor do dano."

A concorrência de culpas do agente causador do dano e da vítima, que, segundo este artigo, deve ser levada em conta na fixação da indenização, não era prevista no Código Civil de 1916, mas já estava consagrada na doutrina e na jurisprudência brasileiras.

De acordo com Rui Stocco[43] "se a vítima não age com a cautela necessária para atravessar a rua em local apropriado, vindo a ser atropelada, justificável a redução proporcional do valor indenizatório, em razão da culpa concorrente" (RT, 609/112): "A partilha dos prejuízos, que se impõe nos casos de concorrência de culpas, deve guardar proporção ao grau de culpa com que cada protagonista concorreu para o evento. Reconhecida a igualdade na proporcionalidade das culpas dos agentes, deve cada parte responder pela metade dos prejuízos causados à outra, e a partilha dos prejuízos não se faz através de mera compensação dos danos, que podem ser diversos e desproporcionais". (RT, 588/188) "A culpa concorrente não altera a natureza da indenização, mas apenas restringe parcialmente a responsabilidade" (RT, 599/260).

Regina Beatriz Tavares da Silva[44] aduz que "muito embora vários julgados sigam o critério da partilha dos prejuízos em partes iguais (RT, 564/146, 575/136, 582/94, 585/127), bem estabeleceu este artigo que na fixação da indenização será levada em consideração a existência de culpas concorrentes, sob o critério da gravidade da culpa da vítima em comparação com a culpa do agente causador do dano, cabendo, portanto, ao juiz, na verificação do caso concreto, estimar o valor da indenização segundo o grau de participação culposa da vítima".

Consoante Anderson Schreiber[45] "e não é apenas o caso fortuito que vem sofrendo relativização em seu papel de interrupção do nexo causal. Também a culpa exclusiva da vítima e o fato de terceiro tem sido com este escopo aferido de forma restrita, mantendo-se em muitos casos, o nexo de causalidade originariamente formado entre a conduta do responsável e o dano. De um lado, a comum exigência de exclusividade da culpa da vítima, consagrada inclusive em lei especial (CDC, arts. 12, § 3º, inciso III e 14, § 3º, inciso II), afasta, a princípio, a relevância jurídica da concorrência da vítima para o evento, ainda que em grau elevado, o que impede a interrupção da causalidade em uma gama significativa de situações.

E ainda aduz que "de outro lado, não é raro que certos comportamentos por parte da vítima ou de terceiro, ainda que incompatíveis com os *standards*

---

(43) STOCCO, Rui. *Responsabilidade civil e sua interpretação jurisprudencial.* 2. ed. São Paulo: Revista dos Tribunais, 1995. p. 68-69.

(44) SILVA, Regina Beatriz Tavares da. Título IX: da responsabilidade civil. In: FIUZA, Ricardo (coord.). *Novo código civil comentado.* São Paulo: Saraiva, 2003. p. 843.

(45) SCHREIBER, Anderson. *Novos paradigmas da responsabilidade civil...*, cit., p. 70.

específicos de diligência, sejam considerados inclusos no risco do responsável ou imputáveis à sua esfera por alguma outra razão, a exemplo do que ocorre com o fortuito interno. Tome-se, a título de ilustração desta tendência, o conhecimento do caso do escorrega, decidido pelo Superior Tribunal de Justiça de 2001". A controvérsia envolvia um jovem que viajou com amigos para Serra Negra de São Paulo, hospedando-se em um hotel fazenda e durante a madrugada, após confraternizar com os amigos, dirigiu-se à área da piscina, subiu sobre um escorrega e mergulhou do alto do mesmo dentro da piscina. A piscina, não obstante a presença do escorrega, não era suficientemente profunda para acolher o mergulho daquela altura e o rapaz acabou, por força do salto, chocando a cabeça contra o solo em um acidente que lhe provou sérios danos à saúde.

E, ainda, "não obstante a consternação que o episódio naturalmente desperta, um caso assim seria tradicionalmente resolvido com a constatação de que a causa dos danos sofridos pela vítima fora a sua própria conduta. O Tribunal de Justiça de São Paulo entendeu ao contrário, que a responsabilidade pelos danos pertencia internamente ao hotel e à agência de turismo que o indicara. E o Superior Tribunal de Justiça manteve a decisão, reduzindo apenas parcialmente a responsabilidade destas sociedades, com base na concorrência dos atos da vítima para o resultado danoso. Considerou-se, no julgamento do caso, que o fato da vítima encontrava-se no âmbito de previsibilidade e prevenção do estabelecimento hoteleiro, excluindo-se a responsabilidade integral da vítima, com o questionável fundamento de que mesmo o sujeito inimputável incorreria no dano"[46].

Neste sentido, transcrevemos a ementa:

> APELAÇÃO CÍVEL – AÇÃO DE INDENIZAÇÃO – ACIDENTE DE TRÂNSITO – RESPONSABILIDADE EXCLUSIVA DA VÍTIMA – ULTRAPASSAGEM EM CRUZAMENTO – LOCAL PROIBIDO – INOBSERVÂNCIA DAS CAUTELAS NECESSÁRIAS – CULPA EXCLUSIVA DA VÍTIMA – RESPONSABILIDADE CIVIL – AFASTADA. Se o acidente ocorreu devido a uma ultrapassagem do autor nas proximidades de um cruzamento, local esse proibido nos termos do art. 33 do CTB, e sem as devidas cautelas necessárias em inobservância ao disposto no artigo 31 do CTB, impõe-se o reconhecimento de culpa exclusiva da vítima, o que, por óbvio, afasta a sua pretensão indenizatória. (TJ-MG – Apelação Cível AC 10079140425244001 MG (TJ-MG) •Data de publicação: 20/08/2019)
>
> ACIDENTE QUE OCORREU POR RESPONSABILIDADE EXCLUSIVA DA VÍTIMA, QUE AGIU COM IMPRUDÊNCIA AO INGRESSAR EM LOCAL PROIBIDO, POR VONTADE PRÓPRIA E EM DESACORDO COM AS NORMAS DE SEGURANÇA DO TRABALHO REPASSADAS AOS TRABALHADORES DA EMPRESA – SENTENÇA DE IMPROCEDÊNCIA MANTIDA – APELAÇÃO IMPROVIDA. (TRF-4 – Apelação Cível

(46) SCHREIBER, Anderson. *Novos paradigmas da responsabilidade civil*: da erosão dos filtros da reparação à diluição dos danos. 5. ed. São Paulo: Atlas, 2013. p. 71, STJ. Recurso Especial. 287.849-SP, j. 17.4.2001. Rel. Min. Ruy Rosado de Aguiar Jr.

AC 50051749420174047101 RS 5005174-94.2017.4.04.7101 (TRF-4) • Data de publicação: 19/02/2020).

RESPONSABILIDADE CIVIL DO ESTADO — SEGURANÇA PÚBLICA — ASSALTO DE PESSOA EM CAIXA ELETRÔNICO — INDENIZAÇÃO — NEXO DE CAUSALIDADE — DESCARACTERIZAÇÃO — "Administrativo. Responsabilidade civil do Estado e de instituição financeira. Ação de indenização por danos morais e materiais. Assalto de cliente fora da agência bancária, após ter efetuado saque. Nexo de causalidade descaracterizado. Ausência de omissão do Estado do Paraná com relação à segurança pública e do banco demandado por negligência. Fato de terceiro. Evento imprevisível e inevitável. Sentença mantida. 1. Muito embora seja constitucional o dever estatal de prestar a segurança pública, não se pode perder de vista que é materialmente impossível ter um policiamento ostensivo e preventivo em todas as situações e lugares. O Estado não pode ser concebido como um garantidor universal, sob pena de se atribuir uma responsabilidade a partir do risco integral, o que é inadmissível. 2. 'Para que se possa afirmar que o fato de terceiro constitui causa estranha e atue como excludente da responsabilidade, o comportamento do terceiro causador do dano deve ser inevitável e imprevisto' (STOCO, Rui. *Tratado de responsabilidade civil*. 6. ed. São Paulo: RT, 2004. p. 184). Agravo retido não conhecido. Recurso de apelação não provido". (TJPR — AC 1131081-1 — Rel. Des. Ruy Cunha Sobrinho — DJe 6.3.2014 — p. 70) RRP+20+2014+ABR-MAI+184v108.

RESPONSABILIDADE TRABALHISTA SUBJETIVA — ASSALTO — ALCANCE — "Assalto. Hipótese de responsabilização subjetiva do empregador. Nas hipóteses em que o trabalhador é vítima da violência praticada por assaltantes, a questão não se equaciona, simplesmente, em fato de terceiro, haja vista a violência social que se enfrenta atualmente. Os assaltos tornaram-se frequentes até mesmo nos pequenos e médios centros urbanos, não mais podendo ser atribuídos ao mero acaso e à total imprevisibilidade. Se a conduta do empregador omisso não tem manifesta intenção de lesar o seu empregado, possui, a toda evidência, a intolerável indiferença em face dos previsíveis riscos da atividade laboral prestada em condições inadequadas. A empregadora, conhecendo (ou devendo conhecer) os riscos presentes na atividade do seu empregado, sem lhe proporcionar medidas preventivas de segurança, pratica ato ilícito ensejador de reparação. A contenção dos custos, neste caso, é elemento facilitador para a prática delituosa que redundou na ofensa ao trabalhador, principal vítima dos riscos assumidos pela postura omissiva dos administradores do empreendimento. Através do conjunto probatório dos autos, restaram comprovados o dano causado, o nexo de causalidade entre a atividade desempenhada e os eventos danosos, bem como a culpa *stricto sensu* da empregadora, revelada pela sua indubitável negligência, ao permitir que o trabalhador desempenhasse suas funções em ambiente inseguro". (TRT 3ª R. — RO 1042-20.2012.5.03.0143 — Relª Juíza Conv. Maria Raquel Ferraz Zagari Valentim — DJe 22.8.2013) RST+292+2013+OUT+157v104.

2.26.4. Estado de necessidade

O estado de necessidade caracteriza-se pela ofensa de direito alheio para remover perigo iminente a direito do agente causador, quando as circunstâncias tornarem-no absolutamente necessário e quando não exceder os limites do indispensável para a remoção do perigo[47].

---

(47) JORGE NETO, Francisco Ferreira; CAVALCANTE, Jouberto de Quadros Pessoa. *Manual de direito do trabalho*. 2. ed. Rio de Janeiro: Lumen Juris, 2003. t. I, p. 778.

O estado de necessidade configura-se como circunstância atenuante (ou minorante) prevista no art. 65 do Código Penal Brasileiro. O art. 24 do Código Penal assim tipifica o estado de necessidade:

> "Art. 24. Considera-se em estado de necessidade quem pratica o fato para salvar de perigo atual, que não provocou por sua vontade, nem podia de outro modo evitar, direito próprio ou alheio, cujo sacrifício, nas circunstâncias, não era razoável exigir-se."

Logo, podemos enunciar que o estado de necessidade é uma situação de perigo atual ou iminente de interesses legítimos e protegidos pelo Direito, em que o agente, para afastá-lo e salvar um bem próprio ou de terceiro, não tem outra alternativa senão o de lesar o interesse de outrem, igualmente legítimo.

Ricardo Antonio Andreucci[48] destaca como exemplos de estado de necessidade o do agente que, em ocasião de incêndio ou desastre, invade domicílio alheio para salvar as pessoas que lá se encontram em perigo e o do náufrago que, de posse apenas de um colete salva-vidas, deixa que outros companheiros se afoguem no mar, bem como o caso do agente que no intuito de socorrer pessoa gravemente enferma, furta um automóvel para transportá-la ao hospital.

As ementas a seguir transcritas referem-se ao estado de necessidade na execução provisória:

> ESTADO DE NECESSIDADE – NÃO CONSTATAÇÃO – TIPICIDADE DA CONDUTA – EXECUÇÃO PROVISÓRIA DA PENA. 1. Comprovados a materialidade, a autoria e o dolo, e ausentes causas excludentes da ilicitude ou da antijuridicidade, impõe-se a condenação dos réus pelo delito previsto no artigo 171 , § 3º , do Código Penal . 2. O dolo dos réus na prática do delito é evidente, já que realizaram os saques narrados na denúncia cientes de que tais pagamentos eram indevidos. 3. A exclusão de culpabilidade por inexigibilidade de conduta diversa, em face da alegação de dificuldades financeiras, pressupõe a demonstração de situação invencível. Dificuldades financeiras não são, em regra, justificativa para o cometimento de crimes, pois devem ser solucionadas por meio de atividades lícitas. 4. O posterior ressarcimento ao erário não afasta a tipicidade da conduta dos acusados, uma vez que o delito cometido não é estritamente patrimonial, mas ofende a moral administrativa e a fé pública. 5. Encerrada a jurisdição criminal de segundo grau, deve ter início a execução da pena imposta aos réus, independentemente da eventual interposição de recurso especial ou extraordinário. (TRF-4 – Apelação Criminal ACR 50001725220174047002 PR 5000172-52.2017.4.04.7002 (TRF-4). Data de publicação: 13/08/2019)

> MATERIALIDADE, AUTORIA E DOLO COMPROVADOS – ESTADO DE NECESSIDADE – ART. 24, CAPUT E PARÁGRAFO 2º, DO CÓDIGO PENAL . INAPLICABILIDADE – DOSIMETRIA – CONTINUIDADE DELITIVA – ART. 71 DO CÓDIGO PENAL – REPARAÇÃO DE DANOS – EXECUÇÃO PROVISÓRIA DA PENA – ESTELIONATO: Demonstrado que a ré sacou indevidamente benefício previdenciário que não lhe pertencia, caracterizado está a figura do delito inserto no art. 171 , caput e § 3º , do Código Penal – ESTADO DE NECESSIDADE: A mera insuficiência de recursos não caracteriza

(48) ANDREUCCI, Ricardo Antonio. *Curso de direito penal*. São Paulo: Juarez de Oliveira, 2003. v. 1, p. 234.

o estado de necessidade, bem como dificuldades pessoais de ordem econômica ou familiar não justificam a prática do ilícito, sob pena de violação dos princípios que regulam a vida em sociedade, sobretudo o respeito às leis;. A causa de redução prevista no art. 24 , § 2º , do CP , somente é compatível com a situação do estado de necessidade exculpante, de modo que, embora o juiz reconheça que o sujeito estava obrigado a uma conduta diferente, devendo responder pelo crime, pode reduzir a pena por considerar a situação "menos culpável", o que, todavia, não é a hipótese dos autos. ARREPENDIMENTO POSTERIOR: A respeito da causa de diminuição do artigo 16 do Código Penal , a incidência do instituto do arrependimento posterior requer sejam os valores integralmente devolvidos e em momento oportuno, isto é, antes do recebimento da denúncia. CONTINUIDADE DELITIVA: No estelionato praticado contra o INSS mediante o uso de cartão magnético após a morte do beneficiário, considera-se nova ação fraudulenta a cada parcela auferida, perfectibilizando delitos de estelionato autônomos e consumados, em continuidade delitiva. (TRF-4 – Apelação Criminal ACR 50272072720164047000 PR 5027207-27.2016.4.04.7000 (TRF-4). Data de publicação: 08/10/2019)

2.26.5. Legítima defesa

Legítima defesa é a repulsa a injusta agressão, atual ou iminente, a direito seu ou de outrem, usando moderadamente os meios necessários.

O art. 25 do Código Penal assim disciplina esse instituto:

> "Art. 25. Entende-se em legítima defesa quem, usando moderadamente dos meios necessários, repele injusta agressão, atual ou iminente, a direito seu ou de outrem."

Para sua configuração, a legítima defesa requer a ocorrência dos seguintes elementos:

a) agressão injusta, atual ou iminente. A agressão é injusta quando viola a lei, sem justificação. Agressão atual é aquela que está ocorrendo. Agressão iminente é aquela que está prestes a ocorrer;

b) direito próprio ou de terceiro. Não há necessidade de qualquer relação entre o agente e terceiro;

c) utilização dos meios necessários: significa que o agente somente se encontra em legítima defesa quando utiliza os meios necessários a repelir a agressão, que devem ser entendidos como aqueles que se encontrem à sua disposição. Deve o agente sempre optar, se possível, pela escolha do meio menos lesivo;

d) utilização moderada de tais meios: significa que o agente deve agir sem excesso, ou seja, deve utilizar os meios necessários moderadamente, interrompendo a reação quando cessar a agressão injusta; e

e) conhecimento da situação de fato justificante: significa que a legítima defesa requer do agente o conhecimento da situação de agressão injusta e da necessidade de repulsa (*animus defendendi*)[(49)].

A ementa abaixo transcrita elucida esse tópico:

---

(49) ANDREUCCI, Ricardo Antonio. *Curso de direito penal*. São Paulo: Juarez de Oliveira, 2003. v. 1, p. 235.

LEGÍTIMA DEFESA CONFIGURADA – ABSOLVIÇÃO MANTIDA. O acervo probatório, com destaque para o Laudo de Exame Médico, conduz à certeza de que o acusado reagiu para se defender e para repelir a injusta agressão iminente iniciada pela sua esposa contra ele e, a sua reação ocorreu de forma proporcional e necessária e, por esta razão impõe-se reconhecer a excludente de ilicitude, consubstanciada na legítima defesa e, portanto, manter a absolvição é medida de justiça. Apelação conhecida e desprovida. (TJ-GO – Apelação Criminal APR 04272184720158090175 (TJ-GO). Data de publicação: 26/11/2019).

APELAÇÃO CRIMINAL – HOMICÍDIO – LEGÍTIMA DEFESA CONFIGURADA – ABSOLVIÇÃO SUMÁRIA DEVIDA – RECURSO NÃO PROVIDO. Se os elementos probatórios constantes dos autos demonstram que o réu agiu em legítima defesa, ao repelir injusta agressão atual contra a sua integridade física, a absolvição em face do reconhecimento da mencionada excludente de ilicitude é medida que se impõe. (TJ-MG – Apelação Criminal APR 10024160911145001 MG (TJ-MG) – Data de publicação: 16/09/2019)

JUSTA CAUSA — AGRESSÃO FÍSICA UTILIZANDO-SE DE ARMA BRANCA — REPERCUSSÃO NEGATIVA DO ATO PRATICADO PELO EMPREGADO, PERANTE OS DEMAIS EMPREGADOS — EXISTÊNCIA — A utilização de arma branca pelo autor em razão do desentendimento com seu colega de trabalho enseja a ruptura do contrato de trabalho por justa causa, a teor do que dispõe o art. 482, *j*, da CLT, ainda que se pudesse considerar que a agressão verbal tenha iniciado pela vítima, o que não restou provado, não autoriza o uso de força física, tampouco o emprego de arma branca. *In casu*, a alegação de utilização do facão em legítima defesa, deve ser mitigado em razão dos vários cortes provocados por arma branca na vítima (na cabeça, ombro do lado direito e mão), o que afasta o uso moderado de força pelo obreiro, ainda mais se considerarmos que em regra o ferimento de facão na mão leva a crer que a vítima, na verdade, tenha tentado se defender de um ataque pelo fato de estar desarmada, ensejando a ruptura do vínculo por justa causa. Acrescenta-se ainda que compete ao empregador zelar por um ambiente disciplinar e saudável de trabalho, inclusive psicológico, mantendo a ordem e respeito entre seus empregados. Nego provimento. (TRT 23ª R. — RO 0000570-61.2012.5.23.0046 — 1ª T. — Rel. Des. Osmair Couto — J. 28.5.2013)v108

2.26.6. Cumprimento do dever legal

O agente que cumpre um dever legal (eventualmente decorrente do próprio ofício ou profissão), ou em virtude de lei, não tem seu comportamento ou conduta tido como ilícito ou antijurídico, não podendo, dessa forma, ser alcançado pelos efeitos da ação de reparação civil.

Portanto, tratando-se de casos de Responsabilidade Objetiva, o lesado poderá buscar o ressarcimento do dano sofrido do Estado ou do empregador ou empresa da iniciativa privada, nos casos em que o agente público ou empregado vier a causar danos a terceiros em decorrência do cumprimento do dever legal, cumprindo ordens emanadas da direção dessas entidades ou empreendimentos.

Carlos Roberto Gonçalves[50], a propósito, afirma que nos casos de estrito cumprimento do dever legal, em que o agente é exonerado da responsabilidade

(50) GONÇALVES, Carlos Roberto. *Responsabilidade civil*. 6. ed. São Paulo: Saraiva, 1995. p. 503.

pelos danos causados, a vítima, muitas vezes, consegue obter o ressarcimento do Estado, já que, nos termos do art. 37, § 6º, da CF/88, "as pessoas jurídicas de direito público responderão pelos danos que seus funcionários, nessa qualidade, causarem a terceiros". E o Estado não terá ação regressiva contra o funcionário responsável (só cabível nos casos de culpa ou dolo), porque ele estará amparado pela excludente do estrito cumprimento do dever legal.

Transcrevemos as ementas a seguir:

> ESTRITO CUMPRIMENTO DO DEVER LEGAL - ÓBICE NA SÚMULA N. 7/STJ. DOSIMETRIA - INEXISTÊNCIA DE ILEGALIDADE - RECURSO DESPROVIDO. 1. Não há como reconhecer a excludente de ilicitude – estrito cumprimento do dever legal -, a inexistência de dolo ou a desclassificação da conduta para mera infração disciplinar – art. 209 , § 6º , do CPM -, sem a incursão no material fático-probatório. 2. O aumento em 1/3 (um terço) em razão do reconhecimento de uma agravante especial (art. 53 , § 2º , I , do CPM) e duas genéricas (art. 70 , II , a e g do CPM) encontra-se devidamente justificado, não merecendo reparo o acórdão recorrido. 3. O Tribunal a quo em decisão fundamentada deixou de aplicar as atenuantes previstas no art. 72, II (comportamento meritório anterior), III , a (ter praticado o delito por motivo de relevante valor social ou moral) e 209, § 4º, todos do Código Penal Militar (lesão corporal praticado mediante relevante valor moral ou social ou domínio de violenta emoção). 4. A "norma especial contemplada no art. 72 do Código Penal Militar condiciona expressamente que a circunstância atenuante da confissão espontânea, no contexto de crime penal militar, somente seja admitida nas hipóteses em que a autoria delitiva seja ignorada ou imputada à terceira pessoa" (AgRg no REsp 1509360/SP, Rel. Ministro Felix Fischer, Quinta Turma, julgado em 20/02/2018, DJe 28/02/2018). 5. Agravo regimental a que se nega provimento. (STJ – Agravo Regimental no Agravo em Recurso Especial AgRg no AREsp 1576422 SP 2019/0264583-0 (STJ). Data de publicação: 09/12/2019)

> APELAÇÃO CÍVEL – AÇÃO DE INDENIZAÇÃO – DANO MORAL – ABORDAGEM POLICIAL – EXCLUDENTE DE ILICITUDE: ESTRITO CUMPRIMENTO DO DEVER LEGAL – DEVER DE INDENIZAR: INEXISTÊNCIA. Não se desincumbindo a parte requerente de produzir prova de que a conduta dos policiais militares quando da abordagem de veículo roubado teria sido ilegal e/ou arbitrária e que não teriam agido amparados por excludente de ilicitude (estrito cumprimento do dever legal), resta afastado o dever do indenizar. (TJ-MG – Apelação Cível AC 10472170021282001 MG (TJ-MG). Data de publicação: 03/07/2019)

> RESPONSABILIDADE CIVIL DO ESTADO — PERSEGUIÇÃO — GUARDA MUNICIPAL — DANO MORAL — CUMPRIMENTO DO DEVER LEGAL — EXCLUDENTE DE RESPONSABILIDADE — "Administrativo. Responsabilidade civil do ente público. Ação de indenização por danos materiais e morais. Perseguição por guardas municipais. Fuga empreendida por veículo após avanço do sinal vermelho. Tiro disparado contra os pneus do veículo. Responsabilidade objetiva. Art. 37, § 6º, da CF. Estrito cumprimento do dever legal. Excludente de responsabilidade. Ausência de dever reparatório. Sentença mantida. Recurso não provido". (TJPR — AC 1162405-4 — 1ª C. Cív. — Rel. Des. Ruy Cunha Sobrinho — DJe 6.3.2014 — p. 74)RRP+20+2014+ABR-MAI+179v108.

2.26.7. Exercício regular de um direito

O exercício regular de um direito também constitui causa excludente de responsabilidade civil, não se confunde com a coação. Deve ser exercido tendo por base os princípios da razoabilidade e da proporcionalidade.

O art. 188 do Código Civil assim se expressa:

> "Art. 188. Não constituem atos ilícitos:
>
> I — os praticados em legítima defesa ou no exercício regular de um direito reconhecido;
>
> II — a deterioração ou destruição de coisa alheia, ou a lesão a pessoa, a fim de remover perigo iminente;
>
> Parágrafo único. No caso do inciso II, o ato será legítimo somente quando as circunstâncias o tornarem absolutamente necessário, não excedendo os limites do indispensável para a remoção do perigo."

Logo, com base no dispositivo legal, se alguém no uso normal de um direito lesar outrem não terá qualquer responsabilidade pelo dano ou lesão, por não se configurar tal ato como um procedimento ilícito.

Seguem as ementas:

> EXERCÍCIO REGULAR DO DIREITO – EXCLUDENTE DE ILICITUDE. 1) A ilegalidade na cobrança de encargos contratuais deve ser efetivamente comprovada. 2) No caso concreto, a própria autora reconhece a contratação dos empréstimos, bem assim consta do contrato a expressa autorização para descontos em uma única parcela do empréstimo, conforme a data prevista no contrato, situação que infirma a alegação de abuso do banco ao debitar o valor na conta bancária da apelante, porque no exercício regular de um direito. Por isso, também, não há de se falar em dano moral, pois se não restou demonstrado qualquer ilícito contratual, não há que se falar nessa espécie de reparação. 3) Apelação não provida. (TJ-AP – Apelação APL 00621639620168030001 AP (TJ-AP). Data de publicação: 05/11/2019).
>
> APELAÇÃO CÍVEL – AÇÃO DE INDENIZAÇÃO POR DANO MORAL – PROTESTO DE TÍTULO REGULAR – QUITAÇÃO POSTERIOR – EXERCÍCIO REGULAR DE DIREITO – EXCLUDENTE DE ILICITUDE – DANO MORAL NÃO CARACTERIZADO – HONORÁRIOS ADVOCATÍCIOS MANTIDOS – RECURSO DESPROVIDO. O ônus da prova é de quem alega, e a inversão desse ônus – que não é automática – depende de verossimilhança, e não poderia ser feita em relação a fatos negativos. Assim, dependeria de se comprovar que houve de fato a omissão na emissão dos boletos, ou mesmo que o apelante empreendeu esforços para quitação do débito na data aprazada, posto que ele próprio afirma não ter ido atrás, e ficou aguardando a emissão dos boletos. O protesto fora procedido pela inadimplência do apelante diante do não pagamento das mercadorias nos prazos de vencimento, bem como quanto ao argumento de que houve problemas com a emissão de boleto não há provas contundentes nos autos. Diante de tais provas colacionadas vislumbra-se não haver o ato ilícito praticado, consubstanciando o ato em exercício regular do direito, o que afasta o dever de indenizar. Corroborado a isso, não há evidência do alegado pelo apelante de que lhe fora negado financiamento junto ao Banco em decorrência do referido protesto, posto que não há documento nos autos, bem como nenhuma testemunha elucidou a alegação. Os limites e critérios previstos nos §§ 2º e 3º aplicam-se independentemente de qual

seja o conteúdo da decisão, inclusive aos casos de improcedência ou de sentença sem resolução de mérito. (TJ-MT – APELAÇÃO CÍVEL AC 00043565020138110018 MT (TJ-MT). Data de publicação: 17/06/2019)

2.26.8. Fato ou culpa de terceiro

Encontramos o fato ou culpa de terceiro como uma das causas excludentes da responsabilidade civil objetiva do Estado, decorrente da Teoria do Risco Administrativo. Neste caso, o Estado apenas se exime de indenizar a vítima, se comprovar: a) a culpa da vítima; b) a culpa de terceiros e c) força maior(51).

O fato ou culpa de terceiros aplica-se como causa excludente da responsabilidade do Estado, pois o art. 37, § 6º, da Constituição Federal de 1988 impõe a este a obrigação de indenizar os danos causados a terceiros pelos seus agentes, nessa qualidade. Dessa forma, os danos devem ser oriundos da própria atividade funcional e não de condutas ou comportamentos de terceiros, alheios ao Estado.

Apenas os atos funcionais decorrentes do exercício do cargo, emprego ou função pública têm o condão de gerar a responsabilidade objetiva do Estado.

Caio Mário da Silva Pereira(52) destaca que "fatos de terceiro, em termos de responsabilidade civil, atuam de forma diversa e oposta. Podem importar em responsabilidade, como podem implicar excludente desta. [...] Na definição do que é terceiro reporto-me inicialmente à relação negocial. Nesta, considera-se terceiro quem não é parte no negócio jurídico, mas sofre os seus efeitos ou altera o resultado. Conceitua-se em termos mais sutis a caracterização do terceiro como excludente de responsabilidade civil. Esta se decompõe, nos dois polos ativo e passivo: as pessoas do agente e da vítima. Considera-se, então, terceiro qualquer outra pessoa, estranha a este binômio, que influi na responsabilidade pelo dano. Mas para que seja excludente, é mister que por sua conta atraia os efeitos do fato prejudicial e, em consequência, não responda o agente, direta ou indiretamente, pelos efeitos do dano".

Continua o aludido mestre(53) enfrentando esse tormentoso tema, no que destaca que "ao dizê-lo em termos sintéticos, a conduta do terceiro é ativa, porque é seu comportamento que implica a realização do fato danoso. Segundo aspecto relevante é a determinação do comportamento do terceiro, na etiologia

(51) A Teoria do Risco Administrativo não se confunde com a Teoria do Risco Integral, que não admite as excludentes da responsabilidade do Estado. A Teoria do Risco Integral não é adotada em nosso ordenamento jurídico, na seara da responsabilidade do Estado, configurando-se por uma posição radical, ou seja, obriga o Estado a indenizar os eventos lesivos decorrentes de culpa ou dolo exclusivos da vítima e os oriundos de força maior.

(52) PEREIRA, Caio Mário da Silva. *Responsabilidade civil*. 8. ed. Rio de Janeiro: Forense, 1997. p. 300.

(53) Ibidem., p. 300.

da responsabilidade. Em linguagem estrita, ocorre nesse caso a excludente da responsabilidade, quando se pode estabelecer que o terceiro é o causador do dano".

E conclui[54]: "a matéria desloca-se então para a análise dos extremos da responsabilidade civil, estabelecendo-se que a participação do terceiro altera a relação causal. Ocorre o dano, identifica-se o responsável aparente, mas não incorre este em responsabilidade, porque foi a conduta do terceiro que interveio para negar a equação agente-vítima, ou para afastar do nexo causal o indigitado autor. A participação de pessoa estranha na causação do dano pode ocorrer de maneira total ou parcial, isto é, o dano será devido exclusivamente ao terceiro; ou reversamente este foi apenas copartícipe , ou elemento concorrente no desfecho prejudicial. Apenas no primeiro caso é que se pode caracterizar a responsabilidade do terceiro, porque somente então estará eliminando o vínculo de causalidade entre o dano e a conduta do indigitado autor do dano".

Não obstante, examinando a reparação do dano moral e sua mitigação nos Tribunais de Justiça, Anderson Schreiber se manifesta no sentido de que "a gradual perda de rigor na apreciação do nexo de causalidade, extraída de tantos expedientes empregados pela jurisprudência, com maior ou menor apoio na doutrina, efetivamente assegura às vítimas em geral a reparação dos danos sofridos. Até aqui, o que vem sendo apontado como relativização da prova do nexo causal parece legitimar-se por aquilo que já foi denominado como 'o imperativo social da reparação'"[55].

Transcrevemos as ementas:

> APELAÇÃO CÍVEL – AÇÃO DE INDENIZAÇÃO POR DANOS MATERIAIS E MORAIS – AGÊNCIA DE TURISMO – VIAGEM INTERNACIONAL – DEPORTAÇÃO – CULPA EXCLUSIVA DE TERCEIRO – EXCLUDENTE DE RESPONSABILIDADE CONFIGURADA – DANO MORAL NÃO CONFIGURADO. Conforme disposto no art. 14 do Código de Defesa do Consumidor , a responsabilidade dos fornecedores é objetiva, razão pela qual, independentemente da existência de culpa, cabe a eles repararem os danos causados aos consumidores, por defeitos relativos à prestação dos serviços. É hipótese de excludente de responsabilidade do fornecedor quando houver culpa exclusiva de terceiro, nos termos do art. 14 , § 3º , II do CDC . (TJ-MG – Apelação Cível AC 10313140282739001 MG (TJ-MG) • Data de publicação: 26/06/2019)

---

(54) *Ibidem*, p. 10.

(55) SCHREIBER, Anderson. *Novos paradigmas da responsabilidade civil*: da erosão dos filtros da reparação à diluição dos danos. 5. ed. São Paulo: Atlas, 2013. p. 79. O autor ainda nos informa, na mesma página citada, que: "a análise das decisões em sua totalidade revela, no entanto, o efeito negativo dos expedientes empregados pela jurisprudência. A ampla margem de discricionariedade na aferição da causalidade jurídica não apenas produz decisões incoerentes, mas também resulta, por toda a parte, em certa insegurança no que concerne às próprias responsabilidades. Pior: a liberdade com que o Poder Judiciário trata a questão do nexo causal estimula pedidos de reparação, fundados mais na desgraça da vítima, que em uma possibilidade jurídica de imputação dos infortúnios ao sujeito que se considera responsável. Fala-se, neste sentido, em vitimização social ou blame culture".

INDENIZAÇÃO — ACIDENTE DE VEÍCULO — Permissionária de serviço público de transporte coletivo — Danos materiais e morais — Inépcia da inicial e oitiva de testemunha fora do prazo previsto — Preliminares afastadas — Caso fortuito — Fato de terceiro — Antecipação de tutela — Pagamento de pensão. 1. Na eventualidade de serem incompatíveis os pedidos formulados em sede de antecipação de tutela e no mérito, a melhor solução é aproveitar aqueles que se mostrem corretos, e não declarar a inépcia da inicial. 2. Se demonstrado nos autos que a testemunha foi arrolada no prazo previsto em Lei, não há que se falar em nulidade, desequilíbrio entre as partes ou afronta ao devido processo legal. 3. Caso fortuito não pode ser equiparado a fato de terceiro. Como o veículo envolvido é um transporte coletivo, permissionário de serviço público, demonstrados a prática do ato, o prejuízo e a relação de causalidade, a responsabilidade objetiva só poderia ser elidida mediante prova da culpa exclusiva da vítima. Despicienda a discussão sobre fato de terceiro. 4. Na ausência de comprovação do recebimento de diária e diante da inexistência de dúvida acerca do exercício da atividade de diarista, correta a decisão de arbitrar os lucros cessantes em um salário mínimo. 5. As graves lesões sofridas pela vítima, que geraram incapacidade laboral permanente e sequelas irreversíveis, além de padecimentos morais, exigem que os danos sejam indenizados de forma a servir ao duplo objetivo: punitivo e compensatório. Danos morais majorados para R$ 25.000,00 (vinte e cinco mil reais). 6. Presentes os requisitos da verossimilhança do direito, caracterizados o abuso de direito de defesa e o propósito protelatório da permissionária, além de um flagrante desrespeito para com a vítima, está autorizada a antecipação de tutela. A acidentada deverá receber a pensão mensal arbitrada em sentença, a partir da data do julgamento, sem necessidade de publicação do acórdão. 5. Provimento parcial ao recurso da autora. Apelo da ré improvido. (TJDF — APC 19990110206939 — 6ª T. Cív. — Relª Desª Sandra de Santis — DJU 2.8.2005 — p. 133)

2.26.9. Cláusula de não indenizar

No campo do Direito das Obrigações, a inserção da cláusula de não indenizar os danos decorrentes de inadimplemento contratual tem por escopo a liberação do lesante do dever de reparação.

Maria Helena Diniz[(56)] neste tópico nos ensina que, "se, no contrato houver estipulação de que o prejuízo causado a um dos contraentes não deverá ser reparado pelo outro, que a ele deu causa, excluída estará a responsabilidade do agente, não por desaparecer o liame de causa e efeito, mas em razão da própria convenção. Percebe-se que o risco é transferido para a vítima".

Francisco Ferreira Jorge Neto e Jouberto de Quadros Pessoa Cavalcante[(57)] informam que "apesar do avençado, é muito controvertida a aceitação da cláusula de não indenizar, sendo certo que é inadmitida em matéria delitual e responsabilidade aquiliana, aceita apenas nas relações contratuais, desde que não afronte os princípios de ordem pública, os bons costumes e a boa-fé, *contra bonam fidem contraque bonos mores*".

---

(56) DINIZ, Maria Helena. Curso de direito civil. 11. ed. São Paulo: Saraiva, 1995. v. VII, p. 82.

(57) JORGE NETO, Francisco Ferreira; CAVALCANTE, Jouberto de Quadros Pessoa. *Manual de direito do trabalho*. 2. ed. Rio de Janeiro: Lumen Juris, 2003. t. I, p. 778-788.

O Supremo Tribunal Federal, seguindo essa corrente, destaca na Súmula n. 161:

> "em contrato de transporte, é inoperante a cláusula de não indenizar."

Silvio Rodrigues[58] também destaca: "É unânime o entendimento de que a cláusula de não indenizar não pode eximir o dolo do estipulante. Seria da maior imoralidade admitir-se a ideia de alguém fugir à responsabilidade pelo inadimplemento da avença, por sua deliberada e exclusiva decisão. Aliás, na hipótese a cláusula seria ineficaz em virtude do disposto no art. 122 do Código Civil, que veda as condições potestativas".

O art. 122 do Código Civil dispõe:

> "Art. 122. São lícitas, em geral, todas as condições não contrárias à lei, à ordem pública ou aos bons costumes; entre as condições defesas se incluem as que privarem de todo efeito o negócio jurídico, ou o sujeitarem ao puro arbítrio de uma das partes."

Maria Helena Diniz[59], destaca entre as condições proibidas:

a) as condições perplexas, se privarem o ato negocial de todo o efeito, como a venda de um prédio sob a condição de não ser ocupado pelo comprador;

b) as puramente potestativas, se advindas de mero arbítrio de um dos sujeitos. Por exemplo, constituição de uma renda em seu favor se você vestir tal roupa amanhã; aposição de cláusula que, em contrato de mútuo, dê ao credor poder unilateral de provocar o vencimento antecipado da dívida, diante de simples circunstância de romper-se o vínculo empregatício entre as partes. Cabe lembrar que a condição resolutiva puramente potestativa é admitida juridicamente, pois não subordina o efeito do negócio jurídico ao arbítrio de uma das partes, mas sim sua eficácia. Sendo tal condição resolutiva, nulidade não há porque existe um vínculo jurídico válido, consistente na vontade atual de se obrigar, de cumprir a obrigação assumida, de sorte que, como observa Vicente Ráo, o ato jurídico chega a produzir os seus efeitos, só se resolvendo se a condição, positiva ou negativa, se realizar e quando se realizar. O art. 122 veda a condição suspensiva puramente potestativa.

Neste sentido, as ementas:

> APELAÇÃO CÍVEL – AÇÃO DE OBRIGAÇÃO DE FAZER C/C INDENIZAÇÃO POR DANOS MORAIS – ATRASO NA LIBERAÇÃO DO ÔNUS HIPOTECÁRIO APÓS A QUITAÇÃO INTEGRAL DAS PRESTAÇÕES DEVIDAS – PRELIMINAR DE SUSPENSÃO PROCESSUAL POR SUPOSTA AFETAÇÃO DO TEMA 971 DO STJ – IMPERTINÊNCIA – A CASUÍSTICA EM APREÇO NÃO VERSA SOBRE ATRASO DE OBRA – CLÁUSULA CONTRATUAL (5.1.5) PREVENDO 120 DIAS PARA BAIXA DO ÔNUS

(58) RODRIGUES, Silvio. Direito civil. 25. ed. São Paulo: Saraiva, 1995. v. IV, p. 195.
(59) DINIZ, Maria Helena. Parte geral. In: FIUZA, Ricardo (coord.). *Novo código civil comentado*. São Paulo: Saraiva, 2003. p. 127.

HIPOTECÁRIO PELA VENDEDORA – INADIMPLEMENTO CONTRATUAL CONFIGURADO – MANUTENÇÃO DA IMPOSIÇÃO DA MULTA CONTRATUAL PREVISTA NA CLÁUSULA 9.1 – CLÁUSULA 9.2 RECONHECE A MORA DA VENDEDORA EM CASO DE DESCUMPRIMENTO CONTRATUAL QUE IMPORTE EM PREJUÍZO À TRANSFERÊNCIA DO IMÓVEL AO COMPRADOR – SENTENÇA DE PISO QUE FIXOU DANOS MORAIS NO VALOR DE R$10.000,00 A CADA AUTOR – AUSENTE PROVA DE EFETIVO ABALO EMOCIONAL RELEVANTE – INADIMPLEMENTO CONTRATUAL QUE POR SI SÓ NÃO IMPORTA NA OBRIGAÇÃO DE INDENIZAR – DANO MORAL NÃO CONFIGURADO – RECURSO CONHECIDO E PARCIALMENTE PROVIDO. (Apelação Cível n. 201800725676 n. único0023094-11.2017.8.25.0001 – 1ª Câmara Cível, Tribunal de Justiça de Sergipe – Relator (a): Ruy Pinheiro da Silva – Julgado em 11/06/2019)

DIREITO DO CONSUMIDOR — Contrato de prestação de serviços de organização de viagem para programa educacional no exterior — Reparação de danos materiais e morais — Cabimento. 1. Tratando-se de relação de consumo, a responsabilidade da apelante é apurada de forma objetiva e solidária, não se perquirindo a extensão de sua culpa pelo defeito na prestação do serviço. 2. Tendo em vista que o contrato estabelece cláusula de exoneração de responsabilidade, esta deve ser desconsiderada, eis que é vedada cláusula contratual que impeça a obrigação de indenizar, a teor do que dispõe o art. 25 do Código de Defesa do Consumidor. 3. Apelo conhecido e não provido. Maioria. (TJDF — APC 20030110947459 — 4ª T. Cív. — Rel. Des. Humberto Adjuto Ulhôa — DJU 9.8.2005 — p. 126)

2.26.9.1. *Formas de extinção contratual*

Para jogar um fecho de luz nessa intricada matéria que diz respeito à forma de extinção do contrato, subentendidas como resolução, resilição e rescisão, podemos aduzir, descrevê-las como segue.

2.26.9.2. *Resolução*

A extinção do contrato, como regra geral, dá-se pela execução, seja instantânea, diferida ou continuada.

A resolução, como uma das formas de extinção do contrato, pode ser desmembrada em:

a) *Resolução por inexecução voluntária.* Decorre do comportamento culposo de um dos contratantes, com prejuízo ao outro. Produz efeitos *ex-tunc*[60], e está sujeita a perdas e danos e cláusula penal.

---

(60) Ex-tunc: produz efeitos que retroagem no tempo, alcançando a data do início ou da assinatura do contrato, isto é, anulando todos os atos como se o contrato nunca tivesse existido no mundo jurídico, ao passo que efeitos ex-nunc só se produzem a partir do momento em que foi declarada a nulidade ou rescisão do contrato (nesse último caso, só produz efeitos para o futuro, e os atos praticados até a decretação da nulidade serão válidos, produzindo todos os efeitos no mundo do Direito).

Diz o art. 474 do Código Civil:

"a cláusula resolutiva expressa opera de pleno direito; a tácita depende de interpelação judicial."

E o art. 475 se expressa:

"a parte lesada pelo inadimplemento pode pedir a resolução do contrato, se não preferir exigir-lhe o cumprimento, cabendo, em qualquer dos casos, indenização por perdas e danos."

b) *Resolução por inexecução involuntária.* Decorre de fatos inevitáveis e alheios à vontade das partes como, por exemplo, força maior e caso fortuito. O inadimplente neste caso não fica responsabilizado pelo pagamento de perdas e danos. Ex.: a Caixa Econômica Federal interrompe a concessão de linhas de crédito e obstaculiza o fechamento de um contrato de compra e venda imobiliário.

c) *Resolução por onerosidade excessiva.* Fulcra-se na Teoria da Imprevisão e decorre de acontecimento extraordinário ou imprevisível, que pode acarretar a resolução do contrato. Aplica-se aos contratos comutativos, de execução diferida ou continuada. Diz o art. 478 do Novo Código Civil:

"Nos contratos de execução continuada ou diferida, se a prestação de uma das partes se tornar excessivamente onerosa, com extrema vantagem para a outra, em virtude de acontecimentos extraordinários e imprevisíveis, poderá o devedor pedir a resolução do contrato. Os efeitos da sentença que a declarar retroagirão à data da citação".

d) *Resolução*(61) *de contrato de trato sucessivo.* Neste caso não se restituem as prestações e o seu efeito é *ex-nunc*. Ex.: resolução dos contratos de prestação de serviços de profissional autônomo."

2.26.9.3. *Resilição*

A resilição(62) não deriva de inadimplemento contratual, mas unicamente da vontade de uma das partes. Como expressa a manifestação de vontade, pode ser unilateral ou bilateral. Bilateral apresenta-se na forma de distrato(63) (acordo de vontades que tem por fim extinguir o contrato). Se unilateral, a resilição pode ocorrer somente em determinados contratos. Tem-se como regra a impossibilidade de um contraente romper o contrato por sua exclusiva vontade. A resilição de contrato de execução continuada, celebrado por prazo indeterminado engloba os contratos de prestação de serviços, fornecimento de mercadorias. A resilição neste caso pode tomar a forma de "denúncia" do contrato, como nos casos de

---

(61) Art. 479 do Código Civil: a resolução poderá ser evitada, oferecendo-se o réu a modificar equitativamente as condições do contrato.

(62) Art. 473. A resilição unilateral, nos casos em que a lei expressa ou implicitamente o permita, opera mediante denúncia notificada à outra parte. Parágrafo único. Se, porém, dada a natureza do contrato, uma das partes houver feito investimentos consideráveis para a sua execução, a denúncia unilateral só produzirá efeito depois de transcorrido prazo compatível com a natureza e o vulto dos investimentos.

(63) Art. 472 do novo Código Civil: o distrato faz-se pela mesma forma exigida para o contrato.

mandato, depósito e comodato. Independe de pronunciamento judicial e opera-se *ex-nunc*. Se uma das partes fez determinados investimentos, a denúncia unilateral só produzirá efeitos depois de transcorrido prazo compatível com o vulto dos investimentos.

2.26.9.4. *Rescisão*

A rescisão é também empregada como sinônimo de resilição e resolução. Contudo, deve ser empregada para as hipóteses de dissolução de determinados contratos(64), como aqueles em que ocorreu dano ou lesão a um dos contratantes, ou que foram celebrados em "estado de perigo".

Podemos exemplificar a lesão, disposta no art. 157 do Código Civil: é defeito do negócio jurídico, que se configura quando alguém obtém um lucro exagerado, desproporcional, aproveitando-se da inexperiência ou da situação de necessidade do outro contratante.

Temos também como hipótese de rescisão o "estado de perigo", disciplinado no art. 156 do Código Civil. Assemelha-se neste caso à anulação do contrato pelo vício da coação. Ocorre quando a avença é celebrada em condições desfavoráveis a um dos contratantes em situação de extrema necessidade conhecida da outra parte. Opera-se *ex-tunc* (retroage até a data da celebração) e a parte que recebeu o benefício fica obrigada a restituir.

(64) Exemplo de rescisão é trazido pelo art. 455 do Código Civil: "Se parcial, mas considerável, for a evicção, poderá o evicto optar entre a rescisão do contrato e a restituição da parte do preço correspondente ao desfalque sofrido. Se não for considerável, caberá somente direito a indenização".

Considerações Finais

A pedra de toque do Direito do Trabalho é a não imputação dos riscos da atividade econômica ao empregado, correlata à sua não participação nos resultados financeiros do empreendimento. Com esse entendimento, o Judiciário Trabalhista adota, há décadas, a teoria da responsabilidade objetiva, com fulcro no art. 2º, § 2º, da Consolidação das Leis do Trabalho.

No Processo do Trabalho, a responsabilidade dos sócios é objetiva, respondendo os mesmos com seus respectivos patrimônios no caso de descumprimento de obrigações trabalhistas, de forma a não permitir o locupletamento indevido do trabalho alheio.

Faculta-se ao juiz, nesse campo, adotar a teoria da despersonalização da pessoa jurídica, gravada no art. 2º, § 2º, da CLT, fazendo com que o crédito trabalhista busque o patrimônio do devedor onde quer que ele se encontre, como um direito de sequela. Se o patrimônio da pessoa jurídica desaparecer ou não for encontrado, os sócios e os diretores responderão com seus patrimônios particulares.

O Código Civil de 2002 veio sedimentar esse entendimento com a adoção explícita da teoria da responsabilidade objetiva, já aplicada no caso concreto há décadas no Direito do Trabalho.

O legislador houve por bem, no que foi feliz e oportuno, promover uma espécie de completude no âmbito da responsabilidade civil no novo Código, por um lado bipartindo-a em responsabilidade subjetiva e objetiva, enquanto por outro essas duas espécies de responsabilidade se completam, aperfeiçoando o ordenamento jurídico e tornando-o mais condizente com a realidade dos fatos.

Da mesma forma que os princípios da eticidade, a operabilidade e a socialidade nortearam a criação do novo Código Civil, podemos dizer que a responsabilidade civil objetiva e subjetiva, que agora se complementam no sentido de dar proteção ao ofendido, transmudou-se de uma concepção individualista para assumir na atualidade uma concepção fundamentalmente social, postando-se em linha com os institutos modernos de proteção à dignidade da pessoa humana, que constitui fundamento de validade do Estado Democrático de Direito e, por que não dizer, da própria preservação da espécie humana.

Na busca do aperfeiçoamento dos institutos da responsabilidade civil objetiva e subjetiva no Direito do Trabalho precisamos criar, sem tardar, por meio dos canais legislativos, uma norma jurídica de proteção aos direitos trabalhistas que tenha o rigor do art. 135 do Código Tributário Nacional, o qual estatui:

> "São pessoalmente responsáveis pelos créditos correspondentes a obrigações tributárias resultantes de atos praticados com excesso de poderes ou infração de lei, contrato social ou estatuto:

III — os diretores, gerentes ou representantes de pessoas jurídicas de direito privado."

Somente com o aprimoramento de nossos institutos, teremos condições de mitigar a perpetração de ofensas materiais e principalmente morais à pessoa do trabalhador, pois elas, dependendo da pessoa, atingem as profundezas do ser, o recôndito do espírito, aquilo que ele possui de mais íntimo, que deveria ser indevassável, e uma vez atingido, de forma violenta e injusta, dificilmente desaparece. Sempre voltarão à tona, à consciência do indivíduo, de acordo com as circunstâncias e estado de espírito. Essa dor moral não tem a característica da dor física ou do dano material, pois o equilíbrio dificilmente será restabelecido e às vezes tem um caráter irreversível. As duas dores são, na maioria das vezes, invisíveis, só que a física se manifesta na carne; já a dor moral, no coração e na mente dos homens.

REFERÊNCIAS

ALVIM, Agostinho. *Da inexecução das obrigações e suas consequências*. 3. ed. São Paulo: Jurídica e Universitária, 1962.

ALMEIDA, Amador Paes de. *Execução de bens dos sócios*. 6. ed. São Paulo: Saraiva, 2003.

ANDREUCCI, Ricardo Antonio. *Curso de direito penal*. São Paulo: Juarez de Oliveira, 2003. v. 1.

BARBOSA, Joaquim B. Gomes. *Ação afirmativa & princípio constitucional da igualdade*. Rio de Janeiro: Renovar, 2001.

BRANDÃO, Cláudio. *Acidentes de trabalho*. São Paulo: LTr, 2003.

BELTRAN, Ari Possidônio. *A autotutela nas relações de trabalho*. São Paulo: LTr, 1996.

BITTAR, Carlos Alberto. *Os direitos da personalidade*. 3. ed. Rio de Janeiro: Forense, 1998.

CAHALI, Yussef. *Responsabilidade civil do estado*. 2. ed. São Paulo: Malheiros, 1996.

CAMPOS, Stela. Um cargo inédito para o assunto do momento: responsabilidade social. *Jornal Valor, Seção Eu & Carreira*, São Paulo, 12 fev. 2001.

CAPPELLIN, Paola. Ações afirmativas, gênero e mercado de trabalho: a responsabilidade social das empresas na União Europeia. In: ROCHA, Maria Isabel Baltar da (org.). *Trabalho e gênero:* mudanças, permanências e desafios. São Paulo: Editora 34, 2000.

CARRION, Valentin. *Comentários à consolidação das leis do trabalho*. 29. ed. São Paulo: Saraiva, 2004.

CAVALIERI FILHO, Sérgio. *Programa de responsabilidade civil*. 2. ed. São Paulo: Malheiros, 2000.

CORREIA, Henrique; MIESSA, Elisson. *Súmulas e orientações jurisprudenciais do TST*. 4. ed. Salvador: JusPodivm, 2014.

COSTA, Mário Júlio de Almeida. *Direito das obrigações*. 7. ed. Coimbra: Almedina, 1999.

DALLEGRAVE NETO, José Affonso. *Responsabilidade civil no direito do trabalho*. São Paulo: LTr, 2005.

DELGADO, Mauricio Godinho. *Curso de direito do trabalho*. 3. ed. São Paulo: LTr, 2003.

DE MASI, Domenico. *O futuro do trabalho*: fadiga e ócio na sociedade pós-industrial. Rio de Janeiro: José Olympio, 1999.

DIAS, José de Aguiar. *Da responsabilidade civil*. 10. ed. Rio de Janeiro: Forense, 1995.

DINIZ, Maria Helena. *Curso de direito civil brasileiro*. 11. ed. São Paulo: Saraiva, 1995.

DWORKIN, Ronald. *Los derechos en serio*. 3. impr. Tradução de Marta Guastavino. Barcelona: Ariel, 1997.

D`AMBROSIO, Marcelo. Competência penal da justiça do trabalho. *Revista LTr*, maio 2005.

ENNECCERUS, Ludwig; KIPP, Theodor; WOLF, Martin. *Tratado de derecho civil. Derecho de obligations.* 2. ed. Barcelona: Bosch, 1954.

FRAZÃO, Ana. *Exclusão da responsabilidade:* caso fortuito interno e caso fortuito externo. Perfil contemporâneo da responsabilidade civil. Palestra proferida pela autora no Tribunal Superior do Trabalho em congresso realizado em 10 e 11 nov. 2014.

FIORILLO, Celso Antonio Pacheco. A ação civil pública e o meio ambiente do trabalho. In: FREDIANY, Yone; TORRES, Jane Granzoto (coords.). *O direito do trabalho na sociedade contemporânea.* São Paulo: Jurídica brasileira, 2001.

FISCHER, H. *A reparação dos danos no direito civil.* Tradução de Ferrer de Almeida. Coimbra: Armênio Amado, 1938.

FIUZA, Ricardo. *Novo código civil comentado*. São Paulo: Saraiva, 2003.

FRAN, Martins. *Curso de direito comercial*. 8. ed. Rio de Janeiro: Forense, 1981.

GUEDES, Gisela Sampaio da Cruz. Causalidade em acidentes de trabalho. In: TEPEDINO, Gustavo; MELLO FILHO, Luiz Philippe Vieira de; FRAZÃO, Ana; DELGADO, Gabriela Neves (coord.). *Diálogos entre o direito do trabalho e o direito civil.* São Paulo: Revista dos Tribunais, 2013.

GONÇALVES, Carlos Roberto. *Responsabilidade civil*. 6. ed. São Paulo: Saraiva, 1995.

JORGE NETO, Francisco Ferreira; CAVALCANTE, Jouberto de Quadros Pessoa. *Manual de direito do trabalho.* 2. ed. Rio de Janeiro: Lumen Juris, 2003.

JORGE NETO, Francisco Ferreira; CAVALCANTE, Jouberto de Quadros Pessoa. *Manual de direito do trabalho.* 2. ed. Rio de Janeiro: Lumen Juris, 2004. t. I.

______. *Manual de direito processual do trabalho*. 2. ed. Rio de Janeiro: Lumen Juris, 2004. t. I e II.

LAFER, Celso. *A reconstrução dos direitos humanos*. *Um diálogo com o pensamento de Hannah Arendt*. São Paulo: Cia. das Letras, 1996.

LEITE, Carlos Henrique Bezerra. *Curso de direito processual do trabalho*. São Paulo: LTr, 2003.

LOPES, Tereza Ancona. *O dano estético*: responsabilidade civil. 2. ed. São Paulo: Revista dos Tribunais, 1999.

LORENZETTI, Ari Pedro. *A responsabilidade pelos créditos trabalhistas*. São Paulo: LTr, 2003.

MARTINS, Sérgio Pinto. *Direito do trabalho*. 19. ed. São Paulo: Atlas, 2003.

MARX, Karl. *A ideologia alemã:* crítica da filosofia alemã mais recente. Lisboa: Presença, 1980.

MENEZES, Paulo Lucena de. *A ação afirmativa* (affirmative action) *no direito norte-americano.* São Paulo: Revista dos Tribuais, 2001.

NANNI, Giovanni Ettore. Responsabilidade no acidente do trabalho. *Jornal Gazeta Mercantil,* 13 out. 2003.

NASCIMENTO, Amauri Mascaro. *Curso de direito do trabalho*. 16. ed. São Paulo: Saraiva, 1999.

______. *Comentários à lei de greve*. São Paulo: LTr, 1989.

OLIVEIRA, Sebastião Geraldo de. *Indenizações por acidente do trabalho ou doença funcional*. São Paulo: LTr, 2008.

PEREIRA COELHO, Francisco Manuel. *O problema da causa virtual na responsabilidade civil*. Coimbra: Almedina, 1998.

PINTO, Raymundo Antonio Carneiro. *Enunciados do TST comentados*. 8. ed. São Paulo: LTr, 2005.

POTHIER, R. J. *Tratado das obrigações*. Tradução de Adrian Sotero de Witt Batista e Douglas Dias Ferreira. Campinas: Servanda, 2002.

REIS, Clayton. *O dano moral*. 4. ed. Rio de Janeiro: Forense, 1999.

REGIS, Mário Luiz Delgado. Parte especial, livro I. In: FIUZA, Ricardo (coord.). *Do direito das obrigações. Novo código civil comentado*. São Paulo: Saraiva, 2003.

RODRIGUES, Silvio. *Direito civil*. São Paulo: Saraiva, 2003. v. 4.

RUSSOMANO, Mozart Victor. *CLT anotada*. 5. ed. Rio de Janeiro: Forense, 2003.

SALEILLES, Raymond. *Les acidentes de travail et la responsabilité civile. Essai d'une theorie objective de la responsabilité delictuelle*. Paris: Arthur Rousseau, 1897.

SALVADOR, Luis. Acidente do trabalho. Empregador que não emite a CAT deve indenizar trabalhador pelo prejuízo. *Revista Justiça do Trabalho*, Porto Alegre, ano 21, n. 248, p. 26, ago. 2004.

SAVATIER, René. *Traité de la responsabilité civile*. Paris: Dalloz, 1939. v. 1, n. 1.

SANCHEZ VAZQUEZ, Adolfo. *Ética*. 16. ed. São Paulo: Civilização Brasileira, 1996.

SANTOS, Enoque Ribeiro dos. *O dano moral na dispensa do empregado*. 3. ed. São Paulo: LTr, 2002.

______. Contribuições à fixação da indenização do dano moral trabalhista. A tese da aplicação dos *exemplary* ou *punitive damages*. *Revista Direito do Trabalho*, coord. Nelson Mannrich, São Paulo: LTr, ano 30.

______. As *affirmativa actions* (ações afirmativas) e a nova redação da OJ (Orientação Jurisprudencial) n. 88 da SDI-I do Tribunal Superior do Trabalho. *Suplemento Trabalhista*, n. 67/04. São Paulo: LTr, ano 40, p. 287, 2004.

______. Considerações sobre a revisão dos enunciados do TST. Uma reforma necessária. *Revista Justiça do Trabalho*, Porto Alegre, ano 21, n. 244. p. 7, abr. 2004.

SANTOS, Fabiano Pereira do. Meio ambiente e poluição. *Jus Navigandi*, n. 201, 23 jan. 2004.

SCHREIBER, Anderson. *Novos paradigmas da responsabilidade civil. Da erosão dos filtros da reparação à diluição dos danos*. 5. ed. São Paulo: Atlas, 2013.

SERPA LOPES, Miguel Maria. *Curso de direito civil*. 4. ed. Rio de Janeiro: Freitas Bastos, 1995

SILVA, Antonio Álvares da. *Competência penal da justiça do trabalho*. São Paulo: LTr, 2006.

SILVA, Caio Mário da. *Responsabilidade civil*. Rio de Janeiro: Forense, 1985.

SILVA, De Plácido. *Vocabulário jurídico*. 3. ed. Rio de Janeiro: Forense, 1993.

SILVA, José Afonso da. *Curso de direito constitucional positivo*. São Paulo: Malheiros, 1999.

SILVA, José Antonio da. *Curso de direito constitucional positivo*. São Paulo: Malheiros, 1999.

SILVA, Regina Beatriz Tavares da. *Novo código civil comentado*. Coord. Ricardo Fiúza. São Paulo: Saraiva, 2003.

SMANIO, Gianpaolo Poggio. *Interesses difusos e coletivos*. 5. ed. São Paulo: Atlas, 2003.

STOCCO, Rui. *Responsabilidade civil e sua interpretação jurisprudencial*. 2. ed. São Paulo: Revista dos Tribunais, 1995.

______. Um cargo inédito para o assunto do momento: responsabilidade social. *Jornal Valor Econômico*, São Paulo, 12 fev. 2001.

VENOSA, Sílvio de Salvo. *Direito civil*. 3. ed. São Paulo: Atlas, 2003.